렌토르프 구약정경신학

렌토르프 구약정경신학

Title of the original German edition:
THEOLOGIE DES ALTEN TESTAMENTS BAND 2 by Rolf Rendtorff

렌토르프

구약 정경 신학

롤프 렌토르프 | 하경택 옮김

Theologie des Alten Testaments

새물결플러스

렌토르프 구약정경신학

1쇄 발행 2009년 6월 8일
5쇄 발행 2018년 4월 12일

지은이 롤프 렌토르프
옮긴이 하경택
펴낸이 김요한
펴낸곳 새물결플러스

편집 왕희광 정인철 최율리 박규준 노재현 한바울 신준호 정혜인 김태윤 이형일 서종원
디자인 이성아 이재희 박슬기 이새봄
마케팅 박성민 조광수
총무 김명화 이성순
영상 최정호 조용석 곽상원
아카데미 유영성 최경환 이윤범

홈페이지 www.holywaveplus.com
이메일 hwpbooks@hwpbooks.com
출판등록 2008년 8월 21일 제2008-24호
주소 (우) 07214 서울특별시 영등포구 양평로 11, 4층(당산동5가)
전화 02) 2652-3161
팩스 02) 2652-3191

ISBN 978-89-961592-4-7 03230

책값은 뒤표지에 있습니다.

한국어판 서문

필자의 책이 한국어로 번역되어 출판하게 됨을 기쁘게 생각합니다. 이 책은 "정경적" 기획의도를 가지고 기술되었습니다. 지금까지 구약성서의 학문적 해석은 본문의 역사적 맥락과 추정된 생성사 문제를 강조하였습니다. 이러한 흐름에 맞서 필자의 스승이셨던 게르하르트 폰라트(Gerhard von Rad)는 우리에게 성서적 정경으로 전승되었던 형태와 맥락 속에서 본문들을 이해하고 해석하는 작업을 시도하였습니다. 필자의 책은 그러한 정경적 접근방식을 수용하고 발전시킨 것입니다. 이러한 시도가 한국 독자들에게도 많은 관심과 동의를 얻기를 기대합니다.

2009년 1월

하이델베르크에서 롤프 렌토르프

역자 서문

구약성서 신학사에서 큰 분수령을 이룬 것이 있다면, 그것은 폰라트(G. von Rad)의 구약신학의 출현이다. 폰라트의 등장으로 나타난 새로움이란 칼 바르트(K. Barth) 신학의 등장, 제2차 세계대전의 종결, 그리고 구약학 내에서 특히 알트(A. Alt)와 노트(M. Noth)에 의해서 이루어진 성과들이 함께 작용하여 결정된 것이다. 이 모든 것이 구약학자 폰라트에 의해서 각인된 하나의 신학적 새 출발을 위한 전제조건들이었다.

렌토르프는 폰라트의 제자로서 폰라트 구약신학의 특징적인 요소를 그 유산으로 이어받고 있다. 폰라트 구약신학이 보여주는 특징이자 렌토르프에 의해서 수용된 결정적인 요소는 구약신학의 기술(Dastellung)이 본질적으로 성서의 본문에 의해 그것들의 맥락 안에서 결정되도록 하는 것이다. 여기에 렌토르프 구약신학과 대부분의 다른 구상들(Entwürfe)과의 근본적인 차이가 있다. 대부분의 다른 구상들은 구약신학의 기술이 - 교의학적인 전통에서 빌려온 것이거나 혹은 다른 식으로 근거를 갖고 있는 것이든 - 하나의 조직적인 개념에 의해서 전개된다거나 또는 하나의 역사적 혹은 종교사적 문제제기를 통해서 결정되었다. 이러한 점에서 렌토르프의 구약신학은 브루그만(W. Brueggemann, Theology of the Old Testament, 1997. 『구약신학』, 류호준 외 역, 서울: 기독교문서선교회, 2003)의 구약신학과 좋은 대조를 보인다. 브루그만의 구약신학에서는 대부분 매우 짧은 본문 인용들이 저자의 특별한 문제제기와 더불어 다양하게 바뀌는 관점들 속에서 고찰된다. 이것을 통해서 구약성서가 그리고 있는 세계를 매우 생생하게 보여준다. 그러나 브루그만의 구약신학 서술에 인용된 성서의 본문들은 본문 자체의 맥락들 안에서 관찰되지 않는다는 약점이 있다.

이와는 달리 렌토르프가 구약신학 서술을 규정한 핵심어는 "정경적"(kanonisch)이란 말이다. 그는 이 개념을 1970년대 영어권에서 전개되었던 논쟁으로부터 수용했다고 말한다. 그는 특히 차일즈(B. Childs)의 책 Introduction to the Old Testament as Scripture(1979)에서 자신의 방법론에 대한 결정적인 동기를 제공받았다고 말한다. 그는 이 책으로부터 두 가지 근본적인 동기부여를 제공 받았다. 첫째로 히브리성서에 대한 신학적인 해석에서 우리 앞에 놓여 있는 본문의 "최종형태"(Endgestalt) 안에서 본문을 해석하는 것이 중요하다는 점이다. 그것은 또한 학계에서 광범위하게 인정되고 실행되는 성서 본문의 역사-비평적인 방식에 대한 비판적인 요소를 포함하고 있다. 그는 오경에 대한 자료비평의 결과들에 대해서 비판적인 문제제기를 했고(Das Überlieferungssgeschichtliche Problem des Pentateuch, BZAW 147, 1977), 이사야서에 대한 연구에서도 이사야서 전체를 아우르는 요소들을 부각시키는 시도를 전개했다. 그는 자신의 연구를 통해서 이사야서 전체를 포괄하는 요소들이 이사야서를 전체로서 하나의 책을 형성하려는 의도성이 짙은 요소들이라고 추론하였다(Zur Komposition des Buches Jesaja, in: VT *34*, 295-320, 1984). 이러한 문제제기에 상응하게 현재 구약학계에서는 지금 우리에게 전승된 책들의 전체적인 맥락 안에서 성서 본문을 해석하는 시도들이 다양하게 전개되고 있다.

구약성서 해석방법론에서 본문의 "최종형태"가 역사적으로 규명될 수 없는 개념이라고 하여 논쟁거리가 되지만, 렌토르프는 이 개념이 무엇보다도 비판적인 "재구성"을 통해 얻어진 본문의 형태에 대한 대안(Alternative)으로서 사용되기 때문에 문제가 되지 않는다고 말한다. 그렇다고 해서 그가 역사-비평적인 주석의 결과들을 무시하거나 배척하자고 주장하는 것은 아니다. 그가 강조하는 바는 구약성서 신학을 위해 행해지고 있는 모든 연구의 문제제기와 해석관심(Auslegungsinteresse)이 바뀌어야 한다는 것이다.

역사-비평적 주석은 통상적으로 본문에 대한 "문헌비평"의 문제제기로서 시작된다. 그것은 첫 번째 관심을 본문의 "문헌적인 통일성 또는 비통일성"의 문제에 둔다. 그러니까 우선적으로 "개별본문"이 고려된다. "단절, 불일치나 긴장 등이 발견"된 경우 "획득된 본문의 부분들을" "의미가 통하는(sinnvoll) 서술과 행동의 전개"를 위해 재조정하고, 이것을 "더 넓은 범위의 - 다시금 의미가 통하는 - 맥락"에 배열한다(W. H. Schmidt, Elementare Erwägnungen zur Quellenscheidung im Pentateuch, in: Vielfalt und Einheit des alttestamentlichen Glaubens, Bd.2, 1995, 121). 이러한 조치를 통해 매번 해석자가 "의미가 통하는" 것이라고 여기는 하나의 새로운 본문이 "재구성"된다 - 어쨌든 여기에는 현재의 최종형태는 의미가 통하지 않는다는 사실이 암시되어 있다. 그러나 이로써 주석의 우선적인 관심이 현재의 최종본문에서 벗어나 자신이 "재구성한" 본문에 모아졌다. 현재의 최종본문에 대한 해석은 결국 이차적인 것으로 관찰되고 종합된 본문으로서 단지 두 번째 단계에서 허용될 수 있을 뿐이다.

렌토르프는 이러한 역사비평적 연구 방법론에 반기를 든 것이다. 그는 해석자의 일차적이고 우선적인 과제는 현재 형태로 되어 있는 "최종본문의 해석"이라고 강조한다. 문제제기의 이러한 전환은 해석에 대한 관심의 근본적인 전환을 포괄한다. 그는 모든 성서본문은 현재 우리 앞에 놓여진 형태 안에서 자기 자신의 진술을 해야 한다고 주장한다. 이러한 자신의 방법론을 통해 렌토르프가 주장하는 주된 요점은 "성서 본문들의 그 신학(die Theologie der biblischen Texte)이지, 문헌적-역사적으로 재구성한 본문이 보여주는 이전의(vorgängig) 신학"이 아니라고 말한다(Crüsemann, Religionsgeschichte oder Theologie? Elementare Überlieferungen zu einer falschen Alternative, in: JBTh *10*, 1995, 71). 성서 본문의 저자들(Verfasser) - 여기에서 그는 이 용어를 통해 "최종형태"의 모습을 갖추게 한 사람들을 지칭한다 - 은 우리에게 이 본문들을 바로 이러한 형태로 전승하였지 어떤 다른 이전 단계의 모습으로 한 것이 아니라고 말한다. 특히 성서 본문은 현재 우리에게 놓여져 있는 행태로 유대교와 기독교, 이 두 신앙공동체의 신앙과 삶을 위한 토대를 형성한다. 그러므로 그는 이러한 본문들에 대해 신학적으로 올바로 접근하려면 본문의 현재 형태에서 출발되어야 한다고 했다.

이러한 렌토르프의 구약해석 방법론은 구약신학 기술에도 영향을 미쳤다. 그는 자신의 구약신학 제1권을 다음과 같은 문장으로 시작하고 있다: "구약성서는 하나의 신학책이다"(Das Alte Testament ist ein theologisches Buch). 구약성서 자체가 나름대로의 구상과 의도를 가지고 있는 하나의 신학책이라는 것이다. 그래서 그는 구약성서가 보여주는 내용의 틀을 따라 구약신학을 전개한다. 제1권에서는 책별로 서술하고 있고, 제2권에서는 구약성서에서 다루어지는 주제의 순서대로 기술하고 있다: 창조, 언약과 선택, 이스라엘의 조상들, 약속과 위임의 땅, 첫 번째 출애굽과 두 번째 출애굽, 토라, 제의 등. 그러나 렌토르프는 이러한 "정경적 서술"을 시도하면서도 구약성서가 보여주는 다층적이고 상호연관성 속에 있는 다양한 본문들로 하여금 서로 대화하게 한다. 이것을 통해 구약성서 자체가 의도하고 있고 강조하고 있는 하나님의 말씀이 되살아나게 한다.

이 책이 나오기까지 도움을 준 많은 이들에게 감사를 표하고 싶다. 무엇보다도 이 책의 저자이면서 한국어판 서문까지 써 주신 렌토르프(R. Rendtorff) 교수님께 감사드린다. 또한 독일 유학 시절 이 책을 소개해주고 이 책의 의미와 가치를 인식시켜 준 박사논문 지도교수이신 위르겐 에바흐(J. Ebach) 교수님의 가르침에 감사한다. 그리고 렌토르프의 구약신학 번역을 함께 기획하였던 한신대 박경철 교수님의 배려와 격려에 감사한다. 또한 이 책이 완역되기까지 수업시간을 통해 책의 내용을 깊이 있게 살펴보도록 자극을 준 서울장신대 신대원과 장신대 대학원 학생들의 참여와 기다림에 감사한다. 그리고 꼼꼼한 교정을 통해 이 번역서를 더욱 믿음직하게 만들어준 신상욱 전도사와 책의 마무리뿐만 아니라 곁에서 늘 손과 발이 되어준 김삼열, 최한우, 이용훈 전도사 그리고 이 책을 기쁜 마음으로 출간해주신 새물결플러스 대표 김요한 목사님과 편집 작업을 수행해 주신 윤상문, 이용진 목사님께도 진심어린 감사를 드린다. 또한 부족한 사람을 신뢰하고 따라주며 끊임없이 기도로 후원한 은총교회 교우들에게도 감사를 드린다. 끝으로

틈나는 시간을 이용해 번역하느라 제대로 함께하는 시간을 갖지 못하고 놀아주지도 못하는 남편과 아빠를 잘 참아준 아내와 세 딸 동은, 동주, 동연에게 감사한다.

> 야훼의 율법은 완전하여 영혼을 소생시키고,
> 야훼의 증거는 확실하여 어리석은 자를 지혜롭게 하며,
> 야훼의 교훈은 정직하여 마음을 기쁘게 하고,
> 야훼의 계명은 순결하여 눈을 밝게 하시도다.
> (시19:7-8)

2009년 성령강림절에

너른고을(廣州) 안골에서 하경택

목차

서론 구약성서의 주제들

구약성서 해석학 개관

약어표

ABD	The Anchor Bible Dictionary
ÄAT	Ägypten und Altes Testament
AKuG	Archiv für Kulturgeschichte
AncB	The Anchor Bible
AOAT	Alter Orient und Altes Testament
ATD	Das Alte Testament Deutsch
AThANT	Abhandlungen zur Theologie des Alten und Neuen Testaments
B(E)ATAJ	Beiträge zur Erforschung des Alten Testaments und des Antiken Judentums
BEThL	Bibliotheca ephemeridum theologicarum Lovaniensium
BHTh	Beiträge zur historischen Theologie
Bib	Biblica
BibInt	Biblical Interpretation
BibSem	The Biblical Seminar
BJSt	Brown Judaic Studies
BK	Biblischer Kommentar
BN	Biblische Notizen
BRL2	Biblisches Reallexikon, 2.Auflage
BSt	Biblische Studien
BThSt	Biblisch-theologische Studien
BZ	Biblische Zeitschrift
BZAW	Beihefte zur Zeitschrift für die alttestamentliche Wissen-schaft
CB.OTS	Coniectanea Biblica, Old Testament Series
CBQMS	Catholic Biblical Quarterly, Monograph Series

EdF	Erträge der Forschung
EKL3	Evangelisches Kirchenlexikon, 3.Auflage
EncJud	Encyclopaedia Judaica
EvTh	Evangelische Theologie
FAT	Forschungen zum Alten Testament
FOTL	The Forms of the Old Testament Literature
FRLANT	Forschungen zur Religion und Literatur des Alten und Neuen Testaments
FS	Festschrift
GAT	Grundrisse zum Alten Testament (=ATD Ergänzungsreihe)
HAR	Hebrew Annual Review
HAT	Handbuch zum Alten Testament
HBT	Horizons in Biblical Theology
HK	Göttinger Handkommentar zum Alten Testament
HThKAT	Herders Theologischer Kommentar zum Alten Testament
IBC	Interpretation : A Bible Commentary for Teaching and Preaching
Int	Interpretation
JBTh	Jahrbuch für Biblische Theologie
JR	The Journal of Religion
JSOT	Journal for the Study of the Old Testament
JSOT.S	Journal for the Study of the Old Testament Supplements
JSS	Journal of Semitic Studies
KAT	Kommentar zum Alten Testament
KT	Kaiser Traktate
KuG.B	Kerygma und Dogma, Beihefte
NEB	Die Neue Echter Bibel
NTOA	Novum Testamentum et Orbis Antiquus
OBO	Orbis Biblicus et Orientalis
OTL	Old Testament Library
QD	Quaestiones disputatae
RBL	Review of Biblical Literature
RTAT	Religionsgeschichtliches Textbuch zum Alten Testment
SBA	Stuttgarter Biblische Aufsatzbände
SBL	Society of Biblical Literature

SBL.DS	Society of Biblical Literature, Dissertation Series
SBL.MS	Society of Biblical Literature, Monograph Series
SBL.SP	Society of Biblical Literature, Seminar Papers
SBLSymS	Society of Biblical Literature Symposium Series
SBS	Stuttgarter Bibelstudien
SKG.G	Schriften der Königsberger Gelehrten Gesellschaft. Geisteswissen-schaftliche Klasse
StUNT	Studien zur Umwelt des Neuen Testaments
stw	suhrkamp taschenbuch wissenschaft
SVSK.HF	Skrifter udgifna af Videnskabsselkabet i Kristiania-Historisk-Filosofisk Klasse
TB	Theologische Bücherei
TEH	Theologische Existenz heute
THAT	Theologisches Handwörterbuch zum Alten Testament
ThLZ	Theologische Literaturzeitung
ThSt(B)	Theologische Studien
ThViat	Theologia Viatorum
ThW	Theologische Wissenschaft
ThWAT	Theologisches Wörterbuch zum Alten Testament
ThZ	Theologische Zeitschrift
TThZ	Trierer Theologische Zeitschrift
TUAT	Texte aus der Umwelt des Alten Testaments
UF	Ugarit-Forschungen
UT	Urban Taschenbücher
VF	Verkündigung und Forschung
VT	Vetus Testamentum
VT.S	Vetus Testamentum Supplements
WMANT	Wissenschaftliche Monographien zum Alten und Neuen Testament
ZAW	Zeitschrift für die alttestamentliche Wissenschaft
ZBK	Zürcher Bibelkommentare
ZDMG	Zeitschrift der deutschen morgenländischen Gesellschaft
ZThK	Zeitschrift für Theologie und Kirche(Neue Folge)

Theologie des Alten Testaments

서론

구약성서의 주제들

서론 : 구약성서의 주제들

구약신학 제1권에서는 히브리성서의 책들을 모두 다루면서 이 본문들 속에 나타나 있는 여러 다양한 목소리를 듣고자 애썼다. 여백의 참조지시들은 특정한 본문에 언급된 내용들 중 많은 것들이 - 그것이 동일한 방식이든 유사한 방식이든 혹은 완전히 달라 대립되는 방식이든 - 다른 본문에서도 진술되거나 암시되어 있다는 사실을 환기시키고자 개진되었으니 참고하길 바란다. 이제 제2권에서는 이러한 다양성을 좀 더 정확하게 고찰하고자 한다. 부연 설명하면, 다양한 목소리가 화음을 이루는지, 이룬다면 어떻게 이루는지, 또는 그것들이 서로 잘 맞는지, 맞지 않는다면 어떤 점에서 그런지 등의 관심을 가지고 서술하고자 한다. 이때 오늘날의 우리에게 가능한 범위 안에서 각각의 상황이 고려될 것이다. 그러면 우리는 히브리성서 본문에 포괄되어 있는 이스라엘 역사의 근본적인 변화를 매우 분명하게 인지할 수 있을 것이다. 족장 시대로부터 시작하여 출애굽 시대를 거쳐, 자신들에게 수여된 땅에서 이스라엘이 견고하게 되는 시기(Konsolidierung)와 한 왕조 아래에서 국가가 형성되는 시기, 그리고 이 왕조가 멸망하고 바벨론 유배지에서 체류의 시기를 거친 후에 마침내 귀환하여 그 공동체의 삶이 새롭게 견고해지는 시기까지(Neukonsolidierung)를 자세하게 살펴볼 것이다.

많은 본문들은 이러한 역사의 특정한 상황을 본문의 정황을 통해 알게한다. 어떤 본문들은 과거사에 속하는 시대에 관련된다. 이때 이 본문들은 종종 그러한 과거 시대로부터 전래된 전승을 사용한다. 그렇지만 많은 경우에 본문 자체의 경과된 햇수나 사용된 전승의 양식과 연수가 어떠한지를 더 정확하게 규명하는 것은 불가능하다. 이 책에서는 이러한 질문을 해명하는 데에 본래적인 관심을 두지 않는다. 물론 본문에 따라 그것이 흥미 있고 중요한 경우에는 이러한 질문에 관심을 가질 수 있다. 이 책의 주요 관심은 현재 우리 앞에 놓여 있는 형태 안에서 보여주는 본문 자체의 진술에 있다.

히브리성서에서 경험하는 다양한 음성에 대한 근본적인 원인은 히브리성서에서 전승된 본문들의 상이한 양식에 있다. 이러한 상이한 음성은 이미 정경이 세 부분으로 구성되어 있다는 사실에서 인지된다. 토라, 전기 예언서와 후기 예언서, 성문서는 하나님에 관하여, 또한 인간과 자신의 백성 이스라엘과 맺으시는 그분의 관계에 대하여, 더 나아가 하나님뿐만 아니라 서로에 대한 인간의 행동에 관하여 완전히 다른 방식으로 말하고 있다는 사실을 대변하여 보여준다. 이러한 차별성은 다양한 삶의 영역을 통해서 각인되었다. 특정한 본문이나 본문집단이 이러한 다양한 삶의 영역에서 유래되었거나 그러한 삶의 영역들을 대변하고 있음이 분명하게 드러난다. 우리는 매우 포괄적으로 서술적인(서사적인) 본문과 입법적인 본문, 예언적인 본문과 제의-의식적인 본문, 그리고 지혜문학적인 본문과 개인의 경건을 표현하고 있는 본문으로 구분할 수 있다. 이러한 본문집단과 본문양식 모두는 각자 독특한 발언방식을 가지고 있다. 이러한 이유로 공통된 주제들에 대한 상이한 표현방식뿐 아니라 각자 고유한 주제들을 표명하는 예들이 고찰된다.

이로써 '주제들' 이라는 핵심어가 논의의 대상이 된다. 제2권의 개관에서는 특정한 주제들에 그 초점이 맞춰져 있다. 이러한 주제들은 제1권의 기술로부터 미리 제시될 수 있으며, 제2권은 성서본문을 통해 제시된 배열순서를 따라 기술된다(또한 p. 595~598의 구약성서의 기독교신학을 참조하라). 따라서 제1장은 **하나님의 창조세계**(Die Welt als Gottes Schöpfung)라는 주제를 다룬다(B.I). 이 주제는 히브리성서의 첫 번째 장에서 매우 인상적으로 전개된다. 그러나 이 주제는 히브리성서의 다른 책들에서도, 다시 말하면 정경의 세 부분 모두에서 나타나고 있다. 이러한 과정에서 창조라는 주제는 흔히 독자적으로나 그 자체만을 위해서 다루어지지 않고, 다른 주제들과 긴밀한 관계성 속에 있다는 사실이 드러난다. 특히 세계와 역사의 다양한 영역 - 그 중에서도 이스라엘의 역사적인 경험이 가장 우선적이다 - 에서 고찰되는 하나님의 행동과 깊은 관련성 속에 나타난다. 이 장에서는 창조와 창조주에 대한 다양한 진술을 서로 관련시키면서 동시에 개별적인 심상들(Vorstellungen)과 사고의 공통점과 차이점뿐만 아니라 그것들의 다양한 발전 과정을 부각시키고자 한다. 그렇다고 해서 이렇게 다양한 측면을 하나의 '창조신학' 으로 체계화시키겠다는 의미는 아니다. 이러한 원칙은 다른 장에서도 마찬가지로 적용된다. 각각 관련된 본문들의 전체가 비교적 완결된 그림으로 보일 때, 그것은 그것에 걸맞게 표현될 것이다. 그러나 우위에 있는 어떤 체계를 만들어내고자 애쓰지는 않을 것이다.

다음 주제는 **언약**(Bund)이라는 핵심어로서 표현된다(B.II). 이것은 창세기 9장에서 노아와 맺은 하나님의 언약에서 처음으로 등장한다. 여기에서 히브리 본문의 특정한 개념이 이러한 주제들을 어느 정도나 규정할 수 있는지 의문이 제기된다. 대체로 '언약' 이라는 말로 옮겨지는 히브리 낱말 '베리트' (*berît*)는 히브리성서에서 매우 중요한 역할을 한다. 그럼에도 불구하고 이 낱말의 의미는 여기서 다루어야 할 주제의 특정한 단면에만 해당된다. 마찬가지로 중요한 개념인 **선택**(Erwählen, *bāḥar*)은 또 다른 단면을 포괄한다. 예컨대, '언약형식구' ("내가 너희의 하나님이 될 것이며, 너희는 내 백성이 되어야 한다")와 같은 표현은 이 주제의 다른 측면에 기여한다. 여기에서 우리는 개별적으로 보면 어떤 특정한 개념이 매우 중요하게 나타날 수 있지만 어떤 주제 전체를 포괄하는 경우는 아주 드물다는 사실을 알 수 있다. 더욱이 바로 이 점에서 돌이켜보면 제1장의 내용에 상응하는 개념이 없다는 것은 분명해진다. '창조' 에 해당되는 명사가 히브리성서에는 존재하지 않기에 하나님의 창조행위가 다양한 동사를 통해서 표현되며, 이 영역의 진술이 다양한 방식으로 기술되고 묘사된다.

성서이야기의 계속되는 진행에서 이스라엘의 **조상들**(Väter)은 결정적으로 중요한 인물들이다. 히브리성서의 다른 부분에서도 여러 번에 걸쳐 그들에 관하여 언급하고 있다. 그러한 언급은 상이한 관점에서 수행된다. 이러한 현상은 이스라엘 역사의 매우 다양한 시기에 고찰되며 종종 중요한 신학적인 강조점을 가진다. 이때 특히 주목할 만한 것은 이 주제 가운데 자신의 역사에 대한 이스라엘의 자기비판적인 시각이 어떻게 표현되고 있는가 하는 점이다. 조상들은 단지 하나님의 약속과 인도의 수령자로서만이 아니라 이스라엘 죄악의 역사의 시작을 알리는 장본인들로서도 고찰된다(B.III). **땅**(Land)이라는 주제는 여기에서 직접적으로 연결된다. 왜냐하면 땅이 족장사의 핵심적인 요소이며 하나님으로부터 처음으로 땅의 소유를 약속받은 족장들이기 때문이다. 그렇지만 이 주제는 더 광범위하게 나타난다. 왜냐하면 히브리성서의 많은 부분에서 땅에 대한 약속과 그것의 성취, 그것에 대한 문제제기가 언급되고 있으며, 중요한 신학적인 진술이 이러한 문제와 다시금 관련되고 있기 때문이다(B.IV). 이러한 과정을 통해 **출애굽**(Exodus)의 주제는 이미 '땅'이라는 주제와 연관되어 있다. 그것은 이스라엘이 이집트로부터 탈출한 후에야 비로소 족장들에게 땅에 대한 약속이 현실화될 수 있었기 때문이다. 이와 동시에 이집트의 노예생활에서 벗어난 행위는 이스라엘의 자기이해와 그 안에서 행동하신 하나님에 대한 신앙을 결정하는 중요한 요소 중 하나이다. 바벨론 포로에서 귀환한 후대의 경험은 반복해서 하나의 두 번째 출애굽으로 이해된다. 이때 많은 본문 가운데에 두 번째 출애굽이 첫 번째 출애굽에 관한 진술에서 이미 암시되거나 화제로 전환되기도 한다. 또한 초기의 주제들이 바벨론 포로 이후의 후대적인 시각을 통해서 어느 정도나 고찰되고 있었는지가 바로 이 주제에 대한 고찰에서 대표적으로 드러난다(B.V).

마지막으로 열거한 주제들은 오경의 첫 번째 책들에서 시작된 주제들이 히브리성서의 전 영역에 걸쳐 어떻게 확대되고 있는지를 보여준다. 그러나 그 기술은 우선 다시 성서이야기의 진행을 따를 것이다. 이집트로부터의 탈출에 이어서 시내 산에서의 **토라**(Tora) 선포가 나온다. 여기에서도 곧바로 이 주제가 히브리성서의 전 영역에 영향을 끼치고 있다는 사실이 똑똑히 드러난다. 왜냐하면 토라는 본문에서 다양하게 표현되고 있듯이 이스라엘 역사의 모든 시기에 걸쳐 삶의 중심을 형성하기 때문이다. 따라서 이 주제에 광범위한 장(章)이 할당되었다. 거기에서는 다양한 지류들 가운데 나타나는 토라의 영향이 한 차원 깊게 다루어질 것이다(B.VI). **제의**(Kult)에 대한 서술도 그 범위 면에서 볼 때 토라에 뒤지지 않는다. 마찬가지로 그것의 토대가 시내 산에서 토라와 함께 수여되었다. 제의는 하나님 앞에서 이스라엘의 삶의 장소를 형성한다. 이러한 점이 시내 산에서 설립된 성소에서 강령적으로(programmatisch) 기술되며, 그 이후 다양한 시대에 걸쳐서 이스라엘의 삶에 적용된다. 그것은 특히 예루살렘의 중앙제의, 성전파괴 이전과 이후 또한 바벨론 포로 이후 재건 시대에 해당된다. 이때 다양한 제의전통들이 함께 흘러 들어왔고 그것들이 다소간 서로 밀접하게 연관되어 있다는 사실이 드러난다(B.VII).

지금까지 열거한 일곱 개의 장들에서는 오경에서 처음으로 언급되는 주요한 주제들을 정리하고자 했다. 물론 다양하고 다층적인 자료에 대해서 다르게 배열하는 것도 가능할 것이다. 그러므로 나의 견해로는 이러한 문제가 결정적으로 중요한 것은 아니라고 여겨진다. 왜냐하면 여기에서 우위에 있는 신학적인 개념들이라는 의미에서 체계화를 시도하고 있지 않기 때문이다. 물론 돌이켜보면 오경의 가장 넓은 범위를, 더 정확히 말하면 출애굽기에서 신명기까지를 포괄하며 그 특징을 나타내는 한 가지 관점이 있음을 알 수 있다. 그것은 **모세**(Mose)라는 인물이다. 따라서 이 인물에 대해서 하나의 장이 할당된다(B.VIII). 거기에서는 단지 오경본문의 직접적인 상황에서 나타나는 모세만을 문제삼지 않고, 그로부터 후대의 모든 공직자들이 평가받는 표본적인 지도자상(像)으로서의 모세도 함께 다룰 것이다.

히브리성서 정경의 다른 부분을 연구할 때, 거기에서 다루어지는 대부분의 주제들이 오경을 통해서 이미 제시되어 있고 그러한 오경의 기원과 주제들이 다소간 밀접한 상호관계 속에 있다는 사실이 매우 분명해진다. 이러한 주제들이 정경의 연속성을 형성하는 본질적인 요소가 된다. 그러나 오경에는 나타나지 않으면서도 중요하고 큰 파장을 일으키는 두 가지 핵심어가 있다. 그 첫 번째가 **왕정**(Königtum)이다. 이것에 관하여 오경에서는 오직 한 번, 거의 부수적으로 언급되었다(신 17:14-20). 그러나 이어지는 책들에서는 점점 더 중심적인 주제로 부각된다. 처음에는 존재하지 않는 것으로 나타나다가 논쟁의 여지가 있는 것으로 등장하며, 결국에 가서는 표면적으로 보면 당연한 제도로 정착된다. 이 제도는 특히 '전기 예언서' 의 대부분을 차지한다. 그때 이 제도는 무엇보다도 다윗이라는 인물과 다윗 왕조를 의미하고 있다는 사실이 점차 분명하게 드러난다. 다윗 왕조는 히브리성서의 다른 부분에서도 왕정의 모습을 결정했다(B.IX).

두 번째 새로운 주제는 **시온**(Zion)이다. 이 명칭은 오경에서는 전혀 발견되지 않는다. 전기 예언서에서 단지 "다윗의 도성"(삼하5:7 등), 즉 예루살렘의 가장 오래된 지역에 대한 명칭으로서 나타날 뿐이다. 그렇지만 이것은 시편에서 매우 중요한 기능을 한다. 또한 일련의 예언서에서도 마찬가지로 중요하다. 시온은 하나님의 도시로서의 성전과 예루살렘 도시 자체에 관한 심상들의 담지자로서 나타난다. 이 심상들은 다양하게 표현되고 있지만 신학적으로 매우 중요하다. 전체적으로 볼 때 시온은 특히 이스라엘의 대리자로서도 표현된다(B.X).

이 두 장과 함께 히브리성서의 진술에 관한 개관에서 드러났던 일련의 주제들은 종결된다. 이어지는 장에서는 주시방향이 달라진다.

이젠 본문이 독자들에게 '전달하는' 바에 대한 수집이나 개관에 관련되지 않고, 오히려 개관의 수행과 그것에 관한 숙고의 과정에서 독자 자신들에게 생겨나는 의문에 관련된다. 우선 그것은 지금까지 서술된 모든 내용 가운데 두 당사자, 하나님과 이스라엘을 고려할 때 광범위한 논의의 결과를 초래하는 매우 기본적인 질문들이다. 독자가 이 모든 것을 서로 관련시키고자 할 때 다양한 주제들에 관한 많은 본문 가운데서 무엇이 진술되었는가? 독자는 **하나님**에 관하여 요약해서 말한다면 무엇이라 말할 수 있는가? 하나님은 정말 (글자 그대로!) 히브리성서의 첫 구절부터 마지막 구절에 이르기까지 관계하고 계신다고 말할 수 있을 것이다. 그러나 하나님에 관한 진술들이 얼마나 다르고 상이하며, 정말 얼마나 대립되고 있는가! 하나님은 드물게 직접적으로 본문의 분명한 주제가 된다. 그러나 그분은 (거의) 모든 곳에서 현존해 계신다. 그 다음 장은 변화하는 관점들 아래에서 이러한 문제 가운데 몇 가지 점들을 분명하게 하고자 한다(B.XI). 이때 진술들에 대한 체계화의 문제가 다른 어떤 곳에서보다 적게 관련된다. 이와 상응한 내용들이 정반대의 주시방향 속에서 **이스라엘**에 해당된다. 이스라엘에 관하여 다양하게 그리고 상이한 맥락 안에서 진술된다. 이때 이스라엘상(像)은 하나님과의 관계에서 매우 크게 변화하고 있으며 전체적으로 볼 때 모순되어 보이기까지 한다. 그러므로 이어지는 장에서는 **반역하는 이스라엘**(Israel im Widerstreit)이란 주제를 다룬다(B.XII).

그 후 다시금 주시방향이 바뀐다. 정경으로서의 히브리성서의 여러 중심부분에 있는 본문들이 매우 상이한 특성을 가지고 있다는 사실에 관하여 이미 개론적으로 언급했다. 이 점이 선행하는 두 개의 장에서 상론된 내용들을 수용하면서 다시 한 번 논의된다. 이 때 세 본문의 영역이 강조된다. 이 영역들은 하나님에 관한 발언과 하나님으로부터의 발언, 하나님을 향한 발언과 하나님이 창조하신 세계 안에 있는 인간에 관한 발언을 근본적으로 다양한 방식으로 대변한다. **예언적인** 발언(B.XIII), 특히 시편에서 발견되는 **기도의** 발언(B.XIV), 그리고 **지혜문헌**에 나타나는 관조적이며 숙고적인 발언(B.XV)을 살펴볼 것이다(이 점에 관하여 B.XIII-B.XV에 대한 예비고찰을 보라).

여기에서 하나의 짤막한 장이 이어진다. 이 장은 이전 장들에서 발견되는 나머지 열방에 대한 이스라엘과의 관계를 고찰하고 숙고하였다. 이때 특히 언제나 분쟁의 원인이었던 이방 민족의 **신들**에 대한 이스라엘의 관계가 문제시된다. 그 후 본문에서는 열방에 대한 하나님(다시 말해, 이스라엘 하나님)의 관계가 어떻게 진술되는지에 관한 몇 가지 간명한 고찰이 이어진다. 이 관계는 매우 상이한 관점 아래에서 조명된다(B.XVI).

마지막 두 장은 요약과 더불어 전망을 하고자 한다. 이 책의 기술과정에서 이스라엘은 자신의 **역사**를 어떻게 보고 있는가가 계속해서 진술된다. 이제 다시 한 번 본문에서 발견되는 이스라엘 역사에 관한 다양한 전체적 구상이 조망된다. 그런 다음 특히 이러한 구상이나 다른 입장 가운데 어디에서부터 이스라엘 역사가 시작되고 있으며, 어떤 이유로 이러한 역사가 서술되고 있는가 하는 문제로 관심을 돌린다. 이것은 계속해서 다양한 고찰방식에 따라 이스라엘 역사가 어디에서 끝나는지, 그리고 그 역사가 실제로 끝나는지에 대한 문제로 이어진다(B.XVII). 이로써 이스라엘이 자신의 **미래**를 어떻게 보고 있는지에 대한 최종적인 질문으로 넘어간다(B.XVIII). 여기에서 다시 한 번 많은 흐름이 합류하며, 그 흐름들은 결국 이스라엘의 시선이 지금까지 경험한 바를 넘어서는 미래로 향하고 있는지, 만일 그렇다면 어떻게 미래로 향하고 있는지에 대한 질문으로 모아진다.

몇 가지 일러두기

문헌에 관하여

제2권의 참고문헌 목록은 제1권에 대한 보충이다. 필자의 저서들은 다시 발행연도만 표기하고 인용되었다. 2001a에 이미 개별적인 출판으로 인용된 몇 개 논문들의 중판에 관한 사항이 안내되어 있다.

참조지시에 관하여

참조지시들은 1, 2권 모두에 관련된다. 그것은 제1권에서 다루어졌던 많은 본문이 주제적인 관련성 속에서 다시 진술되고 있는 이 책의 상황에서 기인되었다. 필자는 제2권을 저술하면서 제1권에 취급된 본문의 자세한 내용을 반복하지 않고 2권 자체로 이해할 수 있도록 많은 노력을 기울였다. 참조지시들은 독자를 제1권의 해당되는 곳으로 인도할 것이다. 이때 제2권에 있는 참조지시 사항은 단지 →와 쪽번호로 표시되어 있고, 제1권에 대한 참조지시는 → A와 쪽번호로 표시되어 있다.

역자 일러두기

1. 우리말 성서의 장절이 히브리성서와 다른 경우에는 각 괄호 안에 우리말 성서의 장절을 따로 표시하였다.

2. 장절을 말할 때 '(f)' 는 그 구절과 다음 구절을 말하고, '(ff)' 는 그 구절과 다음의 여러 구절이 해당될 경우를 이르는 말이다.

편집자 일러두기

1. 이 책은 원래 1권과 2권 두 권으로 구성된 원서의 제2권을 번역한 것이다.
2. 장(章) 구분에 있어 제1권의 A.I과 같은 장 표기가 제2권에서도 이어서 사용되고 있다(예, B.I).
3. 원서의 서지사항은 참고문헌 목록을 참고하라.

Theologie des Alten Testaments

B.I

하나님의 창조세계

하나님의 창조세계

태초에 하나님이 창조하셨다

히브리성서는 창조와 창조주 하나님에 관하여 다양하게 말한다. 오경에 기록되어 있는 이스라엘 역사의 개관은 창조와 함께 시작된다. 더 정확히 말하면 하나님의 창조행위와 함께 시작된다. 또한 히브리성서에서 후대에 발견되는 몇 가지 커다란 역사 개관들도 창조로 시작된다(시136편; 느9장). 그렇지만 이러한 곳 외에도 히브리성서의 모든 부분을 통해서 다 헤아릴 수 없을 만큼 많은 경우에 창조를 근본적인 사건으로 지시하며 연계시키고 있음을 알 수 있다. 세계와 인간의 역사는 창조를 출발점으로 삼는다.

성서의 첫 번째 낱말은 '베레쉬트'(*berēʾšît*, 처음에)이다(창1:1). 창조 이전에는 하나님 자신 외에 아무것도 없었다. 시편 90편은 이 사실을 다음과 같이 표현한다. "산들이 생기기 전에, 땅과 세계가 조성되기 전에 당신은 영원부터 영원까지 하나님이십니다"(V.2). 신명기 4장

32절은 "하나님이 인간을 땅 위에 창조하시던 날"이라고 표현하면서 사람이 생각할 수 있는 가장 먼 시점을 말하고 있다. 그리고 잠언 8장 22-31절에 따르면 하나님의 행동의 시작(*rēʾšît*)은 다른 모든 것에 앞서 지혜를 창조하신 것이었다. 히브리성서에서 세계와 인간 역사의 시작에 관하여 숙고할 때 이 한 가지 답변만 유효하다. 하나님이 무엇보다 먼저 계셨고, 모든 것은 그분에 의해 시작되었다.

이 시작이 어떻게 이루어졌는가 하는 질문에 히브리성서는 다양한 답변을 제공한다. 창세기 1장 2절은 하나님의 창조의 행위가 시작되기 전에 땅이 '토후 바보후'(*tohû wābohû*)의 혼돈상태에 있었고 "원시바다"(*tehôm*)로 뒤덮여 있었다고 말한다(참조. 시104:6). 고대의 사고에서는 '시작'이 그전에 단지 '아무것도 없었다'는 사실을 필연적으로 의미하지 않았다. '무로부터의 창조'(creatio ex nihilo)라는 사고는 헬라 시대에 처음으로 언명되었다(마카베오하7:28). 창세기 1장은 무와 창조된 것 사이의 대립이 아니라 혼돈-우주(Chaos-Kosmos)의 양극성 문제를 다룬다(vRad 1972, 31). 이때 이스라엘의 주변 세계, 즉 고대 오리엔트 세계로부터 나온 전승들이 암시된다. 사람들은 테홈(*tehôm*)을 마르둑 신에 관한 바벨론 신화에서 죽임을 당하는 혼돈의 괴물인 **티아맛**(Tiamat)과 관련시켰다. 거기에서 마르둑은 티아맛의 몸을 가지고 우주를 조성한다(Enuma eliš, Tafel 4, AOT 116ff). 이러한 배경에서 창세기 1장 2절은 '혼돈과의 투쟁' 모티브의 희미한 하나의 변형으로 이해되었다. 거기에서 창조의 신은 인격화된 혼돈의 세력을 무찌르고 세상을 창조한다(Gunkel 1895). 그러나 고대 오리엔트 세계의 전통은 더 다양하고 세분화되며(참조. Stolz 1970), 신이 혼돈의 바다와 싸우는 것은 무엇보다 자신의 창조를 위협하는 다른 세력들에 대한 우월성을 나타내는 표현이다

(Podella 1993). 또한 창조에 적대적인 세력을 정복하는 것은 일회적이거나 종결된 과정이 아니다. 그 위협은 영원히 지속되며, 하나님은 자신의 힘을 계속해서 증명해야 한다(Levenson 1988).

하나님이 창세기 1장에서 사용한 '무기'는 말씀이다. 이것은 시편 104편에서 더 분명하게 표현된다. 시편 104편에서는 하나님이 자신의 우뢰 소리로 테홈을 물러가게 하시고 육지를 해방시키신다(V.6f). 여기에서 테홈은 창세기 1장 2절에서와 같이 '물'과 동일시된다. 시편 104편에서 투쟁의 요소가 창세기 1장에서보다 훨씬 더 특징적으로 나타난다. 동시에 창조에 적대적인 세력들이 사라지지 않았다는 사실이 더 분명해진다. 하나님은 그들이 넘어서서는 안 될 하나의 경계를 정하신다(V.9, 참조. 렘5:22). 하나님은 창세기 1장에서도 두 가지 측면에서 물에 경계를 정하셨다. 첫째로, 하나님은 아치형태의 '궁창들'을 통해 그 위의 물과 그 아래에 머물러 있는 물을 '나누셨다'(*hibdîl*, V.6f). 둘째로, 아래에 있는 물에 한정된 영역을 배정하여 '육지'의 공간을 갖게 하셨다(V.9f). 그러나 '홍수'는 혼돈의 물이 아직 파괴적인 힘으로 남아 있다는 사실을 보여준다. 왜냐하면 창조주의 허락으로 "커다란 테홈"이 아래로부터 터져 나오고, 위에 모여 있던 물이 "창문들"을 통해서 아래로 쏟아져(창7:11), 그것들이 창조를 온통 파괴했기 때문이다. 그것은 하나님이 그들에게 멈추기를 명령하고 위와 아래에 있는 입구가 다시 닫히도록 할 때까지 계속되었다(창8:2). 시편 104편 9절은 물이 정해진 경계들을 넘지 못한다고 말한다. 그러나 대홍수 때에 창조주는 한 번 허락하셨다. 시편은 노아와 맺은 하나님의 언약에 대해서 기록하지 않는다. 그러나 하나님이 테홈의 범람을 더 이상 허락하지 않으신다는 사실이 내포되어 있다. 욥기의 저자도 이와 같은 사실을 알고 있다. 시편 104편에서와 같이 욥기 38장의 하나님의 거대한 발언에는 하나님이 바다에게 정하신 경계에 대한 분명한 언급이 있다. 여기에서도 결정적인 수단은 그의 말씀이다. "여기까지는 가능하지만 더 이상은 안 된다!"(V.8-11). 그렇게 제어된 바다는 이 장에서 그리고 있는 거대한 창조의 세계 안에 고정된다.

이러한 본문에 수집된 전통들의 노선은 다양한 방향으로 계속 추적될 수 있다. 투쟁 모티브는 더 분명한 형태로 여러 번에 걸쳐서 나타난다. 그래서 이사야 51장 9절에서는 하나님이 다음과 같은 호칭으로 불린다. "라합을 찢으시고 용을 찌르신 이가 당신이 아닙니까?" '라합'과 '용'(*tannîn*)은 혼돈을 대표하는 신화적인 동물들이다. 하나님은 그것들을 "태고 적에"(V.9a) 무찌르시고 섬멸하셨고, 이것과 직접적인 관련성 속에서 "바다, 곧 큰 테홈의 물을 말리셨다"(V.10). 여기에서 혼돈의 세력에 대항한 하나님의 투쟁전통의 요소들이 암시되고 있으며 창조와의 관련성도 분명하게 언명된다. 이것과 매우 유사한 본문이 시편 74편 13-17절이다. 거기에는 하나님이 그들의 머리를 물 위에서 부수신 '탄니님'(*tannînîm*) 외에 리워야단이 등장한다. 마찬가지로 이것도 하나님이 정복하신다. 그리고 하나님이 해와 달을 만드시고 땅의 경계와 계절을 확정하셨다고 말할 때(V.16f; 참조. 욥26:12f), 다시금 창조와의 관련성이 분명해진다. 시편 89편에서는 하나님이 찌르시고 섬멸하신 라합에 관하여 다시 언급되고 있다(V.11[10]). 그런 다음 곧바로 하나님이 세계의 기초를 놓으시고 남녘과 북녘을 창조하셨다(창 1:1에서와 같이 *bārā'*)는 진술이 이어진다(V.12[11]f).

그러나 마지막으로 언급한 본문에서는 혼돈의 세력에 대한 하나님의 투쟁이 본래적인 주제가 아님을 보여준다. 오히려 예언자나 시편 기자의 현재적인 곤경이 중심주제다. 그들은 이러한 상황으로부터 하나님을 부르고 과거에 위대한 행동들을 행하셨음을 상기시키며 현재의 곤경에 개입해 주시기를 간구한다. "깨소서, 깨소서! 능력으로 덧입으소서, 야훼의 팔이여! 옛날 옛 세대에 하신 것처럼 일어나소서!"(사51:9) "당신은 어찌하여 당신의 손을 우리에게서 거두십니까?"(시74:11) "주님, 언제까지입니까? 영원히 숨어 계시렵니까?"(시89:47[46]) 이때 본질적인 대적은 혼돈의 세력이 아니라, 이스라엘이 두려워하며 창조주를 잊어버리게 한 "죽을 인생"이라는 사실(사51:12f)이 분명해진다. 또한 성소에서 모든 것을 황폐화시키고(시74:3), 하나님의 이름을 모욕한 사람들(V.18)이 대적들이다. 시편 89편 11[10]절에서는 하나의 대담한 표현방식으로 "당신(즉 하나님)의 대적들"(참조. V.52[51])이 라합과 대비된다. 혼돈의 세력과의 투쟁 모티브가 이러한 본문들에서 높은 현실성을 나타낸다. 역사의 시작에 혼돈의 세력을 제압하심으로 자신의 무한한 능력과 우월함을 증명해 보이셨던 창조주 하나님이 현재 현실적으로 활동하고 있는 대적들에 대항하여 지금도 그러한 능력과 우월함을 증명해 보이실 수 있고 또한 그렇게 하실 것이다(참조. Jeremias 1987, 28f).

하나의 다른 노선은 정반대의 방향으로 달린다. 투쟁 모티브가 완전히 후퇴하고 오직 말씀만이 창조적인 힘으로 나타난다. "야훼의 말씀으로 하늘들이 창조되었고, 그의 입 기운으로 만상이… 그가 말씀하시니 그것이 이루어졌고 그가 명령하시니 그것이 거기에 서게 되었다"(시33:6, 9, 참조. 시148:5; 사48:13). 창세기 1장에서 나타나는 것과 같이 말씀을 통한 창조의 탁월성이 이러한 본문들에서 유사하게 발견된다. 특히 시편 33편에서도 역시 창조가 유일한 주제는 아니라는 사실과 그것이 본래적인 주제로 오직 한 번만 나타나는 것이 아니라는 사실을 인식하게 된다. 여기에서 강조되고 있는 것은 다양한 형태로 나타나는 하나님의 말씀이다. "왜냐하면 야훼의 말씀은 옳으며, 그의 모든 행동은 진실하다. 그는 공평과 정의를 사랑하신다"(V.4f). 이때 태고에 있었던 창조의 말씀에 대한 기억은 완전히 본질적인 관점이 된다. 그러나 하나님의 창조적인 활동은 그의 다른 활동과 분리될 수 없다. 시편 148편에서는 하나님이 그의 말씀으로 창조하셨던 모든 피조물과 이와 더불어 신화적인 전통들이 창조자에 대한 찬양에 삽입되었다. '탄니님'(*tannînîm*)과 '테호모트'(*tehomôt*)가 불과 우박, 눈과 안개, 그리고 '그의 말씀을 이행하는' 폭풍과 함께 하나님을 찬양하도록 요청된다(V.7f). 창세기 1장 21절에 따르면 하나님 자신이 '탄니님'(*tannînîm*)까지도 창조하셨다. 이때 '바라'(*bārā'*, 창조하다)라는 동사가 사용된다. 이 동사는 첫 번째 창조보도의 서두와 말미(창1:1; 2:3) 외에는 오직 인간창조를 서술할 때 사용된다(V.27에서 3회). 시편 104편 26절에 따르면, 하나님은 리워야단을 혼자 놀게 하려고 만드셨다. 그래서 이 생물은 자신의 신화적인 성격을 완전히 상실하고 세계질서를 더 이상 위태롭게 할 수 없는 것으로 나타난다(참조. Ebach 1984). 이러한 사실과 동시에 창조주 하나님의 주권이 확고하게 표현된다.

내가 하늘을 보니

창조와 하나님의 창조활동은 히브리성서에서 여전히 다양한 형태와 관점에서 표현된다. 이런 점에서 하나님의 창조행위가 장인의 창조활동에 빗대는 은유법을 통해 기술된다. 그가 "하늘을 휘장같이 펼치시고"(시104:2; 사40:22; 44:24 외 여러 곳), '하늘' 위에 있는 물에 "자기의 거처를 세우시며"(시104:3, 참조. 시24:1f; 29:10; 암9:6), 땅의 기초를 놓아 흔들리지 않게 하신다(시104:5, 참조. 시93:1, 더 나아가 암4:13). 창조는 "그의 손으로 하신 일"이다(시19:2[1]; 102:26[25]). 창조는 정말 그의 손가락으로 한 정밀작업이다(시8:4[3]).

종종 사람들은 단지 멀리서 바라보고 놀라워하면서 말할 수 있을 뿐이다. "내가 당신 손가락으로 지으신 하늘을 보니…"(시8:4[3], 참조. 사40:26). 그리고 사람들은 하늘과 변화하는 날의 시간이 서로 창조자에 대한 찬양을 선포할 때, 그것을 직접 들을 수 없다. 그러나 동시에 창조에 관한 진술은 인간세계와 항상 연결되어 있다. 시편 104편은 창조된 세계를 여러 단계에 걸쳐 묘사한다. 이때 인간은 점진적으로 고려된다. 천상에서의 하나님의 창조와 활동(V.1-4), 혼돈의 물을 제한함으로 우주를 조성하심(V.5-9), 그런 다음 인간의 활동세계와는 거리가 먼 영역까지도 생명력을 제공하는 물의 힘에 대한 내용으로 갑작스럽게 전환된다(V.10-18, 참조. 암5:8b; 9:6b, 하나님이 바다의 물을 땅 위에 쏟으신다). 그런 다음 밤과 낮의 상호관계와 동시에 동물과 인간의 활동세계 사이의 상호관계가 고찰된다(V.19-23). 그리고 끝으로 여기에서부터 창조세계를 다스리시는 하나님의 관계방식과 창조세계가 보여주는 다양한 모습이 폭넓게 조망된다(V.24-32). 이 시편에서는 이집트 지혜문헌, 특히 파라오 에크나톤(Echnaton)의 거창한 태양 찬양시(AOT 15ff; TUAT II, 848ff)와의 관계성이 분명하게 드러난다. 우리는 여기에서 이스라엘이 세계를 창조로서 인식하는 자신들의 관점을 위해 고대 오리엔트 주변세계의 다양한 영역으로부터 여러 요소를 수용했다는 사실을 알 수 있다(위에서 언급한 바벨론 전통을 참조하라).

그렇지만 성서 저자들과 청중 또는 독자의 현실에 대한 창조의 관계는 완전히 다르게 표현될 수 있다. 시편 136편은 창조자에 대한 찬양으로 시작된다. 창세기 1장에 철저하게 의지하고 있는 첫 번째 창조사역에 관한 묘사(V.4-9)는 천체(여기에서는 창1:16에서와 다르게 이름과 함께 언급된다)의 창조 이후에 갑작스럽게 중단되며, 출애굽 사건에 대한 기술로 이어진다(V.10ff). 창조주 하나님의 능력은 그가 자신의 백성 이스라엘을 "강한 손과 편 팔"(V.12)로 이집트의 종살이에서 이끌어내셨다는 사실에서 입증된다. 그리고 그분은 그렇게 시편 기도자들의 현세대도 기억하신다(V.23-25).

이사야 51장 10절에서도 하나님의 창조행위를 출애굽과 직접적으로 연결시킨다. 하나님이 테홈을 말리시고 "속량받은 자들"(*g*[e]*'ûlîm*)을 지나가게 하셨다. 여기에서 하나님의 창조행위에 대한 기억이 포로공동체의 현재로부터 뒤로는 출애굽과 앞으로는 고대하는 하나님의 개입(위를 보라)과 연결된다. 이때 출애굽기 15장 1-18절의 찬양시가 상기된다. 이곳에서 하나님이 '당신이 구원하신(*gā'altā*) 백성' 을 건너가게 하셨던 홍해의 물이 '테호모트' (*tehomôt*)로 지칭되고 있다(V.5, 8). 느헤미야 9장에 있는 느헤미야의 기도는 더 멀리 소급된다. 그의 기도는 창조 안에 나타난 하나님의 행동(V.6)에서 시작하여 아브라함의 선택(V.7f)과 출애굽(V.9-12)으로 이어진다. 다가오는 하나님의 개입에 대한 희망이 마지막 부분에 나타난 절망적인 현재에 대한 탄식에서 간접적으로 암시된다(V.36f).

창조에 관한 진술과 현재의 문제와의 관계가 이사야 40-55장에서(특히 40-45장에서) 분명하게 두각을 나타낸다. '바라' (*bārā'*)라는 낱말은 히브리성서의 다른 어떤 영역에서보다 더 자주 등장한다(참조. Anderson 1967, 124ff). 그것은 하나님에 대한 하나의 한정적 형용사(Epitheton)가 되었다. 또한 그것은 다음과 같은 분사의 형태로 적지 않게 나타난다. "하늘을 창조하신 자(*bôrē'*), 곧 야훼가 이렇게 말씀하신다. 오직 그분만이 하나님이시다"(사45:18 참조. 사40:28; 42:5; 45:7f, 이외에도 자주). 바벨론 포로기로부터 유래한 이사야서의 이러한 본문에서 창조자 하나님에 관한 언급은 특히 다음과 같은 두 가지 기능을 가지고 있다. 그것은 다른 신들에 대한 이스라엘 하나님의 우월성을 강조하며(45:18ff 외 자주, 그리고 아래를 보라) 귀환에 대한 이스라엘의 소망을 강화시킨다. 늘 새롭게 시작되는 이사야 40장 12-31절에서 이스라엘은 눈을 들어 창조자의 작품들을 바라보며(V.26) 다음과 같은 사실을 기억하라고 권고받으며 격려를 얻는다. "야훼는 영원하신 하나님, 땅 끝들을 창조하신 분이시다. 그는 피곤하거나 곤비하지 않으신다…"(28ff).

이때 창조주 하나님에 관한 진술에서 놀라운 표현들이 나타난다. 하나님은 "이스라엘의 창조자"(사43:15, 참조. V.1, 다른 동사로 표현된 경우들은 사44:2, 21, 24; 45:11; 51:13)요, "종"(사42:6; 49:5)과 "예루살렘"(사54:5)의 창조자이시다. 이것은 또한 이스라엘 백성 개개인에게로 확대될 수 있다. "나의 이름으로 불리우는 모든 자들을 내가 나의 영광을 위하여 창조했고 조성했고 지었다"(사43:7). 이스라엘에 대한 특별한 하나님의 관계를 표현하는 이 진술은 항상 이스라엘에 대한 하나님의 임박한 구원행동을 예고하는 상황 속에서 나타난다. 이 진술은 하나님이 이스라엘을 "선택하셨다"는 진술 바로 옆에 놓일 수 있다(사44:1f). 또 하나의 다른 측면은 하나님이 다가오는 구원과 새로운 일들을 '창조하신다'는 예고다(사41:20; 45:7, 8; 48:7). 이것은 이사야서 마지막에서 나오는 하나님이 새 하늘과 새 땅을 창조하실 것이라(사65:17f)는 기대에서 최종적으로 확대된다. 그러므로 창조라는 개념은 한편으로는 이스라엘에 대한 그의 관계를 통해서 축소되고, 다른 한편으로는 종말적으로 확장된다. 이러한 변화 속에서 하나님의 행동은 - 그것이 권능적인 행동이든 배려 있는 돌보심이든, 세계를 변화시키는 작용이든 상관없이 - 그의 주권 안에 있는 창조의 용어를 통해서 강조된다.

히브리성서의 다른 본문들에서는 창조주 하나님에 관한 진술이 폭넓게 전개되지 않지만, 신학적으로 동일하게 큰 비중을 차지한다. 그래서 신명기 10장 14절 이하에서는 하늘과 땅이 하나님께 속해 있다는 진술이 오직 이스라엘만을 선택하셨다는 사실을 강조하는 것과 직접적으로 연결된다. 신명기 4장에 기록된 긴 모세연설의 마지막 단락에서 오직 야훼만이 "위로 하늘과 아래로 땅에서"(V.39) 하나님이시라는 사실을 인식할 수 있도록, 인간을 창조하실 때부터 세계와 이스라엘과 함께 계셨던 "하나님의 역사"(V.32)를 회상하라고 요청한다. 열왕기상 8장 23절의 솔로몬의 성전 봉헌기도에 매우 유사한 내용이 있다. "위로 하늘과 아래로 땅 위에 당신과 같은 하나님이 없습니다." 그리고 이 동일한 기도의 후반부에 다음과 같은 표현이 있다. "야훼, 그는 하나님이시다"(*jhwh hû' hā-'elohîm*), 즉 **오직** 그만이 하나님이시다(V.60). 이것은 분명 야훼의 유일한 하나님 되심이 그의 창조주 되심을 포괄한다거나 그 자신으로부터 근거가 마련된다는 사실을 의미한다고 이해할 수 있다. 이 형식구는 비슷한 표현으로 여러 번 발견되는데 신명기 7장 9절과 열왕기상 18장 39절에서도 발견된다(참조. 1994, 19). 출애굽기 19장 5절에서도 이스라엘의 선택에 대한 약속이 나타난다. 왜냐하면 온 땅이 하나님께 속해 있기 때문이다.

많은 본문에서 창조자로서 하나님에 대한 지칭이 특별한 강조 없이 들린다. 그러나 바로 이러한 사실에서 일종의 신학적인 자명함 같은 것을 볼 수 있다. 그래서 아브라함은 자신의 종이 "하늘과 땅의 하나님, 야훼를 두고" 맹세하게 한다(창24:3, 참조. V.7). 아브라함 자신이 "전 세계의 심판자"(창18:25)이신 하나님께 말을 한다. 여기에서 하나님이 창조하신 세계에 대한 그분의 (처분)권한이 암시된다. 창세기 14장 22절에서 야훼와 동일시되는 "하늘과 땅의 창조자"(창14:19f) 최고의 하나님(*ʾēl ʿeljôn*)이라는 지칭이 더 강하게 강조된 것이다. 또한 전도자도 독자들에게 "모든 것을 아름답게 만드신"(전3:11) 자신의 "창조자를 생각하라"(전12:1)고 경고한다.

너희는 하나님을 누구와 비교하고자 하는가?

창조자로서의 하나님의 주권은 그와 동등한 권리를 주장하는 요구나 의심에 맞서 계속해서 방어되고 주장되어야 한다. "너희가 나를 누구와 비교하고자 하느냐?"(사40:18, 25; 46:5)라는 질문은 두 가지 방향을 목표로 한다. 우선, 이 질문은 하나님의 크신 창조행위를 열거하는 과정에서(사40:12-26) 그분의 능력에 대한 비교할 수 없는 다양성을 보여준다. 이를 통해서 이 질문은 포로가 된 상황 가운데 살고 있는 이스라엘 백성이 제기하는 의심에 대해 답변한다. 그들은 하나님으로부터 버림받았으며 더 이상 그분의 능력을 신뢰할 수 없다고 느끼고 있었다(V.27ff). 다른 한편으로 이 질문은 하나님 외에 다른 신들이 있다는 주장을 반박한다. 그러나 다른 신은 사람의 손으로 만든 말 못하는 우상들일 뿐이다(사46:5-8). 오직 **한 분**만이 이 세계의 창조자이시다. 이 말은 동시에 오직 **한 분**만이 하나님이시라는 사실을 의미한다. 시편 96편 5절에서도 다음과 같이 말씀하고 있다. "열방의 모든 신들은 헛된 것들이나, 야훼께서는 하늘을 지으셨다"(참조. 시95:3-5). 예레미야 10장에서도 광범위하게 주장된 논박이 나타난다. 그곳에서 야훼는 창조자로서 스스로 만든 우상들과 대비된다(V.12. 아람어 역본에는 V.11에서).

하나님에 대한 욥의 고발(Anklagereden)에서 다른 신들의 존재에 대한 질문은 어떤 역할도 하지 않는다. 그의 고발에서는 단지 '전능하시고 의로우시다'고 하시는 하나님이 왜 욥에게 고난을 허락하시는가에 대한 문제를 다루고 있을 뿐이다. 하나님은 욥의 선동적인 고발에 대하여 다음과 같은 질문으로 대응하신다. "내가 땅의 기초를 놓을 때에 너는 어디 있었느냐?"(욥38:4) 이 후에 끝날 줄 모르는 일련의 수사학적인 질문들이 이어진다. 이 수사학적인 질문 속에서 하나님의 비교할 수 없는 창조사역이 묘사된다. 이때 하나님은 다음과 같이 말했던 욥의 말을 인용하신다. "사람이 어떻게 하늘을 홀로 펴신… 하나님 앞에서 의로울 수 있겠는가?"(욥19:1ff, 참조. 1987, 46ff[103ff]) 하나님의 의로우심에 대한 질문, 즉 '신정론'의 문제는 그 자체만으로 취급될 수 없고, 그것의 창조자 곧 오직 한 분 하나님이신 그분이 세계 전체와 관련을 맺고 있다는 사실에 대한 조망으로부터 분리될 수 없다.

이것은 다음과 같은 결론에 이르게 된다. 하나님 한 분만이 세계에서 일어나는 모든 일에 대한 책임이 있다. 이 같은 사실은 이사야 45장 6절 이하에서 가장 강력하게 표현되어 있다. "나는 야훼이며 다른 이는 없다. 나는 빛도 짓고 어둠도 창조하며 구원을 만들고 재앙도 창조한다." 간결하고 직접적인 이 문장은 매우 충격적이다. 특히 하나님의 창조행위에 대한 특별한 표현인 동사 '바라'(*bārā'*)가 하나님의 활동의 부정적인 측면을 묘사하는데 사용되었다는 점에서 더욱 그렇다. 이에 따르면 혼돈의 흑암(*ḥošek*)이 창조에 통합되어 있을 뿐 아니라(창1:5), 바로 하나님에 의해서 창조된 것으로 여겨진다. 평행을 이루고 있는 대응절이 여기에서 말하고자 하는 바는 이 세계가 시작될 때 있었던 일회적인 하나님의 창조행위에 대한 것이 아니라 구원과 재앙이 계속적으로 하나님에 의해서 '창조된다'는 사실이다. 즉각적인 연관성을 찾는다면 이 진술은 페르시아 왕 고레스에 대한 부름과 관련된다. 고레스 왕의 승리의 행진은 이스라엘에게는 구원을, 패배한 자들에게는 재앙을 의미한다. 그러나 이 진술은 또한 더 근본적인 것으로 이해되어야 한다. 즉 인간과 열방의 운명을 결정하는 세력들로서의 구원과 재앙은 다른 어떤 사람에 의해서, 특히 다른 신들에 의해서 조성될 수 없다는 것이다. 그러나 동시에 성서 전체를 보는 독자들은 하나님이 흑암뿐만 아니라 재앙도 지배하신다를 사실을 듣고 이해한다. 흑암도 하나님이 창조의 전체성 안에 포함되도록 하셨다. 그분은 재앙을 창조하시고 다시 그것을 제거하실 수도 있으며 심지어는 구원으로 변하게 하실 수도 있다(참조. Levenson 1988, 124).

인간이란 무엇인가?

성서의 본문들은 인간에 대해서 기록하였고 인간을 향하고 있다. 그러므로 창조에서 차지하는 인간의 위치에 관한 질문은 단지 세부질문이 아니다. 왜냐하면 오늘날 인간이 자기 자신을 창조의 중심으로 고찰하지 않도록 배웠다 할지라도, 그들은 본문에서 창조 안에서 그리고 창조를 위하여 책임을 다하도록 요구되기 때문이다. 시편 8편은 창조와 비교할 때 생기는 인간의 약소함과 하나님에 의해서 부과된 영예와 책임의 위대함 사이의 긴장을 표현한다. "인간이 무엇이기에 당신은 그를 기억하여주십니까? …당신은 그로 하여금 당신의 손이 만든 것들을 다스리게 하셨습니다"(V.5[4], 7[6]).

성서의 서두에 나오는 두 개의 창조보도는 인간이 창조에서 차지하는 위치적 관점에서 창조를 바라본다. 첫 번째 장에서 인간은 창조사건 전체의 종결 부분에서 매우 강조되어 나타난다. 그러나 두 번째 장에서 인간은 맨 먼저 창조되었고, 창조가 그를 둘러싸고 구축된다. 그래서 두 본문 모두에서 인간은 창조에서의 특별한 위치를 차지한다. 그렇지만 동시에 인간은 다양한 방식으로 창조에 배열된다. 첫 번째 장에서 그의 특별한 위치는 하나님과의 관계에서 표현된다. 하나님은 인간을 자기 자신의 형상을 따라(또는 형상으로, 아래를 보라) 창조하셨다(창1:26). 이 진술은 거의 헤아릴 수 없이 많은 해석사를 촉발시켰다(참조. Westermann 1974, 203ff; Schmidt 1987, 225ff). 그럼에도 불구하고 몇 가지 근본적인 질문이 미결된 채 남아 있고 또한 그렇게 남아 있게 될 것이다. 여기에서 하나님은 복수로 말씀하신다. "우리가 인간을 만들자!" 성서 히브리어에는 장엄의 복수(pluralis majestatis)라는 것이 없다. 그렇다면 복수는 무엇을 의미하는가?(참조. 창11:7) 하나님은 여기에서 천상의 궁정수행원들과 함께 결정하시는가?(참조. 왕상22:19; 욥1:6; 2:1; 사6:8) 아니면 이 본문의 저자가 인간이 창조자의 형상을 따라 창조되었다는 진술을 회피하고자 하는 것인가? 다시 말하면 야훼의 모습을 따라서(Jhwh-gestaltig) 창조된 것이 아니라 '단지' 엘로힘의 모습을 따라(*ʾelohîm-gestaltig*) 창조되었다는(vRad 1962, 158f; 1972, 37ff) 것인가? 이러한 사실은 27절을 통해서도 지지될 수 있을 것이다. '하나님이 인간을 자신의 형상을 따라 창조하셨다. 그는 **엘로힘**(*ʾᵉlohîm*)의 형상을 따라 그를 창조하셨다.' 시편 8편은 동일한 방향을 가리킨다. "당신은 그를 **엘로힘**(*ʾᵉlohîm*)보다 조금 못하게 만드셨다' (V.6[5]). 하나님보다 못하게? 아니면 신들보다 못하게? 또는 천사보다 못하게?(70인경에 의하면 ἄγγελοι) 그리고 동일하게가 아니라 못하게? 질문들이 더 늘어날 수 있고, 그 질문들은 최종적인 답변 없이 남게 된다.

'그의 형상을 따라' 가 의미하는 것은 무엇인가? 인간이 하나님의 모상(模像), 즉 외형상으로 그분을 닮았는가? 아니면 '첼렘' (*ṣelem*)이란 개념이 '하나님의 대리자' 라는 의미로 이해될 수 있기에 하나님이 인간을 '자신의 형상으로' 또는 '자신의 형상으로서' 창조하셨다는 것을 의미하는가? 창세기 1장 26절의 상황은 이러한 두 번째 해석을 지지한다. 왜냐하면 거기에는 '하나님의 동일형상성' (Gottesebenbildlichkeit)에 대한 유일한 상세규정으로서 인간이 다른 생물을 '다스려야' 한다고 진술되기 때문이다. 또한 이것은 인간의 창조에 관한 진술의 확장으로서 하나님이 그에게 다른 생물을 다스리게 하셨다(V.7-9[6-8])고 진술하는 시편 8편에 의해서 다시금 확인된다. 이스라엘의 종교사적인 주변세계에서, 특히 이집트에서는 왕이 신의 모상으로서 서술된다. 이스라엘에서는 이것이 인간 전체에게 적용됨으로써 '민주화되었다' (참조. THAT II, 556ff; ThWAT 6, 1046ff).

하나님은 인간을 남자와 여자로 창조하셨다. 창세기 1장 27절의 문장은 '아담' (*ʾādām*)이란 낱말이 가지고 있는 이중성을 보여준다. '하나님이 **아담**(*ʾādām*)을… **엘로힘**(*ʾᵉlohîm*)의 형상으로 창조하셨다(상반절)… 그는 그들을(복수) 남자와 여자로 창조하셨다"(문자적으로 말하면 '남성적으로 그리고 여성적으로'). 장르개념 '인간'은 히브리성서에서 단지 문법적으로 단수로 나타난다. 또한 그것은 장르로서 인간, 즉 모든 인간, 다시 말하면 개인적으로 구별할 수 있는 다수의 사람 또는 개별적인 한 사람을 표시할 수 있다. 대부분 문법적인 상황 역시 단수로 나타난다. 그러나 여기 창세기 1장 27절에서는 복수가 강조되어 사용되었다. 지금 창조된 **아담**은 인간 한 사람이 아니라 두 사람, 즉 남자와 여자를 나타낸다. 그들은 함께 **아담**을 이룬다. 이러한 진술은 창세기 5장 1절 이하에서 반복되며 더 강조된다. '그는 그들의 이름을 **아담**이라고 불렀다'(참조. Trible 1993, 36ff).

창세기 2장에서 인간창조는 다른 서사적 전망 속에서 서술된다. **아담**은 **아다마**(*ʾadāmāh*), 즉 땅으로부터 그 땅을 경작하게 하기 위해서 창조된다(V.5b, 15). 그는 '땅의 피조물,' '땅의 소산물'(Erdling)이다(Trible 1993, 99, 영어로는 earth creature). 하나님은 그의 코에 '생명의 호흡'을 불어넣으심으로써 그를 생명체가 되게 하셨다(V.7). 이러한 땅의 피조물은 '남자'가 아니다. 왜냐하면 아직 성별의 구별이 나타나지 않기 때문이다. 하나님이 그에게 한 배필을 붙여주시고 난 후에야 비로소 여자(*ʾiššāh*)와 남자(*ʾîš*) 사이의 성별 구분과 동반자 관계가 생겨났다(창2:18-24). '하-아담'(*ha-ʾādām*, 정관사와 함께)이라는 낱말이 이제야 '자신의 여자'에 상대적인 의미로 '남자'를 지칭할 수 있다(V.25). 그러나 이 낱말에는 계속해서 창세기 3장 22-24절에서 분명해지는 바와 같이 인간에 대한 포괄적인 개념이 남아 있다. 기록에 따르면 분명 남자와 여자를 공동으로 의미하는 '하-아담'(*ha-ʾādām*)이 동산으로부터 추방된다(Crüsemann 1978 b, 57).

그러므로 모든 차이에도 불구하고 두 개의 창조는 "놀라운 …

사실적인 의견일치 속에서" 하나님이 처음에 남자와 여자를 창조하셨다고 기록한다(Wolff 1973, 145). 성서 이후 종교들(유대교와 기독교 - 역자 주)의 해석사와는 달리 두 보도 중에서 그 어떤 것도 남자 아래에 있는 여자의 종속성에 대해서 말하지 않는다. 이러한 사실은 창세기 1장 28절에서 분명해진다. 하나님이 한 쌍의 인간을 창조하신 후에, 그들 모두에게 말씀을 하신다. 다음에 나오는 모든 내용은 위계질서적인 우위성이나 종속성의 의미 없이 그들 모두에게 해당된다. "너희는 생육하고 번성하며 땅에 충만하라." 이것은 여자와 남자가 함께할 때만 가능하다. 뒤이어 나오는 명령들도 두 사람 모두를 향하고 있다. "그것(즉 땅)을 정복하고 바다의 고기들과 하늘의 새들과 땅 위에 움직이는 모든 동물을 다스리라." 이러한 지시는 "하나님의 형상"으로 지음받았다는 인간에 관한 진술과의 관련성 속에서 이해될 수 있다(위를 보라). 인간은 생명체의 세계에서 인도하는 역할을 넘겨받았다는 점에서 하나님을 대리해야 한다는 것이다. 이 역할은 필수불가결한 것이며 다른 어떤 피조물에게도 인계할 수 없다. 창조주 자신과 그분에 의해서 세워진 왕이 목자 역할을 하는 고대 오리엔트의 유사본문들을 따라 창세기 1장 28절은 바로 "목자 은유"에 관한 것이라고 이해할 수 있을 것이다(Zenger 1987, 90). 물론 이 그림을 낭만적으로 이상화해서는 안 된다. 지도(Leitung)는 통치를 의미하며, 권력의 사용을 포함한다. 이러한 점은 고대인에게 동물이 위협적인 존재였다는 사실을 고려할 때 더욱 잘 적용된다. 그들은 이러한 동물에 맞서 자신과 가축을 보호해야 했다(Ebach, 1986, 31ff; Janowski 1993).

이러한 마지막 숙고와 함께 창세기 1장이 묘사하는 바와 같은 선한 창조질서 안에 한 가지 침해요소가 등장하는 것은 아닌가 하고 이의를 제기할 수 있다. 아마도 저자는 오히려 이사야 11장 6-9절에서 메시아의 구원 시대를 위해 구상되는 것과 같은 상황을 생각했을 것이다. 거기에서는 동물 사이에 그리고 동물과 사람 사이에 완전한 평화가 넘쳐난다. 이 점은 물론 이어지는 창조질서에 알맞는 음식규정에 적용된다(창1:29f). 인간과 동물은 단지 식물과 열매만을 먹고 살게 된다. 인간은 식물의 씨와 열매를 저장할 수 있고 식량을 생산할 수 있다(V.29). 이와 달리 동물은 식물에서 직접 음식을 섭취한다. 그러나 동물의 고기는 - 그것이 인간에 의해서 죽었건 아니면 맹수들에 의해서 죽었건 상관없이 - 창조질서에 알맞는 음식물이 아니다. 살인/살상은 '타락'과 '홍수 이후 세계'의 징후다(창4:1-16; 9:2-6).

창세기 2장에서 인간의 위임은 다른 관점에서 고찰된다. 그는 "땅을 경작"해야 한다(V.5bb). 그래서 하나님은 동산 하나를 만드시고 "그 동산을 경작하고 보존하도록" 인간을 거기에 두셨다(V.15). 이 두 창조보도를 현재의 맥락에서 읽으면, 이것은 창세기 1장 28절에 나오는 통치명령의 보충적인 관점으로 나타난다. 그 위임이 여기에서는 인간의 좁은 생활범위와 관련된다. 그러므로 인간의 능력과 관심을 기울여야 할 대상은 동물이 아니라 경작할 땅이다. 즉 그 어떤 노동도 없는 '파라다이스의' 상태를 생각하고 있는 것은 전혀 아니다. 아울러 보전에 대한 이 위임(*šāmar*는 '보호하다'와 '지키다'를 의미한다. 참조. 창3:24; 4:9)은 성서가 땅을 착취하도록 허용했다는 근대의 주장과 상반되며, 이것은 본문에 대한 무지에서 기인한 것임을 알 수 있게 한다(참조. Lohfink 1977, 156ff).

에덴의 건너편

하나님이 인간을 땅으로부터 지으시고 그것을 경작하고 보존하도록 임명하셨다는 보도는 '타락' 이후에 계속된다. 그렇지만 이제는 완전히 다른 전조 아래에서 기술된다. 에덴동산에서 추방될 때, 설화자는 땅을 경작해야 한다는 인간에 대한 규정을 반복한다(창3:23). 그러나 이것은 완전히 다른 강조점을 가진다. "그가 취해진 것"은 땅이다. 그리고 이때 이 말씀은 창세기 3장 19절의 저주로부터 다음의 말씀과 함께 들린다. "네가 그것으로 돌아갈 때까지." 회고해볼 때 "왜냐하면 너는 먼지이기 때문이라"는 말은 "너희는 하나님과 같이 될 것이다"라는 뱀의 말(V.5)에 대한 하나의 응답으로서 나타난다. 그들은 하나님과 같은 것이 아니라 먼지다.

창조과정 전체가 이제는 하나의 새로운 빛 안으로 들어간다. 하나님이 인간을 흙으로부터 지으시고 그에게 "생명의 호흡"을 불어넣으셨다(창2:7). '호흡'(*n^e^šāmāh*)이 땅의 피조물을 '생명체'(*nepheš ḥajjāh*)로 만든다. 하늘과 땅의 창조자는 동물을 포함하여(창7:22) 땅 위에 사는 모든 것에 호흡을 주신다(사42:5). 호흡은 하나님 자신의 입김(Hauch) 중의 일부다. 그래서 히브리어 '네샤마'(*n^e^šāmāh*) 외에도 '루아흐'(*rûªḥ*, 입김, 영, 바람)가 훨씬 자주 쓰인다(사42:5; 욥27:3 등). 그러나 호흡은 동시에 인간의 허약성에 대한 지속적인 표시다. 하나님은 호흡을 주시지만, 언제든지 다시 가져가실 수 있다. 욥은 자신에게 주어진 생명의 시간이 "내가 호흡을 가지고 있으며 하나님의 입김이 내 코에 있는 동안"뿐이라고 표현하였다(욥27:3). 만일 하나님이 그 호흡을 다시 가져가시면 모든 생명체는 죽어야 한다(시104:29; 욥34:14f). 그러나 또한 하나님은 자신의 호흡을 보내심으로 땅을 새롭게 소생시키신다(시104:30). 심지어 하나님은 자신이 만든 생명체들이 사라지지 않도록 분노를 제어하신다(사57:16). 그리고 최종적으로는 시편의 마지막 구절에서 호흡하는 모든 것은 하나님을 찬양하도록 요청된다(시150:6).

여기에서 창조의 과정이 완전히 개별적인 인간의 영역으로 옮겨진다. 그래서 하나님은 예레미야에게 그를 모태에서 조성하셨다(창2:7; 렘1:5에서와 같이 *jāṣar*)고 말씀하신다. 시편 기자도 출생 이전에 하나님이 모태에서 창조하셨다고 말하고 있으며(시139:13-16), 욥은 이러한 과정을 놀랍도록 상세하게 묘사한다(욥10:8-11). 그러나 이러한 놀라움은 동시에 하나님께 내맡겨짐(Ausgeliefertsein)이라는 감정과 날카롭게 대조된다. 시편 기자는 하나님으로부터 숨으려고 시도해도 "불가능"하다고 말한다(시139:7-12). 이에 더해 욥은 하나님의 불의한 핍박에 거의 참을 수 없는 저항 속에서 창조의 과정을 묘사한다(욥10장, 특히 V.8f, 18). 그는 자신이 하나님에 의해서 유기(遺棄)되었다고 보고 있다. 예레미야도 출생 이전에 이미 예언자로 선택되었다고 말하지만 오히려 그것이 자신의 출생에 대한 탄식의 외침과 충돌하고 있다(렘15:10, 참조. 욥3장).

그러므로 이러한 본문들에서 히브리성서의 세계관이 성서의 첫 두 장에 서술된 바와 같은 손상되지 않은 창조의 그림에서가 아니라, 타락 이후의 상황으로부터 출발한다는 사실이 다시금 입증된다. 하나님에 의해서 창조된 인간의 생명은 이제 죽음을 통해서 제한된다. 인간은 그가 취해졌던 흙으로 돌아간다(창3:19). 전도자는 "영(*rûaḥ*)이 그것을 주셨던 하나님께 돌아간다"(전12:7)고 부언한다.

죽음은 인간적인 삶의 자연적인 종말이다. 그래서 여호수아는 다음과 같이 말한다. "내가 오늘 모든 세계의 길을 간다"(수23:14). 다윗도 같은 말을 한다(왕상2:2). 이러한 서술에서 알 수 있듯이 임박한 죽음은 삶의 여정을 회고하면서 확정된 길을 가야 하는 남아 있는 사람들에게 훈계의 동기로 작용한다. 야곱은 요셉과 그의 아들들에게 하나님의 약속을 전수한다. "나는 지금 죽는다. 그러나 하나님은 너희와 함께 하시며, 너희를 너희 조상들의 땅으로 돌아가게 하실 것이다"(창48:21). 그러므로 죽음은 동시에 후세대에 대한 인계(Übergabe)다.

꽉 찬 삶의 종말은 다음과 같이 묘사될 수 있다. "아브라함은 매우 많은 나이에 충분히 장수하고 죽었다"(창25:8, 마찬가지로 이삭도 창35:29). 역대기 기자는 다윗에 관하여 이와 동일하게 기록한다(대상29:28). 놀랍게도 욥도 "늙어 충분히 장수하고" 죽었다고 말한다(욥42:17). 이 표현이 삶 전체가 문제 없고 평화스러웠다는 사실을 의미하는 것은 아니다. 그것은 정말 아브라함이나 다윗의 경우에도 마찬가지다. 그러나 이것을 통해 '꽉 찬' 한 생애가 자연스런 종말을 맞이했다는 사실이 표현된다.

히브리성서는 이러한 '자연적인' 죽음에 관하여 대체로 매우 평범하게 서술한다. 그것은 종종 아주 짧게 언급된다. "그때 그/그녀가 죽었다." 흔히 여기에 장례에 관한 기록이 뒤따른다(예컨대, 창35:8; 35:19, 29; 삿8:32; 삼상25:1 등 여러 곳). 적지 않은 경우가 특정한 장소에 대한 언급과 연관되어 있다(창35:8, 19; 민20:1 등 여러 곳). 이 같은 사실을 통해서 무덤이 알려져 있었고 아마도 그것들이 숭배되었을 것이라는 사실을 보여준다. 그러나 이 본문들은 정규적인 죽은 자 숭배의식(Totenkult)에 관하여 그 어떤 것도 알려주지 않는다.

그러나 주변세계의 종교로부터 알려진 바와 같이(신18:11; 26:14; 삼상28장; 사8:19; 65:4 외 여러 곳), 이스라엘에 죽은 자를 숭배하는 경향이 있었다는 사실을 보여주는 일련의 기록이 있다. 우리는 죽은 자와의 접촉은 '부정하게' 만든다는 단호하고 제의적인 본문이 이런 경향에 대한 방어수단으로 쓰였음을 이해할 수 있다(참조. 특히 민19장의 "정결수"[Reinigungswasser]에 관한 규정들, 더 나아가 제사장[레21:1-4, 11]과 나실인[민6:6-21]에 대한 특별규정. 참조. vRad 1962, 288ff; Levine 1993, 468-479).

죽음과 죽는 것에 관하여 완전히 다르게 말하고 있는 본문들도 있다. 특히 시편에서 죽어야만 하는 것과 죽음의 문제에 대한 씨름이 언급되어 있다. 다른 구절들이 이 점에 관해서 말하고 있다 (참조. Crüsemann, 1989).

Theologie des Alten Testaments

B.II 언약과 선택

언약과 선택

서론

하나님이 세계와 인간에 대하여 관심을 기울이고 계시다는 사실은 히브리성서에서 다양한 방식으로 표현된다. 이러한 표현양식 중 대부분은 특정한 전통과 본문의 영역에서 생겨난 언어와 신학을 통해 각인되어 있다. 그러나 동시에 그것들 사이에는 여러 가지 방식의 연결이 있다. 따라서 이와 같은 상황이 성서 전체의 신학적인 맥락을 깨뜨릴 수 있기 때문에 이 연결들을 완전히 분리하려고 시도하기도 한다. 이러한 지배적인 관점에서 우리는 다음과 같은 세 가지 주요집단으로 나눌 수 있다.

1. 세계와 자신의 백성 이스라엘과 맺은 하나님의 언약
2. 모든 민족으로부터 이스라엘의 선택
3. "내가 너희의 하나님이 될 것이며, 너희는 내 백성이 되어야

한다"는 형식구(이른바, 언약형식구[Bundesformel])

이러한 세 진술집단은 언어적인 표현양식과 신학적인 강조점 때문에 분명히 서로 구별된다. 하지만 다양한 방식으로 접촉되고 교차된다. 여기에서 어떤 것도 독자적으로 다양한 모습으로 나타나는 인간에 대한 하나님의 관계와 하나님에 대한 인간의 관계를 포괄할 수 없고, 이러한 관계의 특정한 측면을 상이한 방식으로 표현하고 있다. 이뿐 아니라 이스라엘과 인간에 대한 하나님과의 관계에 관하여 전체적으로 볼 때 특징적인 용어들을 사용하지 않고도 세 집단 중 어느 하나가 대변할 수 있다는 사실이 계속해서 분명해진다. 동시에 히브리성서에 있는 본질적인 신학적 진술들은 어떤 경우에도 항상 특정한, 즉 견고하게 굳어진 언어적 개념으로 표현되지 않는다는 사실이 드러난다. 개념들은 중요한, 그야말로 필수적인 방향판단을 위한 보조물이기는 하지만 그 어느 때에도 문제 자체가 되지는 않는다.

내가 나의 언약을 기억할 것이다

히브리성서에서 인간에 대한 하나님의 관심을 표현하는 가장 포괄적이며 신학적으로 가장 중요한 개념은 '베리트'(*b^e^rît*)라는 낱말이다. 이것이 독일어에서는 '언약'으로 번역되곤 한다. 하지만 이 번역이 문제가 없는 것은 아니다. 왜냐하면 독일어의 언약은 흔히 히브리어 낱말이 항상 가지고 있는 의미는 아닌 쌍무성(Zweiseitigkeit)을 표현하기 때문이다(참조. Kutsch 1973). 그러나 언약이라는 낱말은 기독교신학

전통에서 긴 역사를 가지고 있다. 따라서 그것은 인간에 대한 하나님의 특별한 관계를 매우 잘 표현할 수 있다.

이때 가장 중요한 것이 있다면 언약은 항상 하나님으로부터 시작되고 그의 주도권에 근거하고 있다는 사실이다. 이것은 히브리 성서에서 이 낱말이 처음 등장하는 곳에서 매우 명백해진다. 홍수 이후에 하나님은 변함없이 지속되는 인간의 죄성에도 불구하고 이 땅은 영속하게 될 것이라는 약속(창8:21f)을 노아에게 주셨고 약속(창6:18)의 장엄한 이행을 통해서 확인하신다. "보라, 내가 너희와 내 언약을 세운다"(창9:9). 여기에서 하나의 각인된 용어가 등장한다. 그것은 하나님이 "세우시는"(*hēqîm*) 하나님 자신의 언약(나의 언약)이다. 그분은 언약을 노아와 그의 후손들과 방주로부터 나온 모든 생명체와 "함께" 세우시거나(V.9f), 또는 "나와 너희 사이에" 세우신다(V.12f, 15-17). 동시에 하나님은 언약의 표징을 추가하시고(*'ôthabbᵉrît*, V.12f), 이 언약을 "기억하실" 것이라고 한다(*zākar*, V.15f). 왜냐하면 그 언약은 '영원한 언약' (*bᵉrît 'ôlām*, V.16)이기 때문이다. 이러한 언약에서 하나님은 세계와 인간의 존속을 구속력 있게 하고 철회할 수 없게 약속하신다.

그런 다음 (제사장계의 편집층에 속한) 동일한 용어가 창세기 17장의 아브라함과 하나님의 언약체결에서 발견된다. 하나님은 자신의 영원한 언약을 자신과 아브라함을 비롯한 그의 후손 사이에서 세우신다(V.7, 또한 2절과 이 언약이 이삭에게 확대되고 있는 19절과 21절을 참조하라). 이 언약의 내용은 우선 하나님이 아브람(5절에서 아브라함으로 이름이 바뀐다)에게 수많은 후손을 허락하시고(V.2, 4-6), 지금은 아직 나그네로 살고 있는 가나안 땅을 그에게 영원한 기업으로 주시겠다(V.8)는 약속이다. 이러한 약속은 하나님이 아브라함에게 그와 그의 후손에게 하나님이 될 것이라고 약속하는 '언약형식구'(V.7b, 8b, 이 점에 관하여 아래를 보라)에 의해 둘러싸여 있다. 그러나 이 언약은 아브라함에게도 한 가지 의무가 부과된다는 새로운 측면을 보여준다. 아브라함은 가족의 모든 남자와 모든 남자 후손의 할례를 통해서 이 언약을 "지켜야"(*šāmar*) 한다(V.9-13). 이것이 언약의 표징이다(V.11b). 여기에서 언약은 하나님의 선물이며 영원히 남아 있을 것이라는 사실은 분명하지만 인간(즉 아브라함, 이스라엘의 인격 안에서)의 보존행위가 이 언약에 상응해야 한다는 사실이 드러난다. 언약의 표징을 세우는 의무는 이제 인간에게 넘겨졌다.

여기에서부터 다양한 노선이 추적될 수 있다. 출애굽기 31장 12-17절에서는 이스라엘 백성은 영원한 언약을 위한 표징으로 안식일을 지켜야 한다(창17장에서와 같이 *šāmar*)고 말한다. 제7일의 창조의 날에 하나님이 쉬신 것에 대한 소급(V.17)은 창조의 시원사(Anfangsgeschichte)뿐만 아니라 동시에 하나님이 정하신 첫 번째 언약의 표징(창9장)과도 연결된다. 그러나 창세기 17장에서처럼 이스라엘 백성이 이 언약의 표징을 세워야 한다(레24:8에 따르면 이 영원한 언약이 안식일의 "진설병"[Schaubroten]에서 구체화된다).

아브라함 후손의 역사가 계속되면서 특히 언약에 대한 하나님의 '기억하심'이 중요한 역할을 한다. 이집트에서 압제로 고통당할 때 그들의 신음이 하나님께 상달되고 하나님은 족장들과 맺은 자신의 언약을 기억하신다(출2:23-25). 이어서 모세의 출생과 함께 구원의 역사가 시작된다. 출애굽기 6장 2-8절의 중심본문에는 언약용어가 중심에 있다. 하나님은 이 언약을 이전에 세우셨고(V.4), 이제 그 언약을 기억하시며(V.5b), 족장들에게 주신 땅에 대한 약속을 이루기 위해서 이스라엘 백성을 이집트의 노예생활로부터 이끌어내실 것이다. 이때 다시금 야훼가 이스라엘의 하나님이 될 것이라는 약속이 나타난다. 그런데 이번에는 양면적인 형태로 나타난다. "내가 너희를 나의 백성으로 삼고 너희의 하나님이 될 것이다"(V.7). 출애굽 이야기의 처음에 나와 있는 이 본문은 레위기 26장의 시내 산에서 이루어진 율법수여의 긴 종결장과 일치한다. 이 장의 첫머리에서 언약에 대한 기억(V.9)이 다시금 양면적인 언약형식구(V.12)와 연결되어 있다. 하나님의 계명을 지키지 않았기 때문에 징벌로 이스라엘이 겪게 될 모든 고난 후에, 그리고 이스라엘 백성이 자신의 죄를 고백한 후에(V.40), 하나님은 결국 족장들과 맺은 언약을 기억하실 것이다(V.42, 45). 그분이 그들을 이집트로부터 "너희의 하나님이 되기 위하여" 이끌어내실 때 그랬듯이 말이다. 하나님은 자신이 이 언약을 깨뜨리지 않겠다(*hēpēr*, V.44)는 사실을 분명하게 강조하신다. 그 이유는 다음과 같이 단순하다. "왜냐하면 내가 야훼, 너희의 하나님이기 때문이다." 하나님은 자신의 언약을 깨뜨리지 않으신다(참조. Crüsemann 1990, 125f.).

오경 밖에서도 언약에 대한 이런 방식의 발언이 발견된다. 죄의 고백에 이어서 하나님이 자신의 언약을 기억해주시기를 바라는 청원이 나오는 예레미야 14장을 보면 그 내용이 레위기 26장과 매우 유사하게 나타난다. 시편 106편에서도 하나님이 결국 이스라엘의 간구를 들으시고 언약을 기억하신다(V.44f). 예루살렘의 불성실함에 관하여 길게 서술하고 있는 에스겔 16장도 하나님이 예루살렘의 어린 시절에 맺으셨고 이제 그분이 새롭게 확증하시고자 하는 자신의 언약을 기억하신다는 사실을 언급하며 종결된다(참조. Greenberg 1983, 291f). 시편 105편 8절에서도 하나님이 언약을 기억하신다는 사실을 강조한다. 언약에 대한 하나님의 기억하심이 탄식의 종결부에 있지 않고 백성에 대한 하나님의 놀라운 인도하심을 찬양하는 본문의 도입부에 있다. 또한 시편 111편 5절에서는 찬양의 대상으로 나타난다(이것의 전체적인 문제에 관하여 참조. Schottroff 1967, 202ff).

이러한 용어와 신학의 관련성 속에서 하나님의 행동이 완전히 강조된다. 하나님은 언약을 세우시고 때마다 그것을 기억하신다. 이로써 창조는 홍수를 통해 다가오는 새로운 진멸의 위험에서 보존되고, 이스라엘은 모든 위험에서도 결국은 계속해서 구원된다. 이때 언약의 인간적인 측면은 할례(창17:9ff)와 안식일을 지키는 것(출31:12ff)에 대한 의무에서 강조된다. 하나님이 노아와 노아를 통해 모든 인간과 더 나아가 창조 전체와 먼저 언약을 맺으시고, 그런 다음에야 아브라함과 그를 통해 이스라엘과 언약을 맺으신다는 사실이 이러한 언약개념의 형성과정에서 나타나는 특별성이다. 용어상으로 볼 때 양자는 동일한 차원에 있다. 그렇다면 그것이 하나이며 동일한 언약인가, 아니면 하나는 인간 전체와 다른 하나는 아브라함/이스라엘과 맺은 두 개의 언약인가? 많은 사람이 두 번째 가능성에 대해 긍정한다. 그러나 적어도 한 곳에서는 언약의 이러한 두 가지 측면이 분명히 관련되어 나타난다. 이사야 54장 7-10절에서 하나님은 예루살렘에게 자신이 잠시 동안의 분노 뒤에 다시 "노아의 시대에 행한 것처럼" 예루살렘에게 다시 향할 것이라고 약속하신다. 하나님은 그때 홍수가 더 이상 오지 못하게 하리라고 맹세하신 것처럼, 이제는 더 이상 예루살렘에게 분노하지 않으실 것이며 '평화의 언약'(*bᵉrît šālôm*)을 요동하게 하지 않으실 것이라고 서약하신다. 여기에서 노아의 언약은 예루살렘/이스라엘과 맺은 하나님의 언약과 하나의 차원으로 통합되며 상호작용 속에서 고찰된다(이 점에 대해서 아래의 내용을 보라).

너희는 내 언약을 지켜야 한다

이 세계와 이스라엘과 맺으신 하나님의 언약에 관하여 이렇게 언어적이며 신학적으로 통일성 있게 나타나는 진술들 - 오경의 특정한 부분에 대해서는 구성적인 기능을 가진다(참조. 1991b) - 외에 완전히 다른 표현형태들도 발견된다. 그래서 이미 창세기 15장 18절에서 언약체결의 전문용어로 구성된 아브라함에게 하신 하나님의 언약약속은 '카라트'(*kārat*) 동사로 표현되어 있다. 이 동사는 성서 히브리어에서 인간 사이에 맺는 '베리트'(*b^{e}rît*)의 제정을 위한 전문용어로도 여러 번 나타난다(예컨대, 창21:27 외 여러 곳, 이 동사는 기본의미로 '자르다'는 뜻을 가지고 있는데, 아마도 동물이 절단되는 본래적인 언약체결 의식과 관련되어 있을 것이다. 참조. 렘34:18; 창15:9f, 17). 언약의 내용은 아브라함의 후손에게 땅을 주실 것이라는 약속이다. 이것은 놀랍다. 왜냐하면 이 약속은 아브라함 이야기의 첫머리부터 동반되었기 때문이다(창12:7; 13:15, 17; 15:7). 그러나 이 약속이 우선 아브라함의 행동(창12:10ff)과 롯과의 갈등(창13장) 그리고 적대적인 왕들의 공격을 통해 위험하게 된 후, 이제는 하나의 '베리트'(*b^{e}rît*)를 통해 하나님의 의무가 장엄한 형식으로 확인된다. 언약은 아브라함에게 하신 어떤 요구도 언급되지 않은 채 하나님의 자기의무를 포함하고 있다.

창세기 24장 7절에서 아브라함은 이 장엄한 약속을 기억한다. 이때 그는 '베리트'(*b^{e}rît*)라는 낱말을 사용하지 않고 하나님의 맹세에 관하여 말한다. 이 표현은 창세기 26장 3절 이하와 창세기 50장 24절에서도 사용된다. '맹세'와 '서약'은 '언약'에 분명히 포함되어 있거나 곧바로 그 언약의 구성요소가 된다(참조. ThWAT VII, 981ff). 그래서 이 이야기의 계속되는 진행과정에서도 하나님은 아브라함과 그 후손에게 땅을 약속하셨던 맹세를 계속해서 기억하신다(출13:5, 11; 32:13; 33:1; 민11:12; 14:16, 23; 32:11). 신명기에서는 두 가지 노선이 융합된다. "야훼께서 그가 맹세로써 족장들과 맺은 언약을 잊지 않으신다"(신4:31 참조. 신7:12; 8:18; 삿2:1).

그러나 여기에 새로운 요소가 추가된다. 이미 창세기 17장 9절 이하들에서 할례를 통해 그 언약을 "지키라"는 아브라함과 그의 후손의 의무에 관하여 말했다. 시내 산에서 이루어진 하나님과 이스라엘의 만남에서 첫 번째 하나님이 하신 발언은 다음과 같다. "그리고 이제, 너희가 나의 음성을 듣고 내 언약을 지킨다면…"(출19:5). 이스라엘과 맺은 하나님의 언약에 관하여 말할 때 항상 동시에 의미되는 시내 산에서의 커다란 율법수여가 이로써 도입된다. 그래서 십계명과 함께 시작된(출20:1-17) 기본적인 계명의 첫 번째 부분이 장엄한 언약체결 의식과 함께 종결된다(출24:3-8). 다시금 '카라트 베리트'(*kārat b^e rît*)라는 표현이 나타난다(V.8). 그러나 이번에는 하나님이 "이 모든 말을 토대로" 언약을 체결하신다는 추가적인 언급과 함께 나타난다. 이 말들은 모세가 이전에 백성들에게 전달하고(V.3) 기록한 것이며(V.4) 마지막으로는 "언약의 책"(V.7)을 가져다 읽은 것이다. 백성들은 하나님이 말씀하신 모든 말씀을 행하겠다고 두 번 대답했다(V.3, 7). "이 말들을 행한다"(*'āśāh*)는 말은 "언약을 지킨다"는 말과 동일한 의미로 사용된다. '행위'는 '들음'에서 나온다(참조. 19:5과 24:7에 다시 한 번 "우리가 듣고자 합니다"라는 말이 추가되어 있다. 이로써 장래의 모든 계명도 따르겠다는 마음의 준비가 표현된다. 참조. Jacob 1997, 상응하는 구절에 대한 설명에서). 창세기 17장에서 단지 단초를 제공하는 정도로 볼 수 있었던 것이, 이제는 완성된 의미에서 인식할 수 있게 되었다. 이스라엘과 맺은 하나님의 언약은 하나님 자신으로부터 출발하지만, 그 언약은 동시에 이스라엘이 듣고 지키고 행하는 것을 포함한다. 이 두 가지 측면이 합해질 때 비로소 계속해서 이스라엘에게 의미가 있는 언약을 형성한다.

이스라엘이 언약을 세우신 하나님을 버리고 자신들이 만든 금송아지에게 향함으로써 시내 산에서의 첫 번째 언약을 그처럼 빨리 깨뜨린 후에도(출32장), 이 모든 것이 유효하다. 왜냐하면 하나님은 모세의 극적인 개입 후에 언약을 다시 세우셨기 때문이다. "보라, 내가 언약을 세운다"(출34:10). 그것은 이전 것과 다른 언약이 아니다. 변한 것이 있다면 그것은 이스라엘이 그 언약을 계속해서 깨뜨릴 것이지만("왜냐하면 그들은 목이 곧은 백성이기 때문이다." 출34:9), 그럼에도 불구하고 하나님은 자신의 언약에 신실하실 것이라는 사실이다. 언약을 지키는 것은 이스라엘의 지속적인 과제로 남는다. 그러나 그것은 결국 하나님 자신이 "언약의 수호자"(신7:9 외 여러 곳)라는 사실에 근거한다. 이 양자가 서로 직접적인 상호작용 속에서 존재한다.

시내산 사건 이후 하나님이 자신의 언약을 기억하셨다는 사실에 대한 감사와 찬양의 기억과 동시에 언약을 지키고 언약과 함께 주어진 계명들을 이루라는 요구가 점점 더 강조된다. 이뿐 아니라 이스라엘이 요구에 상응하게 행동하지 않는다는 탄식과 고발이 계속해서 제기된다. 신명기에서 이 세 가지 측면 모두는 매우 명백한 방식으로 드러난다. 처음에 이스라엘은 가나안 땅에 들어가기 전에 하나님이 족장들에게 약속하셨던 맹세를 기억한다(신1:8). 거대한 신학적 내용이 펼쳐지는 신명기 4장의 첫머리에서 다음의 두 요소가 서로 연결된다. "야훼, 곧 너희 족장들의 하나님이 너희에게 주신 땅"에 들어가는 것(V.1)과 "내가 너희에게 명하는 야훼의 계명들을" 가감 없이 "지키라"는 요구다(V.2). 시내 산의 계시에 대한 회고에서 쓰인 낱말 '베리트'(*b^erît*)는 계명, 다시 말해 두 개의 돌판에 기록되었던 십계명으로 요약될 수 있는 계명에 대한 표현으로 나타난다(V.13, 참조. 신5:22; 출34:28). 그러나 곧이어 모세 자신이 이스라엘 백성에게 가르쳤던 다른 규례와 계명들이 추가된다(V.14). 첫 번째 계명의 전개(V.15ff)는 하나님이 이스라엘 백성과 맺으셨던(*kārat* V.23) '베리트'(*b*ᵉ*rît*)를 잊지 말라는 경고에 합류된다. 그럼에도 불구하고 이 경고는 이스라엘이 첫 번째 계명을 어기고 다른 신들을 섬길 수 있는 가능성과 그 결과들 - 이 본문의 저작시기에는 이스라엘 백성이 포로로 끌려간다는 사실이 이미 현실이 되었다(V.25-28) - 을 기록함으로써 간접적인 고발로 넘어간다. 그러나 전체적으로 보면 포로생활을 하는 사람들은 새롭게 하나님을 찾고 그분께 회개하여 다시 한 번 변화한다. 그래서 그분은 그들을 긍휼히 여기신다. 왜냐하면 "그는 맹세로 조상들과 맺으신 언약을 잊지 않으시기 때문이다"(V.31). 그러므로 여기에서 시내산 언약과 이스라엘 족장들과의 언약이 직접적인 상호관계 속에 놓여 있다. 이스라엘과 하나님 자신을 통한 언약의 '보존'이 서로 상응하는 것처럼, 그 반대 측면인 언약의 '잊음'도 서로 상응한다. 그러나 여기에는 근본적인 차이가 있다. 이스라엘은 언약을 늘 잊어버리지만 하나님은 한 번도 잊으신 적이 없다.

다시 의문이 제기된다. 족장들과 맺은 언약과 시내산 언약이 두 개의 언약인가 아니면 하나의 언약인가? 근본적인 차이점은 모세를 통한 언약의 중재성에 있다. 모세를 통해서야 비로소 민족으로서 이스라엘과 언약이 체결된다. 그러나 의미 있는 사실은 '베리트'(*b*ᵉ*rît*)라는 낱말이 성서 히브리어에서 복수로 쓰인 예가 한 번도 없다는 것과 이러한 두 가지 언약의 주요형태가 분명하게 구분되거나 맞서서 경계가 그어진 적이 한 번도 없다는 점이다. 반대로 이 언약들은 신명기 7

장 12절에 진술되어 있듯이 심지어 밀접하게 서로 얽혀 있다. “너희가 이 계명들을 듣고 그것들을 지켜 행하면, 네 하나님 야훼가 네 조상들에게 맹세하신 언약과 성실을 네게 지키실 것이다.” 다시금 보존이란 말의 상호적인 사용이 발견된다. 그러나 이번에는 호렙/시내 산의 계명들과 조상들과 맺으신 하나님의 언약 사이에서 사용된다. 종종 조상들은 하나님이 이집트에서 이끌어내신 사람들을 가리킬 수 있다. 그래서 솔로몬이 예루살렘 성전 봉헌식에서 “그(야훼)가 애굽으로부터 우리 조상들을 이끌어내실 때 그들과 맺었던 야훼의 ‘베리트’(*bᵉrît*)가 있는 법궤도 성전에 자신의 자리를 갖는다”(왕상8:21 참조. 신29:24; 렘31:32)라고 말할 수 있었다. 여기에서 출애굽과 호렙/시내 산의 조상들이 언약의 회상에서 함께 결합된다.

솔로몬의 성전 봉헌기도 본문에서 ‘베리트’(*bᵉrît*)라는 개념의 또 다른 발전이 동시에 인식될 수 있다. 시내 산의 두 개의 돌판은 “언약의 돌판들”로서 지칭될 수 있다(신9:9, 11, 15; 왕상8:21에서는 “야훼의 언약”으로 축약되어 있다). 신명기 10장 1-5절에 따르면 모세는 하나님의 지시에 근거하여 이러한 목적을 위해서 특히 작성했던 돌판들(언약)을 법궤 안에 넣었다(참조. 왕상8:9). 그래서 법궤는 “언약궤”로도 불릴 수 있다(신10:8; 참조. 민10:33). 이러한 이름을 가지고 법궤는 최종적으로 성전에 자리잡게 될 때까지(왕상8:1), 여러 여정들을 이스라엘과 동행한다(민13:33ff; 수3-4장; 삼상4:3ff). 동시에 히브리성서의 다른 전통의 맥락 속에서 동일한 것이 다른 용어로 표현될 수 있다는 사실이 여기에서 다시 드러난다. 법궤는 모세가 “증거판”을 그 안에 넣었기 때문에(출40:20f) “증거의 궤(*ʾᵃron hāʿēdut*)”라고도 지칭될 수 있다.

그밖에도 히브리성서에서 계속되는 하나님의 언약에 관한 언급은 이스라엘과 함께 암시적으로 표현된다. 물론 이 개념이 압도적인 위치를 차지한다거나 서로 연결된 '언약신학'을 묘사할 수 있는 것은 아니다. '베리트'(*bᵉrît*)란 개념은 예언서에서 많이 등장하지 않는다(Perlitt 1969, 129ff). 그러나 예레미야의 경우에는 이 개념이 다양한 측면에서 강하게 부각된다. "이 언약의 말씀들"(렘11:1-10)을 들으라는 설교양식을 띤 경고에서 언약파기의 결과에 대한 예고와 연관되어 있다(렘11:8; 22:1-9). 이스라엘의 범죄에 대한 고백에서 언약을 기억해달라는 기도와도 연관되어 있다(렘14:21). 그리고 마지막으로 "새 언약"에 대한 약속과 연관된다(렘31:31-34). 미래를 위해 약속된 언약에서 새로움이란 지금까지와 마찬가지로 '토라'(*tôrāh*)의 준수에 관한 것이다. 그러나 하나님은 그들이 이 언약을 더 이상 깨뜨릴 수 없도록 이스라엘 백성의 마음에 주고자 하신다(참조. 신30:14). 여기에서 또한 영원한 언약(*bᵉrît ʿôlām* 렘32:40)이라는 개념이 다시 한 번 새로운 의미를 얻는다.

언약준수에서 하나의 중요한 요소가 다른 신들을 섬기는 것과 경계를 설정하는 것에 놓여 있다. 이스라엘 편에서의 언약파기는 종종 다른 신들에게 향하는 것과 동일시된다(신29:24[25]f; 31:16, 20; 수23:16 외 여러 곳). 그래서 이스라엘은 다른 민족들과 언약을 맺는 것이 금지된다. 왜냐하면 이런 언약은 이스라엘이 다른 민족들의 신을 섬기는 것에 미혹될 수 있기 때문이다(출34:10, 14 외 여러 곳). 심지어 출애굽기 23장 32절에서는 이스라엘 백성이 그들 앞에서 쫓겨나간 민족들과 "그들의 신들과" 어떤 언약도 맺지 말아야 한다고 규정된다. 여기에서 많은 본문 속에 가시화되는 다른 민족들과의 경계설정이 특히 이스라엘 백성의 야훼숭배에 대한 순수성 보존과 관련되어 있고, 또한 이것이 언약준수에 기여한다는 사실이 매우 분명하게 드러난다.

내가 너희를 모든 민족 중에서 선택했다

이스라엘과 함께하신 특별한 하나님의 역사는 단순한 서사형식으로 시작된다. 하나님이 아브라함에게 그의 땅과 가족으로부터 나와서 하나님이 그에게 보이시는 새로운 땅으로 가라고 명령하셨다(창12:1-3). 창세기의 서사맥락에서 보면 이로써 인류 역사 중 새로운 장이 열린 것이다. 다양한 인류의 계보적인 노선은 이제 민족의 조상이 될 이 한 사람으로 좁혀진다(창11:10ff). 하나님은 그와 함께 앞으로 특별한 역사를 만들고자 하신다. 이야기 자체에서는 아브라함의 이러한 특별성에 대한 어떤 특정한 개념도 사용하지 않는다. 후대의 포괄적인 역사회고에서 하나님이 아브라함을 "선택하셨다"(*bāḥar*, 느9:7)고 말하고 있을 뿐이다. 이로써 이스라엘에 대한 하나님의 관계를 표시하기 위해 계속해서 중요하게 작용하는 하나의 개념이 언급된다.

사람들은 '선택한다'는 표현을 종종 히브리성서 안에서 어떤 특정한 개념에 직접적인 토대를 두지 않고 하나의 폭넓은 의미로 사용한다(예컨대, Galling 1928). 이것은 줄곧 정당하다. 왜냐하면 개념들이 항상 문제의 어떤 특정한 단면만을 고려하고 표현할 수 있기 때문이다. 이러한 포괄적인 의미에서 이스라엘 **하나의** 민족에 대한 하나님의 특별한 관심은 이 민족의 선택을 의미한다. 아브라함 이야기의 결정적인 지점에서 설화자는 우리에게 아브라함의 특별한 지위에 관해 하나님이 기억하신다고 말해준다. 하나님이 그를 "아셨다." 그리기에 그는 큰 민족이 되고 그의 후손을 "야훼의 길"로 이끌어야 한다(창18:18f). 아모스도 역시 이스라엘의 특별한 위치를 표현하기 위해서 "안다"(*jāda'*)는 낱말을 사용한다(암3:2). 이때 "땅의 모든 족속들 가운데에서"라는 말이 추가된다. 이로써 선택의 회상이라는 하나의 특별한 요소가 조망된다. 그것은 동시에 다른 민족들과는 대조적으로 선택과 강조를 의미한다.

이러한 측면이 '바하르'(*bāḥar*)가 사용된 곳에서 부각된다. '바하르'(*bāḥar*)는 "모든 민족들로부터" 이스라엘을 선택하셨다(신7:6, 그 외 여러 곳)는 의미다. 이것은 신명기 사가의 언어에서 매우 의미심장한 낱말이며 매우 포괄적이고 신학적인 관련성이 있다(참조. 1981). 땅의 모든 민족으로부터 이스라엘을 선택하신다는 사실은 하나님이 온 땅과 모든 민족을 주관하시지만, 이 민족들로부터 하나의 민족을 선택할 수 있는 힘을 가지고 계신다는 사실을 전제한다. 그러므로 신명기 안에서 이스라엘의 선택이라는 진술은 세상의 창조자로서의 하나님에 대한 고백과 불가분의 연관성 속에 있다. 이러한 사실은 신명기 10장 14절 이하에서 매우 함축적으로 표현된다. 창조자로서 하나님에 관한 진술은 처음에 등장한다. 그러나 하늘과 땅이 하나님에게 속해 있다 할지라도 그는 "오직"(암3:2에서와 같이) 이스라엘의 조상들만 좋아하였다. 따라서 그들의 후손을 선택하셨다. 신명기 4장에서 하나의 커다란 단락이 이미 서술된 바와 같은 이스라엘과 맺은 하나님의 언약에 대한 설명과 연결된다. 물론 그 안에는 하나님에게 사랑받았던 조상들의 후손에 대한 선택과 창조자로서 하나님을 고백하는 것과 서로 직접적으로 연결되어 있다(V.37-39). 이뿐 아니라 이집트로부터 이끌어내심이 조상들에 대한 하나님의 행동으로 언급되어 있다(V.37). 결국 언약에 대한 선행하는 단락에서와 같이 하나님의 율법과 계명에 대한 준수가 새롭게 요구된다(V.40). 이스라엘이 하나님의 "거룩한 백성"으로 지칭되는 곳인 신명기 7장 6-11절에서 하나님이 "자기 소유의 민족"으로 모든 민족으로부터 선택하셨다는 사실은 매우 유사하게 들린다. 여기에서 선택에 대한 진술이 언약형식구와 밀접하게 연관되어 있다(아래를 보라). 이때 하나님이 조상들에게 주시고 그 때문에 그들을 이집트로부터 구하셨던(V.8) 맹세로 소급된다는 사실이 분명해진다. 이제 선택과 언약에 대한 진술이 완전히 서로 밀접하게 엮여 있다. 선택하시는 하나님은 신실한 "언약의 보존자" 이시다(V.9).

에스겔 20장 5절에서도 선택에 관한 진술을 하나님의 맹세와 연결시키고 있다. 물론 여기에서도 선택이 이집트로부터 이끌어내심과 관련성 있게 묘사된다. 선택이란 낱말은 인지진술("내가 나를 그들에게 알게 했다")과 자기소개형식구("나는 너희의 하나님 야훼다")와 연결된다. 시편 105편 6-11절에서 선택과 언약과 맹세에 대한 진술이 하나님의 세계 통치에 대한 진술과 서로 연결된다. 시편 135편 4절에서는 야곱/이스라엘의 선택에 관한 진술이 하나님의 "소유"라는 명칭과 연결됨으로써 달리 강조된다. 하나의 주목할 만한 구별이 시편 78편 67절 이하에서 발견된다. 하나님이 요셉과 에브라임을 버리시고 유다와 시온을 택하셨다. 여기에서는 주전 722년에 멸망당한 북왕국이 분명하게 버려졌고 선택에서 제외되었다는 표현을 통해 이스라엘 역사에 대한 하나의 발전이 고찰된다. 여기에서부터 이스라엘 선택에 관한 모든 진술은 오직 유다에게만 관련된다.

그밖에 예언서에서는 선택에 관한 진술이 자주 등장하지 않는다. 이사야서에서 이스라엘/야곱은 여러 번 하나님이 선택하신 "종"으로 지칭된다(사41:8f; 43:10; 44:1f). 주목할 만한 것은 하나님이 "야곱을 불쌍히 여기시고 이스라엘을 다시 한 번 더(*ʿôd*) 선택하실 것" 이라는 이사야 14장 1절의 진술이다. 이러한 선택의 갱신은 새롭게 그 땅으로 복귀하는 것과 연결되어 있다. 이와 유사하게 스가랴서에서도 시온/예루살렘에 대한 새로운 선택이 강조된다(슥1:17; 2:16[12]). 여기에서 하나님이 이스라엘과 언약을 맺으실 때와 비슷하게 선택의 갱신이 단지 오지 않은 구원 시대에서 소개될 수 있다는 사실이 드러난다. 물론 본래적인 선택을 취소한다거나 중지한다는 진술은 그 어디에도 없다.

그러나 '바하르'(*bāḥar*, 선택하다)의 개념 아래에서 전개된 진술들은 이러한 표현 없이도 밀접하게 연결된 개념영역으로 발견될 수 있다. 출애굽기 19장 4-6절의 긴 시내산 단락을 시작하는 하나님의 개시발언에서 이러한 전통의 모든 본질적인 요소가 다시 발견된다. 이집트로부터 이끌어내심, 언약의 보존에 대한 요구, 하나님의 소유된 백성과 거룩한 백성으로서의 이스라엘, 그리고 자신을 창조자로서 지칭하는 하나님의 소개("왜냐하면 온 땅이 나의 것이기 때문이다", V.5)가 등장한다. 그러나 '바하르'(*bāḥar*)는 빠져 있다. 여기에서 다시금 본문들을 어떤 특정한 개념에 너무 밀착되게 한정하는 것이 항상 정당한 것은 아니라는 사실을 알 수 있다.

나는 너희의 하나님이 될 것이며 너희는 나의 백성이 될 것이다

이스라엘에 대한 하나님의 특별한 관계는 마침내 "나는 너희의 하나님이 될 것이며, 너희는 나의 백성이 될 것이다"라는 형식구로도 자주 표현된다. 이것을 일반적으로 언약형식구라고 부른다(참조. 1995, 이것에 대해 "종속형식구"[Zugehörigkeitsformel]라는 개념이 제안되었다[Kutsch 1973, 146ff]. 그러나 이것은 이 형식구를 통해 말하고자 하는 내용 가운데 한 가지 특정한 측면만을 나타낼 뿐이다). '언약'과 '선택'이라는 주제어 아래 고찰된 일련의 본문 안에서 언약형식구는 이스라엘과의 관계를 밝히는 하나님의 설명에서 필수적인 요소로 등장한다. 때로는 이중적인 형식구가 두 가지 진술 가운데 하나만 나타난다. 이 두 진술 안에서 분명히 서로 다른 신학적인 강조점이 표현된다.

이처럼 첫 번째 부분만을 가진 형식구가 창세기 17장 7절 이하에서 아브라함과 맺으신 하나님의 언약사건에서 발견된다. 하나님은 "너와 네 뒤에 오는 네 후손들에게 하나님이 되기 위하여"라고 하시며 자신의 '영원한 언약'을 아브라함과 그의 모든 후손들과 맺으신다. 이것은 하나님이 아브라함의 하나님이 되시겠다는 약속이며, 바로 '베리트'(*b^erît*)가 의미하는 바의 설명이다. "그리고 내가 그들에게 하나님이 될 것이다"(V.8b)는 문장의 반복을 통해서 이 언약형식구는 언약의 다른 주요내용인 땅에 대한 약속을 포괄한다. "너/너희에게 하나님이 될 것이다"라는 문자적인 번역은 이 진술의 구조를 명확하게 한다. 여기에서 문제가 되는 것은 히브리어 성서의 다른 곳에서와 같이 하나님의 하나님 되심의 문제 '자체'에 관한 것이 아니라 아브라함과 그의 후손을 위한 하나님 되심에 관한 것이다.

출애굽기 6장 2-8절의 본문 가운데 중심단락에서 이 언약형식구는 두 가지 측면으로 나타난다. "나는 너희를 나의 백성으로 삼을 것이며, 나는 너희의 하나님이 될 것이다"(V.7a). 그 사이에 이스라엘은 백성이 되었다(참조. 출1:9). 하나님은 백성 전체를 아브라함에 대한 자신의 약속 안으로 끌어들이신다. 그러므로 맨 처음 족장들과 맺으신 하나님의 언약체결에 대한 회고가 나온다(V.4). 이 회고는 하나님이 자신의 언약을 "기억하신다"는 선포와 연결되어 있다(V.5). 그런 다음 언약형식구까지 이어지는 일련의 짧은 문장들이 뒤따른다. 하나님이 이스라엘을 이집트로부터 이끌어내시고, 그들을 종살이로부터 해방시키시며, 자신의 권능을 증명해 보이시면서 그들을 구원하시고, 자신의 백성으로 삼고 그들에게 하나님이 되신다(V.6, 7a). 하나님이 이스라엘을 이제 모든 형식 안에서 자신의 백성으로 받아들이신다는 사실은 동시에 앞서 나오는 자신의 구원행동에 포함되는 핵심적인 요소다.

두 가지 측면을 가진 언약형식구는 시내산 율법수여의 대단원의 막을 내리는 레위기 26장에서 다시 한 번 나타난다. 이 언약형식구는 이집트에서 이끌어내심과 관련되어 있고, 이스라엘 가운데 거주하신다는 사실과도 연관되어 있다(V.11-13). 출애굽기 6장과 레위기 26장에 나타나는 두 본문은 서로 상응하고 있으며, 동시에 출애굽과 시내산 사건의 거대한 맥락을 포괄한다. 그러나 이 곡선은 더 멀리 확대된다. 계명모음집의 전달 후 나타나는 신명기 29장의 첫 번째 긴 모세 연설의 초두에 다음과 같이 기록되어 있다. 하나님은 "너를 오늘 그의 백성으로 세우시기 위하여" 장엄한 형식 안에서 이스라엘과 언약을 맺으시고, "그는 너에게 하나님이 되실 것이다"(V.12[13]). 여기에서도 언약형식구는 언약의 내용을 설명한다('야훼를 위한 이스라엘의 백성됨과 이스라엘을 위한 야훼의 하나님되심') "그가 너에게 말씀하신 바와 같이 또한 너의 조상 아브라함, 이삭, 야곱에게 맹세한 바와 같이"라는 후속문장을 통해서 "모압 땅에서" 체결된 이 언약은 족장들과 맺은 언약과 연속성을 가지고 있다는 사실이 분명하게 강조된다. 마지막으로 예레미야 31장의 "새 언약"도 역시 이 언약형식구를 통해서 정의된다. 새 언약이 어디에 존재하게 되는가를 알려주는 결정적인 문장이 언약형식구에 합류된다. "나는 그들에게 하나님이 되고 그들은 나에게 백성이 될 것이다"(V.33b). 이 새 언약이 '조상들,' 즉 예레미야에게는 출애굽 이후의 모든 세대들의 행동에 대한 단호한 비판의 형식에 있을지라도, 여기에서도 이미 족장들과 맺은 이전 언약과의 연속성이 유지된다. 그럼에도 불구하고 새 언약은 그것의 중심내용이 하나님과 이스라엘 사이에 있는 상호관계에 있으며 그 관계가 지속될 것이라는 사실을 통해서 지금까지의 언약을 확인하게 될 것이다.

이처럼 구약성서의 언약신학 전체에 대한 언약형식구의 본질적인 기여는 중요한 구절들에서 '베리트'($b^e r\hat{\imath}t$) 개념이 언약형식구를 통해서 정의된다는 사실에 있다. 하나님에 의해서 이스라엘과 체결된 언약은 그분 자신이 이스라엘의 하나님이 되고자 하시며, 이스라엘은 그분의 백성이 되어야 한다는 사실에 그 언약의 본질이 있다. 이러한 사실은 초기 족장들과의 언약체결뿐만 아니라(창17장), 시내 산/호렙산에서 주어진 하나님의 계명에 대한 이스라엘의 의무를 말하는 국면에서도(신29장), 더 나아가 종국적으로 장래에 기대되는 새 언약에서도 동일하게 적용된다(렘31장).

언약형식구가 가지는 또 다른 중요한 측면은 하나님을 통해서 이스라엘이 선택되었다는 개념과 밀접하게 연결된다. 몇몇 중요한 구절에서 이 두 가지 사항이 한 문장 안에 표현되어 있다. "너를 야훼께서 선택하셨고, 이 땅 위의 모든 열방 중에서 그의 소유된 백성으로 삼으셨다"(신7:6; 14:2; 참조. 신4:20). 여기에서는 언약형식구가 이스라엘이 하나님의 백성이 되어야 한다는 언약형식구의 두 번째 부분만을 취한 형태로 나타난다. 첫 번째 부분만 소개하거나 혹은 두 가지 구성요소를 모두 사용하고 있는 본문들에서와는 다른 신학적 강조점이 드러난다.

그러나 분명한 것은 이러한 표현들이 모두 공유하는 신학적 의도를 가지고 있다는 사실이다. 이뿐 아니라 신명기의 중요한 구절에서도 이 두 가지 구성요소를 가진 언약형식구들의 예가 발견된다(신26:17, 19; 29:12[13]). 따라서 여기에서도 언약형식구는 이스라엘에 대한 하나님의 특별한 관계가 표현된 다양한 전통들을 서로 연결시키는데 기여한다.

마지막으로 이 언약형식구는 이미 체결되어 있는 언약과 장래에 기대되는 새 언약에 관한 진술들을 서로 연결시킨다. 새 언약은 지금까지의 언약과 다른 내용을 가지고 있지 않다. “나는 그들에게 하나님이 될 것이며, 그들은 나에게 백성이 될 것이다”(렘31:33). 새 언약은 신명기가 이미 내다보았듯이(신30:14) ‘토라’(*tôrāh*)가 이스라엘 백성의 마음에 새겨짐으로써 하나의 새로운 토대 위에 세워질 것이다. 그러나 언약이 하나의 새로운 토대 위에 세워진다는 사실 또한 시내산 언약체결의 중심에 이미 서 있었다. 그 새로운 토대는 ‘금송아지’를 가지고 이스라엘 백성이 타락한 후에 하나님에 의해서 다시 세워졌던 것이다(출34:10). 이러한 점에서 볼 때 우리는 시내 산에서 있었던 두 번째 언약체결을 이미 새 언약으로서 지칭할 수 있다(Dohmen 1993). 레위기 26장과 에스겔 16장의 본문들도 이와 동일한 기본사고를 보여준다. 하나님은 언약 안에 주어진 계명들을 어겼기 때문에 이스라엘을 심판하신 긴 국면이 지난 후에 자신의 언약을 다시 기억하신다. 하나님은 한 번도 언약을 깨뜨리려고 하지 않으셨다. 그리고 그것을 한 번도 깨뜨리지 않으셨을 뿐만 아니라 그렇게 하지 않으실 것이다(참조. 삿2:1).

이스라엘 언약과 다윗 언약

히브리어 성서에서 다윗과 맺은 하나님의 언약에 관한 언급이 여러 번 등장한다. 물론 이러한 표현은 다윗에 대한 하나님의 관계에 대해서 말할 때는 전면에 나타나지 않는다. 하나님이 다윗에게 왕조에 대한 약속을 하시는 내용이 나타나는 사무엘하 7장과 같은 중요본문들에서 이 개념은 나타나지 않는다. 그것은 무엇보다도 시문에서 발견된다. 사무엘하 23장의 "다윗의 마지막 말들"에서 하나님이 다윗에게 하나의 "영원한 언약(*bᵉrît ʿôlām*)을 주셨다"고 진술되어 있다(V.5, 동사 *śîm* [주다]와의 구성은 매우 이례적이다). 이 본문은 매우 고양된 발언방식으로 다윗을 "기름 부음 받은자"(*māšîᵃḥ*)로 언급하고 있고 그를 통해서 "야훼의 영"이 말씀하신다(V.1f)는 점에서 특별한 지위를 차지한다. 매우 포괄적인 다윗의 모습이 묘사되고 있는 시편 89편에서도 언약개념은 매우 중요한 기능을 한다. 4절[3절]에 있는 하나님의 발언에서 다음과 같이 언급된다. "내가 나의 택한 자, 다윗과 언약을 맺었다"(*bāḥîr*, V.20[19] *bāḥûr*). 29[28]절에서 언약은 하나님의 인자와 대응되는 개념으로 나타나고 있으며 다윗 왕조에 대한 약속의 의미로 전개된다(V.30[29]). 31-35[30-34]절에서 하나님께서는 다윗의 후손들이 토라를 떠날 때 그들을 징벌하시기는 하지만, 자신의 언약을 '깨뜨리지는' 않을 것이란 사실을 확인하신다. 그럼에도 불구하고 40[39]절에서 하나님께서 바로 그러한 일을 행하셨다고 탄식한다. "당신은 당신의 종과 맺은 언약을 버리시며, 그의 관을 땅에 던져 욕되게 하셨습니다." 그런 다음 다윗과 맺은 하나님의 언약은 하나님에 의해서 종결되었다.

역대하 21장 7절에서 역대기 사가는 자신의 저본(底本, Vorlage)이

되는 본문을 더욱 강조한다. 하나님이 다윗에게 "등불"을 주시겠다고 한 사실(왕하8:19)을 "그가 다윗과 맺은 언약"에 근거하고 있다고 말한다. 역대기 사가는 다른 곳에서 하나님이 다윗과 그의 자손들에게 "소금 언약" - 이것은 오늘날 우리가 완전하게 이해할 수 없는 표현이다(참조. 1985ff, 111) - 으로서 그 왕국을 영원히 주셨다고 말한다(대하13:5). 이러한 본문들에서 언약개념은 다시금 다윗 왕조에 대한 약속과 연관성 속에 있다. 예레미야 33장 20절 이하에서 다윗과(그리고 레위와, 아래를 보라) 맺은 하나님의 언약은 대담한 평행법을 통해서 낮과 밤과 맺은 언약처럼 파기될 수 없는 것으로 지칭된다. 이처럼 이스라엘의 존속이 창조질서의 존속과 비교되고 있는 예레미야 31장 35-37절의 진술은 다윗 왕조에 대한 내용에서 그 정점에 이른다.

> 종종 다른 본문들이 '다윗 언약'을 위한 증거본문으로 인용되지만 적절치 않다. 이사야 55장 3절에서 하나님은 포로 중에 있는 이스라엘 백성에게 그들과 '영원한 언약'을 맺으시겠다고 약속하신다. 다시 말하면 그것은 '다윗에게 허락한 확실한 은혜의 약속'이다. 여기에서 다윗에게 하신 하나님의 약속은 백성에 대한 약속으로 바뀌어 있다. 우리는 이것을 하나님의 약속이 '민주화되었다'고 말할 수 있을 것이다(vRad 1965, 250). 그러나 이것은 다윗과 맺은 하나님의 언약에 관한 말씀이 아니다. 시편 132편 11절 이하는 하나님이 다윗에 대하여 하신 맹세에 관하여 말한다. 하나님께서는 "너의 자손이 나의 언약을 지키면" 다윗의 후손을 다윗의 보좌에 앉게 하실 것이라고 맹세하신다. 그러나 여기에서 언약은 분명히 '시내산 언약'을 가리킨다.

그러므로 이스라엘과 맺은 언약 외에 다윗과 맺은 하나님의 독립적인 언약은 말할 수 없다. 몇몇 곳에서, 특히 시문에서 다윗에게 하신 왕조약속을 위해서 언약의 개념이 사용된다. 그러나 이것은 한 번도 이스라엘 언약과 동등한 차원에서 언급되지 않는다. 사무엘하 7장에 있는 다윗에 대한 왕조의 약속에 대해서 평가할 때도 특히 18-29절에 있는 다윗의 기도를 고려해볼 때, 다윗에 대한 왕조의 약속은 "'이스라엘 언약'이 내포하고 있는 하나의 기능이나 한 측면이 되었다"고 말할 수 있다. "다윗은 이스라엘에서 두드러진 특별한 사례가 되었다" (Waschke 1987, 167f).

예레미야 33장 21절에서 다윗과 맺은 하나님의 언약 외에 레위와 맺은 언약이 언급된다. 18절과 22절에서 이 평행관계가 상술된다. 그것은 왕국의 존속과 상응하여 제사장직의 존속이 이루어질 것이라는 사실이다. 말라기 2장 4절 이하와 8절에서 이 약속은 논쟁적으로 당대의 제사장들에게 적용된다(참조. 느13:29). 이와 비슷한 약속이 민수기 25장 12절 이하에서 비느하스에게 이루어진다. 여기에서 언약의 개념이 이스라엘과 맺은 하나님의 언약과 같은 수준에 놓여 있지는 않지만, 정치적인 영역뿐만 아니라 종교적인 영역에서도 사용될 수 있다는 사실(참조. 창21:27, 32; 출23:32; 수9:6, 15; 삼상11:1 그 외 여러 곳)이 드러난다.

B.III
이스라엘의 조상들

이스라엘의 조상들

모든 것이 조상들과 함께 시작되었다

이스라엘과 함께하는 하나님의 역사는 이스라엘의 조상들과 함께하는 역사로서 시작된다. 그 중에서도 무엇보다 아브라함과 함께 시작된다. 성서의 처음 장들에서 인류의 기원사는 하나님에 의해서 구별되고 "선택된" 그리고 하나님이 "큰 민족"으로 만들고자 하시는 (창12:1-3) 이 한 인물을 향하여 진행된다. 그는 하나님으로부터 민족으로서의 이스라엘 존재의 근간이 될 것이라는 약속을 받는다. "내가 네 후손에게 이 땅을 줄 것이다"(V.7). 하나님은 그와 함께 후손의 번성에 대한 약속(창17:2, 5f)뿐 아니라 땅에 대한 약속(창15:18-21)을 확인하는 언약을 체결하신다. 그러나 무엇보다도 영원한 언약에는 "너와 네 뒤에 오는 후손에게 하나님이 될 것이라"(창17:7f)는 하나님의 약속이 포함되어 있다. 동시에 이 언약이 하나님에 의해서 제정되기는 하지만 그럼에도 불구하고 쌍방적이라는 사실이 분명하게 강조된다. 아브라함과 그의 모든 후손은 모든 남자 후손들이 행하는 할례의 표시를 통해서 이 언약을 '보존해야' 한다(V.9-13).

'족장' (Erzväter 또는 Patriachen) 아브라함, 이삭, 야곱과 그들의 아내 사라, 리브가, 레아, 라헬의 역사는 창세기에서 폭넓게 전개된다(창12-50장). 이 역사는 이스라엘 역사에서 고유하면서도 근간이 되는 국면을 형성한다. 그런 다음 뒤이어 나오는 히브리성서에서 이 족장들과 시원사에 대한 이야기는 계속해서 소급되고 소환된다. 이 역사는 하나님이 개인으로 부르시고(사51:2) 선택하신(느9:7) 아브라함과 함께 시작된다. 아브라함은 개인으로서 그 땅을 소유하였다(겔33:24). 이스라엘은 "아브라함의 씨"(시105:6)이며, 하나님의 "친구"이자 "사랑받는 자"라고 지칭된다(사41:8; 대하20:7). 하나님은 아브라함을 기억하시고 이스라엘의 도움이 되고자 오신다(시105:42). 그러나 그것은 하나님이 아브라함, 이삭, 야곱과 언약을 맺으셨다(시105:8-11)고 말할 수도 있다. 이스라엘은 "아브라함, 이삭, 야곱의 씨"라고 지칭된다(렘33:26). 이때 동일한 절 안에서 특히 '야곱의 씨'에 대해서 말한다. 야곱은 이 곳 외에 다른 곳에서도 종종 아브라함과 나란히 지칭된다(사29:22; 41:8; 미7:20; 시105:6; 사63:16에서는 이스라엘). 이를 통해서 세 명의 족장 가운데 가장 후대의 사람인 야곱이 차지하고 있는 특별한 위치를 보여준다(뒤에 나오는 야곱의 이야기를 참조하라).

족장에 대한 신학적 소급은 특히 땅에 대한 약속과 결합되어 있다. 창세기의 족장사에서 땅의 소유에 대한 하나님의 약속은 근본적인 기능을 한다. 이때 약속의 표현은 변화한다. 이 약속이 첫 번째 등장할 때는 다음과 같이 언급되었다. "내가 너의 후손들에게(문자적으로 너의 씨들에게) 이 땅을 줄 것이다"(창12:7). 그런 다음 조금 뒤에는 "내가 너에게 그것을 주겠다"(창13:17)고 말씀하신다. 또는 두 표현이 결합한 형태로 나타나기도 한다. "내가 그것을 너와 네 후손들에게 영원히 주겠다"(창13:15). 족장들이 이러한 하나님의 약속의 첫 번째이자 결정적인 수령자라는 사실과 약속의 성취는 그들의 후손들에 이르러서야 경험된다는 사실이 분명해진다. 이 약속은 이스라엘이 걸어온 역사의 여정에 동반되며 계속해서 기억하라고 요청하신다. 이때 종종 하나님이 족장들에게 한 자신의 약속을 맹세를 통해서 강화했다는 사실이 언급된다(출32:13; 33:1; 신1:8; 9:5; 34:4 등).

두 번째 중요한 소급적 언급은 하나님이 조상들과 맺었던 언약과 관계된다. 중요한 구절들에서 하나님이 언약을 기억하신다고 말씀하신다. 이집트의 종살이에서 해방시킨 이스라엘의 구원은 하나님이 아브라함, 이삭, 야곱과 맺으신 자신의 언약을 기억하신다는 사실을 통해서 시작된다(출2:24; 6:5). 그리고 시내 산에서 이루어진 율법수여의 마지막에서 다음과 같이 표현되어 있다. 훗날 이스라엘이 자신의 모든 죄 때문에 포로로 사로잡혀갔을 때 하나님이 다시금 조상들과 맺었던 언약을 기억하시게 될 것이다(레26:42). 여기에서 보면 조상들이 이스라엘 역사의 출발점에만 서 있지 않다. 이 조상들의 시작은 계속되는 민족 전체의 역사와 미래를 위한 기대와 희망들을 결정짓는다.

'조상들' 이라는 표현은 우선 세 명의 '족장들' 을 지칭한다. 따라서 하나님은 모세에게 자신을 계시할 때에 "너희의/그들의 조상들, 즉 아브라함, 이삭, 야곱의 하나님" 이라고 소개하신다(출3:15, 16; 4:5, 참조. 출3:6). 또한 신명기에서도 "너희의/너의 조상들" 이라는 호칭이 세 족장의 이름과 직접적으로 결합되어 있는 경우가 발견된다(신1:8; 6:10; 9:5 등, 이 점에 관하여 참조. Lohfink 1991, 특히 107쪽, Römer 1990, 특히 266ff). 그러나 조상들에 대한 심상은 좀 더 광범위하게 파악될 수 있다. 따라서 하나님이 언약을 맺으셨던 조상들은 하나님이 이집트로부터 이끌어낸 사람들이 될 수 있다. 솔로몬은 예루살렘 성전을 봉헌할 때 법궤가 성전 안에서 제자리를 차지한다고 말한다. 법궤 안에는 "야훼께서 이집트에서 우리 조상들을 이끌어내실 때 그들과 맺었던 야훼의 '베리트'(*b^erît*)가 들어 있다"(왕상8:21, 참조. 왕하17:15)고 기록되어 있다. 또한 예레미야도 "내가 그들을 이집트 땅으로부터 이끌어내려고 그들의 손을 잡았던 때에 너희의 조상들과 맺었던 언약"에 관하여 말한다(렘31:32, 이와 마찬가지로 렘34:13; 참조. 신29:24[25]). 신명기 5장 2절 이하에 따르면 하나님은 언약을 호렙산에서 (단지) 조상들과 맺은 것이 아니라 (동시에) 요단강을 막 건너려 하고 있고 모세의 말을 듣고 있는 현재의 청중들과도 맺으셨다. 여기에서 조상들은 호렙산 세대를 의미한다.

이집트로부터 조상들을 이끌어내었다는 언급은 이밖에도 매우 자주 발견된다. 예컨대, 여호수아 24:6; 사사기 6:13; 사무엘상 12:6; 열왕기상 8:53(여기에서는 하나님이 "우리 조상들에게" 명하신 계명들에 대한 언급과 나란히, v. 58); 9:9 등에서 발견된다. 이주와 포로를 눈 앞에 두고 하나님이 조상들에게 주신 땅에 대하여 말하고 있는 곳에서, 사람들은 그 땅으로 돌아온 세대를 생각할 수 있을 것이다(예컨대, 왕상14:15, 참조. 왕하21:8).

이스라엘이라 불리게 되는 야곱

창세기 밖에서도 아브라함은 가끔 하나님이 부르시고 축복해주신 인물로(사51:2에서는 사라와 함께), 그 땅을 유업으로 받았던(겔33:24) 개인으로 지칭된다. 그러나 그는 일련의 세 조상들, 즉 아브라함, 이삭, 야곱 가운데 첫 번째 인물로서 더 자주 나타난다(출2:24; 3:6, 15f; 신1:8; 왕하13:23; 렘33:26 등). 시편 105편의 역사회고에서 아브라함은 다양한 측면에서 묘사된다. 이 시편의 마지막 단락에서 하나님이 광야유랑시에 자신의 "거룩한 말씀"과 자신의 종 "아브라함을 기억하셨다"고 말씀하신다(V.42). 여기에서 아브라함은 홀로 확증되었던 하나님의 약속의 수령자로서 나타난다. 그러나 8-10절에서는 "하나님이 세 명의 조상 모두와 맺으셨던 그 언약을 기억하신다"고 말씀하신다(V.8-10). 이때 야곱을 분명 강조하고 있다(V.10f, 아래를 보라). 이전에 이미 이스라엘은 "그의 종 아브라함의 씨, 택하신 야곱의 자손"으로서 호칭된다(V.6). 즉 여기에서 아브라함은 "야곱의 자손"으로 지칭되는 민족, 다시 말하면 야곱으로부터 유래한 열두 지파 민족의 원조상이다(참조. 왕상18:31; 사41:8). 또한 미가서 마지막 절(미7:20)에서는 아브라함과 함께 야곱이 조상들로 불린다. 하나님이 그들에게 성실과 인자를 베푸시며, 하나님의 성실과 인자는 현 세대에 선하게 작용할 것이다.

아브라함은 항상 개인의 모습으로 머물러 있으며 한 번도 민족과 동일시되지 않는다. 그러나 야곱의 경우는 완전히 다르다. 창세기에서 이미 "이스라엘"이라는 이름이 부여되며(창32:29[28]; 35:10), 훗날 "야곱"은 자주 이스라엘 민족을 위한 호칭으로 사용된다. 그것은 특히 "야곱의 집"이라는 형태로 나타난다(이러한 형태로 이미 출19:3에서, 그런 다음 사2:5f; 8:17; 렘2:4; 겔20:5). 많은 경우에 '야곱'과 '이스라엘'은 평행법의 대응어로서 사용되는데(사9:7[8]; 10:20; 14:1; 렘2:4; 겔20:5; 미1:5; 시14:7; 22:24[23] 등), 특히 이사야 40-55장의 어법에서 그렇다(사40:27; 41:8, 14; 42:24 등, 참조. ThWAT III, 771). 에스겔은 하나님이 이집트에서 이스라엘/야곱의 집을 선택했다고 말한다(겔20:5). 시편 114편 1절에 따르면 이스라엘/야곱의 집이 이집트로부터 나왔다. 그리고 출애굽기 19장 3절에서는 시내 산에서 집결한 공동체가 '야곱의 집' 과 '이스라엘의 자손' 으로 지칭된다. 모세는 다음에 이어지는 계명들을 선포해야 했다.

그러나 야곱은 홀로 이스라엘의 구원사적인 전통의 담지자로서 등장할 수도 있다. 그래서 에스겔은 자신의 민족이 다시 그 땅에서 살게 될 미래를 기대한다. 그 땅은 "내가 나의 종 야곱에게 주었던" 땅이다(겔28:25; 37:25). 이와 유사하게 이사야 58장 14절에서도 안식일을 지키는 자들에게 하나님이 그들을 "네 아비 야곱의 유업"(*naḥ*[a]*lāh*)으로서 먹일 것이라는 사실이 약속된다. 또한 시편 47편 5[4]절에서는 하나님이 "우리의 유업, 그가 사랑하시는 야곱의 자랑"을 선택하셨다고 찬양한다. 신명기 32장의 모세의 노래에서는 야곱이 하나님의 유업으로 지칭되며, 이때 야곱은 하나님의 민족과 동일시된다.

에스겔서와 마찬가지로 야곱은 이사야서와 예레미야서에서 영예의 칭호인 하나님의 '종' 으로 불린다. 이때 나타나는 하나님의 발언에서 "나의 종 야곱"은 "내가 선택한 이스라엘"과 평행법의 대응어로서 등장한다(사44:1, 참조. 사45:4; 44:2에서는 "이스라엘" 대신 "여수룬," 참조. 렘30:10; 46:27). 그러나 이사야 48장 20절에서 "나의 종 야곱"이란 호칭은 귀환에 대한 약속에서 그 전부를 차지한다.

특히 야곱은 하나님에 대한 칭호인 "야곱의 하나님"(*ʾ*[e]*lohê jaʿ*[a]*qob*)을 통해서 강조된다. 이 칭호는 우선 출애굽기 3장 6절과 15절, 4장 5절에서 족장의 하나님으로 소개될 때 등장한다. 그러나 그 다음에는 단독으로 사용된다. 사무엘하 23장의 "다윗의 마지막 말"에서 이 칭호는 "야곱의 하나님의 기름 부음 받은 자"(*māšî*[a]*ḥ*)라는 형태로 등장한다(V.1). 이사야 2장 3절과 미가 4장 2절에서는 열방이 "야훼의 산, 즉 야곱의 하나님의 집으로" 올라갈 것이라고 말한다. 시편에서 '야곱의 하나님'은 예배의식적인 표현에서 '야훼 체바옷'과 평행법의 대응어로서 여러 번 사용된다(시46:8[7], 12[11]; 84:9[8]). 시편 81편에서는 야곱의 하나님을 찬양하기 위한 절기모임을 소집하라고 요청한다(V.2[1]). "왜냐하면 그것이 이스라엘을 위한 규례이며 야곱의 하나님의 법이기 때문이다"(V.5[4]). 여기에서 하나님 칭호의 자리가 예루살렘 제의에 있었다는 사실이 드러난다. 이러한 사실은 시편 20편에서도 인지될 수 있다. 그곳에서 "야곱의 하나님의 이름"은 보호를 위해 불려지며(V.3[2]), 하나님의 도움이 하나님께 제사를 드렸던(V.5[4]) 시온으로부터 오기를 간구한다(V.4[3]). 마찬가지로 다른 시편에서도 대적(시76:7[6])과 악인(시75:10[9])에 대항하여 야곱의 하나님의 도움이 나오기를 소망한다. 이때 악인은 하나님의 권능을 모독하며 멸시한다(시94:7). 또한 창세기의 야곱에 대한 축복에서 처음 발견되는 하나님의 칭호 '아비르 야아콥'(*ʾabîr jaʿaqob*, 야곱의 능력자, 창49:24)도 예루살렘 성전과의 분명한 관계를 보여준다(시132:2, 5). 그것은 이어서 "나는 야훼이며, 너를 돕는 자이며, 네 구속자요, 야곱의 능력자이다"라는 이사야서의 확장된 인지형식구(Erkenntnisformel)에서 등장한다(사49:26; 60:16). 마지막으로 하나님은 "야곱의 거룩하신 자"(사29:23)와 "야곱의 왕"(사41:21)으로도 불린다.

야곱으로서 이스라엘의 의인화는 아모스서에서 각인된 형태로 나타난다. 7장의 첫 번째 두 개의 환상에서 자기 민족을 위한 예언자의 중보기도가 다음 문장에서 그 정점에 이른다. "야곱이 어찌 설 수 있겠습니까? 그는 너무 미약합니다"(암7:2, 5). 여기에서 아모스는 약하고 도움이 필요한 이스라엘을 위한 중보기도를 하는 가운데 야곱의 이름을 사용한다. 그러나 중보기도가 더 이상 가능하지 않은 다음의 두 환상에서는 이 이름이 빠져 있다. 심판이 예고되는 하나님의 발언에서 이름 대신 "나의 백성 이스라엘"이라고 지칭된다(암7:8; 8:2). 야곱이라는 이름은 예언자적 중보기도의 일부로 나타난다. 그러나 다른 구절들에서는 "야곱의 자랑"이라는 호칭이 - 시편 47편 5[4]절에 대한 독특한 역전의 형태 속에서(위를 보라) - 하나님의 심판예고를 위한 근거로 등장한다(암6:8; 8:7, 참조. Jeremias 1989). 여기에서는 더 이상 중보기도에 관하여 말하지 않는다.

호세아서의 경우 오경의 다른 책들에 나타난 모세전승과 함께 창세기의 야곱전승에 대한 분명한 소급이 관찰된다(호12장). 이때 초기의 구원사건과 후대와 현재의 이스라엘 행동 사이에 강조된 대조가 존재한다. 벧엘에서 하신 야곱에 대한 약속과 경고(V.7[6])가 에브라임의 가나안적인 상업적 사고방식과 냉혹하게 대비되어 나타나고(V.8[7]f), 예언자 모세를 통해 이스라엘을 이집트에서 이끌어낸 구원사건(V.14[13])은 에브라임이 하나님께 맛보게 한 쓰라린 모욕적 행동과 극명하게 대조된다(V.15[14]). 3[2]절과 4[3]절 사이에서도 이에 상응하는 대조를 목격할 수 있다. 하나님이 이제 야곱과 더불어 벌이시는 '소송'은 구원으로 가득한 초기 역사의 배경 속에서 이루어진다.

많은 주석가들은 3[2]절로부터 4-7[3-6]절의 내용을 야곱이 모태에서부터 이미 속이는 자였고 독단적으로 하나님을 대항하여 싸웠다는 식으로 해석한다. 그러나 이러한 해석은 창세기 전통의 원문에 반하는 이해에 근거하고 있으며, 이 본문을 히브리성서의 다른 야곱전승들로부터 고립시킨다(이에 반대하는 견해로서 Ackroyd 1963을 참조하라).

그러므로 야곱의 이름에는 이스라엘의 시원사가 현존한다. 동시에 이 이름은 미래를 지시하는 요소들도 내포하고 있다. 이러한 사실은 이사야 2장 5절의 자기권유에서 이미 적용된다. “야곱의 집아, 오라, 우리가 야훼의 빛 안에서 행하자!” 여기에서 청중과 독자는 ‘날들의 끝에’ 이루어지는 시온과 토라를 향한 열방의 행렬에 동참하도록 요청된다. 또는 미래기대에 대한 본문에서도 마찬가지다. “남은 자, 야곱의 남은 자가 능하신 하나님께로 돌아올 것이다”(사10:21). 야곱을 위해 구속자(*gôʾēl*, 사59:20)와 구원자(*môšîaʿ*)가 나타나 야곱이 돌아와 평화와 안전 속에서 살 수 있게 될 것이며(렘30:10), 하나님은 “야곱의 장막의 포로를 돌아오게” 하실 것이다(렘30:18). 이와 비슷한 다른 말씀들이 추가될 수 있다. 마지막으로 야곱의 집이 종말에 담당할 특별한 역할이 아모스 9장 8b절에서 분명해진다. 하나님은 ‘범죄한 왕국’을 지면에서 멸하실 것이나 ‘야곱의 집을 멸하시지는’ 않을 것이다. 여기에서 야곱의 집은 이스라엘이 피할 수 없는 재앙 이후 계속해서 생존할 수 있는 방식이다.

죄인 세대의 연속

조상들은 분명 족장들만을 의미하지 않고, 현 세대가 상이한 방식으로 소급하여 적용하는 다양한 세대도 함께 의미한다(첫 번째 단락을 보라). 이러한 사실은 특히 초기의 세대가 약속의 수령자나 하나님과 맺은 언약의 직접적 상대자로서 지칭될 뿐만 아니라, 그들 역시 현 세대의 선구자로서 부정적인 의미에서 고찰될 때 분명해진다. 여호수아

24장이 가장 폭넓게 과거의 사건을 다루고 있다. "옛날에 너희 조상들 곧 아브라함의 아비요 나홀의 아비인 데라가 강 저편에 살면서 다른 신들을 섬겼다"(V.2). 아직은 이러한 확언 속에 비난이 나타나지 않는다. 오히려 조상들은 당시에 일반적인 관행대로 그들이 살았던 땅이나 신들을 섬겼다. 하나님이 아브라함을 그곳으로부터 '이끌어내시기' 까지 그렇게 살았다. 그러나 문제는 하나님이 이스라엘 백성을 현재 살고 있는 아름다운 땅으로 인도하신 후, 지금 그들이 어떻게 행동하는가에 있다. 분명히 그들 가운데에는 여전히 조상들이 "강 저편에서" 섬겼던 신들을 섬기는 모습이 있었다(V.14). 그리고 이제는 새로운 땅의 신들, 즉 그들이 지금 살고 있는 땅인 '아모리인들' 의 신들을 섬길지 모르는 위험까지 추가된다. 여기에서 이스라엘 백성은 이러한 모든 일들을 행하지 않을 것이며, 큰 이적과 기사로 그들의 조상들(여기에서 조상들은 출애굽 세대를 의미한다)을 이집트에서 이끌어내셨던 "우리의 하나님 야훼"를 섬길 것이라는 사실을 장엄하게 선포한다(V.16-18). 그러나 이스라엘 백성은 그들의 조상들이 이전에 했던 것처럼 '낯선 신들' 을 다시 섬길지 모르는 위험에 상존해 있다.

에스겔은 이집트에서 있었던 "그들 조상들의 가증한 일들"에 대해서 상세하게 말한다(겔20:4ff). 예언자는 이 사실을 현 세대가 의식하도록 애쓴다. 조상들은 예언자가 "흉측한 것들"(*šiqqûṣîm*)이라고 부르는 "이집트의 우상들"을 섬겼고(V.7f), 그것에서 돌아서기를 거절했다. 하나님은 광야에서 그들의 자손에게 계명에 순종하고 "조상의 우상들"로 자신을 더럽히지 말라고 요구하신다. 그러나 그들도 거부했다(V.18-20). 조상들의 다음 세대는 하나님이 인도하셨던 땅에 들어가 "산당"에서 제사함으로써 하나님을 격노하게 했다(V.27-29). 그들은 이로써 조상들처럼 자신을 더럽혔고(V.30), 이 때문에 하나님은 그들의 조상들에게 하셨던 것처럼 그들을 심문하실 것이다(V.36). 이것은 죄악된 세대의 긴 역사다. 이 역사 안에서 각 세대는 다시 다음 세대를 위한 선조 세대가 되며, 각 세대는 우상숭배의 경향을 다음 세대에게 물려준다. 그러나 예언자의 발언은 연속된 조상들의 출발점으로 건너뛴다. 하나님은 결국 포로로 유배 보냈던 자들을 조상들에게 주리라고 맹세하셨던 땅으로 다시 돌아오게 하실 것이다(V.42, 참조. 겔47:14). 여기에서 조상들이 다시 이스라엘 역사의 시작에 있었던 약속의 담지자로서 조망된다. 그러므로 이 본문에는 조상들을 보는 두 가지 상이한 방식이 서로 대립되어 나타난다. 한편으로는 조상들이 약속의 담지자로서, 다른 한편으로는 연속되는 죄악된 행동의 부정적인 측면이 압도하는 세대로 등장한다.

예레미야서에서 특히 조상들에 대한 언급이 자주 나타난다. 이때 다양한 측면이 드러난다. 역사의 초기 조상들에 관하여 말하고 있는 수많은 구절이 발견된다. "내가 너희 조상들을 이집트로부터 이끌어내었던 날"(*b^ejôm*, 렘7:22; 11:4, 7; 31:32; 34:13)이나 "너희 조상들이 이집트에서 나오던 날"(렘7:25)에 대한 언급이 반복된다. 이날에 하나님은 그들과 언약을 맺으셨고(렘31:32; 34:13), 그들에게 자신의 음성을 듣고 자신의 계명을 따르를 것을 명령하셨다(렘11:4, 7, 참조. 7:22f; 17:22; 44:10). 그리고 이날부터 자신의 예언자들을 경고자로서 보내셨다(렘7:25). 이러한 본문들의 다른 부분은 "내가 그들/너희의 조상들에게 줄 것이라고 맹세하였거나"(렘11:5; 32:22) 아니면 "주었던 땅"(렘3:18; 7:7; 16:15; 24:10; 25:5; 30:3; 35:15, 참조. 렘7:14; 23:39)에 대하여 말한다. 이때 몇몇 곳에서는 포로된 그들이 과거에 조상들에게 주셨던 땅으로 귀환될 것을 언급한다(렘3:18; 16:15). 여기에서 조상들은 - 민수기와 신명기의 기술과 상응하게 - 출애굽 세대와 동일하지 않은 가나안 정복 세대를 가리킨다. 이때 땅에 대한 약속이나 땅 수여의 긍정적인 측면이 전면에 나타난다.

또한 예레미야서에서도 그들과 함께 이스라엘의 범죄사가 시작되었던 조상들에 대한 수많은 본문이 발견된다. 이러한 점은 이미 다음과 같은 사실에서 두드러지게 나타난다. 하나님이 출애굽 세대의 조상들에게 주셨던 계명에 대한 말씀에서 "그러나 그들은 듣지 않았다"는 말이 거의 후렴구처럼 등장한다(렘7:24, 26; 11:8; 17:23; 34:14, 참조. 35:15). 예레미야는 자신의 소명 이후 첫 번째 말씀에서 이 주제를 명시적으로 중심에 놓는다. 예레미야는 광야유랑시에 보여주었던 이스라엘의 성실과 사랑(렘2:2f)을 약속의 땅에 정착한 첫 번째 세대에 대한 비난과 대조시킨다. "너희 조상들이 내게서 무슨 죄악을 보았기에 그들이 내게서 멀리 떠나 허무한 것을 좇아 행하여 스스로 허무하게 되었느냐" (V.5). 하나님은 이스라엘이 '이집트로부터 이끌어내심,' '광야에서의 인도,' '풍요로운 땅으로의 인도' 에 대한 감사 대신 "너희는 나의 땅을 더럽히고 나의 기업을 가증한 것으로 만들었다" 고 말씀하신다(V.6f).

바알(Baal)은 "헛된 것" (*hebel*)이라고 지칭된다(V.8). 하나님에 대한 관계에서 이스라엘의 근본적인 죄악, 즉 "아무런 이득도 주지 못하는" 바알과 다른 신들의 숭배는 이미 그 땅에 거주하게 된 이후 첫 번째 세대의 조상들에게서 시작되었다(참조. 렘9:13[14]; 23:27, 참조. 44:21). 그것은 '조상들의 죄악' 이다. 그 죄악으로 인해 이스라엘 백성이 현재 고난당하고 있다. 그들은 계속해서 그 죄악으로 회귀한다(렘11:10; 44:9, 17). 그러나 이스라엘이 회개할 때는 그들도 다음과 같이 고백하게 될 것이다. "우리와 우리 조상들이 범죄하였나이다" (렘3:25).

호세아서에서도 광야유랑시의 이스라엘에 대한 하나님의 흐려지지 않은 관계에 대해서 예레미야 2장 1절 이하와 유사하게 들리는 말씀이 발견된다(호9:10a). 미가도 조상들을 하나님의 관심의 대상자로 지칭한다(미7:20, 위를 보라). 물론 호세아의 말씀에서 곧바로 바알브올의 타락이 뒤따라 나온다(호9:10b). 아모스서의 경우에는 부정적인 측면만이 나타난다. 유다의 조상들이 이미 거짓(우상들)을 뒤따라갔다(암2:4). 스가랴서는 설교조의 회개에 대한 외침으로 시작된다. "나 야훼는 너희 조상들에게 크게 분노하였다"(슥1:2, 참조. 8:14). 또한 청중에게 다음과 같이 요청한다. "너희는 너희 조상들과 같이 되지 말라"(V.4). 그들의 조상들은 예언자의 선포를 듣지 않았고, 그 결과를 담당해야 했다(V.5, 6a, "그때 그들이 돌이켰다…"는 마지막 문장[V.6b]이 조상들에게 관련된 것인지, 아니면 스가랴 선포의 청중들에게 관련된 것인지 논란이 되고 있다). 끝으로 말라기도 한편으로는 자신의 동시대인들이 지금 욕되게 하고 있는 "우리의 조상들의 언약"에 대해서 긍정적으로 말하면서(말2:10), 다른 한편으로는 이스라엘 백성이 "조상들의 날로부터" 하나님의 계명에서 떠났다고 말한다(말3:7).

시편에서도 조상들에 대해서 언급하는 다양한 방식이 발견된다. 조상들은 후손에게 하나님의 크신 행동에 대해서 언급한다(시44:2[1]; 78:3). 그분이 어떻게 이스라엘 안에서 후손들에게 물려주어야 할 토라를 주었으며(시78:5), 그분이 어떻게 이집트와 그들을 이끌어내는 도중에 기적을 행하셨는가를(시78:12-16) 알려주었다. 그들은 하나님을 신뢰했고, 구원받았다(시22:5[4]). 그러나 조상들의 모습을 어둡게 하는 다른 음조의 소리도 들을 수 있다. 그들은 하나님이 행하신 이적들을 보았음에도 불구하고 맛사와 므리바에서 하나님을 시험했다(시95:8f). 이러한 진술들의 독특한 긴장 속에서 하나님은 조상들에게 그들의 자녀에게 그들과 같이 범죄치 않도록 토라를 가르치라고 명령하셨다고 한다(시78:5, 8). 여기에서 하나님의 뜻을 전수하라는 의무와 불순종에 대한 통찰이 물 흐르듯이 서로 넘나든다. 그러나 시편 106편에서 자신에 대한 탄식이 분명하게 나타난다. "우리가 우리의 조상들과 함께 죄를 지었나이다… 우리의 조상들이 이집트에서 행하신 당신의 이적들을 깨닫지 못하였나이다"(V.6f). 죄악된 세대의 연속이 이미 이집트에서 시작되고 있으며, 이러한 통찰은 이 시편에 영향을 끼쳐 그것의 역사상(像)을 특징짓는다.

여기에 다른 본문들이 추가될 수 있다. 이스라엘과 유다의 왕국분열 이후 유다에 관하여 그들이 죄악을 통해서 그들의 조상들보다 하나님을 더 크게 분노케 하였다고 말한다(왕상14:22). 또한 후대의 거대한 회개기도도 동일하게 이스라엘의 범죄 역사를 조상들과 함께 시작된 것으로 보고 있다. 이에 대해 다니엘 9장 16절과 에스라 9장 7절 외에도 특별히 느헤미야 9장이 언급될 수 있다. 느헤미야 9장에서는 먼저 이집트에서 조상들을 이끌어내신 것과 광야에서 인도하신 것에 대한 역사가 묘사된다(V.9-15). 그러나 광야에서부터 시작된 그들의 불순종이 이어진다. 그럼에도 불구하고 이스라엘이 아래와 같이 고백해야 하는 현재의 상황에 이르기까지 하나님의 자비가 계속해서 대비되어 나타난다(V.16-31). "보소서, 당신이 우리 조상들에게 주신 땅에서 오늘 우리가 종이 되었나이다…"(V.36).

마지막에 조상들은 이스라엘의 존재를 위해 기초가 되는 하나님의 선물의 수령자로서 다시 한 번 등장한다. 세대의 연속은 죄인과 죄악된 것의 연속만을 의미하지 않는다. 그것은 처음부터 존재했고 그들과 함께 이스라엘에 대한 구원의 역사를 시작했던 인물들과 연계되어 있다. 조상들도 허물이 없거나 죄로부터 자유롭지 않았다. 그러나 그들의 역사는 하나님의 약속과 인도에 의해서 결정되었다. 전체적으로 볼 때 이스라엘의 역사는 이러한 시작 없이는 절대 묘사될 수 없고 이해될 수 없다. 족장들은 순수한 조상들이고 그러한 모습으로 머물러 있다. 이스라엘의 정체성은 이러한 조상들의 후손들로 이루어진 공동체라는 사실에 의해서 결정된다.

Theologie des Alten Testaments

B.IV

약속되고 위임받은 땅

약속되고 위임받은 땅

이 땅은 내가 너희에게 줄 땅이다

이스라엘 역사는 "내가 너에게 보여줄 땅으로 가라"는 하나님의 명령으로 시작된다(창12:1). '이스라엘 조상'의 선택과 소명은 땅과 분리될 수 없이 연결되어 있다. 이스라엘은 역사적 시작과 함께 이 땅으로 인도된다. 이 땅이 맨 처음부터 확정된 소유가 아니라 하나님이 하신 약속의 성취로서 여겨진다는 사실은 이스라엘의 자기이해를 위해 중요하며 근본적인 의미가 있다. 이 약속은 맨 처음에 나타나고, 그것은 종종 반복되며 기억된다. 그것은 이스라엘에게 하신 하나님의 언약의 본질적인 내용으로 간주될 수 있다(창17:7f). 그리고 자주 거의 형식화된 방식으로 "야훼께서 너희 조상들에게 줄 것이라고 맹세하신 땅"(또는 이와 비슷하게, 출6:8; 13:11; 33:1; 민14:23; 신1:8; 6:10, 18; 수21:43; 느9:15 등)에 대해서 말한다.

그러나 동시에 이스라엘 역사의 첫 번째 국면은 약속의 성취가

지연된다는 사실에서 깊은 인상을 남긴다. "내가 이 땅을 네 후손들에게 줄 것이다"는 아브라함에게 하신 하나님의 첫 번째 말씀에서 이미 주목할 만한 미묘한 표현의 차이를 엿볼 수 있다. 아브라함 자신은 이 땅에 대한 약속의 성취를 경험하지 못할 것이며 그의 후손의 첫 번째 세대도 역시 그러할 것이다. 반대로, 그들은 하나님이 이끌어낼 때까지 낯선 땅에서 살아야 하고 종살이를 해야 할 것이다. 사 대 동안(창15:16) 심지어 사백 년 동안(V.13, 참조. Talmon 1990) 타국에서 살아야 할 것이다. 족장사의 맨 처음에 이집트에서의 체류와 그곳으로부터의 탈출, 즉 '출애굽'(Exodus)이 예견된다.

그러므로 땅에 대한 약속과 성취는 이스라엘 역사의 시작점에서 나타나는 다양한 국면을 서로 연결시키는 결정적인 요소이다. 모세는 이스라엘 백성을 이집트에서 이끌어내어, "젖과 꿀이 흐르는 아름답고 광대한 땅"(출3:8), "조상들에게 약속한 땅으로 여겨지는 곳"(출6:4, 8)으로 인도해야 한다. 시내 산에서 결정적인 위기를 맞았을 때 모세는 하나님의 약속을 증거로 끌어들였고(출32:13), 하나님은 모세에게 그 백성을 약속의 땅으로 인도하실 것이라고 새롭게 명령하신다(출33:1). 그 다음에 나타나는 큰 위기는 하나님이 "이스라엘 백성에게 주시려고 하는" 땅에 대한 정탐과 관련이 있다(민13:2). 다시금 약속의 땅으로 계속 갈 수 있게 한 것은 모세의 중보기도였다(민14:17-19). 그러나 하나님에게 반역했던 세대 전체는(여호수아와 갈렙을 제외하고, 민14:24, 30) 아무도 하나님이 주실 것이라고 맹세하셨던 땅(민14:23)을 보지 못하게 되었다.

드디어 이스라엘 백성이 약속의 땅의 경계에 도달했을 때 새롭게 백성의 인구수를 조사하는데 그 불손한 세대 가운데 아무도 살아 있지 않다는 사실을 확인한다(민26:64f). 모세는 그 땅을 현재 살아 있는 사람들에게 나누어 주어야 했다. 이때 계속해서 중요한 역할을 하게 되는 '나할라' (*naḥ^alāh*)(기업, Erbbesitz)라는 개념(V.53ff)이 등장한다(참조. vRad 1943).

여론(與論): '나할라'(*naḥ^{a}lāh*)로서의 땅

약속의 땅으로 들어가는 경계에서 연설을 한 모세는 여러 번 "야훼께서 너희에게 '나할라' (*naḥ^{a}lāh*)로 주시는 땅"에 대해서 말한다(신4:21, 38; 12:9; 25:19; 26:1 등, 참조. 시105:11). 다른 본문에서도 이 약속의 성취에 대해서 언급한다(시135:12; 136:21, 참조. 왕상8:36; 렘3:19). 이뿐 아니라 약속이 위험스럽게 될 것에 대해서도 말한다(렘17:4). 명사 '나할라' (*naḥ^{a}lāh*) 외에 동사 '나할' (*nḥl*)이 히필(Hiphil)형태에서 동일한 의미로 사용되었다(신12:10; 19:3; 렘3:18; 12:14; 경우에 따라서는 칼[Kal]형태로, 출32:13; 신19:14).

우리는 '나할라' (*naḥ^{a}lāh*)라는 낱말을 신학적인 사법개념으로 이해할 수 있다. 그 땅이 이스라엘에게 처분과 사용이 가능하도록 넘겨질 것이지만 하나님의 소유로 여전히 남아 있을 것이라고 말해진다. 이 개념의 결정적인 의미는 이스라엘에게 하신 그 땅 **전체**에 대한 하나님의 약속과 수여에서 표현된다. 다른 모든 것들은 이것에서 파생된 것으로 나타난다. 그래서 모세는 하나님으로부터 '나할라' (*naḥ^{a}lāh*)로서의 땅을 지파의 크기대로 개별지파에게 나누어 주라는 지시를 받는다(민26:53-56). 모세는 이 명령의 수행을 여호수아에게 위임한다(신1:38; 3:28; 31:7). 여호수아 11장 23절에서 이 명령에 대한 수행이 개괄적으로 보도되고, 이어서 13-21장에서 모든 개별사항들이 묘사된다. 이렇게 하나님이 "조상들에게 주실 것이라고 맹세하신" 땅이 '나할라' (*naḥ*[a]*lāh*)로서 분배되고, 이스라엘은 약속된 안식에 이르게 된다(수21:43-45, 참조. 신12:9, 수23:4에서는 지파들에게 땅 대신 *naḥ*[a]*lāh*로서 분배되는 것이 "아직 정복되지 않고 남아 있는" 민족들이다).

여기에서 보면 근본적인 신학개념으로 소개되고 있는 용어가 다른 본문들에서는 그 땅에서의 삶이나 땅의 소유에 대한 문제를 위해 중요하게 사용된다. 아벨-벧-마아가의 "지혜로운 여인"은 임박한 성읍의 파괴를 야훼께서 주신 '나할라' (*naḥ*[a]*lāh*)의 파괴라고 말한다(삼하 20:19). 또 다른 '지혜로운 여인' 은 (가상적인) 아들의 죽음에서 하나님의 '나할라' (*naḥ*[a]*lāh*)로부터 가족이 끊어질 것을 내다본다(삼하14:16). 이와 동일한 의미에서 도피 중에 있을 때 다윗은 사울 앞에서 자신의 핍박자들이 야훼의 '나할라' (*naḥ*[a]*lāh*)의 몫에서 자신을 제외시키려 하고 있으며, 동시에 다른 신들을 섬기도록 강요하려고 한다고 탄식한다(삼상 26:19). 즉 하나님의 '나할라' (*naḥ*[a]*lāh*)로서의 땅은 동시에 그 땅을 주신 하나님께 경배할 수 있는 영역이다.

이 '나할라' (*naḥ*[a]*lāh*) 개념의 법적인 측면은 땅의 소유문제 때문에 개인이나 개별가문의 몫에 관계되는 곳에서 특히 잘 드러난다. 나봇은 아합 왕에게 자신의 포도밭을 넘겨주기를 거절한다. 왜냐하면 그것이 "그의 조상들의 '나할라' (*naḥ*[a]*lāh*)"이기 때문이다(왕상21:3). 이러한 갈등에 대한 서술은 왕조차도 복종해야 하는 이스라엘 법의 토대에 관한 문제라는 사실을 분명하게 한다. 또한 이스라엘 사람이 아니었던 왕비 이세벨이 명백하게 법률을 왜곡함으로써 그것을 무시한다는 사실이 첨예하게 부각된다. '나할라' (*naḥ*[a]*lāh*) 개념의 사법적 성격은 민수기 27장에서도 나타난다. 이 구절에서는 남자 상속자가 남아 있지 않을 때 한 가문의 '나할라'(nah^{a}lāh)의 문제가 발생했을 때 어떻게 그 문제를 처리해야 하는지가 다루어진다. 이 점에 관하여 모세는 특히 다음과 같은 하나님의 지시를 받는다. "어떤 사람이 아들 없이 죽을 때 너희는 그의 '나할라'(nah^{a}lāh)가 그의 딸들에게 돌아가게 해야 한다"(V.8). 즉 여기에서 '나할라'(nah^{a}lāh)는 개별가문이 유업으로 받는 몫이다. 민수기 36장에서 이 문제는 한 걸음 더 나아간다. '나할라'(nah^{a}lāh)를 배정받은 여인들은 '나할라'(nah^{a}lāh)가 지파 안에 남아 있게 하기 위하여 지파 내에서 결혼해야 한다.

마지막으로 나오미와 룻의 이야기가 이러한 문제와 연관된다. 그것은 특별한 상황을 통해서 다른 사람의 손에 넘어간 한 가문의 유업을 되사는 것에 관한 문제다. 레위기 25장의 규정들이 이 문제를 해결할 토대를 제공한다. 룻기에서 결정적인 역할을 하는(룻2:20; 3:9, 12 등) '고엘'(gô'ēl), 즉 "기업 무를 자"라는 개념이 나타난다(V.25f). 그러나 가문의 유업의 회복이 '계대(繼代)혼인'(Leviratsehe)이라는 문제와도 연결되어 있다. 계대혼인은 "죽은 자의 이름을 자신의 '나할라'(nah^{a}lāh) 위에" 남게 하기 위한 제도다(룻4:5, 10). 이와 같은 사실을 통해서 민수기 27장에서 다루어졌던 문제가 다른 측면에서 다시 한 번 드러난다. 왜냐하면 죽은 자가 딸도 남기지 않았기 때문이다.

마지막으로 다루어졌던 문제들과의 관련성 속에서 '나할라'(nah^{a}lāh) 개념은 이스라엘 백성의 구체적인 실생활의 문제 가운데 발견된다. 그러나 그것은 완전히 다른 측면을 가지고 있다. 하나님으로부터 주어진 '나할라'(nah^{a}lāh)는 하나님 자신의 '나할라'(nah^{a}lāh)로도 이해될 수 있다. 그것이 이스라엘에 의해서 "가증한 것"이 되거나(렘2:7; 16:18), "대적들에 의해서 노략당한다"(렘50:11). 그러나 하나님은 "비를 통해서 그것에 생기를 부어주신다”(시68:10[9]). 땅 대신 성전의 산이 하나님의 ‘나할라’(*naḥ*ᵃ*lāh*)로 명명될 수도 있다(출15:17, 참조. 시79:1). 마지막으로 이스라엘 자신이 하나님의 ‘나할라’(*naḥ*ᵃ*lāh*)로 지칭된다. 그것은 종종 ‘암’(*ʿam*, 백성)이란 개념(신4:20; 9:26, 29; 왕상8:51; 사47:6; 시28:9 등)이나 ‘세베트’(*šēbeṭ*, 지파)라는 개념(사63:17; 렘10:16; 시74:2)과도 결합되어 나타난다. 시편 33편 12절에 따르면 하나님은 이스라엘을 자신의 ‘나할라’(*naḥ*ᵃ*lāh*)로 ‘선택’하셨다. 그리고 사울은 이러한 하나님의 ‘나할라’(*naḥ*ᵃ*lāh*) 위에 ‘나기드’(*nāgîd*)로 기름 부음을 받는다(삼상10:1, 참조. 삼하21:3).

이렇게 ‘나할라’(*naḥ*ᵃ*lāh*) 개념은 다양한 측면에서 나타난다. 하지만 압도적으로 땅과 많은 관련성을 가지고 있다. 즉 개별적인 가문에게 할당된 ‘유산’이나 ‘상속지분’으로서의 구체적인 사법적-상속법적 측면을 가지고 있다. 또한 이 개념은 하나님으로부터 주어진 땅으로서의 각인된 신학적 측면이 있다. 일반적으로 이스라엘에게 약속되고 주어진 땅은 그 전체가 ‘나할라’(*naḥ*ᵃ*lāh*)로 지칭된다. 이러한 신학적인 고찰은 그 땅이나 성전산, 심지어 이스라엘 자신이 하나님의 ‘나할라’(*naḥ*ᵃ*lāh*)로 지칭될 수 있다는 점에서 말 그대로 고양된다. 이 모든 다양한 특징 속에서도 ‘나할라’(*naḥ*ᵃ*lāh*)는 종국적으로 일종의 ‘봉토’(Lehen)와 같이 신탁재산으로 이스라엘에게 위임되고 맡겨진 하나님의 소유이다. 이러한 사실은 다음과 같은 문장에서 요약적으로 표현된다. “땅은 나의 것이다. 너희는 타국인이요 나와 함께 체류하는 자들이다”(레25:23).

* * *

땅의 분배에 관한 언급이 있기 전에 경고의 표지들이 제정된다.

땅의 수여는 절대로 조건 없이 이루어지지 않는다. 모세의 고별연설인 신명기의 긴 설교의 시작에서 모세를 통해 주어진 계명을 지키는 것과 그 땅에서 사는 것의 상호관계가 강조된다. 그것의 첫 문장은 이렇다. “그러므로 이스라엘아, 이제 내가 너희에게 가르쳐 행하라고 한 그 규례들과 명령들을 들으라. 그리하면 너희가 살 것이요, 너희 조상의 하나님 야훼께서 너희에게 주신 그 땅에 들어가 그것을 소유하게 될 것이다”(신4:1, 참조. V.5). 여기에서 계명준수가 약속의 땅에 들어가기 위한 지시사항으로 나타난다(참조. Perlitt 1983). 그런 다음 특히 야훼숭배의 순수보존의 문제에 있어 계명을 지키지 않은 결과로 이스라엘이 추방되며 다른 민족들 가운데 흩어질 것이라는 사실이 예고된다(V.26f). 추방은 이미 끊임없이 임박한 가능성으로 조망된다. 물론 이것이 마지막 말은 아니다. 왜냐하면 이스라엘이 회개하면 하나님은 다시 호의를 베푸실 것이기 때문이다. 그분은 이스라엘의 조상들에게 맹세하신 언약을 잊지 않으실 것이다(V.30f). 그런 다음 마지막으로 다시 한 번 계명준수와 하나님이 주신 땅에서 누리는 이스라엘의 복된 삶 사이에 긍정적인 관련성이 강조된다(V.40).

시내 산에서 이루어진 율법수여의 마지막 장인 레위기 26장은 이와 매우 유사한 교훈과 경고를 포함하고 있다. 여기에서 하나님의 계명을 준수하지 않을 경우 맞게 되는 부정적인 결과가 여러 단계에 걸쳐 서술된다. 이때 땅도 함께 고려되는데, 땅은 더 이상 열매를 내지 않게 되고(V.20), 맹수와 전염병이 기승을 부리며(V.16, 22, 25), 결국 황폐하게 될 것이다(V.31f). 이스라엘도 민족들 가운데 흩어지게 될 것이다(V.33). 그러나 여기서 최종발언이 그치는 것은 아니다. 마지막 부분에서 하나님이 조상들과 맺은 언약과 그 땅을 기억하실 것이라고 말한다

(*zākar* V.42).

또 다른 방향에서 신명기는 그 땅을 소유하려는 이스라엘 백성에게 경고한다. 이 모든 일이 그들에게 이루어졌을 때 그들 자신의 업적이라고 생각해서는 안 된다는 것이다. 왜냐하면 그들은 모든 민족 가운데 가장 작은 민족이며, 하나님이 이 모든 것을 행하셨기 때문이다. "이것은 그가 너희를 사랑하셨기 때문이요, 너희 조상들에게 맹세하신 바를 지키셨기 때문이다"(신7:7f). 그들은 또한 자신의 힘으로 이 모든 것을 획득하였다고 생각해서는 안 된다. 오히려 그렇게 한 것은 "너의 조상들에게 맹세한 언약을 지키기 위해 재물 얻을 힘을 주신" 하나님 자신이시다(신8:17f). 마지막으로 그들이 땅을 차지하는 것은 그들의 의로움 때문이 아니라, "다만 이 민족들의 사악함으로 인하여 야훼께서 네 앞에서 그들을 몰아내심이니, 이것은 야훼께서 네 조상 아브라함과 이삭과 야곱에게 맹세하신 말씀을 이루시기"(신9:5) 위함이다.

이렇게 독자들은 이스라엘이 그 땅을 밟기도 전에, 땅의 수여가 하나님이 조상들에게 주시고 자신의 맹세를 통해서 확증한 약속의 성취요, 모세를 통해 주신 하나님의 계명을 지켜야 하는 이스라엘의 의무와 긴밀하게 연결되어 있다는 사실을 알게 된다. 또한 독자들은 이 의무에 대한 위반의 마지막 결과로서 그 땅을 상실할 수도 있다는 사실을 알게 된다. 여기에서 우리는 인용된 본문들이 이스라엘 역사의 앞선 시기를 눈앞에 두고 기록되었을 뿐만 아니라, 이스라엘이 그 땅에서 직접 경험한 바를 수용하고 회고하고 있다는 사실을 알 수 있다. 다시 말하면 앞으로 경험될 내용을 전망하고 예시한다.

너희가 이 땅에 들어가면

히브리성서에 나타난 이스라엘 백성이 약속의 땅에 진입한 것에 대한 묘사와 평가는 서로 모순될 때가 있을 정도로 매우 복잡하다. 여호수아서의 첫 번째 부분은 "야훼께서 모세에게 명하신 그대로" 땅의 정복이 이루어졌다고 묘사한다(수11:23). 이 책의 말미에 이러한 사실이 다시 한 번 상세하게 반복된다(수21:43-45). 이때 각각의 경우 '안식'에 대한 언급이 있다. 안식은 하나님이 이스라엘 백성에게 소유하게 된 땅에서 주신 것이다. 점령은 여리고 성벽의 무너짐(수6장)이나 기드온의 경우 해가 멈춰 선 것(수10:12-14)과 같은 기적적인 사건들이 동반된 하나님의 도움으로 이루어진다. 또한 이스라엘 백성이 항상 우위에 있는 강력한 전투에 대해서도 상세하게 보도한다.

그런 다음 여호수아가 생의 마지막 즈음에 그 땅을 지파들에게 나누어 주라는 하나님의 명령을 받았을 때, 첫머리에 놀라운 문장이 나타난다. "아직도 차지할 땅이 매우 많이 남아 있다"(수13:1). 그 다음에 아직 정복되지 않은 지역에 대한 긴 목록이 이어진다(V.2-6). 그런 다음 나오는 단락들에서 이스라엘 백성이 특정한 지역들을 정복하지 못하였다는 사실이 여러 번 강조되어 언급된다(수13:13; 15:63; 16:10; 17:11-13). 이러한 정황에 걸맞게 아직 남아 있는 땅을 점령하라는 지시들이 반복된다(수13:1; 18:3; 23:5). 또한 사사기의 첫머리에서도 아직 점령되지 않은 그 땅의 성읍과 지역들에 대해 말한다(삿1:18f, 21, 27-35; 3:1-3).

이스라엘 백성의 가나안 땅으로의 진입은 매우 다양한 관점에서 고찰될 수 있다. 한편으로는 이스라엘 백성이 그 땅에 살았고 그들이 그곳에서 일시적으로나마 '안식'을 누렸다는 사실이, 전반적으로 볼 때 하나님이 전승을 따라 조상들에게 하셨던 약속을 성취한 것으로 여겨질 수 있다. 그러나 다른 한편으로는 항상 갈등 없이 지내지만은 않았던 다른 민족 집단들과의 이웃관계는 항상 반성적인 토론을 하도록 자극한다. 왜 땅에 대한 정복이 그렇게 불완전하였으며, 왜 다른 집단과의 이웃관계가 늘 갈등을 초래했는지에 대한 의문을 제기하지 않을 수 없다.

첫 번째 고별연설(수23장)에서 여호수아는 이것에 대한 이유를 밝힌다. 이미 신명기에 드러나 있듯이(신4:26f) 그는 "모세의 토라"에 기록된 모든 것을 따라야 할 의무가 있다는 사실을 다시 반복한다(수23:6). 그리고 그렇지 않을 경우 그 땅으로부터 추방될 것이라는 사실을 예고한다(V.13, 15f). 이때 모세의 토라를 위반할 우려가 있는 결정적인 사항은 다른 신들을 숭배하게 유혹할 수 있는 남아 있는 민족들과의 접촉이다(V.7). 그래서 이러한 민족들은 결국 이스라엘이 "너희 하나님 야훼께서 너희에게 주신 이 아름다운 땅"에서 "멸망할" 때까지 그들에게 "올무"와 "덫"이 될 것이며, "채찍"과 "가시"가 된다(V.13). 사사기의 시작에 이러한 관점이 다시 한 번 서술된다. 하나님이 "이 유혹을 통해 이스라엘을 시험하시기 위해서 이 민족들을 쫓아내지 않으셨다"고 말한다(삿2:21f; 3:1, 참조. 2:3). 그들과의 결혼을 통해 인척관계를 맺는 것은 하나님이 이스라엘뿐만 아니라 그의 조상들과 맺으신 언약을 위반하는 결과를 초래할 수 있다(수23:16; 삿2:20).

예언서에서도 이스라엘의 하나님을 배반하는 것이 가나안 정복 이후 곧바로 시작되었다는 관점을 발견할 수 있다. 예레미야서의 경우 이스라엘이 광야를 유랑하는 동안 하나님과의 관계가 흐려지지 않았지만(렘2:2f), 하나님이 그들에게 주신 풍요로운 땅에 들어갔을 때에 그들은 더 이상 "우리를 이집트에서 이끌어내신 야훼가 어디 계신가?" 묻지 않고, 다른 신들에게로 향했으며(V.4-8), 그것을 통해서 하나님이 말씀하신 "나의 땅"을 더럽혔고 하나님의 '나할라'(*naḥ^a^lāh*)를 "가증한 것"으로 만들었다(V.7)고 말한다. 이러한 비난은 조상들, 즉 지금 청중들의 앞선 모든 세대(V.5), 특히 그들의 지도층에 해당된다. 무엇보다도 먼저 토라의 보존에 책임이 있는 제사장들과 백성의 "목자들," 심지어는 예언자까지(V.8) 비난의 대상이 된다. 이와 마찬가지로 에스겔도 이스라엘의 배반이 그들이 가나안 땅에 들어가 "저 높은 언덕 위에서와 저 푸른 나무 아래에서" 제물을 드리기 시작했을 때 시작된 것으로 본다(겔20:27-29).

시편에서도 이스라엘의 가나안 진입을 고찰하는 상이한 관점들이 나타난다. '쌍둥이 시편'인 시편 105편과 106편은 서로 대조된다. 시편 105편은 마지막에 가나안 땅으로의 진입을 부정적인 공명음 없이 이스라엘에 대한 선물로 묘사하는 순수한 찬송시이다. 그러나 시편 106편에는 이스라엘의 범죄의 역사가 이미 이집트에서 시작되고 광야 유랑시뿐만 아니라 가나안 땅에 들어가기까지 지속된 것을 묘사한다. 그 후 그들은 하나님이 명령하신 대로 행동하지 않았다. 그들은 민족들을 진멸하지 않았고, "가나안의 우상들"로 자신들을 더럽혔다(V.38f).

가나안 땅에서 이스라엘 역사의 시작에 대한 평가가 서로 상충되게 나타나는 것은 분명 본문이 기록되거나 편집될 때의 각각의 상황이 반영되었기 때문이다. 그러나 동시에 우리는 이스라엘에 넘쳐났으며, 특히 종교적인 영역에서 항상 다시금 표출되었던 내적인 긴장들을 인지할 수 있다. 게다가 남쪽과 북쪽의 거대한 세력권 사이 곧 지정학적인 차원에서 맞이해야 하는 이스라엘의 위험스런 상황이 반영되어 있다. 거대한 세력들의 변화하는 운명은 종종 이스라엘에게 직접적인 영향을 주었다. 특히 땅의 상실, 즉 포로로 추방되고 끌려가는 것이 항상 임박한 위험으로 눈앞에 놓여 있었다. 그러나 이 때문에 항상 다시금 어찌하여 하나님이 자신의 백성에게 주신 이 큰 선물이 상실될 수 있었는가? 라는 새로운 의문이 생겨났다.

땅을 위한 안식

"너희는 내가 너희에게 주는 땅으로 들어가면, 그 땅이 야훼께 안식을 지키게 하라"(레25:2). 이 말씀과 함께 하나님이 주신 땅의 관리에 대한 하나의 기본적인 규정이 소개된다. 이 규정은 출애굽기 23장 10절 이하에서도 발견된다. "육 년 동안 너는 네 땅에 씨를 뿌려 거기서 수확을 거두라. 그러나 칠 년째는 쉬게 하고(*šāmaṭ*) 가만 두어 네 백성 중의 가난한 자들이 그것을 먹게 하라." 그런 다음 12절에는 이와 상응하게 다음과 같은 내용이 있다. "육 일 동안 너는 네 일을 하고 칠 일째에는 쉴지니라(*šāmaṭ*)." 여기에서 칠 년의 주기는 칠 일 주기와 관련된다. 사람과 동물이 일과 쉼의 정해진 교환 속에서 살아야 하듯이 땅도 그래야 한다. 즉 일곱 번째 해의 '안식년' 규정은 단순히 회복을 위해 휴경을 허용하는 농업적인 고려만으로 결정된 것이 아니라, 안식일과 같이 종교적인 요소를 포함하고 있다. 우리는 그것을 '성스러운 휴경' (sakrale Brache)이라고 부를 수 있다. 일곱 번째 해에 스스로 자라난 곡식은 필요한 자들이 자유롭게 사용할 수 있게 사회적인 측면이 부가된다.

레위기 25장에서 땅에 대한 규정들은 다음과 같은 종합적인 진술 아래 놓인다. "땅은 나의 것이다. 너희는 타국인이요 나와 함께 체류하는 자들이다"(V.23). 여기에서 땅의 안식규정(v.2-7, 20-22)이 다른 사회적이며 사법적인 규정들과 연결된다. 일곱 번째 안식년 후에, 즉 49년 후에 희년(*Jobel*-Jahr)이 선포되어야 한다. 이때 이전 소유관계들의 전반적인 회복이 이루어진다(V.8-12, V.13-17의 세부설명과 함께). 거기에 빈곤에 빠진 이스라엘 사람에 대한 되사기 또는 되무르기와 관련된 다른 규정들이 연결된다. 또한 희년은 중요한 역할을 한다(V.25-55). 이제 땅의 관리에 대한 강조점이 사회적 영역으로 이동된다. 23절과 분명한 평행관계에 있는 55절은 결론적으로 다음과 같다. "이스라엘 자손은 내게 종들이 된다." 이어지는 말씀은 이러한 사실을 거대한 구원사의 맥락에 위치시킨다. "그들은 내가 이집트 땅에서 이끌어낸 나의 종들이다. 나는 너희 하나님 야훼다."

신명기 15장에서는 이미 안식년이 완전하게 사회적 관점 아래 놓여 있다. 그것이 "면제"(의 해, *šᵉmiṭṭāh* V.1)로서 지칭된다(출 23:10에서 사용된 동사 *šmṭ*를 참조하라. 루터 성서는 레 25장의 희년과 신 15장의 *šᵉmiṭṭāh*-해(Jahr)를 혼동하기 쉽게 모두 "사면의 해"(Erlaβjahr)라고 번역하였다). 이때 수집된 사회적 규정들이 성스러운 휴경에 관한 규정 대신 등장하는 것인지, 아니면 보충하려는 것인지에 대해서 어떤 언급도 나타나지 않는다. 그러나 분명한 점은 신명기가 '쉐미타'(*šᵉmiṭṭāh*) 규정의 농업적인 측면에는 고유한 관심이 없다는 것이다.

출애굽기 23장에는 안식일 계명 뒤에 세 가지 절기의 목록이 이어진다. "너희는 연중 세 번 내게 절기를 지켜야 한다"(V.14). 이 세 절기에도 땅뿐만 아니라, 한 해의 수확을 위한 자연적 순환주기와의 밀접한 연관관계가 존재한다. 처음에 "무교병의 절기"(*ḥag hammaṣṣôṭ*, V.15)가 소개된다. 이때는 칠 일 동안 '오래된 누룩'이 들어 있지 않은 새로운 수확의 빵을 먹는다. 두 번째 절기로서 '추수절'(이것을 보통 '맥추절'로 번역한다 - 역자 주, *ḥag hammāṣîṭ*)이 소개된다. 이때 "네가 들에 뿌렸던 네 수고의 첫 열매들"을 수확한다(V.16a). 출애굽기 34장 22절은 밀추수, 즉 수확된 마지막 곡물종류의 첫 수확에 대해서 말한다. 세 번째 절기는 포도수확의 절기인 '수장절'(*ḥag hā'sîp*)이다(V.16b). 여기에 "한 해의 끝"이라는 부가어가 이 절기를 설명한다. 나중에 통례화된 이름인 '초막절'(*ḥag hassukkôṭ*, 참조. 신16:13, 16)은 수확기 동안 포도원의 원두막에서 지내는 것과 관련이 있다(참조. 사1:8).

이러한 절기들 속에서 우리는 다시금 이스라엘의 생활은 땅과의 깊은 연관관계가 있음을 엿볼 수 있다. 그러나 절기들 또한 그 안에서 이러한 본래적인 관계가 다른 측면과 연결되고 발전되었다고 할 수 있다(참조. 1991e). 특히 이 절기들이 이스라엘 초기 역사의 사건들과 관련을 맺게 된다. 출애굽기 23장에서 설명하는 무교절의 경우가 바로 그렇다. 거기에는 이 절기의 시점이 아빕월로 지칭된다. "왜냐하면 그 달에 네가 이집트에서 나왔기 때문이다"(V.15). 레위기 23장에서도 초막에서 지내야 하는 이유를 다음과 같이 설명한다. "이는 내가 이집트 땅에서 이스라엘 자손을 데리고 나올 때 그들을 초막에서 거하게 하였기 때문이다"(V.42f). 세 절기 중 '칠칠절'이라고도 불리는(신16:10,16) 두 번째 절기를 위한 규정 가운데 한 가지 지시사항이 내포되어 있다. "너는 네가 이집트 땅에서 노예였던 것을 기억하라"(V.12). 신명기 26장 1-11절에서 첫 수확물을 드리는 것도 이 절기를 가리키는 것으로 보인다. 여기에 출애굽 역사에 대한 신앙고백적인 회고가 연결되어 있다.

그러나 이렇게 확장된 내용은 다른 맥락에서 언급되어야 한다.

약속과 성취, 상실과 회복

이스라엘의 생활공간으로서의 땅은 히브리성서 거의 모든 부분에 나타난다. 땅은 족장 시대의 기초가 형성되는 시대부터 정경으로서의 본문이 기록되는 마지막 단계에 이르기까지 성서에 나타난 이스라엘 역사의 다양한 시기들을 연결시킨다. 처음에 아브라함과 그의 후손들에게 땅을 주시겠다는 하나님의 약속과 확언이 나타난다. 이 약속은 역사의 후대 국면에서 계속해서 반복되고 기억된다. 출애굽기 6장 2-8절의 모세에 대한 하나님의 말씀에서 족장들에 대한 약속과 이집트에 있는 이스라엘 백성의 상황에 대한 연결이 분명하게 나타나며, 예고된 구출은 하나님의 약속의 이행으로서 묘사된다. 이집트에서 나온 이후에도 조상들과 출애굽 사이의 관련성이 반복적으로 기억된다(예컨대, 민20:15f; 신26:5-9; 수24:4-6).

그러나 그 후 하나님이 이스라엘 백성에게 그 땅을 주실 것이라는 약속은 조상들에 대한 분명한 언급 없이 점점 더 자주 나타난다. 즉 "내가 너희에게 줄 땅"이라는 말은 가나안 땅의 정복 이전 마지막 단계에서 선도적이며 항상 수반되어 나타나는 모토이다(표현상 약간의 변형과 함께, 민13:2; 15:2; 20:12, 24; 27:12; 33:53; 신1:25; 5:31 등). 이미 그 땅에서의 상황이 전제되어 있는 신명기에 수집된 계명들도 이 모토로서 시작되고, 항상 다시금 계명의 근거로서 언급된다(신12:1; 16:20; 17:14; 18:9 등). 마지막으로 여호수아의 영도 아래 진행된 가나안 땅으로의 진입도 이러한 기치(旗

幟) 아래에서 이루어진다(수1:2, 6[조상들에 대한 언급과 함께], 11 외 자주). 그 후 가나안 땅의 정복과 분배에 대한 보도의 마지막에서 다시 한 번 조상들에게 하신 하나님의 맹세의 약속이 기억되고(수21:43) 요약된다. "야훼께서 이스라엘 집에게 말씀하신 선한 말들이 하나도 빠지지 않고 모두 이루어졌다" (V.45).

여기에서 땅에 대한 약속과 성취 사이의 완전한 일치가 확인된다. 훗날 솔로몬이 "성전 봉헌기도"를 마무리하는 축복에서도 거의 똑같은 표현이 나타난다(왕상8:56). 두 본문에서 모두 하나님이 자신의 백성에게 허락하신 안식에 관하여 말한다(왕상8:56, *m^e nûḥāh*, 수21:44 동사 *nwḥ*의 히필형태로). 안식은 신명기에서도 이미 예고되었다(신12:9f; 25:19, 참조. vRad 1933). 다윗(삼하7:1)과 솔로몬(왕상5:18[4])의 통치를 통해서 안식이 실현되었다는 사실이 나중에 다시 한 번 확인된다. 심지어 각자가 "자기 포도나무와 무화과나무 아래서 안전하게 거할 수 있다"고까지 말한다(왕상5:5[4:25]). 이것은 예언서에 종말론적 약속으로서 나타나는 관용적 표현이다(미4:4; 슥3:10). 그 후 역대기에서는 솔로몬의 출생이 "안식의 사람" (*ʾîš m^e nûḥāh*, 대상22:9)으로 예고된다.

그러나 솔로몬의 성전 봉헌기도를 보면, 이스라엘 백성이 범죄함으로 하나님이 대적에게 그들을 넘겨주어 "멀거나 가까운" 낯선 땅으로 포로로 붙잡혀 갈 가능성이 있음을 벌써 조망하고 있다(V.46). 그것은 레위기 26장이나 신명기 4장과 같은 본문을 상기시킨다. 이러한 본문에서 대적과 다른 재앙을 통해 스스로 초래한 위협들 가운데 최고의 형태로 유배가 언급된다. 그러나 이러한 본문과 같이 솔로몬의 기도 또한 하나의 "전환"(Umkehr)과 포로로 유배당한 자들의 "궁극적인 귀환"을 소망한다(V.47-51). 그 후 북왕국의 종말과 함께 이 기대는 현실이 되지만, 여기에는 솔로몬의 기도에서 소망되고 간구되었던 선한 것으로의 전환은 없다. 이스라엘은 앗수르에 의해서 "오늘에 이르기까지" 사로잡혀 있다(왕하17:6, 23). 이것과 관련해 다음과 같이 기록되어 있다. "이와 같이 유다가 자신의 땅에서 사로잡혀 갔다"(왕하25:21). 이처럼 이스라엘은 땅에 대한 약속에서 시작하여 그 약속의 성취를 거쳐 땅의 상실에 이르는 과정을 겪었다. 땅은 이스라엘의 삶에서 기대와 소유와 상실 속에서 나타나는 연속체이다. 그러나 상실은 땅에 대한 약속과 함께 시작된 역사의 완전한 종말을 의미하는 것이 아니라 유배를 의미한다. 여기에 여전히 귀환과 땅의 회복에 대한 소망이 있다. 열왕기의 끝도 역시 이러한 소망을 매우 조심스럽게 암시하고 있다(왕하25:27-30).

예언서들에서도 임박한 또는 이미 시작된 땅의 상실이 중요한 역할을 한다. 거대한 환상 가운데(사6장) 예언자 이사야는 "언제까지?" 라는 질문에 응답을 받는다. "성읍들은 거민이 없이 황폐하게 되고… 그 땅에 황폐함이 많을 때까지다"(V.11f). 이사야서의 후대본문들은 예견된 상황 속에서 말한다. "땅은 황폐하고 폐허가 되었다"(예컨대, 사49:17ff; 54:1-3 등, 참조. 1989, 79 [167f]). 무엇보다도 유다왕국 멸망의 동시대인들이었던 예레미야와 에스겔의 경우, 땅에서의 평온한 삶의 종말이 당시의 지배적인 주제 중에 하나였다. 예레미야의 긴 성전설교(렘7장)는 다음과 같은 하나님의 예고로 끝난다. "내가 너희 모든 형제, 즉 에브라임의 모든 자손을 쫓아낸 것같이 너희를 내 목전에서 쫓아낼 것이다"(V.15). 예레미야 25장에는 예레미야의 23년간의 성과 없는 심판예고를 요약하는 긴 발언이 기록되어 있다. "그 땅은 곧 느부갓네살에 의해서 습격당하여 황폐화되고 파괴된 채 남아 있을 것이며 사람이 살면서 내는 기본적인 소리들조차 듣지 못하게 될 것이다”(V.9-11).

그런 다음 예레미야는 무엇보다 포로로 사로잡혀 간 사람들과 그 땅에 남아 있는 사람들 사이의 관계문제(렘24장)와 포로기간이 얼마나 지속될 것인가 하는 문제(렘28장과 29장)를 다룬다. 그 후 뒤이어 나오는 장들(렘30장에서 33장에 이르기까지)에서도 귀환과 회복에 대한 소망이 점점 더 분명해진다. “왜냐하면, 보라! 날들이 올 것이기 때문이다. 야훼의 말씀이다. 그때에 내가 내 백성 이스라엘과 유다의 사로잡힌 자들을 돌아오게 할 것이다(*šûb šebût*). 야훼가 말씀하신다. 내가 그들을 그들의 조상들에게 준 땅으로 돌아오게 할 것이며, 그들은 그 땅을 차지할 것이다”(렘30:3). 그러나 이것은 아직 미래를 향한 하나의 희망으로 남아 있다.

에스겔은 이 문제들을 다른 측면에서 본다. 말하자면 그는 땅을 상실하고 이제는 포로로 살아야 하는 사람들의 시각으로 문제를 본다. 그의 상징행위들과 심판설교는 아직 예루살렘과 그 땅에 남아 있던 사람들을 겨냥하고 있다(겔4-7장과 에스겔서 도처에). 여기에서 신학적 관점의 이동이 예레미야의 경우보다 더 강하게 나타난다. 포로로 끌려간 사람들은 이미 하나님의 심판을 경험했고, 언젠가 다시 되돌아오게 될 것이라는 희망을 가질 수 있다. 반면, 그 땅에 남아 있는 사람들은 과거의 죄악된 길로 계속 가고 있으며, 하나님의 심판이 아직 그들 앞에 놓여 있다. 그러나 예루살렘의 파괴 이후에는(겔33:21) 시선이 완전히 미래를 향해 있다. 황폐화된 산들은 다시 푸르게 되고 열매를 낼 것이며, “이스라엘 집”의 수많은 귀환자들이 그곳에서 살게 될 것이다(겔36장). 환상 가운데서 에스겔은 직접 죽은 자들의 마른 뼈들을 다시 살리는데 협력할 수 있고(겔37장), 그런 다음 하나님은 그들을 다시 그들의 땅에 거하게 하실 것이다(V.14). 끝으로 에스겔은 어떻게 예루살렘과 성전이 재건되며, 종국적으로는 어떻게 그 땅이 다시 한 번 지파들에게 분배될 것인가를 마지막 환상에서 본다. 이러한 환상적인 광경 속에서 여호수아 시대에 있었던 것과 같은 새로운 시작이 실현된다.

실제로 새로운 시작이 있었다. 그러나 실제에서는 예언자들의 환상보다 훨씬 소박했다. 이스라엘 역사의 이전 시기처럼 이스라엘의 운명은 근동지역의 거대한 세력 중심지에서 벌어지는 변화에 완전히 종속되어 있었다. 페르시아를 통해 이루어진 바벨론 제국의 정복과 그들에게 정복당하고 지배받는 민족들을 다른 방식으로 다루는 페르시아의 종교정책은 이스라엘 역사의 새로운 장을 열었다. 에스라서의 처음(스1:1)과 역대기의 마지막(대하36:22)에서 동일하게 말하고 있듯이 하나님은 페르시아 왕 고레스의 "영을 감동시키셨다." 이것은 예언자들에게서 발견되는 기대와 희망에 연결된다. 예레미야의 예언이 양 본문에 분명하게 거론되고 있으며(참조. 렘29-31장), 고레스왕을 '감동시켰다' 는 언급은 이사야서의 말씀을 강하게 연상시킨다(사41:2, 25; 45:13).

그 땅으로의 귀환과 상황에 대한 재조정이 에스라-느헤미야서의 중심주제이다. 그러나 이때 포로기 이전 시대의 본문들과는 다른 분명한 강조점 이동이 인지될 수 있다. 관심이 우선적으로 예루살렘에 집중된다. 에스라서의 첫 번째 부분에서는 성전재건이(스1-6장), 느헤미야서에서는 성벽재건이 강조되어 있다(느1-6장). '땅' 이라는 주제는 예루살렘 성벽재건에 협력했던 거주자들에 대한 언급에서도 확인할 수 있다(참조. 느3장과 11장). 그러나 거기에서 땅은 그것을 얻기 위해 노력해야 하고 숙고해야 하는 독립적 대상물이 아니다(이 시기의 유대의 팽창에 관하여 참조. Donner 1984/86, 425, 2459).

이스라엘은 자신의 땅으로 돌아왔다. 그러므로 그 땅은 자신의 역사를 다시금 연속적인 관계성 안에서 고찰할 수 있다. 무엇보다도 위대한 기도들에서 그 기원에 대한 분명한 회고가 이루어진다(스9:7ff; 느 9:7ff). 여기에서 범죄의 역사가 전면에 나타나기는 하지만, 그 속에서 이러한 연속성에 대한 의식이 엿보인다. 이스라엘 역사 안에서 그 땅에 관한 히브리성서의 문헌들에 기록되어 있는 많은 것들이 회고적인 개관으로부터 이해되어야 한다.

Theologie des Alten Testaments

B.V
첫 번째와 두 번째 출애굽

첫 번째와 두 번째 출애굽

앞 장에서 출애굽에 관한 언급이 있었다. 부연하자면 그것은 무엇보다도 땅의 관점에서 이루어진 것이었다. 이때 이미 출애굽의 이중적인 측면, 즉 땅의 약속과 성취, 상실과 회복이 고찰되었다. 이어지는 장에서는 출애굽의 주제가 이스라엘 백성의 시각에서 다시 한 번 상세히 고찰될 것이다.

이집트에서의 이스라엘

오경의 계속되는 서술에서 이집트에서의 이스라엘 체류와 함께 이스라엘 역사의 새로운 국면이 시작된다. 가족과 함께하는 개인적인 '조상들' 대신 이제는 '민족' 이 등장한다. "이스라엘 자손" 의 번성을 통해 자신과 자신의 백성이 위협당한다고 느끼는 이집트 파라오의 입에서 '암' ('*am*, 백성, Volk)이라는 표현이 처음으로 등장한다(출1:9)는 사실은 분명 우연이 아니다. 여기에서 갈등이 싹튼다.

우선 이 백성은 이집트인들을 통한 억압에 말없이 그리고 무력하게 유기되어 있다. 또한 자신들을 인도하고 자신들을 위해 이집트인 앞에 나설 수 있는 대표자도 없다. 모세도 처음에는 완전히 주변에 머물러 있으면서 이스라엘 백성의 내버려진 처지와 뚜렷한 관계없이 등장한다(출1-2장, 출2:23-25을 통해 준비된 후). 3장에 이르러서야 모세는 사건과 연결된다. 이때 그는 이스라엘을 이집트의 종살이에서 이끌어내라는 명령을 받는다. 출애굽의 역사가 시작된 것이다. 정확히 말하자면 우리는 '출애굽' (ἔξοδος)이 아니라, '이끌어냄' (Herausführung)에 대하여 말해야 한다. 왜냐하면 이 사건에 대해서 언급하고 있는 히브리성서의 매우 많은 곳에서 이스라엘을 이집트에서 "이끌어내셨다"(*hôṣî'*)거나 "이끌어올리셨다"(*he'ᵉlāh*)거나, 또는 이러한 행동을 하시는 하나님의 주도성(Initiative)에 대해서 언급하고 있기 때문이다(참조. 1997b).

현재 본문의 수준에서 볼 때 이전 역사와의 서사적인 연결선이 존재한다. 아브라함과의 땅에 대한 약속은 그의 후손에 이르러서야 성취될 뿐 아니라 낯선 땅에서 종의 신분으로 긴 시간 동안 머문 후에야 이루어진다고 약속된다(창15:13-16). 야곱은 하나님이 그를 이집트에서 큰 민족으로 만들어 다시 돌아오게 할 것이라는 약속을 받는다(창46:3f). 반대로 모세는 하나님이 이스라엘 백성을 이집트의 종살이 신분에서 구해내어 조상들에게 맹세하여 약속한 그 땅으로 인도하실 것이라는 약속을 받는다(출6:7f). 신명기 26장 5절("내 조상은 방랑하는 아람 사람이었다")이나 사무엘상 12장 8절("야곱이 이집트에 온 후에")과 같이 신앙고백적으로 간단히 표현된 몇몇 본문 속에서 이스라엘 역사는 족장 시대와 연결되어 있다는 것을 인식하게 된다. 그러나 출애굽기의 처음 장들에서는 이러한 모든 것들 중 그 어떤 것에 관해서도 파악할 수 없다. 회고에서조차 "우리는 이집트 파라오의 종들이었다"고 말할 뿐이다(신6:21, 참조. 신5:15).

백성으로서 이스라엘 역사는 이집트의 노예민족으로서 뚜렷한 윤곽없이 시작된다. 모세가 '하나님의 산'에서 하나님을 만난 후에야 비로소 이스라엘은 백성으로 불리기 시작한다. 모세는 여기에서 자신에게 다가오신 하나님을 처음에는 매우 평범한 명칭인 '하엘로힘'(*hāʾelohîm*), 즉 "그 하나님"이라는 명칭으로 표현할 수 있을 뿐이었다(출3:6, 11,13). 그러나 하나님은 스스로를 이스라엘의 이전 역사와 연결시키신다. 그분은 모세에게 자신을 "너의 조상의 하나님, 아브라함의 하나님, 이삭의 하나님, 야곱의 하나님"으로 인식하게 하신다(V.6). 마지막에는 하나님이 자신의 이름 야훼를 말씀하시고 설명까지 하신다(V.15). 그리고 이제 눈앞에 놓인 사건들의 목적 또한 설명하신다. 하나님은 이스라엘을 억압에서 해방시키고자(*hiṣṣîl*, 출3:8) 하신다. 정말 그분은 이스라엘을 바로 구속하시고(*gāʾêl*, 출6:6) 구원하시고자(*hôšîaʿ*, 출14:30) 하신다. 이스라엘 백성이 처한 상황에 직면하여 예고된 하나님의 이러한 행동은 그들의 역사에 근본적인 중요성을 부여한다. 이집트 종살이로부터의 해방을 통해서야 비로소 이스라엘은 민족으로서 독립적인 존재성을 확보한다.

기본경험으로서의 출애굽

이집트로부터 이스라엘을 이끌어낸 사건들과 그 사건들의 전 역사가 매우 극적인 방식으로 서술된다. 그것은 모세와 파라오의 날카로운 대립으로 시작된다. 이것은 얼마 지나지 않아 파라오와 이스라엘 하나님 사이의 대결이라는 사실로 드러난다. 파라오는 "나는 야훼를 알지 못한다"(출5:2)는 냉혹한 거절과 함께 자신을 하나님의 결정적인 적대자로서 소개한다. 그는 하나님께서 이제 그들 위에 심판을 내리시는 "이집트의 모든 신들"을 대표한다(출12:12).

증가하는 재앙 속에서 점점 더 첨예화되는 투쟁은 무엇보다 **한 가지** 목표를 가지고 있다. 그것은 야훼를 인정하게 하기 위함이다. 파라오 자신이 야훼를 "알지"(*jāda'*) 못한다고 설명하면서, 그 안에 암시하고 있는 야훼 "인정"에 대한 거부를 통해서 이미 '인정'이라는 핵심어를 말하고 있다. 이것에 항상 계속해서 대립되어 나타나는 것이 '인지형식구'다. 그것은 모세가 이스라엘 백성에게 전달해야 하는 하나님의 발언을 통해서 소개된다. "너희는 내가 너희를 이집트인의 무거운 짐 아래서 데리고 나온 너희 하나님, 야훼라는 사실을 알게 될 것이다"(출6:7). 그 후 이집트 사람들도(출7:5) 파라오처럼(V.17) "내가 야훼라는 사실을 알게 될 것이다." 특히 파라오는 "우리의 하나님, 야훼 같으신 분이 없다"(출8:6[10])는 사실과 "내가 이 땅 가운데 있는 야훼"(V.18[22], 참조. 출9:14)라는 사실, "이 땅이 야훼께 속해 있다"(출9:29)라는 사실을 알게 될 것이다. 이 모든 일에 목격자가 된 이스라엘 백성은 나중에 그들의 자녀들에게 하나님이 이집트에서 행하신 '표징'(이적)들을 알려주어야 한다. 이것은 "너희가 내가 야훼라는 사실을 알게 하기 위함"이다(출10:2, 이 문제 전체에 관하여 참조. Kegler 1990.)

무엇보다 이집트로부터 이끌어내신 사건이 히브리성서의 전통 속에서 보존되어 온 가장 중요한 측면은 다음과 같다: 이스라엘은 역사 가운데 일어난 사건들 중 이러한 근본적인 사건을 통해서 야훼 한 분만이 하나님이시며, 그가 백성을 어디든지 이끄시며 모든 곤경 속에서 건지신다는 사실을 알아야 하고, 이러한 사실을 항상 다시 기억해야 한다. 이같은 사실은 출애굽기 15장 1-19절의 "갈대 바다의 노래" 에 나타난 찬송의 고백을 통해서도 매우 분명하게 강조된다. 파라오의 군대를 멸망시키신 장면에 대한 극적인 묘사(V.4-10)는 다음과 같은 문장에서 정점에 이른다. "야훼여, 신들 가운데 당신과 같은 자가 누구이겠습니까?" (V.11) 그런 다음 계속되는 사건들으로 시선이 확대된다. 하나님은 "당신이 구속하신 백성" 을 "돌들과 같이 굳어져버린" 가나안 민족들과의 대면을 통해서(V.14-16) 그의 "거룩한 처소" (V.13), 즉 "당신의 기업의 산" (V.17)으로 인도하셨다.

여기서 출애굽은 이집트에서 종살이의 탈출만을 의미하는 것이 아니라, 민족으로서의 이스라엘의 역사가 시작된다는 사실을 의미한다. 조상들이 이미 살아 있지만 그들의 소유가 되지는 못했던 그 땅이 주목된다. 신앙고백적인 표현 속에서 하나님의 행동이 다음과 같이 묘사된다. 하나님은 이스라엘을 "강한 손과 편 팔" 로 그리고 큰 "표징과 이적들" 가운데에서 이집트로부터 이끌어내셨고, "그가 우리의 조상들에게 맹세하셨던" 땅으로 인도하셨다(신6:21-23; 26:7-9, 참조. 시136:10-22). 이것은 정말 더 많은 것을 의미한다. 이집트로부터 이스라엘을 이끌어내심은 바로 이스라엘 하나님의 정체성을 드러내는 표지가 될 수 있다. 시내 산에서 토라의 기본계명을 선포하는 첫머리에서 하나님은 자기 자신을 다음과 같이 소개하신다. "나는 이집트 땅, 종의 집에서 너를 이끌어낸 네 하나님 야훼다" (출20:2; 신5:6). 호세아는 좀 더 짧게 말한다. "나는 이집트 땅에서부터 네 하나님 야훼다" (호12:10[9]; 13:4). 출애굽기 6장 7절 하반절에서는 이집트로부터 이끌어내심이 인지형식구의 일부가 된다. "너희는 내가 너희를 이집트인의 무거운 짐 아래에서 빼낸 너희의 하나님 야훼라는 사실을 알 것이다."

이렇게 각인된 형식구 가운데 몇몇의 경우에는 출애굽과 땅의 정복이 서로 직접적으로 연결되어 있다. 그러나 다른 곳에서는 그 사이에 나름대로 명백한 중요성을 가지는 하나의 중간단계가 있다. 그것이 바로 이스라엘의 시내산 체류이다. 이미 모세에게 하신 첫 번째 하나님의 말씀에서 시내 산에 도착한 후 바로 출애굽과 시내 산의 연결이 이루어진다. "너희는 내가 이집트인들에게 무엇을 행하였으며, 내가 어떻게 독수리 날개로 너희를 실어 내게로 데려왔는지를 보았다"(출19:4). 이집트의 종살이에서 해방된 이스라엘은 이제 '하나님 곁에' 있다. 제의법수여의 과정에서 이러한 사고는 좀 더 강조되어 표현된다. 중앙성소의 건축과 관련하여 다음과 같이 말씀하신다. "나는 이스라엘의 자손 가운데 거하며 그들의 하나님이 될 것이다. 그리고 그들은 내가 그들 가운데 거하려고 그들을 이집트 땅에서 데리고 나온 그들의 하나님 야훼임을 알게 될 것이다"(출29:45f). 여기에서 바로 이스라엘을 이집트에서 이끌어내신 목적이 소개된다. 그것은 하나님이 자신의 시내산 성소에서 그들 가운데 거하시고자 함이었다는 것이다.

이집트로부터 이끌어내심의 결과로서 나타난 하나님과 이스라엘의 이러한 밀접한 연결은 더 넓은 측면이 담겨져 있다. 레위기 11장 45절에서 "거룩하라"고 이스라엘에게 명령하신 하나님은 그에 대한 이유를 다음과 같이 제시한다. "왜냐하면 내가 너희의 하나님이 되려고 이집트 땅에서 너희를 이끌어낸 야훼이기 때문이다. 그러므로 너희는 거룩하라. 왜냐하면 내가 거룩하기 때문이다." 여기에서 우리는 이끌어내심의 목적이 단순히 이스라엘 백성과 함께 '거주하시려는 것' 이 아니라, 생각할 수 있는 가장 밀접한 관계인 '이스라엘의 하나님이 되시고자 하는 것' 임을 알 수 있다. 그런 까닭에 그분에 맞게 이스라엘의 '거룩성' 이 뒷받침되어야 한다. 그러므로 이집트로부터 이끌어내심은 이스라엘의 종교적 정체성을 위한 근거가 된다. 동일한 사고가 레위기 22장 32절 이하에서 다시 나타난다(참조. 레26:11-13, 45; 민15:40f, 이 문제 전체에 관하여 참조. Crüsemann 1990).

신명기에서는 강조점이 달라진다. 이집트로부터 이끌어내심이 이스라엘이 지켜야 하는 '규례와 율례들' (*ḥuqqîm ûmišpāṭîm*), 즉 토라와의 직접적인 연관성 속에서 등장한다. 아들에게 가르칠 때 다음과 같이 말해야 한다. "우리가 이집트에서 파라오의 노예였으나, 야훼께서 능하신 손으로 이집트에서 우리를 인도하여 내셨다… 야훼께서는 우리가 항상 잘되고 오늘과 같이 살아 있게 보존하시기 위해서 우리 하나님 야훼를 두려워하도록 우리에게 이 모든 율법을 행하라고 명령하셨다" (신6:20-24, 참조. 신4:32-40; 7:6-11). 여기에서 분명하게 강조되는 것은 출애굽은 종살이로부터의 해방이었으며, 이스라엘은 그것에 대한 기억을 보존하고 해방된 이스라엘에게 주신 하나님의 계명들을 지켜야 한다는 사실이다. 이같은 사실이 종에 관한 율법(신15:15)과 나그네와 약자보호에 관한 율법(신24:17f, 19-22)에 기록되어 있다. 이스라엘은 자기 자신의 운명과 하나님의 자유케 하시는 행동을 기억해야 한다. 하나님이 이스라엘을 "종살이의 집, 이집트로부터" 이끌어내셨다는 사실은 하나님으로부터 배반하려는 것을 경고하는 논거로도 인용된다(신13:6[5], 11[10]). 끝으로 기원이 출애굽과 직접적인 관련성 속에서 서술되는 유월절에서도 이 사건을 기억하라고 요청하고 있고(신16:1, 3, 6), 칠칠절에 관한 규정에서도 마찬가지로 서술되고 있다(신16:12,

이 점에 관하여 참조. Crüsemann 1992, 256.)

유월절에 행해지는 것과 마찬가지로 이집트에서 이끌어내심에 대한 감사의 기억이 이스라엘 역사의 찬송시적인 묘사에서도 발견된다. 이러한 사실이 시편 136편에서 특히 강조되어 나타난다. 시편 136편에서는 하나님의 행동에 대한 예배의 전적인 찬양이 창조에서 곧바로 이집트의 이끌어내심으로 이어진다(V.9/10). 마지막에 가서는 현재를 향한다. 이 시편은 억압뿐만 아니라, 하나님이 이스라엘을 구속하시고 먹이신 것에 대해서도 말한다(V.23-25). 이와 같이 이집트에서 이끌어내심에 대한 찬양은 현재 공동체가 드리는 감사에 깊은 영향을 미친다. 이와 짝이 되는 시편 135편에서는 "하늘과 땅에서" 그리고 "이집트로부터 이끌어내심"(V.5-7, 8f)에서 나타나는 하나님의 행동의 동일한 결과가 "모든 신들보다 뛰어나시다"는 하나님에 대한 고백(V.5)에 깊이 새겨져 있다. 영원히 존재할 그의 이름을 모든 세대가 기억해야 한다(V.13). 시편 105편에서는 이스라엘을 이끄시는 하나님의 역사에 대한 광대한 개요가 족장들로부터 광야유랑에 이르기까지 펼쳐진다. 또한 이스라엘 백성이 하나님의 율법과 계명들을 지키게 하기 위함이라는 사실에서 분명해지는 이집트로부터의 이끌어내심에 대한 감사가 마지막에 나타난다(V.43-45).

완전히 다른 음색이 시편 106편에서 울려난다. 이스라엘 역사는 일차적으로 범죄의 역사이다. 그 역사는 이집트에서부터 시작되었다. 이스라엘 백성은 홍해에서 구원된 후 잠깐 동안만 하나님의 말씀을 믿었고 그에 대한 찬양을 드렸다(참조. 출14:31; 15:1-21). 그러나 곧 바로 그분의 행위들을 잊어버렸다(V.12f). 시편 78편에서도 조상들이 이집트와 광야에서 하나님의 기적적인 행동을 경험한 후(V.12-16) 계속해서 범죄하였다는 사실(V.17ff, 42f, 51-58)에 대한 탄식이 분위기를 지배한다. 역사에 대한 이러한 시각은 예언서들에서도 발견되는데, 특히 예레미야서에 선명하게 나타난다. 예레미야는 이스라엘과 함께하는 하나님의 역사가 이집트에서 이끌어내신 것과 함께 시작되는 것으로 본다. 그 당시 하나님은 이스라엘에게 자신의 계명들을 주셨다. 그러나 계속해서 이렇게 말한다. "그러나 그들은 듣지 않았다"(렘7:22-26; 11:7f; 34:13f). 에스겔도 하나님의 계명에 대한 이스라엘의 불순종이 이집트에서 이끌어내어 광야로 들어가게 하신 직후에 이미 시작된 것으로 본다(겔20:10-13). 비슷한 그림을 호세아서에서도 볼 수 있다. 이집트에서의 이끌어내심은 이스라엘 역사의 시작이었다. 그 역사는 예언자 모세의 인도 아래에서 이루어졌다(호12:14[13]). 그러나 이스라엘은 그것에 대해 감사하지 않고 불순종으로 반응했다(호11:1f; 12:15[14]; 13:4-6). 호세아는 이러한 생각을 심지어 이스라엘이 다시 한 번 이집트로 돌아가야 한다고까지 확장시킨다(호8:13; 9:3f, 참조. 12:10[9]). 하나님이 이스라엘을 긍휼히 여기신다면 그들은 떨면서 되돌아올 것이다(호11:11). 아모스에게도 이집트로부터 이끌어내심에 대한 고찰이 나타난다. 그것은 동시에 하나님이 이제 이스라엘에게 그의 모든 죄에 대한 벌을 내리실 것이라는 진술의 배경이 된다(암3:1f). 이와 유사하게 미가도 이스라엘에 대한 하나님의 소송에서 이집트에서 이끌어내심을 이스라엘이 현재 보여주고 있는 악한 행동에 대비시킨다(미6:3-8). 이 모든 본문에서 이스라엘의 행동은 이집트에서 이끌어내신 하나님의 구원 넘치는 행동과 날카롭게 대조된다.

두 번째 출애굽: 귀환과 새 출발

레위기 26장은 시내산 율법수여를 마무리하는 장으로서 하나님의 긴 발언이 소개된다. 본장에서는 이집트에서 이끌어내심이 두 번 나타난다. 우선 "나는 너희를 이집트 땅에서 데리고 나와 더 이상 너희가 그들의 종이 되지 않게 한 너희 하나님 야훼다"(V.13)라는 표현으로 발언의 첫 부분이 종결된다. 이 부분에서 언약 아래 있는 이스라엘에 대하여 말한다. 그러나 그 후에 이스라엘의 불순종과 그것 때문에 이스라엘이 겪어야 했던 끔찍한 징벌에 대한 긴 서술이 이어진다. 그 징벌에는 낯선 땅으로의 유배도 포함된다. 그러나 하나님은 자신이 "열방들의 눈앞에서" 이집트에서 이끌어내었던 조상들과 맺은 언약을 기억하실 것이다(V.45). 그러므로 이집트에서의 이끌어내심에 대한 기억이 자신의 언약에 대한 하나님의 '기억하심'과 긴밀하게 연결되어 있다. 동시에 '그들의 대적들의 땅'에서 살고 있는 사람들을 위한 희망이 발견된다. 아직 여기에 귀환에 대한 언급은 없다. 하지만 그것에 대한 희망은 이미 흘려버릴 수 없이 암시되어 있다.

다른 본문에서는 이러한 연결이 분명하게 드러난다. 이사야 11장 11-16절에 따르면 하나님은 두 번째로 잡혀간 나라에서 '자신의 백성 중 남은 자들'을 구속하시기 위해서 자신의 손을 펴실 것이며, 그들을 사방으로부터 모으실 것이다. 그 후 그들이 이집트에서 나올 때 그러셨던 것처럼 이집트의 바다와 유프라테스강에 그들을 위한 길을 내실 것이다(V.16). 즉 포로로 붙잡혀 간 나라로부터 나오는 두 번째 출애굽은 첫 번째 출애굽의 반복인 셈이다. 이사야 43장 14절 이하에서도 이스라엘의 위대한 귀향에 대한 예고가 이집트로부터의 출애굽에 대한 분명한 암시 속에서 묘사된다. 하나님은 바다 가운데 길을 내실 것이며, 병거와 말들을 이끌어내어 멸망시키실 것이다. 참으로, 하나님이 이제 나타내시고자 하는 "새 일"은 심지어 이전 것을 능가할 것이며, 이스라엘은 더 이상 이전 일을 생각하지 말아야 한다(V.18). 예레미야는 그것을 좀 더 분명하게 말한다. "그날들이 올 것이다. 그때에는 사람들이 '이스라엘 자손을 이집트 땅에서 인도한 야훼께서 살아 계시거니와' 라고 더 이상 말하지 않고, 그 대신 '북쪽 땅과 그들을 쫓아내었던 모든 땅으로부터 이스라엘의 자손을 인도한 야훼께서 살아 계시거니와' 라고 말할 것이다"(렘16:14f). 첫 번째 출애굽은 그것을 능가하는 두 번째 출애굽의 모형이 되는 것이다(참조. Zimmerli 1963).

종종 옛 출애굽과 새로운 출애굽이 서로 엇물린다. 이사야 51장 9-11절에서는 혼돈의 세력에 대한 투쟁에서 하나님의 창조행위가 처음에 나타난다. 혼돈의 원시바다(참조. 창1:2)인 거대한 '테홈'(*t^e^hôm*)과의 싸움은 돌연 이집트에서 해방된 사람들을 위해서 바다 가운데 길을 만드시는 이야기로 넘어간다(또한 출15:5-8에 나오는 *t^e^homot*를 참조하라). 그러나 이 이야기에서와 마찬가지로 돌연 포로로부터 구속된 사람들에 대한 내용으로 바뀐다. 그들은 기쁨으로 시온에 오며 슬픔과 탄식은 뒤로 떨쳐버릴 것이다. 창조, 곧 옛 출애굽과 새로운 출애굽은 하나님의 위대한 행동이다. 그러한 하나님의 행위에 의해서, 그러한 하나님의 행위들을 지향하면서 이스라엘은 산다.

끝으로 에스라 1장에서 첫 번째 포로민들의 해방이 출애굽의 반복으로 분명하게 묘사된다. 빠져나오는 사람들이 그 땅에 남아 있는 사람들로부터 은과 금과 다른 것들을 얻는다는 자세한 사항에 이르기까지 설명된다(V.4, 6). 이것은 완전히 자발적인 것으로 첫 번째 출애굽의 상황을 능가한다(참조. 출12:35f). 그러나 상이점 또한 금방 분명해진다. 이집트에서의 탈출은 우선 불분명한 목표를 가지고 나온 도피였다. 그 이후에 탈출한 사람들이 마침내 그 땅에 들어갈 수 있을 때까지는 긴 유랑기간이 있었다. 하지만 포로에서 귀환하는 사람들은 목표의식을 가지고 그 땅에 들어온다. 첫 번째로 한 일이 번제단을 다시 세우는 일이고, 그들은 정규적으로 제사의식을 거행한다(스3:1-5). 그런 다음 지체 없이 성전재건을 시작한다(V.8-13). 지금 수행하는 것은 귀환이며, 하나님이 첫 번째 출애굽 이후에 이스라엘에게 주셨던 땅에서의 재출발이다.

포로 후기 이스라엘의 사고(개념)를 위한 '두 번째 출애굽' 의 큰 의의는 이 사건을 표현하기 위한 독자적인 용어들이 형성되었다는 사실에서 드러난다. 이 때 두 가지 개념형성은 특히 의미심장하고 중요하다. 하나님은 '이스라엘의 운명(또는 사로잡힘)을 돌리실 것' 이며(*šûb šᵉbût*), 열방 가운데 흩어진 것으로부터 이스라엘을 다시 '모으실' (*qbṣ* 피엘형) 것이다. 신명기 30장의 이스라엘 운명의 전환에 대한 예고에서 이 두 가지 표현이 공통적으로 등장한다(V.3). 이때 동사 '슈브' (*šûb*)는 그 맥락에서 볼 때(V.2) '되돌아오다' 와 '회개하다' 의 의미로 쓰인다. "만일 네가 너의 하나님 야훼께 돌아온다면··· 그때는 너의 하나님 야훼께서 네 운명을 돌이키시고 너를 긍휼히 여기시어 네 하나님 야훼께서 너를 흩으셨던 모든 민족들로부터 너를 다시 모으실 것이다." 여기에 다시 '긍휼히 여기다' 라는 동사(*rḥm* 피엘형)가 첨가되었다. 이 동사는 이러한 맥락에서 다시 발견된다(렘30:18; 33:26; 겔39:25 등).

바벨론에 포로로 끌려간 사람들에게 쓴 예레미야의 편지에서도(렘29장) 두 표현이 나란히 등장한다. 여기에서는 그 맥락이 '되돌아 옴' 에 관한 것이 아니라 '찾는 것' 에 관한 것이다. "만일 너희가 너희의 온 마음을 다해 나를 찾는다면, 내가 너희로 하여금 나를 찾게 할 것이다. 야훼가 말씀하신다. 그리고 내가 너희의 사로잡힘을 돌이킬 것이며, 내가 너희를 몰아내었던 모든 민족들과 모든 곳에서 너희를 모을 것이다. 야훼가 말씀하신다. 그리고 내가 너희를 사로잡혀감으로 떠났던 그곳으로 너희를 다시 데려올 것이다"(V.13f).

다른 곳에서는 이 두 표현을 사용하면서 나름대로의 강조점을 보여준다. '운명(또는 사로잡힘)을 돌리신다' 는 표현은 특히 예레미야서에서 자주 발견된다. 무엇보다 예레미야 29-33장에서 자주 볼 수 있다(렘30:3, 18; 31:23; 33:7, 11 외 자주). 에스겔서에서도 발견된다(겔16:53; 39:25 외 자주). 몇 차례 발견되는 시편(시14:7=53:7[6]; 85:2[1]; 126:4)에서와 같이 다른 예언자들(호6:11; 암9:14 외 여러 곳)에서는 산발적으로 나타난다. '모으다' 는 낱말은 이사야서에서 분명한 강조점을 가지고 있다(사11:12; 43:5f; 54:7; 56:8). 이사야 40장 11절에서는 '양들을 자신의 팔로 모으는 목자에 대한 은유' 속에서 사용된다. 동일한 은유가 예레미야서에서도 발견된다(렘23:3; 31:10, 참조. 렘32:37). 에스겔서는 이 개념이 더 자주 사용된다(겔11:17; 20:34, 41; 34:13 외 자주, 참조. 미2:12; 4:6 외 여러 곳, 시편에서 두 번 시106:47; 107:3).

아마도 이러한 본문 중 많은 것들이 '포로기 이후' 에야 비로소 작성되었다 할지라도, 그들 중 대부분은 미래적인 형식을 통해서 포로상태의 종결을 언급한다. 이스라엘 운명의 전환과 흩어진 자들을 끌어모으는 것은 희망의 지속적인 대상으로 남아 있다. 이사야 56장 8절에서 발견되는 "그는 이스라엘의 흩어진 자들을 모으시는 분"(*m^eqabbēṣ*)이라는 분사형태는 마치 하나님에 대한 한정적 형용사(Epitheton)처럼 들린다. 그것은 하나님이 이미 불러모은 사람들에 덧붙여 더 많은 사람들을 모으실 약속과 연결된다.

Theologie des Alten Testaments

B.VI

이스라엘 삶의 중심 : 토라

이스라엘 삶의 중심 : 토라

하나님께로부터 받은 토라

하나님은 이스라엘에게 토라를 주셨다. 이스라엘에게 이것보다 더 중요한 것은 없다. 토라는 이스라엘 삶의 중심을 형성한다. 히브리성서에서 토라는 그 전체로서 "이스라엘의 토대를 제공하는 문서"(Gründungsurkunde Israels)라고 지칭할 수 있는 오경의 본질적인 요소이다. 토라의 수여는 이집트의 종살이에서 해방되어 하나님이 이스라엘 조상들에게 약속하신 땅에 들어가게 하는 이스라엘 여정의 한 중심에서 이루어진다. 시내 산에서 이스라엘은 "하나님 곁에" 있다(출19:4). 그리고 하나님은 이스라엘 가운데 거처를 정하신다(출29:46). 결국 정경으로서 히브리성서의 첫 번째 중심부인 오경도 전체로서 '토라' 라는 명칭을 얻는다.

이스라엘이 토라를 받은 장소인 시내 산(또는 호렙산)은 시간과 공간적으로 이스라엘의 현실과 멀리 떨어져 있는 하나의 "이상적인 장소" (utopischer Ort, Crüsemann 1992, 75)이다. 그러므로 토라는 상황의 변화에 구애받지 않고 이스라엘이 받은 것처럼 유효한 것으로 남아 있다. 이스라엘은 토라를 가지고 하나님이 약속하신 땅으로 들어간다. 땅을 다 정복한 후, 여호수아는 백성들에게 다시 한 번 "모세의 율법책에 기록된 모든 것을 지켜 행하고 그것을 떠나 오른편으로나 왼편으로 치우치지 말 것"을 약속하게 한다(수23:6).

토라에 대한 이러한 이해는 긴 전승과정의 산물이다. 이러한 사실은 '토라' (*tôrāh*) 개념의 기본적인 중요성에 적용될 뿐 아니라, 출애굽기에서 신명기에 이르는 책 가운데 수집된 다양한 본문과 본문 모음집들에도 적용된다. 이러한 과정의 역사를 해명하고 묘사하는 것은 이스라엘의 종교사와 사회구조의 역사에 대한 다양한 통찰에 눈을 뜨게 할 수 있는 흥미롭고 중요한 과제이다. 그러나 그러한 연구의 마지막에는 그 전체로서 우리 앞에 놓인 토라가 다양한 영역과 측면에서 이스라엘 삶의 토대가 된다는 사실을 이해하려는 노력이 있어야 한다.

'토라' (*tôrāh*)라는 낱말은 포괄적이고 기본적인 의미에서 하나님이 모세를 통하여 이스라엘에게 주신 교훈(Weisung)을 의미한다. 그것은 "야훼의 토라" (예컨대, 시1:2; 19:8[7] 외 자주), "하나님의 토라" (호4:6; 시37:31 외 자주), "나의 토라" (사51:7; 렘31:33; 호8:1, 12 외 자주), "모세의 토라" (왕하23:25; 말3:22[4:4] 외 자주)라고도 명명될 수 있다. 신명기에서는 여러 번 "그 토라" (신4:44) 또는 "이 토라" (신1:5; 4:8 외 자주)라고 불리며, "토라의 기록" (신31:9, 24 외 자주)이나 "토라의 책" (신30:10; 수1:8 등)에 관해 말하기도 한다. 또한 히브리성서의 다른 책들에서도 '토라' (*tôrāh*)라는 낱말이 포괄적인 의미에서 독립적인 쓰임새를 보이면서 등장한다(사2:3; 미4:2; 사42:4 등).

이러한 언어의 관용(慣用)은 다음과 같은 두 가지 사실을 깨닫게 한다. 한편으로 '토라'(*tôrāh*)는 전문용어로서의 명확성을 신명기에서 획득하는데, 그것은 무엇보다도 '토라의 책'에 수집된 하나님의 지시사항에 대한 명칭으로 사용된다. 그러나 다른 한편으로 이 낱말은 신명기나 다른 계명모음집의 범주를 멀리 벗어나 사용되며 그분의 뜻과 특히 자신의 백성 이스라엘과의 관계를 표현하는 하나님의 교훈을 요약적으로 지칭하는 낱말로 사용된다.

히브리성서에서는 '토라'(*tôrāh*)의 특별한 용례를 발견할 수 있다. 그것은 "어머니의 가르침"(잠1:8; 6:20)이나 "지혜교사의 가르침"("나의 *tôrāh*," 잠3:1; 4:2; 7:2)을 의미할 수 있다. 또한 제자들에 대한 예언자의 가르침도 '토라'(*tôrāh*)라고 지칭될 수 있다(사8:16, 20). 심지어 예언자의 말이 "야훼의 토라"라고 불릴 수도 있다(사30:9). 토라를 가르치는 것은 특히 제사장들의 직무이다(참조. 학2:11-13). 그들을 가리켜 "토라를 손에 가진 자"라고 말한다(렘2:8). 히브리성서의 제의적인 본문들에서 종종 개별적인 규정에 대한 표제어나 종결어구로서 "이것은 …의 '토라'(*tôrāh*)다"라는 표현이 등장한다(레6:2[9], 7[14], 18[25] 등, 11:46f; 12:7 등). 이러한 '토라'(*tôrāh*)용례의 다양성은 그것의 포괄적인 의미가 특정한 그리고 목적지향적인 발전의 결과라는 사실을 분명하게 보여준다.

기본법으로서의 십계명

이스라엘은 토라를 시내 산에서 받았다. 권능 있는 나타나심 속에서 하나님은 이스라엘에게 말씀하셨고 그에게 열 가지 계명, 곧 십계명(출20:1-17)을 주셨다. 그것이 토라의 시작이다. 그러나 십계명은 시작

이상의 의미를 지닌다. 왜냐하면 하나님의 말씀이 있은 직후, 백성들은 큰 두려움에 사로잡혀 모세에게 "당신이 우리에게 말씀하소서 그러면 우리가 듣겠나이다. 하나님께서 우리와 말씀하시지 않게 하여 우리로 죽지 않게 하소서"(V.18f)라고 간청한다. 여기에 큰 의미가 있는 차별이 생겨난다. 십계명의 열 가지 말씀만이 이스라엘에게 하나님이 직접 하신 말씀이다. 다른 모든 토라는 하나님이 모세에게 주신 것이다. 그것을 이스라엘에게 전달한 것은 모세이다(참조. Nicholson 1977).

이러한 차별이 얼마나 중요한 의미를 지니는가 하는 점이 신명기에서 좀 더 명확하게 드러난다. 첫 번째로 십계명만 상세하게 기술된 서사적인 맥락에서 나타난다(신5장). 십계명은 바로 호렙산에서 이스라엘 백성이 직접 들었던 것이라는 사실이 상기된다. 다른 모든 토라의 계명들은 하나님이 모세에게 말씀하셨고, 모세가 그것을 약속의 땅에 들어가기 직전 모압 땅에 모여 있는 백성들에게 전달한다(신12-26장). 그 사이에 상세한 훈계가 끼어 있다(신6-11장). 이처럼 십계명의 특별성이 동일한 장에서 다른 계명들의 전달이 시작되는 출애굽기 20장보다(V.22ff) 이곳에서 더 강하게 강조된다(이 문제의 전체적인 것에 관하여 참조. Lohfink 1989).

십계명과 토라의 다른 계명들과의 근본적인 차이가 전달형식에서 드러난다. 백성들이 오직 십계명만 하나님의 직접적인 말씀으로 들었다. 그러나 바로 여기에 모세의 지위에 대한 결정적인 진술이 연결된다. 이스라엘에게 그렇게 의미 있는 나머지 토라 전체를 받고 전해주는 사람은 오직 모세뿐이다. 그가 하나님과 이스라엘 사이에 있는 유일한 중재자이다. 이스라엘은 토라를 그를 통해서만 받는다.

십계명의 특별성에 대한 다른 중요한 측면은 문자적으로 거의 일치하는 두 번에 걸친 인용에서 찾아볼 수 있다(출20:1-17; 신5:6-21; 상이한 점에 대해서는 아래를 보라). 말하자면, 이러한 방식을 통해 개별적으로 보면 매우 상이한 계명모음집들이 오경의 다양한 부분으로 통합되고 동일한 수준에 놓이게 된다. 시내 산에서 계명을 전달하는 것과 모압 땅에서 계명을 전달하는 것 사이에 중요성이나 관련성 면에서 근본적인 차이는 없다. 그것은 모두 하나님으로부터 나와 모세의 전달을 통해 이스라엘에 전해진다.

다른 모든 계명들에 앞서는 십계명의 우선적 지위는 서문을 통해 특별한 중요성을 얻는다. "나는 너의 하나님 야훼다. 내가 너를 이집트 땅, 종의 집에서 이끌어내었다"(출20:2; 신5:6). 작든지 크든지 오경에 포함된 다른 어떤 계명모음집도 그러한 서문을 가지고 있지 않다. 이미 처음의 위치로 강조된 "나는 야훼다"(*ʾānokî*, '나' 라는 말이 강조적 형태로 사용되었다)라는 어구는 뒤따라 나오는 일련의 계명들에 매우 특별한 성격을 띠게 한다. 그것은 한 분이시며 유일하신 하나님의 권위 있는 진술이다. 그분은 이전에 이스라엘 하나님으로서 자신을 계시하셨다(출3:14f; 6:2f). 뒤이어 나오는 이집트의 종살이에서 이끌어 내신 사실에 대한 언급은 이 계명들을 이스라엘과 함께한 하나님 역사의 맥락 안에 놓이게 한다. 왜냐하면 이스라엘은 그야말로 이러한 해방의 경험을 시작으로 하나님이 약속하신 땅에 이르는 여정 가운데 있기 때문이다(참조. 출6:6-8). 바로 여기에서 하나님의 교훈이 이스라엘에 선포된다.

그러므로 우리는 "이스라엘에 대한 십계명의 선포와 함께 이스라엘의 선택이 실현된다"(vRad 1962, 205)고 말할 수 있다. 달리 말하면, 십계명을 통해 개시된 토라와 함께 이스라엘에 대한 하나님의 관계는 최종적으로 확립된다. 이때 십계명은 기본적인 개시(開始)기능을 한다. 뒤따라오는 계명들은 내용을 상이한 방식으로 전개하고 다른 것들을 덧붙인다. 그 안에 "구약성서 법의 신학과 사회사"(Crüsemann 1992의 책 제목)의 일부가 기록으로 표현된다.

이 계명들에 대한 구분과 계수가 해석의 전통에서 통일성 있게 나타나지 않는다. 유대교 전통에서는 다른 신들의 숭배 금지와 형상제작 금지가 모두 제2계명으로 취급되는 반면(출20:3-6; 신5:7-10), 서문(출20:2; 신5:6)을 단독으로 제1계명으로 인정하는 견해가 받아들여졌다. 어거스틴까지 소급되는 로마 가톨릭과 루터교 전통은 다른 신들의 숭배 금지와 형상제작 금지와 더불어 서문을 모두 합쳐 제1계명으로 이해한다. 그런 다음 끝머리에서 "너는 탐내지 말라"로 시작되는 두 가지 계명을 각각 제9계명과 제10계명으로 취급한다. 세 번째 계수방식은 특히 개혁교회 전통에서 지배적으로 나타나는데, 형상제작 금지를 독립적인 제2계명으로 여기고, 다시금 마지막 "너는 탐내지 말라"로 시작되는 두 문장을 **하나의**(제10)계명으로 이해한다(참조. Jacob 1997, 606-610).

다른 신들을 내 앞에 두지 말라

이스라엘에 토라를 주신 하나님은 한 분이시며 유일하신 하나님이시다. 지금까지 전승된 히브리성서의 전통에 따르면 이 점에 대해서 전혀 의심하지 않는다. 다른 신들은 단지 이집트의 힘없는 신들의 형태로 고찰될 뿐이다(출12:12, 참조. 민33:4). 그러나 십계명은 이스라엘이 다른 신들과 접촉하게 될 때를 내다보고 있다. 그러므로 십계명을 시작하는 하나님의 자기소개에 뒤따라나오는 첫 번째 계명이 다음과 같다. "너는 나 이외에 다른 신들을 있게 하지 말라"(출20:3; 신5:7). 루터(Luther)에 의해서 "나 외에"(neben mir)로 번역된 '알-파나이'(*'al-pānāj*)란 표현은 대립적인 요소를 포함하고 있다. 이것을 부버(Buber)는 원문에 상응하게 "내 앞에"(mir ins Angesicht)라고 번역한다.

> 부버가 번역한 문장 전체는 다음과 같다. "내 앞에서 너에게 다른 신을 있게 하지 말라." 부버의 이러한 번역은 히브리어 표현에 밀착되어 있다. "너에게 있게 하지 말라"(뒤따라오는 미완료형태와 함께 사용된 *lô'*)는 표현은 히브리어에서 가장 강력한 형태의 부정을 나타낸다. 그러나 이 표현은 독일어에서 '너는 …해야 한다'와 같이 말을 걸고 있는 상대와 관련된 동사를 포함하고 있지 않다. 즉 이 표현은 더 개방적이면서 더 날카롭다. "다른 신들"이란 번역은 히브리어 낱말 '엘로힘'(*'elohîm*)이 문법적으로 복수를 의미한다는 사실을 말해준다. 그러나 이 낱말은 '하나님'(참조. 창1:1)을 의미할 수도 있고, '신들'이나 '신적인 것들'을 지칭할 수도 있다.

이 진술은 두 가지 방향을 가리킨다. 하나는 이스라엘에게 한 분이시며 유일하신 하나님만을 섬기라는 요구를 강조한다. '다른 신들'을 섬기는 것은 하나님에 대한 이스라엘의 특별한 관계를 형성할 수 없다. 둘째로 이스라엘이 요구에 상응하지 않게 행동할 수 있는 위험성을 제기한다. 이 두 가지 측면이 히브리성서에서 다양하게 표현된다.

십계명의 제1계명에 매우 가깝게 서 있는 것이 예언자 호세아의 진술이다. "나는 이집트 땅에서부터 너의 하나님 야훼다. 너는 나

외에 어떤 신도 알지 말라, 나 외에는 구원자(*môšîaᶜ*)가 없다"(호13:4, 참조. 12:10[9]). 십계명처럼 여기에서도 이집트에서 이끌어내심과 하나님을 '아는 것'(*jādaᶜ*), 즉 인정하는 것의 배타성에 대한 강조가 직접적으로 연결되어 있다. 동시에 다른 신을 인정하는 것에 대한 거부가 분명하게 감지된다. 이사야서에서 이스라엘 하나님의 유일성이 가장 첨예화된 형태로 강조되어 있는 표현들이 발견된다. "나는 처음이요 나는 마지막이다. 나 외에 다른 하나님(*ᵓᵉlohîm*)이 없다"(사44:6). "내 앞에 지음을 받은 하나님(*ᵓēl*)이 없었으며 내 뒤에도 없을 것이다"(사43:10). 이 마지막 문장은 계속된다. "나는 야훼요, 나 외에는 구원자(*môšîaᶜ*)가 없다"(V.11). 이것은 호세아의 말씀을 강하게 연상시킨다.

이러한 말씀들은 각각 십계명의 제1계명에서도 표현되는데 두 가지 주시방향을 인식하게 한다. 그것은 이스라엘에는 단 한 분 하나님만이 계시고 또한 계실 수 있다는 사실에 대한 분명한 강조와 더불어 있을지도 모르는 배반에 대한 부정이다. 한 분 하나님만을 배타적으로 인정하는 것이 이스라엘에서 논란 없이 진행되었던 것은 아니다. 이러한 사실이 오경 안에 있는 다른 계명모음집들에서 매우 분명하게 표현된다. 출애굽기 34장 11-26절에서 이 문제가 다시 나타난다. 이스라엘은 그 땅의 주민과 어떤 동맹도 맺지 말라고 엄하게 경고를 받는다. 왜냐하면 동맹을 맺음으로 이스라엘이 다른 신(*ᵓēl ᵓaḥēr*) 앞에 절하며(*hištaḥᵃwāh*), 희생제사의 초청에 참여하고, 그들의 딸과 결혼함으로써 우상숭배에 유혹되며, 그들의 신들을 "음란하게 숭배"하는데 이끌릴 수 있기 때문이다(V.12-16). 이러한 위험이 구체적으로 어떻게 나타날 수 있는지를 민수기 25장 1-5절의 이야기가 말해준다. 약속의 땅에 들어가기 직전 출애굽기 34장에서 기술하고 있는 바가 그대로 발생된다. 이스라엘 백성이 모압인의 딸들과 상종하고, 희생제사로의 초청에 응하며, 그들의 신들 앞에서 절한다. '그들의 신들'은 '다른 신들'이다. 그들에 대한 숭배를 십계명의 제1계명이 그토록 분명하게 금지하고 있는데도 말이다.

다음 문장은 '언약서'에서 강조된 음조로 종결기능(출23:13, 뒤이어 나오는 절기달력[V.14-19]과 훈계적인 끝맺음[V.20-33] 앞에서)을 한다. "다른 신들의 이름은 기억하지 않도록(*zkr* 히필형) 하라 그것이 네 입에서 들리지 않게 하라." 여기에서 의미하는 바는 의심의 여지없이 다른 신들의 이름이 제의적 상황에서 들려지지 않게 하라는 것이다. 그것은 절하는 것 외에 다른 신들에 대한 제의적 숭배의 다른 측면을 보여준다. 여기에서 이방 민족들은 어떤 뚜렷한 역할을 하지 못한다. 그러나 이어지는 훈계에서 다시 한 번 그 땅의 신들을 섬기는 것이 경고된다(V.24). 신명기에서도 이스라엘 백성이 거주민들과 동맹을 맺고 상호적인 결혼을 통해서 '다른 신들'을 섬기는 일에 유혹될 수 있다는 위험을 인지하고 있다(신7:1-4).

'언약서'의 초두에 신들을 "만드는 것," 즉 신들의 형상제작에 대한 금지가 나타난다(출20:23). 여기에서 후반절은 은과 금으로 된 다른 신들의 형상과 관련된다(전반절은 이해하기 힘들다. 아마도 "너희는 나를 만들지 말라"라고 번역할 수 있을 것이다. 크뤼제만[Crüsemann 1992, 231]은 '이티'[*ʾittî*, 나와 함께]를 '오티'[*ʾotî*, 나를]로 모음을 바꾸어 번역한다). 어쨌든 이 표현은 출애굽기 20장 4절과 신명기 5장 8절에 있는 제1계명의 계속되는 내용과 유사하다. 거기에서도 마찬가지로 신들의 형상에 관한 언급이 있다. 그러나 이 형상제작 금지는 (개혁교회 전통의 의미에서) 독립적인 '제2계명'이 아니라, (유대교 전통에서처럼) 제1계명의 연속이며 설명이다(루터교의 교리문답서에는 형상제작 금지가 별도로 언급되지 않는다. 참조. 1999a). 이 계명의 연속은 제의적인 숭배를 위해 의도된 조형적인 묘사를 의미한다는 사실을 보여준다(출20:5a; 신5:9a). 이것은 "위로 하늘에 있는 것이나, 아래로 땅에 있는 것이나, 땅 아래 물 속에 있는 것"의 형상들에게 적용된다. 그러나 또한 야훼 자신을 조형적으로 묘사하는 것에도 동일하게 해당된다. 왜냐하면 형상의 부재가 야훼숭배의 기본적인 요소에 속하기 때문이다(참조. Mettinger 1995).

십계명은 모든 형태의 형상숭배에 대한 금지를 얼마나 진지하게 여기는지 보여준다. 그리고 연속되는 내용에서도 간과할 수 없이 강조된다. "왜냐하면 나 야훼, 너의 하나님은 질투하는 하나님(*'ēl qannā'*)이기 때문이다"(출20:5b; 신5:9b). 심지어 출애굽기 34장 14절에서는 다음과 같이 기록되어 있다. "왜냐하면 그의 이름이 질투인 야훼는 질투하는 하나님이시기 때문이다." 그가 '질투하는 분'으로 불리는 것은 바로 야훼의 정체성을 규정하는 한 요소이다.

> '칸나'(*qannā'*)라는 낱말은 종종 '질투하는'으로 번역된다. 의심할 여지없이 이 낱말의 바탕에 깔려 있는 동사어근 '카나' (*qn'*)는 부부 사이(예컨대, 민5:11ff) 혹은 가족 구성원들간에(예컨대, 창30:1; 37:11) 나타나는 질투의 요소를 포함하고 있다. 그러나 이외에도 시기심(예컨대, 창26:14)이나 경쟁심(예컨대, 전4:4)을 의미하기도 한다. 무엇보다도 명사 '키나' (*qin'āh*)는 다양한 의미를 가지고 있다. 그러나 형용사 '칸나'(*qannā'*)는 오직 하나님과 관련하여 사용되는데, 다른 신을 숭배하는 것에 대한 금지의 맥락에서 배타적으로 사용된다(출20:5; 34:14; 신4:24; 5:9; 6:15, 참조. ThWAT VII, 51-62).

하나님의 '질투'(또는 '열정적 거룩성' [Eiferheiligkeit], vRad 1962, 216ff)에 관

한 언급은 십계명의 맥락에서 이해되어야 한다. 그것은 다른 신들을 사랑하지 말라는 하나님의 계명을 위반한 것에 대한 반응이다. 이 낱말은 격렬한 감정이 담긴 것처럼 들린다. 이 낱말은 하나님과 이스라엘 관계에 대한 전체적인 맥락과 그만큼 강하게 결합되어 있다. 시내산 율법수여를 위한 도입발언에서 모세는 이스라엘이 지켜야 할 언약에 관하여 말한다(출19:5). 한편으로 그 언약은 아브라함과 맺은 언약에 소급된다. 하나님은 이 언약을 이스라엘의 계속되는 여정 가운데 결정적인 국면에서 "기억"하셨다(출2:23-25). 다른 한편으로 모세의 이 발언에는 십계명으로 시작된 계명의 전달을 마치는 장엄한 언약체결에 대한 예비지시(Vorverweis)의 의미가 있다(출24:3-8). 그 후 신명기 4장 13절에서는 십계명을 준수하는 것 자체가 언약의 내용으로 언급된다. 그러므로 다른 신들을 섬기는 것은 동시에 언약을 깨뜨리는 것을 의미한다. 하나님의 열정적 분노는 하나님과 이스라엘 사이의 관계의 토대를 파괴하는 것에 대항한다. 단순히 감정적인 분노가 아니라 "의로운 분노"인 것이다(Assmann, 1991, 99).

이러한 하나님의 열정적 분노에는 그에 따른 결과가 있다. 하나님이 자신을 '질투하는 하나님'으로 소개하는 것은 각각 형용사적 분사를 하나씩 가지고 있는 이중적인 결과로 나타난다. 하나님은 "나를 미워하는 자들의 삼사 대까지 그 아비들의 죄악을 자식들에게 미치게 하고, 나를 사랑하고 나의 계명들을 지키는 자들에게는 수천 대까지 자비를 나타내시는" 분이다. 그러나 계명들을 지키는 것, 특히 한 분이시며 유일하신 하나님을 배타적으로 섬기라는 기본계명의 준수여부에 따라 각 개인의 운명이 결정될 뿐만 아니라, 뒤이은 세대들의 운명에도 영향을 준다.

그러나 '찾아오다'(heimsuchen)라는 말이 의미하는 것은 무엇인가? 대체로 그것은 '징벌하다'라는 의미로 이해된다. 이때 구약성서 본문의 해석에서 주목할 만한 문제가 생겨난다. 성서의 히브리어에는 '벌'이나 '징벌하다'에 해당하는 말이 없다. 여기에서 '찾아오다'로 옮겨진 낱말 '파카드'(*pāqad*)는 이러한 의미를 가질 수 있다. 그러나 그것은 매우 긍정적인 측면들도 포괄하는 훨씬 광범위한 의미영역을 가지고 있다.

> 어근 '파카드'(*pqd*)의 다양한 측면에 대한 공통적인 기본의미를 찾으려고 시도한 결과, 다음과 같은 표현이 나타났다. "어떤 사람이나 사물을 조사하다," "점검하다," "옳은 것을 찾다"(Scharbert 1960, 222). "'정확하게 관찰하다,' 이때 판단이나 판단의 결과로 나타나는 결정이 함께 동반된다"(André 1989, 709, 참조. Schottroff 1976, 467f). 하나님이 주어로 나타날 경우 이 동사는 개인에 대한 하나님의 돌보심과 배려를 의미할 수 있다(예컨대, 창21:1; 삼상2:21; 시8:5[4], 이때 *zākar*[기억하다]는 동사가 댓구법으로 쓰인다). 이뿐 아니라 이스라엘을 위한 구원사적인 돌보심도 의미할 수 있다(창50:24; 출3:16; 4:31). 그러나 많은 경우에 비판적인 의미의 시험(Prüfen)에 관하여 말한다(예컨대, 시17:3; 욥7:18, 각각의 경우 *bāḥan*[시험하다]와 함께 쓰인다. 욥31:14). 만일 하나님의 시험이 지향하고 있는 바가 죄나 범죄인 경우(예컨대, 호2:15[13]; 암3:2), 그러한 언급에는 하나님이 이 시험으로부터 이끌어낸 결과가 이미 간접적으로 함께 제시된다. 하나님의 '찾아오심'은 잘못에 대한 징벌을 내포한다. 그러나 이러한 징벌의 내용에 대해서 십계명에서나 다른 많은 곳에서 구체적으로 표현되어 있지는 않다.

그러므로 우리는 다음과 같이 말할 수 있다. "'파카드' (*pqd*)는 하나님의 '의로우심,' '쩨다카' (*ṣedāqāh*)의 한 가지 기능이다" (Scharbert 1960, 225). 그것은 하나님의 개입과 구원을 의미할 수 있다. 그러나 징벌과 심판을 의미할 수도 있다. 하나님은 자신의 계명들, 특히 기본계명을 어기는 것을 징벌하신다. 반면에 그분은 자신의 계명을 지키는 자에게 자비를 베푸신다. 계명을 지키거나 지키지 않을 때 표현되는 하나님에 대한 두 가지 행동방식은 '사랑하다' (*ʾāhab*)와 '미워하다' (*śānēʾ*)로 지칭된다. 두 동사는 감정과 행동방식에 대한 광범위한 영역을 표현할 수 있으며 종종 대립되는 한 쌍의 개념으로 사용된다(참조. THAT II, 63).

그러나 하나님의 반응은 개인에게만 해당되지 않고, 악과 선 모두 뒤이은 세대들에게도 역시 관련된다. 부정적인 측면에서는 삼사 대까지 이르고 긍정적인 측면에서는 천 대까지 이르는 보응에 관한 말씀에서 보여주는 커다란 불일치를 통해서 징벌하시는 하나님의 행동과 자비를 베푸시는 하나님 사이의 불균형이 분명하게 부각된다. 이러한 측면이 부분적으로 평행본문인 출애굽기 34장 6절 이하에서 더 강하게 강조된다. 그 구절에서는 하나님의 두 가지 행동방식이 순서가 뒤바뀌어 나타난다. 처음에 수천 대에 자비를 베푸신다는 언급이 나오고, 그 뒤에 삼사 대에 이르기까지 죄에 대해 징벌하신다는 언급이 나온다.

그러나 그것이 후세대와 관련될 때, '찾아오다'가 무엇을 의미하는지 의문이 제기된다. 후세대 자신들이 무슨 행동을 했든지 상관없이 그들의 선조들의 행동 때문에 삼사 대가 고난을 당해야 한다는 말인가? 신명기에서는 이 질문에 대한 하나의 답변을 제공한다. 하나님은 "그를 사랑하고 그의 계명들을 지키는 자들에게 천 때까지 그 언약을 지키시고 자비를 베푸시나, 그를 미워하는 자들에게는 그들의 면전에서 갚으신다." 즉 각 개인에게 개별적으로 징벌하시는 것이다(신 7:9f). 출애굽기 20장 5절과 신명기 5장 9절의 끝맺는 말인 "나를 미워하는 자들에게"도 이러한 의미로 이해될 수 있다. 탈굼이나 탈무드(산헤드린 27b)는 바로 그렇게 이해한다. 라쉬(Raschi)는 그러한 이해를 증거로 내세운다. "그들이 그들 조상들의 일을 손으로 굳게 붙들고 있다면." 출애굽기 34장 6절 이하와 민수기 14장 18절의 평행본문에서는 사랑하다와 미워하다의 개념이 등장하지 않는다. 그러므로 우리는 십계명의 표현들이 항상 개인의 행동에 달려 있다는 사실을 명확하게 강조하고 있다고 이해할 수 있다(참조. Weinfeld 1991, 299). 이러한 견해가 에스겔에도 매우 강조되어 나타난다(겔18장; 33:10-20, 참조. 렘31:29f; 신24:16).

그러므로 첫 번째 계명에 이어지는 내용이 사법적인 의미에서 징벌에 대한 규정이 아니라, 한 분이시며 유일하신 하나님만을 섬기라는 기본적인 명령을 위반했을 때 따라오는 결과를 제시하는 것이다.

하나님의 이름을 남용하지 말라

(다른 계산법을 따르면 세 번째이지만, 유대교와 루터교의 계산법에 따르면) 두 번째 계명(출20:7; 신5:11)과 함께 발언의 형식이 바뀐다. 이제는 하나님이 3인칭으로 지칭된다. 이러한 변화는 십계명의 생성사에서 하나의 근거를 찾을 수 있다. 그러나 동시에 주시방향의 변화를 의미한다. 지금까지는 하나님과의 직접적인 관계에 관한 것이었다면, 이제는 한 가지 새로운 요소가 추가된다. 하나님의 이름에 대한 사용은 외부로의 전환을 포함한다. 하나님의 이름 사용은 다른 사람을 상대할 때 나타난다(참조. Crüsemann 1983, 50).

하나님의 형상은 있을 수도 없고 있어서도 안 된다. 사람이 자신과 하나님과의 관계를 표현할 수 있는 가장 직접적인 방식은 하나님의 이름을 사용하는 것이다. 히브리성서는 인류 역사의 첫 번째 세대에서부터 이미 사람들이 하나님의 이름을 불렀으며(*bešēm jhwh*, 창4:26), 그 후 특히 족장들이 그들의 첫 번째 제단을 세울 때 그렇게 했다고 기록한다(창12:8; 13:4; 26:25, 참조. 21:33). 시편의 기도자들은 곤경에처했을 때 그 이름을 부른다(시116:4, 13, 17, 참조. 시80:19[18]; 애3:55). 그들은 그분을 찬양하며(*hll* 피엘형 69:31[30] 등) 그분을 "축복"한다(*bārûk*, 시72:19). 사람들은 그 이름을 의지할 수 있고(사50:10), 그 이름에서 피난처를 찾을 수 있다(습3:12). 종국적으로 종말론적인 기대에 따르면 야훼의 이름을 부르는 자들이 구원받게 것이다(욜3:5[2:32]; 슥13:9, 이 문제 전체에 관하여 참조. v.d.Woude 1976).

하나님의 이름을 부르는 것은 내면적인 경건에서만 나타나지 않는다. 그래서 시편 기자는 열방들 가운데서 하나님의 이름을 신앙고백적으로 선포하라고 촉구한다(시105:1, 참조. 사12:4). 특히 엘리야의 경우에서 신앙고백적인 요소가 두드러진다. 엘리야는 바알 예언자들과 벌이는 극적인 대결에서 이방신과 분명한 차별성을 가지고 하나님의 이름을 부른다. "불로 응답하시는 하나님, 그분이 (참된) 하나님이시다" (*hûʾ hāʾelohîm*, 왕상18:24).

또한 예언도 하나님의 이름으로 시행된다(신18:19; 렘11:21). 그러나 우리는 하나님의 이름을 사용할 때 생기는 위험성을 엿볼 수 있다. 어떤 예언자는 하나님으로부터 권한을 부여받지 않고서도 "야훼의 이름으로" 말할 수 있다(신18:20-22). 특히 예레미야의 경우에 이 문제에 대한 대결이 중요한 역할을 한다. 다른 예언자들이 '나의 이름으로' 말하나 그들은 거짓(*šeqer*)을 말한다" (렘14:14f; 23:25; 27:15 등, 참조. 겔13:6-9). 십계명의 내용은 다음과 같다. "너는 너의 하나님, 야훼의 이름을 헛되이 사용하지 말라"(출20:7; 신5:11).

> 이 표현은 매우 이례적이며 이러한 형태는 오직 이곳에서만 나타난다. "헛되이 사용하다"(*nāśā' laššāw'*)는 어구는 시편 24편 4절에서도 발견된다. "그는 내(즉 하나님의) 영혼을(즉 나를) 헛된 것에 들어올리지 아니하며 거짓되이 맹세하지 않는다." 여기에서 하나님 자신, 즉 자신의 '네페쉬'(*nepeš*)가 이름 자리에 나타난다. "이름을 들어올린다"(*nāśā' šem*)는 표현은 시편 16편 4절에서도 등장한다. 여기에서는 기도자가 이방신들과 관련하여 말한다. "나는 그들의 이름들도 내 입술에 두지 않을 것입니다." 다시 말하면 그들의 이름을 발설하지 않겠다는 내용이다. 마찬가지로 '헛된 것'으로 옮겨진 낱말 '샤브'(*šāw'*)도 이방신들과 관련될 수 있다. "그들이(즉 이스라엘 백성이) 헛된 것에 제사한다"(렘18:15). 에스겔은 이 낱말을 비난하는 예언자들을 향하여 사용한다. 그들은 하나님의 말씀을 거짓되이 말하며, 그들의 환상은 헛된 것(*šāw'*)이며 거짓(*kāzāb*)이다(겔13:6-9, 참조. 22:28, 애2:14). 이 낱말은 사법적인 영역에서도 발견된다. 잘못된 소문(출23:1), 잘못된 증언 (*'ēd šāw'* 신5:20, 그러나 출20:16에서는 *'ēd šeqer*), 잘못된 맹세(*'ālāh šāw'* 호10:4, 참조 시 24:4)에서 볼 수 있다.

하나님의 이름을 '헛되이 사용한다'는 것은 하나님을 하나님의 본질이나 그분의 계명에 어울리지 않는 것과 연결시키는 것을 말한다. 이러한 사실에 대해 마틴 루터가 『소요리문답서』에서 두 번째 계명을 설명하면서 적절히 표현하고 있다. "우리는 하나님을 경외하고 사랑해야 한다. 그래서 우리는 그분의 이름으로 저주하거나 맹세하거나 마법을 걸거나 거짓말하거나 속여서는 안된다. 어떠한 곤경에서도 그분께 부르짖고 기도하고 찬양하고 감사해야 한다." 그의 글을 보면 하나님의 이름이 잘못 사용될 가능성이 폭넓게 언급된다. 이것은 특정한 영역이나 사실에서 이름을 부르지 말라는 이 계명의 표현과 일치한다.

그러나 무엇에 관한 계명인지 불분명한 채로 남아 있어야 한다는 의미는 아니다. 이 계명은 다음과 같은 후속문을 가지고 있다. "왜냐하면 야훼는 그의 이름을 헛되이 사용하는 자를 죄 없다고 여기지 않을 것이기 때문이다." 하나님의 이름에 대한 남용은 하나님 자신과 관련된 문제다. 그러므로 하나님이 대응하신다. 이 후속문은 제1계명과 같이 징벌규정을 포함하고 있지 않다. 하나님은 자신의 이름에 대한 멸시에 대해서, 즉 자기 자신이 멸시당하는 것에 대해서 어떻게 행동하실지 말씀하신다. 그분은 분명 야훼의 이름을 남용하는 자들에게 "죄 없다고 하지 않으실 것이다." 이것은 차라리 자제된 표현이다. 이러한 사실이 출애굽기 34장 7절에서 잘 나타난다. 그곳에서는 십계명과 달리 하나님의 은혜의 행동이 먼저 나타나고 그 다음에야 비로소, "하지만" 이라는 말과 함께 "징벌" 에 대한 반대적인 진술이 뒤따른다. 이러한 사실이 더 분명하게 드러나는 곳은 예레미야 30장 11절과 46장 28절이다. 거기에서는 하나님이 열방들을 끝장내시고 이스라엘을 보호하시겠다고 말씀하신다. 그러나 이스라엘을 죄 없다고 여기지 않으시고 "법에 따라서" (*lammišpāṭ*, 이 점에 대해서 참조. ThWAT V, 106) 징계하실 것이다(참조. 렘10:24). 하나님의 이름을 남용하는 것은 그 결과가 없는 것이 아니다. 그러나 제1계명에 대한 위반과 동일한 무게로 측정되지는 않는다.

하나님을 위한 안식일

안식일 계명(출20:8-11; 신5:12-15)은 "하나님과 관련된 첫째 계명들과 다른 사람에 대한 행동과 관련된 계명들 사이의… 한 중심에" 있다(Crüsemann 1983, 53). 말 상대가 되는 '너' 에게 안식일을 '거룩하게 하라' 는 하나님의 지시가 부과된다. 그러나 이 의무사항은 동시에 인간에게 주시는 선물이다. 인간은 칠 일마다 일상의 노동으로부터 해방된다. 이러한 이중적인 측면이 분명하게 서술된다. "엿새 동안 너는 일하고 네 모든 일을 행하라. 그러나 제7일은 네 하나님 야훼를 위한 안식일이다." 그런 다음 안식일이 무엇인지 설명된다. "그날에는 너와, 네 아들이나 네 딸이나, 네 남종이나 네 여종, 네 가축이나(신명기에는 네 소나 나귀나 네 모든 가축이나) 네 문 안에 있는 네 타국인까지도 아무 일도 하지 말라."

안식일 계명은 상세한 근거조항이 뒤따른다는 점에서 십계명의 다른 모든 계명과 구별된다. 동시에 출애굽기 20장과 신명기 5장에 있는 십계명의 두 판본을 보면 크게 차이가 나는 유일한 계명이다. 우선 시작하는 동사들이 서로 다르다. "안식일을 기억하라"(*zākôr*, 출20:8) - "안식일을 지키라"(*šāmôr*, 신5:12). 여기에서 벌써 상이한 강조점이 드러난다(참조. Lohfink 1965b). 그 상이한 강조점은 근거조항에서 더욱 분명해진다.

출애굽기 20장 11절에서 안식일 계명에 대한 근거가 완전히 하나님의 행동에 초점이 맞추어져 있다. 하나님은 이 세계를 육 일 동안 창조하시고 일곱째 날에 쉬셨다. "그러므로 야훼께서는 안식일을 축복하시고 그날을 거룩하게 하셨다"(창2:2f). 안식일은 하나님의 창조행위를 반영한다. 이 사실을 이스라엘은 '기억해야' 하고, 하나님이 그 날을 거룩하게 하셨듯이 일곱째 날을 '거룩하게' 해야 한다. 그 후 시내 산으로 가는 도중에 이스라엘은 안식일이나 안식일에 관한 계명을 아직 모르고 있는 가운데 안식일을 경험한다. 광야를 유랑하는 동안 이스라엘 백성의 양식이 되었던 만나(Manna)는 안식일이 있는 한 주간의 주기 안에서 제공된다. 제6일에는 두 배의 양이 제공되었고, 제7일에는 아무것도 없었다(출16:22-30). 이것과 관련하여 모세는 이스라엘 백성에게 "야훼를 위한 거룩한 안식일"의 본질에 대하여 설명하며, 십계명의 내용이 앞서서 언명된다. "너희는 육 일 동안 거두라. 그러나 제7일은 안식일이다"(V.26). 여기에 이미 안식일의 두드러진 기능이 드러난다.

다른 본문에서도 이러한 점을 인지할 수 있다. 시내 산에서 주신 성소를 위한 제의 규정들에서도 상세한 안식일 규정이 출애굽기 31장 12-17절의 강조된 종결부에 나타난다. 여기에서 안식일은 하나님과 이스라엘 사이의 "표징"(ʾôt, V.13), "영원한 표징"(ʾôtʿôlām, V.17), 그리고 "영원한 언약"(bᵉrîtʿôlām, V.16)이라고 불린다. 다시 안식일의 거룩함에 대한 사고가 중요한 역할을 한다(V.13, 14). 그러나 마찬가지로 안식일을 더럽혔을 때(ḥll 피엘형) 닥치는 위험성도 중요하게 고려된다. 안식일을 더럽히는 자는 죽임을 당한다. 성소설치에 대한 실행 규정이 안식일 계명과 함께 새로이 시작된다(출35:1-3). 다시금 안식일의 거룩성과 노동금지 규정을 위반했을 때 닥칠 죽음의 위협이 강조된다(그 외에도 안식일에 불을 지피는 것에 대한 금지조항이 발견된다[V.3]. 히브리성서의 다른 곳에는 평행본문이 나타나지 않는다. 간접적인 언급이 있는 곳으로는 아마도 출16:23이 제시될 수 있을 것이다). 안식일에 노동금지 규정을 위반했을 때 죽임을 당하게 된다는 사실은 민수기 15장 32-36절에서 구체화된다. 이 사건에서 모세를 통해 전달된 하나님의 규정이 보완된다(이 점에 대해서 참조. 레24:10-23).

신명기 5장은 완전히 다른 강조점을 가지고 있다. 12절의 계명이 시작되는 도입부에서 이미 후속문이 확장되어 있다. "야훼 네 하나님이 명령한 대로." 그것은 거의 동일하게 나타나는 종결문과 일치한다(V15b). 노동금지에 해당되는 사항들이 열거되는 중간문도 확장되어 있다. "네 남종과 여종이 너와 같이 안식할 수 있게 하기 위하여"(V.14). 여기에서 남종과 여종이 안식해야 한다는 분명한 강조와 함께 두 번째로 언급된다. '…하기 위하여'(*l^e ma'an*)라는 접속어구를 통해 이러한 사회적인 측면이 심지어 안식일 안식의 본래적인 목적으로까지 설명된다. 여기에 근거조항이 직접적으로 연결된다. "너는 기억하라. 네가 이집트 땅에서 종이었던 것과 야훼, 너의 하나님이 그의 강력한 손과 편 팔로 거기서 너를 인도하여낸 것을, 그러므로 야훼, 너의 하나님이 안식일을 지키라고 네게 명령하였다"(V.15). 노동으로부터 안식하는 것에 대한 사회적 측면이 이집트의 종살이로부터 이루어진 이스라엘의 해방에 근거하고 있다. '일한다'(*'ābad*)라는 낱말은 이집트 종살이(*'ebed*) 상황과 종살이 하던 집(*bêt 'abādîm*)에서의 해방을 떠올리게 한다. 이 점에 관하여는 십계명의 도입문구에서 언급하고 있다. 그러므로 안식일은 종살이에서 이스라엘을 이끌어내신 하나님의 해방하시는 행동을 기억하게 한다. 또한 안식일은 이러한 출애굽이 자신들의 역사에 기본 경험이 된 사람들의 공동생활을 가능하게 한다.

신명기의 십계명 판본에는 외견상 작은 변화로 보이는 점이 더 있다. "너는 간음하지 말라"로 시작되는 나머지 다섯 가지 계명 앞에 각각 "그리고"(*w^e*)가 삽입되어 있다. 그러므로 이러한 계명의 나열은 한 집단으로 묶인다. 이로써 십계명의 전체 구조에 변화가 생겨난다. 이 구조에서는 다섯 개의 집단이 다음과 같이 구분된다. 야훼숭배(신5:6-

10), 야훼의 이름(V.11), 안식일 준수(V.12-15), 부모공경(V.16), 도덕적인 계명들(V.17-21). 안식일 계명은 여기에서 한 중심을 형성한다. 말하자면 안식일 계명이 "중심계명"(Hauptgebot)이 된다(Lohfink 1965b, 25f[202f]).

예언자들을 통해 안식일에 대한 다양한 측면들이 논의된다. 아모스는 안식일을 선물로 생각하지 않고 부정한 상업행위를 계속할 수 있도록 끝나기만을 마지못해 기다리는 상인들을 보면서 비판한다(암 8:5). 아모스는 안식일이 일반적으로 지켜지고 있음을 전제로 하고 있다. 그러나 그는 당대 사람들의 평가를 비판한다. 예레미야의 경우는 다르다. 예루살렘 성문 앞에서 행한 긴 안식일 설교(렘17:19-27)에서 안식일에 성문을 통하여 짐을 나르는 것(다른 일도 마찬가지다. V.22)을 심하게 질책한다. 일하는 대신 십계명에서 의미하는 바와 같이 안식일을 "거룩하게 할 것"을 요구한다(V.22, 24, 27). 그렇지 않을 경우 성이 파괴될 수 있다고 경고한다(아마도 이 본문이 완성되었을 때에는 파괴가 이미 이루어졌을 것이다. V.27).

에스겔의 경우에서도 안식일을 거룩하게 하는 것과 안식일을 더럽히는 것의 문제가 중요한 역할을 한다. 하나님이 이집트에서 이끌어내신 후 이스라엘에게 주셨던 계명들 가운데 안식일 계명이 유일하게 명시적으로 언급된다(겔20:10-12). 그것은 하나님과 이스라엘 사이에 표징이 될 것이다(참조. 출31:13). 그것을 통해서 이스라엘은 "내가 그들을 거룩하게 한 야훼라는 사실을 알게 될 것이다"(V.12). 이스라엘은 또한 스스로 "나의 안식일을 거룩하게 해야" 한다(V.20).그러나 이스라엘은 안식일을 더럽혔고(V.13, 16, 21, 24), 그로 인해 하나님의 진노를 불러왔다. 이외에도 에스겔은 여러 차례 안식일을 더럽힌 것에 대해 비난한다(겔22:8, 참조. V.26; 23:38). 끝으로 거대한 종결부에서 안식일을 거룩하게 하는 것을 제사장의 특별한 과제로 언급한다(겔44:24).

이사야 56장에서는 안식일 준수가 또 다른 측면을 지니고 있다. 여기에서 안식일 준수는 '언약'을 지키는 것과 함께(다시 말하면 할례와 함께, V.4, 6) '이방인들'과 '고자들'이 야훼-공동체에 소속되기 위한 기본적인 기준으로 언급된다. 이때 "안식일을 지키라"(*šāmar*, V.2, 4, 6)는 신명기 5장 12절의 용어가 출애굽기 20장의 전통에 있는 '더럽히는 것에 대한 진술'(*ḥll* 피엘형, V.2, 6) 바로 옆에서 발견된다. 만일 안식일의 계명준수가 이런 식으로 소속성을 판단하는 기준이 될 수 있다면, 안식일은 이스라엘 종교에서 중심적인 위치임을 보여준다. 이사야 58장 13절 이하에서 안식일 계명에 대한 훈계가 발견된다. 이 훈계를 통해 특히 도시생활에서 상업활동이 잘 진행되고 있다는 사실을 알 수 있다. 다른 한편으로 그러한 상업활동을 삼가고 안식일을 '거룩한 날' 대신 '기쁨,' '즐거움'(*'oneg*)이라고 부르는 자는 칭찬을 받는다. 여기에는 신명기 5장 14절의 내용과 유사한 관점이 지배적으로 나타난다. 그러나 예레미야 17장(그리고 느13장, 아래를 보라)과는 달리 안식일의 계명준수에 대한 분명한 요구가 나타나지 않는다. 안식일의 중요성은 이 두 본문 단락과 함께 안식일의 주제가 이사야 56-58장의 내용들이 되었다는 사실을 통해서도 알 수 있다(Westermann 1966, 271).

마지막으로 느헤미야서에서 안식일은 상이한 관점 하에 등장한다. 느헤미야 9장의 거대한 회개기도에는 시내 산에서 받은 계명들이 이스라엘에게 주신 하나님의 좋은 선물로 찬양된다. 이때 안식일은 "너는 그들에게 너의 거룩한 안식일을 알게 하라"(V.14)는 표현 속에서 유일한 계명으로 특별하게 언급된다. 그런 다음 "하나님의 종 모세를 통해서 주신 하나님의 토라 가운데 행할 것"(느10:30[29])이라는 회집된 공동체의 자기맹세 가운데서 안식일 계명이 더 정확하게 기술된다. "이 땅의 백성들"로부터 안식일에 팔려고 가져오는 어떤 물건도 사지 않을 것이다(V.32[31]). 하지만 느헤미야 13장 15-22절을 보면 이 계명이 잘 지켜지지 않았고, 안식일에 예루살렘에서 활발한 상품거래가 있었다는 사실을 보여준다. 이때 느헤미야가 안식일에 "유대에서" 일하는 사람들을 보았는데 그들이 유대인들인지, 아니면 느헤미야 10장 32[31]절에서 전제되고 있는 것과 같이 다른 민족집단에 속한 사람들인지는 불분명하다(이 점에 대해서는 참조. Blenkinsopp 1988, 359). 어쨌든 느헤미야는 안식일 동안 성문을 닫게 하고 거래하지 못하도록 성문을 지키게 한다.

여기에서 성서 이후 시대에 유대전통에서 더 많이 진척되었던 안식일 계명에 대한 엄격한 해석의 경향을 엿볼 수 있다(참조. 안식일에 대한 미쉬나 소책자[Mischnatraktat]). 그럼에도 불구하고 오늘날까지 전해오는 전통에서 하나님이 안식하셨던 이날에 선물로서 허락하신 안식에 대한 기쁨과 감사의 측면이 두드러지게 나타난다(이 점에 관하여 참조. Lau 1988, 112-157).

부모를 공경하라

"너의 아버지와 어머니를 공경하라"(출20:12; 신5:16). 이 계명과 함께 십계명은 제1계명이 명시적으로 보여주는 하나님에 대한 관계들로부터 사람들에 대한 행동으로 그 방향이 전환된다. 모세를 통한 십계명 수여의 말씀에 십계명이 기록된 "두 개의 돌판"에 대한 언급이 있다(출31:18; 32:15; 34:1, 4; 신4:13; 5:22 등). 그러나 그 어디에도 십계명이 이 두 돌판에 어떻게 나뉘어 기록되었는지 그것에 대한 해명은 없다. 많은 주석가들은 십계명의 두 번째 돌판이 부모공경에 대한 계명으로 시작한다고 말한다. 이때 두 번째 돌판은 "신학적"인 의미를 지닌 첫 번째 돌판에 비해 "윤리적"인 것으로 대비된다(참조. Schmidt 1993, 38과 97). 이와는 달리 유대교의 전통에서는 두 돌판에 각각 다섯 개의 계명이 기록되었을 것이라는 견해가 지배적이다. 그렇다면 부모공경에 대한 계명은 - 형상금지 계명을 독자적인 두 번째 계명으로서 계수하는 것과 함께 - 첫 번째 돌판에 속한 것으로 계수된다. 회당에서 흔히 발견되는 두 돌판은 전통적이고 예술적인 조형물 속에서도 그렇게 묘사된다(참조. EncJud 5, 1446-1448).

이 문제는 여러가지 의미를 내포하고 있기에 '확정' 할 수 없다. 그러나 분명한 것은 부모공경에 대한 계명이 십계명의 이 자리에 위치하는 것과 관련하여 일련의 특별성을 보여준다. 십계명 가운데 오직 두 계명만이 긍정적으로 표현된다. 안식일 계명('기억하라!' 또는 '지키라!')과 부모공경 계명('공경하라!,' *kabbēd*)이다. 두 계명 모두 십계명의 중심부에 자리를 차지하고 있다. 신명기의 판본은 두 계명 모두에서 "너의 하나님 야훼가 너에게 명령한 바와 같이"라는 추가문을 포함하고 있다(신5:12, 16). 그러나 부모공경은 "예증본문이 나타나는 빈도수를 고려할 때도 구약성서에 나타난 윤리적 교훈의 정점에" 서 있다(Crüsemann 1983, 59). 이 계명은 여러 번 일련의 계명 가운데 첫 번째 계명으로서(레19:3, 여기에서는 안식일 계명 앞에 나와 있다. 20:9) 혹은 다른 사람에 대한 행동과 관련된 계명들 가운데 첫 번째 계명으로서(신27:16) 등장한다. 또한 레위기 21장 15절과 17절, 더 나아가 에스겔 22장 7절, 미가서 7장 6절, 말라기 1장 6절, 잠언 1장 8절, 19장 26절 외 여러 곳에서 나타나는 본문들을 참조하라. 마지막으로 언급하고자 하는 것은 이 계명이 "약속이 있는 첫 번째 계명"(엡6:2f)이라는 사실이다. "너의 하나님 야훼가 준 땅에서 너의 날들이 길 것이다"(신명기, "네가 잘 될 것이다"). 부모를 공경하는 계명에 자신의 번영을 위한 매우 근본적인 의미가 부여된다. 이때 우선적으로 중요하게 생각해야 할 것은 부모에 대한 자녀들의 행동이 아니라, 무엇보다도 부모가 늙었을 때 그들을 돌보는 문제에 관한 것이다(참조. Albertz 1978). 이러한 점은 이미 초창기의 해석이 포함된 벤 시락서에서 상세하게 논의되었다(시락서3:1-18). 이때 땅(*ʾădāmāh*), 즉 경작지에 관한 언급은 농경적인 배경을 인식할 수 있게 한다. 이러한 배경에서 특히 손상되지 않는 세대의 연속이 중요한 문제로 나타난다. 그러므로 번영에 대한 약속은 개인에게만 해당되는 것이 아니라 동시에 하나님께서 주신 땅에 사는 세대들의 연속관계에도 해당된다.

다른 사람들에게 해를 입히지 말라

이제부터 이어지는 계명들은 모두 사람들 사이의 직접적인 관계와 관련된다. 이제 더 이상 하나님이 명시적으로 언급되지 않는다. 이 모든 계명들은 도입부에서 이스라엘을 이집트로부터 이끌어내어 자신의 백성으로 삼으신 분이라고 말한 하나님의 자기소개 아래에 놓여 있다(출20:2; 신5:6). 그 안에서 각 계명들은 자신들의 결정적인 근거를 발견한다.

이 계명들은 일련의 짧은 문장들로 구성되어 있다. 그리고 뒤따라오는 미완료와 함께 강조적인 용법으로 맨 앞자리에 놓여 있는 '…

말라' (*lô'*)로 시작된다. 이미 십계명의 초반부에 나왔던 계명들과 마찬가지 형태이다(출20:3, 4, 7; 신5:7, 8, 11). 그러나 이 계명들은 훨씬 간략한 형태로 이루어져 있다. 처음 세 개의 계명은 '…말라' 라는 어구 뒤에 단지 한 개의 동사만 뒤따라 나온다. 이 동사에 두 개(혹은 세 개)의 목적어나 설명하는 요소들이 이어서 나온다. 그러나 이 계명들은, 더 정확히 말하면 이 금지명령들은 어떤 형태의 근거조항이나 징벌예고 또는 약속들도 포함하고 있지 않다. 신명기 본문에는 "그리고"(*w^e*)라는 접속사를 통해 일련의 계명으로 연결되어 있다. 그것들은 예언자들이 동시대의 사람들을 향해서 제기한 짤막한 일련의 비난을 떠올리게 한다. "저주하고, 거짓말하고, 살인하고, 도둑질하고, 간음하고"(호4:2). "도둑질하고 살인하며, 간음하고, 거짓 맹세하며, 바알에게 분향하고"(렘7:9).

이러한 본문들을 서로 비교하거나 십계명과 비교해보면 그러한 연속이 끊임없이 나타나며 비난의 순서도 바뀔 수 있다는 사실을 알 수 있다. 그러므로 십계명의 두 번째 부분은 인간관계를 위한 토라계명의 종국적인 열거를 의미하지 않는다. 시내 산에서 이루어진 토라 수여에 관한 보도가 나타나는 연속되는 장들에서 다른 계명들이 추가된다. 계명들이 여기에 함께 수집되어 있는 것은 우리가 더 정확히 알 수 없는 십계명의 생성사에 그 원인이 있다.

두 개(혹은 세 개)의 마지막 계명들은 '이웃' (*rē^a'*), 즉 공동체, 무엇보다도 사법적 의미의 공동체에서 동일한 권리와 의무를 가지고 있는 동료 시민의 행동에 관하여 말한다. 이때 법적인 관계에 관한 사항들이 문제가 된다. 처음 세 개의 계명은 이러한 개념을 포함하지 않으며, 따라서 좀 더 일반적으로 유효한 방식으로 표현되어 있다. 이 계명들은 모든 사람에게 차별없이 적용된다.

십계명의 마지막 단락에서 전통에 따라 절 구분이 달라진다. 독일어 번역(우리말 번역에서도)에서도 전통적인 계수는 "너는 …하지 말라"는 네 개의 짧은 문장들을 각각 독립적인 절로 취급하는 반면(출20:13-16; 신5:17-20), 다른 본문전승들과 주석서들(예컨대, Weinfeld 1991)에서는 이 문장들을 **하나의** 절로 종합한다. 이로써 각 장의 마지막에 이르기까지 그 절수계산이 밀려서 이루어진다.

살인하지 말라!

"살인해서는 안 된다"는 근거조항도, 계명을 위반했을 때 나타나는 결과에 대한 진술을 포함하고 있지 않다. 이 짧은 문장은 청중이나 독자에게 연상감(聯想感)을 불러일으키기에 충분하다. 그것은 정말 하나님이 인간에게 주신 첫 번째 계명이었다. "사람의 피를 흘리는 사람은 사람에 의해서 자기의 피도 흘리게 될 것이다"(창9:6). 인간에게 주신 이 첫 계명에서 그러한 행동의 결과도 함께 언급된다. 물론 누구를 통해서 그 결과가 수행될 것인가에 대한 문제는 열려 있다. 그러나 무엇보다 첫 계명의 근거가 제시되어 있다. "그것은 하나님께서 자기의 형상대로 사람을 지으셨기 때문이다"(참조. 창1:27). 사람을 죽이는 것은 하나님의 창조질서를 거스르는 일이다.

이 계명은 출애굽기 21장 12절에서 하나의 엄격한 법조문의 형태로 발견된다. "사람을 쳐서 죽게 하는 자는 반드시 죽일지니라"(*môt jûmāt*). 이 문장의 무조건성은 해석과정에서 달라진다. 그 행동이 "하나님이 그의 손에 넘겨줌"으로써 일어난 비고의적인 불행한 사건이었는가(V.13) 아니면 그것이 "간계로 인해" 고의적으로 일어난 사건이었는가에(V.14) 따라 사건 처리가 달라진다. 첫 번째 경우에는 범행자가 하나님이 지정하시는 곳으로 피신해야 하고, 두 번째의 경우에는 망명시 보호받기 위해 도망한 "나의(하나님) 제단"에서 그를 끌어내 죽여야 한다.

이러한 사실은 십계명이 이해되어야 했던 상황으로 이끈다. 여기에 사용된 동사 '라짜흐'(*rāṣaḥ*)는 "어떤 사람에 대한 폭력적인 살인"이라고 옮길 수 있는 특별한 의미를 가지고 있다(Crüsemann 1983, 67, 참조. ThWAT VII, 652ff). 이 동사는 십계명 이외에 무엇보다도 부분적으로 도피성에 관한 매우 상세한 규정들에서 나타난다(민35장의 여러 곳, 신4:42; 19:3-6; 수20장 이하의 여러 곳에). 이러한 본문들에서는 살인자가 줄곧 '라짜흐'(*rāṣaḥ*)의 분사형태인 '로쩨아흐'(*roṣēaḥ*)로서 지칭된다. 이때 이 모든 것이 당시에 현존하고 있으며 실행되고 있는 피의 보복의 상황 속에서 고찰되어야 한다는 사실이 분명해진다. 도피성은 피의 보복으로부터 비고의적인 살인자를 보호한다. 이 점과 관련된 법적인 문제는 도피성 규정에서 상세하게 논의된다(이 점에 관하여 참조. Crüsemann 1992, 205-208).

십계명은 이 문제들을 열어놓고 있다. 사람을 폭력적으로 죽이는 것은 하나님의 창조질서를 어기는 것이다. 그뿐 아니라 살인은 하나님이 이집트의 종살이에서 이끌어내신 백성들이 공동체 안에서 함께 사는 것을 기본적으로 방해한다.

간음하지 말라!

공동체 안에서 함께 사는 문제가 우선적으로 중요하다. "간음하지 말라"는 '다른 사람과 맺고 있는 부부관계를 깨뜨리지 말라'는 의미이다. 또한 짤막하게 표현된 이 금지명령도 사회사적이며 법률사적인 상황에서 고찰되어야 한다(이 점에 관하여 무엇보다도 참조. Crüsemann 1978b). 구약 시대의 가족은 공동체의 기본적인 삶의 토대였다. 이때의 '가족'은 대가족을 의미한다. 그 안에서 모든 본질적인 삶의 과정들이 진행되며, 무엇보다도 생활에 필수적인 것들이 생산된다. 다른 사람과의 부부관계를 깨뜨리는 것은 이러한 공동체를 위협하는 것이며, 당사자뿐만 아니라 자신의 가족을 위한 존재의 토대도 위협하는 일이다(또한 십계명의 마지막 구절인 출20:17a와 신5:21a를 참조하라).

다양한 형법규정들 가운데서 이 문제가 얼마나 진지하게 취급되고 있는지 분명해진다. 간음은 사형으로 처벌한다(레20:10; 신22:22). 신명기 22장 23절 이하의 이 규정에 대한 상세한 설명은 여인이 결혼했는가 아니면 최소한 약혼했는가, 다시 말하면 혼인을 위한 법적인 전제조건들(예컨대, 혼인지참금 지불을 통해)이 이미 갖춰져 있는가 그렇지 않는가가 중요하다는 사실을 보여준다. 이러한 경우들에서만 간음이 사실로서 인정된다. 이때 남자는 원칙적으로 사형을 선고받는다. 이것은 여인에게도 마찬가지로 적용된다. 단, 여인이 결혼했거나 약혼녀가 도움을 받고자 소리를 지를 수 있는 장소에서 잠자리를 한 경우에 그렇다. 그러나 그러한 일이 빈 들판에서 일어났다면 그 여자는 형벌을 받지 않는다. 왜냐하면 그녀의 도움을 구하는 외침이 들리지 않았을 것이라는 사실이 유리하게 적용되기 때문이다. 이와는 달리 약혼하지 않았다면, 법적인 상황은 완전히 달라진다. 잠자리를 함께한 남자는 신랑 지불금을 주고 그 여인과 결혼해야 하며 이 여인을 쫓아내서는 안 된다(출 22:15[16] 이하에는 약간 다른 규정이 나온다). 바로 이 마지막 규정에서 우선적으로 문제가 되는 것은 성적인 도덕이 아니라, 사회법적인 문제라는 사실이 분명해진다(참조. Otto 1994, 39-47).

성적 관계의 문제들은 다른 각도에서도 고찰된다. 레위기 18장에서는 대가족 안에서 발생되는 관계의 문제가 다루어지고 있다. 그 관계가 권리청구권이나 친척관계를 통해서 혼란스럽게 되어 손상되거나 위험에 처하지 않아야 한다. 그러므로 허용되지 않는 성적 관계들이 매우 자세하게 나열된다(참조. Elliger 1955). 여기에서 형벌규정은 나타나지 않는다. 우선적인 관심사가 성적 도덕에 관한 문제가 아니라, 공동체생활 침해를 방지하는 것에 있다는 사실이 다시 분명해진다. 그러나 전체적으로 볼 때 이것은 더 넓은 시각에서 고찰해야 한다. 다른 민족들, 특히 "너희가 거주하였던 이집트 땅의" 풍속들과 "내가 너희를 인도할 가나안 땅의" 풍속들과의 차별화이다(V.3, 참조. V.24). 그러한 풍속들을 따라서 행한다면 이스라엘은 더럽혀질 것이다(*ṭm'* hitp. V.24f).

여기에서부터 간음이 다른 신들에 대한 숭배를 통해 이스라엘이 제의적으로 타락한 모습을 표현하는 하나의 은유가 되는 언어관용이 생겨난다. 호세아서의 경우 하나님에 대한 이스라엘의 관계는 처음부터 이러한 관점 아래 고찰된다. 이때 십계명에서 사용된 동사 '나아프'(*nā'ap*, 간음하다)가 여러 번 사용된다(호3:1; 4:13f). 이 외에도 '자나'(*zānāh*, 행음하다)가 사용되고(호1:2; 4:12 등), 가끔 이 두 낱말이 평행관계(parallelismus membrorum)로도 나타난다(호4:14f). 예레미야서와 에스겔서의 경우 다른 신들과 벌이는 이스라엘의 행음에 대한 은유적인 묘사가 폭넓게 전개된다. 이스라엘은 "모든 높은 산과 모든 푸른 나무 아래에서" 행음하고(렘2:20), 그의 누이 유다도 그렇게 행동한다(렘3:2f). 예레미야서에서는 '간음하다'와 '행음하다'가 서로 평행관계로 나타난다(렘3:8f 등). 에스겔서의 경우 '행음하다'는 16장과 23장의 긴 서술에서 주도적으로 나타난다(겔16:15, 26, 28; 23:3, 5 등). '간음하다'는 신명기 22장의 본문에서와 같이 사법적인 배경을 연상하게 한다. "내가 너를 심판하리니, 마치 간음하고 살인한 여인들을 심판하듯 할 것이다”(겔16:38, 참조. 겔23:45).

이러한 은유적인 사용 외에도 예언자들에게서 낱말 ‘나아프’(*nāʾap*)의 본래적인 사용의 예가 여전히 존재한다. 예컨대, 이미 언급한 호세아 4장 2절과 예레미야 7장 9절에 나타난 일련의 비난에서 그러한 용례를 찾아 볼 수 있다. 예레미야 9장 1-5[2-6]절에서 이 낱말은 공동체 파괴에 대한 긴 탄식의 초두에 나타난다. 이 탄식은 다시 십계명의 상황을 생각나게 한다(참조. 렘23:10, 14). 말라기의 경우에는 종교적이고 사법적인 측면이 ‘배신하다’(*bāgad*)라는 핵심어 아래에서 서로 연결된다. “유다는 배신하였다… 그리고 이방신의 딸과 결혼하였다”(말2:11). 이스라엘 백성 개인들도 “젊은 시절의 아내”를 배신하였다(말2:14-16).

도둑질하지 말라!

앞의 계명이 이웃의 혼인과 그것을 통해 가정을 보호하는 문제를 다루고 있다면, 다음 계명들은 무엇보다도 먼저 재산을 보호하는 문제와 관련된다. 구성원들이 풍부함 가운데 살지 못하는 사회에서 재산의 상실은 실생활에서 현저한 침해를 의미할 수 있다. 동시에 절도 또한 사회안에서 이루어야 할 공동체 삶에 대한 침해를 의미한다. 그래서 ‘훔치는 것’(*gānab*)은 함께 사는 이의 삶을 파괴하는 범죄를 열거할 때 항상 언급된다. 호세아 4장 2절이나 예레미야 7장 9절 이외에 레위기 19장 11절에서도 언급될 수 있다. 여기에서 “너희는 도둑질하지 말라”는 문장은 일련의 긴 문장 중 맨 앞에 놓여 있다. 이 연속문은 “너는 너의 이웃을 네 몸과 같이 사랑하라”(V.18)는 계명까지 이어진다.

이 연속문은 네 번에 걸쳐 등장하는 "나는 야훼니라"(V.12, 14, 16, 18)는 문장을 통해 특별한 비중을 차지한다.

'도둑질하지 말라' 는 간결한 이 계명은 다양하게 확장될 수 있도록 열려 있다. 다음과 같이 다른 법전에서 분명하게 언급된다. 가축의 절도(출21:37[22:1]), 또한 (지켜달라고) 맡겨놓은 경우(출22:9-12[10-13])나 (예컨대, 밭갈기 위해) 빌려준 경우(V.13[14]f) - 예컨대, 어떤 사람이 여행 중에 보관해달라고 다른 사람에게 맡겨둔 돈이나 귀중품의 도난(출22:6[7]f) - 끝으로 특히 심각한 경우로 (노예로 삼기 위해) 사람을 유괴한 경우(출21:16; 신24:7)에 관하여 제시된다. 십계명은 이 모든 가능성에 대해 열려 있다. 물론 법적 조항 마련이 본래 목적은 아니다. 분명한 것은 이러한 규정들이 십계명이 정형화될 당시 이런저런 형태로 존재해 있었고, 따라서 청중이나 독자는 이미 그것들을 알고 있었다는 사실이다.

네 이웃에게 거짓증거하지 말라!

이 계명 혹은 금지명령은 앞의 계명에 직접적으로 연결된다. 절도는 법규정에 대한 위반이다. 그러한 위반사항들을 해결하고 처벌하려면 법적인 조치가 필요하다. 이때 거짓증인들은 법률공동체에서 함께 사는 삶을 위협하지만, 신뢰할 수 있고 책임의식이 있는 증인들은 공동체의 삶을 위해 매우 중요하다. 일반적으로 '증인' 이라고 번역하는 '에드' (*ʿēd*)라는 낱말은 동시에 위반이나 범죄행위를 고발하는 사람을 지칭하므로 재판과정에서 원고로 등장하기도 한다(참조. Seeligmann 1967, 262ff, THAT II, 212f).

십계명에서 법률공동체의 개별적인 구성원의 권리를 보호하는 문제는 매우 중요하다. 대화의 상대인 이스라엘 백성에게 다른 사람은 손해를 끼치지 않고 유익을 주어야 할 '이웃'(*rēaʿ*)이다. 그렇지만 "거짓증인"(*ʿēd šeqer*, 출20:16; 신5:20, *ʿēd šāwʾ*), 즉 잘못된 고발을 제기하는 사람은 피의자에게 매우 위험할 수 있다. 이러한 위험에 대한 인식이 히브리성서의 본문에 분명하게 반영되어 있다. 그래서 삶과 죽음이 결정되는 문제는 한 사람의 증인으로 절대 충분하지 않다(민35:30). "두 명 혹은 세 명의 증인들"이 있어야 하며(신17:6), 그들은 돌로 쳐 죽일 때 맨 먼저 돌을 들음으로써 자신들의 진술을 확인해야 한다(V.7). 신명기에서는 이것이 일반화되어 모든 형태의 범죄행위에 대해서 두세 증인이 요구된다(신19:15).

이때 이해관계에 따라서 거짓진술이 가능할 수 있다. 또한 "사람의 외모"가 중요한 변수로 작용한다(신16:19, 참조. 1:17). 여기에서 강조하는 바는 "작은 자"든 "큰 자"든 공동체 모든 구성원들을 공평하게 대하라는 것이다(신1:17, 참조. 레19:15). 그러나 두 가지 방향에서 거짓진술의 위험이 도사리고 있다. 대중에 편승하는 것은 재판정에서 "약자"(*dal*)에게 유리한 진술을 하게 할 수 있다(출23:2f). 그러나 동일한 맥락에서 "가난한 자"(*ʾebjôn*)의 권리를 꺾지 말라고 경고한다(V.6). 이어지는 단락에서는 가장 큰 위험에 대해서 언급한다. 그것은 뇌물이다. "뇌물은 보는 자를 눈멀게 하고 의로운 것을 굽게 한다"(V.8, 참조. 신16:19). 예언본문들은 이것이 함께 사는 공동체의 삶을 해치는 심각한 문제임을 분명히 보게 한다(사1:23; 5:23; 미3:11 등). 이와 반대로 신명기에서는 하나님의 속성을 열거할 때 그분이 "사람을 외모로 판단하지 않으시고 뇌물을 취하지 않으신다"(신10:17)는 사실을 특히 강조한다. 따라서 하나님은 모든 사람을 위한 공의의 실제적인 보증인이시다.

탐내지 말라…!

마지막 두 문장은 이웃의 재산과 관계된 것이다. 십계명의 맥락에서 "탐내지 말라"는 '이웃의 소유물 중 어떤 것을 자신의 것으로 만들려고 힘쓰지 말라'는 의미이다. '열망하다'(*ḥāmad*)는 동사는 그 자체로 부정적인 뜻을 가지고 있지는 않다. 그러나 종종 이 열망하다는 동사가 결국 '가지는 것'에 이르게 하는 소유의지의 의미를 포함하는 상황에 사용된다. 하와가 보니 그 나무가 탐스러웠고(*neḥmād*), 그래서 그녀는 그 열매를 따먹었다(창3:6, 참조. 수7:21). 미가서 2장 2절은 탐욕의 결과로서 벌어지는 경작지와 집들에 대한 폭력적인 강탈에 관하여 말한다. 동시에 이 구절은 당사자의 사회적 상황에 대한 심각한 침해가 있었음을 분명하게 보여준다(참조. Kessler 1999, 111ff). 그러므로 이 마지막 계명은 소유의 결과를 초래할 수 있는 모든 탐욕을 금지한다.

"너는 탐내지 말라"로 시작되는 이 두 계명은 분명히 보호되어야 할 것들의 영역을 충분히 넓게 그리고 섬세하게 묘사하는 기능을 수행한다. 출애굽기 20장의 십계명에는 이웃의 집이 맨 처음 등장한다(V.17a). 이것은 방금 인용한 미가서 2장 2절을 떠올리게 한다. 거기에는 "그들은 그 남자와 그의 집을 강탈한다"라고 기록되어 있다. 여기에서 '집'이라는 개념은 단순히 건물만을 의미하지 않는다. 그것은 당시 그 남자가 책임져야 할 모든 삶의 영역들을 지칭한다. 이러한 사실은 사무엘상 25장 6절의 인사말에서도 확인된다. "당신과 당신의 집과 당신에게 속한 모든 것에 평강이 있기를 원합니다." 여기에 있는 종결어구는 십계명의 마지막 표현과도 일치한다. "네 이웃에게 속한 모든 것"(출20:17b; 신5:21b).

출애굽기 20장 17절의 표현에 따르면 책임 영역으로서의 집은 더욱 세분화된다. 우선적으로 이웃의 아내가 포함된다. 이로써 간음에 대한 금지가 사회적 법적 중요성을 띤 채 다시 한 번 분명하게 강조된다. 그런 다음 다른 법적 형태로 집에 속해 있는 남종과 여종이 열거된다. 계속해서 가축 가운데 가장 중요한 소와 나귀가 언급된다. 마지막에 전체로 다시 한 번 확대되면서 동시에 다음과 같이 모든 것이 종합된다. "그리고 네 이웃에게 속한 모든 것을."

신명기의 본문에서는 강조점에 대한 이동이 분명히 고찰된다. 여기에서는 "이웃의 아내를 탐내지 말라"는 명령이 맨 먼저 나타난다(신5:21a). 이로써 간음금지에 대한 기초적인 사회-법적 의미가 더 강해졌다. 계속되는 열거에서 '탐내다'는 의미를 위해 다른 동사가 사용된다('*wh* hitp.). 그러나 내용적인 변화는 그 안에서 거의 찾아볼 수 없다. 그렇지만 여기에는 '집'에 대한 개념이 더 구체적으로 표현되고 '밭'을 통해서 보충된다. 십계명에 대한 두 판본 사이의 이러한 차이들은 안식일 계명처럼 하나님의 계명과 금지명령이 각각 자신의 문서로 고정될 때까지 숙고의 결과로 나타난 변경이 가능하였고 시대 상황에 맞추어 개정이 이루어질 수 있었다는 사실을 다시 보여준다.

다층적이고 긴장감 넘치는 발전

십계명은 넓은 영역을 포괄한다. 한 분 그리고 유일하신 하나님에 대한 배타적인 예배에서 시작하여 안식일에 하나님을 예배하는 구체화된 계명을 지나 인간사회에서 함께 사는 삶의 문제에 이르기까지 삶의 전부를 아우르고 있다. 앞에 기술된 내용들 가운데 이러한 계명이 토라

(오경)의 다른 본문과 히브리성서 전체에 어떻게 반영되어 있으며, 어떻게 발전되고 완성되었는지에 관하여 여러차례 언급하였다(오경의 생성사에서 많은 본문이 십계명보다 더 오래된 것으로 여겨지고 아마도 십계명의 형성과정에서 자료[Quelle] 또는 저본[Vorlage]으로서 기여하였을 것이다). 이 점에 관하여 좀 더 자세히 알아보자.

제의의 순수성 – 외적으로 그리고 내적으로

모세가 하나님께 십계명을 받은 직후 이스라엘 백성에게 전달한 계명들은 바로 십계명과 같이 예배의 올바른 형식에 관한 문제로 시작된다. 그 안에 토라의 기본요소가 보인다. 이스라엘에게 가장 우선되는 것은 이스라엘에게 자신을 나타내시고 이스라엘을 이집트의 종살이에서 이끌어내신 한 분이시며 유일하신 하나님에 대한 배타적인 인정과 예배의 의무이다. 그러므로 (언약서에서) 십계명에 뒤이어 나오는 계명들의 첫머리에 하나님 자신이든지(출20:23a) 다른 신들의 것이든지(V.23b) 상관없이 어떤 신상도 만들지 말라는 요구가 나타난다. 조금 뒤 시내산 이야기에 나오는 또 하나의 계명모음집(출34:11-26)은 예배에 관한 문제로 가득 차 있다. 거기에는 "너는 다른 신 앞에 절하지 말라"(V.14)는 명령이 거주민들과 언약을 맺지 말라는 금지명령에 삽입되어 있다. 왜냐하면 그 언약이 다른 신들을 섬기는 결과를 초래할 수 있기 때문이다(V.11f, 15f, 참조. 출23:32).

두 본문 모두에서 제단이 중요한 역할을 한다. 출애굽기 20장 24절 이하에서 신상제작 금지명령 바로 뒤에 제단법이 따라 나온다. 이렇게 강조된 자리에서 하나님을 예배하는 한 가지 기본적인 요소가 언급된다. 무엇보다 다른 신들을 섬기는데 사용되었던 제단들을 파괴하라는 명령이 내려진다. 이 명령은 원거주자들과 언약을 맺거나 그들의 제의행위에 참여하는 것을 금지하는 맥락인 출애굽기 34장 13절에서 나타난다. 그것은 신명기에서 매우 엄격한 어조로 반복된다(신7:1-5; 12:2f, 참조. Crüsemann 1992, 153-156).

출애굽기 34장에서 (그리고 신4장과 12장에서) 제단 외에 이스라엘 백성이 파괴해야 할 다른 두 가지 제의적 요소가 언급된다. 마체바(주상)와 아세라, 즉 돌과 나무로 만든 제의상징물이다(참조. 신16:21f; 출23:24에서는 주상만 언급된다). 마체바(*maṣṣēbāh*)는 돌기둥으로서 대부분 종교적 상징물로 등장한다. 그것은 족장사에서 하나님의 현존을 대표하는 이스라엘의 합법적인 제의상징물이다. 야곱은 밤에 하나님의 현현을 경험했던 장소 벧엘에 마체바를 세우고 그것을 "하나님의 집"(*bêt ʾᵉlohîm*)이라고 명명했다(창28:28, 22, 참조. 31:13; 35:14f). 마체바는 하나님 앞에서 야곱과 라반 사이에 맺은 언약에 대한 "증인" 역할을 한다(창31:45, 51-53). 야곱은 라헬의 무덤 위에 마체바를 세운다(창35:20). 모세는 시내 산에서 하나님이 언약을 맺으시는 이스라엘의 열두 지파를 위한 열두 마체바를 세운다(출24:4, *maṣṣēbāh*라는 낱말이 12라는 숫자에도 불구하고 단수로 나타난다). 또한 여호수아 4장(V.3ff)에서 언급되고 있는 열두 돌들도 이러한 맥락에 포함된다. 마찬가지로 이때도 돌이 하나님 앞의 증인으로서 기능한다(수24:26f). 마지막으로 호세아서에도 (단수형태로 나타나는) 마체바가 제의의 합법적인 요소들 가운데 포함된다. 이스라엘은 이제 한동안 마체바 없이 지내야 한다(호3:4). 그러나 마체바는 다른 신들을 섬기는 데에도 사용될 수 있다. 그러기에 이스라엘은 "그것들의 제단들"뿐만 아니라 "그것들의 마체바들"(복수형)도 제거해야 한다(출23:24; 34:13; 신7:5; 12:3). 신명기 16장 22절에는 "하나님이 그것을 미워하시기 때문에" 마체바를 세우는 것이 일체 금지된다. 여기에는 마체바에 대한 일반화된 부정적인 견해가 확고하게 자리잡고 있다.

마체바 외에 아세라가 자주 언급된다. '아세라' (ʾAšērāh)는(ʾAṯirat라는 이름의 형태로) 우가릿에서 최고의 신 엘('El)의 여성 배우자로서 중요한 역할을 하는 신이다(참조. ThWAT I, 473-481). 이 신은 목재로 된 제의상징물, 즉 나무나 기둥을 통해 묘사된다(참조. 신16:21). 그러므로 제단을 "헐라"와 마체바를 "부수라"는 명령 외에 아세라를 "베어내고"(출34:13), "찍어 내고"(신7:5), "불태우라"(신12:3)는 명령이 포함된다.

마체바와는 달리 아세라는 히브리성서에서 한 번도 합법적인 제의 대상으로 나타나지 않는다. 서사적인 맥락에서는 사사기에 처음으로 언급된다. 사사기 첫 번째 이야기의 도입부인 사사기 3장 7절은 다음과 같다. "이스라엘 자손이 야훼의 목전에 악을 행하였고, 야훼 그들의 하나님을 잊어버리고 바알들과 아세라들을 섬겼다." 여기에서 아세라(총칭의 복수형태로 사용됨)는 바알의 여성 배우자로서 이스라엘 백성이 야훼숭배에서 멀어지게 한 핵심적인 요소이다. 이러한 사실은 사사기 6장 25-32절의 기드온 이야기에서 구체화된다. 기드온은 "바알의 제단을 허물고 그 옆에 서 있는 아세라를 찍어버리라"는 하나님의 명령을 받는다(V.25, 26, 28, 30). 여기에서 아세라는 제단 옆에 세워진 나무로 된 제의형상이다(신16:21에서는 야훼 제단을 위해 형상을 세우는 것을 금지한다. 분명 특정한 시기 동안 그러한 일이 하나의 경향으로 존재했다). 왕정기의 역사에 대한 서술에서 아세라를 세우는 일은 계속해서 특히 엄중한 비난을 받는다(왕상14:15; 15:13; 16:32f; 13:6; 왕하17:16; 21:3, 7, 마체바와 함께 왕상14:23; 왕하10:26f; 17:10). 열왕기상 18장 19절에서는 엘리야의 상대자로서 바알 선지자 외에 아세라 선지자가 등장한다. 끝으로 요시야의 개혁은 무엇보다도 예루살렘과 벧엘의 성전과 같은 산당에 있었던 아세라와 아세라 제의에 반대하는 것에도 초점이 맞추어져 있다(왕하23:4, 6, 7, 14, 15).

여기에 가시화된 노선들은 이스라엘 제의에 대한 예언자들의 비판에서도 목격된다. 호세아는 이스라엘이 번영의 결과로 세웠던 수많은 제단과 마체바를(여기에서는 3:4과 달리 복수형이다) 비난하며 파괴를 예고한다. 왜냐하면 이스라엘의 마음이 "그릇되었기" 때문이다(호10:1f). 이러한 제의형상물이 그 자체로는 정당할지라도 이스라엘은 오용했다. 미가서 4-5장의 부분 모음집 마지막 단락에서는 평화를 이루기 위해 무기를 없애는 것(미5:9[10]f, 참조. Kessler 1999, 174f) 외에도 종교적인 수단을 제거하라는 요구가 나타난다. 복술, 점쟁이, 우상(*pᵉsîlîm*)과 마체바, 그리고 마지막으로 아세라도(V.11-13[12-14]) 제거의 대상이다. 여기에서 마체바는 "네 손으로 만든 것"으로서 우상과 아세라 사이에 분류된다. 이것을 통해 신명기 16장 22절에서와 같이 마체바에 대한 일반적인 평가절하를 엿볼 수 있다. 예레미야는 산당에 대한 논박에서 제단과 아세라를 함께 언급한다(렘17:2). 이사야 17장 8절에서 아직 일어나지 않은 미래를 전망하면서 '사람'이 창조주만 바라보며 더 이상 자신의 손으로 만든 제단이나 아세라를 바라보지 않을 것이라고 말한다. 그리고 이사야 27장 9절에 따르면 제단과 아세라의 파괴가 이스라엘의 범죄를 속죄하는데 기여할 것이라고 한다. 이러한 본문들 가운데 차이점이 있음에도 불구하고 그것들 모두가 공통적으로 말하고 있는 바는 예언자들의 시각에서 볼 때 제의상징물과 관계하는 것이 이스라엘을 잘못된 길로 이끌었기 때문에 - 이스라엘 자신의 구원을 위해 - 제거되어야만 한다는 것이다.

그러나 이것은 한 가지 측면일 뿐이다. 다른 측면은 토라의 제의수행을 위한 상세한 규정들이 주어졌다는 사실에서 드러난다. 언약서(출20:24f) 초두에 나타나는 제단법에 관하여 이미 언급한 바 있다. 그 후 안식일 계명이 수용되는데(출23:12, 참조. 34:21), 노동으로부터 쉬어야 하는 날이 단지 "일곱째 날"이라고만 언급된다. (아직?) 안식일이라는 명칭은 거론되지 않는다. 여기에서 안식일은 바로 뒤이어 나오는 세 가지 연중축제 규정(출23:14-17, 참조. 34:18, 22-24)과 첫 소산물을 드리는 것에 관한 명령(출23:19a, 참조. 34:26a)과 연결된다. 안식일 계명 앞에 안식년, 즉 땅의 소산물들을 추수해서는 안 되는 일곱 번째 해를 지키라는 명령도 나타난다(출23:10f). 그것들은 "백성들 중 가난한 자들"에게 돌아가야 한다. 이로써 안식년 규정은 그 땅이 하나님의 것이라는 종교적인 측면을 표현하지만 사회적인 특성도 지닌다. 그런데 후자의 측면은 신명기 15장과 레위기 25장에서 다양한 방식으로 더 넓게 확장된다. 이 두 요소의 결합은 토라 전체의 기본적인 특성이다. 이미 십계명에서 인상적으로 표현된 바와 같이 토라에서 항상 중요한 문제는 하나님과의 관계와 동료, 즉 이웃과의 관계이다.

출애굽기 25장부터 좁은 의미에서의 제의 영역 전체에 대한 매우 자세한 규정들이 뒤따라 나온다. 그것들은 시내 산에서 이스라엘이 출발하기(민10:11)까지 본문의 대부분을 차지한다. 이때 제의의 내적인 영역에서 일어나는 일들에 대한 규정이 개진됨으로써 이제 시선은 내부를 향한다(자세한 사항에 관하여는 B.VII을 참조하라). 십계명과 연결된 계명 모음집을 읽은 독자는 이렇게 완전히 다른 종류의 본문들 안에서 토라에 수집된 계명들의 넓은 범위와 그 다양성을 알 수 있다. 그러나 이때 그 어디에도 토라의 개별적인 측면에 대한 상이한 종교적 혹은 신학적 평가의 암시가 나타나지 않는다(예컨대, 기독교전통에서 널리 퍼져 있는 것과 같이 평가절하하는 의미에서 붙인 '제의법' [Ritualgesetze]과 같은 용어처럼).

여기에 완전히 다른 종류의 위험성들이 있다. 제의적인 규정은 정확한 준수가 필수이다. 그것을 위반하는 것은 죽음의 결과를 가져올 수 있기 때문이다. 이같은 사실이 특히 제사장의 직무에 관한 다음과 같은 규정에서 강조된다. 제의를 집행할 때 하체를 가릴 수 있는 의복착용(출28:42f), 성소에 입장하기 전에 손과 발 씻기(출30:18-21), 제사장의 직무기간 동안 술 금지(레10:9), 특별한 애도의식 금지(레10:6, 참조. 21:10) 등이 그 예이다. 특히 제의규정을 위반했을 때 맞을 수 있는 위험이 아론의 두 아들, 나답과 아비후가 드린 금지된 향로제사에 관한 보도에서 극적으로 묘사된다. 그들은 하나님이 명하지 않으신 "다른 불"(*'ēš zārāh*) 때문에 징벌을 받았다(레10:1-5). 속죄일에 관한 법률서문에서 아론(즉 대제사장)이 "언제나" 지성소에 들어갈 수 있는 것이 아니라는 금지명령이 이 사건과 분명한 관련성 속에서 나타난다(레16:1f, 속죄일 외에 다른 동기들 때문에 지성소에 들어갈 수 있었는지 여부는 여기에서 소개되지 않고 있다. 유대교 해석사에 나타난 논쟁에 관하여 참조. Milgrom 1991, 1012f, 1061f, 참조. 히9:7).

또한 다양한 정결규정이 이러한 "정결과 위험"(Douglas 1966/ 1985)의 영역에 속한다. 동시에 그것들은 토라에서 '거룩한'(*qādôš*)이라는 개념으로 포괄하는 커다란 맥락에 포함된다. 이러한 사실은 "내가 거룩하니 너희도 거룩하라"는 형식구가 정결한 동물과 부정한 동물들에 관한 장을 마무리하면서(레11:44-45), 윤리적인 계명들이 매우 폭넓게 묘사된 레위기 19장을 시작한다는 점에서 매우 함축적으로 표현된다. 근대적인 사고로는 근본적으로 다른 것처럼 보일 수 있는 이 두 측면이 토라에서는 불가분의 관계로 결합되어 있다.

종, 이방인, 과부, 고아의 권리

출애굽기 20장 22-26절의 제의와 관련한 도입부에 바로 이어서 나오는 법규들(*mišpāṭîm*, 출21:1) 가운데 첫 번째 사안으로 종들의 권리에 대한 규정이 나온다(출21:2-11). 종들은 십계명 중 안식일 계명의 틀에서 이미 언급되었다(출20:10). 출애굽기 판본에서 가시화된 쉼의 사회적 측면이 신명기의 십계명 판본에서 크게 강조되었다(신5:14f). 이스라엘에 주어진 계명들의 계속되는 전개과정에서 이제 종의 권리에 대한 규정이 첫 번째 자리를 차지한다. 종은 사회적 질서 안에서 가장 약한 구성원이라는 점 때문에 그들의 권리가 특히 보호될 필요가 있다. 몇 가지 조항은 단지 종에게만 해당된다. 예컨대, 7년 후에 종에게 자유를 주는 문제(출21:2-6), 여종의 결혼에 관한 규정(V.7-11)이 그렇다. 또한 이어지는 규정에서 항상 종에 대한 특별한 사항들이 확정된다. 그들에게는 사회적인 특별한 지위가 고려된다. 그래서 종으로 삼으려는 목적으로 사람을 유괴하는 범죄는 죽음의 위협 가운데 놓인다(V.16). 상해에 관한 규정의 경우에는 종을 위한 특별한 규정이 있다(V.20f, 26f). 심지어 소에 받혀서 종이 죽은 경우도 고려하고 있다(V.32).

종에 관한 법률은 특정한 사회적 변화를 반영한다. 출애굽기 21장 2절은 "히브리 종"(*ʿebed ʿibrî*)에 관하여 말한다. '이브리'(*ibrî*)단어의 기원과 정확한 의미는 논란의 여지가 있다. 그것은 종족적이며 사회적인 특성들을 포함할 수 있다(참조. EKL[3], 393f). 신명기 15장 12절에서 "히브리 남종"(과 여종)은 "형제," 즉 이스라엘인으로 지칭된다. 여기에서 제7년에 해방된다는 사실이 강조된다(V.12-18). 레위기 25장 39-43절에서는 가난해진 형제에 관하여만 언급한다. 그가 종으로 취급되지 않고 임금노동자로서 여겨져야 한다는 사실이 분명하게 확인된다. 왜냐하면 "그들은 내가 이집트 땅에서 이끌어낸 나의 종들이기 때문이다. 그들은 종이 팔리듯이 팔려서는 안 된다"(V.42, 참조. V.55).

종에 유효한 사항들은 필요한 사항들이 변경되어(mutatis mutandis) '이방인들,' 그리고 과부와 고아에게도 적용된다. 그들은 사법절차에서 자신의 목소리를 낼 수 없다. 그래서 언약서의 종결부에서 종의 권리에 대한 규정에 상응하게 "이방인과 과부와 고아를 압제하지 말라"는 금지명령(출22:20-23[21-24]; 23:9)이 첫머리(출21:2-11)에 나타난다. 이 금지명령은 주목할 만한 추가조항을 가지고 있다. "만일 네가 그들을 압제하여 그들이 내게 부르짖으면 내가 그들의 부르짖음을 들을 것이다"(출22:22[23]). 법적 도움을 위한 부르짖음인 '고함소리'(*ṣāʿaq, Zetergeschrei*)는 하나님께 직접 상달되며 하나님은 그 소리를 들으신다. 이스라엘은 이집트에서 이방인으로 있었지만(출22:20[21]; 23:9), 하나님이 그때 그들의 울부짖음을 듣고 응답하셨다(출2:23; 3:7, 9)는 사실을 기억해야 한다. 이것은 하나님이 이스라엘에게 주신 계명의 범주 안에서 이스라엘 자신이 이러한 사회적 약자들에게 적절한 법적조치들을 취하여야 한다는 사실을 의미한다. 그렇지 않으면 하나님이 개입하여 징벌하실 것이다(출22:23[24]).

마지막으로 가난한 자(*ʿānî*)와 궁핍한 자(*ʾebjôn*)가 특별히 언급된다. 다시 말하면 여기에 언급된 이스라엘 사람들은 법률공동체 밖에 있는 것은 아니지만 경제적인 어려움 때문에 종속상태에 빠진 사람들이다. 그들에게서 이자를 받아서는 안 되며(출22:24[25]), 어떤 사람이 가난한 자에게 하나밖에 없는 겉옷을 빌려간 돈의 담보물로 받았을 경우 해가 지기 전에 그것을 돌려주어야 한다(V.25[26]f, 참조. 신24:10-13). 이와 마찬가지로 가난하고 궁핍한 일용노동자에게는 임금을 해가 지기 전에 지불해야 한다(신24:14f). 궁핍한 자들은 제7년에 경작되지 않은 땅에서 자란 식물을 먹을 수 있다(출23:10f). 동일한 규정이 레위기 23장 22절에서 가난한 자와 이방인에게 적용된다. 신명기 15장 7-11절에서는 더 근본적으로 가난하고 궁핍한 형제에게 손을 펴라고 요구한다. 왜냐하면 그러한 사람들이 이스라엘에 언제나 남아 있을 것이기 때문이다(4절의 이상적인 소망에도 불구하고). 끝으로 재판과정에서 궁핍한 자의 권리를 왜곡해서는 안 된다(V.6). 그러나 약자들에게 편파적이어서도 안 된다(V.3, 참조. 레19:15, ʿānî와 ʾebjôn과 dal의 개념은 명확하게 구분되지 않는다).

개인의 권리(그 사람과 그의 이웃)

십계명 바로 뒤에 나오는 규정들에서 가장 빈번하게 등장하는 낱말 중 하나가 "사람"(ʾîš, 이 낱말은 번역본들에서 자주 '누가' 또는 '…한 사람' 으로 옮겨진다)이다. 종이나 이방인과는 달리 이 낱말은 이스라엘 시민을 가리킨다. 그는 법 앞에서 완전한 자기책임을 가진다. 두 사람이 서로 다투는 상황에 있을 때 다른 사람은 "이웃"(rēaʿ)으로 지칭된다(출21:14, 18, 35 등). 수많은 법률규정들이 크고 작은 갈등관계에 있는 공동생활을 규정한다. 이때 두 가지 주제가 강조된다. 신체상해와 관련된 모든 영역과 함께 나타나는 생명(출21:12-36)과 재산(출21:37-22:16[22:1-22:17])이다. 두 주제 모두 십계명에서 매우 중요한 역할을 한다(출20:13, 17; 신5:17, 21).

처벌이나 배상에 관한 규정이 없는 십계명과는 달리 여기에서는 계명을 위반했을 때의 결과가 자세히 다루어진다. 일련의 경우에서 배상이 요구되고(출21:19, 22, 30 등), 중대한 위반사항에 대해서는 사형이 예고된다(출21:12, 14-17). 여기에서 이 계명들은 법적 성격을 가지고 있으며, 사법기관의 존재를 전제하고 있음을 분명하게 알 수 있다. 이때 우선적으로 생각해야 할 것은 지역적인 재판업무가 "성문"에서 진행되었다는 사실이다(참조. 룻4:1-2, 이 점에 관하여 참조. Köhler 1931). 그러나 지역적인 사법절차만으로 결정할 수 없는 경우도 계속해서 있었기 때문에 상급 재판기관이 필요했다. 상급 재판기관의 설치가 신명기 17장 8-13절에 지시되어 있다. 역대하 19장 5-11절에는 유다왕 여호사밧이 재판정을 설치했다고 기록되어 있다. 출애굽기 18장 13-27절도 사법기관의 기원에 대한 암시로 읽을 수 있다(참조. Macholz 1972b, Knierim 1961). 매우 상이한 본문들의 역사적인 문제와는 상관없이 여기에서 언약서의 규정에 대한 법제사적인 배경을 엿볼 수 있다(Crüsemann 1992, 113ff).

레위기 19장에 있는 계명모음집은 다른 강조점을 가지고 있다. 19장에서는 인간관계에 관한 계명들(V.11-18)이 "네 이웃을 네 몸과 같이 사랑하라"(V.18)는 문장을 목표로 하고 있다. 이때 사법적인 측면은 완전히 뒤로 물러나 있다. 그 대신 이 단락이 "나는 야훼다"(V.12, 14, 16, 18)라는 어구가 네 번 반복되어 강조된다. 이뿐 아니라 이 단락은 이 장의 첫머리에 다음과 같이 표명된 전체 주제아래 놓여 있다: "너희는 거룩하라. 이는 나, 야훼 너희 하나님이 거룩함이라"(V.2, 이 문제에 관하여 아래 VII.4를 보라. 참조. Ruwe 1999, 218ff).

이스라엘의 정의

많은 구약의 계명들이 '너'에게 주어졌고, 또 다른 경우에는 '너희'에게 주어졌다. 두 가지 발언양식 모두 법적 권리가 있고 책임 있는 개별적인 이스라엘 사람을 의미할 수 있다. 그렇지만 이러한 표현을 통해서 공동체 전체를 의미하기도 한다(가끔은 한 문장 혹은 한 단락에서 동사의 수가 달라지기도 한다. 예컨대, 참조. 출22:20-23[21-24], 특히 이러한 변화는 신명기에서 자주 관찰할 수 있다. 참조. Weinfeld 1991, 15f, ABD 2, 173f). 토라의 가르침은 이스라엘 전체에 유효하다.

이미 언약서의 계명 가운데서 인지될 수 있었던 법적 측면이 다른 차원에서 고찰된다. 이스라엘이 전체로서 상대된다. "네 모든 성들에 재판관들과 관원들을 둘 것이요 그들은 공정한 판단(*mišpaṭ-ṣedeq*)으로 백성을 재판할 것이니라"(신16:18). 이 명령이 얼마나 중요한가는 곧바로 이어지는 문장에서 표현된다. "공의, 공의(*ṣedeq ṣedeq*)를 너는 따르라. 그리하면 네가 살게 되고 야훼 너의 하나님께서 네게 주신 땅을 유업으로 받으리라"(V.20). 이스라엘의 정의는 법, 즉 토라의 보존, 해석, 계승발전, 특히 적용의 책임을 지고 있는 제도에 그 본질적인 기초를 두고 있다. 그러나 백성들이 재판관을 임명해야 하며 그 책임은 백성들에게 있다. 그것은 신명기에 재판장 외에 항상 재판장의 기능을 하는 장로들이 언급된다는 사실에서 미루어 짐작할 수 있다(신21:2, 더 나아가 19:12; 21:18-21; 22:13-21; 25:5-10; 27:1 등, 참조. Crüsemann 1992, 278ff).

여기서부터 히브리성서의 다양한 분야를 관통하는 노선을 추적할 수 있다. 법을 보존하는 일은 항상 결정적으로 중요한 사항이고, 그러한 상황에 상응하게 법의 유지에 대한 소홀함이나 경시는 예언자적 비판의 중요한 동기가 된다(참조. XII.2). 끝으로 공평과 정의를 세우는 것이 아직 도래하지 않은 미래를 향한 가장 중요한 희망 중 하나다(참조. XVIII.3).

B.VII

하나님 앞에서의 삶의 장소 : 제의

하나님 앞에서의 삶의 장소 : 제의

그곳은 내가 내 이름을 알리는 장소이다

너는 나를 위하여 제단을 만들라

사람이 의식(儀式)을 통해 예배하는 것은 히브리성서 모든 곳에서 하나님에 대한 인간행동의 근본적인 요소로 간주된다. 하나님께 제물을 드렸다는 것(창4:3f)은 에덴 저편의 인간행동에 관한 보도들 가운데 첫 번째 사건이다. 특별한 근거제시나 설명이 필요 없는 매우 당연한 것으로 여겨진다. 가인과 아벨은 각각 땀 흘려 얻은 것 가운데 한 가지 '예물'을 하나님께 드린다. 땅의 소산과 가축 떼 중 하나였다. 여기에서 사용된 낱말 '민하'(*minḥāh*)는 식물성 재료의 제물("식물성 제사" [vegetabilische Opfer])과 동물성 재료의 제물 모두를 포함하는 표현으로 쓰인다(다른 곳에서는 이 두 가지 종류의 제사가 구별된다). '민하'(*minḥāh*)는 동시에 성서에서 유일하게 제의 영역 밖에서도 사용되는 제사용어이다.

그것은 정치적인 영역에서 조공을 의미할 수도 있고(예컨대, 삿3:15, 17f), 충성의 표현으로 선물을 의미하기도 한다(창32:14[13], 19[18], 21[20]f, 참조. 1967, 192-195; 1985ff, 87f). 그러므로 여기에서 중요한 것은 두 형제가 제사를 드리고 있는가에 대한 정확한 진술이 아니라, 농업과 목축을 하는 자신들의 삶의 주기 속에서 적절한 예물을 드렸다는 단순한 사실이다.

> 하나님께서 왜 두 제물에 그처럼 다르게 응답하셨고, 어디에서 그러한 사실이 드러나고 있는가 하는 물음에 대답하는 것은 매우 어렵다. 동사 '샤아' (*šāʿāh*, 주시하다)는 오직 여기에서만 제의적인 상황에 사용된다(참조. ThWAT VIII, 349f). 이어서 나오는 가인에 대한 하나님의 말씀은 우리 이해의 범위를 크게 벗어난다(사람들은 창4:7이 "창세기 가운데 가장 밝히기 어려운 구절"이라고 말한다).

노아의 경우를 보아도 홍수재난에서 구조된 후 첫 번째 사건이 언급되는데, 그것은 그가 하나님께 제사를 드렸다는 점이다(창8:20). 여기에서 제물은 구원에 대한 감사의 표현이라는 사실이 매우 분명하게 드러난다. 이를 위해 노아는 먼저 제단을 만든다. 이로써 우리는 제의적인 삶에서 매우 중요한 지점에 이른다. 제단은 하나님께 제의적인 예배를 드리는데 필요한 본질적인 전제조건이다. 족장들에 대한 이야기에서도 제단의 건립이 규칙적으로 등장한다. 이때 또 다른 중요한 특징이 동시에 고찰된다. 제단이 설치된 장소는 인간이 자의적으로 선택한 곳이 아니다. 아브라함에 관한 이야기를 보면, 아브라함은 가나안 땅으로 가라는 하나님의 명령에 따라 여행을 하는 중에 우선 하나님이 나타나신 한 특정한 장소(*māqôm*)에 이르기까지 이동한다. 거기에서 그는 제단을 쌓는다(창12:6f). 야곱은 하란에서 돌아온 후 벧엘에 제단을 쌓는다. 그곳은 야곱이 형 에서를 피해 도망할 때 하나님이 그에게 나타나셨던 곳이다(창35:1-7, 참조. 창28:10-22). 그러므로 제단건립은 하나님이 직접 그곳에 '나타나셨다' 는 사실, 즉 하나님이 특정한 순간에 그곳에 현존하셨다는 사실에 기반을 두고 있다.

이러한 이야기를 통해서 표현되어 있는 바가 언약서의 초두에서 분명하게 명시된다. "내게 토단을 쌓고 그 위에 네 양과 소로 네 번제와 화목제를 드리라. 내가 내 이름을 기념하게 하는 모든 곳에서 네게 임하여 복을 주리라"(출20:24, 이 점에 대하여 참조. Crüsemann 1992, 201ff). 아브라함과 야곱의 이야기는 마치 이 제의법에 대한 해설처럼 이해된다. 하나님은 족장들에게 나타나셨던 방식으로 자신을 알리신다.

다른 제단건립에 관한 이야기도 진행되는데 분명히 동일한 하나님 경험이 전제되어야 한다. 아브라함이 브엘세바에 건립한 제단 곁에서 "영원하신 하나님, 야훼"(*jhwh ʾēl ʿôlām*)의 이름을 부를 때(혹은 외칠 때, 창21:33), 또는 야곱이 자신이 제단 쌓은 곳의 장소를 "이스라엘의 하나님, 엘"(창33:20) 이나 "벧엘의 엘"(창35:7)이라고 명명할 때, 하나님과의 만남의 경험이 메아리쳐 울려난다. 예컨대, "마므레 상수리 수풀"(창13:18)과 같이 강조된 지명도 거룩한 장소에 대한 특별함을 나타내기 위해 기록했다고 볼 수 있다. 더 분명한 예가 출애굽 이야기에서 발견된다. 모세는 아말렉과의 전투에서 하나님의 도우심으로 승리한 후 제단을 쌓는데 그 제단의 이름을 "야훼는 나의 깃발"(닛시, 출17:15)이라고 부른다. 기드온의 경우에서도 하나님의 현현과 제단건립이 매우 분명한 방식으로 연관되어 나타난다(삿6:24, 삿6:25-32에 관하여는 아래를 보라). 마지막으로 사무엘하 24장에 서술되어 있는 다윗의 인구조사와 그 결과들에 관한 이야기를 언급할 수 있다. 다윗은 이스라엘에 임했던 재앙이 멈추었을 때 예언자 갓의 명령에 따라 그가 "파멸의 천사"(*hammal'ak hammašḥît*)를 보았던 곳에 제단을 건립한다(V.18-25). 우리는 여기에서 솔로몬의 성전이 건립된 장소에 대한 하나의 원인론(Ätiologie)을 볼 수 있다.

이러한 본문들은 그 가운데 드러나는 모든 차이에도 불구하고 하나님과의 관계 속에서 제의적인 실행을 위한 제단의 근본적인 의미를 인식할 수 있게 한다. 이때 '미즈베아흐'(*mizbēaḥ*, 도살장소)의 제단 명칭은 제의중심에 제사가 있다는 사실을 알려준다. 족장 이야기에서 여러 번 발견되는 "야훼의 이름을 부르다"(이것을 부버[Buber]는 "외친다"로 옮긴다)라는 관용어구(*qārā' bᵉšēm jhwh*, 창12:8; 13:4; 21:33; 26:25)는 더 포괄적인 측면을 나타낸다. 우리는 이 표현이 "야훼와의 관계형성을 표현하고자 하는 단순한 전문용어"임을 알 수 있다(참조. ThWAT VII, 122). 이때 하나님께 드리는 예배를 위해 당연한 형식으로 인식되는 제사가 분명 내포되어 있다고 말할 수 있다.

또한 시내 광야의 주어진 성소에서 - 그리고 선취적으로 예루살렘 성전에서 - 시행될 제의에 관한 본문들(출25-31장; 35-40장; 레위1-7장; 16장)에서 제단은 중심적인 위치를 차지한다. 특히 레위기 1-7장은 제단이 공동체와 개인이 가장 직접적으로 하나님께 다가갈 수 있는 장소라는 사실을 깨닫게 한다. 이스라엘 백성은 이 지점까지만 하나님께 다가갈 수 있으며, 드리고자 하는 것이나 드려야 하는 모든 것을 가지고 간다. 그러므로 성전으로부터 멀리 떨어져 있는 시편 기자는 하나님이 자신을 그의 성산인 시온과 그의 거처인 성전에 이르게 해달라고 간구한다. "그런즉 내가 하나님의 제단에 나아가 나의 큰 기쁨의 하나님께 이르리이다"(시43:4). 다른 시편 기자는 하나님의 가까이 계심을 상징하는 제단에서의 보호와 안식을 보금자리를 찾은 새에 비유하여 말한다(시84:4[3]).

바벨론 포로 이후 제의생활을 새롭게 시작할 때 제단의 중심적인 의미가 특히 분명하게 표현된다. 일곱째 달이 시작될 때, 즉 유대 달력에 따라 새해가 시작될 때 귀환자들은 우선적으로 "하나님의 사람 모세의 율법에 기록한 대로" 제사를 드릴 제단을 다시 만든다(스3:1-6). 그들은 "율법에 기록된 대로" 매일 제사와 이 주 후 초막절에는 절기제사를 드리기 시작한다(V.4, 참조. 민28장 이하). 이로써 제의는 그 기본적인 구조 속에서 다시 유효하게 된다. 그런 다음 귀환자들은 성전재건 준비를 시작한다(V.7-13).

성소

그들은 나에게 성소를 만들지라

시내 광야에서 하나님은 모세에게 그가 지어야 할 성소(*miqdāš*)의 모형을 보여주시고 이렇게 말씀하신다. "내가 그들 가운데 거할 것이다." 그래서 성소는 또한 "거소"(居所, ***miškān***, 출25:8f, 한글 성서에서는 '성막'이라 번역되었다 - 역자 주)라고 불린다. 여기에서 "거주한다"는 것은 분명 장소적인 의미를 말하는 것이 아니다. 매일 제단 위에 드려야 하는 제사(*tāmîd*-opfer)에 관한 규정의 말미에 다음과 같이 기록되어 있다. "내가 거기서 너희와 만나고 네게(모세) 말하리라. 내가 거기서 이스라엘 자손을 만나리니 내 영광(*kābôd*)으로 말미암아 회막이 거룩하게 될지라"(출29:42f). 그러므로 하나님이 성소에서 자신의 거처를 가지게 되신 후에도 제단은 이스라엘 백성과 하나님의 만남의 장소로 여전히 남아 있다. 이뿐 아니라 성소에서 하나님과의 만남이 속죄소의 법궤를 통해서 특별한 방식으로 이루어진다(출25:22, 참조. 30:6, 36; 민17:19[4], 이 점에 관하여 '아카시아 나무로 법궤를 만들라' 는 부분을 보라). 결국 시내 광야에서 건립되어야 했던 성소는 그 전체로서 "회막"(ʾohel môʿēd, 출27:21과 관련구절들)이라고 불린다.

정적인 의미에서 하나님이 지속적으로 성소에 "거하지" 않는다는 사실은 하나님이 늘 반복적으로 구름 가운데 내려오실 때 그의 '카보드' (kābôd)가 "성막"에 충만해진다는 사실을 통해 표현된다(출40:34). 여기에서 구름이 내려와 덮이는 것을 보고 '거한다' (šākan)는 낱말로 표현한다. 이러한 상황에 대해서는 구름에 덮인 성소에 모세가 들어갈 수 없다는 사실을 통해서 구체적으로 이해할 수 있다(V.35). 또한 이것은 구름 가운데 하나님이 "나타나신다"(rāʾāh 니팔형., 레16:2)는 사실을 의미할 수 있다.

하나님의 현존을 통해서 성소는 "거룩해진다"(출29:43). 히브리어 어근 '카다쉬' (qdš)는 변형들과 함께 관련된 본문에서 결정적인 역할을 한다. 그래서 하나님은 회막과 제단, 아론과 제사장인 그의 아들들을 거룩하게 하시겠다고 직접 말씀하신다(V.44). 이것은 제의의 포괄적인 틀을 제공한다. 이로써 제의 전체가 거룩의 개념 아래에 놓이게 된다. 이 틀 안에 부분적으로 나름대로의 체계를 가지고 있는 다양한 구별이 있다. 하나의 근본적인 구별이 제사장의 과제로 지시된다. 그것은 "거룩하고 속된 것을 분별하며, 부정하고 정한 것을 분별"하는 것이다(레10:10). 이 구별은 외부세계에 대한 제의적인 영역의 경계설정을 의미한다.

이 영역에서도 각각 자체의 고유한 연결체계를 가지고 있는 여러 가지 거룩성의 단계가 있다. 성소 가장 안쪽에 있는 '지성소' (qodeš haqqădāšîm)의 경계설정이 가장 중요하다. 그것은 한 휘장에 의해서 성소와 구별된다(출26:33, 40:3). 이것은 다시 다른 휘장에 의해서 성소의 "앞뜰"과 구별된다(출26:36; 40:5). 솔로몬에 의해서 건립된 성전에서 '데비르'(*dᵉbîr*)라 불리는(왕상8:6) 이 지성소는 매우 특별한 방식으로 이스라엘 제의의 중심적 역할을 한다. 그 안에 중심적인 요소로서 법궤(*ʾᵃrôn*)가 안치된다. 법궤가 차지하는 특별한 지위는 하나님의 "거처"를 건립하는데 필요한 모든 것 가운데 가장 먼저 언급되며, 자세히 묘사하고 있다는 사실에서 이미 분명하게 드러난다(출25:10-22). 법궤는 훗날 모세가 "증거"(*ʿēdût*, 출25:16; 40:20), 즉 하나님에게 받은 증거판(출31:18; 32:15; 34:29)을 넣어둔 상자모양의 기물로 묘사된다. 그래서 법궤는 "증거궤"(*ʾᵃrôn hā ʿēdût*, 출25:22; 26:33과 관련구절)라고 지칭되기도 하며, 때에 따라서 성소 전체가 "증거막"(*miškān hā ʿēdût*, 출38:21과 관련구절)을 지칭하는 명칭으로 확장되기도 한다.

그러나 무엇보다도 법궤는 하나님이 "나타나셔서"(레16:2, 참조. 민7:89) 이스라엘을 "만나는" 장소로 기능한다(출25:22; 30:6, 36). 이것을 위해 모세는 정교하게 금으로 조형된 머리장식(kapporet, 한글 성서에는 "속죄판" 또는 "시은좌"로 번역되어 있다 -역자 주)을 만든다. 이 장식은 날개 달린 두 "그룹들"(*kᵉrûbîm*)이 좌우를 호위하고 있다.

낱말 '카포레트'(*kapporet*)를 정확히 이해한다는 것은 기능에 대한 이해만큼이나 어렵기 때문에 논란거리기 되고 있다. 칠십인경은 '힐라스테리온'(*ἱλαστήριον*)으로 번역하여 이 낱말을 '키페르'(*kipper*, 속죄하다)와 연관시킨다. 루터 번역 "은혜의 보좌"(Gnadenstuhl)는 하나님의 보좌라는 측면을 추가하여 표현한다. 새로운 번역들은 종종 "덮

개" (Deckplatte)라는 번역을 선호한다. 이때 '카포레트' (*kapporet*)는 법궤의 뚜껑으로 이해된다. 그러나 이 낱말은 '키페르' (*kipper*)로부터 파생되었다는 사실이 더 자명해 보인다. 이 때문에 '속죄판' 또는 '속죄소' 라는 번역을 가능케 한다(Janowski 1982, 271-354, 특히 271f, 각주 457번, 참조. ThWAT IV, 312).

지성소의 '카포레트(*kapporet*)에 나타나신 하나님과 직접적으로 만나는 것은 아론과 때마다 임명된 후계자들에게 제한되어 있다. 그러나 아론조차도 "언제든지" 지성소에 들어갈 수 있는 것이 아니라(레16:2), 일 년에 단 한 차례 "속죄일" (*jôm hakkippurîm*)에만 들어갈 수 있다(레16장; 23:26-32). 이날에 그는 지성소와 회막과 제단과 제사장들과 회집한 모든 백성들에 대하여(레16:33) 근본적인 속죄행위를 수행한다.

거룩성의 차등화된 체계에서 제단도 "하나의 가장 거룩한 성물" 로 표시된다(관사 없이 *qodeš qădāšîm*, 출29:37). 이것은 자격 없는 사람은 누구도, 즉 '거룩한' 제사장 이외에는 어떤 사람도 제단과 접촉해서는 안 된다는 사실을 의미한다. 똑같은 원칙이 향단에도 적용된다(출30:10, 종합적으로 다시 한 번 26-29절에 나타난다). 마지막으로 향품도 세속적인 사용을 막기 위해서 "하나의 가장 거룩한 성물" 로 표시된다(V.34-39). 그러므로 성소 전체가 그 기물들과 함께 이러한 거룩의 영역에 포함된다.

아카시아나무로 법궤를 만들라

히브리성서에서 법궤는 매우 다양한 관점에서 언급된다. 법궤와 관련성 있는 본문을 읽어보면 처음에는 시내 성소를 위해서 제작되었으나, 그 후 거의 독자적인 의미를 지니게 되었다는 인상을 받게 된다. 그래서 시내 광야에서 이스라엘 백성이 출발할 때 있었던 하나님의 인도하심이 두 가지 상이한 방식으로 표현된다. 첫째는 “구름”이 그 거처를 덮었다고 기록되어 있다. 구름이 위로 떠오르면 이스라엘 백성도 행진하였고, 구름이 머무는 곳에서 이스라엘 백성이 진을 쳤다(민9:15-17). 둘째로, 법궤가 이스라엘 백성보다 앞서 나가 다음에 진을 칠 곳까지 지시한다고 기록되어 있다(민10:33). 이때 모세는 “야훼여, 일어나소서” 또는 “야훼여, 돌아오소서”로 시작하는 발언을 통해서 법궤가 떠나는 것과 머무르는 것을 동행한다(V.35f). 법궤는 성소로부터 독자적이고 해방된 것으로 나타난다. 이때 처음으로 법궤는 “언약궤”(*ʾᵃrôn bᵉrît jhwh*)라고 지칭된다. 후에는 이 표현이 자주 등장한다(아래를 보라). 그런 다음 법궤는 광야 유랑생활 동안 오직 한 번 더 언급될 뿐이다. 이스라엘 백성이 자신들의 힘으로 아말렉 사람 및 가나안 사람들과 전쟁을 수행하는 동안, 법궤는 모세와 함께 진영에 머물러 있는다(민14:44). 이와는 달리 함께 인도되던 성소는 다양한 명칭을 통해서 자주 언급된다. 거소(민9:15ff; 10:11[*miškān hāʿēdût*]; 16:9 등), 성소(민10:21; 18:1 등), “야훼의 영광”(*kābôd*)이 그 위에 나타나는(민14:10; 16:18f; 17:7[16:42]) 회막(*ʾohel môʿēd*, 민11:16; 12:4)이라는 명칭이 특히 자주 언급된다.

이어지는 서술에서는 법궤와 성소의 관계가 변화된다. 법궤는 여호수아서에서 약속의 땅에 이르는 노정 가운데 이스라엘 백성을 인도하는 상징으로서 맨 앞에 위치한다. 여기에서 이제는 법궤가 자주 “언약궤”(*ʾᵃrôn habᵉrît*, 수3:6, 8, 11; 4:9 등), “야훼의 언약궤”(수3:3, 17; 4:7 등), 또는 “야훼의 법궤”(수3:13; 4:5) - 경우에 따라서 “온 땅의 주”(*ʾᵃdôn kăl-hāʾāreṣ*, 수3:11, 13)라는 추가적인 언급과 함께 - 라고 불린다. 특히 마지막 명칭은 법궤가 얼마나 큰 중요성을 가지는지 분명하게 보여준다. 여호수아서 초두에 요단강 도하사건이 기록되어 있다(수3장). 이 사건은 제의적 성격을 가지고 있다. 여호수아는 이스라엘 백성에게 제사장들이 언약궤를 그들 앞에서 운반하기 전에 "성결하게 하라"(*qdš* 히트파엘형 V.5)고 명령한다. 이전에 이스라엘이 홍해를 건넜던 것처럼(출14장) 백성 전체가 젖지 않은 발로 요단강을 건널 수 있도록 (홍수를 일으켰던) 요단강 물이 하나의 장벽(*nēd*, V.13, 15, 참조. 출15:8)처럼 그들 앞에 멈춰 선다. 여리고성 점령사건에서는 기적적인 요소가 더 강하게 각인되어 있다(수6장). 제사장들이 뿔나팔을 부는 동안 법궤를 맨 사람들이 성 주위를 돈다. 물론 실제적인 전투가 시작되자마자 법궤는 뒤로 사라진다(수6:15ff).

법궤의 현존은 계속되는 이야기에서도 전제되어 있다. 이러한 사실은 여호수아가 아이성 점령에 실패한 후, 법궤 앞에서 땅에 엎드린 여호수아 7장 6절의 진술에서도 확인할 수 있다. 그 후 여호수아는 모세의 계명(참조. 신27:1-8)을 수행하면서 에발산 위에 제단을 만들고 제단의 돌들 위에 "모세의 율법"을 기록한다(수8:30-35). 여기에서 이스라엘 공동체가 레위 제사장의 맞은편에서 법궤를 중심으로 양쪽으로 갈라선다(V.33). 이렇게 법궤는 회집한 백성들의 종교적인 구심점이 된다.

회막이 다시 등장한다. 이스라엘 전 공동체(*ʿēdah*)가 실로에 모여 그곳에 회막을 설치한다(수18:1). 이것은 "그 땅은 그들 앞에서 정복되었다"는 후반절의 언급에서 나타나듯이 확실히 가나안 정복의 종결을 의미한다. "회막 문 야훼 앞에서"(수19:51) 제비뽑기를 통해 나머지 땅을 분배한다. 계속되는 전승에서 회막과 법궤는 동일한 장소, 즉 실로에 위치해 있다는 사실이 전제되어 있다. 그 성소는 처음으로 등장하는(삼상1:9; 3:3) "성전"(*hêkāl*)이라는 개념 외에 "회막"이라고 지칭되기도

한다(삼상2:22). 이제는 법궤도 함께 있다(삼상3:3, 삿 20:27 이하의 독립된 언급에 의하면 법궤는 그 전에 벧엘에 있었다).

이제 법궤가 인도의 기능 외에도 전쟁에서 곤경에 빠졌을 때 도움을 주는 역할을 함으로써 법궤 역사의 새로운 장을 연다. 블레셋과의 전투에서 패배한 후, 이스라엘 백성은 "그것이 우리 원수들의 손에서 우리를 구할 수 있도록"(삼상4:3) 언약궤를 실로에서 전장으로 가져올 것을 결의한다. 그 후 법궤가 도착하고 블레셋인들이 큰 함성의 이유를 알았을 때 그들은 놀라서 외친다. "하나님이 그들의 진 가운데에 오셨도다!"(V.5). 이로써 저자는 자신이 하나님을 법궤와 함께 직접 현존하여 계시는 분으로 이해하고 있다는 사실을 암시한다. 이것은 민수기 10장 35절 이하에서 모세가 법궤에 대하여 외친 발언을 상기시킨다(위를 보라). 법궤와 관련하여 하나님을 묘사하는 "그룹 사이에 좌정하신"(V.4)이라는 한정적 형용사 - 이것은 여기에서 처음으로 나타난다 - 가 하나님의 현존의 다른 측면을 표현한다. 그것은 "야훼 체바옷"(만군의 야훼)이란 이름과 연관되어 있다. 이러한 의미 있는 연결은 사무엘하 6장 2절에서 "법궤에 대해서 일컬어졌던 이름"으로 지칭된다.

그럼에도 불구하고 법궤는 블레셋과의 전투에서 빼앗겼다(삼상4:11). 그 후 블레셋의 신 다곤은 법궤를 두었던 신전의 바닥에 파괴된 채 쓰려져 있게 되고, 법궤를 가져갔던 블레셋 도시의 주민들이 차례로 독종의 재앙을 당함으로써 법궤의 신비스런 힘이 증명된다(삼상5장). 결국 블레셋 사람들은 법궤를 돌려보낸다. 법궤는 당분간 기럇여아림에 머물러 있게 된다(삼상6:1-7:2). 법궤와 회막의 결합에 대한 언급은 이제 더 이상 나타나지 않는다(왕상8:4에 관하여서는 아래를 보라).

법궤는 완전히 자기의 고유한 역사를 가지고 있다. 무엇보다도 가나안 입성부터 왕정의 시작까지 중요한 역할을 한다. 법궤는 대체로 전체 이스라엘을 위한 유일한 성소로서 나타난다. 에발산 장면에서만 제단과 함께 언급된다(수8:30-35). 이 시기의 다른 본문에서는 전체 이스라엘을 위해 기능하는 제단이 전혀 언급되지 않는다.

법궤는 최종적으로 다윗을 통해 본질적인 의미에서 전 이스라엘을 위한 기능을 획득한다. 그가 유다와 이스라엘의 왕이 되어 예루살렘을 왕국의 수도로 만든 후, 다윗은 다소 사람들에 의해 잊혀진채 남아 있었던 법궤를 성대한 행렬 가운데 예루살렘으로 가져온다(삼하 6장). 그는 법궤를 위해서 설치한 장막에 그것을 안치시킨다(V.17). 분명이 장막은 성소로 건립되었다. 이러한 사실은 다윗이 장막에 법궤를 안치시킨 후 "야훼 앞에" 번제와 화목제를 드린다는 사실에서 이미 드러난다. 이러한 표현은 정기적으로 제단에서 드리는 제사의식을 묘사하는데 사용된다(레1:5, 11; 3:1, 7 등). 이러한 사실은 요압이 '야훼의 장막'으로 도망하여 보호를 받기 위해 제단의 뿔들을 잡았다고 기술하는 열왕기상 2장 28절 이하에서 더 분명하게 표현된다. 제단에서 벌어진 이와 비슷한 사건이 이미 아도니야에 관한 기사에서 기록되어 있다. 그렇지만 장막이 분명하게 언급되지 않는다(왕상1:51). 이외에도 열왕기상 1장 39절에서는 제사장 사독이 솔로몬에게 기름을 부어 왕으로 삼기 위해 기름 담는 뿔을 장막으로부터 가져온다고 기록되어 있다. 분명 거기에는 제의적인 특권적 지위가 부여되어 있다. 솔로몬에 관한 기사에서는 "법궤 앞에서" 제사를 드린다고 기록되어 있다. 이에 상응하는 제의시설이 전제되어 있다(칠십인경은 여기에서 분명하게 제단을 추가적으로 언급한다).

훗날 법궤와 함께 "장막 안에 있던 모든 거룩한 기구들"이 성전으로 옮겨진다(왕상8:4). 이때 장막 외에 회막이 추가적으로 언급된다. 이것은 분명 다시 한 번 법궤와 회막의 연결을 꾀하고자 하는 첨언이다. 이와 유사한 관심이 역대하 1장 3절 이하에서 엿보인다. 이 기록에 따르면 회막이 기브온 "산당"(*bāmāh*)에 있고 다윗은 오직 법궤만을 예루살렘으로 가져온다.

마지막으로 솔로몬은 법궤를 자신이 건축한 성전으로 옮겨놓는다. 법궤는 장엄하게 그곳으로 옮겨지고(왕상8:1-9), 지성소의 '데비르'(*d^ebîr*)에 안치된다(V.6). 이때 시내 성소와 근본적으로 차이가 나는 점을 발견할 수 있다. 솔로몬은 법궤를 '데비르'(*d^ebîr*)에 안치시키기 전에 두 개의 그룹을 설치하게 한다(왕상6:23-28). 여기에서 그룹들은 법궤와 연결되어 있지 않다. 게다가 완전히 다른 크기를 하고 있다. 출애굽기 25장 10절(참조. 출37:1)에 따르면 법궤가 단지 75cm 정도 높이지만, 여기에서는 그룹의 높이는 각각 십 규빗, 즉 약 5m 정도나 된다. 여기를 보면 분명히 완전히 다른 전승이 서로 만나고 있다는 것을 알게된다. 그러므로 법궤를 "그룹의 날개 아래에" 설치한 것(왕상8:6-8)에 대한 좀 더 정확한 설명없이 불분명하게 남아 있다(참조. Janowski 1991, 250f[266f]).

여기에서 놀라운 사실은 법궤 안에, 모세가 호렙산에서 넣어두었던 두 개의 돌판 외에는 아무것도 없었다는 사실이다(V.9, 칠십인경에는 "언약의 돌판"이라고 부른다. 참조. 신9:9, 11, 15). 이것은 여기에 상응하는 내용을 담고 있는 신명기 10장 1-5절의 내용을 반영한다(참조. 출40:20f). 이것은 '카포레트'(*kapporet*)를 동반한 법궤의 제작(출25:17-22; 37:6-9)과 그것을 통해서 발생하는 제의적인 기능에 대한 제사장적인 기술과 비교할 때 오히려 법궤의 비제의적인 의미에 대한 강조로서 이해된다. 법궤가 다시 돌판에 대한 언급(여기에서는 "야훼의 언약"[*bᵉrît jhwh*]이라고 지칭된다)과 함께 솔로몬의 "성전 봉헌식 기도"의 도입부에서 오직 한 번 더 언급된다는 사실(V.21)은 이러한 정황을 잘 드러낸다. 그 후 열왕기서 전체에서는 더 이상 법궤에 관하여 언급되지 않는다. 역대기서를 제외하면 법궤는 히브리성서에서 오직 두 번 나타난다. 그 두 곳은 예레미야 3장 16절과 시편 132편이다(렘3:16에 관하여서는 아래를 보라).

이러한 맥락에서 볼 때 시편 132편은 상당히 중요하다. 이 시편은 제의적이며 시적인 언어를 사용하여 법궤가 다윗을 통해 예루살렘으로 들여오게 되는 과정을 묘사한다. 법궤를 가져오겠다고 한 다윗의 결정은 하나님이 그것을 기억해 달라는 서원형식으로 표현되어 매우 장조된다(1-5절). 이때 다윗은 야훼를 위한 장소(*māqôm*), 곧 '야곱의 전능자'를 위한 처소(*miškān*, 복수형)를 발견하기를 원한다. 7절에서 다시 한 번 "처소"라는 말이 "발등상"(이것에 관하여 아래를 보라)이란 표현과 결합되어 언급된다. 그 후 (법궤 위 보좌에 앉아계시는 것으로 생각하는?) 하나님에 대한 외침이 나타난다. "야훼여, 일어나소서!"(V.8). 이 외침은 민수기 10장 35절의 법궤에 관한 발언에서 수용된 것이다. 하나님이 일어나시는 것은 싸우시기 위함이 아니라 다윗이 하나님과 '당신의 권능의 법궤'를 위해 마련하고자 하는 '안식'을 위한 것이다. 이 시편 전체의 제의적인 특성은 "의(*ṣedeq*)의 옷을 입게 될" 제사장이 언급된다(V.9)는 사실에서 다시 한 번 분명하게 드러난다. 16절에 의하면 하나님이 직접 제사장들에게 구원(*ješaʿ*)의 옷을 입히실 것이다. 이 시편은 하나님이 시온을 택하셨고 거기에 거주하시기로 작정하셨다는 진술(V.13f)에서와 같이 다윗의 왕조가 영원히 지속될 것이라는 하나님의 약속(V.11f)을 통해 정점에 이른다.

여기에 완전히 다른 법궤전승이 병합되어 있다. 이 결합은 문헌적인 것이 결코 아니다. 오히려 이 전승을 통해 활력을 보여준다. 법궤와 시온이 직접적인 연결 속에서 함께 언급된다는 점이 중요하다(왕상 8:1에서는 여전히 다윗성, 즉 "시온산성"[삼하5:7]의 남쪽 부분을 일컬었던 이름인 시온이라는 옛 용어가 등장한다). 그러므로 여기에서 법궤 전승은 종교적인 시온전승의 요소로 나타난다(참조. Jeremias 1971, 이 점에 관하여 뒤에 나오는 '하나님은 어디에 현존하고 계신가' 부분을 보라).

솔로몬이 그 집을 건축하고 완성하였다

시내 성소에 대한 묘사는 분명 예루살렘 성전의 역방향 투사(Rückprojektion)로서 이해할 수 있다. 게다가 성소에 대한 매우 자세한 묘사는 광범위한 사제들의 지식이 동원되었다는 추론을 가능하게 한다. 이때 그 묘사가 성전과 성전제의의 내부적 관점과 관련된 것이라는 점이 매우 분명하게 드러난다. 이 본문들은 일반인은 접근할 수 없으며 일반인과는 전혀 관련이 없는 예컨대, 제사의 수행이나 정결의식과 같은 상세한 내용을 포함하고 있다.

열왕기상 6장과 8장에 나타난 솔로몬을 통한 건축과 봉헌에 관한 내용에서 고찰해 보면 예루살렘 성전이 완전히 다른 각도에서 조망된다. 본래 모든 성소의 중심이었던 제단이 여기에서는 완전히 뒤로 물러나 있다. 제단의 설치에 대한 묘사가 다른 것들과 함께 오히려 부차적으로 나타난다(왕상6:20, 22; 7:48). 제단은 그 앞에서 솔로몬이 성전봉헌에 앞서 기도하던 곳이었다(왕상8:22; 54). 제물 드리는 장소로서 제단의 기능은 맨 나중에야 나타난다. 그러나 드려야 할 제물의 수에 비해 제단이 너무 작아 솔로몬은 특히 앞뜰 전체를 "성결하게 한다"(*qdš* 피엘형, V.64)고 기록하고 있다. 이로써 제단의 중요성은 오히려 상대화된다.

법궤는 중심에 서 있다. 이것은 바로 앞에서 서술되는 법궤의 전(前) 역사와 관계가 있다(앞 단락 '아카시아 나무로 법궤를 만들라' 를 보라). 법궤의 전 역사는 다윗이 법궤를 예루살렘으로 가져오고 장막을 설치함으로써(삼하6:1-9) 정점에 이른다. 그런 다음 다윗이 법궤를 위해 집을 짓겠다는 계획을 세웠을 때 그의 계획은 예언자 나단에 의해서 중지된다(삼하7:1-19). 예언자가 전하는 하나님의 말씀에서 다윗에게 약속된 후손에 대한 말씀은 다음과 같았다. "그는 내 이름을 위하여 집을 건축할 것이다" (V.13). 그러므로 솔로몬이 건축하는 성전은 부친 다윗에 의해서 계획되었던 법궤를 위한 집이다. 완공된 성전의 봉헌식은 장엄한 법궤의 운반과 안치로 시작된다(왕상8:1-11). 이때 시내 광야에서 수행된 성소의 건립과의 분명한 관계성이 드러난다. 법궤가 지성소에 안치된 후 "구름"과 그 안에 있던 "야훼의 영광" (*kābôd*)이 "야훼의 집"을 가득 채워 제사장들이 들어갈 수가 없었다(V.10f). 이것은 시내 광야에서 처음으로 일어났던 사건과 동일하다(참조. 출40:34f). 여기에서 두 전승 사이의 연속성이 분명하게 강조된다.

그럼에도 불구하고 고찰되는 차이점들은 크다. 무엇보다도 솔로몬의 성전건축에 대한 전승에서 '거룩' 에 대한 (거의) 모든 언급이 빠져 있다. 열왕기상 8장 64절에 제사 드리는 장소로서 앞뜰의 "성결"을 제외하면 바로 다음 장의 솔로몬에 대한 하나님의 발언에 이르러서야 자신의 이름을 영원히 그곳에 두기 위해서 그 집을 "거룩하게" (*qdš* 히트파엘형) 하였다는 사실이 언급된다(왕상9:3, 참조. 7절, "내 이름을 위하여 내가 거룩하게 구별한 이 성전이라도"). 여기에 사무엘하 7장 13절에서 이미 법궤와 함께 연결된 바 있던 하나님의 '이름' 이 다시 나타난다. 그러나 여기에서는 시내 성소에 대한 전승에서 거룩의 전체 영역에 부여되었던 커다란 중요성이 전혀 발견되지 않는다. 이와 마찬가지로 속죄와 관련된 어떤 것도 언급되지 않는다. 그러므로 여기에는 '카포레트'(*kapporet*)에 대한 어떤 언급도 없다. 또한 이러한 상황에 걸맞게 법궤의 속죄기능에 대해서도 전혀 기록하지 않고 있다.

마지막으로 성전의 건축과 봉헌에서 역할분담이 중요한데 특히 주목할 만하다. 여기에서는 모든 것이 왕의 손에 달려 있다. 제사장은 단지 법궤를 성전으로 운반하며 지성소의 '데비르'(*d^ebîr*)에 안치할 뿐이다(왕상8:3-6). 그들은 오직 성소를 가득 채운 구름과 함께 한 장면(V.10f)에서만 또다시 언급된다. 이러한 기술에 따르면 제사장은 어떤 제의적 기능도 가지고 있지 않으며 제사를 드릴 때도 마찬가지다. 제사 드릴 장소로서 앞뜰을 "성결케 하는 것"도 솔로몬이 수행한다(V.64). 독자들은 이 내용이 왕의 통치권, 말하자면 솔로몬 왕의 더 큰 영광(ad maiorem gloriam)과의 직접적인 관계 속에서 나타나는 그의 '공식적인' 기능을 통해 성전의 외부적 관점만을 묘사하고 있다는 인상을 받게 된다. 그러므로 성전제의의 내부 영역에 관한 것은 진술되지 않고 있다.

> 솔로몬이 일 년에 세 차례(참조. 출23:14-17) 자신이 건립한 제단 위에서 제사를 드렸다(왕상9:25)는 사실이 나중에 한 번 더 언급된다. 이때 제사를 드리고(*ʿlh* 히필형) "연기가 올라가도록" 하는(*qṭr* 히필형) 역할을 한 사람 역시 솔로몬이다. 다른 곳에서는 이러한 일들이 줄곧 제사장의 직무에 속해 있다(참조. 레1:9, 13 등). 물론 여기에는 솔로몬이 제사를 "야훼 앞에서" 드렸다고 기록되어 있다. 이러한 기록은 솔로몬이 산당에서 제사를 드리곤 했다(왕상3:3)는 이전 언급에 대한 강조된

반대진술로서 의미를 지닐 수 있다.

에스겔 40-48장에서 성전의 재건에 관한 언급은 다시 완전히 다른 시각에서 기술된다. 그것은 환상에 대한 묘사이다. 정확한 척도와 같이 세세한 부분에 이르기까지 많은 것을 포함하고 있지만(겔40:5-42:20), 분명 전체에 대한 완전한 묘사는 아니다. 여기에서 독자들은 다시 시내 성소에 있었던 '제사장적' 이해의 내부적인 관점의 영역에 머물러 있게 된다. 그러므로 거룩의 개념이 이 단락 전체를 압도한다. 성전의 가장 깊숙한 내부는 다시 "지성소"(*qodeš haqqădāšîm*, 겔41:4, 21 등)라 일컬어지고 제사장만이 먹을 수 있는 특별한 제사가 지성물이라고 지칭된다(겔42:13). 또한 제사장의 방과 그들이 입고 제사임무를 수행하는 옷은 "거룩하다"(14절). 성전의 전체 구역이 "거룩한 곳과 속된 것을 구별하기 위해" 벽으로 둘러싸여 있다(20절, 참조. 레10:10). 마지막으로 "집(즉 성전)의 토라"가 있는 전체 영역이 "지극히 거룩하다"(겔43:12).

여기에서 다시 제단이 결정적인 역할을 한다(겔43:13-37). 또한 제사장의 직무와 역할이 자세하게 기술된다(겔42:13f; 43:19, 24, 27 등). 제사수행에 대한 묘사도 상세하다(겔43:18-27; 46:4-7 등). 이때 시내 성소에 대한 언급과 비교해 볼 때 광범위하게 일치되어 나타난다(이 점에 관하여 참조. 1967, 26-30). 솔로몬 성전에 관한 보도와 견주어볼 때 역할분담이 완전히 다르게 서술된 부분은 무엇보다 주목을 끌게한다. 여기에서 모든 행위의 주체는 제사장이다. 왕에 대한 언급은 전혀 없고 그 대신 (물론 포로기 이후 시대인 불확실한 정치적 미래를 고려하고 있기는 하지만) '통치자'(*nāśî'*)가 나타난다. 제사직무를 위한 의 헌물과 의무규정에 관해서는 자세하게 언급된다(겔45:8-25; 46:4-15). 그러나 그가 제사의식에 적극적으로 참여하는 것은 분명히 거부된다(겔46:2).

종국에는 재건된 성전에서 떠났던 야훼의 "영광"(*kābôd*)이 귀환하는 것이 결정적인 사건이 된다(겔43:1-5). '카보드'(*kābôd*)는 시내 성소(출40:34)와 솔로몬 성전(왕상8:10f)에 관한 기사에서 보도되는 것처럼 성전을 가득 채운다(V.5). 그리고 하나님의 음성이 예언자에게 들린다. "인자야! 이는 내 보좌의 처소, 내 발을 두는 처소, 내가 이스라엘 족속 가운데에 영원히 있을 곳이라"(겔43:7). 이미 시내 성소에 관하여 말하고 있는 본문의 초두에 언급한 바와 같이(출25:8f; 29:45f) 또다시 하나님의 '거주하심' 이 등장한다.

에스겔서의 성전구상은 본질적인 점에서 다른 두 성전에 관한 구상들과 구별된다. 무엇보다 법궤에 관한 언급이 없다는 것이다. 우리는 히브리성서의 그 어느 곳에서도 법궤에 무슨 일이 일어났는지 알지 못한다. 예루살렘과 성전의 점령과 파괴에 대한 보도와 성전기물의 탈취에 관한 보도에서(왕하25:13-17) 법궤는 언급되지 않는다. 이와 마찬가지로 고레스가 성전재건을 지시할 때 유대 포로민들에게 되돌려준 성전기구에 대한 언급도 나타나지 않는다(스1:7-11). 또한 성전의 재건과 봉헌에서도 법궤에 대해서 아무런 말이 없다. 왜 에스겔은 법궤에 대해서 침묵하는가? 법궤를 잃어버렸기 때문인가, 아니면 당시에 다시 제조될 가능성을 인식하지 못했기 때문인가?

이 문제에 대해서 말하고 있는 유일한 본문은 예레미야서다(렘3:16f). 이스라엘이 회개하면 그리고 하나님이 세우신 목자들 아래에서 새로운 삶이 시작되면, "사람들이 여호와의 언약궤를 다시는 말하지 아니할 것이요 생각하지 아니할 것이요 기억하지 아니할 것이요 찾지 아니할 것이요 다시는 만들지 아니할 것이다." 이 본문의 정황을 보면 법궤를 잃어버리고 새로운 법궤를 만들 것인가에 대한 논쟁이 있었던 것처럼 보인다(vRad 1965, 280). 예레미야는 그것에 반대하고 장래의 구원 시대에는 법궤가 아니라, 예루살렘이 "야훼의 보좌"라고 일컬음을 받게 될 것이라고 말한다. 그러므로 그때에는 더 이상 법궤가 필요하지 않게 된다. 이것은 지금까지 법궤에 부여되었던 의미를 평가절하 하는 것이 아니다. 그렇게 되면 장래에 이러한 논쟁이 불필요하게 될 것이라는 뜻이다. 이것은 하나님의 현존에 대한 하나의 새로운 시각이다. 이제 더 이상 하나님의 현존이 개별적인 제의기구나 건물에 연관되어 있지 않고 전체로서의 예루살렘, 즉 시온(참조. V.14)을 포괄하게 될 것이다(법궤의 소재에 관한 논쟁에 대해서는 다음 책을 참조하라. Schäfer- Lichtenberger 2000).

하나님은 어디에 현존하고 계신가

제의는 하나님이 현존하신 것으로 믿어지는 곳, 바로 그곳에서만 실행된다. 하나님의 현존이 어떻게 그리고 어디에 드러나는가 하는 점은 매우 상이한 방식으로 표현될 수 있다. 앞선 단락에서 우리는 히브리성서에 다양한 심상들이 포함되어 있음을 살펴보았다.

이스라엘 제의의 역사 초기에는 제단이 하나님과 만나는 장소로 나타난다(1.1을 보라). 그 제단은 하나의 성소(성전, 성막 또는 이와 유사한 것들)는 아니지만, 하나님의 현존에 대한 표명을 통해서 합법화된 거룩한 장소와 관련이 있다. 거룩성의 근거가 되는 하나님의 나타나심에 관한 보도 - 또는 그것에 관하여 보존되고 전달된 기억 - 는 어떤 특정한 장소에서 실행되는 제의의 전제조건이 된다. 그러나 단지 과거의 사건에 대한 기억만은 아니다. 출애굽기 20장 24절의 중심적인 진술에 따르면 하나님이 직접 자신의 이름을 "알리시" 거나 "기억하게 하신다"(*zkr* 히필형). 다른 본문에서는 이것을 다음과 같이 정반대의 방향으로 고찰하였다. 사람들이 하나님의 이름을 부르거나 외친다(창12:8 등). 어떤 경우든지 중요한 것은 그분의 이름을 장엄하게 부르는 가운데 드러나는 하나님의 현존이다.

그러나 비어 있는 제단은 하나님의 지속적인 현존의 장소가 아니다. 반면에 성소는 이와 다르다. 여기에 종종 하나님의 '거처' 에 관한 언급이 나타난다. 그러므로 시내 성소는 그 자체가 하나님의 처소(*miškān*)로 지칭된다(출25-40장의 도처에서). 하나님이 모세에게 다음과 같이 말씀하셨다. 이스라엘 백성은 "내가 그들 가운데 거할 수 있도록"(출 25:8, 참조. 왕상 6:13) 하나님을 위한 성소를 짓도록 하라. 그 거처는 하나님의 현존을 통해서 거룩하게 된다(출29:43-46). 그러나 하나님의 거주하심에 대한 사상은 완전히 다르게 표현될 수 있다. 신명기에는 하나님이 "자신의 이름을 거하게 하기 위하여" 택하실 장소에 관하여 기록되어 있다(신12:11; 14:23; 16:2 등, 참조. "자신의 이름을 거기에 두시려고" 신12:5, 21; 14:24). 여기에서 하나님의 거주하심에 대한 사상과 이름의 현존에 대한 사고가 결합된다. 이 점은 다윗의 뒤를 이을 자가 "내 이름을 위하여 성전을 건축할 것" 이라는 다윗에 대한 나단의 신탁(삼하7:13)에서도 암시된다. 솔로몬의 성전 봉헌은 바로 이러한 신탁에 근거하고 있다(왕상8:17-21). 그러나 나중에 성전에 관해 "하나님은 자신의 이름을 영원히 그곳에 두시려고 하나님이 직접 이 성전을 거룩하게 하셨다" 고 말씀하신다(왕상 9:3, 참조. 7절). 여기에서 하나님의 이름은 거룩에 대한 사고와 결합되어 있다. 하나님의 '영광'(*kābôd*)의 귀환이 말씀과 함께 설명되는 에스겔의 거대한 환상에서, 거주하심에 대한 사상은 다시 다르게 나타난다. "이는 내 보좌의 처소, 내 발을 두는 처소, 내가 이스라엘 족속 가운데에 영원히 있을 곳이라"(겔43:7). 여기에서 영광은 하나님의 현존을 상징한다. 이때 성전에 있는 하나님의 '보좌' 사상이 나타난다.

법궤도 이미 하나님의 임재의 장소로서 여겨졌다. "야훼여, 일어나소서!"라는 민수기 10장 35절 이하의 법궤에 대한 외침은 법궤 위에 하나님이 임재하고 계심을 전제한 것이다. 블레셋과의 전투에 대한 이야기에서도 법궤의 진입과 함께 하나님이 진지에 들어오셨다고 말하고 있다(삼상4:5). 여기에서 무엇보다 "그룹 사이에 앉는 자" (*jošēb hakkᵉrûbîm*, 삼상 4:4; 삼하6:2)라는 표현은 보좌에 앉으신 '야훼 체바옷'의 임재를 매우 강조하면서 전제하고 있다. 아마도 여기에서 "발등상"(시132:7)으로서의 법궤에 대한 사고를 함께 결부시킬 수 있을 것이다. 분명, 법궤가 성전 안에 안치됨과 함께 법궤전승의 본질적인 요소들이 성전 안으로 병합되었다.

> '그룹 사이에 앉는 자'라는 표현과 이와 관련된 심상들을 고려할 때, 그러한 심상들은 본래 법궤와 관련되어 있었고 그곳으로부터 성전으로 인계되었다는 견해가 대체로 우세하다. 물론 성전건축에 관한 내용에서 솔로몬이 그곳에 설치하도록 한 그룹의 형상에 대해서 상세하게 기술하고 있다(왕상6:23-28). 하지만 법궤와 그룹의 실제적인 결합을 보여주는 증거는 나타나지 않는다. 따라서 이 우세한 견해는 의문시되었다. 이보다는 법궤에 대한 성전의 역(易)투사라고 생각하는 것이 좋을 것이다. 여기에는 북이스라엘의 실로와 연관성이 있는 법궤를 예루살렘에 밀접하게 연관시키기 위한 정치적인 이유가 개입되었을 것이

다. 마찬가지로 '발등상' 에 대한 언급도 어떤 보좌의 발등상과 관련시킬 수 있는지 의문시되었다. 따라서 어떤 전승이 법궤와 실제로 관련되어 있는지 그에 대한 의문은 아직 해결되지 않았다(이 문제 전체에 관하여 참조. Janowski 1991).

예루살렘 성전은 하나님의 현존에 대한 성소의 상이한 심상들이 예루살렘에 합류되어 있는 곳이다. 이때 그 심상들은 일치되어 나타나지 않고, 하나님의 현존에 대한 다양한 측면을 표현한다. 그러나 모든 심상들 사이에는 다음과 같은 근본적인 공통점이 있다. 현존하는 것으로 경험되는 하나님은 볼 수 있는 분으로 생각되지 않는다. 하나님의 현존에 대한 심상이 어느 특정한 지점에 집중되어 나타나는 곳에서도 하나님은 항상 볼 수 없는 분으로 여겨진다. 이러한 사실은 특히 하나님의 '보좌에 앉아계심' 을 표현하는 심상에 적용된다. 법궤 위에 앉아 계시든, 성전의 '그룹보좌' 에 앉아 계시든 하나님은 볼 수 없도록 보좌에 앉으신 분이다. 야훼의 보좌는 항상 "빈 하나님의 보좌" 이다(계속해서 '시온, 하나님의 왕좌' 부분을 보라).

그러나 하나님의 보좌에 앉아계심을 표현하는 심상은 정체(停滯)적이지 않다. 시내 성소의 하나님의 거주하심에 관한 심상도 이와 마찬가지다. 그러므로 동일한 표현들을 통해 하늘보좌에 앉아계신 하나님을 나타낼 수 있다. 그는 "하늘에 앉아계시는 분" (*jôšēb baššāmajim*, 시2:4, 참조. 123:1)이다. 그는 하늘에 자신의 보좌를 세우신다(시103:19, 참조. 시11:4). 그가 계시는 곳(*m^e kôn šibtô*)도 하늘일 수 있으며(시33:14), "그룹 가운데 계시는 분으로서" 하늘로부터 "출현하시도록" 부를 수도 있다(시80:2[1], 참조. 15[14]절). 그러나 하늘보좌에 앉아계시는 하나님에 대한 언급은 일반적으로 멀리 계신 하나님을 표현하기 위한 것이 아니라, 땅에 있는 인간에 대해 유익을 주시기 위해 다가오신 하나님을 표현하기 위함이다. "야훼께서 그의 높은 성소에서 굽어보시며 하늘에서 땅을 살펴보셨으니, 이는 갇힌 자의 탄식을 들으시며 죽이기로 정한 자를 해방하사"(시 102:20[19f], 참조. 시11:4; 33:13-15; 113:5f, 이 점에 관하여 Metzger 1970). 하나님의 하늘 보좌와 지상의 성전의 결합이 이사야의 환상(사6장)에서 특히 인상적으로 표현된다. 왕이신 야훼 체바옷은 천상의 존재들에 둘러싸여 보좌에 앉아계신다. 그러나 그의 옷자락은 지상의 성전을 가득 채운다. 그리고 예언자를 이러한 천상의 사건에 이끌어 들이신다.

하나님은 어디에 현존하시는가? 무엇보다도 시편이 이 질문에 다양한 목소리로 답한다. 이때 다시 한 번 제의적 사건과 제의경험의 다른 측면이 고찰된다. 그것은 제사장들이 제의를 수행하는 내부적인 관점도 아니고, 성전에서 궁정의 대표자들에 의해서 수행되는 외부적인 관점도 아니다. 오히려 제의 참여자인 '일반인들'의 시각이 표현되어 있다. 이러한 점은 특히 제의공동체의 '우리'나 개별적인 기도자인 '내가' 말하고 있는 많은 시편에 해당된다. 그러나 찬송시나 예배의식적인 본문과 유사한 것들도 공동체가 참여하는 공식적인 제의의 틀 안에서 울려 나온다. 이 본문들이 시편집에 수집되었다는 사실은 일반인들의 종교적 지식상태와 의식수준에 상응하는 내용이었음을 분명하게 보여준다.

시편에서 하나님의 현존은 성전과 밀접한 관계가 있다. 성전은 개인과 공동체가 직접 제의사건에 참여하는 곳이다. 그러므로 일련의 시편은 완전히 성전에 집중되어 있다. 그것은 다음과 같은 질문으로 시작된다. "야훼여! 주의 장막에 머무를 자 누구며 주의 성산에 사는 자 누구입니까?"(시15:1). 그 대답은 말하자면 성전에 들어가기 위한 조건들이다. "그것은 정직하게 행하며 공의를 실천하며 그의 마음에 진실을 말하는 사람이다"(2ff, 참조. Koch 1961). 무고하게 핍박당하는 자는 행악자와 불의한 자의 모임으로부터 피하여 하나님의 제단으로 향할 것을 확약한다. 왜냐하면 "내가 주께서 계신 집과 주의 영광이 머무는 곳(*miškān k^e bôdêkā*)을 사랑하기"(시26:5-8) 때문이다. 이와 비슷한 상황에 있는 다른 사람이 하나님께 간구한다. "주의 빛과 주의 진리를 보내시어 나를 인도하시고 주의 거룩한 산과 주께서 계시는 곳에 이르게 하소서. 그런즉 내가 하나님의 제단에 나아가리이다"(시43:3f, 참조. 시5:8[7]). 시편 전체가 '야훼 체바옷의 사랑스런 처소들'을 찬양한다. 왜냐하면 "주의 궁정에서의 한 날이 다른 곳에서의 천 날보다 낫기"(시84편, 참조. 시27:4) 때문이다. '순례시들' 가운데, 특히 시편 122편에는 예루살렘과 성전을 중요시하는 사고들이 잘 표현되어 있다. 다른 많은 시편도 마찬가지이지만 이러한 시편은 예루살렘 성전을 신앙 중심에 둔 개인적인 신앙의 발로라 할 수 있다.

그러나 많은 시편 가운데 성전과 하늘에 있는 하나님의 현존 사이의 결합과 상호관계가 표현된다. 양자는 서로 분리될 수 없다(참조. Metzger 1970). 그래서 시편 20편은 먼저 "성소(*qodeš*), 곧 시온"(V.3[2])으로부터 하나님의 도움을 구한다. 그런 다음 "그의 거룩한 하늘"(*š^e mê qădšô*, V.7[6])로부터 경험한 하나님의 도우심에 감사한다. 이와 유사하게 시편 76편도 시온에 있는 하나님의 거처에 대해서 말한 다음 하나님이 자신의 판결을 하늘로부터 듣게 하신다고 말한다(V.9[8]). 시온과 예루살렘에 "거하시는"(시135:21) 하나님에 대해서 또한 다음과 같이 말한다. "야훼께서 그가 기뻐하시는 모든 일을 천지와 바다와 모든 깊은 데서 다행하셨도다" (V.6).

예배의식적인 상황에서도 성전에 있는 하나님의 현존에 대해서 말한다. 그래서 "영광의 왕" (*melek hakkābôd*) - 그분은 야훼 체바옷이시다 - 이 (법궤 위에서?) 장엄한 행렬 가운데 성문과 "영원한 문들" 을 통과하여 성전으로 들어가신다(시24:7-10). 시편 132편 배후에는 하나님의 안식처인 시온으로 향하는 법궤 행진축제가 있다(V.8, 14). 시편 46편의 시온 시편을 보면 "하나님의 성" 이란 표현이 나온다. "하나님이 그 성중에 계시매 성이 흔들리지 아니할 것이라" (V.6[5]). 그러나 여기에서도 하나님이 종종 하늘에 거주하시며 하늘보좌에 앉아 계시는 분으로 일컬어지고 있다.

그러나 다수의 시편은 제의의 영역에 편입시킬 수 없는 것으로 나타난다. 따라서 어디에서 하나님이 현존하시는 분으로 믿어지고 경험되는가의 질문은 절대로 이러한 제의 영역에 국한되지 않는다(이 점에 관하여 또한 X, XI, XIV 등을 보라).

제사

제사의 다양함

엄밀한 의미에서 우리는 다시 제의적인 사건으로 돌아가야 한다. 앞에서 제사를 드리는 것이 '에덴 저편' 에 사는 인간들의 본질적인 삶의 표현이라는 사실을 고찰하였다. 창세기 4장 3절 이하의 첫 제사에 대한 내용에서 종합적인 표현인 '민하' (*minḥāh*)는 들판의 수확물

중에 드리는 제물뿐 아니라 가축떼 가운데 드리는 제물을 위한 용어로 사용된다. 그 이후에 엄격한 구별이 두드러지게 나타난다. 노아는 방주에 함께 데리고 갔던 "정결한," 즉 제사를 드릴 수 있는 짐승 가운데서 제사를 드린다. 이 제사는 "번제"(*ʿolāh*, 창8:20에서는 복수형으로)로 지칭된다. 이로써 히브리성서에 나오는 제사용어 가운데 가장 흔한 용어가 소개된다. 이 제사의 특징적인 요소는 제물이 완전히 불태워진다는 사실이다. 제물의 어떤 부분도 다른 용도로 사용되지 않는다. 그것은 "전부를 드리는 제사"(Ganzopfer), 즉 '홀로카우스툼'(*holocaustum*)이다. '불태워진다'는 것은 제물 전체가 '연기로 올라간다'는 사실과 그 '연기가 하나님에게 상달된다'는 의미까지 포함한다. 제사의 향기는 '기쁘게 하는 냄새'(*rêaḥ nîḥoaḥ*)로 표현된다. 이 표현은 기술적인 용어(terminus technicus)로 제사의식에서 흔히 발견된다(레1:9, 13, 17 등).

노아 제사의 경우 하나님이 제사의 향기를 "맡으시고"(V.21) 창조세계 전체의 진멸결정을 취소하신다는 사실에서 매우 잘 보여준다. '냄새를 맡다'라는 신인동형론적인 표현은 다른 곳에서도 몇 번 더 나타난다. 그래서 도망중인 다윗이 사울을 보호하는 극적인 상황에서 다음과 같이 말한다. "만일 왕을 충동시켜 나를 해하려 하는 이가 야훼이시면 그분께서는 제물(*minḥāh*)을 맡으시기(riechen)를 원하나이다"(삼상26:19). 여기에 하나님의 진노가 노아의 시대에서와 같이 기쁘시게 하는 냄새를 통해 완화될 수 있다는 사고가 표현되어 있다. 하지만 이것에 대한 상반된 입장이 아모스서에 나타난다. "나는 너희의 절기집회 가운데서 냄새를 맡지 아니하리라"(암5:21). 이것은 하나님의 계획변경에 대한 희망의 시간이 지나갔다는 것을 의미한다(참조. 레26:31). 이 본문들을 통해 기쁘시게 하는 냄새는 제사의식에서 하나의 본질적인 요소라는 사실이 드러난다. 이러한 의미에서 "손으로 만든" 우상은 냄새를 맡을 수 없다는 표현 또한 이해할 수 있다(신4:28; 시115:6, 참조. ThWAT VII 384).

번제 외에 언약서의 제단에 관한 율법에서 두 번째 언급된 제사의 종류는 '쉘라밈'(*šelāmîm*)이다. 이 두 가지 유형의 제사는 분명 가장 중요한 제사로서 정기적으로 제단에서 드려지는 제사로 여겨진다. 이 제사들은 다른 곳에서도 종종 함께 언급된다. 특히 예컨대, 제단들의 새로운 건립과 제단건립의 목적을 규정할 때, 공식적이거나 공개적인 상황에서(출20:24; 신27:5-7; 수8:30f; 왕상9:25; 왕하16:13; 겔43:27, 참조. 삼하24:25) 이러한 표현이 언급된다. 또한 '쉘라밈'(*šelāmîm*)도 동물제사와 관계된다. 제사 드림의 표현을 위해 종종 동사 '자바흐'(*zābaḥ*, 도살하다)가 사용된다(출20:24; 신27:7; 수8:31 등). 이 제사에 대한 상세한 내용은 본문을 통해 알아낼 수 없다. 그렇지만 이 제사의 유형이 다른 제사의 유형, 즉 '희생제사'(*zebaḥ*)와 함께 이루어진 결합은 중요한 사실을 보여준다. 그것은 항상 하나의 식사와 결합되어 있다는 사실이다(창31:54; 출34:15; 신12:27 등). 많은 경우 이중적인 표현 '제바흐 쉘라밈'(*zebaḥ-šelāmîm*)이 굳어진 제사용어로 등장한다(레3:1, 3, 6, 9; 7:11, 18 등). 여기에서 중요한 발전이 있음을 인식할 수 있다. 왜냐하면 이러한 이중적 표현을 통해 주로 다루고자 하는 바는 공적인 제사가 아니라 개인의 제사이기 때문이다(아래를 보라).

제사용어 '쉘라밈'(*šelāmîm*)에 대한 번역에 의견일치를 보지 못하고 있다. "감사제사"(Dankopfer, 루터), "구원제사"(Heilsopfer, 독일 공동번역) 등은 대체로 일반적인 번역으로 '샬롬'(*šālôm*)이 상기시키는 바와 그것에 상응하는 '소테리오스'(σωτήριος)나 '에이레니코스'(εἰρηνικός)

등과 같은 형용사적 형태를 가진 칠십인경의 번역에 근거한다. 그러나 “종결제사”(Schlußopfer, Köhler 178)나 “공동체제사”(Gemeindeopfer, Noth 21)와 같은 다른 제안은 제사의 기능을 더 강하게 고려한 측면이 있다. ‘공동체제사’라는 번역은 ‘제바흐 쉘라밈’(*zebaḥ-šᵉlāmîm*)을 “공동체-희생제사”(이것을 한글 개역개정 성서에는 “화목제”로 옮긴다 - 역자 주)로 번역하게 한다(참조. 1967, 132; 1985ff, 125-127; ThWAT VIII, 110f).

이 두 가지 동물제사 양식은 본질적인 차이가 있기는 하지만 서로 연관된 제사의 두 측면을 나타낸다. 번제는 번제물을 하나님께 완전히 양도한다는 의미를 가진다. 이때 제사하는 자 혹은 제사 드리는 공동체는 하나님께 받은 것 중 일부분을 하나님께 돌려드린다. 제사의 동기는 매우 다양할 수 있다. 창세기 4장에는 제사의 동기가 언급되지 않는다. 오히려 제사가 농업과 목축생활의 주기 가운데 한 요소로서 나타난다. 여기에는 제사를 드리는 어떤 특별한 근거도 제시되지 않는다. 여기에서부터 시작하여 번제가 매일 제사로 나타나는 연중제사 규정들(특히 민28장 이하)까지 이어진다. 이 외에도 번제를 위한 매우 즉흥적인 동기가 나타난다. 예컨대, 블레셋인들에게 빼앗겼던 법궤의 귀환을 보고 기뻐하여 번제를 드린다(삼상6:14; 15절에 관해서는 아래를 보라). 다른 본문은 번제를 바알숭배에 대항하여 야훼의 하나님 되심을 증명하는 중심적인 수단으로 보여준다. 기드온의 경우(삿6:25-32)가 그랬고, 무엇보다 엘리야의 경우(왕상18:30-39)에 잘 드러난다. 또한 속죄의 제사로서 번제가 사용된다. 추정되는 범죄를 대비하여(욥1:5), 중보기도의 도움을 받아 그릇 행한 잘못을 속죄하기 위해서(욥42:7-9) 행해졌다. 마지막으로 번제는 정기적인 성전제의에서 중심적인 주요제사로 나타난다(민28장 이하 외 자주, 또한 다음에 나오는 '제사의 체계성' 을 보라).

희생제사는 완전히 제사의식의 다른 측면을 보여준다. 그것은 식사공동체가 희생제물의 대부분을 먹는 식사제사이다(참조. 창31:54; 삼상9:13; 16:3, 5 등). 종종 가족이 모여 화목제사를 드리기도 한다. 그러므로 이 경우에는 "가족-화목제사" (*zebaḥ mišpāḥāh*)라고 불릴 수 있다(삼상20:29, 참조. 6절, 또한 삼상1장 이하의 매년 가족-화목제사를 참조하라). 그러나 여기에서도 하나님께 일부를 돌려드리지 않고서는 하나님의 은혜로 소유하고 있는 가축떼의 어떤 짐승도 먹을 수 없다. 사무엘상 2장 12-17절의 이야기는 짐승의 고기 중 나머지 부분이 처분되기 전에 우선 기름이 "연기로 올라가야" 한다는 사실을 보여준다(V.15f). 이러한 사실이 레위기 3장의 제사 규정에서 상세하게 기술된다(2.1.2을 참조하라).

자주 번제와 희생제사가 함께 언급된다. 번제와 '쉘라밈' (*š^elāmîm*, 화목제)(위를 보라)이 동시에 언급될 때와는 달리 그것은 일반적으로 공식적인 제사와 관련된 것이 아니다. 그러므로 모세의 장인 이드로를 통해 번제와 희생제사가 드려지는 것은 마치 하나의 희생제사 식사인 것처럼 기술된다(출18:12). 다른 경우에서는 번제와 희생제물을 동시에 언급하는 것이 제사의식의 요약처럼 나타난다. 예컨대, 사무엘상 15장 22절의 문장형식의 진술을 보면 "하나님이 번제와 다른 희생제사를 하나님의 말씀에 순종하는 것보다 더 좋아하시겠는가" 라고 질문한다. 시편 51편 18[16]절도 이와 유사하며 시편 50편 8절에서는 제사용어의 순서가 바뀐 채 나타난다. 이사야 56장 7절은 하나님이 돌아온 이방인들의 번제와 희생제사를 기꺼이 받으실 것이라고 말한다.

동물제사만 있는 것은 아니다. 이것은 이미 창세기 4장 3절에서 분명하게 나타나 있다. 가인은 땅의 소산물로 예물을 드린다. 여기에서 '민하'(*minḥāh*)는 아벨의 동물제사를 위한 표현으로 사용된다. 또한 다른 곳에서도 이 표현은 흔히 발견되는데, 비전문적인 의미의 제사용어로 등장한다. 후대의 예언자 말라기는 여전히 '민하'(*minḥāh*)를 제사를 위한 용어로 사용한다(말1:10, 11, 13; 2:12, 13; 3:3, 4). 이때 동물제사를 가리키고 있음이 분명하게 드러난다(참조. 말1:7f, 13f). 그러나 '민하'(*minḥāh*)가 '제사장계' 본문에서는 오직 식물성 재료의 제사를 의미하는 용어로 사용된다. 이것을 위해 루터가 도입한 "음식제사"(Speiseopfer)라는 표현이 확고한 위치를 차지한다.

> '민하'(*minḥāh*)라는 용어의 특별성은 하루시간을 위한 진술로 사용될 수 있다는 점에 있다. 열왕기상 18장에 바알의 예언자들이 "정오부터 저녁 소제(*minḥāh*) 드릴 때"까지 미친듯이 날뛰었고(29절), 엘리야가 "저녁 소제 드릴 때"에 제사 드릴 준비를 마쳤다(36절)고 기록하고 있다. 이와는 반대로 열왕기하 3장 20절에는 "아침, 곧 소제(*minḥāh*) 드릴 시간에"라고 기록되어 있다. 또한 저녁-'민하'(*minḥāh*)는 에스라 9장 4절 이하와 다니엘 9장 21절에서 기도시간으로 지칭된다(참조. 시142:2[1]). 이러한 본문에서는 어떤 종류의 제사에 관한 내용인지 분명하게 명시되어 있지 않지만, 열왕기하 16장 15절에는 아침 '올라'(*ʿolā*)와 저녁 '민하'(*minḥāh*)라고 말하고 있다(이 점에 관하여 참조. 1967, 195f).

제사의 체계성

제사에 대한 진술의 다양성과 용어의 비통일성은 제사를 드리는 것이 한편으로는 - 고대 오리엔트의 다른 지역에서와 같이 - 이스라엘에서 당연한 것으로 여겨졌다는 사실과 동시에, 다른 한편으로는 장소와 시간에 따라 상이한 심상들과 실천들이 작용하고 있었다는 사실을 보여준다. 그러나 우리는 히브리성서에서 이 모든 것이 어느 정도 일관성 있게 체계화되어 있는 영역을 발견한다. 그것은 시내 성소 건립에 대한 제사장계 서술과 이와 관련성이 있는 몇 가지 본문집단들에서 확인할 수 있다. 의심할 바 없이 이러한 본문은 예루살렘 성전의 상황을 반영하고 있다. 이것은 동시에 이러한 체계적인 진술 속에서 제의장소와 동기들의 다양성이 이제 더 이상 고려되고 있지 않다는 사실을 의미한다. 그곳에서는 신명기에서 요구하고 있는 내용들이 실제로(de facto) 수행된다. 이스라엘의 제사의식은 오직 **한** 장소에서만 수행되어야 한다(특히 신12장을 참조하라). 그렇지만 오직 예루살렘만이 적합한 장소가 될 수 있다.

많은 논쟁거리가 되었던 이 본문들의 연대에 대한 질문에서 예루살렘 성전제의의 실천을 고려할 때 그 체계화는 상대적으로 후대의 상황을 기술하고 있다는 사실을 전제할 수 있다. 물론 이때 '후대' 라는 용어는 단지 상대적으로 사용될 수 있을 뿐이다. 우리에게는 어떤 단계의 예루살렘 성전제의가 여기에 전제되어 있는지 아니면 어떤 단계의 성전제의가 이러한 본문들을 통해서 도입된 체계에 상응하는지 확인할 수 있는 길이 없다. 흔히 제사장계 본문들의 언어는 총체적으로 '후대' 로 표시된다. 그러나 우리는 다른 언어의 형태로 예루살렘 성전제의에 대한 상세한 내용을 담고 있는 다른 어떤 본문들도 가지고 있지 않다. 그러므로 이러한 본문들로부터 연대추정은 불가능하다. 또한 우리는 이러한 제의규정들과 예배의식서가 어느 정도나 변화를 겪게 되었는지 알 수 없다. 이때 우리는 강한 지속성을 고려할 수 있을 것이다. 동시에 우리는 - 나의 견해로는 - 이러한 본문들 안에 체계화되어 나타나는 제의적 실천은 오경의 정경적인 본문이 최종적으로 확정되는 시기의 실제상황에 상응한다는 사실을 인정해야 한다. 만일 그러한 본문들이 정경화 단계의 제의적인 실제상황에 부합되지 않았다면, 유대공동체의 신앙생활에 중심적인 그러한 본문들이 분명 정경적인 위치를 획득하지 못했을 것이다. 그러므로 주석은 예루살렘 성전에서 시행된 이러한 제의의 그림을 모사해야 하는 과제를 가지고 있다.

레위기 1-7장에서는 가장 중요한 제사의 유형이 열거되어 있고 그 제사의 수행에 관한 상세한 사항들이 기술되어 있다. 레위기 1-5장에는 제사 드리는 일반인들에게도 중요한 실행규정이 포함되어 있다. 그러나 레위기 6-7장에는 제사장을 위한 특별한 규정이 나타난다. 우선 레위기 1-3장에는 이미 다른 본문에서도 등장하였던 세 가지 제사 유형이 열거된다. 그것은 번제와 화목제와 소제다. 첫 번째 위치에 번제가 있다(레1장). 그것은 소(레1:3-9)와 작은 가축(10-13절, 히브리 낱말 *ṣoʾn*은 양과 염소를 모두 포함한다)과 새, 즉 두 가지 종류의 비둘기(V.14-17)가 제물로 드려질 수 있다. 전부를 드리는 제사로서의 번제의 특징이 상세하게 기술된다. 제물로 드리는 짐승은 각 부분으로 쪼갠 후, 층층이 쌓아 올려놓은 다음 그 전체를 불태운다. 제물의 피는 도살한 후 곧바로 제사과정이 시작되기 전에 제단 밑쪽 사방에 뿌린다(V.5b, 11, 새의 경우에는 이 의식이 다르게 나타난다. V.15). 번제와 화목제(참조. 레3:2, 8, 13)의 경우에는 이러한 행위가 속죄제의 경우(아래를 보라. 그리고 1985ff, 52-54쪽을 참조하라)와는 달리 실제적인 제사과정에 속하지 않는다.

이 의식의 서술은 각각 다음과 같은 형식구의 문장으로 끝난다. "번제는 야훼를 기쁘시게 하는 냄새의 화제이다"(*ʾiššēh rêªḥ nîḥōªḥ ljhwh*, 1:9, 13, 17). 여기에는 노아 이야기에서 이미 알려진 "기쁘시게 하는 냄새"라는 표현(창8:21)이 거의 독점적으로 제사장계 제의본문에서만 등장하는 전문적인 제사용어인 '화제'와 결합되어 나타난다(*ʾiššēh*에 대한 가장 흔한 번역인 "화제"는 중세의 주석전통에서 유래한 것이다. 참조. 1985ff, 63-65). 동일한 형식구적인 표현이 뒤이어 나오는 두 개의 다른 제사 유형들, 즉 소제와 화목제에 관한 규정에서도 발견된다(약간의 변형과 함께 레2:2, 9, 16; 3:5, 11, 16에서). 그러므로 이 세 가지 제사유형은 야훼를 기쁘시게 하는 냄새의 화제로서 서로 밀접하게 관련되어 있다.

두 가지 동물제사, 즉 번제와 화목제 사이에 소제가 등장한다(레2장). '민하'(*minḥāh*)라는 용어는 제사장계 언어에서 분명하게 식물제사에 고정되어 있다. 이때 소제는 대체로 동물제사에 덧붙여진다. 이러한 사실은 민수기 28장 이하의 연중 제사규정에서 가장 분명하게 나타난다(참조. 민15:1-16). 이같은 사실은 분명 제사의 특별한 성격과 관계가 있다. 제물 가운데 매우 적은 부분, 즉 "한 움큼"의 분량만 "기념물"(*ʾazkārāh*, 참조. 1985ff, 100f)로서 연기로 태워드린다. 나머지는 제사장의 몫이다(레2:2f, 9f). 여기에서 우리는 제의를 위한 조직의 내부를 엿볼 수 있다. 레위기 7장 6-10절에서는 제사장의 몫이 요약적으로 열거된다. 그것은 제사규정 말미에 제사장을 임명할 때 내린 하나님의 규례로서 분명하게 명시된다(참조. 레8장, 소제에 관한 전반적인 문제에 대하여 참조. Marx 1994.)

희생제사는 제사장계 본문에서 주로 화목제(*zebaḥ-šᵉlāmîm*,레3장)의 형태로 등장한다. 이때 실제적인 제사, 즉 "야훼를 위한 화제"(*ʾiššēh*, V.3, 9, 14)의 내용은 제사장이(V.3f, 9f, 14f에서 매우 상세하게 기술되어 있는) 제물의 내장에 붙어 있는 기름들을 불로 태워 "연기로 올라가게 한다"(참조. 삼상2:16)는 점에 있다. 짐승의 다른 부위는 어떻게 되는지 언급되지 않는다. 그러나 그것은 당연히 '제바흐'(*zebaḥ*)와 '제비흐-쉘라밈'(*zebaḥ-šᵉlāmîm*)의 특성에 따라 식사제사로서 이해된다. 그것은 제사 참여자들이 먹는 제사이다. 이 장의 마지막 절에서 동물의 기름은(제사의식을 설명하는 의미에서) 먹어서는 안 된다고 분명하게 강조한다(V.17). 이 규정의 근본적인 특성은 "이는 너희의 모든 처소에서 너희 대대로 지킬 영원한 규례니라"는 언급을 통해서 강조된다. 이때 피를 먹지 말라는 금지규정도 포함된다. 이것은 인류사 초기의 근본적인 하나님의 명령까지 소급된다(창9:4). 실제적인 제사절차가 시작되기 전에 이미 피를 의식적으로 제거한다는 것은 피가 인간적인 사용으로부터 배제되어야 한다는 사실을 보여준다.

최종적으로 동물제사를 드릴 때 필요한 한 가지 제의의 요소가 더 언급된다. 제사를 드리는 일반인은 자신의 제물을 "회막 입구까지," 즉 성전앞뜰 규정된 장소까지 가지고 와서 "자신의 손을 제물의 머리 위에 얹는다"(레1:4; 3:2, 8, 13, 4:4ff). 이것은 다른 어떤 곳에서도 설명되지 않는 구약 제의전통의 요소들 가운데 하나이다. 따라서 이것은 그 상황으로부터 추론되어야 한다. 특히 어려운 점은 이것을 설명하려는 모든 시도가 제사에 대한 어떤 특정한 이해를 전제하고 있다는 사실에 있다. 그러나 제사 자체에 대해서는 정말 어느 곳에서도 설명되어 있지 않다.

> 안수의식은 제사에 국한되지 않는다. 이것을 통해 모세는 자신의 권위를 여호수아에게 양도한다(민27:18, 23; 신34:9). 또한 이것은 야곱을 통한 요셉의 아들에 대한 축복과도 비교할 수 있다(창48:13-16). 아론도 광야의 아사셀에게 보내는 염소를 통해 한 가지 위임의식을 수행한다(레16:21). 제물에 대한 안수를 설명하기 위해서 다양한 이론이 검토되었다. 안수를 통해 제사 드리는 자와 제물 사이의 일체화가 이루어져 그 제물이 죄지은 사람을 대신해서 죽임을 당한다는 생각(이 점에 대하여 Gese 1977의 견해를 수용하면서 자신의 입장을 밝히고 있는 Janowski 1982, 220f을 참조하라)은 오직 속죄제사에만 해당될 수 있을 것이다. 그러나 이러한 해석은 번제에는 적절치 않으며 제사 드리는 사람이 직접 그 고기를 먹는 화목제에는 더더욱 적용하기 어렵다. 제사 드리는 사람이 안수를 통해 그것이 제사장에 의해서 **자신의** 이름으로 드려질 **자신의** 짐승임을 표현한다는 견해가 더 설득력 있게 보인다(참조. 1985ff, 32-48, 특히 43f, 더 나아가 ThWAT V, 886).

체계적인 개관에서 오직 제사장계 본문에서만 언급되는 제사가 등장한다. 그것은 속죄제(Sündopfer)이다(레4장). 이름부터 주목할 만하다. 히브리 낱말 '하타트'(*ḥaṭṭāt*)는 죄(Sünde)뿐만 아니라 '죄를 위한 제사,' 즉 속죄제를 의미한다(그러나 본문의 맥락을 보면 각각 무엇을 의미하는지 더 분명하게 드러난다). 앞서 설명한 세 가지 제사유형과 비교하여 볼 때 특별한 점이 각각의 도입부에 등장한다. 지금까지는 도입부가 다음과 같은 형태였다. "번제를 드릴 때는"(레1:3, 이와 상응하게 레3:1) 또는 단순히 "어떤 사람이 소제를 드릴 때는"(레2:1)이었다. 즉 각각의 제사유형이 앞서 나온다. 그러나 이제는 다음과 같이 시작된다. "어떤 사람이 죄를 범하였을 때는"(레4:2 등등). 이로써 제사의 동기가 중심에 부각된다. 속죄제는 죄가 있을 때 드려져야 한다(그것의 기능과 의미에 따라서 "속죄제"[Sühnopfer, 이것이 우리말의 속죄제에 해당하는 독일어 표현이다 - 역자 주]라고 부르는 것이 더 나을지 모르겠다. 그러나 필자는 특히 언어적으로 거의 유사하게 들리기 때문에 일반적으로 통용되는 명칭을 고수한다).

이것은 또한 제사규정의 구조를 특징짓는다. 왜냐하면 **누가** 죄를 범했는가가 중요하기 때문이다. 이 때문에 다음과 같은 사중적인 구조가 생겨난다. "기름 부음 받은 제사장"(레4:3-12), "이스라엘 공동체 전체"(V.13-21), "족장"(V.22-26), "개인"(V.27-35)이 죄를 범했을 때 해결하기 위해 생겨났다. 이때 속죄제를 드릴 수 있고 또 드려야 하는 죄에 대한 정확한 정의가 근본적으로 중요하다. 속죄제는 단지 비고의적으로(*biš^e gāgāh*) 죄를 지었을 경우에만 한정된다(V.2). 이 개념은 나중에 민수기 15장 27절 이하에서 상세히 설명된다. 속죄제의 효력은 비고의적으로 죄를 범한 사람에게만 나타난다. 그러나 '높이 든 손으로,' 즉 고의적으로 그리고 완전한 의도를 가지고 죄를 범한 사람은 속죄의 기능이 발휘되지 않는다.

그러므로 속죄제는 앞에서 설명한 세 가지 제사유형과는 완전히 다른 기능을 가지고 있다. 여기는 제사를 통해서 올려드리는 기쁘시게 하는 냄새가 결정적인 핵심어가 아니다. 이러한 표현은 속죄제에 대한 설명에서 등장하지 않는다. 그 대신 '속죄'와 '용서'와 같은 개념들이 주로 나타난다. 개별적인 의식규정 말미에 각각 다음과 같이 기록되어 있다. "제사장이 회중 또는 그를 위해 속죄하면(*kipper*) 사함을 받을 것이다"(*nislaḥ*, V.20, 26, 31, 35). 이러한 두 가지 요소가 함께 작용한다는 사실은 매우 중요하다. 제사장을 통해서 수행된 속죄행위는 하나님이 용서하시기 위한 전제조건이다. “사함을 받을 것이다”는 수동적인 표현은 하나님의 행위를 돌려서 말한 것이다(12절 이후에 이러한 종결문장이 생략된 것에 대하여 아래 레16장에 대한 설명을 보라).

여기에서 우리는 속죄제사에서 피를 뿌리는 의식이 갖는 중요성을 추론할 수 있다. 피 뿌리는 의식은 다른 제사의 경우에서와 완전히 다른 형태와 기능을 가지고 있다. “기름 부음을 받은 제사장”과 이스라엘 공동체 전체를 위한 속죄제를 드릴 경우 피는 우선 야훼 앞에서, 즉 다른 성전 공간으로부터 지성소를 구분하는 휘장 앞에서 일곱 번 뿌려진다(레4:6, 17). 그러므로 피는 하나님이 나타나시는 곳까지 가능한 가까이 운반된다(참조. 레16:2). 이것은 대제사장이 일 년에 한 차례 지성소에서 직접 수행할 행위에 대한 일시적인 앞당김이다(참조. 레16:11-19). 그것은 지성소의 속죄행동이다. 그런 다음 피의 일부를 향단 뿔에 바른다(V.7, 18). 이 향단은 휘장 바로 앞, 즉 지성소에서 가장 가까운 곳에 있다(참조. 출30:6, 뿔들에 관하여 2절을 참조하라. 이 점에 관하여 참조. BRL2, 8f; Keel 1972, 127f). 여기에는 제단에서 행해지는 속죄 혹은 정결의식이 반복된다.

이 두 가지 의식이 끝난 후, 남아 있는 피는 모두 번제단 밑에 “쏟아 버린다”(레4:7b, 18b). 그곳은 곧 번제와 화목제의 피가 뿌려지는 곳이다(레1:5 등 여러 곳, 3:2 등 여러 곳). 속죄제의 경우 피를 버리는 것은 실제적인 의미에서 제사행위와 관련된 것이 아니라, 피를 제거함으로써 인간적인 사용을 배제한다는 의미를 갖는다는 사실이 분명하게 드러난다.

족장(레4:22-26)과 개인을 위한 속죄제의 경우 오직 피 뿌리는 의식의 두 번째 부분, 즉 제단 뿔에 바르는 의식만 수행된다. 그러나 여기에는 본질적인 차이가 있다. 그 뿔은 이제 번제단의 뿔이다(V.25, 30,

34). 여기에서는 다시 한 번 피뿌림의 '큰' 의식과 '작은' 의식의 차이가 분명하게 드러난다. 전자가 향단이 있는 곳이기도 한 '거룩한' 지역에서 수행되는데 반해, 후자는 일반인들도 접근할 수 있는 번제단이 그 중심인 '앞뜰'에서 수행된다.

속죄제의 제물에 행해지는 다른 조치, 즉 내장의 기름을 태우는 것은 화목제의 경우와 일치한다. 내장의 기름을 태우는 것은 화목제에서도 매우 강조되는 내용이다(레4:10, 26, 31, 35). 속죄제물의 고기는 완전히 다른 질적 의미를 가진다. 따라서 제사를 드리는 개인이나 집단이 그것을 먹을 수 없다. 여기에는 속죄제를 위한 첫 번째 두 가지 동기와 그 이후에 나오는 동기 사이의 차이점이 다시 드러난다. 첫번째 두 가지 경우에는 '거룩성'이 더 크기 때문에 누구도 고기를 먹어서는 안된다. 그것은 "진 밖"의 "정결한 장소"에서 불태워져야 한다(V.11f, 21). 나머지 두 가지 경우에 고기가 어떻게 처리되는가에 대해서는 레위기 6장에서 알게 된다. 속죄의식을 수행한 제사장이 그 고기를 먹어야 한다(V.19[26]). 이때 큰 피 뿌림 의식이 동반되는 속죄제사에 대한 차이점이 강조된다. 그것들의 고기는 먹지 말고 불에 태워야 한다(V.23[30]).

이제 비고의적으로 범한 죄와 부지중에 죄를 범했다가 나중에서야 죄의 성격을 깨닫게 된 경우의 죄가 구별된다(레5:1-13). 여기서 다루어지는 경우는 일반적으로 중요도가 낮은 사안들이다. 그래서 가난한 사람들의 경우 비둘기(V.7-10)나 심지어는 고운 가루(V.11f)를 통해서도 속죄될 수 있다. 마지막으로 한 가지 다른 제사유형이 추가된다. 그것은 "속건제"(Schuldopfer, *ʾāšām*, 레5:14-26[5:14-6:7])이다. 여기에서 문제가 되는 것은 성전재산(V.15f)이나 타인(V.21-26[6:2-7])에게 손해를 끼치는 횡령과 다른 범죄행위들이다. 이런 경우에 해당되면 속건제(속건제 의식에 관해서는 레7:1-7을 보라)를 드리는 것 외에도 물질적인 보상을 해야 한다. 끝으로 어떤 사람이 죄를 저지른 것으로 추정되나 그것을 정확히 알 수 없는 경우를 위한 특례조항이 규정되어 있다(V.17-19). 이런 경우에는 속죄제 대신 속건제를 드린다.

이러한 레위기 5장의 규정은 죄를 범했을 때 관찰될 수 있는 다양한 측면을 가능한 잘 파악하려는 집중적인 노력을 보여준다. 가능성 있는 범죄행위에 대한 열거는 그것들이 유비적으로 해석할 수 있거나 비교할 수 있는 경우을 위한 전거가 될 수 있는 사례라는 사실을 깨닫게 한다. 결국 이 모든 것은 일 년에 한 차례 속죄일에 속죄되어야 하고 제거되어야 하는, 또한 그렇게 될 수 있는(레16:16, 21) 이스라엘 백성의 '부정' (不淨, Verunreinigung)과 '범행' (Versündi-gung)의 총체의 일부가 된다.

절기들

너는 매년 세 번 내게 절기를 지켜야 한다

"너는 매년 세 번 내게 절기를 지켜야 한다"(출23:14). 이스라엘의 가장 오래된 달력에는 이렇게 명시되어 있다. "모든 남자들은" 매년 세 차례 공동의 절기에 모여야 한다(출23:17; 34:23; 신16:16). "무교절"(*ḥag hammaṣṣôt*)과 "칠칠절"(*ḥag [haš]šābu ʿôt*)이라고 불리기도 하며(출34:22; 신16:10, 16) "초실절/맥추절"(*ḥag haqqāṣîr*, 출23:16)과 "초막절"(*ḥag hassukkôt*)이라고 불리기도 하는(신16:13, 16) 포도 수확기(출23:16; 34:22)의 "수장절"(*ḥag hāʾ āsîp*)에 모인다. 이 절기들은 본래 분명히 추수절기였다. 그래서 수

확시기는 그 해의 여건에 따라 달라졌다. 나중에서야 절기의 때가 좀 더 정확하게 확정되었다(절기달력에 관하여 아래를 보고 또 1991e를 참조하라).

절기의 모임이 성소에서 개최되었다는 사실은 지극히 당연하다. 이러한 절기를 규정하는 본문은 모든 남자가 하나님의 면전에 "자신을 보여야" 한다고 말한다(아마도 히브리 본문은 본래 "야훼의 얼굴을 본다"는 것을 의미했을 것이다. 이것은 종교사적으로 볼 때 성소를 찾아간다는 것을 나타내기 위해 주변세계로부터 넘겨받은 표현이라 할 수 있다). 이것은 절기가 참여자들이 도달할 수 있었던 나라 안의 다양한 성소에서 지켜졌다는 사실을 전제한다. 그러므로 우리는 "순례절기들"(Wallfahrtsfeste)이라고도 말한다. 또한 순례자들은 "텅 비어 있는 상태"로, 즉 빈 손으로 하나님 앞에 나와서는 안 된다고 규정되어 있다(출23:15b; 34:20bβ; 신16:16b). 신명기 16장 17절에는 각 사람이 "네 하나님 야훼께서 주신 복을 따라 그 힘대로 드려야 한다"는 내용이 추가되어 있다. 그러므로 성소에 헌물하는 것은 절기참여시 필요한 일이다.

이러한 세 가지 절기에 대한 초기목록에 언급되지 않는 절기가 있다. 그것은 나중에 매우 중요한 의미를 가지는 절기인데, 그것이 바로 '유월절' (*pesaḥ*)이다. 이것은 완전히 다른 종류의 절기이다. 유월절의 유래는 서술적으로 설명되는데, 그것은 이집트에서의 "재앙"과 그곳으로부터의 출발과 관련되어 있다(출12장). 의식 또한 이것으로부터 설명된다. 어린 양이나 염소를 잡아 구운 후, **한날** 밤에 가족이나 이웃이 모인 자리에서 출애굽의 출발상황을 기념하며 그것을 먹는다. 그러므로 유월절에 잡아먹는 양은 제물이 아니다. 참여자들이 고기 전체를 먹는다. 그러나 피는 특별한 기능을 한다. 피의 일부를 장자의 죽음이라는 마지막 큰 '재앙'을 막기 위해(V.13, 23) 집의 입구에 바른다

(V.7, 22). 그러므로 유월절은 무엇보다도 회상의 축제이다. 이때 이집트의 종살이로부터의 해방이 그 중심에 있다.

유월절은 서사적인 본문에서 더 자주 언급된다. 각각 이스라엘 역사의 특정한 전환점이 서술되는 시점에 나타난다. 그래서 시내 광야로부터 떠난 후 첫 번째 해에 모세는 절기달력에 규정된 날짜(레23장에 관하여 아래를 보라)에 맞추어 유월절을 지키라는 하나님의 지시를 받는다(민9:1-14). 이때 출애굽기 12장 이하의 유월절 규정들에 대한 예외사항이 추가된다(출애굽 상황에 맞지 않게 외국여행이 장애원인으로 간주될 수 있다. V.10). 그런 다음 가나안 정복 때 여호수아가 행한 첫 번째 일 중의 하나가 광야유랑 중 태어난 세대의 할례 후(수5:2-9) 유월절을 지키는 것이었다(V.10-12). 그 땅에서 수확한 것으로 만든 무교병을 먹음으로써 만나가 그쳤다. 그 다음으로 강조되어 지켜진 유월절은 요시야에 의한 것이었다. 그는 "이 (즉 지금 '발견된') 언약책에 기록된 대로" "사사가 이스라엘을 다스리던 시대부터 이스라엘 여러 왕의 시대와 유다 여러 왕의 시대에" 지켜지지 않았던 유월절을 지켰다(왕하23:21-23). 그리고 마지막으로 바벨론 포로에서 귀환하여 성전을 재건한 후 처음으로 행한 일이 유월절 행사였다(스6:19-22).

여호수아 5장과 에스라 6장의 유월절 축제에서 각각 무교병을 먹는다는 사실이 함께 언급된다. 두 번의 유월절 축제가 출애굽기 12장 이하에 서로 밀접하게 연결되어 있다. 그리고 신명기 16장에서 유월절이 무교절과 연관되어 있다는 사실이 다음과 같이 분명하게 나타난다. 16절에 잘 알려진 일련의 세 절기가 나열되어 있는 반면, 그 앞 1-8절에 유월절에 대한 상세한 규정이 나타나고, 칠칠절(V.9-12)과 초막절(V.13-15)에 대한 언급이 뒤따라 나온다. 여기에서 유월절(V.1-8)과 무교절(V.16)은 분명히 동일한 절기이다. 또한 레위기 23장과 민수기 28-29장의 절기달력 또는 제의달력에서도 마찬가지로 나타난다. 레위기 23장에서 일련의 절기들은 엄밀한 의미에서 이 이중절기와 함께 시작된다. 이중절기의 시작은 두 날에 나뉘어 있다. 첫째 달 십사일에 유월절(V.5)이, 그리고 십오일에는 무교절이 지켜지는데 무교절은 그 후 칠 일 동안 계속된다(V.6-8). 민수기 28장에서도 이와 같다(V.16과 V.17-25).

본래 농경적인 무교절의 역사화가 이것과 연결되어 있다. 그것은 이제 유월절과 함께 출애굽에 대한 기억 속에서 지켜진다. 출애굽기 12장 34절에서 누룩이 빠진 이유는 출애굽의 출발상황에서 설명된다. 레위기 23장의 절기달력에서 초막절을 위해서도 역사화가 발견된다. 여기에서도 절기는 출애굽 또는 그것과 연결되는 광야 유랑생활에 관련된다. 이스라엘 백성은 "내가 이스라엘 자손을 애굽 땅에서 인도하여 내던 때에 초막에 거주하게 한 줄을" 기억하기 위하여 칠 일 동안 초막에서 지내야 한다(V.42f). 그러나 우리가 바로 앞 절에 기술되어 있는 초막을 만들기 위해서 사용할 나무실과와 종려나무 가지와 무성한 나뭇가지를 고려한다면(V.40), 이것이 시대에 맞지 않는 규정이라는 것을 분명히 알 수 있다. 그러나 구원사적인 역사화는 분명 그것에 대해서 아무런 장애를 느끼지 않는다. 칠칠절에 대해서는 분명하게 드러나는 역사화가 전승되지 않는다. 그럼에도 불구하고 칠칠절에 대한 단락 종결부인 신명기 16장 12절에 다음과 같이 기록되어 있다. "네가 애굽에서 종이었던 것을 기억하라." 이것은 신명기 6장 20절 이하와 같은 본문들을 상기시킨다. 그곳에서는 후대의 사람들에게 교훈을 주기 위해서 초기의 이스라엘 구원사가 "우리는 애굽에서 바로의 종들이었다"는 말과 함께 다시 한 번 개괄된다. 그러므로 세 가지(또는 네 가지) 모든 절기는 시간이 경과함에 따라 다소간 분명하게 출애굽과 광야 유랑과 가나안 땅 수여의 구원사적인 맥락 안에 놓이게 된다.

너희는 거룩한 성회들을 공포하라

절기의 더욱 진보된 단계가 다음 두 가지 연중 월력에 요약되어 있다. 레위기 23장의 절기달력과 민수기 28-29장의 제사달력에 그 단계를 찾아볼 수 있다. 레위기 23장에는 절기가 모두 "성회"(聖會, *miqrāʾê qodeš* V.2)라고 표현된다. 이때 절기의 범위가 확장된다. 맨 처음에 안식일이 나온다(V.3). 안식일을 지키는 것의 의미가 노동으로부터 쉬는 것에 있지만, 이것도 '성회'라고 표현된다. 그러나 그것은 이미 '샤바트 샤바톤'(*šabbat šabbātôn*)이라는 이중적인 표현에서 표명되듯이 특히 엄격한 형태의 안식을 가리킨다. 계속해서 규정되는 바는 "어떤 종류의 노동도"(*kăl-mᵉlāʾkāh*) 해서는 안 된다는 것이다. 이러한 포괄적인 표현은 단지 속죄일에 대한 규정에서만 한 번 더 나타난다(레23:28, 30, 31). 다른 절기의 경우에 있어서는 '콜-멜라케트 아보다'(*kăl-mᵉlāʾket ʿabodāh*)라는 이중적인 표현과 함께 힘들거나 직업적인 노동과 관련된 제한조건이 제시되어 있다(참조. ThWAT IV, 908). 그러므로 비록 여기에서 제사나 다른 제의적인 행위에 대한 아무런 언급이 없을지라도 안식일은 하나의 강조된 절기이다.

안식일에 이어서 유월절과 무교절의 이중적인 절기가 나온다(V.4-8). 이제부터 축제력의 날짜를 표시하기 시작한다. 유월절은 첫 번째 달의 제14일 밤에 지켜지고(V.5), 제15일에는 무교병을 칠 일 동안 먹는 것에 그 의미가 있는 무교절이 시작된다(V.6). 첫 번째 날과 일곱 번째 날은 "성회"로 모여야 하고 노동이 엄격하게 금지된 축제일이다(V.7f). 이뿐 아니라 칠일 내내 화제(ʾiššēh)를 드려야 한다. 그러나 더 자세하게 상술되지는 않는다.

이제 뒤이어 나오는 칠칠절은 더 큰 틀 안에 놓인다. 말하자면 견본으로서 수확물의 첫 번째 곡식단을 드리라고 명령한다(V.9-14). 여기에는 부가적인 제사들과 함께 번제가 연결되어 있다. 그 부가적인 제사는 "소제"와 "전제"(Trankopfer, nesek, 후자는 제사장계 본문에서 정기적으로 추가적인 제사로 나타나지만 한 번도 독립적인 제사로 묘사되지 않는다. 참조. 1967, 169-172)이다. 이 제사는 "야훼를 기쁘시게 하는 냄새"가 될 것이다(V.13). 이러한 언급에서 레위기 1-3장의 제사율법에서 잘 알려진 표현이 수용됨을 알 수 있다. 이제 계속해서 오십일째 되는 날 칠칠절이 시작될 때까지 '일곱 안식일,' 즉 칠 주 혹은 사십구일이 계산된다. 이날과 주간을 셈하는 것은 나중에 유대교의 뿌리 깊은 관습이 된다. 본래 '곡식단'을 의미하던 '오메르'(ʿomer)라는 낱말이 셈의 단위가 되었다(참조. EncJud 12, 1382-1389). 칠칠절(V.15-21, 칠칠절의 이름은 분명하게 언급되지 않으나 셈한 일곱 주간을 통해 표현된다)에 '새 소제'(*minḥāh ḥ^a^dašāh*)가 드려진다(이것의 의식은 아마도 레 2:14에서 발견할 수 있을 것이다. 참조. 1985ff, 112f). 여기에 이미 알려진 추가적인 제사들(V.18, 참조. V.13)과 함께 번제가 다시 덧붙여진다. 이번에는 번제의 수가 더 커진다.

놀랍게도 다른 제사에 추가하여 숫염소를 드리는 형태로 속죄제가 뒤이어 나온다(V.19a). 이것을 통해 민수기 28-29장의 제의달력에는 완전하게 실현된 하나의 발전이 있었음을 분명히 알 수 있다. 절기에 수행되는 모든 제사행위는 하나의 속죄제와 함께 종결된다(아래를 보라). 레위기 23장에서는 그것이 한차례 언급될 뿐이다. 레위기 23장의 제의달력은 제의수행의 상세한 부분까지는 관심을 두지 않는다(V.19b에 화목제가 언급된 것은 매우 이례적이다. 이것에 대한 가능한 설명은 완전함을 고려한 보충자가 여기에 모든 종류의 제사를 레위기 6-7장의 순서에 따라 열거하려고 하지 않았을까 하는 것이다. 참조. 1967, 25).

이제 모든 절기가 열거된다. 첫 번째로 일곱째 달의 첫째 날이 명절이다(레23:24). 이날과 함께 새해가 시작된다(나중에 관례적인 표현이 된 '로쉬 하샤나' [*ro'š haššānāh*, 해의 시작]은 오직 겔40:1에서만 발견된다). 본래 일곱째 달이 정월이었다. 왜냐하면 그달과 함께 가을수확기가 시작되기 때문이다. 달의 계산은 - 아마도 정치적인 압력 때문에 - 나중에 메소포타미아의 방식을 따라 봄이 한 해의 시작이 되었다. 그러나 종교적인 달력은 영향을 받지 않고 그대로 남아 있었다(참조. BRL 167f). 새해 첫날은 노동을 금지하는 조건과 함께 장엄하게 '나팔을 불어' (*t^erû'āh*) '성회' 로 모인다. 이것은 절기달력 또는 제사달력에서 오직 새해 첫날에만 언급된다(민29:1). 더 나아가 희년을 위한 성회(레25:9)로 모일 때 나팔을 부는데, 이때는 '숫양의 뿔나팔(*šôpār*)을 가지고 불라' 고 분명하게 명시된다. 레위기 23장 24절에는 이렇게 나팔을 부는 것을 "기념을 위한 나팔 붊" (*zikrôn t^erû'āh*)이라고 말한다. 그 이유는 나팔을 부는 것이 그 절기와 이제 시작되는 새해를 위해서 하나님의 기억을 불러 일으킬 것이기 때문이다(참조. 민10:9f).

새해 첫날은 이제 뒤따라오는 절기를 위한 준비의 날이다. 그 절기는 일곱째 달 제10일에 지켜지는 속죄일(*jôm hakkippurîm*)이다(V.26-32). 여기에서 연중절기가 본래 세 가지 농경적인 절기 이상으로 계속 발전하는 것을 분명하게 목격할 수 있다. 왜냐하면 속죄일은 나머지 절기와는 완전히 다른 성격을 지니고 있기 때문이다. 이것은 물론 절기달력에 암시적으로 표현되어 있을 뿐이다. 그래서 속죄일에는 안식일의 경우처럼 노동이 완전히 금지된다(V.28). 노동금지는 다시 '샤바트 샤바톤' (*šabbat šabbātôn*)이라는 이중표현을 통해서 강조된다(V.32). 심지어 "멸절형식구" (Ausrottungsformel)를 통해서 강화된다(V.30). 이뿐 아니라 "너희는 너희 영혼(자신)을 겸비하게 하라" (V.27, 32)고 기록된다. 이것은 대체로 금식을 위한 규정으로 풀이된다. 레위기 23장 29절에 따르면 이 규정을 어겼을 경우에도 마찬가지로 '멸절' 될 것이다. 마지막으로 노동에 대한 금지가 다음 문장을 통해서 강조된다. "왜냐하면 이날은 너희 하나님 야훼 앞에서 너희를 위하여 속죄할(*lᵉkapper*) 속죄일이기 때문이다" (V.28). 그러므로 속죄를 위한 제의적인 의식수행이 속죄일 전체를 결정하는 중요한 사항이다(레16장에 대하여 아래를 보라).

마지막 절기로서 일곱째 달 제15일에 지켜지는 초막절이 소개된다(V.33-36, 39-42). 그것은 칠 일 동안 지켜진다(V.34). 여기에 여덟째 날이 추가되는데(V.36), 이날을 위해서도 첫 번째 성회의 날과 같이 노동에 대한 금지조건이 포함되어 있다(이뿐 아니라 이날은 분명하게 해석할 수 없는 *ʿᵃṣeret*이라는 표현으로 지칭된다. 참조. ThWAT VI, 336f). 추가적인 기록을 통해서 이 절기가 "야훼의 절기"라고 명명되어 다른 절기와 구별되도록 강조된다(V.39-42). 이때 상세한 수행사항들이 전달된다. 나무실과와 종려나무 가지와 다른 나뭇가지들을 가져오라고 하는데, 그 정확한 쓰임새에 대해서는 설명되지 않고 이미 알려져 있는 것으로 전제한다(V.40). 마지막으로 초막에 칠 일 동안 거주하는 것은 출애굽을 기억하기 위함이라고 설명한다(V.42f). 이로써 한 해의 순환이 종결된다. 세 가지 혹은 네 가지 절기를 명시하던 옛 목록에 이제 안식일, 신년축제, 속죄일이 추가된다.

민수기 28-29장의 달력에는 제의적으로 중요한 날들의 범위가 더 넓게 확장된다. 이 달력은 전체적으로 볼 때 다른 강조점을 가지고 있다. 민수기 28장 2절에서 분명하게 표현된 것처럼 이것은 제사달력이다. 그러므로 매일 드리는 제사(*ʾiššeh*)와 함께 시작된다. 일 년 된 숫양 두 마리를 매일 아침과 저녁에 번제로 드려야 한다(V.3-8). 레위기 23장에서 이미 소개된 추가적인 제사소제와 전제(V.5, 7f, 참조. 23:13, 18)가 덧붙여진다. 매일 드리는 제사는 '올라트 타미드'(*ʿolat tāmîd*, 상번제, V.3, 6)라는 이름으로 불린다. 이것은 종종 타미드-제사(Tamid-Opfer)라는 요약된 형태로 불린다. 안식일에는 이러한 상번제 외에 또 다른 번제가 추가적인 제사들과 함께 덧붙여진다(V.9f).

또한 달의 시작(*roʾš ḥodeš*), 즉 월삭일이 절기일로서 나타난다(V.11-15). 이때 제사에 쓰이는 짐승은 더 커지고 많아진다. 수송아지 두 마리, 숫양 한 마리, 흠 없고 일 년 된 숫양 일곱 마리가 추가된다. 여기에 제사가 덧붙여진다. 그러나 무엇보다도 레위기 23장 19절에서 이미 칠칠절을 위해서 그랬던 것처럼 속죄제가 추가된다는 점은 주목할 만하다. 속죄제가 모든 제사달력에서 정기적으로 계속되는데, 그밖의 제사를 위한 짐승의 숫자가 계속 증가함에도 불구하고 항상 숫염소의 형태로 나타난다(민28:22, 30; 29:5, 11, 16 등). 즉 여기서 중요한 것은 이 제사의 속죄기능이다. 그것은 "너희를 속죄하기 위하여"(*lᵉkapper ʿalêkem*)라는 관용어를 통해서 강조된다(민28:22, 30; 29:5).

이어지는 절기는 여기에만 유월절이라고 불린다(V.16-25). 그러나 그것의 이중성은 그대로 남아 있다. 첫째 달 제14일이 유월절이며, 제15일은 칠일간의 무교절이 시작된다. 그런 다음 여기에서 "첫 열매들의 날"(*jôm habbikkûrîm*)이라고도 불리는(V.26-31) 칠칠절이 뒤따라온다. 그런 다음 신년축제가 이어진다(민29:1-6). 이렇게 연결되는 속죄일(민

29:7-11)은 단지 철저한 노동에 대한 금지조항을 통해서 강조된다(참조. 레 23:28). 그밖의 것들에 대해서는 앞에 나온 두 절기에서와 동일한 수의 제물이 적용된다. 그러나 이 제사는 속죄제 이외의 제사로서 드려져야 한다고 말한다(V.11b). 그러므로 이 달력의 틀 안에서 본질적인 대상은 속죄일 자체가 아니라 이러한 절기들을 표시하는 제사들이다. 이 제사들에 공동체 전체가 참여한다.

초막절에 대한 규정이 마지막에 불쑥 나와 있다(민29:12-38). 이것은 레위기 23장 39절에서 초막절이 "야훼의 절기"라는 명칭으로 강조된 사실을 상기시킨다. 여기서 매일 드리는 제사를 위해 개별적으로 주요제사의 제물과 추가로 드리는 제사의 제물의 숫자가 제시된다. 이때 가장 큰 제물, 즉 수송아지의 수가 날마다 줄어든다. 첫째 날에 열세 마리부터 시작하여 일곱째 날에 일곱 마리까지 줄어든다. 팔 일에는 새해 첫날(민29:2)이나 속죄일(V.8)에 그랬던 것처럼 한 마리만 드린다. 그 배후에는 우리가 더 이상 알아낼 수 없는 명백한 제의사적인 발전이 들어 있는 것처럼 보인다. 끝으로 속죄제가 나타난다(V.39).

일 년에 한 차례 성소와 이스라엘 백성 전체를 위해서 속죄하라

"일 년에 한 차례," 이 표현은 히브리성서에서 단 레위기 16장 34절과 출애굽기 30장 10절에 명시되어 있는 '속죄일'의 맥락에서만 발견된다. 이것은 일 년에 한 번 수행되어야 하는 유일한 하나님의 규례(*ḥuqqat ʿôlām*, '영원한 규례')이다. 이때 '죄를 속죄한다'는 '키페르'(*kipper*) 개념이 중심에 서 있다. 레위기 16장 33절은 속죄행위가 수행되는 개별적인 조처들을 나열한다. 지성소(단지 여기에서만 볼 수 있는 이중적인 표현 *miqdāš haqqodeš*와 함께, 참조. V.16a)와 성소 전체(여기에는 회막으로 지칭된다. 참조. V.16b)와 제사장들(즉 아론과 그의 '집,' 참조. V.6과 11ff)과 모든 백성들(여기에만 발견되는 이중적 표현 *ʿam haqqāhāl*과 함께, 참조. V.17과 24b)이 열거되어 있다. 34절은 그들 자신의 모든 죄(*ḥaṭṭāʾôt*)로부터 그들을 정결하게 하기 위하여 속죄행위가 수행되는 이스라엘 백성을 고려하면서 전체를 조망한다.

두 가지 측면이 함께 이날의 중심적인 의미를 이룬다(히브리성서에는 이날이 *jôm hakkippurîm*라고 일컬어지고[레23:27, 28; 25:9], 성서 이후의 전통에서는 *jôm kippur*라고 불린다. 이날에 대한 번역은 통용되는 독일어 번역 "Versöhnungstag"[이 말은 우리말로 옮기면 '화해의 날' 이 된다 - 역자 주]대신 "Sühnungstag"[속죄일] 또는 이와 유사한 표현이 더 옳을 것이다). 우선 성소의 속죄와 관련된다. 이때 '키페르' (*kipper*) 개념에 대한 매우 특별한 측면이 나타난다. 여기에서 그것은 이스라엘 백성의 부정이나 범죄의 결과를 제거한다는 것을 의미한다. 왜냐하면 회막이 "그들의 부정함 가운데 있기" 때문이다(레16:16). 앞에 나오는 장들에서 다양한 종류의 부정과 범죄들이 상세하게 언급되었다(레11-15장). 이 부정들은 또한 성소를 더럽힌다. 따라서 성소는 그 기능을 완전하게 수행할 수 있기 위해서 정기적으로 정결하게 되어야 한다. 이것을 위해 대제사장(즉 아론과 그의 후계자)이 일 년에 한 차례 엄격한 예방조치 아래에서 지성소에 들어갈 수 있고 또 그렇게 해야 한다(레16:12f).

여기에서 속죄는 무엇보다 정화를 의미한다. 그러나 동시에 그것은 제사의식의 틀 안에서 다양하게 수행되는 속죄의식이 최고조에 달하는 날도 된다. 이러한 사실은 특히 '기름 부음 받은 제사장' (후대의 용어로 "대제사장")에 대한 속죄제의 경우에 분명하게 드러난다. 레위기 4장 3-12절에서 속죄제에 대한 단락 말미에 속죄와 뒤이어 나오는 하나님의 용서에 대한 최종적인 확인이 빠져 있다(위를 보라). 왜냐하면 누구도 대제사장을 위한 속죄예식을 수행할 수 없기 때문이다. 그러나 일년에 한 번 그는 그것을 스스로 할 수 있고 그렇게 해야 한다. 그가 "자신과 자신의 집"을 위해 속죄함으로써(레16:6, 11) 정결해지기 때문이다. 그는 또한 "이스라엘 백성 전체"를 위해 속죄한다(V.17b). 단지 부정함뿐 아니라, 16절에서 이미 언급된 죄들도 해당된다. 그러므로 이 속죄의 날은 그해의 정점이자 전환을 이루는 날이다. 이스라엘은 이날이 정기적으로 지켜짐으로써 살아간다.

그런데 '키페르'(*kipper*)가 레위기 4장 이하에서와 다르게 대제사장의 행동을 가리킨다는 사실이 중요하다. 그것은 대제사장 자신으로부터 나와서 작용하는 것이므로 이러한 행동 후에 하나님의 용서에 관한 어떤 진술도 뒤따라 나오지 않는다는 것이다(이것은 또한 여기에서 *kipper*라는 낱말이 인간과 관련되어 나타나는 한 *ʿal* (대하여, über)가 아니라 *b^eʿad*(위한, für)과 함께 결합된다는 사실을 통해서 알 수 있다. 레16:6, 11, 17, 24). 이것은 이 의식을 통해 죄가 대제사장에게로 옮겨간다는 것과 그렇기 때문에 대제사장은 "속죄염소" 위에 손을 얹고 죄를 고백하고 그 죄들을 속죄염소에게 짊어지게 한 다음 광야로 보내야 한다는 사실을 의미할 수 있을 것이다(V.21f, Kiuchi 1987는 이런 입장에 서 있다. 참조. Crüsemann 1992, 364). 그럼에도 불구하고 이 의식의 의미는 불분명한 채로 남아 있다.

> "아사셀을 위하여"라는 표현(V.8, 10, 26)은 대체로 이러한 이름을 가진 광야의 귀신으로 해석된다. 그에게 속죄염소가 보내진다. 그러나 아마도 이 표현은 본래 여기 배후에 숨어 있는 고대의 퇴화된 제의의 목적을 지칭했을 것이다(참조. Janowski 1993b). 그러나 이것 또한 논

쟁이 되는 내용이다.

내가 거룩하니 너희도 거룩하라

'속죄일'의 그 중심적인 의미를 고려할 때 레위기 16장이 레위기의 중심에, 동시에 오경, 즉 토라의 중심에 서 있다는 사실은 분명 우연이 아니다. 그것은 다양한 방식으로 "정결"의 주제와 이것에 상응하는 주제인 "거룩성"을 다루고 있는 본문(레11-15장과 17-26장)에 의해서 둘러싸여 있다. 이 두 가지가 얼마나 밀접하게 관련되는지는 정결과 부정을 다루는 첫 번째 장(레11장)이 "내가 거룩하니 너희도 거룩하라"(레11:44f)는 문장으로 두 번 반복되며 종결된다는 사실에서 계획적으로 드러난다. 이 진술은 하나님의 뜻에 일치하는 삶의 다양한 측면을 전개하고 있는 장의 시작부인 레위기 19장 2절에서 반복된다. 그리고 레위기 20장 26절에서 다시 한 번 반복된다.

거룩성과 정결의 일치는 "거룩한 것과 세속적인 것, 그리고 정결한 것과 부정한 것을 구별해야 하는"(*lᵃhabdîl*) 제사장의 임무에 대한 언급에서도 드러난다(레10:10). 이때 중요한 것은 구별과 경계설정이다. '구별하라'는 이스라엘을 향한 요구는 하나님이 이미 그렇게 한 구별에서 근거와 전제조건을 발견한다. 이러한 관계성은 레위기 20장 말미에서 특히 함축성 있게 표현된다. "나는 너희를 만민 중에서 구별한(*hibdaltî*) 너희의 하나님 야훼다. 그러므로 너희는 짐승이 정하고 부정한지, 새가 정하고 부정한지를 구별하고(*wᵉhibdaltem*) 내가 너희를 위하여 부정한 것으로 구별한(*hibdaltî*) 짐승이나 새나 땅에 기는 것들로 너희의 몸을 더럽히지 말라 너희는 나에게 거룩하라 이는 나 야훼가 거룩하고 내가 또 너희를 나의 소유로 삼으려고 너희를 만민 중에서 구별하였기(*wā'abdîl*) 때문이다" (V.24b-26).

'민족 가운데 구별했다' 는 것은 다음과 같은 문장을 통해 좀 더 정확하게 규정된다. "나는 너희의 하나님이 되려고 너희를 애굽 땅에서 인도하여낸 야훼다 내가 거룩하니 너희도 거룩하라"(레11:45). 그러므로 이집트로부터 이끌어내었다는 사실은 이러한 하나님의 행동에 상응하며 '거룩하게' 되라는 이스라엘에 대한 요구의 본질적인 전제가 된다. 그러나 동시에 '거룩하다' 는 말은 능동적인 성결을 의미한다. 또한 여기에도 하나님의 행동이 이미 이스라엘에게 요구된 행동보다 앞서 간다. 하나님이 이스라엘을 거룩하게 하시기(*qdš*피엘형) 때문에 이스라엘은 스스로를 거룩하게 해야(*hitqaddēš*) 한다(레20:7f, 참조. 레22:32f, 참조. Zimmerli 1980b, 503).

신명기에서도 거룩성과 정결의 결합이 발견된다. 신명기 14장에는 정결한 짐승과 부정한 짐승이 열거되어 있다. 이것은 레위기 11장의 내용과 폭넓게 일치된다. 여기도 처음과 마지막에 거룩성에 대한 언급이 나타난다. "너는 네 하나님 야훼의 성민이다. 야훼께서 자기 기업의 백성으로 삼기 위하여 지상 만민 중에서 너를 택하였다"(V.2). 그리고 마지막에 다시 한 번 언급된다. "왜냐하면 너는 너의 하나님 야훼의 성민이기 때문이다"(V.21). 여기서 동일한 근본사상이 신명기의 언어로 표명된다. 하나님은 이스라엘을 선택하심으로써 이스라엘이 '거룩한 민족' 이 될 수 있다는 사실에 대한 전제조건을 마련하셨다.

신명기에서 이스라엘의 거룩성이 정결의 영역에 국한되지 않는다는 사실이 다시 분명해진다. 레위기 19장은 이스라엘의 거룩성에 대한 문장으로 시작되는데(V.2), 이 장 전체가 하나님에게 기원을 둔 이스라엘의 선택을 일상생활의 다양한 영역에서 보존하라고 내세우고 있다. 이스라엘의 선택과 거룩성에 대한 상세한 진술과 함께 종결되는 레위기 20장은 이러한 영역의 몇 가지 분야에서 발생할 수 있는 특히 심각한 위반사항들을 다루고 있다. 그러나 신명기에서는 "거룩한 민족"으로서의 이스라엘에 대한 진술이 이방제의 참여에 대한 금지(신7:6)와 관련하여 맨 앞에 나온다. 끝날 무렵에 이 진술은 장엄한 확약의식으로 마무리된다. 이 의식에서 하나님이 주신 계명들은 하나님과 이스라엘 사이에 있는 언약관계의 기초로서 확증된다(신26:16-19).

그러므로 거룩의 개념은 매우 넓게 확장된다. 제의 영역에 있는 거룩성에 대한 다양한 측면과 등급으로부터 시작하여 정결함의 준수에 대한 규정들을 지나 일상생활의 윤리와 구성에 대한 요구에까지 이른다. 달리 표현하면 거룩성은 성전의 '지성소'로부터 부정한 짐승을 멀리함을 지나, "너는 네 이웃을 네 몸과 같이 사랑하라"(레19:18)는 계명에 이르기까지 확대된다.

Theologie des Alten Testaments

B.VIII
모세

모세

출애굽기 2장에서 시작하여 신명기 34장의 마지막 단락에 이르기까지 오경의 가장 많은 부분에서 모세에 관한 내용을 담고 있다. 출애굽기부터 신명기의 모든 사건과 이 책들 가운데 전달되는 모든 계명과 규례는 다소간이라도 모세와 직접 연관되어 있다. 그의 모습이 이렇게 모든 것을 지배하는 방식으로 이스라엘 역사의 근본적인 출발에서부터 각인된 모세라는 인물은 누구인가?

만일 그 인물이 어디엔가에 있다면 그것은 "역사적인" 질문이 될 수 없다는 사실이 여기에서 분명해진다. 오경에 수집된 본문들은 매우 다층적이고 이스라엘 역사와 문학사의 매우 다양한 시대를 반영하고 있기 때문에, 이 질문은 오직 다음과 같이 가능할 수 있다. '이 본문들이 모세에 관하여 나타내고 있는 그림과 함께 표현하고자 하는 바가 무엇인가?' 본문의 복합성과 본문에 수용되고 정리된 전통들의 상이성에 걸맞게 이 그림은 전혀 일관성 있다거나 모순성 없는 것이 아니다. 그럼에도 불구하고 다양한 요소들은 하나의 전체 그림으로 연결된다. 이제 우리는 이 그림에 주목할 것이다.

부름받은 구원자

모세 이야기의 초두에 그리고 백성으로서 이스라엘 역사의 초두에 구조된 구원자에 대한 이야기가 나온다. 이스라엘 역사는 이집트 왕 바로에 의한 억압으로 시작된다(출1:8ff). 바로의 박해로부터 구출된 한 아이가 바로의 궁에 들어가 그곳에서 성장한다(출1:15-2:10). 이집트어처럼 들리는 '모세'(*Mošeh*, 모세)라는 이름을 가진 이 이스라엘 사람은 멀리 돌아오는 우회로의 삶 이후(출2:11-22) 하나님과의 만남을 통해서 억압으로부터 자신의 민족을 건져낼 구원자로 부름을 받는다(출3:1-20). 이러한 출발은 모세의 특별한 위치를 강력하게 보여준다. 그는 계속되는 민족의 역사를 위한 결정적인 임무를 부여받기 위하여 매우 이례적인 방식으로 억압받는 이스라엘 백성의 운명으로부터 두드러진다.

동시에 모세의 소명에 관한 이야기는 이스라엘 (이전) 역사를 다루고 있는 선행 단락을 이어준다. 하나님은 불타는 떨기나무로부터 아브라함과 이삭과 야곱의 하나님으로 인식될 수 있도록 모세에게 자신을 나타내신다(출3:6). 이로써 하나님과 모세 사이에 긴 대화가 열린다(출3:7-4:17). 하나님과 모세 사이의 계속되는 만남이 시작된 것이다. 이 만남은 직접성 속에서("얼굴과 얼굴을 대면하여," 신34:10) 이루어진다. 이것은 오직 하나님과 아브라함의 대면에 비교될 수 있다(창15장; 17장; 18:16-33, 참조. 1997f). 그 이전이나 이후에 누구에게도 하나님과 이러한 직접적인 대면은 허락되지 않는다.

그러나 아브라함과 비교할 때 한 가지 근본적인 차이점이 분명하게 제시된다. 아브라함은 혼자서 하나님 앞에 서 있었다. 그러나 모세의 경우는 하나님의 말씀 첫 번째 문장에서 벌써 "나의 백성"(출3:7)이라는 말이 나온다. 모세는 자신이 이집트로부터 이끌어내야 하는 "이스라엘 자손," 즉 백성의 지도자와 구원자로 부름을 받는다(출3:10 등). 그는 처음부터 하나님과 백성 사이에 서 있다. 동시에 후방으로의 연결이 나타난다. 모세는 하나님이 아브라함과 이삭과 야곱에게 약속하셨고 이제 그것을 현 세대에게 기업으로 주시려고 하는 땅으로 이스라엘 백성을 인도해야 한다(출6:8).

이 기본요소는 다양한 종류의 변형 속에서 오경에 기록되는 전체 역사를 관통한다. 모세는 하나님으로부터 백성의 구원자로 부름받았다. 모세는 이스라엘의 역사에서 가장 큰 정점들을 통한 다양한 장애요소에도 불구하고 이 임무를 수행한다. 이것은 결국 그가 하나님이 조상들에게 약속하셨던 그 땅을 눈으로 볼 수 있을 때까지 계속된다(신34:1-4). 시내 산에서 금송아지를 만듦으로써 하나님과 그의 백성의 관계가 가장 큰 위기에 처하게 되었을 때 모세는 하나님이 조상들에게 땅을 약속하실 때 하신 말씀을 기억나게 하여 진노를 가라앉힌다(출32:11-14).

또한 모세의 소명은 다른 중심적인 요소를 포함하고 있다. 하나님은 모세에게 자신의 이름을 알리신다. 독자는 이 이름을 인류사의 시작에 관한 이야기에서부터 알고 있다(창2:4). 하나님이 족장들 가운데 한 사람에게 "나는 야훼다"라는 장엄한 표현으로 말을 거셨다(창15:7; 28:13). 그러나 이제, 이스라엘과 함께하는 하나님의 역사의 새롭고 중요한 국면의 시작에 하나님은 자신의 이름을 분명하게 소개하신다.

우선 "나는 나이다"(Ich werde sein, der ich sein werde)라는 은닉된 형태로 그러나 그 후에는 숨김없이 드러낸 낱말로써(그러나 이 낱말은 우리에게 자음만 전승되었다 - *Jhwh*) 자신을 소개하였다. 이때 우리는 다시 조상들과의 연결을 경험한다. 하나님은 처음으로 자신의 이름을 명확하게 명명하면서 동시에 "너희 조상들의 하나님 곧 아브라함의 하나님, 이삭의 하나님, 야곱의 하나님"으로 인식하도록 자신을 알리신다(출3:14f). 이렇게 분명하게 하나님의 이름이 명명되는 것은 다른 상황에서 다시 한 번 반복된다. 이때 하나님은 조상들에게 자신을 '엘 샷다이'(*'ēl šaddāj*)로 소개한 것을 상기시킨다(출6:2f).

소명 이야기에서 이미 모세가 하나의 개별적인 '직임'만을 가지게 될 사람이 아니라는 사실이 드러나기 시작한다. 그는 이집트의 종살이에서 이스라엘 백성을 구원할 자로서 부름받는다. 그러나 동시에 그에게 처음으로 이스라엘 하나님의 이름이 모든 형태로 알려진다. 이것은 그가 이스라엘 백성의 종교적인 지도자와 인도자가 될 것이라는 사실을 의미한다. 이 소명 이야기는 그의 위임에서 보여주는 이러한 측면에서 완전히 전개될 사건에 대한 하나의 암시를 포함하고 있다. "네가 그 백성을 애굽에서 인도하여낸 후에 너희가 이 산에서 하나님을 섬기리니 이것이 내가 너를 보낸 증거니라"(출3:12). 독자들에게는 이 암시의 의미가 나중에 이스라엘 백성이 시내 산에 도착하고 모세가 분명한 목적을 가지고 "하나님께" 올라갈 때 분명해진다(출19:3).

모세는 부름받은 구원자로서 외부적으로도 자신의 백성을 대표한다. 모세에 대한 첫 번째 발언의 시작과 함께 하나님은 이스라엘의 해방을 요구하기 위하여 그를 바로에게 보낼 것이라고 예고하신다(출3:10). 이것은 이스라엘을 억압하는 힘의 대표자인 파라오와의 대결을 의미한다. 동시에 이러한 위임은 대결을 위해 준비되는 모세의 또 다른 직임을 인식하게 한다. 그는 "야훼가 이렇게 말씀하신다"(출4:22; 5:1)라는 예언자적인 형식구를 가지고 바로와 대면해야 한다. 이전에 하나님이 그를 "보내실"(*šālaḥ*, 출3:10, 12) 것이라고 모세에게 예고하실 때도 이미 예언자적인 요소가 암시되었다. 하나님이 보내신다는 사실은 예언자들에 관한 이야기에서 계속해서 언급된다(예컨대, 사6:8; 렘1:7; 7:25; 겔2:3 등).

마지막으로 하나님과 모세의 만남에 대한 첫 번째 상세한 서술에서 긴장을 엿볼 수 있다. 처음에 모세는 자신의 백성을 구출하는 소명을 받아들일 준비가 되어 있지 않았다. 가장 먼저 이스라엘 백성이 자신을 믿을 것인가를 의심했다(출4:1). 그리고 그는 말하는 재능이 없음을 지적했다(V.10). 마지막으로 그 위임을 그냥 거부한다(V.13). 그러나 하나님은 위임을 바꾸지 않으시고 모세에게 말 잘하는 형 아론을 협력자로 지정하신다(출4:14-16, 27-31). 하나님과의 언쟁에 대한 주제는 모세상(像) 전반에 걸쳐서 나타난다. 그것은 여러 해 동안의 광야유랑 가운데(출17:4; 민11:11-15), 금송아지를 만드는 것(출32:7-14, 31f)과 관련하여 백성과 모세 사이의 갈등에서 나타난다. 마지막으로 "불화의 물"(Haderwasser, 민20:1-13)에 관한 이야기에서 모세와 아론의 잘못이 어디에 있는지는 불분명하게 남아 있다(참조. Milgrom 1989, 448ff). 그러나 그 잘못은 두 사람이 백성을 그곳으로 인도하였던 그 땅(가나안)에 들어갈 수 없는 근거로서 분명하게 언급된다(민20:12; 27:12-14).

토라 수령자

이집트의 압제에서 해방된 백성은 우선 시내 산으로 인도된다(출19:1f, 참조. 1991d). 거기에서 모세 영향사의 두 번째 국면이 시작된다. 모세는 다시 한 번 하나님과 백성 사이의 중재자 역할을 하는 것으로 보인다. 이번에는 종교의 영역에서 그 역할이 수행된다. 그러므로 민족으로서 이스라엘의 역사가 부름받은 구원자 모세의 지도 아래 전개되기 시작하는 것처럼, 이스라엘 역사는 시내 산에서 모세의 중재 아래 결정적으로 각인된다. 이때 모세는 히브리성서 어떤 곳에서도 이스라엘 종교의 창시자로 지칭되거나 묘사되지 않는다(참조. 1975). 그의 소명은 족장들과 함께했던 하나님의 이전 역사에 그 뿌리를 두고 있음이 매우 강조된다. 게다가 어떤 개인이 종교를 창시했다는 사고는 히브리성서의 사고와 맞지 않는다. 그럼에도 불구하고 이스라엘 종교의 근본적이고 바뀔 수 없는 요소는 모세라는 이름과 연결된다. 그것이 바로 토라이다.

이때 모세는 다시 그리고 특히 강조된 방식으로 하나님과 이스라엘 사이에 서 있다. 십계명은 하나님에 의해서 백성 전체에게 직접 전달된다(출20:1-17). 십계명과 함께 자신의 백성을 위한 하나님의 지시가 시작된다. 그러나 백성은 커다란 두려움에 사로잡혀 모세에게 간청한다. "당신이 우리에게 말씀하소서. 그러면 우리가 들을 것입니다. 그러나 하나님이 우리에게 말씀하지 않기를 바랍니다. 그러면 우리가 죽지 않을 것입니다"(V.18f). 이것이 신명기에 더 상세하게 서술된다. 모세는 다음과 같이 분명히 말한다. "그때 내가 야훼와 너희 사이에 있었다"(신5:5). 이 순간부터 모세가 나머지 토라 전체를 받고 백성에게 전달한다. 모세는 하나님과 이스라엘 사이의 유일한 중재자이며 이스라엘은 오직 모세를 통해서만 토라를 수여받는다. 그래서 하나님의 토라 전체를 의미할 때(시1:2; 19:8[7] 등) "모세의 토라"(수8:31f; 말3:22[4:4])라고 하기도 한다.

이집트의 종살이로부터 이스라엘이 해방될 때 보여주었던 지도자 역할을 통해서보다, 토라 수령시의 중재자의 역할을 통해서 모세는 이스라엘 역사의 근본이 되는 모든 것을 압도하는 위대한 인물이 된다. 왜냐하면 전체가 모세라는 인물로 각인된 토라, 즉 오경은 이미 일어났던 사건을 보도할 뿐만 아니라, 많은 세세한 사안에 이르기까지 이스라엘의 삶을 규정하기 때문이다. 이것은 좁은 의미에서 말하는 율법적이거나 사법적인 문제만이 아니라, 이스라엘의 종교생활에 나타나는 많은 근본적인 문제들에도 해당된다. 모세라는 이름을 통해서 인가된 오경의 본문들은 확장된 제의규정들을 포함한다. 그것은 성전 예배에만 해당되는 것이 아니라, 이스라엘 남자나 여자의 개인적인 삶 역시도 규정한다. 예컨대, 정결법이나 절기나 명절에 관한 지시사항, 토지경작에 대한 규정들(출23:10f 등)이 그렇고 이외에 다른 많은 것들이 있다.

언약중재자

모세를 통한 토라의 수령과 전달은 시내 산에서의 장엄한 언약 체결과 밀접하게 연관되어 있다. 시내 산에서 이루어진 이스라엘과 하나님과의 위대한 만남을 시작으로 하여 이미 이스라엘이 "지켜야"

또는 더 낫게는 "보존해야" 하는 언약이 언급된다(출19:5). 이것은 모세가 율법선포 후에 언약을 체결하는 장엄한 의식(출24:1-8)을 미리 보여준다. 이때 모세가 수령하고 전달한 계명들은 언약체결의 중심적인 내용이 된다. 먼저 모세가 "야훼의 말씀과 모든 율례들"(*mišpāṭîm*)을 전한다. 그때 백성들은 응답한다. "야훼께서 말씀하신 모든 말씀을 우리가 준행할 것입니다"(V.3). 모세는 이 말씀들을 기록하고 나중에 다시 한 번 언약서(*sēper habbᵉrît*, V.7)를 읽는다. 이때 백성의 응답이 이어진다. 여기에서 언약과 토라는 분리될 수 없게 서로 연결된다.

모세는 토라 자체를 수령할 때처럼 하나님과 백성 사이의 중재자로서 행동한다. 여기에는 또한 하나님이 족장들과 맺은 언약체결과 시내 산에서의 언약체결 사이에 중요한 차이가 있음이 드러난다. 족장들과의 언약체결에서는 중재자가 필요하지 않았다. 아브라함 혼자서 하나님과 마주하고 있다. 그러나 이제는 모세가 하나님과 백성 '사이에' 서 있다. 여기서 다시 모세가 가진 지위의 독특성이 고찰된다(참조. 1999b). 토라와 언약은 불가분리하게 모세라는 인물과 결합되어 있다.

모세의 중재자로서의 위치는 이스라엘 백성이 금송아지를 만듦으로써 촉발된 언약파괴의 극적인 상황에서 분명하게 드러난다(출34장). 모세는 "증거의 돌판들"을 보라는 듯이 던져버린다(V.19, 참조. V.15). 더 정확히 표현하면 언약이 깨뜨려졌다. 이스라엘이 그 언약을 깨뜨렸다. 그러나 이전에 이미 모세는 하나님께 절박하게 기도했다. 이스라엘을 진멸하시지 말고 그들의 후손을 많게 하시며 그들에게 약속하신 땅을 주시겠다고 아브라함과 이삭과 야곱/이스라엘에게 한 언약의 약속을 기억해달라고(V.11-13) 간청했다. 그러자 하나님이 마음을 바꾸셨다. 이로써 언약갱신(출34:10)을 위한 길이 열린다. 하나님은 언약을 파기하지 않으셨다. 그리고 모세는 다시 언약회복을 위한 중재자가 된다.

신명기 초두의 긴 설교에서(신4장) 두 측면의 결합이 다시 한 번 폭넓게 전개된다. 토라와 언약이 일체화된다. 이스라엘이 '행해야' 하는 언약은 하나님이 돌판에 쓰신 십계명과 동일시된다(V.13). 모세는 그가 이제 막 이스라엘에게 - 새롭게 그리고 확장하여 - 전하려고 하는 토라에 관하여 이미 말한 후에, 하나님께로부터 이스라엘에게 계속되는 계명과 규례들(*ḥuqqîm ûmišpāṭîm*)을 가르치라는 임무를 부여받는다. 이스라엘은 하나님이 그들과 세우신 언약을 잊지 말라고 경고를 받는다(V.23). 그러나 동시에 하나님이 이스라엘의 조상들과 맺었고 맹세로서 확증한 언약을 잊지 않으실 것이라고 확언하신다(V.31).

범례(範例)적인 예언자

하나님이 모세를 "보내신다"(*šālaḥ*, 출3:10, 12). 나중에 계속해서 예언자들을 보내신 것처럼(예컨대, 사6:8; 렘1:7; 7:25; 겔2:3 등) 그를 보내셨다. 하나님은 그에게 예언자적인 형식어구 "야훼께서 이렇게 말씀하신다"(출4:22; 5:1)를 가지고 바로에 맞서도록 위임하신다. 모세는 그것을 반복해서 사용한다(출7:17, 26[8:1]; 8:16[20] 등). 오경의 계속되는 내용에서도 모세의 예언자적인 성격이 드러난다. 그러나 이때 모세의 특별한 위치가 강조된다. 하나님은 대체로 예언자에게 환상과 꿈으로 자신을 알리신다. "그러나 내 종 모세에게는 그렇게 하지 않는다." 고 말씀하신다. 하나님은 그와 "입과 입을 마주하며" 이야기하시지, 수수께끼

같은 말이나 비유로 말씀하지 않으신다(민12:6-8). 모세는 예언자를 능가하는 사람이다.

모세의 예언자적인 능력이 월등하게 크다는 사실은 동일한 상황에서 서술적으로 표현된다. 하나님은 그(즉 모세) 위에 있었던 "영으로부터 (얼마를)" 취하여 칠십 명의 장로들에게 나누어 준다. 그러자 그들은 예언자적인 황홀경에 빠진다(*hitnabbē'*). 진에 머물고 있었던 두 명의 대표자들도 영에 사로잡혔다. 이 일을 통해 발생한 동요에 모세가 대답한다. "하나님께서 자신의 영을 그들에게 오게 하시어 야훼의 모든 백성이 예언자가 되었으면 좋겠다"(민11:16f, 24-30). 이 이야기는 많은 질문을 야기시킨다(참조. Gunneweg 1990, Sommer 1999). 그러나 이 이야기가 초인간적일 정도로 예언자적인 영으로 충만한 모세를 보여주고 있다는 것은 매우 분명하다.

모세가 모든 예언을 측정하는 기준이 된다는 사실은 신명기에서 강조되어 있다. 신명기는 하나님이 이스라엘에 일어나게 하실 예언자들을 "모세와 같은"(신18:15, "나와 같은," V.18, "너와 같은") 예언자들이라고 설명한다. 다른 민족들의 복술가나 점쟁이(V.9-13)와 대조적으로 예언자들은 모세의 후계자로 서게 될 것이다. 모세는 호렙산에서 백성의 간청에 따라 하나님의 음성을 듣고 그 들은 것을 백성에게 전달했다. 하나님은 장래의 예언자들에게도 자신의 말을 입에 넣어주고 그것을 이스라엘에게 전달하게 하실 것이다. 이스라엘은 이 말에 순종해야 한다. 여기에서 예언은 모세로부터 정의된다. 이러한 의미에서 "모세는 예언자였다"는 문장은 하나의 유사어 반복(Tautologie)이다(Watts 1998, 419). 오히려 반대로 예언은 모세적인 것으로 정의된다(Blenkinsopp 1992, 235, 참조. Perlitt 1971, 597).

신명기 말미에 모세는 그 뒤에 오는 모든 예언자들보다 더 뛰어나고 그렇게 뛰어난 사람으로 여전히 여겨지고 있다는 사실이 다시 한 번 언급된다. "그 후에는 이스라엘에 모세와 같은 선지자가 일어나지 못하였다"(신34:10). 민수기 12장 8절에서 이미 언급된 모세의 특별한 지위는 다시 한 번 강조된다. 하나님은 모세를 "얼굴과 얼굴을 대면하여 알았다"(*jāda'*). 다른 예언자들은 하나님의 말씀을 받고 전달한다는 점에서 모세와 같다. 그러나 모세와 하나님과의 관계에서 보여주는 직접성은 유일하고 독특하다.

모세를 예언자로 표현하는 부분은 오경에 한정되어 있지 않다. 호세아서에는 다음과 같은 기록이 있다. "야훼께서는 한 선지자를 통해 이스라엘을 이집트에서 인도하여 내셨고 이스라엘이 한 선지자를 통해 보호받았다"(호12:14[13]). 이것을 통해 다시 모세의 소명에 관한 이야기가 함께 고찰된다. 그때 모세는 이스라엘을 이집트에서 이끌어내라는 위임을 예언자 소명의 언어형식을 통해서 부여받는다. "내가 너를 보낸다… 그리고 너는 나의 백성을 이끌어내야 한다"(출3:10). 호세아는 여기에서 분명 그가 자신의 청중이나 독자에게 잘 알려진 것이라고 생각하는 하나의 전통을 소급하여 이야기한다(참조. Perlitt 1971, 606f).

예언 일반에 대한 그림처럼 '예언자 모세'의 인물상(像)에는 통일성이 없다. 그러나 이러한 측면은 본질적으로 성서에 나타난 모세 인물상의 일부이다.

고난당하는 중보자

이미 소명 이야기에서 모세 인물상의 특징적인 면이 두드러지게 나타난다. 그것은 자신의 직임 때문에 겪는 고난이다. "내가 누구이기에 바로에게 가며 이스라엘 자손을 애굽에서 인도하여 내겠습니까?"(출3:11) "그들이 나를 믿지 아니하며 내 말을 듣지 아니할 것입니다"(출4:1). "나는 본래 말을 잘하지 못합니다… 나는 입이 뻣뻣하고 혀가 둔한 자입니다"(V.10). "오, 주여! 당신이 보내시고자 하는 자를 보내소서"(V.13). 이것은 자신에게 부과된 과제를 거부하는 것처럼 들린다. 하나님은 진노하셨으나(출4:14), 모세에게 (여기에서 갑작스럽게 출현하는) 장차 그의 '입'이 될 형 아론을 준비시킨다(V.16). 그 전에 이미 하나님은 기적을 일으키는 지팡이로 모세를 무장시키셨다(V.3-9).

출애굽에 대한 요구를 바로가 더 힘든 강제노동으로 억압할 때 그의 직임때문에 모세의 고난은 계속된다. 모세는 우선 백성의 고난에 대해서 다음과 같이 탄식한다. "주여, 어찌하여 이 백성이 학대를 당하게 하셨습니까?" 그러나 바로 이어서 다음과 같이 말한다. "어찌하여 나를 보내셨습니까?"(출5:22) 여기서 하나님과 백성 사이에 있는 모세의 지위가 처음으로 분명하게 고찰된다. 백성의 고난을 바라보며 모세는 자신의 보냄에 대한 무용(無用)성, 더 정확히 말하면 유해(有害)성에 대해서 탄식한다(V.23). 그는 하나님께 명확하게 도움을 요청하지 않는다. 그러나 하나님은 도움을 약속하신다(출6:1). 따라서 다른 이야기와 비교해볼 때(아래를 보라) 출애굽기 5장 22절에서 6장 1절까지의 짧은 이야기는 중보기도의 장면, 좀 더 정확히 표현하면 '중보기도의 탄식'(Aurelius 1988, 160f)으로 이해할 수 있다.

이스라엘 백성의 광야유랑에 대한 전승들에서 모세가 자신의 직임 때문에 겪는 고난의 요소는 다양한 정황 가운데서 발견된다. "쓴 물"(마라, 출15:22-25) 이야기에서, 이후 계속해서 백성의 행동을 특징적으로 묘사하게 되는 '원망하다'(*lwn* 니팔형, V.24)는 낱말이 처음으로 등장한다. 분명히 백성들이 모세에게 원망했다고 말한다(V.24). 이것을 통해서 모세는 자신이 공격당하고 있다고 느끼고, 놀라운 방법으로 자신을 돕는 하나님께 "부르짖어" 그 물을 먹을 수 있게 만든다(V.25). 모세의 '외침'(*ṣāʿaq*)은 여기에서 백성들로부터 당하는 곤경의 때에 도움을 요청하는 외침이며 중보기도의 요소는 들어 있지 않다. 출애굽기 17장 1-7절의 상황도 이와 유사하다. 여기에서는 "원망하다"(V.3)는 말이 "다툰다"(*rîb*, V.2, 참조. V.7)는 말로 더 강화된다. 동시에 출애굽에 대한 근본적인 비판이 제기된다. "당신이 어찌하여 우리를 애굽에서 인도해 내어서 우리와 우리 자녀와 우리 가축이 목말라 죽게 하느냐?"(V.3) 심지어 모세는 자신의 생명이 위협을 당하고 있다고 느끼고, 기적을 일으키게 하시는 하나님께 '부르짖어' 반석으로부터 물이 솟아나게 한다(V.5f). 또한 문제가 되는 것은 중보기도가 아니라, 곤경의 때에 도움을 요청하는 모세의 외침이다. 자신의 직임때문에 받은 모세의 고난은 백성들의 반역을 통해서 촉발된 개인적인 고난으로 묘사된다(이와 평행을 이루는 민20:1-13의 이야기에서 모세는 기도하지 않고 아론과 함께 단지 "그의 얼굴 앞에" 엎드린다. 그때 그들에게 "야훼의 영광"이 나타나고 야훼께서 모세와 이야기를 나눈다[V.6f]).

다른 이야기들 가운데서 백성들은 "야훼의 귀에 대고" 탄식하거나(민11:1), "하나님과 모세를 대항하여" 말한다(민21:5). 이러한 행동은 직접적으로 심판하시는 하나님의 반응을 일으킨다. 진영에 위협을 주는 불로서(민11:1) (불?)뱀을 통해서(민21:6) 죄의 대가를 치른다. 백성들이 모세에게 "부르짖"거나(민11:2), 그 앞에서 자신들의 잘못된 행동을 고백할 때(민21:7)에야 비로소 모세는 백성들을 위해서 중보기도(*jitpallēl*)를 한다. 이때 징벌로 내렸던 불이 꺼지거나 또는 모세는 뱀에 물린 자들이 그것을 볼 때 생명을 얻을 수 있도록 "놋뱀"을 만들어 높이 세우라는 명령을 받는다. 여기에서 하나님과 하나님에 의해서 징벌당하는 백성 사이에서 중보기도로 나아가는 모세의 상(像)이 드러난다.

이러한 측면은 이스라엘의 금송아지 범죄사건 이야기(출32-34장)에서 특히 강조되어 나타난다. 그 외에 다른 어떤 곳에서도 하나님과 백성 사이에 있는 모세의 위치가 그렇게 분명하게 각인되어 나타나지 않는다. 또한 모세의 중보기도가 그렇게 중요한 의미를 차지하는 곳은 없다. 하나님은 모세에게 "내가 그들에게 진노하여 그들을 진멸하도록 내버려두라!"(출32:10)고 말씀하심으로써 백성을 진멸하시겠다는 결정을 밝히신다. 모세는 하나님과 백성 사이에 서 있다. 말하자면 하나님이 자신의 진노를 행사하실 수 있도록 옆으로 비껴서야 했다. 그러나 모세는 그 대신 '자신의 하나님 야훼의 얼굴을 진정시키려고' 애쓴다. 모세는 하나님께 다음과 같이 탄식한다. 하나님께서 직접 이스라엘을 "큰 권능과 강한 손으로" 이집트로부터 이끌어내시지 않으셨냐고, 그러면 이집트 사람들은 하나님이 자신의 백성에게 재앙을 내려 진멸시키기 위해 이끌어내셨다고 말하지 않겠냐고 탄식한다. 또한 하나님이 조상들에게 맹세하여(V.11-13) 그들의 후손을 많게 하고 약속하신 땅을 주시겠다고 약속하시지 않으셨냐고 말한다. "이때 야훼께서 뜻을 돌이키사 말씀하신 화를 그 백성에게 내리지 아니하셨다"(V.14). 모세는 하나님이 족장들에게 하신 맹세를 상기시킴으로써 이러한 하나님의 "돌이키심"을 이끌어냈다(참조. Jeremias 1975, 59ff).

출애굽기 32-34장의 다층적인 본문에서 모세는 이외에도 여러 번 이스라엘을 위한 중보기도자로서 자신의 목소리를 높인다. 첫 번째 대화(출32:11-14)가 단지 하나님과 모세 사이에서 이루지다가 후에 백성들이 포함된다. 모세는 이스라엘 백성에게 그들의 죄를 꾸짖은 후, 하나님께 죄 용서를 빌기 위해 다시 시내 산에 오른다. 이때 모세는 다시 한 번 백성에 대한 자신의 무조건적인 연대를 강조한다. 하나님이 이 백성을 용서하지 않으시려거든 자신을 "당신이 기록한 책에서" 지워버리라고 말한다(출32:30-32). 이로써 모세는 "모세 자신만을 큰 민족으로 만들겠다"는 하나님의 선포(V.10)에 대해서 이전과 같이 강하게 거부한다. 그는 자신의 운명이 나머지 백성들의 운명보다 더 낫기를 바라지 않는다(Cassuto 1967, 423). 하나님의 응답은 다층적이다. 모세는 하나님의 책에서 지워질 수 없다. 왜냐하면 "나는 (오직) 나에 대해서 죄지은 자를 내 책에서 지우기 때문이다"(V.33). 하나님은 백성의 죄를 용서하시겠다는 약속을 분명하게 말씀하지 않으신다. 그러나 하나님은 모세에게 당신이 약속하신 목적지로 백성을 인도하라고 위임하신다(V.34a). 이로써 출애굽의 실패위험은 우선 극복되었다(그 이후에 독특한 경고가 나타난다. "내가 보응할 날에는 그들의 죄를 보응하리라"[V.34b]. 언제 이것이 이루어지는가의 문제는 아직 미결로 남아 있다. 많은 주석가들은 이것을 여로보암 1세가 벧엘과 단에 세우게 하였던 송아지 상(像) 때문에 북이스라엘에게 주는 하나의 위협으로 본다. 참조. 왕상12:25-30).

언약의 갱신도 용서를 구하는 모세의 간청에 대한 하나님의 직접적인 응답으로 묘사된다(출34:8-10). 다시 긴장감 넘치는 백성에 대한 모세의 연대 의식을 보게 된다. 한편으로 모세는 그들이 "목이 곧은 백성"이라고 말한다. 다른 한편으로 그는 하나님께 "**우리의** 악과 죄를" 용서해 달라고 하면서 자신을 백성과 결합시킨다(V.9). 여기에 하나님께서 응답하신다. "보라, 내가 언약을 세운다…"(V.10).

마지막으로 시내 산에서와 유사한 상황이 이스라엘이 들어갈 땅에 정탐꾼을 파견한 후 반복된다(민13장 이하). 정탐꾼들이 가나안 땅의 거주민들이 강하다고 보고하자 백성들은 계속 나아가기를 거부한다. 그들은 모세와 아론을 향하여 원망하며 다른 지휘관을 세워 이집트로 다시 돌아가기를 원한다(민14:1-4). 하나님은 시내 산에서와 같이 반응하신다. 하나님께서는 백성을 멸하시고 모세를 더 크고 강한 민족으로 만들고자 하신다(V.11f). 모세의 대답에는 시내 산에서 첫 번째 중보기도를 드릴 때(출32:11f)와 동일한 논거가 들어 있다. 그러나 이번에는 그 폭이 더 넓다. "이집트 사람들과 다른 민족들이 자신의 백성을 그들에게 주겠다고 맹세한 땅으로 인도하는 하나님의 능력을 의심할 것이다"(민14:13-16). 그리고 모세는 하나님 자신이 현현시에 자신에게 하신 말씀을 반복한다. "그는 노하기를 더디하시고 인자가 많으셔서 죄악과 허물을 사하신다"(V.17-19, 참조. 출34:6f). 모세는 모든 형식을 다해 하나님께 간청한다. "구하옵나니 당신의 인자의 광대하심을 따라 이 백성의 죄악을 용서하시되 애굽에서부터 지금까지 이 백성을 용서하신 것같이 용서하시옵소서"(민14:19). 이때 하나님이 응답하신다. "내가 네가 간구한 대로 용서하였다"(*sālaḥtî*, V.20). 동시에 하나님은 반역하는 현 세대는 약속의 땅에 들어가지 못한다고 지시하신다(V.21-23).

여기에서 다시 한 번 불평하고 반역하는 백성과 하나님 사이에서 모세가 맞이하고 있는 상황의 이중성이 분명하게 고찰된다. 이때 모세의 중보기도를 보면 그 무게중심이 토라의 전달과 시내 산에서의 언약체결로 **향하고** 있음이 드러난다. 그의 중보기도는 백성에 대한 하나님의 진노와 형벌예고에 대한 응답이다. 왜냐하면 이스라엘 백성은 시내 산의 언약과 함께 하나의 새로운 법적 관계에 들어선 것이며, 이로써 하나님에 대한 새로운 의무를 지니게 되기 때문이다(참조. Schart 1990, 50f).

모세의 중보기도 모습은 개인에 대한 그의 중보기도 이야기를 통해서 보충된다. 이집트 재앙 이야기에서 항상 바로는 자신을 위해서 재앙이 종결되도록 기도해 달라고 간청할 때, 모세는 이 간청에 따른다는 내용이 담겨 있다(출8:4-9[8-13], 24-27[28-31]; 9:27-33; 10:16-19). 여기서 중보기도는 바로와의 대결에서 모세가 하나님으로부터 임명된 이스라엘의 구원자라는 사실에 대한 합법성을 드러내고 있는 하나의 요소가 된다. 그의 지도력을 부인하여 하나님으로부터 문둥병의 벌을 받은 미리암을 위한 모세의 중보기도(민12:13)도 모세의 적법성을 확증하는 맥락에서 고찰된다. 마지막으로 (이번에는 아론과 함께) 모세는 백성 전체를 고라의 반역자들과 함께 진멸하지 말기를 하나님께 간구한다(민16:20-24). 여기에서 하나님의 형벌은 취소되지 않는다. 그러나 그 형벌은 직접적으로 죄를 범한 사람들의 무리에만 제한된다.

모세의 중보기도에 대한 모든 이야기는 동일하게 모세의 특별한 위치를 똑똑히 보여주며 그것을 정당화시키고 있다. 그 외에는 다른 어떤 사람도 자신의 중보기도를 통해 백성을 - 또한 경우에 따라서는 개인을 - 하나님의 진노와 형벌에서 보호하지 못하고 있다. 동시에 이러한 이야기들은 모세의 중보기도가 자신의 직임에 대한 거부와 반대가 계속해서 제기되는 갈등상황에서 기인된 것임을 상이한 방식으로 보여준다. 그러므로 중보기도는 종종 그의 직임 때문에 겪는 모세의 고난을 표현한다. 이 고난은 지도자로서의 그의 삶의 여정 처음부터 동반된 것이다.

마지막으로 효능 있는 중보기도에 대한 자격부여는 예언자에 대한 특별한 표시로도 간주된다. 자신의 중보기도가 하나님에 의해 응답되었다는 사실이 아모스에 의해서 전승된다(암7:3, 6). 그러나 그는 더 이상 중보기도를 계속할 수 없었다는 사실도 전해준다(암7:7-9; 8:1-3). 예레미야는 하나님으로부터 그 전에 행했던 중보기도에 대한 분명한 금지명령을 받는다(렘7:16; 11:14; 14:11, 참조. 18:20). 이사야에 의해서도 중보기도가 드려졌다(사37:4). 그러나 예언자 이전의 시대에도 중보기도는 예언자의 표시로서 기능한다. 예언자 사무엘(삼상3:20)은 이스라엘을 위해서 중보기도 한다는 점에서 모세의 후계자로서 묘사된다. 그는 모세처럼 기도하고 그 기도를 통해서 블레셋에 대한 이스라엘의 승리를 거둔다(삼상 7:7-12, 참조. 출17:8-13). 그는 이스라엘 백성에게 자신의 뜻과는 반대로 왕을 세운 후에도 이스라엘을 위해서 기도하는 것을 쉬지 않겠다는 약속을 한다(삼상12:19, 23). 그래서 예레미야 15장 1절에는 모세와 사무엘이 동일하게 범례적인 중보기도자로 지칭된다. 마지막으로 아브라함에게 예언자의 명칭이 부여된다. 왜냐하면 그의 효과 있는 중보기도를 통해 하나님이 선언하신 불행이 다시 중지되기 때문이다(창20:7, 17).

하나님의 종

"이에 야훼의 종 모세가 죽었다"(신34:5). 이 문장은 한 시대가 끝났음을 알려준다. 이 문장은 여호수아 1장 1절 이하에서 반복되면서 그러한 사실을 분명하게 보여준다. "내 종 모세가 죽었다." 모세는 명예로운 칭호 "야훼의 종"(*'ebed jhwh*)으로 지칭된다. 이 칭호는 상급자에 대한 특히 친밀한 지위를 표시한다. 그것에 상응하는 전권이 연결되어 있다("왕의 종"에 대하여 참조. 왕하22:12, 루터 성서에는 "시종"[Kämmerer]이라고 번역되어 있음). 그래서 하나님은 "내 온 집의 전권을 위임한" 모세를 "내 종"이라고 말씀하실 수 있다(민12:7). 그에 대한 거부는 바로 하나님에 대한 거부로 이어진다(V.8b). 또한 이 칭호는 하나님과 모세 사이의 밀접한 신앙적 관계를 표현한다. 그래서 이스라엘 백성이 홍해에서 놀라운 기적을 경험한 후 다음과 같이 기록한다. "그때 그들이 야훼와 그의 종 모세를 믿었다"(출14:31).

무엇보다도 이 칭호는 시내 산의 토라와 자주 결합되어 나타난다. 이처럼 여호수아는 가나안 땅에 들어가기 전에 하나님께로부터 "내 종 모세가 너에게 명령한 토라를 모두 지켜 행하라"(수1:7)는 경고를 받는다. 여호수아는 "야훼의 종 모세가 이스라엘 자손에게 명령한 것과 모세의 토라에 기록된 대로"(수8:31) 에발산에 재단을 세운다. 그리고 그는 야훼의 종 모세의 지시에 따라 토라를 공개적으로 낭독하는 의식을 수행한다(V.33). 여호수아는 가나안 정복 후에 요단강 동쪽 지역의 지파들에게 야훼의 종 모세의 토라에 전적으로 충실하라고 훈계한다(수22:2, 5). 북이스라엘의 종말도 이스라엘 백성이 하나님의 음성을 듣지 않았고 언약을 지키지 않았기 때문에, 즉 "야훼의 종 모세가 명령한 모든 것을" 준행하지 않았기 때문에 발생한 일로 설명된다(왕하18:12). 또한 므낫세의 제의적인 일탈행위에 대해서도 "내 종 모세가 그들에게 명령한 모든 토라를" 지키라는 요구를 상기시키고 있다(왕하21:8). 그리고 다니엘서에서 회개기도를 하는 기도자는 토라에 대한 불순종을 고백한다. 그 불순종의 결과로 "하나님의 종 모세의 토라에 기록된 대로" 저주를 당하게 된다(단9:11). 이것에 비하여 포로로부터 돌아온 귀환공동체는 "하나님의 종 모세를 통해 준 하나님의 토라대로 행할 것"을 확약하고(느10:30[29]), 상세한 자기맹세를 통해서 구체화시킨다. 마지막으로 예언자 말라기는 아직 임하지 않은 야훼의 날을 바라보며 "내 종 모세의 토라"를 기억하라고 경고한다(말3:22[4:4]).

모세가 "야훼의 종"이라는 칭호로 지칭될 때 나타나는 두 번째 주제는 약속의 땅과 그것을 지파대로 분배해 주겠다는 약속이다. 이러한 맥락에서 이 칭호는 여호수아서에 자주 등장한다. 특히 모세가 요단강 동쪽의 지파들에게 분배한 땅에 대한 내용에서 자주 나타난다(수1:13, 15; 12:6; 13:8; 18:7; 22:4, 이 외에 참조. 9:24; 11:12, 15; 14:7). 성전 봉헌기도 말미에서 솔로몬은 하나님께 이스라엘 백성을 위해서 다시 한 번 기도한다. 이스라엘 백성을 "당신께서 우리 조상을 애굽에서 인도하여 내실 때에 당신의 종 모세를 통하여 말씀하심 같이" 하나님께서 세상 만민 가운데에서 구별하여 기업으로 삼은 백성이라고 말한다(왕상8:53). 그리고 마지막 축복에서 솔로몬은 하나님이 그의 백성에게 안식을 주셨고 "무릇 그의 종 모세를 통하여 말씀하신 그 모든 좋은 약속 가운데 하나도 이루어지지 아니함이 없다"(V.56)는 사실에 대해서 감사한다. 역대기서에는 이 칭호가 제의적인 문제들과 관련하여 몇 번 나타난다(대상 6:34[49]; 대하 24:6, 9).

하나님의 말씀에서 '내 종'이라는 명칭은 모세에게만 국한되지 않는다. 야곱/이스라엘(사41:8f; 44:1f 등), "하나님의 종"(사42:1, 19; 52:13; 53:11), 스룹바벨의 "메시아적인" 모습(학2:23), 이사야(사20:3)나 욥(욥1:8; 2:3; 42:7f)과도 관련될 수 있다. 그러나 이 명칭은 다윗을 위해서 특히 자주 그리고 하나의 칭호로서 사용된다(사37:35; 겔34:23; 37:24f). 다윗은 분명하게 "야훼의 종"이라고 지칭된다(시18:1; 36:1[표제]). 이러한 칭호의 사용을 통해 우리는 모세와 다윗이 의도적으로 동등하게 취급되고 있음을 알 수 있다.

모세, 이스라엘의 범례적인 지도자

모세의 죽음과 함께 이스라엘 역사의 첫 번째, 즉 기초가 되는 시대가 막을 내린다. 이 시대는 특별한 의미에서 전(前) 역사(Vorgeschichte)다. 이 시대는 이스라엘이 나중에 들어가 살게 되는 땅에서 전개되지 않았으나 훗날 있게 될 이스라엘의 삶을 규정하는 사회구조와 제도들에 대한 사전결정을 포함하고 있다. 말하자면 이 모든 것이 모세라는 인물 속에 종합된다. 좁은 의미에서나 넓은 의미에서, 나중에 이스라엘이 발전시키는 직임들 가운데 모세와 같은 직임을 감당한 사람은 없다. 모세 홀로 이스라엘의 삶을 위해 필요한 모든 기능을 수행한다.

모세의 역할은 더 있다. 모세는 이집트의 종살이로부터 이스라엘을 이끌어냄으로써 이스라엘이 민족으로 살아가기 위한 전제조건을 처음으로 갖추게 하였다. 모세 없이는 현재의 이스라엘도 존재할 수 없었다. 그는 백성에게 그들의 정체성을 갖게 하였다. 또한 여기서 이미 모세의 특별한 위치에 대한 결정적인 요소가 드러난다. 그는 그가 행하는 모든 것에 대한 지시를 하나님으로부터 직접 받았다. 모세가 선취적으로 수행하는 모든 '직임'은 후대의 직임자들과 비교해볼 때 근본적인 차이점을 보여준다. 바로 여기에서 본문에서 보는 바와 같은 모세의 일회성에 대한 이해의 열쇠를 찾을 수 있다.

예언자 '직임'의 경우 돋보이는 모세의 특별한 지위가 여러 번 분명하게 강조된다. 그가 보여준 하나님과의 교제는 그 후에 등장하는 모든 예언자들과 비교해 볼 때 근본적으로 다르며(민12:7f), 누구도 그와 비교될 수 없다(신34:10-12). 그러나 가장 주목할 만한 점은 그의 포괄적인 지도적 기능이 후대의 직임들과 어떤 비교도 할 수 없게 한다는 점이다. 또한 이러한 기능은 하나님과의 직접적인 관계를 통해서 각인되어 있다. 이러한 사실은 소명받은 구원자로서의 기능에도 해당되며, 그것은 특히 고난당하는 중보기도자로서의 기능에서 긴장감 넘치며, 종종 극적이기도 한 표현을 통해서 드러난다. 백성을 인도하고 지도하라는 임무는 제한된 의미에서 여호수아에게 양도된다. 그러나 이것은 여호수아의 죽음과 함께 종결된다. 사사 시대의 카리스마적인 인물들은 이때 생성된 진공상태를 매우 부분적으로 이어주고 있을 뿐이다. 그러나 모세의 지위에 있었던 일회성은 그 이후 한 층 더 분명해진다. 이제 백성을 인도할 책임을 넘겨받은 왕은 예언자를 통한 즉위와 합법화가 필요하다. 그 자신 스스로는 어떤 '영적인' 전권도 없다. 여기에서 뒤를 돌이켜보면, 모세라는 인물이 시사하는 바가 무엇인지 더 분명해진다. 이스라엘은 하나님과 직접적인 관계 속에 있는 지도자가 필요하다. '예언자' 모세는 이러한 과제를 범례적으로 성취했다. 그러나 모세 이후 이러한 요구에 적합한 지도자는 없었다. 예언자 사무엘은 '지상적인' 지도력을 다른 사람에게 위임해야 한다.

또 다른 곳에서 모세와 왕의 역할 비교가 암시된다. 고대 오리엔트의 이스라엘 주변세계에서는 왕이 법률을 제정하는 주무기관이었다. 이스라엘에서는 이러한 사실에 대한 어떤 흔적도 찾아볼 수 없다. "다른 곳에서 왕이 서 있는 자리에 이스라엘에서는 모세가 서 있다." 그러므로 확장되고 세분화된 오경 율법본문들의 모양새는 이스라엘 법률체계의 필요성과 발전에서 해석되어야 한다는 주장이 많은 사실에 의해서 지지된다(참조. Crüsemann 1992, 76-131, 인용. 113쪽).

마지막으로 모세가 직접 수행하지 않은 직임이 한 가지 있다는 사실은 중요하다. 그것은 제사장의 직임이다. 제사장은 제의제도를 설립하는데 가장 중요한 요소 중 하나이다. 그래서 모세는 아론과 그의 아들들을 제사장으로 임명한다(레8장). 이 행사를 위해서만 모세가 직접 제사를 드린다. 그 후에는 모세가 한 번도 제사장의 기능을 수행하지 않는다. 이것은 동시에 아론과 그의 아들들을 제사장에 임명한 것은 철회될 수 없으며, 다른 어떤 사람에 의해서도 변경될 수 없다는 사실을 의미한다. 모세에게는 이러한 기능을 수행할 수 있는 후계자가 없었다.

이렇게 모세가 범례적인 인물이라는 사실이 다양한 측면에서 고찰된다. 그는 많은 영역에서 모범적인 역할을 한다. 그 기능은 신앙적으로 너무 탁월하여 그러한 직임을 하나라도 수행하던 후대의 어떤 사람도 도달할 수 없는 것이었다. 모세의 모습 안에 특정한 직임과 제도의 이상적인 형태가 구상되어 있으며 이스라엘 초기로 옮겨져 있다. 그러한 직임을 수행하는 후대의 소유자와 행정가들은 모세의 모습을 통해서 평가된다.

바로 이러한 관점에서 볼 때 주목할 만한 것은 모세의 인물상이 전혀 단선적이거나 모순성 없이 표현되지 않는다는 점이다. 매우 자주 하나님의 진노에 대해서 언급될 뿐만 아니라 모세의 진노에 대해서도 언급된다(출32:19 등). 그리고 자주 그의 격정은 백성만을 향한 것이 아니라 하나님을 향하기도 한다(민11:10-15). 그러나 깜짝 놀라게 하는 문장도 발견된다. "이 사람 모세는 그 겸손함이 지상의 모든 사람보다 더 컸다”(민12:3). 이러한 진술은 직접적인 연관성 속에서 모세가 두드러진 자신의 지위에 대해 문제제기(V.2)를 할 때 자신의 입장을 스스로 표명하지 않는다는 사실의 근거가 된다. 이로써 모세 상(像)은 의미심장하게도 매우 다양하게 나누어진다는 사실을 확인할수 있다. 모세는 족장들처럼, 또는 히브리성서의 다른 어떤 인물처럼 그렇게 이상적인 인물이 아니다.

Theologie des Alten Testaments

B.IX
다윗 왕국

다윗 왕국

이론이 분분한 출발들

"그때에 이스라엘에 왕이 없으므로 사람이 각기 자기의 소견에 옳은 대로 행하였다"(삿21:25). 사사기의 이러한 마지막 문장은 이스라엘에 지도력이 없고 방향성이 없다는 사실을 명시하고 있다. 그러나 히브리성서의 독자들은 이스라엘이 모세를 통해 이상적인 지도력을 소유하고 모세의 토라에 완전히 집중하였던 때가 있었다는 사실을 알고 있다. 이뿐 아니라 그들은 이스라엘에 왕이 있었기 때문에 사사 시대의 유감스러운 상태가 극복되었던 때의 경험을 이미 알고 있었다.

그러나 왕정이 이스라엘에서 전혀 논란의 여지가 없었던 것은 아니다. 왕정의 문제는 본문에서 다양한 방식으로 반영된다. 우선 사사 시대에 왕을 세우려는 시도들에 대해서 매우 상이한 방식으로 보도된다. 이스라엘 백성은 미디안과의 싸움에서 성공을 거둔 하나님으로부터 부름받은 능력 있는 지도자 기드온에게 세습왕조의 형태로 다스려줄 것을 제안한다. 그러나 기드온은 다음과 같은 말로써 이 제안을 거부한다. "내가 너희를 다스리지 아니할 것이며 나의 아들도 너희를 다스리지 아니할 것이다. 야훼께서 너희를 다스릴 것이다"(삿8:22f). 여기에서 이스라엘에 대한 왕정과 하나님의 유일통치(Alleinherrschaft)가 서로 모순된다는 사실이 매우 강조된 형태로 표현된다. 그러나 이때 '왕'(*melek*)이나 '왕으로서 통치한다'(*mālak*)는 표현은 사용되지 않는다.

찬탈행위를 통해 형성된 아비멜렉의 왕정에 대한 이야기는 완전히 다른 관점을 포함한다(삿9장). 여기에는 어떤 종교적인 동기도 없다. 그것은 폭력으로 도달된 왕정이며 치욕스런 종말을 맞는다. 이러한 통치의 자의성은 불합리성 속에서 이루어지는 가시나무의 통치에 대해 말하는 요담의 우화를 통해서 폭로된다(V.7-15). 여기에서 왕정에 대한 비판이 암시된다. 그 비판에는 왕정제도가 위험한 것으로 간주된다.

마지막으로 이스라엘의 장로들이 사무엘에게 "모든 민족들"이 왕을 두고 있는 것처럼 이스라엘에도 왕을 세워달라고 간청할 때(삼상8:5), 왕정이라는 근본적인 문제가 언급된다. 사무엘상 8-12장은 가장 긴장감 넘치는 본문들의 모음집이다. 여기서 이 문제가 매우 다양한 측면에서 고찰된다. 사울에 대한 하나님의 인정, 사울이 왕으로 즉위함, 그리고 사울의 첫 승리에 대한 내용이 다양한 형태의 본문으로 보도된다(삼상9:1-10:16; 11장). 그러나 전체 이야기의 틀을 형성하고 있는 사무엘상 8장과 12장에서는 왕정이 하나님에 대한 반란으로(삼상8:7), 이스라엘 자영농의 소유관계에 대한 침해로(삼상8:11-17) 평가된다(참조. 삼상10:17-27). 여기에 왕정의 경험을 전제하고 있는 반(反)왕정적인 태도가 반영되어 있다. 그러나 결과적으로 사무엘상 8-12장은 왕정이 몇 가지 근본적인 문제가 있음에도 불구하고 하나님에 의해서 정당화되고, 예언자 사무엘에 의해서 제정된 제도라는 사실을 통해 인정받은 제도임을 보여준다(이 문제 전체에 대해서 참조. Crüsemann, 1978a).

그럼에도 불구하고 사울 왕정은 하나님께 버림받는 것으로 끝난다. "당신이 야훼의 말씀을 버렸으므로 야훼께서도 왕을 버리셨습니다"(삼상15:23). 이렇게 극단적으로 상반된 가치를 보여주는 이야기에서(참조. Brueggemann 1997, 367ff) 은밀히 다윗을 후계자로 선택하고 기름 붓는 사건은 결정적으로 중요한 역할을 한다.

이상적인 왕 다윗

다윗 왕정은 처음부터 사울 왕정과 대조적으로 묘사된다. 사무엘을 통한 다윗의 기름 부음은 명백히 하나님에게 버림받은 사울에 대한 대안으로 이루어진다(삼상16:1). 다음에 이어지는 다윗과 사울의 투쟁에서도 상황의 상승과 하강이 있지만, 모든 어려움과 위험에도 불구하고 다윗의 상승은 저지할 수 없는 것임을 명백히 보여주려는 경향이 드러난다(참조. 1971). 그러나 이때 기회가 여러 번 있었음에도 불구하고 다윗이 직접 사울에게 폭력을 행사하지 않는다는 사실이 특히 강조된다. 왜냐하면 그는 사울이 그에 대항하여 누구도 손을 들 수 없는(참조. 삼하1:14, 16) "야훼의 기름 부음 받은 자"(*māšîaḥ*, 삼상24:7[6], 11[10]; 26:9, 11, 16, 23)라는 사실을 알기 때문이다. 다윗은 찬탈자가 아니다. 그는 하나님에 의해서 지명되고 합법화된 사울의 후계자이다. 그는 자신의 때가 오기까지 기다린다. 독자들은 나중에 다윗 자신이 '마쉬아흐'(*māšîaḥ*)로서 지칭될 때(삼하22:51; 23:1) 이러한 다윗의 진술을 기억한다.

다윗은 통치 초기에 이스라엘의 계속적인 발전과 특히 이스라엘의 종교 형성을 위해 지대한 의미를 지니게 될 두 가지 조치를 취한다. 첫 번째 조치는 예루살렘 도성을 점령한 것이다(삼하5:6-9). 이 조치의 의미는 우선 다윗이 지파들의 이해와 경쟁으로부터 자유로운 수도를 건설했다는 사실에 있다. 그러나 예루살렘은 두 번째 조치를 통해서 근본적인 종교적 의미를 획득한다. "하나님의 법궤"(삼하6:2-4 등) 또는 "야훼의 법궤"(V.9, 11 등)를 예루살렘에 옮겨온 것이다. 이로써 중심적이며 최종적인 유일한 제의장소로서 기능하는 예루살렘을 위한 전제조건이 충족되었다. 다윗의 이러한 조치에 대한 기억이 종교적인 전통에서 얼마나 강력한 영향을 주었는지, 시적이며 예전적으로 이 사건을 재서술하고 있는 시편 132편이 매우 인상적으로 보여준다. 여기서 하나님이 "그곳에 거주하기 위해서 선택하신"(V.13) 장소를 나타내기 위해 사용하고 있는 "시온"이라는 명칭이 등장한다.

하나님의 적절한 '거처' 에 대한 문제는 다윗과 예언자 나단과의 대화에서 다윗 왕정의 미래와 명시적으로 연결된다(삼하7:1-17). 출발점은 아직 장막에 "머물고 있는"(V.2) 하나님의 법궤를 위한 집을 건립하고자 하는 다윗의 소원이다. 나단을 통해서 전달된 하나님의 응답은 하나님을 위한 집에서 다윗의 집으로 대상이 바뀐다. 하나님은 다윗에게 집을 지어주길 원하고 계시며(V.11) 다윗의 왕정이 직접적인 상속자들을 넘어서 영원히(*ʿad-ʿôlām*) 존속되기를 바라신다(V.16). 다윗의 직속 후계자는 하나님의 이름을 위해서 집을 건축하게 될 것이다(V.13).

사무엘하 7장은 이스라엘 왕으로서 다윗이 가지고 있는 전체적인 그림에 대한 징후를 보여준다. 처음에는 가장 작은 출발로부터 이루어진 소명이 나타난다. 하나님은 다윗을 "양떼 뒤에서" 데려다가 그를 "내 백성 이스라엘의 '나기드'(*nāgîd*, prinz)로" 삼았다(V.8, 참조. 삼상 16:1-13). 그런 다음 그의 길과 그의 행동 가운데 함께하셨고, 그의 "이름을 이 땅에서 위대한 자들의 이름과 같이 크게 만드시고자" 하신다(V.9). 그러나 이 모든 일이 다윗뿐만 아니라 이스라엘을 위해서도 이루어진다. 그 지평은 이스라엘과 함께하는 하나님의 역사에 대한 관점에 이르기까지 확대된다. 하나님은 자신의 백성에게 거주할 장소를 주고 그들을 그곳에 "심고자" 하신다(V.10). 이것이 이스라엘 백성이 홍해를 통과하고 난 후 부른 감사의 노래에서 기억된다. "당신께서는 백성을 인도하사 그들을 당신의 기업의 산에 심으실 것입니다. 야훼여! 이것은 당신의 처소를 삼으시려고 예비하신 것입니다. 주여! 이것이 당신의 손으로 세우신 성소입니다"(출15:17). 사무엘하 7장에서 하나님의 이름을 위한 집을 건축하게 될 것을 예견하는 것은 하나님이 거주하시는 산에 심는 것과 상응된다. 백성을 '심는다'는 은유는 이스라엘의 회복을 위한 예언자들의 구원약속에서도 나타난다(렘32:41; 암9:15).

"나단의 신탁"에 뒤따라 나오는 다윗의 기도(삼하7:18-29)에서 다윗에 대한 하나님의 약속이 이스라엘에 어떤 의미가 있는지 다시 한 번 강조된다. 신명기의 분명한 암시와 함께 하나님의 위대하심과 이스라엘에 대한 행동의 일회성이 찬양된다. 하나님은 위대함을 드러내는 큰일들을 통해 이스라엘을 구원하시고 자기 백성으로 삼으셨다(V.23f, 참조. 신4:7, 34). 두 가지 측면이 이제 불가분의 관계로 통합된다. "사람은 말하게 될 것이다. 야훼 체바옷은 이스라엘의 하나님이시며, 당신의 종 다윗의 집을 당신 앞에서 견고하게 하실 것이라고"(V.26).

이로써 뒤이어 나오는 모든 내용에 대한 징후가 제시된다. 다윗의 역사 자체는 전혀 직선적이지 않게 전개된다. 다윗이 밧세바와 간음하고 남편 우리아를 은밀하게 제거함(삼하11장), 다윗의 죄 고백(삼하12장), 다윗의 후계를 둘러싼 음모들, 다윗의 도피와 세바의 반란(삼하13-20장), 이 모든 것 가운데서 나단의 신탁과 다윗의 기도에서 언급되었던 하나님의 축복을 발견하기는 어렵다. 다윗의 역사 말미에 있는 시편 형식의 두 본문 - 다윗의 말로 소개된다 - 에 와서야 다른 음조를 들을 수 있다. 사무엘하 22장(이것은 '제왕시' 인 시편 18편과 폭넓게 일치한다)은 다윗을 "야훼의 기름 부음 받은 자"(V.51)로 칭하고, 기도하는 왕이 경험했던 원수들로부터 건져내 주신 하나님의 구원에 대하여 상세하게 설명한다(특히 V.1, 18, 38-49).

이러한 '다윗의 감사시' 에서 다윗 상(像)에 새로운 특징을 더해 주는 또 하나의 핵심어가 나타난다. 기도자 다윗은 다른 사람의 모범이 되는 특징으로 자신의 공의(*ṣᵉdāqāh*)에 대하여 말하고(삼하22:21-25, 그 전에는 다윗이 왕으로서 이스라엘에게 "공평과 정의"를 행했다고 짧게 기록하고 있다. 삼하8:15), 자기 자신을 "흠 없는"(*tāmîm*, V.24) 사람으로 칭한다. 여기서 다윗의 후계자들을 평가하는 기준을 엿볼 수 있다. 사무엘하 23장 1-7절의 "다윗의 마지막 말들"에서 이 그림은 더욱 확장된다. 다윗은 자신을 "야곱의 하나님의 기름 부음 받은 자"로 칭하고(V.1), "야훼의 영"이 자신을 통해서 말씀하신다고 말한다(V.2). 또한 하나님은 다윗에게 "영원한 언약"(*bᵉrît ʿôlām*)을 "베푸셨다"(*śām*, V.5)고 말씀하신다.

그러므로 다윗의 통치 말기에 하나님에 의해서 선택된 이러한 이상적인 왕의 모습이 구상된다. 이러한 왕의 모습은 현실을 뛰어넘어 다윗을 돋보이게 하고 뒤이어 나오는 모든 왕들의 모범과 기준이 되게 한다. 솔로몬이 즉위할 때 이러한 모습은 또 다른 강조점을 지니게 된다. 다윗은 자신의 아들 솔로몬에게 하나님의 길로 행하며 "모세의 토라에 기록된 대로" 계명과 율례를 따르라고 훈계한다(왕상2:1-4). 요시야의 통치 아래에서 모세의 토라가 백성을 지도하기 위한 지침서가 되었을 때, 왕정의 모든 역사는 이스라엘 삶의 기초와 왕정 이전의 시기와 연결된다.

이러한 다윗의 고별사에서 그의 모습을 따라 후계자들을 평가하는 것은 나단의 신탁을 요약된 형태로 반복할 때 사무엘하 7장에서는 발견되지 않는 하나의 조건적인 요소로 추가된다. "만일 네 자손들이 그들의 길을… 진실히 내 앞에서 행하면 이스라엘 왕위에 오를 사람이 네게서 끊어지지 않을 것이다"(왕상2:4). 성전 봉헌기도에서 솔로몬 자신이 이러한 조건적인 제한을 반복한다(왕상8:25). 두 번째 솔로몬의 꿈에서 이러한 제한은 하나님의 말씀 속에서 더욱 광범위하게 전개되고 강화된다(왕상9:3-9). 최종적으로 솔로몬의 통치 말기에 다윗에 대한 약속의 '실현' 은 새롭게 강조되지만 동시에 한정되기도 한다. 하나님은 왕국을 솔로몬에게서 "찢어내실" 것이라고 예고하신다(왕상11:11). 이것은 이중으로 한정된다. 이 일은 솔로몬의 생애에는 일어나지 않을 것이며(V.12), 솔로몬의 아들에게서 왕국 전체를 빼앗지는 않으시고 지파 하나는 남겨두실 것이다(V.12). 이 두 가지 모두 '네 아버지 다윗' 또는 '내 종' 을 위한 것이라고 이유를 설명하신다. 열왕기상 11장 13절에는 "내가 선택한 예루살렘을 위하여"라는 내용이 첨가되어 있다. 어떻게 그러한 상황이 발생되었는가 하는 점이 회고적으로 묘사된다. 다윗 왕정은 남쪽 나라 유다에 한정되지만 그곳이 더 오래 지속된다.

바로 이 지점에서 특유한 리타르단도(Ritardando)가 생겨난다. 예언자 아히야가 여로보암에게 솔로몬의 뒤를 이어 왕정을 이어받게 될 것이라고 예고한다(왕상11:29-39). 이때 그는 하나님의 말씀 가운데 솔로몬에게 전달되었던 내용을, 말하자면 거울에 비친 영상처럼 반복한다. 하나님은 솔로몬의 아들에게 "내 종 다윗을 위하여" 지파 하나를 남겨 두실 것이다(V.32, 34). 그러나 무엇보다도 예언자 나단을 통해서 다윗에게 하셨던 약속을 여로보암에게 동일하게 하신다. 하나님은 그와 함께하실 것이며, 다윗을 위하여 세우셨던 것과 같이 그를 위하여 견고한 집을 세우실 것이다(V.37f). 이 예고에서 여로보암은 다윗의 실제적인 후계자, 적어도 견줄 만한 합법성과 하나의 '집,' 즉 왕조를 가진 상대(相對) 왕(Gegenkönig)으로서 나타난다. 정말 하나님은 다윗의 집에서 왕국을 "빼앗아" 여로보암에게 주셨다고 말할 수 있을 정도다(왕상14:8). 그래서 결국 다윗 왕조로부터 이탈하여 북쪽 지파들을 형성하도록 한 르호보암의 행동도 설화자에 의해서 여로보암에 대한 예언적 약속의 성취로 해석된다(왕상12:15).

물론 이 약속은 다시 솔로몬에 대한 약속에서 살펴보았듯이 조건적인 요소를 포함하고 있다. "네가 만일 내가 명령한 모든 일에 순종하고… 내 종 다윗이 행함 같이 내 율례와 명령을 지키면"(왕상11:38). 그러나 여로보암 왕정의 계속되는 역사는 기대만큼 행동하지 않았음을 보여준다. 그와 반대로 그의 제의적인 조치들은 여로보암의 집에 죄가 되어(왕상13:34) 예언자 아히야가 "너는 내 종 다윗과 같지 않았다"(왕상14:8)고 확인해야 했고, 따라서 "여로보암의 집"이 끊어질 것이라고 예고된다(V.10, 14). "여로보암의 죄들"은 이후 계속해서 북이스라엘 왕국의 역사에 어두운 그림자처럼 드리워져 있다(왕상14:16; 15:30; 16:31 등). 이 점에서 북왕국은 오래 지속되는 왕조가 되지 못한다.

이와는 달리 다윗에 대한 왕조의 약속은 매우 변화무쌍한 역사

속에서도 유다에서 현실화된다. 이러한 역사의 해석을 위해 중요한 하나의 핵심어가 여로보암에 대한 예언자 아히야의 말에서 등장한다. 하나님은 솔로몬의 아들에게 지파 하나를 남겨두시고 "내가 거기에 내 이름을 두고자 하여 택한 성읍 예루살렘에서 내 종 다윗이 항상 내 앞에 등불(*nîr*)을 가지고 있게" 하실 것이다(왕상11:36). 예루살렘에 다윗을 위한 '등불,' 이것은 유다 왕국의 계속되는 역사에서 목격하게 될 중심 모티브들 중 하나이다. 그것은 매우 특별한 위기의 때에 나타난다. 르호보암의 첫 아들은 "자신의 아버지의 모든 죄"의 길로 행하여 왕조의 지속이 위협받게 되지만, 하나님은 다윗을 위하여 등불이 꺼지지 않게 하신다(왕상15:3-5). 그래서 왕위는 아사에게로 이어지는데 그는 "그의 조상 다윗과 같이 야훼 보시기에 정직하게" 행했다고 기록하고 있다(V.11). 훗날 유다가 요람 왕과 북이스라엘 출신의 아내 아달랴의 통치 아래에서 북왕국의 영향을 받아 그대로 행할 위험에 처했을 때, 다윗 왕조의 유일한 단절이던 아달랴의 찬탈을 예견하면서도 하나님이 유다를 멸망시키지 않으시고 자신의 종 다윗에게 "등불"을 주시겠다고 약속하신 것을 지키고자 하신다고 말한다(왕하8:19).

다윗과의 비교는 이어지는 수세기 동안 유다 왕들의 평가를 위한 지배적인 기준으로 작용한다. 아사는 그 전에 다윗에 대하여 전해진 바와 같이(참조. 왕상11:4; 15:3) "야훼 앞에서 그의 마음이 온전하였다"(*šālēm*, 왕상15:14)고 평가받은 첫 번째 왕이다. 그 이후 히스기야가 있는데, 그에 대하여 "그의 조상 다윗의 모든 행위와 같이 야훼께서 보시기에 정직하게 행하였다"(왕하18:3)고 기록하고 있다. 앗시리아의 공격에 맞선 히스기야는 하나님으로부터 "나와 내 종 다윗을 위하여" 예루살렘을 보호하실 것이라는 약속을 받는다(왕하19:34; 20:6). 마지막으로 요시야에 대하여는 매우 강조하여 상세하게 언급한다. "그는 야훼 보시기에 정직히 행하였고 그의 조상 다윗의 모든 길로 행하여 좌우로 치우치지 않았다"(왕하22:2).

요시야의 경우에는 솔로몬에 대한 다윗의 고별사에서 이미 기록된 바 있는 다윗 상(像) 가운데 두 번째 요소가 다시 나타난다. 그것은 토라와의 연결이다. 요시야의 통치에 대한 마지막 기록에서 그처럼 마음을 다하여 "모세의 모든 토라를 따라" 야훼께로 돌이킨 왕은 그 이전에도 그 이후에도 없었다고 기록하고 있다(왕하23:25, 참조. 왕상2:1-4). 여기서 우리는 '두 가지 큰 전통의 흐름이 하나로 통합된다'는 사실을 인식할 수 있다. 그것은 다윗 전통과 모세 전통이다(vRad 1962, 350). 솔로몬이 그가 다른 신들의 제의를 장려하여 "내 언약과 내가 네게 명한 계명"을 지키지 않았다고 하나님의 말씀을 통해 비난받는다면(왕상11:11), 모세 전통은 이미 그 배경에 있는 것이다. 반대로 히스기야의 경우에는 그가 "야훼께서 모세에게 명령하신 계명"을 지켰다고 한다(왕하18:6). 왕의 마음이 야훼 앞에서 "온전하였다"고 한다거나(왕상15:14), 어떤 왕이 "야훼 보시기에 정직히" 행하였다(왕상15:5, 11; 22:43; 왕하10:30; 12:3[2]; 14:3; 15:3, 34; 18:3; 22:2) 혹은 그렇게 행하지 않았다(왕상11:33; 14:8; 왕하16:2, 참조. 왕상11:38)고 기록할 때, 그것은 계명에 대한 준수의 의미로서도 이해될 수 있다. 그러므로 다윗의 모범적 기능은 궁극적으로는 모세의 토라에 대한 그의 관계에 의해서 결정된다.

이미 열왕기에서 다윗의 모범을 따른 왕들에 대한 평가가 적어도 부분적으로는 예루살렘 왕국의 멸망 이후 회고적으로 표현되고 있다. 역대기에서는 이러한 정황이 아주 분명하다. 여기서 다윗 왕정은 이미 오래전부터 존속되지 않고 있음에도 불구하고 최우선적이고 압도적인 주제로 나타난다. 이때 왕정은 성전이나 제의와 밀접한 관계가 있는 것으로 나타날 뿐만 아니라, 이 모든 것을 계획하고 준비했던 다윗의 특별한 위치가 강조된다. 그는 솔로몬에게 설계도(*tabnît*)를 준다(대상28:11). 거기에는 성전건축과 설비들이 매우 자세하게 기술되어 있다. "야훼의 손에 의해서 기록된 것"이다(V.19). 이로써 다윗은 모세와 동등하게 여겨진다. 하나님이 시내 산에서 모세에게도 성소건립을 위한 모형(*tabnît*)을 보여주셨다(출25:9, 40). 여기서 다윗의 새로운 관점이 고찰된다. 다윗은 설화자와 독자의 시대에 존속하고 있었던 예루살렘 성전제의의 창시자이다. 특히 레위인들이 중요한 역할을 한다(참조. 대상15:2; 대하35:3 등). 그러므로 성전과 제의는 "이상화되고 하나님으로부터 영감을 받은 다윗 왕"의 권위를 통해서 그 정당성이 획득된다(De Vries 1988, 639).

시편에 나타난 다윗 계열의 왕

사무엘서와 열왕기서는 이스라엘과 유다 왕들을 위한 모범과 이상으로서 다윗의 모습이 생성되고 발전되는 과정에 대한 통찰을 제공한다. 그 후에 합법적인 왕정은 오직 다윗의 후계로서 범례화된 그의 모습을 기준으로 삼을 때 가능해진다. 이러한 다윗 상(像)에 대한 다양한 반향이 히브리성서의 다른 부분에서 발견된다.

시편에서는 다윗의 전기적이며 모범적인 측면에 덧붙여 이런저런 방식으로 제의에 기원을 두고 있는 다른 모습들이 부가적으로 나타난다. 다윗은 왕정을 시작할 때 법궤를 예루살렘으로 가져옴으로써 이스라엘의 제의적-종교적 중심을 위한 결정적인 초석을 놓는다. 이것에 대한 내용에서 법궤는 "그룹 위에 앉아계시는 야훼 체바옷의 이름"으로 일컬어진다(삼하6:2). 그러므로 "나단의 신탁"에서 이 장엄한 하나님의 이름이 중요한 역할을 한다는 점은 주목할 만하다(삼하7:8, 26f). 하나님을 위한 집은 나중에 건축되지만 다윗은 "야훼 앞에서"(V.18) 기도한다. "그것은 분명 법궤성소를 의미할 것이다"(Noth 1957, 127f=341f). 이러한 행동을 통해 예루살렘 성소나 그곳에서 시행되는 제의와 다윗과의 진정한 연결이 표현된다.

이러한 관련성이 시편 132편에서 매우 직접적으로 언급된다. 우선 다윗을 통한 법궤의 운반 이야기가 예전적인 틀 안에서 재서술된다. 다윗은 야훼를 위한 한 장소(*māqôm*), 즉 야곱의 전능자를 위한 거소(*miškān*의 복수형)를 발견하고자 한다(V.5). 다윗을 기억해 달라고 하나님께 기도한다(V.1). 그런 다음 이 시편은 현재로 향한다. 하나님께 "당신의 종 다윗을 위하여 당신의 기름 부음 받은 자의 얼굴을 외면하지 말아 달라고" 외친다(V.10). 여기에서 "기름 부음 받은 자"(*māšîaḥ*)는 분명 현재 재임중인 왕이다. 그는 하나님께 다윗 자손을 영원히 보좌에 앉게 하실 것이라는 그분의 맹세를 상기시킨다. 물론 "네 자손이 내 언약과 내가 그들에게 교훈하는 내 증거를 지킨다면"이라는 제한적인 조건 속에서(V.11f) 이루어진다. 끝으로 이 시편은 하나님이 시온을 자신의 안식처와 거소로 선택하셨다는 사실에 대해서 말한 다음(V.13-16) 다시 한 번 다윗에게로 돌아온다. 하나님은 거기에서 다윗에게 "뿔"과 "등불"을 마련해 주시고 그의 왕관을 빛나게 하겠다고 약속하셨다(V.17f).

다윗의 인물 상은 시온 성소에서 이루어지는 제의의 실행 속에서 확고한 자리를 차지하고 있다. 이때 다윗이 시온의 성소를 하나님의 거처로 건립했다고 말하고(V.5), 하나님이 시온을 거소로 선택했다고 말씀하신다(V.13, 참조. 시78:68; 9:12[11]; 74:2; 76:3[2] 등). 이로써 제의적인 측면이 전기적인 측면에 부가되고 그것은 또한 관점을 변화시킨다. 시편 78편에서 두 가지 측면은 시온(V.68)과 다윗(V.70)에 대한 하나님의 선택(*bāḥar*)이 언급될 때 서로 나란히 서 있다. 시편 89편에서는 다윗의 선택(V.4[3], 20[19])과 기름 부음(V.21[20]), 그리고 하나님의 언약맹세(V.4[3], 29[28], 35[34]f, 50[49])의 전기적인 요소가 전 세계적인 틀 안에 놓이게 된다. 하나님은 창조자와 세계의 통치자로 찬양되며(V.6-15[5-14]), 다윗은 자신의 대적을 물리칠뿐만 아니라(V.23[22]f) 하나님이 통치하는 손을 바다와 강들 위에 놓게 하는(V.26[25]) 세계의 통치자로 묘사된다. 끝으로 하나님은 그를 장자로 삼으시고 자신을 아버지라고 부르게 하신다(V.27[26]f).

이로써 왕정에 대한 심상들은 완전히 다른 차원에서 고찰된다. 이러한 차원은 이미 시편집의 초두인 시편 2편에서 발견된다. 하나님은 자신의 왕을 거룩한 산 시온에 세우셨다(V.6). 이 왕은 하나님의 "기름 부음 받은 자"(*māšîᵃḥ*)로 지칭된다(V.2). 그는 하나님의 아들이라고 불릴 수 있으며(V.7) 하나님은 그에게 대적들을 굴복시키신다(V.8f). 이와 동일한 심상의 세계가 시편 110편에서 고찰된다. 하나님은 그 왕을 자신의 오른쪽 자리에 앉히고 원수들을 발판으로 만드신다(V.1f). 시편 72편에서는 세계통치의 심상(V.8-11)이 우주적으로 확대된다. 그 왕은 해와 별이 빛나는 동안 살 것이다. 그는 비와 같이 땅을 적시고(V.6), 그의 통치 아래에서 자연은 풍요로운 열매를 맺을 것이다(V.16).

여기에는 시온의 보좌에 앉아 있는 다윗 계열 왕에 대한 내용이 진술된다. 이 진술들은 인간의 척도를 훨씬 넘어선다. 관련된 본문들은 그들의 '삶의 자리'가 새로운 왕의 즉위식과 연결된 제의적-의식적절차와 연관된 본문들이다. 열왕기상 1장 32-40절과 열왕기하 11장 4-12절 같은 본문들이 이러한 절차에 대한 통찰을 제공한다(참조. vRad 1947). 이러한 영역의 많은 요소들이 다른 고대 오리엔트의 종교로부터, 특히 이집트 종교로부터 수용되었다. 그것 중에 대표적인 예가 왕을 '하나님의 아들' 이라고 지칭하는 것이다. 이스라엘 종교의 상황에서는 신화적인 의미에서 왕이 하나님의 아들이라는 사실은 이해될 수 없다. 그보다는 양자의 의미로 이해하는 것이 고려될 수 있거나 신화적인 이해가 변형되는 *interpretatio israelitica*(이스라엘적 해석)를 생각해 볼 수 있다(참조. Mettinger 1976, 259ff). "너는 내 아들이다 **오늘** 내가 너를 낳았다"는 시편 2편 7절의 표현은 이러한 아들 됨이 어떤 특정한 시점, 즉 왕으로의 즉위와 함께 시작된다는 사실을 말해준다. 시편 89편 28[27]절에도 이와 유사하게 표현되어 있다. "내가 그를 장자로 삼을 것이다"(이 시편 전체에 대하여 참조. Noth 1950; Kraus 1979, §4).

그러나 이러한 심상들이 시편에 나타난 다윗 계열 왕의 모습을 완전히 결정할 수는 없다. '제왕시' 유형에서 왕과 백성의 대적들에 맞서 베풀어주시는 하나님의 도움 이외에 왕의 공의나 판결에 대한 공헌이 두드러진 요소로 나타난다. 몇몇 시편은 그 시편 전체, 또는 압도적으로 많은 부분이 이 주제를 다루고 있다. 시편 101편에서는 일종의 "충성서약"(Kraus 1978, 858)을 통해 자신의 통치 영역에서 의를 유지하기 위해서 헌신적으로 참여하겠다고 왕이 말한다. 시편 72편에서 하나님은 왕에게 "당신의 판단력"(*mišpāṭ*)과 "의"(*ṣ^edāqāh*)를 주시어 왕이 자신의 백성을 "정의"(*ṣedeq*)와 "공의"(*mišpāṭ*)로 재판할 수 있게 하며 그 나라를 통해 "평강"(*šālôm*)과 "정의"(*ṣ^edāqāh*)를 얻게 하는 분으로 일컬어진다(V.1-3). 이 시편이 진행되는 과정에서 이 주제가 전개되며(V.12-

14) 왕의 활동의 결과로서 정의와 평강의 열매를 맺을 자연에까지 확대된다(V.6f). 의의 실현과 보존을 위한 왕의 행동에 얼마나 높은 기대가 놓여 있는가가 잘 드러난다(참조. 시122:5, 이 시편 전체에 대하여 참조. Macholz 1972a).

그러나 시편에 나타난 다윗 상은 완전히 다른 또 하나의 측면을 가지고 있다. 많은 수의 시편이 표제를 통해서 다윗의 삶에 일어난 사건들과 연결된다. 그것은 주로 탄원시에서 나타난다. 이러한 탄원시들은 표제를 통하여 다윗이 탄원의 동기로 삼았던 상황들과 관련된다. 시편 3편 1절(표제)에는 "그가 자신의 아들 압살롬을 피할 때"라고 되어 있다. 이것은 다윗을 매우 위험스럽게 했던 압살롬의 반란을 상기시킨다. 이때 다윗은 예루살렘에서 도피해야만 했다(삼하15-19장). 이것은 다윗의 통치기간 중 최악의 상태 가운데 하나였다. 그럼에도 불구하고 사랑하는 아들 압살롬에 대한 슬픔이 나타난다(삼하18:19-19:9[8]). 이것에 대하여 시편 7편 1절(표제)에 묘사되어 있다. 밧세바와의 범죄와 우리아를 은밀히 제거한 것을 통하여 다윗은 더 깊은 곳으로 내려간다. 시편 51편 1절(표제) 이하가 이것과 관련된다. "내가 야훼께 죄를 범하였다" (삼하12:13)는 다윗의 고백은 이 시편에서 다양하게 메아리친다. 바로 이어서 등장하는 일련의 시편들은 표제를 통해서 보면 다윗의 역사 초기에 일어났던 사건들과 관련된다. 그때는 다윗이 사울에게 쫓기던 상황이었다(시52편; 54편; 56편; 57편; 59편; 63편). 이 시편들에서도 탄원이 압도적으로 나타난다(시142편도 이러한 맥락에 포함된다). 시편 34편의 표제를 보면 이 시기의 또 다른 사건 하나와 관련되어 있다는 것을 알게 된다. 이때 다윗은 교묘한 책략으로 위기를 모면한다. 이 시편에서 기도자는 자신의 구원에 감사한다. 제왕시의 경우 단 한 편만이 표제가 갖추어져 있으며 구원과 승리에 대하여 말하고 있다(시18편, 시60편도 표제를 통해서 보면 승리의 사건과 연결된다).

이러한 시편들은 대관식이나 궁정-제의적 의식과 관련 있는 본문들과 완전히 다른 다윗 상을 보여준다. 사무엘서나 열왕기서의 본문에서 묘사되는 것과 같은 다윗 개인에 초점이 맞춰져 있다. 이때 관심의 대상은 무엇보다도 고난받고 탄식하는 다윗, 그러나 죄지은 사람으로 나타나는 다윗이다. 그는 다윗 왕정을 찬양하는 시편들에서 나타날 수 있는 것과는 완전히 다른 방식으로 시편 기도자들의 모범이 된다. 이러한 인상때문에 모든 시편들 가운데 거의 절반(150편의 시편 가운데 73편)이 표제를 통해서 '다윗시'로 지칭되어 나타나고 있다. 이러한 시편들은 특히 탄원시가 주를 이루는 시편집의 전반부에서 발견된다는 사실을 통해서도 강조된다.

미래지향적인 이상적인 인물, 다윗

예언서에는 다윗과 다윗 계열 왕의 모습이 다시 한 번 다른 측면에서 조망된다. 왕들의 활동에 대해 한껏 고양된 기대와 실제상황에 대한 실망 사이에 긴장이 드러난다. 그러한 긴장은 장래의 왕을 예견하고 있는 본문에서 표현된다.

이사야는 "다윗 집"이라고 부르면서 다윗 집에 하나님의 징표로서 "임마누엘"("하나님이 우리와 함께 하신다." 사7:13f)이란 이름을 가진 아이가 태어날 것이라고 약속한다. 그때 큰 변화가 있을 것이다. 그 변화는 구원과 재앙으로 진행될 것이다(V.15-26). 여기서 말하는 아이가 누구인가에 대해서는 침묵한다. 그러나 한 아이가 태어나 "다윗의 보좌"에 앉게 될 것이라는 사실은 분명히 예고된다(사9:5[6]f, 출생은 시2편 7절과 89편 28[27]절에서와 같이 왕의 즉위와 함께 하나님의 아들로서 임명되는 것과 동일하게 생각될 수 있다). 이 예고는 큰 기대의 맥락에서 나타난다. "흑암에 거하던 백성"이 "큰 빛"을 보게 될 것이며 모든 적들의 위협으로부터 해방될 것이다(V.1-4[2-5]). 정사(政事)가 그 어깨 위에 있는 아이는 크고 장엄한 왕위(王位) 이름들과 함께 묘사된다. "기묘자, 모사, 전능하신 하나님, 영존하시는 아버지, 평강의 왕"(V.5[6]). 그의 나라에는 평화(*šālôm*)가 끝이 없고 '공의와 정의'가 넘쳐날 것이다. 이 왕국은 지금까지 있었던 모든 것을 능가하고 '지금부터 영원까지' 존속될 것이다. 그러나 그 나라는 인간의 힘으로 세워지는 것이 아니라 "야훼 체바옷의 열심이 이 모든 것을 성취할 것이다"(V.6[7]). 하나님은 이스라엘뿐만 아니라 자신을 위해서도 이 일을 행하실 것이다. 장래의 왕을 이러한 특징을 가지고 묘사하는 것은 시편에서의 진술들을 생각나게 한다(참조. 시2편; 89편; 110편). 그러나 이 모든 것은 더 강하게 미래에 투사된다. 그것은 현재 이 세상의 삶을 침해하고 위협하는 모든 것이 극복된 조화롭고 정의로운 세계에 대한 기대를 열어준다.

미래의 한 왕의 통치에 대한 이러한 그림은 이사야 11장 1-10절에서 더 많이 제공한다. 다윗 가(家)의 역사는 다윗의 아버지 이새의 가문(삼상16장) 출신의 새로운 싹, 다시 말하면 새로운 다윗과 함께 다시 한번 처음부터 시작된다. 이전에 다윗에게도 강림했던(삼상16:13) "야훼의 영"이 새로운 왕 위에 임할 것이다. 이 영은 다윗에 대하여 말할 수 있는 것보다 더 폭넓게 나타날 것이다. "지혜와 총명의 영, 모략과 재능의 영, 지식과 야훼를 경외하는 영이다." 여기서 말하고 있는 것은 한 통치자에게서 기대할 수 있는 것과 이상화된 다윗 상에서 말할 수 있는 바의 범위를 훨씬 넘어선다. 미래의 이 왕은 단순히 정치적인 통치자만이 아니라 영적이며 종교적인 통치자이기도 하다. 그럼에도 불구하고 그의 통치적인, 더 정확히 말하면 사법적인 활동이 우선적으로 전면에 배치된다(V.3-5). 다시 이 모든 것을 능가하는 정의가 특히 강조된다. 이러한 통치행위를 하는 통치자의 활동은 무엇보다도 이 땅의 가난하고 억눌린 자들에게 유익을 가져다 줄 것이다.

이 본문은 인간적인 통치자가 작용할 수 있는 바의 영역을 완전히 초월한다. 인간 사이의 관계가 정상으로 회복될 뿐만 아니라 창조세계에 있는 장애가 제거될 것이다. 이때의 창조세계는 동물사이뿐만 아니라 동물과 인간 사이의 문제를 포함한다(V.6-8). 여기서 구상되고 있는 것은 바로 낙원과 같은 그림이다. 맹수가 순한 군서(群棲)동물 곁에 머물고, 아이들이 동물들에게 먹을 것을 주며, 독사나 뱀을 더 이상 두려워할 필요가 없다. 피조물들의 공존공생을 위한 모든 장애가 제거된다. 그러나 본문은 놀랍게도 다시 인간세계, 더 정확히 말하면 이스라엘의 세계로 돌아온다. "나의 거룩한 산 모든 곳에서" 누구도 더 이상 죄를 짓지 않을 것이며 땅은 야훼를 아는 지식으로 충만할 것이다(V.9). 이 미래에 대한 그림 속에는 다음 두 가지 희망이 통합되어 있다. 불의와 죄가 없는 세계에 대한 희망과 창조세계에서 위험요소들이 사라진 삶에 대한 희망이 그것이다.

이사야서의 이러한 말들은 다윗 자손 출신의 종말적인 왕의 출현을 통해서 기대되는 것 가운데 가장 멀리까지 뻗어나간다. 다른 예언서의 본문은 이 세계의 영역에 머물러 있다. 그래서 미가서에도 다윗 왕정이 출발되었던 곳, 즉 베들레헴(미5:1[2])에서 다시 한 번 완전히 새롭게 시작될 것이라는 사고가 나타난다. 그러나 이스라엘의 새로운 통치자의 기원은 현 왕정의 출발보다 더 먼 곳에 있다. 그것은 원시(*qedem*), 즉 아득히 먼 옛날(*ʿôlām*)까지 거슬러 올라간다. 그러므로 새로운 왕의 통치는 단순히 지금까지 있었던 통치의 연속이 아니다. 심지어는 '왕' 이라는 칭호가 회피되고 '통치자' (*môšēl*)라는 말이 사용된다. 그의 활동은 "목축하는 것" 으로 표현된다(V.3[4]). 이것은 다윗 전통에서도 이미 등장하였던 은유적 표현이다(삼하5:2). 그의 통치는 전 세계에까지 미쳐 사람들이 "땅 끝까지" 안전하게 거하게 될 것이다. 그리고 평화가 지배하게 될 것이다(V.4[5]).

예레미야서에는 백성을 먹이는 목자의 은유가 정치적인 계층을 나타내기 위해 사용된다. 예레미야 23장에서는 임무를 망각한 목자들을 향한 비통한 외침(V.1f)이 나온다. 이곳에서는 하나님께서 나머지 양떼를 모아 그들에게 새로운 목자를 세워줄 것이라는 예고가 대립되어 나타난다(V.4). 이것은 하나님이 다윗에게 한 "의로운 가지"(*ṣemaḥ ṣaddîq*), 즉 "정말 자신의 조상을 영광스럽게 할 진정한 가지"(Rudolph 1968의 이 구절에 대한 해석에서)를 일으킬 것이라(V.5)는 약속을 통해 절정에 이른다. 이 약속의 특별성은 다시 특히 이 왕의 행동을 지칭하게 될 '공의와 정의' 를 통해 드러난다. 그의 통치 아래에서 유다와 이스라엘이 안전하게 지낸다(V.6). 여기서 현재의 왕에 대한 비판으로부터 새로운 다윗에 대한 기대가 커진다. 이 비판에서 그의 이름이 분명하게 암시된다. "야훼는 우리의 정의이시다"(*jhwh ṣidqēnû*)라는 장차 나타날 통치자의 이름에서 "야훼는 나의 의이시다"(*ṣidqîjjāhû*)라는 시드기야의 이름이 암시된다. 새로운 다윗 계열의 왕에 대한 이러한 기대는 현재의 정치적 희망의 영역에서 완전히 멈춰 있다(참조. 렘 33:14-16).

에스겔은 목자의 은유를 확장시킨다. 하나님이 직접 자신의 임무를 망각한 목자들을 대신하여 자신의 양떼를 먹이실 것이다(겔34:1-16). 그러나 하나님은 자신의 백성들 위에 그들을 먹일 한 목자, 즉 "나의 종 다윗"(V.23)을 세우실 것이다. 그래서 하나님은 그 자신이 넘겨받은 목자 직임을 새로운 다윗에게 위임하실 것이다. 그러나 이로써 그가 하나님을 대신하는 것은 아니다. 다만 그는 하나님의 위임을 받아 분명한 예속관계 속에서 자신의 과제를 수행할 뿐이다. "나 야훼는 그들의 하나님이 되고 내 종 다윗은 그들 가운데 통치자(*nāśî'*)가 될 것이다"(V.24). 이것은 언약형식구를 연상시키면서 동시에 약속된 통치자에 대한 정당화의 의미도 가지고 있다(참조. 1995a, 41). 새로운 다윗에 대한 예고가 에스겔 37장 24절의 다른 상황 속에서 다시 한 번 나타난다. 그것은 분리된 두 왕국 유다와 이스라엘의 통일을 예고하는 상황이다(V.15-28). 이번에는 '나의 종 다윗'이 왕으로 지칭된다. 그러나 동시에 그는 모든 사람에게 **한** 목자가 될 것이다(V.24, 25절에서 *nāśî'*이란 칭호가 다시 사용된다). 통일된 백성은 자신의 나라로 돌아갈 것이며 하나님은 그들과 영원한 평화의 언약을 맺을 것이다(V.26). 새로운 다윗에 대한 약속은 현실 밖에 놓여 있는 역사의 한 영역을 미리 붙잡는다. 그럼에도 불구하고 그 약속은 역사적으로 상상 가능한 영역에 머물러 있다.

또한 포로 후기 예언자들에게도 새로운 통치자에 대한 기대가 미래에 대한 기대의 중요한 부분을 차지한다. 이러한 맥락에서 다윗이란 이름은 나타나지 않는다. 하지만 이러한 예언자들이 묘사하는 왕의 모습이 다윗 왕정의 전통에 의해서 각인되어 있다는 사실은 의심할 여지가 없다. 학개의 경우 새로운 통치자에 대한 기대가 놀랍게도 매우 구체적으로 제시된다. 그것은 스룹바벨이라는 특정인물과 결합되어 나타난다. 그는 다윗의 후손으로서 하나님의 말씀에서 "나의 종"으로 지칭되며, 하나님에 의해서 선택된 사람으로 언급된다(학2:23). 그는 완전히 다윗 전통 속에 서 있다. 하나님은 급격한 종말적 변화가 일어나는 '그날에' 그를 세우실 것이다. 이것에 관하여 바로 앞의 구절에 나와 있다(V.20-22). 그런 다음 하나님은 그를 "하나의 인장과 같이" 만드실 것이다. 하나님의 행동에 대한 하나의 확인과도 같이 말이다. 이때 예레미야의 언급에 대한 기억이 중요한 역할을 할 것이다. 예레미야는 하나님이 오른손의 인장반지와 같은 여호야긴 왕을 "빼어낼" 것이라고 말했다(렘22:24). 이제 스룹바벨에게는 정반대의 일이 벌어질 것이다. 여기서 종말적이고 근본적 변화에 대한 기대가 구체적인 인물을 지향하고 있는 고도의 긴장감 넘치는 기대와 결합된다.

스가랴서에서도 종말적인 왕이 기대된다. 그는 예루살렘에서 "딸 시온"이 환호하는 가운데 입성할 것이다. 그러나 그가 직접 상황의 변화를 위해 이끄시는 것이 아니라 하나님이 전쟁도구들을 제거하실 것이다(슥9:9f). 이 통치자의 첫 번째 표징은 공의롭다는 사실이다.이것은 다윗 전통에서 살펴보면 하나의 중심적인 요소이다(참조. 시72편; 101편 등). 비전쟁적인 모습을 강조하여 표현하고 있는 특징들이 열거된다. 그는 구원을 베푸는 자(*nôšā'*, "돕는 자"가 아니다. Buber, "해방자"[ein Befreiter])다. 하나님이 변화의 전제조건을 충족시키시고 난 후 그는 왕의 직임에 오를 것이다. 그는 '가난할' 것이다. 더 좋게 말해서 이전에 모세에 대해서 언급된 바와 같이(민12:3) 그는 겸손할 것이다. 또한 그는 나귀를 탈 것이다. 그는 전쟁을 위해서 등장하는 것이 아니다. 다만 그는 타당하고 고상한 동물을 탈 것이다(참조. 창49:11; 삿5:10; 10:4 등). 그리고 그는 세상에 평화를 선포하고 전 세계적인 통치를 시작할 것이다.

모든 차이에도 불구하고 다윗 왕조 출신의 새로운 왕에 대한 예언자들의 기대는 근본적인 공통점을 보여준다. 그 왕이 통치를 시작하면 이스라엘, 아니 세계 전체가 본질적인 장애들이 제거될 것이다. 위에서 언급했듯이 종말의 왕이 전쟁을 통해서 통치를 위한 전제조건을 충족시키는 것이 아니라, 하나님이 평화의 통치를 위한 길을 마련하기 위해서 이 모든 것을 행하신다(사9:2-4[3-5]; 겔34:11-16, 20-22; 학2:21f; 슥9:1-8, 10). 그의 통치 영역은 서로 다르게 기술된다. 많은 예언자들의 이 기대는 완전히 이스라엘의 영역에 한정되어 있다(사9장; 렘23장; 33장; 겔34장; 37장). 그러나 다른 곳에서는 세계 전체를 포괄하는 변화와 종말의 왕을 통해 이루어지는 세계적인 통치가 언급된다(미5:3[4]; 학2:22; 슥9:10). 이사야 11장에서는 종말적인 근본변화의 적용범위가 창조세계 전체로 확장된다. 그 안에서 모든 적대관계가 사라진다(V.6-8).

기대되는 왕의 본질적인 속성 중에 하나는 공의이며, 공의로운 통치행위가 특징이 될 것이다(사9:6[7]; 11:3-5; 렘23:5f; 겔37:24; 슥9:9). 특히 사회 약자들, 즉 "가난하고 눌린 자"를 위한 그의 사법적인 행동이 강조된다(사11:4). 그러나 이 모든 것을 능가하는 것이 "평화"(*šālôm*, 사9:5[6]f; 미5:4[5]; 렘23:6; 겔34:25; 37:26; 슥9:10)라는 낱말이다. 그는 임박한 종말의 결정적인 표징이 될 것이다. 기대되는 다윗 계열의 왕은 종말에 하나님에 의해서 임명되고 위임된 자로서 자신의 직임을 수행할 것이다.

종말적인 왕의 모습은 종종 '메시아'로서 지칭된다. 그러나 이것은 구약성서의 언어관용에 맞지 않는다. 그 근저에 놓여 있는 낱말 '마쉬아흐' (*māšîaḥ*) - 기름 부음 받은 자 - 는 흔히 이스라엘에서 직임중인 왕을 가리킨다. 심지어 하나님에 의해서 버림받은 사울 왕을 지칭하기도

한다(삼상24:7; 26:9 등). 또한 페르시아 왕 고레스(사45:1)나 기름 부음 받은 제사장(레4:3, 5 등)을 나타내기도 한다. 시편에서는 한 번, 이스라엘의 족장들을 지칭하기 위해 사용되었다(시105:15). 즉 이 낱말은 장래의 왕을 나타내기 위해 사용되지 않는다. 그러나 이것이 초기 성서 이후의 시대에 바뀌게 된다. 그때 '메시아적인' 기대가 생겨나면서 '마쉬아흐' (*māšîaḥ*) 혹은 이 낱말의 그리스어 번역인 '크리스토스' (χριστός)가 기대되는 왕의 칭호가 된다(참조. 예컨대, 솔로몬의 시편 17:21ff; 18:5-9). 이러한 의미에서 '호 크리스토스' (ὁ χριστός)라는 낱말(정관사와 함께)이 신약성서에서도 발견된다(예컨대, 마16:16; 24:23 등). 그리스어화 된 낱말 '메시아스' (Μεσσίας)도 두 번 나타난다(요1:41; 4:25). 그러므로 구약성서 본문을 주석할 때 이 낱말은 '메시아적' 이라는 확장된 의미로 사용될 수 있다. 그러나 이것이 '그 메시아'를 의미하지는 않는다.

Theologie des Alten Testaments

B.X
시온

시온

"시온"은 히브리성서에서 많은 의미로 가득 채워진 이름 가운데 하나이다. 매우 상이한 심상들이 이 이름과 결합되어 있다. 출발점이자 핵심적인 사건은 계속 '시온'이라고 불리는 언덕 위에 예루살렘 성전을 건립한 것이다. 유일한 합법적인 성소로서 인정된 후, 시온은 이스라엘의 제의적이며 종교적인 중심지가 되었다.

하나의 핵심적인 요소는 시온에 하나님이 현존하시는 것이다. 하나님은 시온을 선택하시고 거기에 거주하기로 작정하셨다(시132:13f.와 관련 구절). 이 점은 두 번째 중요한 요소와 연결된다. 하나님은 시온에 거주하실 뿐만 아니라 왕으로 즉위하신다. 시온산은 "큰 왕의 성"이다(시48:3[2]). 마지막으로 시온이라는 이름은 예루살렘 성과 그 성 주민, 그리고 유다 전체를 위한 명칭이 되기도 한다. "시온은 정의로 구속함을 받고 그 돌아온 자들은 공의로 구속함을 받으리라"(사1:27).

시온의 핵심적이고 포괄적인 의미는 중심적인 제의장소로서 예루살렘 주위를 맴도는 전통들을 시온이라는 개념 아래에서 함께 조망하는 것을 정당화한다. 그렇다고 해서 시온이라는 이름이 도처에 나타나지는 않는다. 예컨대, 주제상 하나님의 왕권에 관하여 말하고 있는 시편 가운데서 시온이라는 이름은 왕권과 관련하여 오직 한 번 등장할 뿐이다(시99:2, 이외에 97:8에서는 성과 그 주민을 지칭하기 위해서 사용된다.). 그렇게 각인된 방식으로 예루살렘과 성전 주위를 맴도는 에스겔서와 같은 경우에 시온이라는 이름은 완전히 빠져 있다(참조. Zimmerli 1969, 63. 물론 에스겔서는 제의설립이 시내 산에서 이루어졌다는 오경의 전통에 완전히 정의되어 있는 제의 이해를 대표한다. 그래서 겔40-48장에서 예루살렘이라는 이름은 나타나지 않는다. 그 대신 "그 성읍"에 대해서 말한다[겔40:2; 45:6 등]).

시온, 성전의 장소

우선 시온은 예루살렘 성의 특정한 부분을 가리키는 명칭이었다. 예루살렘 성을 정복할 때 다윗은 "시온 산성"을 빼앗았다. 이 부분은 예루살렘 성에서 특히 중요한 부분이다. 아마도 아크로폴리스가 아닌가 추측된다(삼하5:7, 참조. ThWAT VI, 1008f). 다윗은 그곳을 자신의 왕위가 있는 곳으로 만들고 "다윗 성"이라고 이름지었다(V.9, 참조. V.7). 그런 다음 열왕기상 8장 1절에 보면 솔로몬이 "다윗 성, 곧 시온"에서 자신이 (북쪽으로 연결되어 있으면서도 더 높은 곳에 위치한 곳에) 새롭게 건립한 왕궁과 성전지역으로 언약궤를 옮겼다고 한다. 이렇게 도시의 정치적이고 종교적인 중심점이 변경됨으로써 시온이라는 이름도 성전지역으로 옮겨간다. 포로기 이전 시대의 역사적 전승에서는 이 이름이 더 이상 나타나지 않는다(그것은 왕하 19:21과 31절에서 예언자의 말 가운데 나타난다). 그 이름은 시편이나 예언본문에서 더 자주 등장한다.

시온산은 성전이 있는 곳이다. 시편에서는 이러한 관점이 중심에 서 있다. 이때 좁은 의미에서 성전제의에 관한 언급은 거의 나타나지 않는다. 오직 가끔 제사들이 언급될 뿐이다. 소제와 번제(시20:4[3]), 서원을 갚는 의미로 드리는 번제(시66:13, 15), '올바른' 제사(*zibḥê ṣedeq*), 그리고 개인이 하나님의 도움을 경험하고 나서 드리는 감사제(*zebaḥ tôdāh*, 시107:22; 116:17, 참조. 시27:6; 50:14, 23; 56:13), 그러나 이 외에도 우리가 예언자적 제의비판에서 알 수 있는 유사한 제사들에 대한 비판적인 언급을 발견할 수 있다(시40:7[6]; 51:18[17], 그러나 21[20]절을 보라). 몇몇 본문으로부터 법궤를 가지고 행진하는 의식을 추측해낼 수 있다(시132:7f; 24:7ff). 시편 26편 6절은 제단 주위를 도는 것에 대해서 말하며, 시편 118편 27절은 춤추면서 밧줄이나 화환으로 제단의 '뿔들'을 묶었던 윤무에 대해서 언급하고 있다. 시편 68편 25[24]절 이하는 하나님이 성소에 장엄하게 입장하시는 장면을 묘사한다.

성전을 통해서 시온 자체가 하나님의 임재를 나타내는 장소가 된다. "야훼께서 시온을 택하시고 그의 처소로 삼고자 하셨다"(시132:13). 왜냐하면 그가 그곳을 사랑하셨기 때문이다(시78:68). 그는 시온산에 "거주하시며"(시74:2; 참조. 시9:12[11]; 76:3[2]; 135:21), 따라서 "거룩한 산"이라고도 불리게 된다(시2:6; 3:5[4]; 48:2[1] 등, 홍해의 노래에서 그것은 "당신의 기업[*naḥ*ª*lāh*]의 산"이라고 불리게 된다. 출15:17). "북방산"이라는 명칭(시48:3[2])은 우가릿 신화에서 차용한 것으로, 우가릿 신화에서 '짜폰'(*ṣāphôn*, 히브리어로 "북쪽")은 아주 멀리서도 볼 수 있는 산의 이름이다. 그곳은 바알신의 거처로 숭배되었다(참조. 사14:13, 이 점에 관하여 참조. ThWAT VI, 1093ff). "아름다움의 극치"인 시온으로부터 하나님이 빛나는 광채 속에서 나타나신다

(시50:2). 그곳으로부터 하나님의 도움(시14:7; 20:3[2])과 하나님의 축복(시128:5; 134:3)이 기대되고 간구된다. 찬양과 서약이 드려진다(시65:2[1]). 시온에 오는 순례자는 그곳에서 하나님을 "본다"(시84:8[7]). 시편에서 개인 기도자는 성전에 대한 강한 감정을 표출한다. 시편 84편의 기도자는 야훼 체바옷의 "거처들"에 대한 자신의 사랑(V.2[1])과 "야훼의 성전뜰들"에 대한 동경(V.3[2], 참조. V.11[10]), 그리고 새가 자기 둥지에서 그렇듯이(V.4[3]) 제단에서 야훼 체바옷의 숨겨주심을 발견하는 하나님의 집에 거하는 것(V.5[4])에 관하여 말한다. 그리고 "눈물의 골짜기"를 통과한 사람들은 마침내 시온에서 하나님을 보게 될 것이다(V.7[6]f). 다른 시편들도 성전에 대한 사랑(시26:8)과 성전, 즉 "하나님의 집"(시27:4)과 성전뜰들(시65:5[4]), 그리고 그의 "거룩한 산"에 있는 하나님의 "장막"(시15:1)에 "거하는 것"에 관하여 말한다. 기도자들은 감람나무(시52:10[9])나 종려나무와 레바논의 백향목(시92:14[13])처럼 하나님의 집과 그 성전뜰에서 무성하기를 소망한다. 기도자가 하나님의 집에 가서 경배하고(시5:8[7]) 그의 생애 동안 그곳으로 돌아갈 수 있다(시23:6)는 것은 하나님의 은총이다. 순례자들은 야훼의 집으로 올라가는 것(시122:1)과 성전과 성전뜰에 서는 것을 기뻐한다(시134:1; 135:2). 기도자는 자신이 곤경에 처하거나(시42:5[4]) 버려진 상태(시55:14[13]f)에 있다고 느낄 때 그러한 것들을 기억한다. 그리고 바벨론의 포로민들은 시온을 생각하며 울 수밖에 없다(시137:1).

하나님의 임재의 장소로서 시온의 의미는 성전의 영역을 넘어서 예루살렘 성까지 확대된다. 그래서 '시온시편'에서 "하나님의 성" 또는 "야훼의 성"이라는 언급이 반복되어 나타난다(시46:5[4]; 48:2[1], 3[2], 9[8]; 87:3, 참조. 101:8). 다른 시편에서는 예루살렘이라는 이름이 성전과 관련되어 나타나거나(시68:30[29]; 79:1; 116:19) 시온과 예루살렘이 대응어로서 댓구를 이룬다(시51:20[18]; 102:22[21]; 128:5; 135:21; 147:12). 또한 예루살렘은 순례자들의 목적지이기도 하며(시122:2, 3, 6), 포로민의 시온에 대한 회상은 전체적으로 예루살렘을 향하고 있다(시137:5-7, 예루살렘 대신 시온이란 이름을 사용하는 것에 관한 자세한 사항은 뒤에 오는 단락 '시온, 그것은 예루살렘이다' 를 보라).

예언서들 중 특히 이사야서에서 시온이라는 이름이 중요한 역할을 하며, 이사야서의 모든 부분에서 그렇게 나타난다. 히브리성서의 다른 어떤 책에서도 시온이 이사야서에서만큼 자주 나타나지 않는다(참조. 1984, 305-309[149-152]). 몇몇 본문에서는 이 이름을 통해 종교적인 시온전승의 특징들을 언급한다. 예언자의 말 가운데 첫 번째 단락의 종결로서 민족들이 "야훼의 산, 야곱의 하나님의 집" 으로 순례하는 것에 대한 비전이 나타난다. 그때 그들은 이렇게 말한다. "이는 시온으로부터 토라가, 예루살렘으로부터 야훼의 말씀이 나오기 때문이다"(사2:1-5, 참조. 미4:1-5). 여기에서 시온전승과 토라전승 사이의 의미심장한 연결이 고찰된다. 개인적으로 매우 중요한 순간에 이사야는 "시온산에 거하시는 야훼 체바옷" 에 관하여 말한다(사8:18). 이로써 그는 시편전승의 중요한 특징을 암시한다. 이사야 18장 7절에서는 "야훼 체바옷 이름을 두신 곳, 시온산" 을, 24장 23절과 52장 7절에서는 "시온산에서 이뤄지는 하나님의 왕권" 을, 28장 16절에서는 "하나님이 시온에 두셨던 신비한 기초석" 을 언급한다. 끝으로 "야훼께 구속받은 자들" 은 예전에 순례자들이 그랬듯이 큰 기쁨 가운데 시온으로 돌아올 것이다(사51:11=35:19).

이사야서의 많은 곳에서 시온이라는 이름은 예루살렘 성을 지칭한다. 이것은 다른 예언서의 많은 구절에서도 동일하게 발견되는 현상이다. 단지 가끔씩 시온전승의 요소들이 등장한다. 종말론적인 본문인 예레미야 31장 6절에서 시온의 순례자들을 향한 선포가 그러한 예이다. 예레미야 50장 41절 이하에는 시온으로의 종말론적인 귀환이 언급된다. 미가 4장 7절에서도 이와 유사하게 언급된다. 거기에서는 하나님이 시온에서 왕으로서 귀환자들을 다스리실 것이라고 말한다(미4:1-5에 관하여는 위에 있는 사2:1-5에 관한 설명을 보라). 스가랴 8장 3절에서는 "거룩한 산"으로서의 시온전승과 "성실의 성읍"으로서의 예루살렘전승이 결합된다. 또한 스가랴 9장 9절에서는 시온에게 종말적인 왕의 장엄한 입성을 기뻐하라고 명한다.

요엘서에서 시온은 특별한 역할을 한다. 여기에서 모든 것이 "야훼의 날"의 기대와 관련이 있다. 요엘 2장 15-17절에서는 시온에서 회개와 탄식의 대성회로 모이라고 요청한다. 4장 16절[3장 16절]에서는 시온으로부터 나오는 야훼의 '포효'가 예고된다. 이로 인해 이스라엘은 종말의 심판에서 제외되고 하나님은 계속해서 "나의 거룩한 산 시온에서" 거하실 것이다(V.17[3:17], 참조. 21b[3:21b]). 그 사이에 다른 진술이 나타난다. "야훼의 이름을 부르는 자"만이 구원될 것이다. 이 구원은 시온산에서 이루어질 것이다(욜3:5[2:32]). 시온은 종말적인 사건이 일어날 때 중심적인 역할을 하도록 지정된다. 이 본문의 맥락에 따르면 종말론적인 구원은 이스라엘에게만이 아니라 야훼의 이름을 부르는 "모든 육체"(욜3:1)에 해당된다(참조. 욜2:1, 23; 4:21[3:21]).

시온, 하나님의 왕좌

시온은 "큰 왕의 성" 이라 불린다(시48:3[2]). 바로 여기서 하나님의 '거처' 로서 시온에 대한 심상과 하나님은 '왕' 이시라는 심상이 결합된다. 솔로몬의 "성전 봉헌기도"(왕상8:12f)에서 이 두 가지 측면이 밀접하게 연결되어 나타난다. 하나님은 짙은 어두움 속에 거하시기를 원하신다. 그리고 솔로몬은 하나님의 '통치의 집' 을 세우는데, 그것은 '영원히 거하실 보좌의 장소' (*mākôn lᵉšibtᵉkā*)가 된다. 동일한 표현이 출애굽기 15장의 "홍해의 노래" 에 등장한다. "당신께서 그들을 인도하사 그들을 당신의 유업의 산에 심으실 것입니다. 야훼여 그곳은 당신께서 만드신 당신의 보좌의 처소입니다. 주여 그곳은 당신의 손으로 세우신 성소입니다"(V.17). 바로 이어서 장엄한 형식구가 뒤따라 나온다. "야훼께서 영원무궁 하도록 왕으로서 통치하실 것입니다"(V.18). 여기 하나님의 왕좌에 관한 심상에서 하나의 중요한 변화가 고찰된다. 그 심상은 성전건물로부터 '당신의 유업' (*naḥᵃlāh*)의 산, 즉 시온으로 확대된다. 이 이름이 출애굽기 15장에서 나타나는 것은 아니다. 그러나 시편 132편에서 하나님은 시온을 자신의 거처로 선택하시고, 그곳에서 영원히 통치하시려 한다고 말한다(V.13). 그래서 하나님은 "시온에서 거하신 분"(*jošēb ṣijjôn*)으로 찬양될 수 있다(시9:12[11], 이 문제 전체에 관하여 참조. Mettinger 1982.)

이러한 심상은 예루살렘의 성전에서 제의적인 영향속에서 형성된다. 특히 "대관시" 또는 "야훼-제왕시"라고 지칭되는 일련의 시편(47편; 93편; 95-99편)에서 표명된다. 이 시편들은 "야훼가 왕으로 통치하신다"(*jhwh mātlak*)는 형식구를 통해서 두드러지게 나타난다(시93:1;

96:10; 97:1; 99:1; 47:9[8]에서는 *mālak ʾᵉlohîm*). 이 본문에서는 야훼의 왕권이 중심주제이다. 그러나 그것은 매우 상이한 방향들로 전개된다. 시편 93편에서는 하나님의 왕적 통치가 세계에 대한 통치로 찬양된다. 이때 "노호하는 물"(V.3f)에 관한 언급에서 혼돈의 바다에 대한 창조주 하나님의 투쟁의 신화적인 전승이 암시된다(참조. 시74:13-14; 89:10-12[9-11]). 그러나 이때 투쟁에 대한 직접적인 언급은 나타나지 않는다. 하나님은 세상의 기초를 견고하게 만드셨고(V.1b), 그의 왕좌는 예로부터 굳건하게 서 있다(V.2). 그는 뛰노는 물을 "높은 곳"에서 다스리신다(V.4, 참조. 시29:10, "야훼께서 하늘바다 위에 좌정해 계신다"). 그러나 5절에서 "당신의 집"은 분명 예배자들이 모여 있는 성전을 의미한다. 이 시편에서 줄곧 분명하게 드러나는 것은 하나님의 천상의 거처와 지상의 거처가 서로 분리될 수 없다는 점이다(참조. 사6장, 이 점에 관하여 Metzger, 1970).

시편 47편에서는 세상에 대한 하나님의 통치가 열방에 대한 통치로 묘사된다. 동시에 이방민족들의 복종은 하나님이 그들의 유업(*naḥᵃlāh*)을 택하신 이스라엘의 우선성을 의미한다(V.4[3]f). 그러므로 이스라엘은 하나님을 "우리의 왕"이라고 부를 수 있다(V.7[6]). 하나님은 "환호소리, 나팔소리 중에," 즉 제의적인 의식 가운데 "올라가신다." 이러한 표현방식은 예루살렘으로 입성하는 법궤의 이동을 떠올리게 한다(삼하6:15). 올라간다는 것은 시온에 있는 성전에서 "거룩한 보좌"(V.9[8])에 오르는 결과를 낳는다. 하나님이 다스리신다. 그러나 이제는 이스라엘의 왕으로서만이 아니라 열방의 왕으로서 다스리고 계신다. 열방의 대표들이 그 보좌 앞에 "아브라함의 하나님의 백성으로서" 모여 있다(V.10[9]). 철저한 단수의 표현은 "땅의 모든 족속들"이 아브라함에게 약속된 축복에 참여하게 될 것이라는 창세기 12장 3절을 상기시킨다.

이 그룹에 속한 시편들 중 다른 시편에서는 새로운 관점이 추가된다. 야훼는 신들의 왕이시다(시95:3; 96:4; 97:9). 다른 민족들의 신은 "헛된 것"이지만(시96:5; 97:7), 야훼는 세상의 창조자이시다(시95:4f; 96:5b, 10). 이 주제는 처음에 언급한 바 있는 하나님이 세상의 기초를 놓으셨고 예로부터 그분의 왕좌는 견고하시다는 사실과 연결된다(시93:1f). 이스라엘은 이제 열방들 가운데서 하나님의 영광과 기적을 선포하게 될 것이며(시96:3), 열방들이 와서 성전뜰에서 하나님께 경배할 것이다(V.7-9).

하나님의 왕권의 다른 중요한 측면은 공평과 정의를 세우고 실천하는 것이다. 그래서 정의와 공평(*ṣedeq ûmišpaṭ*)이 하늘에 있는 하나님의 보좌의 기초이며(시97:2), 하늘이 하나님의 정의를 선포한다(V.6)고 말한다. 하나님이 세상과 그 백성들을 정의로 심판하실 것이다(시98:9). 이 주제가 다루어질 때 시선은 제의공동체 내부로 향한다. 시편 97편에서 시온도 하나님의 판결들(*mišpaṭîm*)을 기뻐한다고 말하며(V.8), 그 판결들에 따라 사는 의인들(*ṣaddîqîm*)에 관하여 말한다. 시편 99편 4절에 따르면 신적인 왕은 공평을 견고히 세우시고, 야곱(그것은 이스라엘이다)에게 공평과 정의(*mišpaṭ ûṣᵉdāqāh*)를 행하신다. 그 안에서 이스라엘을 위한 하나님의 왕적 통치가 작용하여, 하나님으로부터 주어진 공평과 정의의 선물들이 이스라엘과 개개인의 삶을 결정한다.

내부를 향한 시선은 동시에 자기 역사를 바라보는 시선이기도 하다. 시편 99편 6-8절에서 공평과 정의에 관한 언급에 바로 이어서 이스라엘 초창기의 세 명의 위대한 인물들이 거명된다. 그들은 모세, 아론, 사무엘이다. "그들은 야훼께 간구했고, 그분은 그들에게 응답하셨다." 그러므로 그들은 중보기도자로 불린다(모세에 관하여 참조. 출32:11-14, 31-

34; 민14:13-20 등, 사무엘에 관하여 참조. 삼상7:5-10; 12:16-25, 두 사람 모두에 관하여 참조. 렘15:1). 이것은 이스라엘이 계속해서 중보기도가 필요하다는 사실을 전제한다. 그리고 하나님은 이 위대한 중보기도자들에게 용서하시는 하나님(*ʾēl nośēʾ*)이 되셨듯이 이 기도를 들어주신다(이 점에 관하여 참조. Jeremias 1987, 118-122).

시편 95편에서는 내부를 향한 시선이 이중적인 관점을 유지하고 있다. 우선 하나님이 자기 백성에게 가까이 계심과 돌보심이 목자와 양의 그림을 통해서 묘사된다(V.7a, 참조. 시79:13; 100:3). 그러나 곧이어 본문은 경고로 전환된다. 이스라엘은 하나님의 음성을 들어야 하며 자신의 마음을 강퍅하게 해서는 안 된다(V.7b, 8). 경고적인 예로서 이스라엘의 광야유랑 시기가 상기된다. 그때 "너희의 조상들이" 하나님을 "시험했다." 처음에는 맛사와 므리바에서(출17:2, 7) 후에는 약속의 땅에 도착하기 직전에(민14:22) 그렇게 했다. 하나님은 진노 가운데서 이 세대가 여기에서는 "나의 안식"으로 지칭되는 그 땅에 들어가지 못할 것을 맹세하셨다(민14:23, 30). 그래서 이 시편은 뒤이어 오는 세대에게 할당된 그 땅의 선물을 다시는 놓치지 말라는 경고로 끝난다. 하나님의 왕적 통치는 하나님의 안식의 땅에서 지속적으로 사는 것을 보장하지 않는다. 이러한 어조는 단지 이 하나의 시편에서만 뚜렷이 나타난다고 하지만, 이 시편은 성전에서 하나님을 향해 찬양하는 것이 교훈과 경고의 하나님의 음성에 대한 순종의 의무를 면제시켜주지 않는다는 사실을 보여준다(야훼-제왕시에 관하여 참조. Janowski 1989).

끝으로 시온에서의 하나님의 왕적 통치는 다음과 같은 사실에서 드러난다. 그분은 자신의 "기름 부음 받은 자"(*māšîᵃḥ*)를, 즉 자신의 대리자로서 "나의 거룩한 산 시온에" 왕으로 세우신다(시2:6, 참조. V.2).

조금 다른 관점에서 표현된 말씀은 하나님은 자신의 왕에게 "시온으로부터 그의 권능의 막대기를 보내신다"(시110:2). 여기서 하나님의 왕권과 다윗, 즉 다윗 왕조의 왕권에 대한 두 가지 중요한 심상이 시온전승 안에서 결합된다.

매우 가능성 있는 사실은 어떤 특정한 시편들이, 예컨대, 법궤 행진과 같은 예배의 과정들을 반영하고 있다는 점이다. 이때 법궤는 중요한 역할을 한다(참조. 시132:7f; 24:7ff). 그러나 더 자세한 사항들은 더 이상 알아낼 수 없다. 또한 무엇보다도 '대관시편들' 과의 관련성 속에서 특별한 시온축제들을 생각해 볼 수 있다(특히 참조. Mowinckel 1922). 이 점에 관한 논쟁은 아직 끝나지 않았다.

시온, 그것은 예루살렘이다

그러나 시온이라는 명칭은 더 많은 것을 포괄한다. 지금까지 다루어진 본문들에서 이미 도성의 개념이 반복적으로 나타났다. 그래서 예루살렘 성은 시온으로 지칭될 수 있다. 이 두 이름이 평행댓구로서 자주 등장한다(시102:22[21]; 128:5; 135:21 등). 이때 많은 본문들에서 두 가지 관점, 즉 성전으로서의 시온과 거주민을 포함한 도성으로서의 시온이 인지될 수 있다. 그래서 하나님께 다음과 같이 간구한다. "당신의 은혜로 시온에게 선을 행하시고, 예루살렘 성벽을 다시 세워주소서"(시51:20[18]). 여기에서 시온은 성전으로서의 관점이 여전히 지배적으로 나타나는데 그것은 제사에 관한 언급이 나타나는 상황에 있기 때문에 그렇다(V.18[16]f, 21[19]). 그러나 우리가 다음의 본문을 고려할 때 도성으로서의 관점이 완전히 전면에 부각된다. "야훼는 시온의 문들을 야곱의 어느 처소보다 사랑하십니다"(시87:2). 또는 "하나님은 시온을 구원하시고 유다의 성읍들을 세우실 것입니다"(시69:36[35], 참조. 시48:12[11]; 97:8, 여기에서는 동일한 의미에서 "유다의 딸들"이 언급된다). 동시에 도성 시온은 "딸 시온의 문들"이라고 언급되며(시9:15[14]), 하나님을 향해 노래하라고 요청될 때(시147:12, 참조. 시146:10) 의인화된다. 끝으로 시온의 운명에 대한 전환을 이야기할 때(시126:1)는, 그것이 더 이상 도성만을 의미하지 않고 이스라엘 전체의 운명을 의미한다(참조. 시137:1).

시온이라는 명칭이 중요한 역할을 하는 이사야서(위를 보라)에서 시온은 많은 본문에서 도성 예루살렘을 지칭한다. 바로 의도적으로 "딸 시온"은 "포도원의 원두막과 같이" 위협당하고 버려져 있다고 이사야서 초두에 기록되어 있다(사1:8). 이러한 시온의 위협은 이사야서 전체를 압도하는 주제 중 하나이다. 그러한 위협은 변화되는 관점 속에서 고찰되는데, 한편으로는 대적들을 통한 위협으로서, 다른 한편으로는 시온의 거주민들의 행동을 통한 위협으로 나타난다. 여기서 '시온'이라는 주제가 '공평과 정의'라는 주제와 결합된다(사1:21-27). 이러한 사실은 도성 예루살렘/시온이 하나님의 토라를 통해 규정된 기준들에 의해서 평가된다는 사실을 깨닫게 한다(사2:3). 그래서 이사야서의 미래에 대한 기대도 완전히 예루살렘에서의 공평과 정의의 회복에 집중된다. 이사야 1장 27절에서 이미 시온은 공평과 정의로 구속될 것이라고 말하고 있으며, 11장 9절에서는 미래에 대한 환상이 "거룩한 산"에서 아무도 더 이상 죄를 짓지 않을 것이라는 기대로 끝이 난다. 그리고 이사야 60-62장에서는 시온의 영광스러운 종말의 때에 시온은 빛을 발하여 모든 민족들이 그것을 볼 것이라는 사실로 귀결된다(사62:1f).

이사야서의 다른 본문들에서는 다양한 맥락에서 하나님이 대적들의 위협들로부터 시온을 도우실 것이라고 말한다(사10:12; 29:8; 31:4, 9; 33:20; 34:8; 37:22). 특히 "예루살렘 시온에 사는 백성"이 도움을 구할 때(사30:19) 그렇게 하실 것이다. 끝으로 시온은 "생존한 자들" 중 "남은 자들"이 시온 위에 만드신 하나님의 보호막 아래 모이게 되고(사4:2-6, 참조. 14:32; 37:32), "그들의 머리 위에 영원한 기쁨이 되는"(사35:10 = 51:11) 장소가 될 것이다.

또한 이사야서의 중간부(사40-55장)는 하나님이 시온/예루살렘을 구속하시고 다시 일으키실 것이라는 희망과 기대로 가득 차 있다. 여기서 예루살렘과 이스라엘에 해당되는 본문들을 모두 '시온'이라는 핵심어 아래에서 개관하는 것은 당연하다. 다음은 시온이라는 명칭을 분명하게 언급하고 있는 몇몇 본문들만 선별된 예들이다. 이 장들 서두에 하나님의 오심을 예고하는 "기쁜 소식의 전달자 시온"에 대한 부름이 나타난다(사40:9). "야훼께 구속받은 자들"이 기쁨으로 시온으로 돌아오게 된다면(사51:11), 그들은 하나님이 왕이시며 시온에 돌아오신다고 선포하는 기쁜 소식의 전달자들이 될 것이다(사52:7f). 시온은 하나님이 자신을 버리셨으며 잊으셨다고 탄식하기 때문에, 시온에 다음과 같이 선포된다. 하나님이 시온을 자신의 손바닥에 새겼기 때문에 시온의 성벽들은 항상 하나님의 눈앞에 있고(사49:14-16), 하나님이 시온을 위로하실 것이다(사51:3). 마치 새로운 창조행동을 하듯이 하나님은 "하늘들을 펴고 땅의 기초들을 놓고 시온에게 말씀하신다. 너는 내 백성이라"(사51:16). 그러므로 시온은 포로기간이 끝났기 때문에 일어서며 자신을 꾸미고 먼지를 떨어버려야 한다(사52:1f, 또한 참조. 사41:27; 46:13).

동일한 언어의 관용이 이사야서의 세 번째 부분에서도 두드러지게 나타난다. 시온, 그것은 예루살렘이다. 구속자(gôʾēl)가 시온을 위해 오실 것이며(사59:20), 대적들은 시온 앞에 엎드러지며, "야훼의 도성, 이스라엘의 거룩하신 자의 시온"이라고 불릴 것이다(사60:14). 시온이 아직은 황폐하게 남아 있을지라도(사64:9[10]) 슬퍼하는 자들에게 시온의 위로와 회복이 약속될 것이다(사61:3). 왜냐하면 하나님이 "시온을 위해" 침묵하실 수 없고, 시온의 정의(ṣedeq)와 구원(jᵉšûʿāh)과 영광(kābôd)을 그 위에 빛나게 하실 것이기 때문이다(사62:1f). 사람들이 시온에게 "보라, 네 구원(jēšaʿ)이 이르렀다!"고 말할 때 그것을 땅 끝까지 들리게 할 것이다(V.11, 또한 참조. 사66:8.)

예레미야서에서는 시온이라는 명칭이 매우 상이한 정황 속에서 등장한다. 예레미야 3장에 나타난 일련의 회개요청에서 하나님은 회개하는 자들을 시온으로 데려오고자 하시며(V.14), 시온/예루살렘이 "야훼의 보좌"로 불릴 것이라고 한다(V.17). 이어지는 장들에서는 시온이 유다에 닥칠 전쟁과 연관되어 자주 언급된다. 여기에서 시온은 대적들이 공격하는 주요한 지점으로서, 고난당하는 자의 본보기로 등장한다(렘4:6, 31; 6:2, 23; 8:19; 9:18[19]; 14:19). 이 책의 후반부에서는(30장 이하의 "위로의 책"에서) 시온의 회복(렘30:17)과 추방당했던 자들이 시온으로 즐겁게 귀환하게 될 것(렘31:6, 12)이 예고된다(참조. 렘50:4f, 28; 51:10). 또한 바벨론이 시온에게 가했던 억압에 대한 보상이 기대된다(렘51:24, 35). 예레미야서의 후반부에서 나타나는 시온에 관한 진술들은 전체적으로 이미 이사야서에서 들을 수 있었던 것처럼 종말론적 어조를 띤다.

미가서에서는 몇몇 본문들이 이사야서와 유사한 전통 안에서 시온에 이루어질 임박한 하나님의 (왕적) 통치에 대해서 말한다(미4:2, 7, 앞의 단락 '시온, 성전의 장소'를 보라). 다른 본문들은 "딸 시온"을 위하여 "딸 예루살렘의 왕권," 즉 다윗 왕가의 왕권이 회복될 것을 기대한다(미4:8, 참조. V.10, 11, 13). 그러나 이러한 기대는 시온/예루살렘과 성전산(*har habbajit*)의 완전한 파괴로 끝나는 딸 시온(미1:13)과 시온의 지도자들(미3:9f)의 죄에 대한 심판이 이루어진 후에야 가능하다(미3:12). 동시에 맥락에 따르면 이 파괴는 앞에서 언급했던 책임자들의 통치가 끝남을 의미한다. 그들은 "시온을 피로, 예루살렘을 불의로" 건설하였다(V.9f). 그래서 다음 장에 나타나는 구원에 대한 전망이 예고되지 않고 있지만, 그곳에 이르는 문은 열려 있다(참조. Kessler 1999, 166ff).

스가랴서에서도 시온이라는 명칭은 중요한 부분에 등장한다. 그래서 이 책의 첫 번째 중심단락의 처음과 마지막에서 두 번, 하나님이 시온/예루살렘을 위해 "크게 질투하신다"고 말한다(슥1:14; 8:2). 초반부에 이 도성은 다시 건설될 것이며 하나님이 시온을 위로하시고 예루살렘이 다시 선택될 것이라고 예고된다(슥1:17). 마지막 부분에서는 하나님이 시온/예루살렘으로 돌아오시어 그곳에 거하실 것이며, 예루살렘은 "성실의 도성"으로, 야훼 체바옷의 산은 "거룩한 산"으로 불릴 것이다(슥8:3). 스가랴 2장 14[10]절에서 하나님은 딸 시온에게 앞서 바벨론에 거주하는 포로민들에게 시온으로 피하라고 말씀하신 후(2:11[7]), 그가 시온 가운데 거하실 것이라는 기쁨의 소식을 선포하신다. 그런 다음 스가랴서의 두 번째 중심단락에서는 시온에게 종말의 왕이 장엄하게 입성하는 것을 환호하라고 명한다(슥9:9).

끝으로 스바냐서의 종결부에서 시온에 대한 진술은 고유한 중요성을 가진다. 그곳에서는 야훼의 날의 폭풍 뒤에 살아남아 정화된 "이스라엘의 남은 자"에 대해서 말한다(습3:12). 이제 딸 시온에게 환호하라고 말씀하시며(V.14), "시온아, 두려워하지 말라" (V.16)고 말해질 것이다.

요엘서에 관해서는 위를 보라. 요엘 4장 16절[3장 16절]과 함께 아모스 1장 2절을 참조하라. 그리고 아모스 6장 1절을 보라. 오바댜 1장 17절은 요엘 3장 5절[2장 32절]을 인용한다. 더 나아가 오바댜 1장 21절을 참조하라.

시온의 운명에 대한 탄식이 애가서 전체를 압도한다. 이밖에 어느 곳에서도 이러한 탄식이 그러한 깊이와, 무엇보다도 그러한 배타성에 도달한 적이 없다. 애가서에는 어떤 예언서들보다도 훨씬 분명하게 시온/예루살렘, 즉 유다/이스라엘의 죄가 재앙의 원인이었다는 사실이 인식되어 드러난다. "예루살렘이 크게 범죄하였음으로 조소거리가 되었나이다"(애1:8). 정말 시온의 죄악이 소돔의 죄악보다 크다(애4:6). 탄식에서 '시온' 이라는 핵심어는 다음과 같이 많은 것을 포괄한다. 축제일과 안식일, 왕과 제사장들, 제단과 성소, 왕궁과 도성의 성벽들(애2:6-8), 그리고 무엇보다도 다양한 변형 가운데 의인화된 "딸 시온"과 그곳의 거주자들의 고난(애1:11; 2:11, 20f 등)을 말한다.

개별적인 사항들에 드러나는 모든 차이에도 불구하고 멸망까지 이르는 시온에 대한 위협과 손상, 그 뒤 시온의 위로와 회복을 말하는 곳에서, 시온이라는 명칭은 도성과 그곳의 거주민들을 나타내기 위해 사용된다는 사실이 드러난다. 이때 시온의 위협은 외부의 적들로부터만 비롯되지 않는다. 예언자들은 시온의 거주자들과, 무엇보다도 지도층들의 죄악된 행동의 결과로 나타난다는 사실을 지적한다. 애가서도 완전히 이러한 관점에 의해서 압도된다. 이러한 상황에 걸맞게 공평과 정의의 재건이 시온 회복의 본질적인 요소가 된다(사1:27; 62:1f). 시온의 궁극적인 회복에 대한 기대와 약속은 흔히 종말론적인 특징을 띠고 있다.

따라서 시온이라는 명칭은 상이한 의미들 속에서 - 성전의 장소로서, 하나님의 왕좌로서, 그리고 도성 예루살렘의 별명으로서 - 매우 높은 감정적인 가치를 가지고 있다. 그것은 다양한 본문의 영역 속에서 다양한 방식으로 표현된다. 자주 사용되는 '시온신학' 이라는 용어는 예언서의 일부에서, 무엇보다 애가서에서 시온/예루살렘에 관하여 가장 인간적으로, 즉 시온에 대한 전쟁의 공격들과 고난, 시온의 잘못과 범죄에 관하여 언급된다는 점에서 차별화가 필요하다. 또한 '딸 시온' 으로서의 의인화는 인간적 측면을 분명하게 강조한다(이 표현이 시편에서는 시9:5[14]에 단 한 번 나온다). 바로 그것이 의미하는 바의 복합성 속에서 시온은 자주 전체로서의 유다/이스라엘을 표상한다.

Theologie des Alten Testaments

B.XI

하나님에 관하여 어떻게 말하는가?

하나님에 관하여 어떻게 말하는가?

예비고찰

성서는 - 말 그대로 처음부터 마지막 절에 이르기까지 - 하나님에 관하여 말한다(이것은 히브리성서뿐만 아니라 기독교 성서에도 똑같이 적용된다). 그러나 하나님은 성서의 '주제' 가 아니다. 하나님은 성서에서 늘 현존하신다. 그분은 성서가 기록될 수 있게 하셨던 가능성의 근거가 되신다. 그러나 그분은 아주 드물게 주제가 될 뿐이다. 특히 성서는 하나님 '그 자체에' 대해서 말하는 것이 아니라, 하나님이 무엇을 말씀하셨고, 어떻게 행동하시고, 어떻게 경험되는지에 대해서 말한다. 따라서 중요한 것은 항상 세계와 인간, 무엇보다 특히 이스라엘과의 관계 안에 있는 하나님이다. 그래서 성서의 첫 문장은 하나님에 관하여 말한다. 그러나 그것은 하나님이 **계신지**에 대한 물음이나 그분이 누구이신가에 관한 설명이 아니라, 하나님이 **행동하신다**는 사실을 선포한다. 그분의 행동을 묘사하는 동사는 하나님에 대한 명칭 앞에 나타난다. "태초에 **창조하셨다**, 하나님이.”

하나님의 행동은 인간들에 의하여 다양한 방법을 통해 경험된다. 성서의 본문은 그 경험에 관하여 말한다. 성서본문들은 이러한 경험들을 다양성과 모순성 안에서 표현한다. 그러므로 성서의 본문에 나타난 하나님에 관한 진술은 통일성과 거리가 멀다. 종종 하나님의 경험에 대한 논쟁을 반영하며, 매우 상이한 측면들과 의견들을 보여준다. 그러나 모든 경험과 심상의 다양성에도 불구하고 히브리성서 본문과 문서의 저자들은 하나님이 **한 분**이심을 의심하지 않는다. 그것은 그분이 모든 세계의 하나님이시며, 모든 민족들의 하나님이라는 것을 의미한다. 이것은 다른 민족이나 종교에 대립하여 있을 때든지, 아니면 이스라엘 백성의 역사 안에서든지 상관없이 하나님에 대한 다른 이해가 모순되게 등장하는 곳에서만 하나의 고유한 주제가 된다. 이것을 통해 항상 끊임없이 이스라엘 내에서 위기의 성격을 띤 논쟁이 생겨난다. 이러한 논쟁은 본문에 반영되어 있다. 이 점에 관하여는 다음 장에서 논의될 것이다(B.XII).

‘하나님에 관하여 말하는 것’은 이러한 맥락에서 본문에 있는 저자나 인물들의 다양한 발언방식을 포괄한다. 그들은 여러 가지 모습으로 하나님에 관하여 3인칭으로 말한다. 시편과 많은 다른 본문의 기도자들은 하나님을 2인칭으로 말한다. 또한 그 안에서 1인칭으로 표현하시는 하나님의 말씀도 바로 예언자들에 의해 선포되거나, 본문의 저자들에 의해서 기록된다. 그러므로 모두 ‘하나님에 관한 진술’이다.

하나님의 이름

하나님의 이름과 명칭들

고대 중동의 대부분의 신들이 자신의 이름을 가지고 있듯 한 분 하나님이신 히브리성서의 하나님은 하나의 이름을 가지고 계신다. 그 이름에 관하여는 오직 자음만이 전해졌다. '야훼'(JHWH). 그 이름은 구약 시대 끝 무렵에도 더 이상 발음되지 않았고, 이 본문을 읽을 때는 '아도나이'(*ᵓadonaj*, 나의 주, 이것은 오직 하나님에 대한 호칭으로만 사용된 복수형태로 나타난다)라는 낱말로 대체되었다. 이것을 통해 특히 후기 고대 그리스 번역에 나타나는 '큐리오스'(κύριος, 주[主])의 사용에 대한 유래를 추론할 수 있다. 중세 시대에 본문에 대한 모음첨가를 할 때 자음 '야훼'(*jhwh*)에 '아도나이'(*ᵓadonaj*) 에 대한 모음이 붙여져, 기독교 독자들이 '여호와'라고 잘못 발음하는 결과를 초래하였다. 이 외에도 우리는 - 히브리어 성서에 기초되어 있는 - 아람어 '쉐마'(*šᵉmāᵓ*, 이것은 아람어로 '그 이름'이라는 의미다. 히브리어로 말하면 *haššēm*이다) 발음의 구두점을 발견한다. 최근에는 후기 고대의 음역들로부터 '야훼'(*Jahweh*)라는 발음을 재구성하였다. 그러나 이것 역시 많은 사람들이 받아들이고 있다 할지라도 하나의 추측일 뿐이다. 이 이름의 어원에서 본래적인 의미가 추론될 수 있는지의 여부는 불투명하다(참조. ThWAT III, 533ff). 그러한 의미가 하나님의 심상에 대한 특정한 측면들 안에서 표현되었다는 사실은 그 어디에서도 알아낼 수 없다.

야훼라는 이름은 히브리성서의 거의 모든 책에서 큰 거리감을 가지고 가장 흔하게 사용하는 하나님에 대한 명칭이다. 이것은 명백하게 **한 분** 하나님, 이스라엘의 하나님이면서 동시에 세상의 창조자요, 주(主)가 되시는 하나님을 가리킨다. 구약성서 문헌의 일부에서는 복합형태인 '야훼 쩨바옷'(*jhwh ṣ^{e}bā᾽ôt*)이 발견된다. 그것의 본래적인 의미는 논쟁거리이다(가장 그럴듯하기로는 *ṣābā*᾽ [군대] 라는 낱말과 관련이 있다. 참조. 수5:13-15; 왕상22:19, 이 점에 관하여 참조. Mettinger 1982b, 동저자, 1988, 123-157; ThWAT VI, 876ff). 이것은 한편으로 법궤와 관련된 제의적 맥락에서 발견되고(삼하6:2 등), 다른 한편으로는 예언문학에서 특히 강조된 하나님에 대한 칭호로서 나타난다(예컨대, 사6:3, 5). 이 호칭이 오경에서는 등장하지 않는다.

이러한 하나님의 이름 외에 히브리성서에서는 '엘로힘'(᾽^{e}*lohîm*, 하나님, 앞으로는 '엘로힘' 이라고 표기한다)이라는 명칭이 자주 사용된다. 이것은 모호한 면이 있다. 왜냐하면 다른 신들에게도 사용될 수 있기 때문이다. 이 낱말은 문법적으로 보면 복수이기 때문에, '신들' 을 의미할 수도 있다. 그러한 예는 "다른 신들"이라는 표현 속에서 종종 찾아볼 수 있다(출20:3의 십계명의 시작을 참조하라). 그러나 이 하나님에 대한 명칭이 추가사항 없이 사용될 때에는, 그것이 하나님의 이름과 마찬가지로 한 분이시며 유일하신 하나님을 말하고 있다는 점은 분명하다. 이 호칭에서 다르거나 열등한 가치를 표현하고 있지 않다는 점은 성서의 첫 구절에서 '하나님이 엘로힘' 이라는 명칭으로 소개되고 있다는 사실을 통해서 이미 드러난다. 특히 이 용어들의 동등함은 "야훼는 하나님이시다"(*jhwh hû᾽ hā᾽^{e}lohîm*)는 신앙고백적인 표현에서도 분명하게 확인된다(신4:35 등, 참조. 왕상18:39, 이 점에 관하여 참조. 1994, 19).

하나님의 이름 야훼와 비교할 때 엘로힘이라는 낱말이 가지고 있는 독특성은 상세하게 규정하는 다음과 같은 부가어들과 함께 사용될 수 있다는 점에서 드러난다. "나의 하나님," "우리의 하나님" 등등에서도 드러나지만 소유격 형태의 결합을 통해서도 표현된다. 예컨대, "아브라함의 하나님" 등과 같이 고유명사와 함께, 또는 "너의 조상(들)의 하나님"이나 "하늘의 하나님"에서 그렇다. 이렇게 확장되고 특수한 형태 안에서 엘로힘은 매우 자주 야훼와 직접적으로 관련된다. "야훼, 너의 조상들의 하나님," "야훼, 이스라엘의 하나님" 등에서 확인할 수 있다. 이처럼 엘로힘이라는 하나님의 명칭은 야훼에 대한 관계들과 그분에 대한 경험들의 특별한 측면을 표현할 수 있다.

히브리성서에서 자주 발견되는 또 하나의 하나님에 대한 명칭은 '엘'(ʾēl)이라는 낱말이다. 이 낱말은 다른 셈어와 종교들에서도 발견된다. 따라서 존재했을 법한 이스라엘 종교의 초기단계를 고려할 때 몇 가지 의문들이 이것과 관련하여 생겨날 수 있다(참조. 1994, 4f). 그러나 더 오래된 전승을 수용했을 가능성이 있음에도 불구하고 히브리성서의 현재 상황에서 이 용어가 한 분이신 이스라엘 하나님 외에 다른 어떤 하나님도 의미하지 않는다는 점은 분명한 사실이다. 일련의 경우에서 엘은 하나님에 대한 더 상세한 규정이거나 더 정확한 특징화를 의미한다. 따라서 야곱에게 엘은 "너에게 나타나셨던 그 하나님이시다"(창35:1, 참조. V.3). 야훼는 "질투하시는 하나님"(출20:5 등)이나 "자비롭고 은혜로우신 하나님"(출34:6 등)과 다른 강조점을 가진다. 또한 "이스라엘"(jiśrāʾēl)이란 이름도 하나님의 이름 엘과 함께 형성되었다.

엘과 조합된 몇몇 명칭들은 특별한 의문들을 일으킨다. 창세기 14장 18-20절에서 이스라엘이 차지하기 이전의 예루살렘의 하나님으로서 '엘 엘욘'(ʾ*ēl* ʾ*eljôn*, 가장 높으신 하나님)이 거명된다. 그분은 "하늘과 땅의 창조자"로 지칭된다. 그 이면에는 땅의 창조자로서의 엘에 관한 더 오래된 비(非)이스라엘 전통이 있다. 그렇지만 하늘의 창조자로서의 명칭은 이러한 전통에 대한 이스라엘적 수용의 일부다(참조. 1966, 284ff[179ff]; Niehr 1990, 124). 단독으로 사용된 '엘욘'(*'eljôn*)이란 낱말은 "가장 높으신 분"이신 하나님의 명칭으로 더 자주 발견된다(예컨대, 삼하22:14; 시7:8[7]).

'엘 샷다이'(*'ēl šaddāj*)라는 명칭은 그 기원과 그 의미에서 분명치 않다(참조. ThWAT VII, 1078-1104). '제사장' 본문들에서는 '엘 샷다이'(*'ēl šaddāj*)를 통해 모세에게 최종적으로 이름을 알려주기 이전에 하나님이 자신을 소개하신 초기단계의 명칭임을 알려준다(참조. 창17:1과 출6:3). 특히 욥기에서 단독으로 사용된 '샷다이'(*šaddāj*)라는 명칭에 다른 강조점이 있다(참조. 욥5:17; 6:4 등, 총 31번). 칠십인경은 이것을 대체로 '판토크라토르'(παντοκράτωρ)로 번역하고, 불가타는 *omnipotens*(전능자)로 번역한다. 모든 경우들에서 '샷다이'(*šaddāj*)라는 낱말은 한 분이신 이스라엘의 하나님 외 다른 것을 의미하지 않는다.

이 본문들이 하나님의 이름을 사용하는지, 특별한 부가어들과 함께 또는 부가어 없이 사용하는지, 혹은 그것들이 다양한 하나님의 명칭 중 하나를 사용하는지에 대한 결정은 자주 그 표현 속에서 발견되는 각각의 전통에 달려 있다. 몇 가지 경우에서 이러한 점이 오늘날의 독자들에게 명확하게 인식될 수 있다. 두 가지 사례만을 말하자면 예컨대, 욥기에서 틀 이야기와 하나님의 발언에서는 하나님의 이름이 사용되지만, 욥과 친구들의 대화에서는 나타나지 않고 있으며, 시편 42-83편의 "엘로힘 기자들의" 개정에서 하나님의 이름이 엘로힘으로 대체된다. 그러나 각각의 경우 신중한 해석이 필요한데, 그때 하나님에 대한 명칭은 단지 다른 요소들 가운데 하나일 수 있다(이러한 점은 특히 야훼와 엘로힘 사이의 변화에 적용된다. 그것은 오경의 자료비평에서 전통적인 기준으로서 작용한다. 이 점에 관하여 참조. Blum 1984, 471-75).

하나님의 이름의 다양한 측면들

무엇보다도 하나님에 대한 이스라엘의 관계처럼 이스라엘에 대한 하나님의 관계를 위한 하나님 이름의 근본적인 의미가 출애굽기 3장의 모세 소명 이야기에서 의미심장하게 표현된다. 모세는 이스라엘 백성에 대한 자신의 임무를 정당화하기 위해 하나님의 이름을 알아야 했다. 그러나 모세는 처음에 그분을 단지 "그 하나님"(*hā-ᵓᵉlohîm*)으로만 알 수 있었다(V.13). 하나님의 발언은 "나는 곧 나이다"(V.14)라는 우회적 표현을 넘어서 야훼의 이름에 대한 완전한 선언으로 나아간다. "이것이 나의 영원한 이름이다"(V.15). 후행문은 이 이름의 근본적인 기능을 설명한다. 그것은 그러한 형태로 이스라엘이 하나님을 "대대로" 기억해야 하는 "기억"(*zēker*)의 형식이다. 이 표현은 무엇보다도 찬송시 본문에서 등장한다. 하나님의 이름과 "기억하는 것"이 평행법으로 서로 대응되어 나타난다(시30:5[4]; 97:12; 102:13[12]; 135:13, 참조. 사26:8, "당신의 이름과 당신의 '기억'"). 호세아 12장 6[5]절에는 단순히 "야훼는 그의 '기억'"이라고만 기록되어 있다. 또한 시편 기도자는 다음과 같이 탄식한다. "사망 중에는 당신을 기억함이 없습니다"(시6:6[5]). 하나님에 대한 기억이 없는 것은 하나님과의 관계가 끊어진 것이다.

독자들에게는 모세에게 분명한 선언을 통해 알려진 그 이름이 전혀 새롭지 않다. 오히려 그것은 히브리성서에서 이미 인류 역사의 시작에서부터 하나님이 '불려졌던' 방식이다. "그때에 사람들은 야훼의 이름을 부르기 시작했다"(문자적으로 시작되었다, 창4:26). 이 문장은 야훼께서 한 분이시며 유일하신 하나님으로서 처음부터 인류의 하나님이었다는 사실을 말해준다. 따라서 그 이름은 이미 두 번째 창조기사의 도입부에 소개된다. 처음에는 매우 생소한 이중적인 표현인 '야훼 엘로힘'(*jhwh* ᵓ*ᵉlohîm*, 창2:4부터), 다음에는 단독으로(창4:1부터) 소개되었다. 첫 번째 부부의 아들들인 가인과 아벨은 당연한 듯이 야훼께 그들의 제물을 드린다(창4:3f). 족장사에서는 그들이 각각 제단을 만든 후에 그곳에서 "야훼의 이름"을 불렀다고 기록한다(*qārā*ᵓ *bᵉšēm jhwh*, 창 12:8; 13:4; 26:25, 참조. 21:33). 아브라함의 경우에는 하나님께서 자신에게 나타났던 그 장소에 제단을 세웠다고 한다(창12:7). 이것은 출애굽기 20장 24절의 제단법에 부합하는데, 그 법에 따르면 제단은 "내가 내 이름을 기억하게 하는(ᵓ*azkîr*) 모든 곳"에 세워져야 한다. 여기서 자신의 이름에 대한 기억을 이끌어 오시는 분은 하나님 자신이시다. 그리고 하나님은 그 제단에서 제사드리는 자들에게 오시고 그들을 축복하신다. 그러므로 기억과 기억으로의 부름은 양방향에서 일어날 수 있다. 또한 인간측이 그 이름을 부르는 것(또는 외치는 것)에 상응한다. "그의 이름을 불러라(또는 외치라)… 그의 이름이 높다는 사실을 기억하게 하라"(*hazkîrû*, 사12:4). 여기에서 '외친다'는 번역은 그 사이에 끼어 있는 문장("그분의 행적을 열방 중에 선포하라")에서 암시된다(참조. 시105:1).

바알 예언자들과 싸우는 엘리야의 투쟁에서 그 이름을 부르는 것은 완전히 다른 강조점을 가진다. 양 진영 모두 자신들의 하나님의 이름을 불러야 한다. "불로써 응답하시는 하나님이 (참) 하나님이시다"(*hû*ᵓ *hā-ʾᵉlohîm*, 왕상18:24). 엘리야는 “야훼의 이름으로”(*bᵉšēm jhwh*, V.32) 제단을 쌓고, 야훼는 하늘로부터 불을 내리셔서 바알에게 맞서 자신이 참 하나님임을 증명하신다. 백성들은 신앙고백적 행동으로 “야훼는 참 하나님이시다”(V.39)라고 외친다. 동일한 방향으로 찬송시의 언어 중 한 요소가 나타난다. 온 세계에 미치고 세상을 움직이는 하나님의 작용에 대한 진술들이 “야훼 (체바옷)는 그의 이름이다”는 강조된 문장으로 종결된다(암9:5f; 4:13; 5:8; 사51:15; 렘10:12-16=51:15-19 등). 여기에 다른 종교에서는 다른 신들에게 묘사된 창조 안에서의 하나님의 능력에 대한 진술들이 유일한 참 하나님이신 이스라엘 하나님의 이름을 강조하는 언명과 함께 사용된다(참조. Crüsemann 1969, 95ff). 이방신 숭배에 대항한 논쟁에서 야훼는 “질투의 하나님”(*ʾēl qannāʾ*)이라는 표현이 심지어 “질투하시는 야훼는 그의 이름이다”(출34:14)라는 표현으로까지 강조될 수 있다.

그러나 마지막으로 언급된 구절과 직접적인 관련성 속에서 야훼의 이름이 담고 있는 완전히 다른 측면이 보인다. 모세가 듣는 가운데 하나님이 직접 자신의 이름을 다음과 같이 선포하셨다. “야훼, 야훼, 자비롭고 은혜로우며, 오래 참고 선함과 진리가 풍성한 하나님이로다. 자비를 수천 대까지 간직하며, 행악과 허물과 죄를 용서하나 죄악이 완전히 면제되지는 않을 것이다. 아비들의 죄는 그 자손과 그 자손의 자손들 삼사 대까지 미치게 할 것이다”(출34:6f, 참조. 33:19). 이것은 이른바 야훼 이름의 내부를 향한 측면이다. 여기서 강조되는 바는 물리치시는 질투가 아니라, 죄인들을 징벌하시는 행동을 항상 압도하는 이스라엘에 대한 그의 오래 참으시고 자비로우신 행동이다. 십계명에서 두 가지 측면이 서로 연결되어 있다. 이때 ‘엘 칸나’(*ʾēl qannāʾ*)라는 표현이 내부를 향해 있다. 그러나 여기서도 하나님의 자비가 심판하시는 행위를 훨씬 능가한다(출20:5f; 신5:9f).

'이름' (*šēm*)이란 낱말은 자주 하나님을 가리킨다. 평행음운댓구(parallelismus membrorum, 참조. 1983, 109)의 독특한 표현양식에서 두 가지는 어떠한 내용적 차이나 강조점의 변화 없이 서로 대응되는 의미로 사용될 수 있다. "야훼여, 그러므로 나는 열방 가운데서 당신께 감사할 것이며, 당신의 이름을 찬양할 것입니다"(시18:50[49]=삼하22:50). "나와 함께 야훼를 찬양하며, 우리가 그의 이름을 높이자"(시34:4[3]) 등에서 볼 수 있다(이러한 구절이 종합되어 있는 다음을 참조. Grether 1934, 36f). 그러나 하나님의 이름을 '알다' 또는 '인정하다'(*jādaᶜ*)라는 언급은 한 가지 특별한 강조점을 가진다. 그래서 몇몇 시편에서는 "당신의 이름을 아는" 경건한 자들에 대해 말한다(시9:11[10]; 참조. 91:14). 구원이 완성된 미래를 위해서 예언자는 "그날에" "나의 백성이 나의 이름을 알게(또는 인정하게?) 될 것"을 기대한다. 무엇보다 그것은 하나님이 "내가 여기 있다"라고 말씀하시는 바로 그분이라는 사실을 백성들이 인정하게 될 것을 의미한다(사52:6; 참조. 65:1). 왜냐하면 하나님 자신이 "나의 백성 이스라엘 중에 나의 거룩한 이름을 알릴 것"(*hôdîaᶜ*, 겔39:7)이기 때문이다. 그리고 "땅의 모든 사람들도 당신의 이름을 알게 될 것"(왕상8:43, 참조. 사64:1[2]; 렘16:21)이기 때문이다. 하나님의 이름을 안다는 것은 하나님 자신을 아는 것을 의미한다(이 점에 관하여 뒤에 오는 단락 '하나님을 안다는 것'을 참조하라).

찬송시적인 본문에서 자주 나타나는 낱말 '야다'(*jādah*, 대부분 히필 형태로 *hôdāh*)는 종종 "감사하다"(예컨대, "야훼께 감사하라 이는 그가 선하시기 때문이다." 시136:1)나 "찬양하다"(참조. Westermann 1953의 여러 곳) 또는 이와 유사한 뜻으로 번역되는데, "고백하다"는 의미를 가질 수 있다(특히 히트파엘형에서). 이러한 의미에서 이 낱말은 하나님의 이름과 관련된다. 솔로몬의 성전 봉헌기도에 따르면 곤경에서 하나님의 이름을 고백하는 것은 그 곤경을 초래한 죄악된 행동으로부터 "돌아서는 것"(*šûb*)과 관련이 있다(왕상8:33, 35, 참조. 시32:5, 여기서는 그 이름이 언급되지 않는다). 세대들을 통과하는 이스라엘 범죄에 대한 방대한 고백종결부에서 기도자는 이 모든 것에도 불구하고 하나님의 뜻에 응답하고 "당신의 거룩한 이름"에 대한 고백과 함께 흩어진 곳으로부터 귀환하는 희망을 이야기한다(시106:47). 다른 본문에서는 찬송시적 찬양의 상황에서가 아니라 곤경의 상황에서 하나님의 이름을 고백한다. 곤경에 처한 기도자는 하나님의 도움과 구원을 희망하거나 이미 받았다(시7:18[17]; 18:50[49][=삼하22:50]; 44:9[8]; 52:11[9]; 54:8[7] 등, 참조. 사25:1). 여기서도 하나님의 이름을 고백하는 것은 하나님 자신을 고백하는 것을 의미한다.

야훼의 이름으로 맹세하는 것도 하나의 고백행위이다. "너는 야훼, 너의 하나님을 두려워하라, 그를 섬기고 그의 이름으로 맹세하라"(신6:13; 10:20). 이스라엘 사람들은 바로 "나의 이름으로 맹세하는 자들"(사48:1)이라고 지칭할 수 있고, 이방인들은 그들로부터 "진실로 야훼께서 살아 계신다"라고 "나의 이름으로 맹세하는 것"을 배울 수 있다(렘12:16). 그러나 "나의 이름으로 거짓되게 맹세하는 것"은 "하나님의 이름을 욕되게 하는 것"이다(레19:12, 참조. 슥5:4). 그래서 십계명에도 "너의 하나님 야훼의 이름을 망령되게 사용하지 말라"고 말한다(출20:7; 신5:11). 하나님의 이름을 저주하는 자는 죽을 죄를 범한 것이다(레24:10-16).

시편 106편에는 하나님의 "거룩한 이름"을 고백하는 것에 관한 언급이 있다(V.47, 위를 보라). 창조와 인간의 운명을 주관하시는 분으로 드러나는 하나님의 작용에 관하여 말하는 찬송시편 33편에서도 역시 마지막 고백에서 다음과 같이 말한다. "우리는 당신의 거룩한 이름을 신뢰합니다"(V.21). 찬송시편 145편의 결론에서 "모든 육체는 하나님의 거룩한 이름을 축복하며 찬양하라"고 선포한다(V.21, 참조. V.1). 다른 시편들에서 하나님의 거룩한 이름은 이미 찬송시의 도입부에서 언급된다(103:1; 105:3). 시편 99편 3절은 "크고 두려운 하나님의 이름을 고백하라"고 외친다. 여기에는 다음과 같은 강조된 문장종결이 함께 나타난다. "그는 거룩하시다." 예언자들의 구원선포에서 지극히 높으신 하나님을 말하면서 그의 이름이 거룩하다고 한다(사57:15). 또한 하나님의 이름을 '거룩하게 하는 것'에 관하여도 말한다. 예언자의 구원예고에서 구원받은 자들이 하나님의 손이 하시는 일을 볼 때 하나님의 이름을 거룩하게 할 것이라는 기대가 표명된다(사29:23).

그러나 무엇보다도 하나님이 자신의 이름을 거룩하게 한다. 에스겔 20장의 거대한 역사회고에서 하나님이 늘 계속해서 "자기 이름을 위하여" 참으셨다고 말씀하신다. 이는 "그가 열방 앞에서 욕되지 않게 하기 위함"이었다(V.8f, 13f, 21f, 참조. V.44). 그러나 이제는 그러한 일이 실제로 벌어진다. 열방 가운데 흩어진 이스라엘 백성이 "내 거룩한 이름을 더럽혔다. 왜냐하면 사람들이 그들에 관하여 말하기를, '그들은 야훼의 백성이다. 그러나 그들이 자신의 땅으로부터 쫓겨나야 했다'고 하기 때문이다"(겔36:20f). 그래서 하나님은 이제 "너희가 열방에서 더럽힌 내 거룩한 이름을 위하여" 자신의 이름을 다시 거룩하게 하신다. 다시 말하면 하나님의 이름에 맞는 거룩성을 회복하신다(V.22). 조금 뒤로 가면 하나님은 "나의 거룩한 이름을 내 백성 이스라엘 가운데 알릴 것(*hôdî*[a*c*])이다"라고 말씀하신다. 그래서 열방도 "내가 야훼이며, 이스라엘의 거룩한 자임"을 알게(*jāda*ʿ) 될 것이다(겔39:7). 결국 하나님은 "야곱의 운명을 돌리실 것(*šûb šᵉbût*)" 이고, "나의 거룩한 이름을 위하여 질투할 것이다" (V.25).

에스겔서에서처럼 이사야서에도 하나님은 분노를 "나의 이름을 위하여" (사48:9) 참으신다고 말씀하신다. 거대한 역사회고가 있는 시편 106편에는 "그의 이름을 위해" 홍해에서 도우신 하나님에 관하여 말한다(V.8). 이러한 표현은 다음 기도언어의 일부로서도 나타난다. 이스라엘의 죄악에도 불구하고 "당신의 이름을 위하여" 곤경 가운데서 도와달라고 하나님에게 기도한다(렘14:7, 21). 시편 가운데에서도 이 표현은 하나님의 용서(시25:11; 79:9)와 도움(시31:4[3]; 109:21; 143:11)에 대한 청원에서, 하나님의 인도에 대한 감사(시23:3, 참조. 33:21)에서 계속해서 발견된다. 이사야서의 마지막 장에서 다른 측면이 발견된다. 어떤 사람들이 형제들을 "나의 이름 때문에 미워하고 쫓아낼 것이다" 고 말한다(사66:5). 나의 이름 때문이라는 것은 하나님에 대한 분명한 고백 때문이라는 것을 의미한다. 여기에서 전제는 하나님에 대한 고백이 분명하게 적대감을 품게 하는 상황이 된다는 사실이다. 끝으로 솔로몬의 성전봉헌기도에서 하나님에게 "당신의 이름 때문에 먼 땅에서 온" 이방인의 기도를 들어달라고 청원한다(왕상8:41). 하나님의 이름에 관한 발언은 두 개의 구절에서 더 폭넓게 개진된다. 그 이방인은 하나님의 위대한 이름과 그의 권능 있는 행동에 대해서 들었기 때문에 예배하려고 예루살렘 성전으로 온다(V.42). 그리고 하나님께 그들의 기도를 들어주시라고 간구한다. 그러면 "땅의 모든 백성들이 당신의 이름을 알게 될 것" 이고, "이 집이 당신의 이름으로 일컬어졌다" (V.43)는 사실을 알게 될 것이다.

마지막 본문에서 하나님의 이름이라는 개념이 하나님의 '집,'

즉 성전과 관련된다. 이것은 예언자 나단이 다윗에게 한 약속을 회상케 한다. 나단은 다윗에게 그의 아들이 "나의 이름을 위하여 집을 지을 것"(삼하7:13)이라는 하나님의 약속을 전한다. 훗날 솔로몬은 이 약속을 근거로 성전을 건축한다(왕상8:17-20). 하나님의 이름과 성소의 연결은 특히 신명기에 각인되어 있다. 신명기에는 "야훼께서 자신의 이름을 거하게 하시려고(*šākan*, 피엘형) 택하신 곳"에 대한 언급이 반복된다(신12:11; 14:23; 16:2, 11; 26:2). 히브리성서의 매우 다양한 상황 가운데 발견되는 하나님의 거하심(*šākan*, 칼형)과 거하시는 곳(*miškān*)에 대한 심상(예컨대, 출25:8f; 레8:10; 삼하7:6; 왕상6:13; 겔37:27; 시26:8; 대상6:17[32] 등)은 매우 특별한 방식으로 해석된다. "내가 나의 이름을 알리는 곳에 제단을 세우라"는 출애굽기 20장 24절의 제단법과는 달리 여기서는 분명히 하나님이 택하신 곳이 유일하고 특정한 장소로 나타난다. 그곳에서만 유일하게 합법적인 야훼-제의가 실행될 수 있다. 하나님은 자신의 이름 안에서 현존하고자 하신다. 많은 주석가들이 하늘에 거하시는 하나님과 땅의 성소에 거하시는 그분의 이름 사이에 의도적인 구별을 한다(참조. Grether 1934, 34). 그러나 대안적으로 사용된 표현 "야훼께서 자신의 이름을 두시려고(*śûm*, 부버는 이것을 'einsetzen' [앉히다]이라고 번역한다) 택하신 그 장소"(신12:5, 21; 14:24)는 우선적인 관심이 하나님이 "거하시는" 곳이 아니라, 이 유일한 합법적인 제의장소에 하나님의 이름이 현존하신다는 사실에 있음을 명확하게 보여준다. 하나님은 자신의 이름을 예루살렘 성전에 "두신다." 그러나 하나님은 이로 인해 이름으로부터 자신을 분리시키지 않으시고 그 이름 자체에 현존하신다. 열왕기상 9장 3절에 따르면 하나님의 이름만 성전에 있지 않고, 그의 눈과 마음도 그곳에 함께 있다. 그리고 하나님의 이름을 "두는 것"은 일회적인 행동이 아니다. 하나님은 아론과 그의 아들들에게 다음과 같이 임무를 맡기신다. "너희는 나의 이름을 이스라엘 자손 위에 두라. 그러면 내가 그들을 축복할 것이다"(민6:27, 이 점에 관하여 참조. v.d. Woude 1976b, 953ff; Mettinger 1982, 38-79).

하나님의 이름으로 하는 축복은 다른 곳에서도 레위 지파에 속한 자들(신10:8) 또는 신명기적인 용어로 말하면 "레위 자손 제사장들"(신21:5)의 임무로 나타난다. "야훼의 이름으로 섬기는 것"과 함께(참조. 신18:5, 7; 대상23:13) 표현된다. 오직 한 번 다윗이 법궤를 예루살렘에 옮겨놓은 후 백성들을 "야훼 체바옷의 이름으로" 축복하였다고 말한다(삼하6:18; 대상16:2). 분명히 특정한 제의직책들에 대한 상이한 전통들이 반영되어 있다.

하나님의 이름으로 말하는 것은 예언자들의 특별한 표징이다. 신명기에는 "야훼의 이름으로" 또는 "나의 이름으로"라는 표현이 동일한 장에서 "레위 자손 제사장들"(신18:5, 7)과 하나님이 일으키고자 하시는 "나(즉 모세)와 같은" 또는 "너와 같은" 예언자(V.15, 18)를 설명하기 위해 등장한다. 제사장들이 "야훼의 이름으로" 섬기고 축복하는 것이 그들의 주된 임무라면, 반면 예언자들의 임무는 "나의 이름으로" 말하는 것이다(V.18f). 신명기의 이 맥락에서 중요한 것은 무엇보다도 참 예언자와 거짓 예언자를 구별하는 것이다(V.20-22). 이러한 질문은 예레미야에서도 끊임없이 제기된다. 예레미야의 대적자들은 그가 야훼의 이름으로 예언하는 것을 방해하려고 하거나(렘11:21), 그가 하나님의 이름으로 선포한 예루살렘에 대한 심판소식 때문에 그를 고소한다(렘26:9). 그러나 그가 "우리의 하나님, 야훼의 이름으로 우리에게 말했다"는 논거는 그 다음에 예레미야에게 유익하게 작용한다(V.16, 20-23절에서 다른 예언자에 대한 정반대의 예가 기록된다. 그 예언자는 야훼의 이름으로 예언했고 그 때문에 처형당한다). 그러나 하나님의 위임을 받지 않고서도 하나님의 이름으로 말하는 것처럼 행세하는 예언자들도 있었다. "이 예언자들은 나의 이름으로 거짓을 예언한다. 그러나 나는 그들을 보내지 않았다"(렘14:14, 15; 23:25; 27:15; 29:9, 21, 23). '하나님의 이름'으로 하는 참 예언과 거짓 예언을 구별하는 것에 대한 논쟁은 예레미야의 삶에 계속해서 깊은 영향을 끼친다. 그의 가장 큰 위기는 그가 "더 이상 그분의 이름으로 말하고" 싶지 않은 것이다. 그러나 그는 그렇게 할 수 없었다. 왜냐하면 그의 마음이 타는 불과 같았기 때문이다(렘20:9).

나는 야훼다

하나님의 이름의 중심적인 의미는 '나는 야훼다'(*ʾanî jhwh* 또는 *ʾānokî jhwh*)라는 각인된 어구에서 특히 의미심장하게 표현된다. 하나님의 이름이 근본적으로 알려지는 출애굽기 6장 2절에서 이 짧은 형태의 독립된 문장이 최초로 발견된다. 동시에 분명하게 드러나는 점은 이 압축적이고 정형화된 진술은 이름의 전달 이상의 의미를 가진다는 것이다. 이 표현은 출애굽기 6장 2-8절에서 세 번 등장한다. 모세에 대한 하나님의 발언이 시작될 때(V.2), 모세가 이스라엘 백성에게 전달해야 하는 내용의 도입부로서(V.6), 하나님 발언의 종결로서(V.8) 등장한다. 그 구절에서 이 표현은 하나님이 자신을 소개하시는 매우 강조된 수사학적 형식으로서 입증된다(침멀리[Zimmerli 1953]는 이 표현을 "자기소개 형식구"[Selbstvorstellngsformel]라고 부른다. 아래에서는 "나는-이다-형식구"[Ich-bin-Formel]라고 말한다. 참조. 1961, 32ff[50ff]). 이 표현은 이 본문에서 '인지진술'(Erkenntnisaussage)의 일부로서 확장된 형식에서 한 번 더 나타난다. "너희는 내가 야훼 곧 너의 하나님임을 알게 될 것이다"(V.7, 이 점에 관하여 뒤에 나오는 단락 '하나님을 안다는 것'을 보라).

그런 다음 이 정형화된 표현은 승격된 지위를 가지고 십계명의 서론으로 등장한다. "나는 이집트 땅, 종살이의 집에서 너를 이끌어낸 너의 하나님 야훼다"(출20:2; 신5:6, 하나님을 지칭하는 '나'는 여기에서 완전한 형태 ʾ*ānokî*로 나타난다). 여기서 하나님의 자기소개는 하나의 관계문으로 확장되어 있다. 이 관계문에는 이집트에서 이끌어내실 때 보여주었던 이스라엘에 대한 하나님의 근본적인 구원행동이 바로 하나님 이름에 대한 부연설명으로 나타난다. 이것은 출애굽기 6장 7절에 있는 하나님의 근본적인 자기소개를 떠올리게 한다. 거기서는 다른 용어를 사용한다. "내가 너희를 이집트의 무거운 짐 아래에서 빼내었다."

출애굽기 6장 2절에서처럼 에스겔 20장 5절에는 '나는-이다-형식구'가 독립된 문장으로서, 즉 예언자가 전달해야 하는 하나님 말씀의 유일한 내용으로 나타난다. "내가 이스라엘을 택한 날에 야곱 집의 자손에게 (맹세하려고) 내 손을 들어올려 이집트 땅에서 그들에게 나 자신을 알게 하였다. 내가 내 손을 그들에게 들어올리고 말하기를 '나는 야훼 너희 하나님이라' 하였다." 이것에 관하여 침멀리는 다음과 같이 말한다. "야훼께서 자신의 백성에게 말씀하시고 알리셔야 했던 모든 것은 '나는 야훼다'라는 근본적인 진술의 확장으로서 나타난다"(1953, 188[=20]).

근본적인 내용이 각인된 이 진술은 히브리성서의 다양한 본문의 영역들 가운데서 매우 상이한 의미와 기능을 가지고 나타난다. 그것은 "나는 야훼다"라는 엄격한 형태(부분적으로는 "너의/너희의 하나님"이라는 말이 덧붙여진 채)로 특별한 "제사장적" 계명모음집, 특히 "성결법전"에서 자주 등장한다(참조. Ruwe 1999, 71ff). 이때 그것은 좀 짧거나 긴 계명 본문들의 종결로 나타나고, 그것이 하나님의 계명들로서의 구속력 있는 성격을 지닌다는 사실을 분명하게 강조한다(레18:2, 4, 5, 6 등). 가끔 "너희/그들/그를 거룩하게 하신 자"라는 추가문을 통해 보충된다(히브리어에는 분사형태로 표현되어 있다. 레20:8; 21:8, 15, 23 등). 하나님께서 거룩하시기 때문에 이스라엘은 거기에 상응하는 계명들을 준수함으로써 자신을 거룩하게 해야 하고 거룩함을 유지해야 한다. 레위기 26장 44절 이하에서 이 형식구는 두 번 나타난다. 하나님은 이스라엘의 범죄와 그것 때문에 당해야 하는 고난에도 불구하고 자신의 언약을 깨뜨리지 않으실 것이라고 보증하신다. "나는 야훼다"라는 간명한 문장으로 늘 계속해서 자신을 소개하시는 하나님은 자신의 언약을 깨뜨리지 않으신다.

출애굽기 6장 7절과 20장 2절에서 발견되는 것과 같이 이집트에서 이끌어내었다는 기억을 통해서 신적인 '나'를 부연설명하는 것은 여전히 다양한 상황들 속에서 나타난다. 민수기 15장 41절에서는 명령들의 모음이 하나의 폭넓게 확장된 문장으로 종결된다. "나는 너희의 하나님이 되고자 이집트 땅에서 너희를 이끌어낸 야훼 너희의 하나님이다. 나는 야훼 너희 하나님이다." 여기에서 '언약형식구'가 함께 고려된다(또한 참조. 레25:38). 거의 동일하게 들리는 레위기 11장 45절의 문장은 다시 거룩하라는 요구가 추가된다(참조. V.44). 호세아서에서는 이집트에서의 이끌어내심과의 결합이 다음과 같이 짧아진다. "나는 이집트 땅에서부터 너의 하나님 야훼다"(호12:10[9]; 13:4). 이것은 이른바 이끌어내심에 대한 형식구의 축소형태이다(참조. 1997b, 502). 제사장적 오경본문 중 일련의 구절들에서 나는-이다-형식구는 그것이 출애굽기 6장 7절에서처럼 '인지진술'로 확장되는 사실을 통해 하나의 변화를 경험한다. "너는/너희는/그들은 내가 야훼임을 알 것이다"(이 점에 관하여 이후 단락 '하나님을 안다는 것' 을 보라).

예언서에서 나는-이다-형식구는 단지 특정한 맥락에서만 발견된다. 이사야서의 두 번째 부분, 특히 이사야 40-49장에서 매우 중요한 역할을 한다. 말하자면 그곳에서는 의도성 있게 다음과 같이 표현되어 있다. "나는 야훼다. 이것은 나의 이름이다. 나는 나의 영광(*kābôd*)을 다른 사람에게, 나의 찬송을 우상에게 주지 않을 것이다"(사42:8). 여기에서 중요한 것은 단순히 '형상' (*pᵉsîlîm*)일 뿐인 다른 신들과 분명한 경계선을 긋는 것이다. 그리고 하나님께서 위임하신 페르시아 왕 고레스에게 말씀하시는 곳에 다음과 같이 기록되어 있다. "나는 야훼이며 다른 이는 없다. 나 외에 다른 신은 없다"(사45:5, 참조. V.21). 여기서부터 이름 야훼는 '하나님' 외에 다른 아무것도 아니다. 이 이름 외에 다른 하나님은 없다. 이 예언자는 이름이 나올 자리에 하나님을 의미하는 '나' 를 반복함으로써 이 진술을 더욱 첨예화시킨다. "나는 그이다(*ʾᵃnî hûʾ*). 나는 처음이요 나중이다"(사48:12, 참조. 사41:4; 43:10, 13 등, *ʾānokî hûʾ* 사43:25; 51:12). 그러므로 이미 나온 이름처럼 단순한 야훼의 '나' 는 '하나님' 을 가리킨다.

나는-이다-형식구는 에스겔서에서 더 자주 발견된다. 때때로 어떤 발언의 강조된 도입부로서(겔20:19) 또는 종결어구로서(겔20:7) 사용된다. 그러나 이 형식구는 주로 이 두 가지 용법으로 나타난다. 그것은 본래적인 형식구를 속행하거나 어떤 면에서 보면 그 형식구를 풀이하는 것이다. 그러나 다른 한편으로는 그것이 발언의 종결로서 자주 등장한다. "나 야훼가 말했다"(겔5:15, 17; 21:22[17], 37[32]; 26:14; 30:12; 34:14, 24). 또한 도입부에(겔12:25; 24:14) 나타나기도 한다. 한편 속행하는 본문에서는 다음과 같이 언급된다. "나 야훼는 말하고 그것을 행한다"(겔17:24; 22:14; 36:36, 참조.

24:14; 37:14). 그러므로 중요한 것은 하나님의 자기소개가 아니라, 이미 말씀하신 것을 야훼의 권위로 분명하게 강조하는 것이다. 다른 속행의 예는 인지진술에서 발견된다(이 점에 관하여 뒤에 나오는 '하나님을 안다는 것' 을 보라).

그러므로 "나는 야훼다" 라는 형식구는 예언자들 혹은 위임된 저자들을 통해서 표현된 것처럼 특히 하나님의 발언에 대한 의미심장하고 인상적인 방식을 묘사한다. 이 형식구는 다양한 방법으로 사람들에게 알리고 그들에 의해서 알려지고 인정되기를 원하시는 하나님의 주권을 대변한다.

어떻게 하나님이 나타나시고 자신을 알리시는가?

하나님이 나타나시는 다양한 방법들

하나님은 인간에게 다양한 방식으로 나타나신다. 족장 이야기에서 여러 번에 걸쳐서 다음과 같은 표현이 나온다. "주께서 그에게 나타나사 말씀하시기를…." 때때로 이것은 하나님의 나타나심에 대한 부가적인 설명 없이 하나님 말씀의 서론으로서 기능한다. 그러나 본문이 진행되면서, 결코 일상의 사건은 아님을 분명하게 인식하게 된다. 아브라함의 경우 이 표현은 하나님의 첫 번째 약속을 이끄는데, 그때 하나님은 아브라함에게 그의 후손들에게 "이 땅" 을 줄 것이라고 약속하신다. 이어서 아브라함은 "그에게 나타나신 야훼께" (창12:7) 이 땅에서의 첫 번째 제단을 쌓는다. 그 다음에 나타나실 때는 하나님이 아브라함에게 그와 맺기를 원하시는 언약을 알리시고, 아브라함이 땅에 엎드려 경배한다(창17:1-3). 이삭의 제물 이야기에서는 아브라함이 사건의 장소를 "야훼께서 보신다"(*jir'eh* V.14a)라고 명명하며, 이것을 통해 아브라함 스스로가 처음에 언급했던 "하나님이 번제에 쓸 양을 손수 보실 것이다"(V.8)라는 신적인 개입에 대한 기대를 되돌아보게 한다. 후대의 한 주석가는 하나님의 '나타나심' 에 대한 암시를 이 장에서 발견한다(*jêrā'eh* V.14b, 참조. Jacob 1934, 501).

이삭은 하나님께 "그 땅에 남아 있고 (아브라함의 경우처럼) 이집트로 이동하지 말라"는 지시를 받는다(창26:2). 그리고 이삭은 순종한다(V.6). 후에 하나님께서 다시 한 번 그에게 나타나셔서 그의 곁에 계실 것을 약속하신다. 바로 이어서 이삭은 제단을 세우고 "야훼의 이름"을 부른다(V.24f). 야곱은 벧엘에서 두 번에 걸쳐 하나님이 나타나시는 현현을 경험한다. 처음에는 복주심과 "이스라엘"로 개명되고(창35:9f), 다음에는 후손의 번성과 땅에 대한 약속이 나타난다(V.11f). 곧이어 야곱도 성소를 세운다. 그러나 이번에는 (7절에서처럼) 제단을 세운 것이 아니라, 벧엘에서 밤에 하나님이 나타나셨을 때처럼 기름을 부은 마체바를 세운다(V.14). 훗날 야곱은 요셉의 아들들을 축복할 때 하나님의 현현을 회상한다(창48:3).

이러한 본문 가운데서 하나님의 '나타나심' 은 하나님이 소통하려고 하는 사람들과 직접적인 관계 맺는 것을 의미한다. 이때 나타나심의 유형은 구체적으로 기술되지 않는다. 그러나 하나님과 아브라함 사이에 있었던 하나님의 말씀 혹은 대화가 종결된 후 두 번이나 다음과 같이 말한다. "그때 하나님이 그를 떠나(또는 아브라함을 떠나) 올라가셨다"(창17:22; 35:13). 더 이상 상세하게 묘사되고 있지는 않지만 하나님의 현존이 전제되고 있다. 하나님의 나타나심에 대한 다른 유형은 야곱이 벧엘에서 경험했던 것과 같은 한밤중의 꿈이다(창28:11-19). 그는 하나님의 세계를 바라보는 것이 허용되는데, 그것이 인간에게 미치는 결정적인 측면은 하나님과 그분을 둘러싸고 있는 "천사들"(*malʾākê ʾelohîm* 복수형태로서, V.12)이 있는 천상의 세계와 인간이 있는 지상의 세계가 연결됨을 알게 한다는 것이다. 이 사건은 야곱을 다음과 같이 고백하게 만든다. "야훼께서 이곳에 계시는데, 내가 알지 못했다"(V.16). 눈으로 보는 꿈의 경험은 히브리성서 전체를 관통하는 하나의 경험을 인상적인 방식으로 표현한다. 하나님은 하늘과 땅에 현존하신다.

그러나 이 족장 이야기는 매우 다른 그림 하나를 보여준다. "하나님이 그에게 나타나셨다"라는 동일한 표현으로 가장 실제적인 아브라함과 하나님의 만남이 시작된다(창18:1). 처음에는 하나님이 세 "사람들" 중 한 사람으로 베일에 가려진 형태로 나타나다가 나중에는 점차 다른 둘과 구별된다. 창세기 18장 9절에서 "그때 그들이 말하였다"로 시작되고, 10절에서는 "그때 그가 말씀하셨다"로, 마지막으로 13절에서는 "그때 야훼가 말씀하셨다"로 시작된다. 그러고 나서 소돔을 향해 함께 걸어가고 마침내 야훼와 아브라함이 직접적으로 맞대면하는 가운데 이루어지는 대화가 나타난다(V.22-23).

> 성서의 맥락에서 이런 직접적인 대면이 얼마나 이례적인 것인가 하는 점은 "서기관들"이 본래 "그리고 야훼께서 아브라함 앞에 서 계셨다"(V.22b)라고 되어 있는 본문을 "그리고 아브라함은 야훼 앞에 서 있었다"로 바꾸었다는 사실에서 드러난다. 그들은 이러한 수정내용을 본문 가장자리에 표시했다.

아브라함은 족장들 가운데서 유일하게, 모세를 제외한다면 인간들 가운데서 유일하게 하나님과 직접적 대면을 허락받은 사람이다. 그러나 이 이야기가 보여주는 것은 히브리성서에서 하나님의 나타나심에 대하여 상상하고 그것을 묘사할 수 있는 범위가 얼마나 넓게 확장될 수 있는가 하는 점이다. 이처럼 아브라함 이야기 가운데서도 매우 다른 관점이 이삭의 제물 이야기에서 다시 나타난다. 하나님은 우선 감추어졌다고 보는 것이 좋은 형태인 '하엘로힘'(*hāʾelohîm*)으로 소개된다(창22:1). 그런 다음 결정적인 장면에서 "야훼의 천사"(*malʾak jhwh*)가 "하늘로부터" 불러 개입한다(V.11). 그러나 천사가 부르는 것에서 매우 분명하게 드러나는 사실은 다름 아닌 하나님 자신이 말씀하신다는 사실이다. "이제 내가 안다…"(V.12, 15절에서는 "야훼의 발언"[*neʾum jhwh*]이라는 형식구를 사용한다). 여기서 '천사'는 하나님이 나타나시는 하나의 방식이다. 그러나 이것은 마므레 방문의(창18장) 직접적이고, 육체적인 만남과는 완전히 다른 것이다. 본문의 저자들은 하나님의 나타나심에 대한 상이한 형태들을 분명히 의도적으로 사용한다.

야곱이 밤에 얍복강가에서 하나님과 만난 사건은 여전히 신비스러운 사건으로 남아 있다(창32:23-32[22-31]). 야곱은 어떤 '사람'과 싸워 이겨야 했는데, 어두워 그를 볼 수 없었고 그의 이름 또한 알 수 없었다. 그러나 그 낯선 사람이 야곱에게 준 새 이름 "이스라엘"을 설명할 때, 누구인지 밝혀진다. "너는 하나님과 그리고 사람과 겨루었다…"(V.29). 야곱은 후에 다음과 같이 말한다. "내가 하나님을 대면하여 보았다"(V.31). 야곱이 싸운 상대는 하나님이었으며, 히브리성서에서 유례가 없을 정도로 확실한 은닉 속에서 나타나셨다. 그러나 이 이야기는 다시 한 번 상이한 전통의 맥락에서 발견되는 하나님이 나타나시는 모습의 형태를 더욱 다양하게 만든다.

아브라함 전승 가운데 언급된 바 있는 "야훼의 천사"(창22:1)는 다양한 정황 속에서 여전히 나타난다. 하갈을 쫓아내는 이야기에서 명백한 것은 창세기 16장 7-13절의 '야훼의 천사'가 하나님을 대변한다는 점이다. 왜냐하면 그 천사는 하갈에게 하나님의 말씀을 전하는 가운데 1인칭으로 약속하기 때문이다(V.10). 이처럼 꿈 속에서 야곱에게 나타나신 이도 "하나님의 천사"와 함께 있었다(창31:11-13). 두 번째 하갈의 이야기에서 하나님(엘로힘)이 그 아이의 울음소리를 들으신다. 하지만 '하나님의 천사'가 그녀에게 말한다(창21:17-20). 여기서 '천사'는 인간들에게 열중하시는 하나님의 측면으로서 나타난다. 에브라임과 므낫세에 대한 야곱의 축복에서 그것은 하나의 상승이나 첨예화처럼 작용한다. 이때 야곱은 우선 자신의 조상들과 자신을 인도했던 "하나님"에 관하여 말하고, 그런 다음 "나를 모든 악으로부터 구원해준 천사"에 관하여 말한다(창48:15f, 참조. v.Rad 1972, 343). 모세의 소명 이야기에 모세에게 '나타난' 이는 '야훼의 천사'인데, 그는 가시덤불의 화염 가운데에 감추어져 있다(출3:2). 그 후 하나님(엘로힘)이 가시덤불로부터 부르시고(V.4), 마침내 자신을 "야훼"로 알리신다. 야훼 자신과 함께 있는 '천사'의 정체성이 점차 드러난다.

일련의 본문 속에서 하나님은 자신의 '천사'를 인도자로서 앞서 보내신다고 말씀하신다. 족장 이야기에서 이러한 일이 이삭을 위한 신부를 구하는 설화에서 발생한다(창24:7, 40). 이것은 무엇보다 이집트로부터 이끌어내심에 대한 기사에서 하나의 주제가 된다. 출애굽기 14장 19절에서 다소 갑작스럽게 "이스라엘 진 앞에 행하던 하나님의 사자"에 대한 언급이 나타난다. 그러나 그런 다음 출애굽기 23장 20절에서는 다음과 같이 기록되어 있다. "보라, 내가 내 천사를 네 앞에 보내어 길에서 너를 보호하여 너로 내가 예비한 곳에 이르게 할 것이다." 여기서 보내시는 하나님과 그분에 의해 보냄을 받은 '천사' 사이의 구별이 나타난다(23절에서는 "나의 천사"라고 말한다). 그 후 하나님은 이스라엘에게 그 "천사"의 말에 순종하라고 경고하신다. "왜냐하면 내 이름이 그 안에 있기 때문이다"(V.21). 이로써 '천사'가 하나님 자신을 대변한다는 사실과 심지어 그에게 불순종하면 용서받지 못한다는 사실이 매우 이례적인 방식으로 표현된다.

한 가지 다른 측면이 금송아지를 통한 갈등과 언약의 회복 이후에 드러난다. 하나님은 그곳을 떠나 맹세하여 약속한 땅으로 계속 진행할 것을 명령하신다(출32:34; 33:1f). 이때 그분은 "한 천사"(출32:34 "나의 천사")를 이스라엘 앞에 보낼 것이라는 약속을 반복하신다. 그러나 하나님은 이 약속을 제한하신다. "나는 너희 가운데 함께 올라가지 않을 것이다. 왜냐하면 너희는 목이 곧은 백성이기 때문이다"(출33:1-3). 하나님은 '천사'를 통해 백성을 이끄실 것이라는 약속을 지키시지만, 출애굽기 23장 21절에서 예고하셨던 것과 같이 직접 천사 안에 현존하지는 않으신다. 그러므로 천사의 모습은 그 자체로 하나님의 현존를 의미하지 않는다. 천사는 하나님과 분리된 채 자신에게 부여된 과제를 수행할 수 있다. '야훼의 천사'는 다른 맥락에서 특정한 사람들에게 하나님의 메시지를 전달하기 위해서도 "등장한다"(삿6:12ff; 13:3ff 등, 또한 참조. 왕상19:7; 왕하1:3, 15, 징벌하는 기능으로 삼하24:16f, 해석의 천사로서 슥1:9, 13, 14 등).

하나님 자신이 이스라엘과 함께 올라가지 않으실 것이라는 말씀은 모세로 하여금 다시 한 번 "당신은 누구를 나와 함께 보내고자 하십니까?"라고 질문하게 만든다(출33:12). 하나님의 대답은 이렇다. "나의 얼굴(*pānîm*)이 함께 갈 것이다"(V.14). 여기에서 '파님'(*pānîm*)은 천사와 같이 또 다른 하나님의 대변자인가? 이어지는 대화에서 하나님 자신을 위한 표현임이 드러난다. 모세는 하나님에게 "**당신이** 우리와 함께 가소서"라고 간청하고(V.16), 하나님은 이 청원을 허락하신다(V.17, 참조. 신4:37). 이사야 63장 9절에서는 다음과 같은 사실이 분명하게 강조된다. "사자(?)나 천사가 아니라, 그분의 얼굴(즉 그분 자신)이 그들을 도왔다"(참조. v.d.Woude 1976a, 446-448).

하나님의 '나타나심'에 대한 언급은 시내 산에 성소를 세운 이후에 하나님의 '카보드'(*kābôd*, '영광,' 이후로는 '카보드'로 표기한다)의 출현으로 옮겨간다. 이것은 우선 제의적인 현상으로 묘사된다. 아론과 그의 아들들이 처음 제사를 드리기 전에 모세가 선언한다. "오늘 야훼께서 너희에게 나타나실 것이다"(레9:4). 제사를 마치고 모세와 아론이 백성을 축복한 후, 이 현현은 하나님의 카보드의 형태로 모든 백성 앞에서 일어난다(V.23, 참조. V.6). 그것이 어떻게 생겼는지에 대한 묘사는 없다. 그러나 이미 여러 차례에 걸쳐 카보드에 대한 언급이 있었다. 성소의 건립과 기구들을 위한 지시사항들을 받기 위해 모세가 시내 산에 오르기 전 카보드가 그 산을 덮었다. 여기서 카보드는 '구름'과 동일시된다. 또한 그것의 모습이 "삼키는 불"과 같다고 한다(출24:15-17). 성소가 건립되고 기구들이 완성된 후 카보드(구름)가 그 성소를 채웠고, 모세는 들어갈 수 없게 된다(출40:35f). 이러한 일은 예루살렘에서 솔로몬이 완성한 성전이 봉헌될 때에도 반복된다(왕상8:10f).

카보드는 폭동을 일으키려는 이스라엘 백성으로부터 모세와 아론을 보호하기 위해 하나님의 능력을 보여주는 실증으로서 나타난다(민14:10; 16:19; 17:7[16:42]; 20:6, 참조. 출16:10). 오직 구름만이 이러한 기능을 수행한다. 그것은 하나님의 임재를 실증하며, 모세와 아론의 등장을 정당화시킨다(출19:9, 16; 33:9f; 34:5; 민11:25; 12:5, 10; 17:7[16:42]). 게다가 이스라엘 백성이 이집트로부터 출발한 후, 그 구름은 이스라엘에 대한 하나님의 인도와 보호에 대한 가시적인 표징으로서 정기적으로 나타난다. 이스라엘을 낮에는 "구름기둥"으로 인도하고, 밤에는 "불기둥"으로 인도하는 형태로 바뀐다(출13:21f). 이러한 기능을 하는 가운데 구름기둥은 이스라엘을 홍해에서 이집트인들의 추격으로부터 보호한다(출14:19f, 24, 19절에서는 "하나님의 천사"와 함께). 시내 산에서 출발할 때 그리고 진이 움직이거나 멈추게 할 때표징이 되기도 한다(출40:36-38; 민9:15-23; 10:11f, 34, 참조. 14:14).

몇몇 시편에는 천상의 현상으로서 하나님의 카보드를 언급한다(시19:2[1]; 29:1f, 9). 그러나 모든 민족들이 볼 수 있는 모습이다(시97:6). 이사야의 위대한 환상 가운데도 다음과 같이 언급된다. "거룩하다, 거룩하다, 거룩하다, 야훼 체바옷이여! 그의 카보드가 온 땅에 충만하도다"(사6:3, 참조. 민14:21; 시72:19). "모든 육체"에게 하나님의 카보드가 나타나 보이시는 것은 그의 권능의 성취를 증명하는 의미가 될 것이다(사40:5). 그러나 그것은 여전히 시온의 미래적 회복에 대한 희망으로 남아 있다(사60:2; 시102:17[16], 이 문제 전체에 관하여는 다음을 참조하라. 1961, 23-32[40-50]).

에스겔서는 하나님의 카보드에 대한 완전히 독특한 그림을 보여준다. 예언자의 위대한 환상들은 카보드에 의해서 결정되는데, 에스겔은 그 카보드의 매우 낯선 모습을 상세하게 묘사한다(겔1:4-28). 여기서 카보드는 예루살렘 성전과 밀접하게 연관되어 있다(겔8:2ff; 11:22f; 43:2ff). 이것을 통해 에스겔은 출애굽기 40장 35절 이하와 레위기 9장 4절과 23절 등의 성소전통에 서 있다. 그러나 에스겔에게 특별한 것은 카보드가 성전을 떠나 죄악된 도시를 파멸에 내버려둔다는 사실(겔

11:22f)과, 그 후에 그곳에 영원히 거하기 위해 돌아온다는 것이다(겔43:2-9). 여기서 카보드 전통의 제의적 측면은 아직 도래하지 않은 구원의 미래에 대한 전망을 위해 확장된다.

사람이 하나님을 '볼' 수 있는가?

하나님이 '나타나신다' 고 말할 때 이것은 종종 '라아' (*rā'āh*, 보다) 동사의 특별한 형태(니팔형)로 표현된다. 우리는 또한 이것을 - 하늘에 있는 무지개처럼(창9:14) - '하나님이 자신을 보게 하신다' 또는 '하나님을 볼 수 있게 된다' 로 번역할 수 있을 것이다. 그러나 사람이 하나님을 '볼' 수 있는가?

히브리성서에서는 여러 차례에 걸쳐 '사람이 하나님을 보았다' 고 말한다. 하지만 이것은 항상 이 만남과 그것의 (아직 나타나지 않은) 결과의 특이성과 의외성을 표현하는 부가적인 문장과 연결되어 있다. 그러므로 야곱은 하나님과 싸웠던 장소를 "브니엘"이라고 부른다. "왜냐하면 내가 하나님과 대면하여 보았으나 내 생명이 보전되었기 때문이다"(창32:31). 이러한 사고의 이면에는 하나님이 모세에게 말씀하신 바 "나를 보고 살 자가 없다"(출33:20)는 의식이 있다. 그러므로 야곱에게 일어난 일은 전혀 예상치 못한 일이다. 이 사건을 통해 인상적인 방식으로 야곱이 "이스라엘"로 개명되며 그에게 허락된 특별지위가 강조된다. 출애굽기 24장 9-11절에서 모세가 이스라엘의 장로들과 함께 시내 산에 오른다는 내용 후에 다음과 같이 말한다. "그들이 이스라엘의 하나님을 보았다." 여기서도 부가문이 뒤따라 나온다. "그러나 하나님이 이스라엘의 장로들에게 손을 대지 아니하셨다. 그들은 하나님을 보고 먹고 마셨다"(V.11). 우리는 이것을 모세에게 '산에 가까이 오게 하지 말라고 백성들에게 경고하라' 는 하나님의 지시의 배경에서 볼 수 있다. "야훼를 보려 하다가 많이 죽을까 한다"(출19:21). 지금 하나님은 예외상황을 만드신다. 그러나 그것은 여전히 유일한 사건으로 남아 있다. 오직 하나님과 그의 백성과의 직접적인 대면이 이 중심적인 장소에서만 일어날 수 있었다(우리는 먹고 마시는 것을 아마도 언약체결에 대한 이전 기사와의 연관성 속에서 일종의 언약식사로서 이해할 수 있을 것이다).

이사야는 그의 인상적인 환상 가운데서 '높이 들린 보좌에 앉아 계신 야훼' 를 보고 스랍들의 찬양소리를 듣는다. 그는 죽을까 두려워했다. 왜냐하면 그가 부정한 입술을 가진 인간으로서 "왕이신 야훼 체바옷을 보았기" 때문이다(사6:1-5). 하나님을 보는 것에 대한 두려움은 자신의 부족함에 대한 인식을 통해 강화된다. 그것에 대한 응답으로서 스랍 중 하나가 핀 숯으로 이사야의 입술을 정결케 한다. 이로써 그는 이어지는 선포사명을 받을 준비를 한다. 우리는 이것을 죽음의 위험이 해소된 것으로 이해해야 한다. 왜냐하면 이사야는 하나님을 '보고' 그의 사명을 받도록 부름을 받았기 때문이다. 여기서 우리는 사람이 하나님을 보고 살아남을 수 있는 것은 매우 특별한 상황들과 분명한 하나님의 동의를 통해서만 가능하다는 사실을 알 수 있다.

사사기의 두 가지 이야기는 하나님의 '천사' 가 나타날 때 동일한 문제에 관하여 기록한다. 기드온은 외친다. "슬프도소이다. 오 주 야훼시여! 제가 정말 야훼의 천사를 대면하여 보았나이다." 그러나 그는 하나님으로부터 직접 대답을 듣는다. "네게 화평이 있으라. 두려워 말라. 네가 죽지 아니하리라"(삿6:22f). 여기서 천사를 보는 것이 하나님을 보는 것보다 덜 위험한 것으로 간주되고 있는가, 아니면 이사야서처럼 아주 특별한 상황에서 하나님의 위임과 관련되어 하나님을 '보는 것' 이 가능한 일이라는 사실을 표현하려는 것인가의 여부를 판단하기는 쉽지 않다. 우리는 사사기 13장의 삼손의 출생예고에 관한 이야기를 이와 유사한 사건으로 이해할 수 있다(특히 참조. V.22f).

> '야훼의 얼굴을 보는 것' 이라는 심상의 제의적 사용은 한 가지 특별한 문제를 야기한다. 여러 차례 다음과 같이 기록되어 있다. "너희 모든 남자들은 일 년에 세 번씩 야훼 앞에 보여야 한다"(출23:17; 34:23; 신16:16). 많은 주석가들은 이 자음본문을 "야훼의 얼굴을 보는 것"(*jir'eh*)이라고 읽어야 하며, 니팔형(*jêrā'eh*)으로 이해하는 마소라 본문의 모음첨가는 '성소에서 하나님을 볼 수 있는 분' 으로 여기는 것을 방지하기 위한 것이라고 생각한다(참조. Nötscher 1924, 88ff, 참조. 출23:15b; 34:24; 신31:11; 삼상1:22; 사1:12; 시42:3). 그것은 철저히 정당한 견해일 수 있다. 그러나 우리는 그것으로부터 이스라엘 성소에 전혀 존재하지 않았던 제의적 형상을 '보는 것' 이라고 분명하게 유추할 수 없다. 차라리 종교사적인 주변세계에서 성소방문에 대한 당시에 통용되던 표현을 수용한 것이라고 보아야 할 것이다.

예언자들의 봄, 즉 이사야에게 허용된 것과 같은 환상은 하나님을 '보는 것' 에 대한 매우 독특한 형태를 기술한다(사6:1-5). 물론 이사야의 경우처럼 하나님과의 직접적인 환상적 만남이 언급된 곳은 드물다. "미가야 벤 이믈라"(우리말 개역개정에는 "이믈라의 아들 미가야" - 역자 주)는 하나의 환상을 묘사하는데(왕상22:19ff), 그 시작은 이사야의 환상과 비교할 만하다. 그는 보좌에 앉아계시며, 천상의 수행원들에 의해 둘러싸여 계신 야훼를 본다. 그러나 미가야는 독립적인 관찰자로 남아 있을 뿐이며 천상의 장면 속에 함께 고려되지 않는다. 아모스도 "제단 위에" 서계신 주님(*ʾadonaj*)을 본다(암9:1). 그러나 환상사건에 대한 자세한 묘사 대신 하나님의 말씀이 뒤따라 나온다. 그래서 아모스는 - 하나님을 보는 것에 대한 언급이 없는 아모스 7장 1-3절과 4-6절의 환상과 달리 - 이 환상사건에 함께 고려되지 않는다. 에스겔은 자신의 환상 가운데서 하나님의 카보드, 즉 하나님의 나타나심의 한 형태를 본다. 그것은 하나님이 자신을 볼 수 있게 하신다기보다 감추시는 것을 의미한다(위의 단락 '하나님이 나타나시는 다양한 방법들' 을 보라). 한 번은 그가 "불같은 모습의" 한 형상을 본다고 기록하고 있다(겔8:2). 아마도 이 본문은 칠십인경을 따라 "사람과 같은"으로(*ʾēš* 대신 *ʾîš*로) 읽어야 할 것이다. 그러나 맥락에 따르면 그 '사람' 은 다시 카보드의 형태로 나타나시는 하나님 자신은 아니다(V.4).

하나님이 자신을 알리신다

출애굽기 6장 3절은 다음과 같다. "내가 아브라함과 이삭과 야곱에게 엘 샷다이로는 나타났으나(*wāʾērāʾ*), 내가 그들에게 나의 이름 야훼를 알리지 아니하였다"(*loʾ nôdaʿtî lāhem*). '알리는 것' 은 하나님이 자신을 알리시는 것, 즉 '계시' (히브리어에는 계시에 대한 개념이 없다. 참조. 1961)의 새로운 단계이다. 왜냐하면 이 문장은 "나는 야훼다"(V.2)라는 형식구에 대한 하나의 발전으로서, 여기서 처음으로 등장하기 때문이다. 그것은 출애굽기 6장에 대한 짧은 논평처럼 들린다. 에스겔 20장 5절에는 다음과 같이 기록되어 있다. 하나님은 이집트에서 이스라엘을 택하시고, 그들에게 자신을 알리셨다(*wāʾiwwāda*ʿ). 그리고 장엄하게 손을 들고 말씀하셨다. "나는 야훼, 너희의 하나님이다"(참조. V.9 ***nôdaʿtî***).

시편에서도 하나님이 자신을 알리시는데 그것이 그의 이름과의 연결속에서 나타난다. "하나님이 유다에게 자신을 알리셨으며 그의 이름은 이스라엘에 크시도다"(시76:2[1]). 이것에 이어 압제하는 대적으로부터의 보호에 대한 묘사가 뒤따라 나온다(V.4[3], 6[5]f). 시편 48편 4[3]절에서는 하나님의 도시인 시온의 보호에 대한 유사한 묘사가 소개된다. "하나님이 그 여러 궁중에서 자기를 피난처로 알리셨다." 시편 9-10편의 이중시편에서 시편 기자는 도우시는 재판장이신 하나님께 감사한다. "야훼께서는 그가 행하시는 심판으로 자신을 알리시나, 악인은 자기 손으로 행한 일에 스스로 걸려든다"(시9:17[16]). "하나님의 손이 자신을 알릴 것"이라고 말씀하기도 한다(사66:14). 이 동사의 다른 형태(히필형 ***hôdîaʿ***)에서 그의 손과 그의 능력(렘16:21) 또는 그의 도움(시98:2)을 보이시는 분은 하나님 자신이라고 기록되어 있다. 이것은 마치 하나님이 이전에 "자신의 길들을 모세에게, 그 행사를 이스라엘 자손에게 알리셨다"는 것과 같다(시103:7, 시98:2에서 이 동사는 동사 *gālāh*의 피엘형과 병행을 이룬다. 하나님께서 자신의 의를 "드러내 보이신다").

예레미야 16장 21절에서 이 절과 이 장 전체는 다음과 같이 끝난다. "그들로 내 이름이 야훼인 줄 알게 하리라." 이것은 인지진술의 변형된 형태로, 여기에 나는-이다-형식구가 자주 확장된다(앞선 단락 '나는 야훼다' 부분을 보라). 하나님이 자기를 알리시는 것과 하나님에 대한 인지가 서로 직접적으로 관련되어 있음을 알 수 있다. 여기서 하나님의 행동과 인간의 인지의 순서가 분명하게 나타난다. 만일 우리가 히브리성서에서 (성서 이후의 기독교 신학 용어인) '계시'라는 용어에 상응하는 표현을 찾는다면, 완전하게 일치하지는 않다 하더라도 하나님이 자기를 알리시는 것이 가장 우선적으로 언급될 것이다(참조. 1961).

하나님을 안다는 것

이 장에서는 하나님에 대한 '인지' 혹은 '고백'에 관하여 자주 언급되었다. 이때 많은 관점들을 볼 수 있다. 지금 이러한 다양성을 하나의 체계로 통합하려고 시도하지는 않을 것이다. 그러나 몇 가지 특징적인 요소들을 강조하고 서로에 대한 관계성을 고찰해 보고자 한다.

이 진술들 중 상당히 많은 부분은 아직 이루어지지 않은 하나님에 대한 인지를 암시한다. 이것은 특히 인지진술(또는 인지형식구)에 적용된다. "너는/너희는/그들은 내가 야훼임을 알게 될 것이다." 이 진술은 일반적으로 하나님의 행동에 대한 예고 후에 뒤따라 나온다. 하나님에 대한 인지는 하나님의 행동에 대한 인간의 반응이다. 이러한 관찰은 매우 근본적인 방식으로 유효하다. "뒤바뀔 수 없는 '야훼의 행동 - 인간의 인지'의 순서는 그 묘사에 있어서 본질적이다"(Zimmerli 1954, 40[80]).

인지되어야 하는 대상은 대체로 간결하고 정형화된 '나는 야훼다'라는 표현을 통해 표명된다. 그것은 단순히 **나를** 인지하여야 한다는 사실을 의미하지 않는다. 바로 이 의미심장한 나는-이다-형식구는 그 말 속에 포함되어 있는 수많은 측면들과 함께 야훼의 하나님 되심, 즉 한 분이시며 유일하신 하나님 되심을 인식하는 것에 대한 포괄적인 의미를 표현한다. 그러나 이때 인지되어야 할 것은 야훼가 누구이며 어떤 분인지에 대한 것이 아니라, 바로 **그가** 예고된 바 안에서 행동하시고 그것을 통해 자신을 입증하시는 분이라는 사실이다.

때때로 이 표현은 확장된다. "그것을 네게 나타내심은 야훼 자신이 바로 **그** 하나님이시며, 그 분 외에는 다른 이가 없음을 너로 알게 하려 하심이라"(신4:35, 참조. V.39). 다시 한 번 야훼가 바로 그분이라는 사실과 그것이 무엇을 의미하는지 명백히 설명된다. 그는 바로 **그** 하나님(*hāᵉlohîm*), 유일하신 분이다. 이러한 확장은 야훼가 자신을 바로 그분으로 입증하시는 내용에 대한 진술들을 포함할 수 있다. 그래서 출애굽기 6장 7절에서는 다음과 같이 말한다. "내가 이집트인의 무거운 짐 아래서 너희를 데리고 나온 야훼 너희 하나님인 줄 너희가 알리라." 이스라엘 백성이 야훼가 바로 그분이라는 사실을 알게 되는 곳은 출애굽에서이다. 그런 후에 이어지는 역사적 단계에서 다음과 같이 말씀하신다. "내가 그들을 이방 가운데로 사로잡혀 가게 하였으나, 내가 그들을 그들의 본토로 모았으며 그들 중 아무도 더 이상 거기에 남도록 하지 아니하였으니, 그들이 나를 야훼 그들의 하나님인 줄 알리라"(겔39:28). 포로와 귀환의 전체 역사 안에서 하나님이 바로 그분으로 인지되려 하신다는 사실이 드러난다.

우리가 "그들은 내가 야훼 그들의 하나님이며, 그들 가운데 거하려고 그들을 이집트 땅에서 데리고 나온 줄을 알리라"(출29:46)는 본문을 읽는다면, 출애굽의 목적이 매우 특별한 의미에서 표명되어 있다는 사실을 알게 된다. 출애굽의 목적은 하나님이 자신의 백성 가운데 거하시는 것이다. 백성 가운데 계시는 하나님의 임재는 하나님이 바로 그분임을 입증하는 방법인데, 처음에는 시내 산에서 이루어진다. 그러나 그것은 예루살렘 성전을 위한 전형이 된다. 에스겔은 포로기 이후 시대에 대한 약속을 다음과 같이 전한다. "나의 거처도 그들과 더불어 있으리니, 나는 그들의 하나님이 되고 그들은 나의 백성이 되리라. 나의 성소가 그들 가운데 영원히 있을 때에 열방들이 나 야훼가 이스라엘을 거룩케 하는 것을 알리라"(겔37:27f). 안식일도 "너희 대대에 걸쳐 나와 너희 사이에서 내가 너희를 거룩케 하는 야훼임을 알게 하기 위한 표징이 될 것이다"(출31:13)라고 예고한다.

종종 이스라엘은 하나님이 누구신가에 대한 인식을 역사 가운데 나타나는 하나님에 대한 경험을 통해서 얻게 된다. 이것은 열왕기상 20장의 예언자 이야기 모음에서 매우 생생하게 나타난다. 위협적인 적군을 눈앞에 두고 한 명의 예언자가 아합 왕에게 하나님 말씀 안에서 다음과 같이 말한다. "보라, 내가 오늘 그것을 네 손에 넘길 것이요, 너는 내가 야훼인 줄 알 것이다"(V.13). 이후의 상황에서 이러한 과정은 되풀이된다. 그 이유는 특히 흥미롭다. "왜냐하면 아람 사람들이 '야훼는 산들의 하나님이요 골짜기의 하나님은 아니라' 고 말할 것이기 때문이다. 그러므로 내가 이 모든 큰 무리를 네 손에 넘겨주리니 너희는 내가 야훼인 줄 알리라"(V.28). 그의 백성을 위한 하나님의 도움은 하나님에 대한 아람 사람들의 불신앙적 진술에 대해 실증적으로 거부하고 반박하는 것을 통해 특히 강조된다.

특히 자주 인지진술을 발견하게 되는 에스겔서에서 하나님을 인지하는 것은 무엇보다도 임박한 심판에 대한 경험에서이다. "내가 내 분노를 그들 안에서 이루면 그들은 나 야훼가 열심히 말한 사실을 알게 될 것이다"(겔5:13, 참조. 겔6:7, 10, 13, 14; 7:4, 9, 27 등). 마침내 이스라엘은 그의 백성들을 모으시고 회복하시는 구원행동 가운데서 하나님을 경험하게 될 것이다(겔39:28). 동일한 내용을 이사야서에서도 들을 수 있다. "너는 내가 야훼, 네 구원자, 네 구속자, 야곱의 전능자인 줄 알 것이다"(사60:16).

거의 문자적으로 동일한 본문인 이사야 49장 26절에서 "모든 육체가 그것을 인식하게 될 것"이라고 말한다. 그러므로 하나님의 행동 속에서 하나님을 인식하는 것은 단지 이스라엘만이 아니라, 종종 표현되듯이 '모든 육체' 혹은 '열방들'도 인식한다. 이러한 사상은 이미 출애굽 전통에서 한 부분을 구성하고 있다. 야훼의 행동을 통해 그의 하나님 되심을 인식해야 할 사람들은 이집트인들(출7:5; 14:4, 18)과 파라오(출7:17; 8:18[22])다. 이러한 사상은 솔로몬의 성전 봉헌기도에서 매우 강하게 강조된다. "이로써 땅의 만민이 당신의 이름을 알게 하소서"(왕상8:43, 참조. V.60). 모세의 장인인 이드로 이야기나 아람 사람 나아만 이야기에서도 이에 관한 생생한 묘사를 읽을 수 있다. 이드로는 "야훼가 모든 신들보다 크신 것"을 깨달았고(출18:11), 나아만은 "이스라엘 외에는 온 땅에 하나님이 없는 줄" 알게 되었다(왕하5:15). 에스겔서에서도 이러한 기대가 자주 표명된다(겔21:10[5]; 25:17; 26:6 등). 그것은 대체로 열방들에 대한 하나님의 심판의 맥락에서 나타난다. 그러나 하나님이 종국에 이스라엘에 관한 약속들을 이루실 때, 열방들도 이 사건을 보며 그분을 인식하게 될 것이다(겔36:23; 37:28).

우리는 하나님의 이름에 대한 '앎'이나 '인식'(*jāda'*)의 진술들도 기억해야 한다. 경건한 자들은 하나님의 이름을 알고(시9:11[10]), 하나님이 그 이름 자체를 알리시고자 하기 때문에(겔39:7) 구원이 이루어지는 미래에 이스라엘은 알 것이며(사52:6), 종국적으로 이 땅의 모든 열방들도 알게 될 것이다(왕상8:43).

하나님에 대한 인식이 명령형으로 표현되어 있다. '하나님을 찬양하라'는 송영적 부름에서도 다음과 같이 말한다. "야훼 그분이 하나님이신 줄 너희는 알지어다"(시100:3). '앎'은 찬송시적인 찬양 안에서 '그분을 인정하라'는 의미로 이해하는 것이 더 나을 것이다. 시편 46편 11[10]절에서 이러한 요청은 군사적인 계획을 포기하게 하려는 적대적 세력들의 대표자들을 향해(V.10[9]) 선포된다. "너희는 가만히 있으라. 그리고 내가 하나님인 것을 알라"('엘로힘적' 개정이 이루어진 이 시편에서 *jhwh*는 *ʾelohîm*으로 교체되어 있다). 야훼의 세계통치에 대한 인정은 그분이 이루시려는 세계평화를 위한 필수적인 전제조건이다. 시편 4편 4[3]절에서 권세 있는 자들을 향해 하나님이 자신의 백성들을 어떻게 이끄시고 기도에 응답하시는지를 알라고 요청하는 사람은 한 경건한 개인이다.

마지막으로 하나님 인지에 대한 또 다른 측면은 호세아서에서 나타난다. 우리는 "하나님을 앎"(*daʿat ʾelohîm*, 호4:1; 6:6; 4:6에서는 *hadaʿat*가 두 번 나온다)이라는 명사적 표현을 만나게 된다. 그 맥락은 다른 방향을 향하고 있다. 하나님을 아는 것은 '인애'(*ḥesed*)와 '진실'(*ʾemet*)과 함께 나열된다. 이 세 가지 모두는 현재 이스라엘에 없는 것들이다(호4:1). 하나님을 아는 것은 하나님의 행동을 통해 비로소 인식되어야 할 것이 아니라, 이스라엘에 이미 있어야 하는 것이다. 하나님에 대한 앎의 결여는 제사장들에게 그 책임이 돌아간다. 그들 스스로가 하나님에 대한 앎을 버렸고 토라를 잊었다(호4:6). 그러므로 하나님을 안다는 것은 가르치고 배워야 하는 어떤 것이며, 토라처럼 근본적인 것이다. 그것의 내용은 하나님을 '아는 것'에 관하여 동사로 표현하고 있는 구절들을 통해 유추할 수 있다. 이집트에서 이끌어내심(호13:4), 광야에서의 인도(V.5), 비옥한 땅을 주시는(호2:10[8]) 것을 통해서 알 수 있다. 요약하면 이것들은 오경에 기록되어 있는 바와 같이 전승되어온 기본 주제들의 '고전적' 내용들이다. 우리는 이러한 하나님 인식을 '하나님에 대한 지식' 이라고 부를 수 있다(Wolff 1953).

하나님이 어떻게 소개되고 묘사되는가?

하나님에 대한 그림의 다양한 측면

누구도 하나님이 어떻게 **생겼는지** 알 수 없다. 사람들은 하나님을 다양한 방법으로 경험할 수 있다. 창조하시고 심판하시는 그분의 능력, 그분의 관심과 친근하심, 그분의 숨어계심과 그분의 부재를 통해 만날 수 있다. 사람들은 하나님과 그의 행동을 어떻게 상상하고 있는가를 말할 수 있고, 그분을 언어와 가시적인 그림들로 묘사할 수 있다. 물론 가시적인 하나님의 형상들은 제의적인 숭배의 대상이 될 수 있는 위험성을 안고 있다. 그래서 이스라엘에게는 그러한 형상의 제작이 근본적으로 그리고 영구적으로 금지되었다(출20:4f; 신5:8f, 참조. 1999a).

이스라엘이 하나님에 대한 경험을 표현한 언어적 심상들과 형상들은 매우 다양하다. 그것들을 요약해서 말한다는 것은 대략적으로만 가능하다. 특히 특정한 체계로 만드는 어떤 시도도 거부된다. 그저 하나의 형식적인 접근만이 가능할 것이다. 그래서 나는 브루그만(1997, 117)과 함께 중요한 것은 **하나님에 관한 발언**(Rede von Gott)이라는 사실을 기본전제로 삼고자 한다. 이때 다음과 같이 발언의 다양한 표현형식들이 함께 고려된다. 성서 저자들이나 그 본문에 등장하는 인물들이 하나님을 3인칭으로 말하는 발언들, 하나님께 기도하는 사람들이 하나님을 2인칭으로 말하는 발언들, 예언자들이 선포하거나 그 본문들의 저자에 의해서 기록된 발언들인 하나님이 1인칭으로 말씀하시는 발언들이 고려된다.

히브리성서에서 하나님에 관한 진술은 주로 동사의 형태로 이루어진다. 하나님은 창조하시고, 해방시키시고, 통치하시고, 심판하신다. 형용사적 형태의 진술이 이보다 드물게 언급된다. 하나님은 의로우시고, 자비로우시다. 끝으로 명사의 형태로도 진술된다. 왕으로서, 심판자로서, 목자로서의 하나님(참조. Brueggemann 145ff)이 나타난다. 그러나 명사적 서술은 드물고, 특히 하나님의 행동에 대한 기본적인 진술들은 거의 대부분 동사의 형태로 이루어지는 것이 히브리어의 특징이다. 그러므로 하나님의 창조행동들이 다양한 동사를 통해 진술된다. 하나님은 창조하시고(*bārā'*), 만드시고(*'āśāh*), 지으시고(*jāṣar*), 기초를 놓으시고(*qānāh*), 그의 말씀을 통하여 생겨나게 하신다. 그러나 '창조자'라는 낱말은 없다. 이러한 동사들의 분사형태도 매우 드물게 사용된다. '보레'(*bôrē'*)는 이사야 40-66장에서 거의 독점적으로 발견되는데, 다른 동사들의 분사형태도 빈번히 등장한다(Anderson 1967, 124ff에 있는 표를 참조하라. *qonēh*는 예루살렘 엘 엘욘의 별명이다. 창14:19, 22).

하지만 이것으로 통해 하나님의 행동은 비회화적으로 언명되어야 한다고 단정지을 수 없다. 오히려 그 반대다. 하나님에 대한 진술의 상당 부분은 매우 회화적이다. 우리는 이것을 '의인화된'(anthropomorph) 묘사라고 할 수 있다. 이러한 사실은 비록 상이한 방식으로 나타나긴 하지만, 구약성서 문학의 모든 영역에 적용된다(성서언어의 신인동형동성론에 대한 비판은 성서종교 일반에 대한 비판의 한 요소이다. 그러므로 그러한 비판은 성서진술을 묘사하는 범주에서 어떤 의미 있는 기능도 하지 못한다. 참조. EKL[3], 1559). 따라서 창조자로서의 하나님의 행동은 수공업적인 영역에서 선택된 동사들을 통해 구체적인 상상이 가능해진다. 인간과 동물들을 "지으심"으로부터(창2:7, 8, 19) 하늘을 "펼치심"에 이르기까지(시104:2) 무궁한 상상력을 자극한다. 또한 이웃종교들로부터 차용한 투쟁 모티브(사51:9 등)도 굉장히 회화적이다. 여기서 인식할 수 있는 것은 야훼의 투쟁과 승리를 위해 사용된 동사들은 창조주 하나님의 힘과 능력을 묘사하기 위해 은유적인 의미를 지닌다는 사실이다. 이러한 점에서 그 동사들은 하나님의 투쟁 대신 창조적인 말씀사건을 묘사하는 다른 동사들과 근본적으로 다르지 않다(시33:6, 9 등). 완곡하게 말할 수밖에 없는 것이 있는데, 이것을 표현하는 다양한 방법들이 있다. 그리고 그것을 위해 인간적인 영역에서 유래한 심상들 안에서 구체적으로 묘사하는 것 외에 다른 표현 수단이 없다.

이와 동일한 일이 다른 주제들과 관련해서도 나타난다. 하나님이 인간과, 나중에는 특히 이스라엘과 맺으시는 '언약'은 인간들(예컨대, 창31:44)과 민족들(예컨대, 왕상15:19) 사이에서 이루어진 조약체결에서 그 모범을 찾을 수 있다. 또한 '선택한다'(*bāḥar*)는 세속적 영역에서 사용되는 '뽑는다'와 같은 의미를 가진다(예컨대, 창13:11). 하나님이 이스라엘의 조상들에게 하신 약속들을 맹세를 통해 다짐하실 때, 그분은 인간들 사이에서 이루어지는 활동에 속한 어떤 일을 하시는 것이다(예컨대, 창26:31).

이집트로부터 이스라엘을 이끌어내신 사건을 묘사하기 위해 사용된 동사들은 더욱 다양하다. 출애굽기 6장 6절에서 세 개의 동사가 연이어 사용된다. 하나님은 이스라엘을 "이끌어내실"(*jāṣā'*의 히필형) 것이다. 여기에 쓰인 낱말은 수많은 세속적 의미를 가지고 있다. 그분은 이스라엘을 '구원하실'(*nṣl*의 히필형) 것이다. 여기에 사용된 낱말 또한 비종교적 의미로 사용될 수 있으며(예컨대, 신25:11; 삼상17:35) 어떤 위험으로부터의 구출을 의미기도 한다. 그분은 이스라엘을 '구속하실' (*gā'al*) 것이다. 이 낱말은 본래 사법적인 용어인데(예컨대, 25:25ff; 35:19) 훗날 하나의 신학적인 중심개념이 된다(예컨대, 사43:1, 또한 종종 분사형태 *gô'ēl*로서 예컨대, 41:14). 다른 본문들에서는 '이끌어내다' 외에 '이끌어올리다' (*'ālāh*의 히필형)도 사용되는데(예컨대, 출3:8), 이것도 마찬가지로 세속적인 것을 표현하기 위해 자주 등장한다. 신명기에서는 '가알' (*gā'al*)과 유사한 또 하나의 법률용어인 '파다' (*pādāh*, 속량하다)가 발견된다(예컨대, 신7:8, 참조. Stamm 1940).

이 모든 내용은 이 책의 이전 장들에서 상세하게 기술하였다. 따라서 여기서는 세세한 부분까지 반복하지 않을 것이다.

왕으로서의 하나님

이제까지 언급한 동사들의 경우에는 묘사, 좀더 정확히 말하면 어떤 목적을 가지고 행동하시는 하나님의 적극적인 행동을 서술하는 것과 관련되어 있다. 이와 달리 다른 동사들은 하나님의 지속적인 행위를 표현한다. 그러므로 동사 '통치하다' (*mālak*)는 다소간의 뚜렷한 윤곽을 보여주는 통치 영역을 전제하는데, 예컨대, 바로 움직임과 비종결성을 표현하는 이집트로부터 이끌어내심과 연관된 개념들과는 다르다. 그러므로 '멜렉' (*melek*, 왕)이라는 낱말과 함께 하나님을 묘사하는데 사용되는 몇 개의 명사 중 하나가 등장하는 것은 우연이 아니다. 그것은 말하자면 지속성과 더불어 하나님의 통치의 제도화된 안정성을 지칭한다. 여기서 분명한 것은 이 사고가 인간의 공동체적인 삶의 영역으로부터 수용되었다는 사실이다. 왕은 고대 중동 세계 전체에서 잘 알려진, 그리고 더 나아가 결정적으로 중요한 형상이다. 게

다가 이스라엘의 종교사적인 주변세계에서 어떤 신의 왕적 통치개념은 널리 알려져 있었다. 따라서 이스라엘은 분명 그곳으로부터 몇 가지 것들을 차용했다(참조. Schmidt 1966과 1996, 204-212).

하나님께 적용된 '왕' 이란 칭호는 하나님의 초월적 권능을 표현하는 하나의 은유다. 하나님은 왕**처럼** 다스리신다. 이때 야훼의 왕국개념은 매우 다양한 통치 영역과 관련될 수 있다. "야훼께서는 그의 보좌를 하늘들에 두셨으며, 그의 왕적 통치는 모든 것에 미치는도다"(시103:19). 그는 "영원하신(*l*^{e}*ʿôlām*) 왕"으로서 천상의 바다(*mabbûl*) 위에 좌정하여 계시고, "하나님의 아들들"은 그에게 영광을 돌려야 한다(시29:10, 1f). 그는 "모든 신들보다 크신 왕"(시95:3)이신데, 그 신들은 그에게 엎드려 경배해야 한다(시97:7). 여기서 하나님의 통치 영역은 그 자신이 만든 모든 피조세계를 포괄한다(시95:4f). 그러므로 모든 신들도 그에게 경배하는데, 그들 중 어떤 신도 세상을 창조했다고 주장할 수 없기 때문이다.

또한 하나님은 "온 땅의 왕"(시47:3[2], 8[7])이시며 왕으로서 열방들을 다스리시는데(V.9[8]), 이 나라들은 "그분을 찬양하라"고 요청된다(시96:7-10). 여기서 하나님의 천상적인 통치 영역의 개념이 지상적인 통치 영역의 개념과 결합된다. 이때 하나님의 왕국의 개념도 - 아마도 우선적으로 - 이스라엘과 관련된다는 사실이 분명하게 보인다. 왜냐하면 하나님이 온 땅과 열방들의 왕이시라는 진술은(시47:3[2], 8[7]f) 하나님이 이스라엘을 그의 유업(*naḥ*^{a}*lāh*)으로 선택하셨고 열방들을 이스라엘, 즉 "우리의 발 아래에" 복종케 하셨다(V.4[3]f)는 진술과 일치하기 때문이다. 하나님의 왕적 통치는 그의 창조자로서의 행위가 아니라, 역사 속에서 이스라엘에게 하신 그의 행동에 기초하고 있다.

왕으로서의 하나님 개념의 중요한 측면은 그의 '보좌'에 관한 언급이다. 하나님이 그의 보좌를 세우시는 장소에 관한 말씀에서 우리는 천상적인 통치 영역과 지상적인 통치 영역 사이의 동일한 변화를 엿볼 수 있다. 그의 보좌는 하늘에 있다(시103:19). 그는 천상의 바다 위에 좌정하신다(시29:10). 그분은 보좌에 앉아계시고 "하늘의 모든 군대"가 그분을 둘러싸고 있다(왕상22:19). 그러나 "열방의 방백들"이 "모든 열방들의 왕"이신 하나님의 보좌 주위로 모여들 때, 그 보좌는 지상에 있는 것으로 상상된다(시47:9[8]f). 이것은 오직 예루살렘 아니면 시온을 의미할 수 있다. 그러므로 출애굽기 15장의 "홍해의 노래"에서 시온은 "당신의 유업의 산"과 "당신의 보좌의 처소"라고 불리는데, 그곳은 하나님께서 왕으로 영원히 다스릴 장소가 된다(V.17f). 그리고 하나님은 "시온에 좌정하신 분"(시9:12[11])으로 묘사된다.

그러나 두 통치 영역에 대한 개념은 서로 분리되지 않고 있다. 이것은 이사야의 환상에서 특히 회화적으로 표현된다(사6장). 예언자는 예루살렘 성전에서 보좌에 앉으신 "왕이신 야훼 체바옷"의 환상(V.5)을 경험한다. 그러나 성전(*hêkal*)은 오직 보좌에 앉으신 하나님의 옷자락만 품을 수 있다(V.1). 왜냐하면 그분의 형상이 하늘까지 높이 솟아 있기 때문이다. 하나님은 찬양의 노래를 부르는 천상의 존재들에 의해 둘러싸여 있다. 예언자는 이 장면 속으로 함께 끌려 들어간다. 그럼에도 불구하고 스랍들 중 하나가 제단에 핀 숯을 취할 때, 그것은 계속해서 지상의 성전을 함께 고려하고 있다(V.6, 참조. Metzger 1970, 144f). 끝으로 이사야 66장 1절에는 다음과 같이 기록되어 있다. "하늘은 나의 보좌요 땅은 나의 발판이다." 하나님의 좌정하심이 그의 통치의 두 영역에 뻗어 있다. 이때 솔로몬의 성전 봉헌기도에서 언급된 내용이 메아리친다. "보소서. 하늘과 하늘들의 하늘이라도 주를 수용하지 못하겠거늘 하물며 내가 지은 이 집이리이까!" (왕상8:27, 참조. Westermann 1966, 327f)

왕으로서의 하나님 개념은 특히 시온과 연관된다. 이것은 무엇보다 '대관 시편들' 에 반영된 특정한 예배과정에서 표현된다(이 점에 관하여 앞의 단락 '시온, 하나님의 왕좌' 부분을 보라). 이 개념을 통해 경건에 관한 비제의적 언어의 통로를 발견했다. 시편에서 하나님은 늘 계속해서 왕으로 불려지고 찬양된다. 그러므로 시편의 기도자는 그분을 "나의 왕" (시5:3[2]; 44:5[4]; 68:25[24]; 74:12; 84:4[3]), "야훼, 당신은 왕" (시20:10[9]), 또는 "나의 하나님, 당신은 왕" (시145:1)이라고 부른다. 다른 시편들 속에서 그분은 "영원한 왕" 으로 찬양된다(시10:16; 146:10, 참조. 시29:10). 모든 이스라엘은 창조자이자 왕이신 그분을 기뻐하도록 부름받는다(시149:2, 참조. 사43:15, 여기에 드물게 나타나는 "이스라엘 왕" 으로서의 하나님의 칭호가 추가될 수 있다. 사44:6; 습3:15). 여기서 왕으로서의 하나님 개념은 제의적 틀을 벗어나 개인적 경건의 표현이 되었다. 이를 통해 왕의 위대함과 능력이 감소되지 않는다. 반대로, 그것은 개인적인 기도자의 확신된 표현으로서 공동체의 종교적 생활을 위해 하나의 확장된 의미를 가지게 된다.

심판자로서의 하나님

아브라함은 하나님을 "온 땅의 심판자" (창18:25)라고 부른다. 다시금 '심판자' (*šopēṭ*)라는 용어와 함께 이스라엘로부터 인간에게 붙여지는 칭호가 하나님께 부여된다. 이 경우에 있어서 그 칭호는 독립적인 실체사가 아니며, 하나의 분사이다. 이것 옆에 어떤 '심판자' 의 활동을 나타내기 위해 동사 '샤파트' (*šāpaṭ*)가 자주 쓰인다. 이 동사는 '심판하다, 판결을 내리다' 를 의미할 뿐만 아니라, 동시에 '지배하다’ 는 의미도 가진다. 분사는 여전히 공직을 표현하는 용어로서 그 고유한 기능을 가지고 있다. 하지만 하나님께 적용할 때, 심판자가 보여주는 각각의 행동을 표현하고 하나의 지속적인 상태를 지칭한다. 하나님은 공의를 이루시는 분이다. 창세기 18장에 심판자로서 하나님의 활동이 일어나는 영역이 분명하게 요약되어 있다. 그것은 의인(*ṣaddîq*)과 악인(*rāšā‘*)의 구별을 올곧게 유지하는 것이다. 그렇게 하지 않으면 “의인이 악인과 같이” 될 것이기 때문이다. 하나님께서 구분하시기 때문에, 그분은 “의로운 심판자”(*šōpēṭ ṣedeq,* 렘11:20; 시9:5[4] 또는 *šōpēṭ ṣaddîq,* 시7:12[11])라고 지칭된다. 바로 그러한 분으로 보좌에 앉아계시고, 의를 실행하신다(시9:5[4]). 여기서 심판자라는 칭호와 왕이라는 칭호의 근접성이 명백해진다. 시편 97편 2절에서는 의와 공의가 신적인 왕이 있는 보좌의 기초라고 언급된다. 이사야 33장 22절에는 이 두 개의 칭호가 나란히 등장한다. “야훼는 우리의 심판자이시요, 야훼는 우리의 입법자시요, 야훼는 우리의 왕이시니 그가 우리를 도우실 것이다.” 우리는 ‘왕의 명칭’ 에서 살펴본 바와 같이 이 칭호가 개인적 경건의 영역으로 전이되었다는 사실을 알 수 있다.

그러므로 하나님이 심판자로 명백하게 지칭되는 많지 않은 본문들은 광범위한 영역을 포괄한다. 하늘은 심판자이신 하나님의 의(*ṣedeq*)를 선포한다(시50:6). 그분은 온 땅의 심판자이시며(창18:25; 시94:2), 열방들의 심판자이시다(시7:12[11], 참조. V.9[8]). 그분은 이스라엘과 그 대적들 사이를 판단하시며(삿11:27), 시온을 구원하실 것이다(사33:22, 참조. V.20). 하나님이 정의로운 심판자로서 보좌에 앉아계시며 그곳에서 온 땅을 심판하시는 모습을 보는 시편의 기도자에게는, 자기 자신을 심판하시고 구원하시는 하나님의 행동에 대한 감사의 동기(V.1-5)가 되고 동시에 가난하고 궁핍한 자를 위한 소망이 된다(V.10, 19). 시편 94편의 기도자는 오만한 자들에게 행위대로 갚아줄 것을 세상의 심판자에게 기도하고 있다(V.2). 하나님께서 심판자로서 의인과 악인 사이를 구분하시듯이(창18:25), 그분은 이러한 성품 안에서 어떤 이는 낮추고 어떤 이는 높이기도 하실 것이다(시75:8[7]). 그리고 끝으로 의로운 심판자이시며 속마음을 감찰하시는 야훼 체바옷은 아나돗에서 온 대적을 물리치시고 예레미야에게 의를 이루실 것이다(렘11:20).

이러한 본문들은 심판자로서의 하나님의 활동을 그리고 있는 다양한 관점을 보여준다. 이러한 다양성은 동사 '샤파트'(*šāpaṭ*)를 고찰할 때 더 분명하게 나타난다. 여기서 왕으로서의 하나님 개념에 대한 하나의 중요한 차이가 드러난다. 전자는 주로 왕이신 하나님의 지속적이고 강력한 현존을 지칭하는 반면, 심판자로서의 활동은 무엇보다 구체적인 상황에서 일어나는 그분의 적극적인 행동과 개입 속에서 작용하거나 소망된다. 그래서 하나님은 다음과 같은 명령적인 부름에서 요청될 수 있다. "나를 판단하소서"(*šāpṭēnî*, 시7:9[8]; 26:1; 35:24; 43:1, 참조. 82:8). 이같은 방식으로 자신의 직임을 다하라고 왕에게 요구하는 것은 상상할 수 없을 것이다(동사 *mālak*의 명령형은 단지 삿9:8-14의 풍자에서만 발견된다). 그러나 왕이신 야훼에 대해서 다음과 같이 말할 수 있다. "그가 오신다, 그가 땅을 심판하러 오신다. 그가 세상을 의(*ṣedeq*)로, 열방을 그의 진리(*ʾemûnāh*)로 심판하실 것이다"(시96:13). 왕이 심판자적 기능을 수행하는 곳에서 그분이 활동하시는 적극적인 특징이 전면에 부각된다.

하나님의 심판자적인 행동에 관한 언급은 종종 인간 상호간의 영역에도 연관된다. 하나님을 하늘(시50:6)과 땅(시94:2)과 열방(시7:9[8])의 심판자로서 지칭하는 시편들은 모두 - 그것이 공동체적인 것이든(시50

편; 94편) 개인적인 것이든 상관없이(시7편) - 시편 기도자의 고통을 다룬다. 심판자의 중요한 기능은 개인이나 집단 사이에 서로 경쟁하는 법적요구를 결정하는 데에 있다. 그래서 하나님은 아브라함과 사라 사이를(창16:5), 라반과 야곱 사이를(창31:53), 다윗과 사울 사이를(삼상24:13, 16), 마찬가지로 이스라엘과 암몬 사이를(삿11:27) '판단' 하셔야 한다. 목자로 비유되는 하나님의 은유적 표현에서도 그가 무리 가운데 살찌고 난폭한 짐승과 여위고 압제당하는 짐승 사이를 '판단' 하실 것이라고 말한다(겔34:20, 22, 참조. V.17). 끝으로 종말론적인 미래전망에서 하나님께서는 열방들을 '심판' 하실 것이며, 따라서 그들이 더 이상 서로에게 전쟁을 일으키지 않을 것이라는 소망을 피력한다(사2:4=미4:3, 이 점에 관하여 참조. Liedke 1971, 62ff.) 여기서 분명한 것은 '샤파트' (*šāpaṭ*)라는 낱말이 지금 민족들의 적대감을 통해 파괴되어 있는 상황의 회복을 표현하고 있다는 사실이다.

시편 82편은 신들의 모임 가운데 재판장으로 기능하시는 하나님을 보여준다. 하나님은 '의로운' 상황의 보증인이 되어야 할 신들이 그러한 역할을 제대로 하지 못한다고 질책하신다. 그들은 불의하게 재판하였고 악한 자를 이롭게 한 반면, 가난한 자와 고아들과 궁핍한 자들에게 권리를 찾을 수 있도록 돕고 악인의 손에서 해방시키는 일은 소홀했다(V.2-4). 그래서 하나님은 그들이 신들이라는 사실을 거부하시며(V.5-7), 직접 "땅을 심판하실" 것이다. 다시 말하면 그 신들이 하지 못했던 모든 것을 하나님은 직접 행하실 것이다(V.8). 여기서 하나님은 심판자로서 세상 전체를 포괄하는 틀 안에서 역사하신다. 응당한 대가를 받도록 악인들(*r^ešāʿîm*)을 다스리시며(참조. 창18:25), 압제당하거나 그들 스스로는 권익을 돌볼 수 없는 사람들에게 특별한 호의를 베푸신다. 여기서는 이러한 사람들이 이상하리만큼 누적되어 언급된다. 약한 자(*dal*, 두 번), 비천한 자(*jātôm*), 불쌍한 자(*ʿānî*), 가난한 자(*rāś*), 궁핍한 자(*ʾebjôn*)가 언급된다(이것과 유사한 개념들에 관해서는 참조. THAT II, 347f). 그들의 사회적 위치에서 당하는 문제의 정도는 권익을 획득하는 것(*hiṣdîq*)인 동시에, 악인의 손에서 그들을 구해내는 것이라는 사실에서 명백해진다(V.3f). 하나님은 정의와 불의 사이를 명확하게 구분하시는 동시에, 특별한 방식으로 사회의 약자들과 보호가 필요한 자들을 보살피시는 정의로운 심판자의 역할을 하시는 분으로 나타난다.

에스겔서에는 심판하시는 하나님에 대한 상당히 다른 그림이 등장한다. 이곳에서는 이스라엘에 하나님의 심판이 임한다. "내가 너희 각 사람이 행한대로 심판할 것이다"(겔18:30; 33:20). 그러나 이 문장은 회개에 대한 촉구를 포함하거나(겔18:30), 구원에 이르는 후속적인 전환에 대한 전망을 나타낼 수 있다(겔36:19, 21ff). 또한 더 이상 돌이킬 수 없는 심판예고의 일부가 될 수도 있다. 하나님께서 이스라엘 땅을 향해 다음과 같이 말씀하신다면 가능하다. "이제 끝이 네게 임하였으니 내가 내 분노를 네게 보내어 네 행위에 따라 너를 심판하고 네게 모든 가증함으로 보응하리라"(겔7:3, 8, 참조. 16:38, 임박한 심판을 느낄 수 없다). 그러나 이것 또한 단순히 파멸의 심판만을 의미하지 않는다. 오히려 하나님이 "그들의 행위를 따라" 다루시며 "그들이 판결(*mišpāṭ* 참조. V.23)하는 그들의 방식대로" 심판하신다는 사실을 경험한 사람들은 "내가 야훼라는 사실을 깨달아야"(V.27, 참조. 겔11:10) 것이다. 이러한 인식은 단순히 심판이나 그것에 선행하는 직접적인 사건보다 훨씬 더 많은 것을 포괄한다.

목자로서의 하나님

“요셉을 양떼처럼 인도하시는, 오 이스라엘의 목자여, 귀를 기울이소서”(시80:2[1]). 목자로서의 하나님에 대한 은유적 표현은 다른 강조점을 가진다. 하나님은 “이스라엘의 목자”이고, 이스라엘은 “그의 백성, 그의 초장의 양들”이다(시100:3, 79:13, 참조. 시95:7). 이러한 심상에서 무엇보다도 하나님의 인도와 보호에 이스라엘이 의존하고 있다는 사실이 표현된다. 목자에 대한 뚜렷한 언급이 없을지라도 양떼에 대한 그림은 독립적으로 나타날 수 있다. 이같은 은유가 나타나는 다수의 본문들은 목자이신 하나님의 도움이 간구되고 기대되는 곤궁한 상황을 전제한다. 그래서 시편 80편 2[1]절의 외침은 하나님이 심으신 포도원이 파괴되었음을 탄식하고 재건을 간구하는 시편의 도입부를 형성한다. 시편 74편 1절은 유린된 성전에 대한 탄식을 이끈다.

다른 본문들은 이미 곤궁한 시간의 종결을 예고한다. “이스라엘을 흩으셨던 이가 그를 모으시고 지키시리니, 마치 목자가 양떼에게 하는 것같이 하실 것이다”(렘31:10). 이 희망은 역시 미가서를 관통한다. 하나님은 이스라엘의 “남은 자”를 양떼같이 모으실 것이며(미2:12), 특히 흩어진 자들 중에 저는 자들을 돌보실 것이다(미4:6f). 이 책의 말미에 기도를 통해 하나님이 “그의 소유의 양떼”를 먹여달라고 간구한다(미7:14, 참조. Kessler 1999, 305). 이사야 40장 10절 이하는 기대되었던 하나님의 시온으로의 귀환을 묘사하고 있다. 처음에는 강력한 통치자의 심상을 통해, 다음에는 돌보시는 목자에 대한 심상을 가지고 묘사되고 있다. 하나님은 다정스럽게 그려진다. 마치 하나님이 양들을 품 안에 모으시고 보호하시되 옷 속에 숨기시고 그 어미들을 인도하시듯이 이끄시는 모습으로 그려진다. 이 목자의 그림은 보호와 인도의 기능을 하는 왕의 그림과 가깝다. 미가서 4장 7절에서는 그것이 전도되어 나타난다. 배려 있는 목자의 그림은 시온산의 왕의 그림에까지 상승된다.

이 은유적 표현이 가장 상세하게 묘사된 본문은 에스겔 34장이다. '지위를 가지고 있는 자'에 대한 목자(들) 칭호와 하나님의 자기표시로서의 목자(들) 칭호 사이의 주목할 만한 다양한 변화가 나타난다. 목자들, 곧 백성을 책임지는 지도자들이 양떼를 돌보고 보호하는 사명을 제대로 감당하지 못했기 때문에, 양떼들이 흩어졌고 맹수에게 넘겨졌다(V.1-6). 그래서 하나님은 그들에게 책임을 추궁하실뿐 아니라(V.7-10), 자신이 직접 그의 양떼를 돌보려고 하신다(V.11-16). 여기서 선한 목자의 활동이 상세하게 개진된다. 그분은 양떼들을 모으실 것이고 흩어졌던 그들을 그들의 땅으로 데려오실 것이며, 좋은 초장을 주시고 나쁜 목자들이 소홀히 했던 모든 것을 행하실 것이다. 그분은 잃어버린 것을 찾으실 것이고 흩어진 것을 다시 데려오실 것이며 상한 것은 싸매실 것이고 약한 것은 강하게 하실 것이다(V.16, 반대입장에 대해선 참조. Greenberg 1999, 706). 대화의 상대가 되고 있는 이스라엘의 역사적 상황이 은유적인 묘사를 통해 뚜렷이 들려온다. 하나님은 "양떼"를 흩어졌던 곳, 즉 포로생활에서 "그들의" 땅으로 되돌아오게 하실 것이다. 그러면 그들은 "이스라엘의 산들" 위에서 풀을 뜯을 것이다. 이뿐 아니라 그는 양떼 안에서 벌어지는 강한 자와 약한 자 사이의 분쟁을 심판하실 것이다(V.17-22). 여기서 심판자의 은유가 작용을 한다. 그러나 결국 하나님은 목자의 직책을 이 사람에게 넘겨줄 것이다. "내가 한 목자를 그들 위에 세우면 그가 그들을 먹이리니, 곧 나의 종 다윗이라"(V.23). 하나님은 구원의 때에 새로운 다윗에게 넘겨줄 수 있을 때까지, 목자의 직책을 직접 가지고 계실 것이다. 그러나 그 귀속성은 분명하게 남아 있다. "나, 야훼는 그들의 하나님이 될 것이고, 나의 종 다윗은 그들 가운데 통치자가 될 것이다"(V.24). 하나님이 목자의 칭호를 종말의 다윗에게 넘겨주었다고 할지라도, 하나님과 이스라엘 사이의 관계는 여전히 남아 있다. "너희는 내 양무리, 내 초장의 양떼이며… 나는 너희의 하나님이라"(V.31).

예레미야 23장 1-4절에서 훨씬 간략한 형태로 동일한 기대가 표명된다. 나쁜 목자들은 양떼의 흩어짐에 대해 책임을 져야만 한다. 그러나 하나님은 "모든 나라로부터" 양떼의 "남은 자"를(참조. 미2:12) 모으실 것이며 그들의 목초지로 인도하실 것이다. 그리고 그들 위에 다시 목자들을 세우실 것이다. 여기에는 (아직) 에스겔 34장 23절 이하에서 발견되는 새로운 다윗의 '메시아적' 요소가 결여되어 있다. 미가서 2장 13절에는 하나님이 "돌파하는 자"(즉 앞에서 무리를 인도하는 짐승)로서 그 양떼를 포로로부터 이끌어내시고 왕으로서 그들 앞에서 앞장서 나가실 것이다. 이를 통해 목자로서의 하나님에 대한 은유적 표현은 상이한 상황 속에 그때그때마다 다양하게 사용된다.

마지막으로 목자를 나타내는 은유는 왕으로서의 하나님에 대한 (은유처럼) 개인적인 경건이 표현된다. 시편 23편 1-4절에는 목자이신 하나님의 돌보심이 상세하게 묘사된다. 하나님은 푸른 초장, 신선한 물, 안전한 길로의 인도, 밤의 보호와 위로를 주신다. 이때 에스겔 34장 11-16절에 나오는 심상들과 그림들과의 유사성이 분명하게 나타난다. 그러나 모든 것이 완전히 개인적인 영역에 머물러 있다. 물론 야곱은 하나님이 인생을 인도하셨음을 회상하면서 목자로서 인도하셨다고 말한다. 그리고 이 회상을 자신을 구원했던 천사(*mal'āk*)에게까지 이끌어간다(창48:15). 야곱의 개인적 운명은 이스라엘 역사의 초창기에 하나님을 통한 이스라엘의 인도하심을 대변한다.

모든 상이한 뉘앙스에도 불구하고 매우 분명한 것은 목자로서 표현된 하나님의 은유는 왕과 심판자에 대한 은유들과는 완전히 다른 하나님 이해와 하나님과의 관계의 영역을 표현한다. 여기서 중요한 것은 힘과 정의가 아니라 오히려 민족과 개인의 삶에서 인도하심과 보호하심에 대한 경험이며 또 무엇보다도 미래에도 그렇게 해주실 것이라는 희망이다.

아버지와 어머니로서의 하나님

"아버지가 자식을 불쌍히 여김같이 야훼께서도 자기를 두려워하는 자들을 불쌍히 여기신다"(시103:13). "자기 어미가 자식을 위로함같이 내가 그렇게 너희를 위로할 것이다"(사66:13). 부모의 위로하는 보살핌이 성서에 나타난 하나님 상(像)의 본질적 요소이다. 이때 가부장적으로 각인된 히브리성서와 그 주변세계에서 아버지로서의 은유가 어머니로서의 은유보다 더 빈번히 발견되는 것은 놀랄 일이 아니다. 그것은 매우 다양한 연상을 불러일으킨다.

이스라엘은 하나님의 장자이다. 이 사고는 이스라엘과 함께하시는 하나님의 역사 초기에 관한 본문들에서 다양한 관점 속에서 등장한다. 하나님은 사랑했던 자신의 아들을 이집트로부터 이끌어내셨다(호11:1). 파라오에게 장자의 석방을 요구하셨다(출4:22). "사람이 그의 아들을 나르듯이" 유랑길 내내 나르셨다(신1:31, 참조. 호11:3). 그러나 이스라엘은 배은망덕했고 하나님의 부성적인 돌보심을 깨닫지 못했다(호11:3, 참조. 신32:6). 하나님은 이스라엘이 자신을 "나의 아버지"라고 부르며(렘3:19f) 적절한 경외를 나타낼 것이라고 생각하고(말1:6) 헛되이 기다리셨다. 여기서 아버지로서의 하나님 상은 또한 요구적인 요소를 포함하고 있다는 사실이 드러난다. 그리고 늘 하나님은 이스라엘이 자녀관계에서 나타나는 요구들을 들어주지 못했다는 사실을 확인하신다(참조. 사1:2, 4). 그래서 하나님의 분노에 대한 언급이 나타날 수 있다(호11:9). 이때 분노의 극복에 관하여 말한다. 호세아 11장 8절 이하에서 하나님 안에서 일어나는 내적갈등이 인상적으로 그려진다. "에브라임아, 어떻게 내가 너를 포기할 수 있겠느냐? 이스라엘아, 어떻게 너를 넘겨줄 수 있겠느냐? …내 마음이 내 속에서 변하며, 나의 후회가 강렬하게 불타오른다. 나는 나의 작렬하는 분노를 집행할 수 없고, 에브라임을 다시 망하게 할 수 없다. 왜냐하면 나는 하나님이고, 사람이 아니며, 너희 가운데 있는 거룩한 자이기 때문이다. 나는 분노의 불꽃을 타오르게 하지 않는다"(번역에 대해서는 참조. Jeremias 1983, 139). 예레미야 31장 20절에서 동일한 어조의 목소리들을 들을 수 있다. 하나님은 그의 "신실한 아들" 에브라임을 긍휼히 여기신다. 왜냐하면 그렇지 않으면 그의 심장이 부서지기 때문이다(참조. V.9). 시편 103편에서도 하나님의 분노(V.9)로부터 아버지의 사랑에 찬 긍휼(V.13)에 이르는 과정이 그려진다(지혜언어로 표현되는 잠3:12을 참조하라).

포로상황에서 예언자는 하나님이 이전에 파라오에게 했듯이 북방과 남방에게 그의 아들들과 딸들의 반환을 요구하실 것이라고 선포한다(사43:6f, 참조. 출4:22). 그분이 자신의 이름을 따라 지은 이 자녀들을 직접 자신의 영광을 위해 창조했고(*bārā'*) 조성했으며(*jāṣar*) 만들었다(*'āśāh*)고 말씀하실 때, 아버지 상 안에서 창조자 상이 함께 작용한다(참조. V.1, 참조. 신32:6; 말2:10). 이때 강세가 "나의 영광을 위해"라는 표현 위에 놓여 있다. 왜냐하면 그것은 **이러한** 하나님의 피조물들에게 있는 특별함이기 때문이다. 동시에 그들은 아주 특별한 의미에서 그의 아들이고 딸이다. 그러므로 그분은 그들을 초기상태로 복권시킬 것을 계획하신다. 이사야 45장 9-13절에서도 하나님은 이스라엘을 위한 그분의 등장에 대한 모든 비판을 거부하신다. 토기가 토기장이를 비판할 수 없는 것처럼, 그 아버지에게 "왜 당신은 나를 낳았습니까?"라고 말할 수 없고, 어머니에게 "왜 당신은 나를 출산하셨습니까?"라고 말할 수 없다. 아무도 세계의 창조자이신 하나님께 그의 자녀들, 곧 그분의 '손으로 만드신 작품'에 대하여 어떻게 행동하라고 규정할 수 없다.

포로로부터 귀환한 자들의 대(大)기도문(사63:15-64:11[12], "아마도 성서에서 가장 강력한 공동체 탄식시일 것이다," Westermann 1966, 311)에서 하나님의 부성(父性)에 대해 말하는 것은 바로 사람들이다. 그것은 방금 인용한 본문의 메아리처럼 들린다. "그러나 이제, 오 야훼여, 당신은 우리의 아버지이십니다. 우리는 진흙이요, 당신은 우리의 토기장이시니, 우리는 다 당신의 손으로 만든 작품입니다"(사64:7[8]). 절망에 빠진 기도자는 오로지 하나님에게만 의존하고 있다. "당신은 우리의 아버지이십니다. 아브라함은 우리에 대해 아무것도 모르며, 이스라엘(야곱)은 우리를 알지 못합니다"(사63:16). 과거로 이어지는 연결고리가 모두 파괴된 것처럼 보인다. 그러므로 이제 기도자는 완전히 새로운 시작을 기대한다. "야훼여, 당신은 우리의 아버지이십니다. '우리의 구원자'는 옛적부터 당신의 이름입니다." 창조자로서, 아버지로서 그리고 구원자로서의 하나님 - 이로써 이스라엘이 하나님에 대해 경험했고, 그가 알고 있고 그리고 그가 희망하는 것의 모든 지평이 포괄된다. 다만 드물게 하나님의 부성이 생물학적 표현을 통해 묘사된다. 이것은 신명기 32장 18절에서 특히 각인된 방식으로 수행된다. 6절에서 창조자로서의 하나님에 관한 용어가 사용된 뒤에, 18절에서 (통례적인 번역에 따르면) 다음과 같이 말한다. "너는 너를 낳은(*jālad*) 바위를 기만하고, 너를 낳은(*ḥjl* 폴렐형) 하나님을 잊었다." 하반절에서 하나님은 아이를 낳은 분으로 일컬어진다. 상반절에 쓰인 동사 '얄라드'(*jālad*)는 '임신시키다' 뿐만 아니라 '분만하다'를 의미할 수 있기 때문에, 이 절 전체가 어머니로서의 하나님에 대해 말한다고 할 수 있을 것이다(폰라트는 이렇게 번역하고 있다. 참조. vRad 1964, 137, 참조. Rupprecht 1988; Trible 1993, 79ff. 이 동사는 오직 시온의 왕에 대하여 말하고 있는 시2:7에서만 하나님의 부성을 표현하기 위해 사용된다).

그러므로 신명기 32장 18절은 우리를 어머니로서의 하나님에게로 이끈다. 그분은 이 본문에서 아이 낳는 자로서 나타난다. 이를 위해 사용된 동사의 의미는 '산고를 겪다'이며, 이것과 결부된 고통을 표현할 수 있다. 이러한 비유는 이사야 42장 14절에서도 발견된다. 하나님은 오랫동안 침묵하셨으나, "이제부터는 내가 산고를 겪는 여인처럼 부르짖을 것이며 내가 즉시 파괴시키고 삼킬 것이다." 이 갑작스런 사건과 함께 자연의 새 창조와 포로자들의 운명의 전환이 시작된다(V.15f).

이 은유의 다른 측면이 민수기 11장 11절 이하에서 나타난다. 모세는 하나님에게 '이 모든 백성의 짐'을 지우셨다고 탄식한다. 수사학적 질문 속에서 그는 하나님에게 그 책임을 떠넘긴다. "내가 이 모든 백성을 잉태하였나이까? 내가 그들을 낳았기에 당신께서 내게 말씀하시기를 양육하는 아비가 젖먹이를 품듯이 네 가슴에 그들을 안고서 당신께서 그들의 조상들에게 맹세하신 그 땅으로 데리고 가라고 하시나이까?" 모세의 탄식은 이어진다. "아니, 그것은 내가 아니라, 바로 당신 자신이 그랬습니다. 그러므로 이제 당신이 책임지셔야 합니다."

어머니로서의 하나님에 대한 그림은 신명기 32장 18절과는 전혀 다른 방향으로 전개된다. 신명기에서는 하나님을 망각하지 말아야 한다는 백성의 의무에 관한 것이 주된 문제였다면, 민수기는 그의 백성을 돌보아야 하는 하나님의 의무가 관건이다(참조. Bruggemann 1997, 258).

이사야 49장 15절에서 하나님은 자기의 백성을 향해 돌아서는 자신의 모습을 표현하신다. "여인이 자기의 젖먹는 아이를 잊을 수 있겠으며, 자기 태에서 난 아들에게 연민을 갖지 않겠느냐? 정녕, 그들은 잊을지라도 나는 너를 잊지 아니할 것이다." 하나님의 시온에 대한 태도는 여인이 젖먹이에게 보이는 태도처럼 불가항력적이다. 아니 그 이상이다. 이 근본적인 관계를 잊어버리는 망각이, 일어날 법하지 않은 이 경우조차도 하나님께는 나타날 수 없다. 동일한 사고가 시편 27편 10절에서 언급되는데, 이번에는 아버지와 어머니 모두에게 관련되어 나타난다. "내 아버지와 내 어머니가 나를 버릴 때에도 야훼께서는 나를 받아주실 것이다." 하나님은 단지 아버지와 어머니 **같을** 뿐만 아니라, 그들 이상이다. 이사야 66장 10-13절에서 젖 먹이는 어미로서의 예루살렘에 대한 그림은 하나님 자신에 관한 것으로 변한다. "어머니가 위로하듯이 내가 너희를 위로할 것이다." 다시 하나님의 행동과 어머니의 행동 사이의 긴밀한 근접성이 강조된다.

그래서 기도자는 다음과 같이 말할 수 있다. "나는 태(*reḥem*)에서부터 당신께 맡겨졌으니, 당신은 모태(*beṭen*)에서부터 나의 하나님이십니다"(시22:11[10]). 하나님은 자기 자신이 자궁과 더 밀접하게 관련되어 있다고 묘사하신다. "배에서부터 내게 안겼으며 태로부터 받아낸, 오 야곱의 집과 이스라엘 집의 모든 남은 자들아, 내게 청종하라. 너희의 노년에 이르러서도 내가 그니, 백발이 될 때까지도 내가 너희를 품을 것이다. 내가 지었으니 내가 안고 품을 것이며 너희들을 건져낼 것이다"(사46:3f). 이 시의 은유들은 하나님이 자궁을 가지고 계신다고 말할 수 있을 정도다(Trible 1993, 54).

이때 특히 주목할 만한 것은 '모태'(*reḥem* 혹은 *raḥam*)라는 명사가 '불쌍히 여기다'(*rḥm* 피엘형)라는 동사와, '자비'(*raḥ^a^mîm*)라는 명사와 그리고 거의 하나님에 관해서만 사용되는 '자비로운'(*raḥûm*)이라는 형용사는 어근상 서로 매우 가깝다는 사실이다. 이러한 용어는 어머니로서의 하나님 상이 오직 애정을 가지고 돌보시는 측면을 가지고 있을 뿐, 아버지의 모습처럼 요구하고 분노하는 요소는 가지고 있지 않다는 사실을 나타낸다. 그러므로 모성적 하나님에 관한 은유는 빈번하게 증언되지 않고 있다 하더라도 성서적 하나님 상의 기본요소에 속한다.

바로 여기서부터 성서 초반부에 인간창조에 관한 기사 속에서 표현되는 하나님 상에 대한 새로운 시각이 생겨난다. "하나님께서 자신의 형상대로 사람을 창조하시니, 곧 하나님의 형상대로 그를 창조하셨으며, 그들을 남자와 여자로 창조하시니라"(창1:27). 이로써 인간에 관한 진술도 동시에 이루어진다. 인간은 남성적이며 여성적이다. 이 두 가지는 일치성과 다양성 속에서 바로 **그** 인간을 형성한다. 동시에 하나님에 관한 진술이 놓여 있다. 왜냐하면 남성적이며 여성적인 인간은 "하나님의 형상을" 따라 창조되었기 때문이다. 이 '하나님의 형상'은 남성적인 것과 여성적인 것 모두를 포괄한다. 이때 '하나님'과 '하나님의 형상' 사이에 있는 차이가 그대로 유지된다. 이 형상은 우리에게 하나님에 관한 시각을 열어준다. 그러나 하나님의 형상에 관한 진술에 머물러 있을 뿐 더 이상은 우리에게 알려주지 않는다. 하나님의 초월성은 그대로 유지된다(참조. Trible 1993, 30ff, 특히 42f).

하나님의 "속성들"

여기에 하나님의 활동과 행동에 관한 더 많은 은유가 첨가될 수 있다. 하나님은 전사와 투사로서 언급된다. 그러나 그것을 위한 어떠한 칭호도 나타나지 않는다. 출애굽기 15장 3절에서 "전쟁의 사람"(*'îš milḥāmāh*)이라는 하나님의 칭호는 강하고 도우시는 하나님에 대한 찬송시적인 송영의 일부로서 다른 수식어들과 결합되어 있다. 이 구절은 "야훼는 그의 이름이시다"라는 강조된 어구로 끝난다. 이 찬송시는 하나님이 그의 "오른손"(V.6, 12)을 통해 일으키신 홍해에서의 이스라엘에 대한 놀라운 구원을 노래한다. 하나님은 그 오른손으로 이집트인을 멸망시키는 자연의 힘을 지휘하신다. 그런 다음 그분은 이스라엘이 통과할 수 있도록 자신의 "팔"로 적대적인 민족들을 얼어붙게 만드신다(V.16). 이사야 42장 13절 이하에서는 '전쟁의 사람'으로서의 하나님에 대한 칭호에 이어서 해산하는 여인과 같은 신음에 대한 은유가 나타난다. 이사야 40장 10절 이하에서는 하나님의 "다스리시는 팔"에 관한 그림이 양들을 모으는 목자의 팔로 전환되고, 52장 10절에서는 하나님이 자신의 팔을 열국의 목전에서 드러내시어 "모든 세계의 끝이 우리 하나님의 구원"을 본다고 기록한다. 다른 본문들에서는 혼돈의 세력과 창조자의 싸움에서 투쟁하시는 하나님에 관한 은유가 나타난다(사51:9f; 시74:13ff).

하나님을 소개하는 은유들은 매우 회화적인 특성을 지니고 있다. 하나님의 은유 속에서 수용되는 모든 형상은 매우 특징적으로 하나님의 성품을 보여준다. 성서의 진술 속에서 하나님의 성품이 나타난다. 예컨대, 하나님이 분노하신다고 할 때 그것이 의미하는 것은 인간이 하나님을 성내시는 분으로 경험한다는 것이고, 더 정확히 말하면 사람이 하나님의 분노로서 이해하고 혹은 이해하려고 시도하는 어떤 것을 경험한다는 말이다. 그래서 특정한 형용사는 하나님의 행동과 하나님의 본질에 관한 진술을 보여준다. 그러나 이러한 형용사들 가운데 그 어떤 것도 하나님의 '본질'을 모두 파악할 수 없고 포괄할 수도 없다. 명사 개념을 이용한 은유의 경우 하나님의 본질 가운데 어떤 부분만을 이해할 수 있고 묘사할 수 있다는 사실이 분명해진다. 이와 똑같은 사실이 형용사에도 적용된다. 그러나 형용사는 명사와는 달리 서로 결합되어 등장할 수 있고, 하나님의 본질을 다양한 측면으로 관찰할 수 있고 설명할 수 있다. 그러므로 우리는 아래에서 개별적인 형용사의 특별한 진술뿐만 아니라 서로 결합된 형태들을 주의 깊게 살펴야 한다.

이것에 대해 시사하는 바가 큰 예로서 거의 정형화되어 기능하는 다음의 진술을 들 수 있다. "야훼는 자비로우시고 은혜로우시며 노하기를 더디하시고 인자하심이 풍성하시도다." 이러한 진술이 나타나는 특히 눈에 띄는 구절들 가운데 두 개를 서로 비교해보면, 근본적인 차이가 드러난다. 시편 103편 8절에서 이 문장은 하나님의 선하심과 자비하심에 대한 표현이 반복되어 나타나는 일련의 진술들의 초두에 위치하고 있다(V.8-13). 그러나 출애굽기 34장 6절 이하에서는 이 본문이 하나님은 결코 죄를 "처벌하지 않은 채 내버려두지 않으신다"는 진술과 함께 계속된다. 하나님의 자비는 그의 징벌하시는 분노와 긴장감 넘치는 상호관계 속에서 나타난다. 두 가지 측면이 히브리성서의 다른 구절들에서 상이한 표현 가운데 등장하는데, 때로는 개별적으로 때로는 공동으로 나타난다. 우리가 그것들을 우선 개별적으로 상세히 고찰할 때, 항상 이 사실을 염두에 두어야 한다. 우리는 나중에 개별적인 측면들의 결합을 위해 돌아오게 될 것이다.

하나님은 자비로우시고 은혜로우시다

은총형식구

"야훼는 자비로우시고 은혜로우시며 노하기를 더디하시고 인자하심이 풍성하시도다"(시103:8, 출34:6). 이 '은총형식구'(Spiecker mann 1990)는 하나님의 성품에 대하여 가장 인상적이고 가장 영향력 있는 진술이다. 그것은 히브리성서에서 아주 상이한 맥락 속에서 때로는 동일한 표현으로 때로는 변형된 표현으로 나타난다(시86:15; 145:8; 느9:17; 욜2:13; 욘4:2 등). 이 형식구의 첫머리에는 거의 하나님에 대해서만 사용되어, 하나님의 성품에 대해 특히 특징화된 진술로 간주될 수 있는 두 개의 형용사가 자리잡고 있다. 즉 '자비로우시고'(*raḥûm*) '은혜로우시다'(*ḥannûn*)는 표현이 그것이다. 또한 순서가 뒤바뀔 수 있는 이 한 쌍의 낱말(예컨대, 시111:4; 145:8)은 매우 다양한 영역들을 결합시킨다. 위에서 언급한 대로 '자비로우신'은 동사 '불쌍히 여기다'(*rḥm* 피엘형)에서 파생되었다. 명사 자비(*raḥ*[a]*mîm*)와 무엇보다도 모태(*reḥem* 혹은 *raḥam*)에 대한 낱말이 이 단어군에 속한다. 그래서 이 형용사는 하나님의 형상의 '모성적' 측면을 대변한다. 그것이 아버지로서의 하나님 상 속에서 발견되는데(참조. 시103:13, 이 동사가 두 번), 하나님 상에 대한 이 양 측면이 긴밀하게 관련되어 있음을 보여준다(앞의 단락 '아버지와 어머니로서의 하나님' 부분을 보라).

그러나 이것은 하나님 상의 한 측면일 뿐이다. 하나님이 자비로우시다는 동사적 진술은 이 자비로우심이 그 이전의, 혹은 계속되는 하나님의 부정적인 상태나 행동과 대조되는 본문 속에서 다양하게 발견된다. 예컨대, "잠시 동안 내가 너를 버렸으나, 큰 자비(*raḥ*[a]*mîm*)로 내가 너를 모을 것이다. 작은 진노로 내가 내 얼굴을 네게서 잠시 감추었으나, 내가 영원한 자애로 네게 자비를 베풀 것이다"(*riḥamtîk*, 사54:7f). 또는 "보라, 내가 야곱 장막들의 사로잡힌 자들을 다시 데려와서 그의 거처에 자비를 베풀 것이요"(ʾ[a]*raḥēm*, 렘30:18). 그러므로 하나님의 불쌍히 여김과 자비에 관한 언급은 재앙의 극복이나 곤경과 위험으로부터의 구원과 같이 하나님의 분노를 돌이키는 요소가 된다(참조. 시78:38).

은혜로우신은 아주 다른 맥락들 안에 놓여 있다. 명사 '헨'(*ḥēn*)은 넓은 영역을 포괄한다. 그것은 어떤 보석의 미학적 아름다움(잠1:9; 4:9)과 동물(잠5:19)이나 여인(잠11:16; 31:30)의 우아함으로부터 언어의 아름다운 소리(시45:3[2]; 잠22:11)를 지나 사람들 사이의 호의와 총애에까지 이른다. 이것 가운데 마지막의 경우는 "어떤 사람의 눈에서 은총을 발견한다"는 관용어를 통해 표현된다. 만일 이 관용어가 사람들 사이에서 사용된다면, 그것은 정중함을 드러내는 형식구가 될 수 있다. 예컨대, 어떤 간청의 시작으로서(창18:3; 30:27; 47:29 등) 혹은 감사의 표현으로서(삼상1:18; 룻2:13), 또한 개인적인 평가(창39:4, 21; 삼상16:22)나 우정(삼상20:3)을 표현할 수도 있다. 이와는 달리 '하나님의 눈에서 은총을 발견한다'는 표현은 아주 다른 강조점을 가진다. 노아의 경우에는 인류 역사 초기의 근본적인 위기에서 벗어나는 결정적인 전환을 의미한다(창6:8). 이스라엘이 금송아지를 가지고 범죄한 후에 하나님과 모세 사이에 있었던 극적인 대화에서 모세는 "너는 나의 눈에서 은총을 발견하였다"(출33:12)는 하나님의 말씀과 함께 하나님을 붙든다. 그리고 그는 이스라엘의 계속되는 여정에서 하나님이 동행해주시기를 간절히 구하는 청원을 다시 한 번 이 관용어를 반복함으로 시작한다. “만일 제가 당신의 눈에서 은총을 발견했다면”(출33:13; 34:9, 참조. 출33:16). 여기서 이 관용어는 정중함을 표현하는 형식구가 전혀 아니다. 그것은 하나님이 “너는 나의 눈에서 은총을 발견했다”(V.17)는 자신의 약속을 반복하심으로써 답변을 하셨음을 의미한다. 하나님이 그에게 이스라엘 백성을 인도하라고 하시면서 부과하신 짐에 대한 모세의 탄식에서도 이 표현은 모종의 역할을 한다(민11:11, 15). 그리고 구원예고가 있는 거대한 장, 예레미야 31장 첫머리에 다음과 같이 기록되어 있다. “칼에서 살아남은 백성이 광야에서 은혜를 얻었다”(V.2).

이렇게 인간에게 다가오시는 하나님을 향한 신뢰가 시편 기도자가 늘 다시 ‘하난’(*ḥānan*) 동사의 명령형 “나를 불쌍히 여기소서!”라는 표현(시4:2[1]; 6:3[2]; 9:14[13] 등, 전체적으로 보면 20회 이상 등장한다)을 통해서 하나님을 부르고 있다는 점에서 매우 독특하게 표현된다. 거기에서 다시 한 번 어근 ‘라함’(*rḥm*)에 대한 상이한 강조점이 가시화되어 나타난다. 왜냐하면 이 어근을 사용한 기도의 간구가 그 어디에서도 나타나지 않기 때문이다. 그래서 이 단어쌍은 긍정적인 것으로 경험되는 인간들에 대한 하나님의 행동방식에 긴장감 넘치는 통일성을 형성한다. 이것에 대한 증거로서 여전히 두 개의 보기가 주어질 수 있다. “그러므로 야훼께서 기다리시나니 이는 그가 너희에게 은혜로우심이요, 그러므로 그가 높임을 받으시리니 이는 그가 너희에게 자비를 베푸시려 함이라”(사30:18). “야훼께서는 은혜로우시고 의로우시니, 정녕, 우리 하나님은 자비로우시도다”(*mᵉraḥēm*, 시116:5). 여기서 ‘의로우신’(*ṣaddîq*)이란 낱말이 추가되었는데, 그것에 관해서는 후에 살펴볼 것이다(뒤에 오는 단락 '하나님은 의로우시도다' 부분을 보라).

이 단어쌍은 출애굽기 32-34장의 다층적인 일련의 본문 가운데 들어있는 출애굽기 34장 6절의 은총형식구에 앞서는 본문에서 특별한 강조점을 가진다. "나로 당신의 영광을 보게 하소서"라는 모세의 간청에 하나님은 다음과 같이 답변하신다. "내가 나의 모든 선함을 네 앞에 지나가게 할 것이며 내가 네 앞에 야훼의 이름을 선포하리라. 나는 은혜를 베풀 자에게 은혜를 베풀고 자비를 보일 자에게 자비를 보이느니라"(출33:18f). 이 가운데 두 번째 문장의 의미심장한 언어형태는 모세에게 알려주신 하나님의 이름을 기억나게 한다. "나는 존재하게 될 자로 나는 존재하게 될 것이다"(출3:14, 참조. Vriezen 1950). 강조점은 하나님은 은혜로우시고 자비로우실 것이라는 **사실** 위에 놓여 있다. 그러나 그분이 누구에게 은혜와 자비를 베푸실 것인지에 대한 결정은 그분 자신이 하신다. 이것은 마치 은총형식구를 앞서서 설명하고 있는 하나의 해석처럼 들린다(참조. Aurelius 1988, 125). 라쉬(Rasch)는 뒤따라오는 언약체결에서(출34:10) 은총과 자비의 약속이 '공허하게' 되돌아오지 않을 것이라는 승인을 확인한다(이 구절에 대한 라쉬의 주석을 보라).

은총형식구에서 '자비로우시고 은혜로우신' 이란 단어쌍의 진술은 루터의 "인내하시고 선하심이 크도다"라는 번역을 통해 확대된다. 히브리어에는 '인내하시는' (geduldig)이 다음 두 낱말을 통해 표현된다. '에렉 아파임' (*'erek 'appajim*), 문자적인 의미로는 '분노에 관련하여서는 긴' 이다. 이 표현은 종종 '참을성이 많은' (langmütig)으로 옮겨진다. '분노에 천천히 이르는' (langsam zum Zorn)이라는 번역은 그 의미에 더 정확히 다가간다(영어로 표현하면 "slow to anger" 이다. 참조. Trible 1993, 17ff). 왜냐하면 이 번역은 하나님의 분노에 대해 언급하면서도 긍정적으로 경험되는 하나님의 태도에 관하여 말한다는 점에서 상반되는 두 측면을 표현하고 있기 때문이다. 이때 다시 새롭게 나타나는 사실은 하나님의 행동방식들이 결코 자명하지 않다는 것이다.

'인애가 크시도다' (*rab-ḥesed*)는 완전히 긍정적으로 들리는 진술이다. 이것은 은총형식구가 사용된 몇 가지 예에서 '신실함' (*ʾᵉmet*)이란 낱말을 통해 무엇보다 시편 언어에서 애용되는 단어쌍으로 결합된 형태로 나타난다(출34:6; 시86:15). '헤세드' (*ḥesed*)라는 낱말은 매우 폭넓은 의미 영역을 가지고 있으며 (독일어뿐 아니라 우리말에서도) 개별적으로는 번역될 수 없다. 그것은 세속적 언어의 관용에서뿐 아니라 종교적 언어관용에서 사용되었고, 후자의 경우 특히 시편에서 널리 사용되었다(120회 이상) 여기서 또한 각인된 제의적 사용이 관찰된다(예컨대, 시136편, 참조. 시 118:1-4, 29 등). 은총형식구에서 압축되어 표현된다(참조. THAT 1, 600-621, ThWAT III, 48-71). 이와 유사한 상황이 낱말 '에메트' (*ʾᵉmet*)에도 적용된다. 그것의 의미는 '신실,' '신뢰,' '진실' 의 영역을 포괄한다(참조. THAT I, 177-209; ThWAT I, 333-341). 시편에 쓰인 종교적 언어의 관용에서는 양 표현의 결합이 특징 있게 나타난다(예컨대, 시25:10; 89:15[14]; 117:2 등).

성서를 관통하는 "긴 여정" (Wanderfahrt)에서(Trible 1993, 17ff, 참조. Jeremias 1975/97, 94ff) 은총형식구는 하나님의 자비와 은총에 맞서고 있거나 맞설 수 있는 것에 대해 다소간이라도 분명한 암시를 주지 않는 맥락에서만 오직 드물게 나타난다. 그래서 하나님의 왕권을 제한 없이 찬양하는 시편 145편 8절에서, 지혜문학적으로 각인된 시편 111편 4절에서 단축된 형태로 나타난다. 요나는 말미에 "그리고 재앙에서 마음을 돌이키신다" (욘4:2)는 말이 첨가된 판본(Version)을 인용한다. 이것은 요나서의 상황에 잘 어울리며, 동시에 하나님의 자비는 계획된 심판으로부터 분명히 돌아선다는 사실을 깨닫게 한다. 이러한 관용어구는 요엘서에서도 발견된다. 그러나 그것은 아주 다른, 바로 극적인 맥락 속에서 사용된다. "돌이키라! 너희 옷을 찢지 말고 너희 마음을 찢으며 야훼 너희 하나님께로 돌이키라. 이는 그가 은혜로우시고 자비로우시며 노하기를 더디하시고 인애가 크시사 돌이키시어 재앙을 주시지 아니하심이라"(욜2:12f). 요엘은 계속해서 말한다. "혹시 그가 다시 한 번 마음을 돌이키실 것이라"(V.14). 이것을 통해 요엘은 이 추가문장에 직접적으로 관련된 상황을 분명하게 만든다. 요나서의 니느웨 왕이 말한 회개 촉구에서 동일한 표현이 발견된다(욘3:9). 그러나 그 후 요나가 실제로 나타난 하나님의 돌이키심에 대해 짜증을 내며 분노에 찬 상태로 회고하고 있는 반면, 요엘은 미래를 바라보며 그것을 백성의 돌이킴에 대한 하나님의 답변으로서 희망한다.

시편 103편에서는 하나님이 자비하시기에 죄를 용서하신다는 사실이 아주 인상적인 방식으로 설명된다. 은총형식구가 인용되기 전인데도(V.8), 이 시편이 시작됨과 동시에 다음과 같이 말한다. "그는 너의 모든 죄를 사하시는 분이시다"(V.3). 은총형식구 자체의 진술은 하나님이 '영원히' 분노하지 않으실 것이며(V.9), 우리의 죄와 허물을 따라서 우리를 다루지 않으실 것이며(V.10), 오히려 우리의 범죄를 우리로부터 '하늘만큼' 멀리 옮겨놓으실 것이라(V.12)는 확약을 통하여 더 분명해진다. 뒤따라 나오는 자기 자녀를 불쌍히 여기시는(*rḥm* 피엘형, V.13) 아버지에 대한 그림은 인간을 조성한 '먼지'(V.14, 참조. 창2:7; 3:19)나 금방 시들어버리는 들판의 꽃들(V.15f, 참조. 사40:6f)에 인간을 비교하시는 것 등을 통해 보여주듯이 하나님을 그의 은총과 자비의 행동으로 나아가게 하는 것은 결코 인간의 공적이 아니라는 사실을 인식하게 한다. 이에 대해 시편 기자 하나님의 인애(*ḥesed*)는 그를 경외하는 자들에게 유효하며(V.11) 하나님이 아버지처럼 불쌍히 여기는 자들도 바로 이들이라고(V.13) 말한다. 하나님의 인애와 정의(*ṣ*[e]*dāqāh*)는 ("영원부터 영원까지") 불변하다는 사실을 확언하는 종결문에서 다시 한 번 하나님을 경외하는 것이 무엇인지 명확히 보여준다. 그것은 "그의 계약을 지키고 그의 계명들을 기억하며 그것을 행하는 것"이다(V.17f).

시편 86편은 아주 다른 음향이 울린다. 기도자는 자기 스스로를 "가난하고 궁핍한 자"(*ʿānîw*[e]*ebjôn,* V.1)라고 지칭하며 곤경 속에서(V.7) 하나님께 부르짖는다. 그의 탄식과 청원 속에서 은총형식구의 모티브가 여러 차례 암시된다. 하나님은 그를 부르는 모든 자들에게 "인애가 크시다"(*rab-ḥesed,* V.5). 기도자는 하나님이 자신을 '지하세계'(*š*[e]*ôl*)에서 구원해주셨을 때 크신 인애를 직접 경험했다(V.13). 그리고 끝으로 자신의 생명을 노리는 행악자들이 주는 위협 속에서 은총형식구를 외친다(V.15). 그러나 아직은 도움과 구원의 어떤 기미도 보이지 않는다. 기도자는 다만 하나님이 그와 함께하실 것이고 그를 위로하실 것이란 사실을 알려주는 표징을 소망한다(V.17). 그는 하나님은 자비로우시고 은혜로우시다는 사실을 그 스스로가 몸담고 있는 종교적 전통과 과거 경험을 통해서 기억하고 있다.

느헤미야 9장 6-37절에 있는 장대한 회개기도는 종교적 전통들을 개정하는 것에 대한 인상적인 예를 제공한다(참조. 1997d). 이 공적인 기도의 대표 기도자는 이스라엘과 함께하신 하나님의 역사를 서술한다. 이때 그는 하나님이 이스라엘에게 행한 모든 일을 기억하시기를 기원한다. 첫 번째 깊은 상처는 하나님이 지시하신 약속의 땅으로 가는 길을 이스라엘이 거부함으로써 생겨난다(V.16, 17a). 바로 이곳에서 그 시선이 "그러나 당신께서는" 이라는 말과 함께 이스라엘의 행동으로부터 하나님의 활동과 행동으로 옮겨간다(V.17b). 말하자면 여기서 뒤따라 나오는 모든 국면을 위해 의도적으로 은총형식구가 도입된다. 이때 하나님은 "용서의 하나님" (*ʾᵉlôᵃh sᵉlîḥôt*)이라는 매우 낯선 표현으로 지칭된다. 이것을 통해 이 형식구가 기꺼이 용서하시는 하나님에 대한 기억과 보증으로서 작용한다는 사실이 분명하게 드러난다. 형식구의 마지막에는 또한 "그리고 그들을 버리지 않으셨다" 는 어구가 첨가되어 있다. 이러한 형태로 은총형식구는 뒤에 나오는 모든 것을 위한 해석의 틀이 된다. 광야에서 하나님은 "당신의 크신 자비 안에서" 그들을 버리지 않으셨다(V.19). 하나님이 그들을 대적의 손에 넘기셨으나 그들이 하나님에게 부르짖을 때 그분은 "당신의 크신 자비 안에서" 구원자를 주셨다(V.27, 28). 그리고 하나님은 그들을 열방의 손에 넘기신 후에도 "당신의 크신 자비를 따라" 그들과 관계를 끝내지 않으셨고 버리지 않으셨다. "왜냐하면 당신은 자비로우시고 은혜로우신 하나님이기 때문이다" (V.31).

하나님은 처벌 없이 놔두지 않으신다

하나님이 시내산 모세 앞에서 '선포하신' 것과 같은 은총형식구의 첫 번째이자 기초적인 표현은 한 가지 본질적인 사항에서 지금까지 논의한 다른 모든 판본들과 구별된다. 그것은 곧바로 추가문이 뒤따라온다. "자비를 수천 대까지 간직하며, 행악과 허물과 죄를 용서하나 결코 처벌 없이 놔두지 않으실 것이며, 아버지들의 죄는 그 자손과 그 자손의 자손들 삼사 대까지 미치게 하리라" (출34:7). 다른 본문에서 이미 맥락을 통해 가시화된 많은 것들이 여기서 분명하게 표명된다.

하나님의 자비와 은총은 단지 하나님의 징벌하시는 분노와 그것 사이의 긴장 속에서만 이해될 수 있다.

이 두 요소가 어떻게 서로 관계하는가? 하는 점은 이스라엘 역사 가운데 처음이자 결정적으로 중요한 전환점에 관한 하나님의 말씀을 통해 표현된다. 이때 출발점은 하나님의 자비와 은총이다. 그것은 거의 내다볼 수 없는 수인 '수천 대'를 위해 죄를 용서하신다는 것에서 드러난다(신7:9 이하는 "일천 대"라고 말한다). 그러나 그 뒤에 한 가지 사항이 제한된다. "그는 결코 처벌 없이 놔두지 않으신다"(*naqqēh lōʾ jᵉnaqqeh*). 여기서 하나님은 자비로우시기 때문에 하나님의 계명을 위반한 사실을 처벌하지 않으실 것이라는 생각이 오해임이 드러난다. 오히려 하나님은 그들을 징벌할 것인데, 심지어 뒤따르는 세대들까지 징벌하실 것이다.

그러나 동일한 문제가 다른 각도에서도 고찰될 수 있다. 십계명에서 그 순서가 뒤바뀌어 나타난다. 처음에는 삼사 대까지 이르는 죄의 '징벌'에 관해 말하지만, 그 후에 하나님이 '수천 대'에 걸쳐서 보이시게 될 인애에 관하여 말한다(출20:5f; 신5:9f). 이러한 대조가 첫 번째 계명의 확대로서 굉장히 중요한 형상숭배 금지계명에 이어서 나온다는 사실에서 그것에 관한 직접적인 근거를 발견할 수 있다. 그러나 동시에 그것 전체는 다른 강조점을 갖는다. 이것은 '질투 하는 하나님'(*ʾēl qannāʾ*)으로 자신을 소개하시는 하나님의 자기소개에서 출발한다. 따라서 처음으로 징벌에 관하여 말한다. 그런 다음 인간의 두 집단은 하나님을 '미워하는,' 즉 그분의 계명에 어긋나게 행동하는 하나의 집단과 '하나님을 사랑하고 계명을 지키는' 또 다른 집단으로 구분된다.

출애굽기 34장 6절 이하의 표현은 은총형식구가 부분적으로 인용되거나 전혀 인용되지 않은 본문 속에서 여러 차례 반복되어 나타난다. 정탐꾼의 불신앙에 따른 위기에서 모세는 하나님의 이전 말씀들을 언급하고, 하나님이 시내 산에서 모세에게 하신 말씀들을 축소된 형식으로 인용한다(민14:18). 더 간결한 형태는 예레미야의 기도에서 나타난다(렘32:18). 신명기에서는 강조점이 다르다. 신명기는 "하나님은 약속을 지키시고 자기를 사랑하는 자들에게는 인애를 베푸시되 자기를 미워하는 자들에게는 그들의 면전에서 갚으시고 멸망케 하시는 신실하신 하나님"(*neʾemān*)으로 소개한다(신7:9f). 여기서 그의 언약에 대한 하나님의 신실성은 자신의 인애를 증명하기 위한 결정적인 근거로서 거론된다. 이 본문에서는 각각 하나님의 용서가 보응 앞에 나온다.

하나님의 자비가 마지막에 나타난다는 사실은 다른 본문들을 통해서도 증언된다. 이사야 54장 8절은 다음과 같다. "작은 진노로 내가 내 얼굴을 네게서 잠시 감추었으나, 내가 영원한 자애로 네게 자비를 베풀리라." 시편 30편 6[5]절도 이와 유사하다. "이는 그의 진노는 한 순간이어도 그의 은총은 평생임이라." 그리고 기도자는 하박국 3장 2절에서 하나님께 다음과 같이 간청한다. "진노 중에라도 긍휼을 잊지 마소서." 호세아서의 시작은 이러한 긴장감 넘치는 관계를 매우 분명하게 묘사한다. 호세아는 "창녀의 자식"을 '로루하마'(*lôʾ ruḥāmāh*, 긍휼이 없음)라고 부른다. "왜냐하면 내가 다시는 이스라엘 집에 자비를 베풀지 아니하고 그들을 완전히 제하여 버릴 것이기 때문이다"(호1:6). 그러나 곧 희망적인 메세지로 전환된다. "그러나 다음과 같은 일이 일어날 것이다…"(호2:1[1:10]). 눈앞에 펼쳐질 미래에 그 이름은 '루하마'(*ruḥāmāh*, 긍휼을 입은 자)로 바뀔 것이다(호2:3[1]). 이것은 본문 형성의 다양한 국면을 암시하는 여부와 상관없이 독자들에게 주는 호세아의 메시지는 다음과 같다. '마지막에는 하나님의 긍휼하심이 덮는다.'

하나님은 질투하시고 분노하신다

하나님은 "질투하시는 하나님" 이시다(ʾēl qannāʾ, 출20:5b; 신5:9b; 수24:19 등). 이것은 하나님이 자신의 일을 위해서 열심이신 것을 의미한다. 십계명에서 중요한 것은 다른 어떤 신도 섬기지 말라는 근본적인 계명이다. 이 계명을 어기는 모든 사람이 하나님의 질투(qinʾāh, 참조. 민25:11; 신29:19[20])와 분노(신9:19; 29:26[27]f)를 야기시킨다. 여기서 하나님의 질투는 징벌하시는 행동으로서 '안으로' 향한다. 다시 말하면 계명이 주어졌으나 그 계명을 어기는 사람들에게 향하는 것이다.

그러나 하나님의 질투는 완전히 다른 것에 초점이 맞추어질 수도 있다. 따라서 이사야의 경우 한 새로운 통치자에 대한 예고가 다음과 같은 장엄한 문장으로 마무리된다. "야훼 체바옷의 질투(또는 열심)가 이 모든 것을 이룰 것이다"(사9:6[7]). 여기서 하나님의 열심은 그의 뜻에 따라 장래에 예루살렘 왕국이 회복되는 원동력이 된다. 이와 비슷하게 정형화되고 각인된 문장을 통해 예루살렘에 남은 자가 있게 될 것이라는 약속이 강조된다(사37:31f; 왕하19:31). 여기서 이러한 하나님의 열심이 어떻게 구체화될 것인지는 말하고 있지 않다. 그러나 다른 본문에서 이 열심은 전쟁의 성격을 띤다. 그래서 전사로서의 하나님에 대한 은유 속에서 하나님은 열심을 "깨우"(사42:13)시거나, 그 열심을 옷이나 모자와 같이 "의의 흉배"로 입으시고 "구원의 투구"를 쓰신다(사59:17). 이사야 63장 17절에서는 기도자가 도대체 하나님의 열심과 그의 영웅적인 힘은 어디에 있는지 질문한다. 다른 은유적 표현에서는 "나의/너의 질투의 불"에 관하여 말한다(겔36:5; 습1:18; 3:8; 시79:5).

이러한 전투적이고 맹렬한 질투(이것은 동사 qnʾ의 피엘형으로도 표현될 수 있다)는 '내부' 인 이스라엘을 향할 수 있고, '외부' 로는 이스라엘의 대적을 향해 나타날 수 있다. 이때 하나님은 절대 임의대로 행동하지 않으신다. 오히려 하나님이 무엇을 위해 질투하시는지 항상 분명하게 드러난다. 만일 하나님의 질투가 이스라엘에 맞서 나타난다면 이것은 언제나 다른 신을 섬기지 말라는 십계명을 위반했다는 사실을 기반으로 한다. 질투하시는 하나님(출20:5; 신5:9)의 분노는 이 계명을 위반했을 때 자신의 백성이나 백성 안에 있는 특정한 집단을 향해 일어난다. 특히 에스겔서에서 이 점이 강조되어 표현된다. 예루살렘이 하나님의 성소를 우상으로 더럽혔기 때문에, 그분은 화를 예루살렘에 쏟아놓는다. "그들은 나 야훼가 나의 질투 안에서(열심으로) 말하였음을 알게 될 것이다"(겔5:13). 신의 없는 아내로 은유되는 예루살렘에 대한 하나님의 질투의 말씀은 특별한 강조점을 가진다. 하나님은 기만당한 남편의 위치에서 예루살렘을 심판하시고(겔16:38, 42) 징벌하실 것이다(겔23:25). 그러나 바로 에스겔서에서 다른 측면이 발견된다. 하나님은 자신의 질투가 에돔을 향하게 하신다. 왜냐하면 에돔이 이스라엘을 공격하였기 때문이다(겔35:11; 36:5f). 마지막에 하나님이 야곱의 운명을 돌리시고 그를 불쌍히 여기신다면, 그것은 자신의 '거룩한 이름'을 위해 질투하시기 때문에 행하시는 것이다(겔39:25). 여기서 분명하게 드러나는 사실은 하나님의 질투는 그분의 거룩성과 밀접한 관계성을 지닌다는 것이다. 따라서 우리는 그분의 '질투의 거룩성'(Eiferheiligkeit)이라고 말할 수 있다(vRad 1962, 216ff).

스바냐서에서는 하나님의 질투가 '야훼의 날'에 대한 기대와 연결된다. 그날은 "그의 질투의 불"이 모든 것을 삼켜버리는 "야훼의 진노의 날"이 될 것이다(습1:18; 3:8). 그러나 동시에 전환점이 될 것이다. 이 불은 정화의 불과 같을 것이고, 그 후에 하나님은 정화된 '이스라엘의 남은 자'를 보살피실 것이다. "내가 또한 네 가운데 고통받고 가난한 백성을 남겨두리니, 그들이 야훼의 이름을 의탁하여 보호를 받을 것이다"(습3:12f). 요엘서에서는 야훼의 날에 대한 묘사 가운데 "그의 땅을 위해 질투하실 것"(욜2:18)이라고 말한다. 스가랴서에서는 "내가 예루살렘과 시온을 위하여 크게 질투하며"(슥1:14), "큰 진노로"(슥8:2) 질투한다고 말한다. 이미 에스겔서에서 본 바와 같이 하나님의 질투는 이스라엘에 심판을 가져온 뒤 완전히 구원의 미래를 향한다.

그러므로 이것은 다양하고 서로 모순되는 하나님의 질투와 분노에 대한 언명의 공통된 출발점이다. 하나님은 자신의 일을 위하여, 자신의 거룩한 이름을 위하여, 또한 한 분이며 유일하신 하나님으로 인정받고 섬김을 받기 위하여, 그러기 때문에 이스라엘을 위하여, 마지막으로 그의 부르심에 신실하게 남아 있는 이스라엘을 위하여 질투하시고 분노하신다. 바로 여기서 왜 하나님의 질투가 늘 이스라엘에 맞서 일어나는지에 대한 이유가 나타난다. 왜냐하면 이스라엘은 계속해서 부르심을 망각하고 신실하지 않았으며, 그것을 통해 하나님과의 관계가 위협받게 되기 때문이다. 그러므로 하나님의 질투는 이러한 토대를 다시 세우고 이스라엘을 완전히 다시 그의 백성이 되게 하는 것을 목표로 한다. 그리고 그것은 또한 남은 자의 형태로 나타날 것이다(참조. 2000a).

하나님은 의로우시다

하나님의 자비와 진노 사이의 긴장은 항상 탄식하고 고발하는 질문에 이르게 한다. 많은 시편 기도자들이 '왜'라고 질문한다(시10:1, 22:2[1], 74:1, 11 등). 대부분의 사람들은 그 답변을 모른다. 그들에게 남아 있는 것은 다만 하나님의 개입을 간청하는 것이다. "일어나소서, 야훼여!"(시10:12). "깨소서, 야훼여, 왜 당신은 주무시나이까?"(시44:24[23]) 또는 "당신의 의로 나를 구하소서!"(시71:2) 여기서 '정의'(*ṣ^e dāqāh*)라는 낱말은 기도자를 곤경에서 구하시는 하나님의 구원을 지칭한다. 그것에 관해 기도자는 계속 서술하려고 한다. 이때 그는 정의를 '도움'(*t^e šû^c āh*)이라고 명명한다(V.15). 하나님의 정의는 도움을 주시고 구원하시는 행위이다. 이런 의미에서 정의는 다른 단어들을 통해서 더 보충되고 확장될 수 있다. 도움이란 낱말 외에 '진실하심'(*ʾ^e mûnāh*), '인애'(*ḥesed*), '신실하심'(*ʾ^e met*)에 관하여 말한다(시40:11[10], 이 점에 관하여 참조. Crüsemann 1976). 그것은 바로 하나님의 행동을 묘사하는 낱말들의 누적이다. 그것들 모두는 이러한 시편 기도자들이 가지고 있는 하나님 상들의 틀 안에서 하나의 다른 측면을 각각 추가한다.

도움을 주시고 구원하시는 하나님의 정의에 대한 희망은 미래를 향하고 있다. 그러나 그 도움이 지연되거나 나타나지 않는 듯이 보일지라도 하나님은 의로우시다는 확신이 더 강하다. 이것은 특히 바벨론 포로 이후 억압받고 절망적인 상황 가운데 생성된 여러 개의 참회기도문에서 인상적으로 나타난다. 에스라 9장에 있는 에스라의 대참회기도는 다음과 같은 고백으로 끝난다. "오 이스라엘의 하나님 야훼시여, 당신께서는 의로우십니다(*ṣaddîq ʾattāh*). 왜냐하면 우리가 피한 사람(*p^e lêṭāh*)으로 살아남게(*nišʾarnû*) 되었기 때문입니다"(V.15, 참조. V.8, 13, 14). 하나님이 의로우시다는 사실은 이스라엘 역사 이해의 열쇠가 된다. 이제 이스라엘 역사는 피한 자들의 무리, 즉 남은 자의 형태로 새로운 엄격한 시험대 위에 오르게 된다(V.14). "당신은 의로우십니다"라는 진술의 신앙고백적인 성격은 느헤미야 9장의 대참회기도에서 더 강력하게 표현된다. 여기서 이스라엘과 함께하시는 하나님 역사의 첫 번째, 즉 기초적인 국면이 아브라함의 선택과 언약체결 그리고 땅에 대한 약속 안에서 "왜냐하면 당신은 의로우시기 때문입니다"라는 문장으로 확정된다(V.8). 그런 다음 하나님이 이스라엘을 인도하신 역사가 묘사된다. 그 역사는 하나님이 그들을 끝내 "그 땅의 민족들"의 손에 넘겨줄 때까지(V.30) 끊임없이 이스라엘의 불순종과 반역을 통해 특징있게 나타난다(V.16, 26, 28, 29). 이러한 상황에서 이 기도는 다시 고백된다. '당신은 의로우십니다' (V.33). 하나님이 의로우시다는 사실은 행복한 시작으로부터 공동체의 절망적인 현재에 이르기까지 백성과 함께하시는 하나님의 역사가 지속되게 하는 이유다(참조. 1997d). 또한 다니엘 9장의 이와 유사한 세 번째 회개기도에서도 다음과 같이 표현된다. "왜냐하면 야훼 우리 하나님은 하시는 모든 일에 의로우시기 때문입니다" (V.14, 참조. V.7, "주님이시여, 정의는 당신께 있나이다." 참조. V.16).

하나님이 의로우시다는 고백은 이중적인 맥락에 서 있다. 자신의 죄에 대해 기도하는 공동체의 고백은 이러한 기도의 중심적인 주제를 형성하고, 각각 하나님의 정의에 대한 고백과 직접적인 관계성 속에서 다시 한 번 언급된다(스9:15; 느9:33; 단9:14). 그리고 회개와 금식예배의 특정한 전통이 반영되어 있다. 기도하는 공동체는 자신들의 죄를 고백하고 하나님을 의로우신 분으로 선포한다(참조. 왕상8:33ff; 대하12:6, 애1:18). 이때 우리는 본래적인 제의적 '심판송영'을 생각할 수 있다(참조. vRad 1971, 또한 1962, 369f, 폰라트는 여기서 수7:19을 지시하기도 한다).

그러나 동시에 회개기도에서는 늘 하나님의 자비에 대한 감사가 표현된다. 느헤미야 9장 17절에서 은총형식구가 발견된다. 이것은 31절에서 다시 한 번 감지된다. 하나님의 "큰 자비"에 대해서도 여러 번 언급된다(V.27, 28, 31). 다니엘 9장의 기도는 은총형식구의 변형으로 시작된다. "위대하시고 무서우신 하나님이여, 하나님을 사랑하고 하나님의 명령들을 지키는 사람들에게 언약을 지키시고 자비를 베푸시는 분이여"(V.4, "언약을 지키시고 자비를 베푸시는 분" *šomēr habbᵉrît wᵉhaḥesed*라는 관용적 표현에 대해서 또한 참조. 단7:9; 왕상8:23; 느1:5; 9:32). 하나님이 자신의 언약을 지키시는 분이라는 사실에 대한 신뢰는 기도자가 그분께 부르짖는 것을 가능하게 한다. 기도자는 그분을 "자비와 용서의 하나님"이라고 부른다(V.9). 그리고 마지막에 다음과 같이 말한다. "우리가 당신께 우리의 간구를 드리는 것은 우리 자신의 의 때문이 아니라 당신의 크신 자비 때문입니다"(V.18).

시편에서도 하나님의 의로우심은 자비하심과 은혜로우심과 함께 조망된다. "야훼는 은혜로우시고 의로우시며, 우리 하나님은 자비로우시도다"(*mᵉraḥēm*, 시116:5, 이와 유사하게 시112:4). 또한 마지막으로 이사야서에 그분 외에 다른 하나님이 없는 야훼는 "공의를 행하며 구원을 베푸는 하나님"(*ʾēl ṣaddîq ûmôšîaʿ*)으로 표현된다(사45:21).

그러므로 하나님은 의로우시다는 진술은 하나님의 속성의 다양한 그림에 한 가지 다른 특징을 첨가한 것으로 볼 수 있다. 그것은 동시에 다른 요소와 함께 인식할 수 있게 하는 결합적인 요소를 지닌다고 할 수 있다. 따라서 하나님에 대하여 경험될 수 있는 '속성들' 가운데 그 어떤 것도 단독으로 쓰일 수 없다. 이 모든 경험들이 화음을 이룰 때 비로소 그것의 복합성 속에서 하나님의 온전한 그림이 생겨난다. 그러나 이것도 역시 하나님의 현실성을 불완전하게 파악하고 표현할 수 있을 뿐이다.

하나님은 거룩하시다

지금까지 언급된 하나님의 속성들은 인간에 대한, 특히 이스라엘에 대한 하나님의 모든 태도를 다룬다. 하나님은 '거룩하신 분' 이라고 명명될 때 - 혹은 하나님의 말씀에서 자신을 그렇게 명명하시면 - 하나의 넓은 벌판이 펼쳐진다. 그러나 그 벌판은 일부분만이 하나님과 직접적으로 관련된다. 하나님이 자신의 거룩성을 분노에 대비시킬 때, 그것은 지금까지 다루었던 측면들에 가장 가깝다. "내가 내 분노의 맹렬함을 행사하지 아니하며 내가 돌이켜 에브라임을 멸하지 아니하리니, 이는 내가 사람이 아니요 하나님이며, 너희 가운데 계신 거룩한 자이기 때문이다"(호11:9). 여기서 거룩의 개념은 "하나님의 심판의지보다는 오히려 구원의지"의 근거가 된다(Wolff 1965, 262). 그의 '거룩한 이름' 을 위한 하나님의 질투도 야곱의 운명을 변하게 하고, 이로써 "열방의 눈 앞에서" 거룩하신 분으로 입증된다는 사실을 통해 표현될 수 있다(겔39:25, 27).

이사야서에서 "이스라엘의 거룩하신 자"(*qᵉdoš jiśrāʾēl*)라는 이 책의 독특한 표현은 이스라엘이 거룩한 자를 떠났고 그분의 토라를 버렸다는 비난과 연결된 맥락에서 반복되어 나타난다(사1:4; 5:24, 참조. 5:19; 30:11; 31:1). 이것과 대조되는 표현은 "거룩하신 하나님(*hāʾēl haqqādôš*)은 자신의 의로 거룩하게 될 것입니다"(사5:16)이다. 여기서 하나님의 거룩하심은 그의 징벌하시는 공의와 상응한다. 그러나 이것이 마지막 말은 아니다. 매우 다른 음조들이 발견된다. "주 야훼, 곧 이스라엘의 거룩하신 분이 이같이 말한다. 너희가 돌이켜서 안식할 때 구원이 있고, 잠잠함과 신뢰함 가운데 너희가 강하게 될 것이다"(사30:15). 다른 곳에는 "그날에" 이스라엘의 "남은 자"가 거룩하신 분에게 의지할 것이라고 말한다(사10:20, 참조. 17:7; 29:19, 23). 이사야서의 첫 번째 큰 단락이 끝나는 부분에서 나타나는 시에는 다음과 같은 내용이 뒤따른다. "너 시온의 거민아, 소리 높여 외치라. 이는 네 가운데 계신 이스라엘의 거룩하신 자는 위대하심이라"(사12:6). 분명한 것은 하나님의 거룩하심이 그분의 다른 속성들처럼 한편으로는 하나님의 진노와 심판예고를 위한 동기가 되고, 다른 한편으로는 구원예고와 구원기대의 맥락 속에서도 등장한다는 사실이다.

하나님의 거룩하심은 이사야에게 부여된 위대한 환상 가운데 완전히 다른 방식으로 나타난다. 하나님은 찬송하는 천상의 존재들에게 둘러싸여 있다. "거룩하다, 거룩하다, 거룩하다, 야훼 체바옷이시여. 온 땅이 그의 영광으로 충만하도다"(사6:3). 이 장면은 시편 19편을 상기시킨다. "하늘들이 하나님의 영광을 선포하고, 창공이 그의 손으로 하신 일을 나타내는도다"(V.2[1]). 그러나 그 맥락은 여기서 매우 다르게 나타난다. 이 시편은 하나님이 인간에게 주신 토라에 대한 찬양으로 천상의 노래에 반응한다(V.8[7]ff). 이와는 달리 이사야의 환상에서는 이 장면 다음에 예언자의 위임이 이어진다. 이 위임은 이스라엘의 완고함과 그에 따른 하나님의 심판이라는 끔찍한 소식과 함께 전해진다(사6:9ff). 여기서 하나님의 거룩하심은 하나님의 분노와 직접 연결되어 있다. 마지막에 가서야 미래에 있을 구원에 대한 전망이 나타난다. 이때 예고된 '씨'는 '거룩한' 씨라고 불릴 것이다(V.13).

그런 다음 이사야서의 두 번째 부분에서 "이스라엘의 거룩하신 자"라는 칭호가 완전히 긍정적인 의미로 변한다. "두려워하지 말라! …내가 너를 도우리라 …네 구속자(*gô'ēl*)는 이스라엘의 거룩하신 자이다"(사41:14, 참조. 사43:14; 47:4; 48:17; 49:7; 54:5). 다음과 같은 긍정적인 수식어들도 이 칭호와 결합된다. "구원자"(*môšî*[a'] 43:3), "창조자"(사43:15; 45:11;

54:5, 참조. 사41:20), "너를 선택했으며"(사49:7) "영화롭게 하신 분"(사55:5)과 결합된다. 여기서 하나님의 거룩하심은 지금까지의 이스라엘 역사와 무엇보다 아직 다가오지 않은 미래 역사에서 구원하시는 그분의 행위에 대한 표지가 된다.

"내가 거룩하니 너희도 거룩해야 한다"(레11:44, 45; 19:2; 20:26; 21:8)는 정형화된 진술은 완전히 다른 영역이다. 이스라엘의 거룩함은 하나님의 거룩하심에 상응한다. "너희는 **나에게** 거룩하여야 한다"(레20:26). 하나님은 "너희에게 하나님이 되시기 위해" 이스라엘을 이방민족들로부터 "구별하여 내셨다"(*hibdîl*, 레11:45). 그러므로 이스라엘도 정한 것과 부정한 것을 구별함으로써 "선별됨"을 드러내야 한다(레20:25). 이것은 우선 제의적 정결의 좁은 영역에 해당된다. 그러나 이것은 하나님이 명령하신 인간 상호간 행동의 넓은 영역으로 확대된다(레19장). 이스라엘은 하나님의 명령을 지켜야 한다. 그 이유는 다음과 같다. "너희는 나의 거룩한 이름을 욕되게 하지 말라. 나는 이스라엘 자손 가운데서 거룩하게 될 것이니라. 나는 너희를 거룩하게 하는 야훼다"(레22:32). 결국 에스겔은 이스라엘이 하나님의 거룩한 이름을 열국 가운데서 욕되게 하였기 때문에 그분이 직접 자신의 거룩함을 회복시켜야 한다고 말한다(겔36:22f). 여기서도 중요한 것은 정한 것과 부정한 것의 문제다. 왜냐하면 하나님이 우상숭배를 통해 더러워진 이스라엘을 다시 정결케 하실 것이기 때문이다(V.25). 그런 다음 하나님은 "나의 거룩한 이름을 내 백성 이스라엘 가운데 알게 할 것이며"(*hôdî*ᵃᶜ), 따라서 이방민족들도 "내가 야훼, 곧 이스라엘의 거룩하신 자"라는 사실을 알게(*jāda*ᶜ) 될 것이다(겔39:7).

궁극적으로 제의에 뿌리를 두고 있는 이러한 심상들 안에서 하나님의 거룩하심은 이스라엘에 근거하고 있지 않다. 오히려 이스라엘은 하나님의 거룩하심이 손상되지 않고 보존되도록 행동해야 한다. 이것이 이루어지지 않았을 때만 자신의 거룩함을 회복하시기 위해서 하나님이 직접 이스라엘에 대항하여 행동하신다. 그러므로 하나님의 거룩의 개념은 어떤 특정한 영역에 고착될 수 없다. 오히려 그것은 세속적인 세상에 맞서 계시는 하나님의 유일성을 적합하게 표현하는 일에 이바지한다.

하나님은 한 분이시다

하나님이 **한 분**이시라는 사실, 그리고 오직 이 한 분이신 하나님이 참 하나님이라는 사실은 히브리성서의 본문과 책들의 저자들에게는 의심의 여지가 없었다. 그러나 사실 이것은 이스라엘 사람들 중에, 다양한 시대에 논란이 되었다. 그것에 관해서는 하나의 특별한 장에서 다루어야 한다.

> 바로 여기서 '구약성서 신학'과 '이스라엘 종교사' 간의 근본적인 차이 중 하나가 드러난다. 히브리성서신학에 대한 기술은 **한 분** 하나님에 대한 적절한 숭배문제에 관해 히브리성서에 표현되는 논쟁을 묘사할 수 있고 또한 그렇게 해야만 한다. 그러나 이 묘사는 본문 자체의 저자들의 시각으로 진행될 것이다. 그들에게는 이스라엘이 **이스라엘로서** 이 **한 분** 외에 다른 신들을 결코 섬기지 않았다는 사실에 대해서 추호의 의심도 없다. '다신적 신앙'(Polytheismus)이나 '다원 야훼 신앙'(Polyjahwismus)

과 같은 것들은 히브리성서의 본문에서 거부되고 투쟁의 대상이 된 입장을 재구성하려고 시도하는 종교사적인 개념들이다. 이때 필연적으로 현대 저자들의 종교사적 시각이 이러한 재구성에 함께 수용되거나 혹은 그것을 완전히 규정한다. 그 속에 그러한 시도들의 매력이 있다. 그러나 동시에 한계를 드러내며, 그러한 재구성 시도의 불확실성과 그러한 재구성 시도들의 계속적인 변화에 대한 이유가 된다.

어떤 (이른) 시기에도 '이스라엘의 하나님' 으로서 **한 분** 하나님 이상의 하나님이 숭배되었다는 사실에 대한 그 어떤 징후도 존재하지 않는다. 야훼-종교의 초기형태들도 "주어져 있는 본문들의 의미에 **반하는** 것"으로만 추측될 수 있을 뿐이다(Schmidt 1996, 31). 그러나 이 본문들은 하나님 상이 시간이 흐르면서 변화되었고 상이한 시각들이 전면에 등장했다는 사실을 분명하게 인지할 수 있게 한다. 창세기에서는 완전히 다른 두 시각이 나타난다. 창세기 1장에서 하나님은 세계의 창조자로서 모든 인류의 하나님으로 묘사된다. 바로 첫 번째 창조물과 친밀하게 마주하고 계시는 분으로부터(창1-3장) 전 세계에 미치는 홍수의 대재앙(창6-8장)과 노아와 맺은 계약 속에서 이루어진 인류에 대한 하나님과의 관계의 갱신을 거쳐(창9장) '열국목록' 에 기술되어 있는 인류의 전 세계 확산에 이르기까지 전 인류를 통치하고 계시는 하나님의 모습을 확인할 수 있다. 하나의 간략한 언급은 이미 이러한 초기 시대에 "야훼의 이름을 부르기" 시작했다는 사실이다(창4:26). 이때 "그때 시작되었다"(*'āz hûḥal*)는 수동적 표현으로 나타내고자 했던 사람이 누구인지는 미결로 남아 있다. 이 흐름은 노아의 세 아들들 중에서 구별하는 것에 이른다(창9:26). 이때 야훼는 "셈의 하나님"

으로 지칭된다. 그러고 나서 셈의 후손 아브라함의 소명으로 이어진다. 아브라함의 소명은 다음과 같은 말로 시작된다. "그때 야훼께서 아브라함에게 말씀하셨다"(창12:1). 이제부터는 하나님이 창세기에서 오로지 아브라함과 그의 직계 후손들과만 말씀하시고 행동하신다. 따라서 독자는 완전히 다른 두 가지 관점을 눈앞에 두고 있다. 전 인류의 하나님으로서의 야훼와 한 가족의 하나님으로서의 야훼이다. 그러나 어떤 사람도 이분이 한 분이시고 동일한 하나님이라는 사실을 전혀 의심하지 않는다.

출애굽기에서는 하나의 새로운 시각이 추가된다. 처음으로 "이스라엘 백성"이라는 개념이 떠오른다(처음에는 "이스라엘 사람들의 백성"[*ʿam bᵉnê jiśrāʾēl*]이라는 형태로, 출1:9). 모세는 이스라엘 사람들에게 다음과 같이 말해야 했다. "너희 조상의 하나님 야훼, 곧 아브라함의 하나님, 이삭의 하나님, 야곱의 하나님이 나를 너희에게 보내셨다"(출3:15). 계속해서 이스라엘의 하나님으로서 야훼라는 지배적인 시각이 도입된다. 그것은 동시에 후방으로 아브라함 가족의 하나님으로서의 선행하는 시각과 연결되고 동일시된다. 이같은 결합은 이후 이어지는 히브리성서 전체에서 전제되고 항상 되풀이되어 표현된다. 이때 하나님에 대한 창조자로서 그리고 전 인류의 하나님으로서의 첫 번째 관점은 줄곧 보전되고 다양한 맥락 속에서 뚜렷하게 표현된다.

하나님이 **한 분**이시라는 사실은 신명기의 "들으라, 이스라엘"(*Šemaʿ jiśrāʾēl*) 형태에서 명확하게 표현된다. "들으라, 이스라엘아! 야훼는 우리의 하나님이시다. 야훼는 **한 분**이시다"(신6:4). 이 문장이 어떻게 이해되어야 하는가는 신명기의 거대한 도입연설의 표현에서 분명하게 드러난다. "야훼, 그분은 **그** 하나님(*hāʾᵉlohîm*)이시요. 그 분 외에는 다른 분이 없다"(신4:35). 그리고 다시 한 번 표현된다. "야훼, 그분은 위로 하늘에 계시며 아래로 땅 위에 계신 하나님이시며 그 외에 다른 이는 없다"(V.39). 이것은 이와 비교할 수 있는 분명함 속에서 무엇보다도 이사야 40장 이하에서 항상 계속해서 표명된다. 심지어 다음과 같이 극도로 첨예화된 문장에 이르기까지 계속된다. "나는 야훼요 나 외에 다른 이가 없다. 나는 빛도 짓고 어두움도 창조하며, 나는 평안도 짓고 악도 창조한다. 나는 이 모든 일을 행하는 야훼니라"(사45:6f). 여기서 개념을 사용하려고 한다면, 분명히 '유일신론'(Monotheismus)이라고 해야 할 것이다. 정경적 읽기에서 우리는 이러한 표현을 정당하게 히브리성서 전체의 하나님 이해를 위한 열쇠로 볼 수 있다. 분명히 몇몇의 본문들은 이것을 아주 분명하게 표현한다. 또한 마찬가지로 히브리성서에서 그와 같은 해석에 근본적으로 반대하는 본문은 하나도 없다.

하나님이 **한 분**이라는 사실은 이스라엘의 '기본법'인 십계명의 서두에서도 표명된다. 여기서 하나님의 자기소개는 곧바로 다음과 같은 문장을 통해 보충된다. "너는 나 외에 다른 신을 있게 하지 말라"(출20:3; 신5:7). 한 분이시며 유일하신 하나님만을 섬기라는 분명한 요구가 항상 계속해서 각인되고 있다. 하나님에서 벗어나 그분의 뜻과 상반되는 움직임들은 분명하게 거부되고 투쟁의 대상이 되어야 한다. 히브리성서의 많은 부분들이 매우 상이한 방식으로 이 문제에 몰두해 있다(이 점에 관한 자세한 내용은 아래 B.XII를 보라).

Theologie des Alten Testaments

B.XII
반역하는 이스라엘

반역하는 이스라엘

'하나님에 관한 진술' 은 히브리성서에서 여러 목소리로 나타날 뿐만 아니라 적지 않는 부분에서 서로 엇갈린다. 이때 긴장과 대립은 완전히 다른 차원에 놓여 있다. 성서본문의 독자는 본질적으로 각 본문 저자들의 관점을 통해서 경험한다. 많은 경우에 이 관점은 분명하게 인식할 수 있는 종교적이며 신학적인 특징을 보여준다. 또한 그러한 특징을 통해서 본문들이 기록될 당시의 종교적 상황이나 저자들이 속해 있는 집단 혹은 기관의 신학적 관심도 유추해낼 수 있다. 그러나 본문에는 단지 간접적으로 언급되는 또 하나의 차원이 존재한다. 성서 전체를 통해 한편으로는 본문의 저자들이나 그 본문을 대표하는 인물들과, 다른 한편으로는 본문이 종종 논증하며 때로는 투쟁하면서 대항하고 있는 '다른 사람들' 사이의 논쟁이 줄곧 나타난다. 그들 역시 이스라엘에 속해 있고, 분명하게 주류로 나타난다. 즉 본문의 가시화되는 논쟁은 이스라엘에 있는 긴장과 대립을 표현한다. 바로 이런 점이 "반역하는 이스라엘"(Israel im Widerstreit)이라는 이 장의 표제를 통해서 잘 드러나고 있다.

히브리성서의 전체적인 면을 고려할 때 우리는 이 문제제기를 좀더 확장시킬 수 있을 것이다. 그것은 반역하는 이스라엘의 문제만이 아니라 반역하는 사람들의 문제이다. 성서의 초반부에서 주목할 만한 사실은 사람들이 하나님의 피조물로서 더할 나위 없이 아름답고 긍정적인 모습으로 묘사되지만, 하나님이 의도하셨던 창조계획의 방식대로 행동하지 않는다는 점이 처음부터 언급되고 있다. 이것은 인간의 삶의 조건을 변화시켰다. 이러한 변화속에서 인간을 모순적인 존재가 되게 하는 긴장에 대한 이유가 설명된다. 이렇듯 하나님 앞에서 인간의 역사는 처음부터 반역하는 인류의 역사이다. 특히 그들은 자기 자신들과도 투쟁적이다. 이러한 점들 가운데 몇 가지 사실을 이 책의 첫 장에서 이미 다뤘다.

이 장에서는 특히 반역하는 이스라엘에 초점이 맞추어질 것이다. 이것은 자기 자신뿐만 아니라 하나님에 대해 반역하는 이스라엘을 의미한다. 이러한 긴장은 민족으로서의 이스라엘 역사 초기부터 나타난다. 우선 이스라엘 백성이 '믿었다' 고 두 번씩이나 기록하고 있다. 모세가 하나님께서 그들을 이집트 종살이로부터 이끌어내실 것이라고 말했을 때(출4:31), 홍해에서 구원하신 후에(출14:31) 그들은 믿었던 것이다. 그러나 바로 이어서 이스라엘의 "원망" 에 관한 이야기들이 시작된다(출15:24; 16:2; 17:2f). 그것은 모세를 향해 있다. 모세는 그 안에서 하나님에 대한 거부를 인식한다(출17:2). 이러한 하나님에 대한 저항은 시내 산에서 이스라엘 백성이 아론에게 그들을 위하여 "다른 신" 을 만들라고 요구할 때 정점에 이른다(출32:1). 그들은 하나님께서 시내 산에서 주셨던 계명을 "하나님의 면전에서" 노골적으로 위반한다(출20:3).

그러나 이것은 한 단면일 뿐이다. 즉 오경에서 하나님의 위임받은 자들 혹은 하나님에게 반대하거나 심지어 반역하는 이스라엘을 보여주는 이야기 전통의 특정한 부분들일 뿐이다. 다른 부분에서는 이스라엘의 종교적 전통의 토대가 폭넓게 기술된다. 이때 이스라엘의 반대나 반역에 관한 이야기는 나타나지 않는다. 몇몇 구절을 고찰하면 이스라엘 백성이 한 마음이 되어 모세를 통해 선포되거나 이미 기록된 명령을 듣고(출19:3; 24:7) 행하기를 원한다(출19:8; 24:3, 7)고 확약한 사실이 분명하게 강조되고 있다. 그런 다음 나타나는 율법모음집에는 이러한 하나님의 계명과 함께 했던 삶의 오랜 경험들이 기록되어 있다. 그러므로 '이스라엘'에 관하여 말할 때, 우리는 가장 먼저 이 공동체가 설립되고 성장된 종교적 토대를 생각해야 한다.

이스라엘이 빠져들었던, 그리고 성서본문들이 기록하고 있는 반역은 본질적으로 긴장에서 그 근거를 찾을 수 있다. 그 긴장은 모든 사회와 특히 모든 종교에서 살펴볼 수 있듯이 한편으로 그것들의 전제들이나 토대들과, 그리고 다른 한편으로 공동체나 개인의 일상적인 삶에서 실제적으로 적용하는 것 사이에서 나타난다. 그러므로 우리는 모든 사회를 다양한 측면에서 고찰할 수 있다(오늘날 쉽게 읽을 수 있는 것처럼 사람들은 단지 기독교 교의학의 특정한 전통을 의식하는 구상들과 기독교 범죄 역사에 대한 논쟁적인 기술 사이의 극단적인 대립들만을 생각하곤 한다). 이번 장에서는 이런 대립과 논쟁들 가운데 몇 가지를 상세하게 고찰해 보려고 한다.

오직 한 분 하나님?

이스라엘에서 반역의 주제와 관련해 핵심적인 문제 중 하나는 **한 분** 하나님, 곧 야훼만을 섬기는 것이다. 이 문제는 이미 히브리성서의 토대 가운데 특별한 위치를 차지한다. 십계명의 첫 번째 문장은 명령 혹은 금지의 말로서 시작하는데 그 내용은 다음과 같다. "너는 나 외에 다른 신들을 네게 있게 말지니라"(출20:3; 신5:7). 이스라엘의 첫 번째 큰 위기는 또 다른 '신'을 만들고 그것을 제의적으로 숭배할 때 생겨난다(출32장). 이스라엘 백성이 하나님의 약속에 따라 모세의 영도 아래 들어가야 할 그 땅을 처음 밟을 때, 모압의 신 바알브올을 섬기는 제의에 참여하게 된다. 그 결과로 하나님의 징벌이 내려졌다(민25장). 이스라엘 백성이 가나안에 정착한 후 첫 번째 맞는 국면은 그들이 총칭해서 '바알들'이라고 부르는 가나안 신들을 섬기는 것으로 시작된다(삿2:11 등). 이 외에도 아스다롯(삿2:13)과 아세라(삿3:7)가 등장한다. 물론 두 명칭 모두 복수로 사용된다.

이스라엘 역사가 계속되는 동안 이 문제는 늘 매우 중요한 역할을 한다. 다윗-솔로몬의 거대 제국이 종말을 맞이하게 된 것은 본질적으로 솔로몬이 "다른 신들에게" 돌아섰기 때문이다(왕상11:4, 10). 이것은 십계명의 표현법과 동일하고(출20:3; 신5:7) 신명기에서도 여러 차례 발견된다(신6:14; 7:4; 8:19; 13:3[2], 7[6]f; 18:20 등). 솔로몬의 경우 다른 신들의 이름도 언급되며, 그들 모두 특정한 나라들과 연결되어 있다. 아스다롯은 시돈과, 밀곰은 암몬(왕상11:5)과, 그모스는 모압과(V.7, 여기서 몰렉은 본문상 확실치 않다. 그러나 레18:21; 왕하23:10 등을 참조하라) 연결된다. 여기서 분명한 것은 다른 나라들의 신에 관한 문제가 다루어지고 있다는 사실이다. 그들은 "이방신들" 로 나타난다(신31:16; 삼상7:3; 렘5:19 등).

왕정 시대에 예언자 엘리야와 당대의 바알 제의 사이에 절정을 이루는 대투쟁이 일어난다(특히 왕상18장). 바알 제의 때문에 비난받는 것은 우선적으로 왕이다. 이번에는 아합 왕인데, 그는 심지어 수도 사마리아에 바알 신전을 세우기도 했다(왕상16:31f). 이때 바알 제의가 왕의 배우자인 페니키아 공주 이세벨에 의해 도입되었다는 사실이 강조된다. 그런 다음 엘리야가 "전체 백성"과 투쟁하고 있다는 사실이 드러난다(왕상18:21ff). 그는 이스라엘 백성에게 양자택일을 요구한다. "만일 야훼가 하나님이라면 그를 따르고, 만일 바알이 하나님이라면 그를 따르라." 양자택일의 제안은 이것 아니면 저것밖에 없다는 사실을 명백하게 보여준다. 야훼와 다른 신들을 혼합하는 것은 히브리성서의 다른 어떤 본문에서도 토론의 대상이 될 수 없다. "야훼는 결코 신들의 역사나 다수의 신들이 무리지어 있는 상황에서 부분적 요소가 아니다" (Lohfink 1985, 25).

또한 바알 제의와 관련한 투쟁은 예후에 의한 아합 후손들과 바알 숭배자의 유혈진압(왕하10장)과 왕권 찬탈자 아달랴의 종말(왕하11장)에서 볼 수 있듯이 이스라엘과 유다의 역사를 특징짓는다. 끝으로 이스라엘(과 유다)의 종말이, 요약하자면 다른 신들을 섬기는 것, 제의장소의 건립, 희생제물을 가져오는 것 등(왕하17:7ff)의 이유 때문이라고 설명된다. 이러한 회상 속에서 신학적 상황이 떠오르는데, 신학적 상황에서 순수한 야훼 예배로부터 이러한 '변절' 은 평가되어야 한다. 이스라엘이 잊어버린 것은 이집트에서 자신들을 구출한 구원사건이다(V.7). 또한 동시에 하나님께서 그들의 조상들과 맺었던 언약을 그들이 멸시한 것이다(V.15).

왕정 시대의 역사가 무엇보다 각 왕들의 행동을 고려하여 기술되고 있다는 사실이 본문의 특성 속에서 입증된다. 그러나 엘리야 전승에서 아합이 들여온 바알 숭배가 백성들 가운데서 반향을 일으켰다는 사실이 확인된다. 엘리야는 이스라엘 백성이 "둘 사이에서 머뭇거린다"(왕상18:21)고 비난한다. 그러나 그 백성들은 야훼와 다른 신들 사이의 투쟁(참조. Thiel 1990, 221)에서 다음과 같은 고백과 함께 빠져나온다. "야훼는 **그** (다시 말하면 유일하신) 하나님이시다"(V.39). "야훼를 향한 열심"이라는 이름으로 행해졌던 예후의 오므리 왕조의 진멸(왕하 9장 이하)이 "백성들에게 비교적 폭넓게 수용되었다"(Albertz 1992, 243)는 사실은, 이 당시 이스라엘 전체에 야훼 예배가 논쟁의 여지없이 행해졌다는 추론을 가능하게 한다.

우선 사람들이 '산당'에서 제사를 드렸다고 자주 언급되는 사실이 야훼 예배를 부정하는 것은 아니다. 지역적인 제의장소(*bāmāh*)는 예루살렘 성전이 건축될 때까지 야훼 예배가 실행되던 장소였다. 사울이 사무엘을 방문한 이야기에서 매우 진솔하게 표현되며 언어의 관용을 볼 수 있다(삼상9:1-14). 솔로몬 역시 성전건립 전에 기브온의 "큰 산당"에서 제사했으며(왕상3:4ff), 하나님이 그에게 나타나시어 말씀하셨다. 그러므로 산당은 도입부에서 강조되듯이 야훼 제의의 합법적 장소로 인정된다(V.2, 물론 3절에서는 제한하는 의미에서 사용한 '오직'이라는 용어를 통해 산당제의가 솔로몬의 나머지 모범적 행동에 대립하는 행위임을 보여준다. 아래에서 왕상22:44과 왕하12:4 등에 관한 설명을 보라). 그런 다음 산당은 솔로몬이 모압의 신 그모스를 위해 세울 때 다시 한 번 나타난다(왕상11:7). 여기서 산당이라는 용어는 긍정적 혹은 적어도 종교적으로 중립적 함의를 상실했다고 볼 수 있다.

솔로몬 통치가 끝난 후 다윗 제국이 분열될 때 성서 저자의 견해에 따르면 북왕국에서 합법적 야훼 종교의 경계를 벗어난 하나의 제의가 전개된다. 여로보암은 아론이 시내 산에서 금송아지를 묘사했던 동일한 낱말를 가지고 벧엘과 단에 각각 하나씩, 두 개의 금 송아지를 세운다. “보라, 이스라엘아! 너를 이집트로부터 이끌어낸 너의 신들이다!”(왕상12:28, 참조. 출32:4) 이로써 그는 이스라엘 초기 종교적으로 가장 어두웠던 시간과 연결시킨다. 그때 시내 산에서 모든 것이 칼날 위에 서게 되었고 오로지 모세의 중재를 통해서 진멸의 위협에서 구원될 수 있었다. 이러한 관점에서 볼 때 (좁은 의미에서) 이스라엘은 전체적으로 잘못된 길에 서게 된다. 이러한 평가는 여로보암이 분명하게 예루살렘 제의의 대안으로서 ‘산당건물’ 들을 세운다는 사실을 통해서도 강화된다(V.31f). 여기서 ‘산당들’ 이라는 용어는 분명 부정적인 의미를 내포하고 있다.

유다 역사에서 왕들을 평가할 때 산당들이 제거되지 않았다는 거의 상투적인 기록을 보게 된다. 이러한 확언은 종종 다른 본문에서 긍정적으로 평가된 왕들에 대한 대조적인 표현으로 나타난다(왕상15:14; 22:43f; 왕하12:3[2]f; 14:3f; 15:3f, 34f). 이때 (왕상15:14을 제외하고) “그 백성” 이 “산당” 에서 “제사하고 분향했다” 고 말한다. 이러한 매우 일괄적인 언급 뒤에는 줄곧 예루살렘 성전이 유일하게 합법적인 제의장소로 자리잡기 전에 수행되었던 지역적인 야훼 제의들에 대한 기억이 숨어 있다. 그러나 다른 무엇이 함께 포함되어 있다. 대체로 ‘분향하다’ 로 번역되는 이 낱말(*qṭr*)은 줄곧 불법적인 제사를 표현할 때 사용된다. 그러므로 회상하면서 표현하는 이러한 진술은 해당 왕들에 대한 긍정적인 평가에도 불구하고 이미 두드러지게 나타나기 시작한 하나의 경향을 가리킨다.

산당들은 제의적 논쟁에서 핵심사항 중 하나가 된다. 그것은 아하스와 함께 시작된다. 도입부에 있는 그에 관한 평가에서 그는 “야훼

눈이 보기에 그의 아버지 다윗처럼 올바르게 행하지 않았고 이스라엘 왕들의 길로 갔다"(왕하16:2f). 그는 이방 제의관습들을 들여왔다. 그는 자신의 아들을 "불을 통과하게 하고"(참조. Albertz 1992, 300) "산당들과 작은 산들과 모든 푸른 나무 아래에서 제사하고 분향함"(V.4,이 표현에 대해서는 아래를 보라)으로써 "야훼께서 이스라엘 백성 앞에서 쫓아내신 민족들의 가증한 것"을 유다에 가져왔다. 여기서 산당들은 분명하게 합법적인 야훼 예배로부터 일탈했다는 표시로 작용한다(물론 우리는 그곳에서 행해진 제의에 대해 어떤 것도 알지 못한다. 그럼에도 불구하고 주목할 만한 점은 산당들 위의 제의가 어떤 부분에서는 명백하게 다른 신들에 대한 예배와 관련되어 나타나지 않는다는 점이다. 또한 우리는 앗시리아 모범을 따라 아하스에 의해 세워진 제단에서 행해진 제의에 관하여서도 아는 바가 없다).

그러므로 히스기야가 그의 중대한 관심사였던 종교개혁에서 가장 처음에 한 일로서 산당들을 제거한다는 사실은 이론의 여지가 없게 보인다(왕하18:4). 므낫세는 다시 반대개혁의 첫 번째 행동으로서 아버지 히스기야가 제거했던 산당들을 다시 세운다(왕하21:3). 이 외에도 그는 바알을 위해 제단을 설치했다고 말한다. 이로써 므낫세는 아달랴와 북이스라엘 오므리 왕조의 연속선상에 놓인다(왕하9-11장에 관하여 위를 보라). 물론 바알과 아세라 외에 앗시리아의 영향을 암시하는 '하늘의 군상들'이 나타난다. 분명 이때에 예루살렘 성전의 하나 혹은 여러 개의 제단이 고려되고 있다(V.3-5). 그런 다음 요시야가 개혁을 단행할 때 "바알과 아세라, 하늘의 모든 군상들을 위해 세웠던 기구들"을 제거했다는 사실이 매우 일반적인 표현으로 언급된다(왕하23:4).

요시야의 개혁에서(왕하23장) 산당들이 다시 제거된다. 이제는 매우 다양한 산당들에 관해 언급되는데 제의종사자들도 거론된다. 열왕기하 23장 8절 상반절에는 "유다 성읍에서 온 제사장들" 이 거명된다. 그들은 산당들 위의 희생예배를 수행하고, 요시야는 그들의 산당들을 "더럽게 만든다." 여기서 문제가 되는 것은 야훼의 제사장들인데, 사실 요시야가 그들을 예루살렘에 오게 하여 어떤 제의적 기능을 수행하도록 허락하지 않았지만 '그들의 형제들 가운데서' 머물 수 있게 하였다는 사실을 통해 그러한 사실을 유추할 수 있다(V.9). 그러므로 여기서는 요시야에 의해 처음으로 제거되는 야훼 제의를 위한 지역 성소가 존재하였다는 사실이 전제된다(예루살렘에서의 제의적 봉사를 위해 이러한 "지역 제사장들"을 허용하고 있는 것을 고려할 때 이것은 그들이 제한 없이 허락되어야 한다는 신18:6-8의 내용과 차이가 있다). 열왕기하 23장 5절에서는 본래 유다 왕들에 의해 임명되었지만 현재 그들의 산당들이 함께 제거되는 이교 제사장들(*k^e mārîm*)에 관하여 말한다. 이 외에도 여전히 제거되어야 하는 다양하고 특별한 산당들이 열거된다. "성문의 산당들"(V.8b, 이것을 흔히 "염소귀신의 산당들"로 교정한다), 솔로몬에 의해서 이방신들을 위해 건립된 "산당들"(V.13, 참조. 왕상11:7), 여로보암에 의해 벧엘에 세워진 "산당"(V.15, 참조. 왕상12:32), 끝으로 '산당들' 의 모든 제사장들을 죽이는 것에 관하여 언급하고 있는 "사마리아 성읍의 모든 산당들"(V.19f)이 제거된다. 여기서 유다의 제의적 일탈과 이스라엘의 제의적 일탈 사이의 구분이 분명하게 고찰된다.

본질적으로 열왕기의 서술은 '공식적인' 이스라엘의 모습을 보여준다. 이에 반하여 예언서에서는 공동체나 개인적으로 이스라엘 사람들의 종교적 행동이 훨씬 강하게 표현된다. 대부분의 예언자에게서 하나님과의 관계에 장애물이 되었던 이스라엘의 행동에 대한 비판이 전면에 부각되어 있다. 이런 장애에 대한 이유가 개별적인 예언자에 의해서 매우 상이하게 서술된다. 그들 가운데 몇 사람에게서는 무엇보다도 중요한 **한 분** 하나님만을 섬기는 문제였다. 반면에 다른 책에서는 다른 주제가 주요한 문제로 나타난다. 그래서 이사야는 이스라엘이 "야훼를 떠났고, 이스라엘의 거룩한 이를 버렸다"고 처음부터 매우 신랄하게 비판한다. 그러나 이사야에게서 다른 신들을 예배하는 문제는 다루어지지 않는다.

호세아의 경우는 매우 다르다. 부정한 아내로 묘사되는 이스라엘의 '음란'은 그녀가 자신에게 곡물, 포도주, 기름을 주신 분이 야훼라는 사실을 깨닫지 못하고(호2:10[8]), '바알들'에게 돌아선다는 사실에 있다(V.15[13]). 이스라엘이 "다른 신들"에게 돌아서는 문제(3:1)는 호세아서의 중심주제이다. 이 주제는 다양하게 변형되어 나타난다. 이때 그는 예전에 예언자 엘리야(왕상18장)나 후대에 예후 왕(왕하10장)이 싸웠던 가나안 신 바알에 관하여 말한다. 특히 이방신들을 모두 일컬을 때 사용되었던(참조. 호3:1) '바알들'이라는 복수의 표현(호2:15[13]; 11:2)을 사용하기도 한다(참조. Albertz 1992, 271[115]). 호세아는 그것들을 손으로 만든 "우상들"(호8:4; 13:2)과 "형상들"(호11:2, 참조. 호13:2)로 특징짓고, 이스라엘이 조언을 구하는 대상은 "나무"와 "막대기"라고 조롱하듯이 말한다(호4:12). 또한 벧엘의 "송아지"(10:5 이하에서 벧엘은 벧아웬 즉, "재앙의 집" 또는 "불법의 집"으로 개명된다. 참조. 암5:5)와 사마리아의 국가성소도 호세아의 비판의 대상이 된다. 그것 또한 사람의 손으로 만든 것이기 때문에 참 신이 아니다. 만일 이스라엘 백성이 산꼭대기와 작은 산들 위에서 제사하고(호4:13) 많은 제단과 마체바(주상)를 세운다면(호8:11; 10:1), 이것들은 정녕 파괴될 것이다(호10:2). 호세아는 매우 날카롭게 비판한다. 이스라엘이 수많은 고기로 제사할지라도 하나님은 그것을 "기뻐하지" 않으실 것이다(호8:13). 그분을 "기쁘게 하는 것"은 인자(*ḥesed*)와 "하나님을 아는 것"(*daʿat ʾelohîm,* 호6:6)이다. 호세아는 여기서 제의용어들('기뻐하다,' *rāṣāh* 와 *ḥāpaṣ*)을 정반대로 사용한다.

역시 예레미야의 중심 주제 중 하나도 이스라엘 백성이 다른 신들에게 돌아선 것이었다. 그래서 시작과 함께 다음과 같이 말한다. "그들이 나를 버리고 다른 신들에게 분향하였으며 자신들의 손으로 만든 것에 절했다"(렘1:16). 예레미야에 따르면 이것은 이미 이스라엘 역사 초기부터 시작되었다. 조상들이 "우리를 이집트에서 이끌어내신 야훼는 어디 계십니까?"라고 묻지 않았고, 그 대신 다른 신들에게 돌아섰다(렘2:5f). 예레미야는 빈번하게 복수로 '다른 신들'(렘1:16; 7:6, 9, 18 등) 혹은 '이방신들'(렘5:19)이라고 말한다. 그는 그것들을 "헛된 것"(*hebel,* 렘2:5; 8:19; 10:3, 15 등, 8:10에서는 "이방의 헛된 것")으로, 때로는 "나무와 돌"(렘2:27; 3:9)로 지칭한다. 그것들은 오이 밭에 있는 허수아비처럼(렘10:5) 아무런 유익이 없다(렘2:8, 11). 무엇보다도 그것들은 이스라엘을 알지 못한다(렘7:9). 다시 말하면 그것들은 이스라엘이 이전 세대로부터 배워왔던 신앙전통에 속하지 않는다. 그러나 그것은 단지 익명의 이방신들이 아니다. 예레미야 또한 이름을 부른다. 무엇보다 바알이 그렇다(렘2:8; 7:9; 11:13, 17; 19:5 등). 여기서 알 수 있는 것은 바알 제의가 남왕국 유다에서도 역시 모종의 역할을 했다는 사실이다. 이 외에도 예레미야는 가정에서 "하늘의 여왕"(바벨론의 이쉬타르, 렘7:17f, 참조. 렘44:17-19, 25)을 숭배하는 것과 해와 달과 모든 하늘 천체들을 제의적으로 숭배하는 것(렘8:2, 참조. 렘19:13)에 관하여 말한다. 여기서 산당들도 다시 모종의 역할을 한다(렘17:3; 19:5, 참조. 렘7:31). 그곳에 제단과 아세라가 있었다(렘17:2). 특히 '산당들'은 이스라엘이 "모든 높은 언덕과 모든 푸른 나무 아래에서"

범한 '음란' 을 은유적으로 표현할 때 나타난다(렘2:20; 3:6-8, 13; 17:2).

호세아처럼 예레미야도 당시의 성전제의 실태에 대한 날카로운 비판과 평가를 한다. 성전예배는 '삶과 행위' 가 하나님의 계명에 어긋날 때 무익하다(렘7:2ff). 심지어 예레미야는 하나님이 자신의 시대에 실로의 성전을 다루셨듯이 예루살렘 성전을 다루실 것이라고 예고한다(V.12-15). 그리고 그는 자신의 대안을 극단화시켜 다음과 같이 말한다. "하나님이 조상들을 이집트로부터 이끌어낼 때 희생제사가 아니라 그분 말씀에 대한 순종을 명령하셨다"(V.21-23).

에스겔도 다른 신들에 대한 제의적 숭배에 대해 강한 어조로 언급한다. 그는 우선 예루살렘 파괴와 거주민들이 포로로 잡혀간 사건의 원인이 되었던 상황을 제시한다. 예루살렘은 하나님의 성소를 "혐오스러운 것들"(*šiqqûṣîm*)과 "가증한 것들"(*tô ʿăbôt*)로 더럽혔다(겔5:11). 제의가 행해지는 산당에는 이스라엘이 자신의 '우상들' (*gillûlîm*)을 위해 세운 제단과 분향품(겔6:3-6)이 있다. 에스겔은 이렇게 노골적인 표현들로 이방신들을 말하지만, 어떤 이름도 언급하지 않는다. 또한 에스겔 16장, 20장, 23장의 거대한 역사서술에서 본질적으로 문제가 되는 것이 다른 신들에 대한 이스라엘 혹은 예루살렘과 유다의 관계에 관한 것이다(참조. 겔14:1-11; 18:6, 12, 15). 에스겔은 하나님이 이스라엘 백성이 범한 가증함을 궁극적으로 그들에게 돌리실 것이라고 예고한다(겔7:3, 4, 8, 9). 환상 중에 에스겔은 황폐한 예루살렘으로 옮겨진다. 거기서 그는 현재 그곳에서 행해지고 있는 '가증한 것들' 이 무엇인지를 본다. 제단과 함께 "질투를 유발시키는 질투의 형상" 이 서 있고(겔8:3b, 5), 여인들이 담무즈를 위해 애곡하고 있으며(V.14), 남자들은 태양을 향해 경배하고 있다(V.16). 그러나 에스겔은 하나님이 직접 이스라엘을 우상숭배의 모든 더

러움에서 정결케 하실 것이며(겔36:25; 37:23), 정결한 성소를 다시 세우실 것이라고 약속한다(겔40장 이하들).

그러나 역사서와 예언서에서 보여주는 이스라엘의 제의적 행동에 관한 비판적 견해는 단지 그림의 한쪽 면일 뿐이다. 시편은 완전히 다른 견해를 제공한다. 이것은 공적인 삶의 영역과 사적인 삶의 영역 모두에 적용된다. 우리는 시편이 바로 공적인 제의와 개인적 경건을 대표한다고 일반화시켜서 말할 수 있다. 시편은 제의를 비판적으로 묘사하고 예언자적인 비판의 관점에 서 있는 사람들과 확실히 구분된다. 그러므로 이스라엘 **내에서**의 반역은 이렇게 다양한 문헌의 영역에서 대조적으로 묘사되고 있다.

시편은 왕들에 대한 비판적인 입장에 관하여 아무것도 알려주지 않는다. 오히려 이스라엘 제의를 고려하고 있다. 이러한 점은 예컨대, 시편 132편에서 매우 분명하게 나타난다. 왕은 하나님의 "기름 부음 받은 자"(*māšîaḥ* V.10)로서 언약궤 의식에 동참한다(이것에 관하여 시2편과 110편 등을 참조하라). 기도하는 공동체는 하나님이 기름 부음 받은 자의 기도를 들으시고 희생제물을 기억해 달라고 간구한다(시20:7[6], 4[3]). 왕의 목소리가 응답된 곳에서는 대적의 위협으로부터 구출된 것을 감사하며(시18편 등), 공의를 행할 수 있는 능력을 달라고 기도한다(시72편; 101편 등). 그 어디에도 왕들이 제의적으로 탈선했다는 이야기가 나타나지 않는다. 오히려 외국 공주와 결혼하는 왕의 혼인예식이 장엄하게 거행된다(시45편, 특히 V.11-13[10-12]).

시편 기도자들도 분명 예언자들의 비판을 받지 않았다. 오히려 이방신 숭배자들을 매우 강하게 거부하면서 맞서 있다. "하나님이 없다"고 말하는 사람들은 "어리석은 자들"(시14:1), 곧 "악인들"(*r^ešā'îm* 시

10:4)이라고 표현된다. 무엇보다 하나님에 대한 시편 기도자들의 깊은 경건과 강한 신뢰를 인식할 수 있다. 그들은 자신들을 "의로운 자들"(*ṣaddîqîm*, 시5:13[12]; 7:10[9]; 14:5 등, 참조. 1:5f) 혹은 "경건한 자들"(*ḥ*[a]*sîdîm*, 시4:4[3]; 12:2[1]; 16:10 등)이라고 생각한다. 반항심은 무엇보다 '경건한 자들'이 하나님이 없는 자들, 즉 악인에 의해서 핍박당한다고 느끼는 데에서 생겨난다. 그러므로 그들은 다양한 표현(*ʾebjôn*, *ʿānî*, *ʿānāw*)을 통해서 "가난한 자들"로 지칭된다(시9:13[12], 19[18]; 10:2; 12:6[5] 등). 이것이 상세하게 기술될 때는 무엇보다 사회적 영역에서 일어나는 투쟁이 문제가 된다(이 점에 관하여 다음 단락 '공평과 정의' 부분을 보라). 이처럼 시편 기도자들은 예언자들의 비판에 해당되지 않는 이스라엘의 또 다른 한쪽 면을 보여준다.

공평과 정의

'공평과 정의'는 한 쌍의 개념으로 반역하는 이스라엘의 두 번째 중요한 분야를 고려할 때 유사성이 있다. 다윗(삼하8:15, 참조. 왕상3:6)과 솔로몬(왕상10:9에 있는 스바 여왕의 말에서)의 통치에 대한 개략적인 묘사에서 이스라엘 통치자의 이상적인 모습이 이 용어들을 통해 특징 있게 그려진다. 이렇게 이상적인 모습은 의심할 바 없이 다윗과 비교되는 이스라엘과 유다의 왕들에 대한 평가 뒤에 놓여 있다(왕상15:11; 왕하14:3; 16:2; 18:3; 22:2). 이사야서에서는 미래의 이상적인 왕의 모습이 이 용어를 통해 묘사된다(사9:6[7]; 11:3-5, 참조. 32:1).

그러나 이사야의 경우 이 주제가 절대로 왕적 통치의 영역에 국한된 것이 아님을 보여준다. 시온은 한때 공평과 정의로 가득 찼었다

(사1:21). 또한 시온은 공평과 정의로 구속되며 "의의 성읍"이라고 불릴 것이다(사1:26). 그러나 현재는 포도나무의 비유에서 생생하게 그려지며 탄식되고 있듯이 공평과 정의가 없다(사5:7). 공평과 정의가 시행되고 있지 않다는 사실에서 이사야는 이스라엘 공동체가 당면한 주요문제 중 하나를 보고 있다. 다음 구절에서 특히 중요한 점 하나가 지적된다. "가옥에 가옥을 이으며 전토에 전토를 더하여 거할 곳이 없게 하여 사람들을 땅 가운데 홀로 있게 하는 자들에게 화로다!"(사5:8) 분명하게 악한 자들이 사람들의 토지를 자신의 것으로 만들어 평등에 기초한 소유관계를 근본적으로 변경시키는데 성공한 것이다. 미가도 똑같은 비난을 제기한다. "그들은 밭들을 탐내어 그것들을 폭력으로 취하고 집들도 탐내어 빼앗아감으로써 사람과 그의 집을 억압하고 사람과 그의 유산까지도 억압한다"(미2:2).

아모스 역시 같은 방향의 비난을 제기한다. "경제적으로 우월한 자들이 다른 사람들을 억압하고 그들을 착취한다"(암2:6; 5:11; 8:6). 이때 특징적인 용어가 등장한다. 억압받는 자들은 "가난한 자"(*ʾebjôn,* 암2:6; 4:1; 5:12; 8:4, 6; *ʿānî,* 8:4; *ʿānāw,* 암2:7; 8:4), "천하고 약한 자"(*dal,* 암2:7; 4:1; 5:11; 8:6)로, 또한 "의로운 자"(*ṣaddîq,* 암2:6; 5:12)로 표현된다. 이것을 통해 이스라엘 공동체에 있었던 집단간의 갈등이 나타난다. 그것은 인간 상호간의 관계를 위해 토라에 제시된 기초를 분명하게 위반한다는 사실을 보여준다.

시편에서는 다시 다른 쪽의 그림이 나타난다. 많은 경우에 시편 기도자와 그들이 말하는 사람들은 가난한 자나 천한 자라고 불려진다. 그것은 아모스가 억압당하고 핍박당하는 자들을 위해 사용하는 수식어들과 같다. 그들은 폭력으로 고통당하고 있다(범례적으로 시70편;

12:6[5]; 35:10; 37:14; 82:4 등). 하지만 그들은 의인으로 지칭된다. 이와 반대로 억압하는 자들은 "죄인들" 즉 행악자들, 악인들이다. 흔히 이 둘은 직접적인 대조 속에서 나타난다(시7:10[9]; 11:2f, 5; 31:18[17]f; 37:12, 32 등). 위에서 언급한 대로 시편 기도자들은 예언자들에 의해서 비판받는 사람들이 아니다. 오히려 다른 사람들의 불의를 인내한다.

끝으로 '의인들'과 '죄인들' 사이의 대립이 지혜문헌에서 다른 관점 아래에서 다시 한 번 등장한다. 여기서 양자택일은 박해와 고통의 상황이 아니라, 자신을 의로운 자로 여기며 하나님의 도움을 확신하고 있는 사람들의 관점으로부터 고찰된다. 이때에도 죄인에 대한 대조가 기초적인 역할을 한다. 이러한 양자택일적 상황은 이미 시편 1편에서 전개된다. 잠언서에서는 다양하게 변형되어 나타난다. "완전한 자(*tāmîm*)의 의는 그의 길을 바르게 할 것이나, 악인은 자신의 악으로 인하여 넘어지리라"(잠11:5). "의로운 자의 집에는 많은 보물이 있으나, 악인의 소득에는 고통이 있느니라"(잠15:6, 참조. vRad 1970, 172; Westermann 1990a, 91-101). 이러한 확신이 교육의 목적을 위해 개진된다. 잠언서 안에는 이것에 대한 의심이 공공연하게 나타나지는 않는다. 물론 욥기나 전도서가 각각 다양한 방식으로 분명하게 보여주듯이 이 모든 것에 대한 회의나 의심이 없었던 것은 아니다.

이스라엘은 돌이켜야 한다

이스라엘의 반역은 매우 다양한 영역과 매우 다양한 관점에 의해서 하나의 주제로 입증된다. 그러나 이러한 반역을 탄식하거나 맞서 싸우는 것에 머물러 있지 않다. 항상 다시 어떻게 극복될 수 있는가에 관한 의문이 제기된다. 일어날 일에 대한 중심개념은 “돌이킴”이다(히브리어에서는 무엇보다 동사 *šûb*로 표현된다).

이스라엘은 돌이켜야 한다. 이것이 예언선포의 핵심이다. 왕정시대 이스라엘과 유다의 역사를 회고하면서 다음과 같이 요약된다. “야훼께서 모든 선지자들과 모든 선견자들을 통하여 이스라엘과 유다에 대하여 증거하여 말씀하셨다. 너희는 너희의 악한 길에서 돌이켜, 내가 너희 조상들에게 명하고 내 종 선지자들을 통하여 너희에게 전한 모든 율법을 따라 내 계명들과 내 규례들을 지키라”(왕하17:13). 이스라엘의 회고적인 역사는 다음과 같이 서술되고 있다. 예언자들은 끊임없이 모세를 통해 주어진 토라를 지키도록 경고했고, 이스라엘 백성이 이탈할 때마다 돌이키라고 촉구했다.

그렇지만 세부적으로 보면 예언자들에게 있는 그 그림은 매우 상이하다. “돌이키라”는 명백한 외침은 매우 드물게 발견된다(호14:2[1]; 렘3:14; 슥1:2 등). 하지만 이 주제는 내용적으로 보나 표현상으로 보나 다양한 방식으로 존재한다. 이때 동사 ‘슈브’(*šûb*)의 의미범위가 문제가 된다. 그러므로 이사야의 아들 스알야숩(*š*[e]*ar jāšûb*, “남은 자가 돌아올 것이다”)의 의미는 “이스라엘의 남은 자”와 “야곱의 집에서 도피한 자들”의 운명(사10:20)을 고려하면서 다음과 같이 해석된다. “남은 자들, 곧 야곱의 남은 자들이 능하신 하나님께로 돌아올 것이다”(*ʾêl gibbôr*, V.21). 회개와 귀환은 매우 가깝게 놓여 있는데, 사실 서로가 교차된 모습이다. 이사야 1장 27절에서도 두 가지 의미가 함께 공명된다. “시온은 공의로 구속될 것이요, 그의 회심자들(또는 귀환자들)은 의로 구속될 것이다.”(사람들 사이에서는 한 번 떠난 남편에게 돌아오는 일이 불가능한) 첫 남편에게 돌아오는 여인의 예를 통해 예레미야는 회개가 동시에 귀환을 의미한다는 사실을 분명하게 보여준다(렘3:1, 참조. 호2:9[7]). 하지만 회개는 전향이기도 하다. "너희는 이제 각기 자기의 악한 길에서 돌이켜 너희의 길과 행위를 선하게 하라"(렘18:11; 25:5). 동시에 그것은 죄(렘14:6)와 우상들(렘18:30)로부터 (얼굴을) 능동적으로 돌리는 것(*šûb*의 히필형)을 의미한다. 이 점이 '슈부 베하쉬부'(*šûbû wᵉhāšîbû*, '회개하고 돌이키라')의 언어유희를 통해 적절하게 표현된다.

하지만 무엇보다 회개는 하나님에게로 되돌아가는 것이며 귀환하는 것이다. "이스라엘아, 네가 돌아오려거든 내게로 돌아오라"(또는 "네가 돌아오기를 원한다면 너는 내게로 돌아올 수 있다." 렘4:1). "내게로 돌아오라, 이는 내가 너를 구속하였음이라"(사44:22). 예레미야의 두 개의 무화과 광주리에 관한 비유에서도 다음과 같이 표현된다. "그들이 내게 온전한 마음으로 돌아올 것이다"(렘24:7). 끝으로 하나님께서 이러한 귀환을 수용하는 것이 상호관계 속에서 표현된다. "내게로 돌아오라, 그러면 내가 너희에게로 돌아갈 것이다"(슥1:3; 말3:7).

하지만 예언자들은 돌이키지 않은 이스라엘의 완고함을 더 많이 경험한다. 그러므로 아모스는 후렴구에서 판에 박은 듯한 반복을 통해 다음과 같이 말한다. "하지만 너희가 내게 돌아오지 않았다"(암4:6, 8, 9, 10, 11). 이사야서에서도 다음과 같이 말한다. "너희가 돌이켜서 쉬면 구원을 받을 것이요, 조용히 함과 신뢰함 안에서 너희의 힘이 있을 것이나, 너희가 원하지 않았다"(사30:15). 호세아는 회개 준비를 암시하는 말을 한다. "오라, 우리가 야훼께로 돌아가자. 이는 그가 찢으셨으나 우리를 낫게 하실 것이요, 그가 치셨으나 우리를 싸매어 주실 것임이라"(호6:1). 하지만 이 준비는 단지 아침 안개와 같고 빠르게 사라지는 이슬과 같다.

그러므로 완전한 회개는 약속과 희망의 대상으로 여전히 남아 있다. 신명기 28장부터 시작된 거대한 역사서술이 끝나는 부분인 신명기 30장 1-5절의 실례에서 드러나듯이 회개와 귀환의 심상은 서로 연결되어 있다(한편 결정적인 전환에 대해서 언급하고 있는 레26:40-45에서는 회개와 귀환의 용어가 발견되지 않는다). 하지만 어느 곳에서도 확정적으로 수행된 이스라엘의 회개에 대한 이야기는 없다. 오히려 포로기 이후의 예언에서 회개에 대한 촉구가 다시 나타난다. 그것은 회개하지 않았던 조상들에 대한 기억과 결합되어 있다. "너희는 내게로 돌이키라. …너희는 너희 조상들과 같이 되지 말라"(슥1:3f, 참조. 말3:7). 끝으로 귀환에 대한 약속은 하나님이 시온으로 돌아오신다는 사실을 말할 때 다시 한 번 새로운 강조점을 지닌다(슥1:16; 8:3).

B.XIII에서 B.XV에 대한 서문

B.XIII에서 B.XV에 대한 서문

구약성서 문헌에 나타나는 세 가지 삶의 영역

종종 혼란스러운 히브리성서 본문이 생겨난 이유는 그 본문들이 가지고 있는 상이한 삶의 정황(Sitz im Leben) 때문이다. 삶의 정황이 의미하는 바는 무엇보다 본문이 생성되고 그 본문들을 결정한 삶의 영역들이다. 처음 두 주요부분인 오경과 전기 예언서(여호수아, 사사기, 사무엘, 열왕기 - 역자 주)는 본질적으로 이야기(서술적) 본문과 법률적(사법적) 본문을 포함하고 있다. 일반적으로 말해서 개별적인 사항에 대한 이해와 해석의 문제를 제외하고 현대 독자들이 이러한 책에 대해 접근하는데 어려움을 느끼지 않는다. 그러나 독자가 이 영역을 떠나면 상황은 근본적으로 변한다. 히브리성서는 열왕기 뒤에 이사야서가 나온다. 바벨론 왕궁에 포로로 붙잡혀 있는 유다 왕 여호야긴의 처지를 묘사한(왕하 25:27-30) 후에 다음과 같은 외침이 등장한다. "너희 하늘이여 들으라, 땅이여 들으라! 야훼께서 말씀하신다"(사1:2). 독자는 하나의 다른 세계,

즉 **예언**문학의 세계로 들어간다.

한국어 성서의 독자는 (독일어나 영어 성서도 마찬가지) 다른 방식으로 그 변화를 경험한다. (개신교 전통에서) 에스더서나 (가톨릭 전통에서) 제2마카비서에서 욥기로 변한다. 여기서 독자는 지혜문학의 세계로 들어간다. 예언문학에서는 히브리성서의 처음 두 부분에 대해 내용적으로나 주제적으로 많은 울림을 가지고 있는 반면, **지혜**문학에서는 이러한 것들이 거의 나타나지 않는다. 독자가 **시편**에 이르렀을 때에는 그 변화가 더욱 크게 나타난다(히브리성서나 유대성서의 독자는 예언서에서 바로 시편으로 넘어간다). 여기서 독자는 기도와 예전의 세계로 진입한다. 특히 자신의 곤경과 신앙의 문제가 한 중심에 서 있는 개별 신앙인들의 기도 안에서 다시 그 주제가 달라진다.

다음의 세 장은 이러한 상이한 삶의 세계를 주목케 하려는 의도를 가지고 있다. 그러한 세계가 히브리성서에 묘사되어 있고 본질적으로 성서적 진술의 넓이와 깊이를 더하는데 기여한다. 이때 개별적인 문제로서 다른 곳에서 이미 언급된 바 있는 많은 내용을 참조하도록 할 것이며, 따라서 이 장은 매우 간략하게 서술하게 될 것이다.

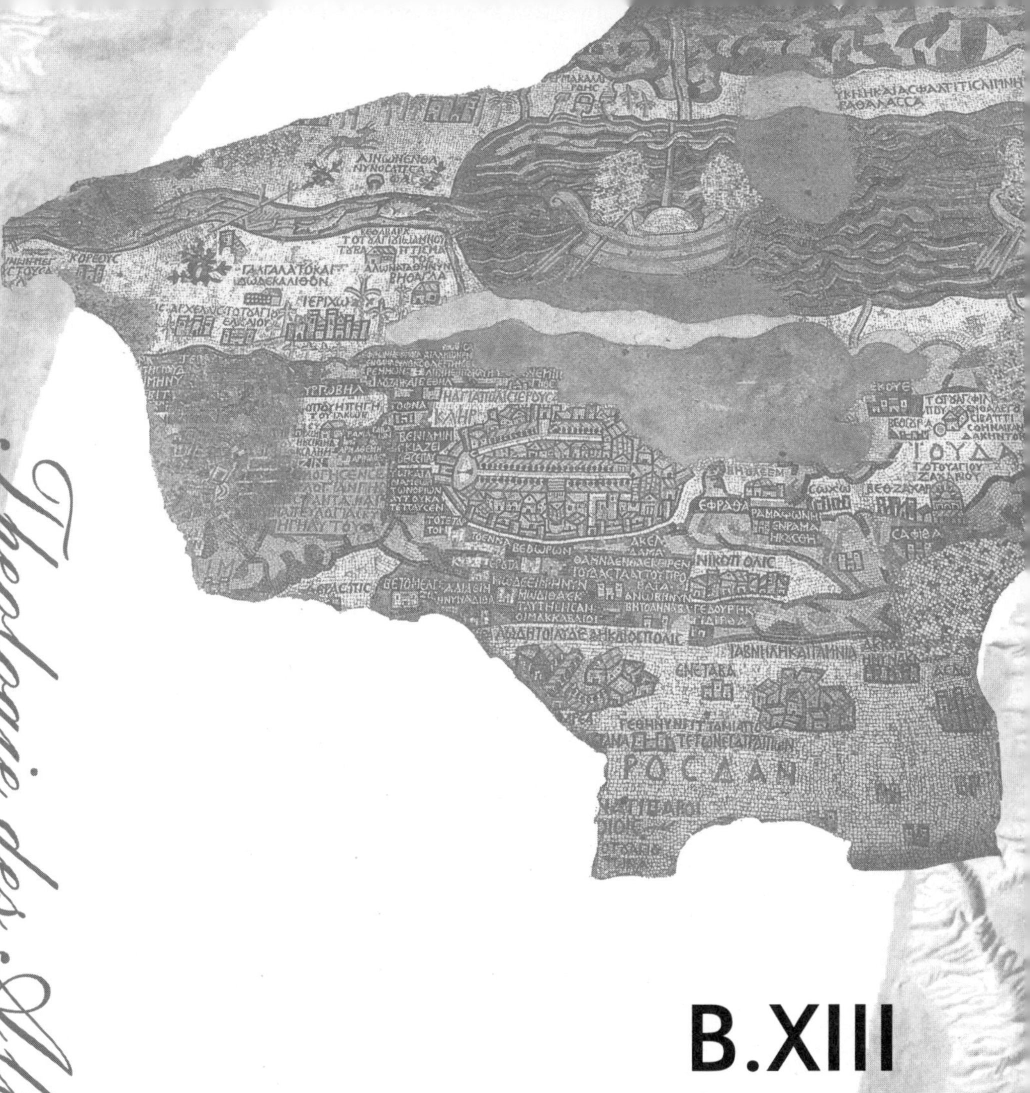

Theologie des Alten Testaments

B.XIII
예언

예언

이 장 앞에는 예언자와 예언적 발언과 행동에 관한 용어와 관련한 몇 가지 사항을 다루고 있는 여론(餘論)이 먼저 위치하고 있다. 이것은 동시에 앞에서 이미 다루었던 문제들에 대한 빛을 던져줄 수도 있을 것이다. 이 점에 관하여 특히 "중간고찰: 구약성서 예언에서의 연속성과 불연속성"을 보라(독일어판 제1권, 146-150).

여론(餘論): 예언자와 예언자적 발언에 대한 용어에 관하여

'예언자'라는 낱말은 그리스어 '프로페테스'(προφήτης)까지 소급된다. 이 낱말은 칠십인경에서 줄곧 히브리어 '나비'(*nābîʾ*)에 대한 번역으로 사용되었다(이와 마찬가지로 여성형 '프로페티스'[προφῆτις]는 *nᵉbîʾāh*로 옮겨진다). 더 나아가 '로에'(*rōʾeh*)나 '호제'(*ḥōzeh*)는 '선견자'로 번역된다. 이외에 히브리어에서 예언자를 가리키는 용어로 '이쉬 엘로힘'(*ʾîš ʾᵉlohîm*, 하나님의 사람)이란 표현이 있다. 이 용어들은 보통 나란히 사용되는데,

드물지 않게 같은 사람을 위해서도 사용된다. 이러한 중복은 가끔 해석적인 언급을 하게 한다. 예컨대, 사무엘상 9장에서는 사무엘이 처음에 "하나님의 사람"으로 불렸다가(V.6-8, 10), 나중에 "선견자"(V.11, 18)로 불려진다. 두 번째 칭호는 사무엘이 직접 자신에게 적용시킨다(V.19). 그 사이에 설명적인 진술이 첨가된다. "옛적 이스라엘에서 사람이 하나님께 가서 물으려 하면 말하기를, '선견자에게로 가자'고 하였다. 왜냐하면 오늘날 '나비'(*nābî*ʾ, 예언자)라고 부르는 사람을 예전에는 '로에'(*rōʾeh*, 선견자)라고 불렀기 때문이다"(V.9). 그래서 다음과 같은 용어들, "하나님의 사람, '나비'(*nābî*ʾ), 선견자"에 대한 상호적인 해석이 이루어진다.

다른 상황들 가운데 '호제'(*ḥōzeh*)와 '나비'(*nābî*ʾ)라는 표현은 동일시된다. 벧엘의 제사장 아마샤는 아모스를 '호제'(*ḥōzeh*)라고 부른다. "선견자여, 너는 유다 땅으로 가서 피하라." 여기에 아모스가 대답한다. "나는 '나비'(*nābî*ʾ)도 아니고 '벤 나비'(*ben-nābî*ʾ, 예언자의 제자)도 아니다"(암7:12-14). 그러므로 '호제'(*ḥōzeh*)와 '나비'(*nābî*ʾ)라는 두 용어는 실제로 동일시되는 것이다. 이뿐 아니라 아마샤는 어근 '나바'(*nb*ʾ)의 동사형태를 사용하여 '호제'(*ḥōzeh*)의 개념을 정의한다. 동사어근 '나바'(*nb*ʾ)는 '나비'(*nābî*ʾ)로서 등장하는 다양한 방식들을 지칭한다(이 점에 관하여 아래를 보라). 이러한 설명에 따르면 '호제'(*ḥōzeh*)는 '나비'(*nābî*ʾ)처럼 나타날 수 있다.

'예언자들'을 가리키는 통일된 용어가 없다는 사실은 많은 이야기 가운데 분명하게 드러난다. 이때 동일한 인물에 대하여 다양한 칭호들이 사용된다. 이와 같은 예를 열왕기상 20장에서 볼 수 있다. 처음에는 익명으로 남아 있는 '나비'(*nābî*ʾ)에 관하여 말한다(V.13). 그가 다음에 등장할 때는 "그 '나비'(*nābî'*)"로 지칭된다(v.22). 이 이야기가 끝난 후 동일한 예언자가 28절에서는 '하나님의 사람'으로 불린다. 후에 '베네 하네비임'(*b^e^nê hann^e^bî'îm*), 즉 "예언자의 무리 중 한 사람"이 등장한다(v.35). 이어지는 본문에서 그는 "그 '나비'(*nābî'*)"로 표현된다(v.38). 마지막에 왕은 그가 "'네비임'(*n^e^bî'îm*)중에" 있었다는 사실을 알아차린다(v.41). 본장에서는 '나비'(*nābî'*)와 '하나님의 사람'이라는 용어가 서로 동의어로서 사용되고 있고, '베네 하느비임'(*b^e^nê hann^e^bî'îm*)의 집단(아래를 보라)에 소속된 자가 그냥 '나비'(*nābî'*)로도 지칭될 수 있다(왕상13장에 나와 있는 "예언자"와 "하나님의 사람"의 독특한 대립에 관하여서는 Blum 2000b를 참조하라).

이것은 예언자 집단과 개별 선지자와의 관계에 대하여 궁금증을 일으킨다. 이 점에 대해서도 본문들은 통일된 분명한 답변을 하지 않는다. 예언의 전체적인 역사를 통해 볼 때 개별적으로 등장하는 예언자의 모습이 지배적으로 나타난다. 그러나 여러 차례 그들 가운데 몇몇은 예언자 집단과 밀접한 관계에 있다. 늘 혼자 활동하는 사무엘이 황홀경에 빠진 예언자 집단의 '수령'으로 나타난 적이 있다(삼상19:20). 그는 사울에게 한 것과 마찬가지로 황홀경에 빠진 '예언자 무리'와의 만남을 준비시켰다(삼상10:5f). 엘리야는 위대한 단독 행위자로서 나타난다. 그러나 우리는 그의 사역 마지막 장면에서 아직 닥치지 않은 그의 승천에 관하여 알고 있는 '베네 하네비임'(*b^e^nê hann^e^bî'îm*) 무리들을 갑자기 만나게 된다(왕하2:3, 5). 이전에 엘리야는 "야훼의 예언자들" 가운데 혼자만 남았다고 탄식하였다(왕상18:22, 19:2). 이것에 따르면 그의 홀로됨은 강요된 것이었다. 엘리사는 '베네 하네비임'(*b^e^nê hann^e^bî'îm*)과 가깝고 정기적인 만남을 갖고 있었다. 그들은 "엘리사 앞에 앉아 있는" 공동의 회집장소(왕하6:1f)와 공동의 식사시간(왕하4:38-41)을 가진 수도회와 비슷한 공동체였다. '베네' (*b^e nê*)라는 표현은 문자적으로 해석하면 '…의 아들들' 인데 이것은 여기서 '네비임' (*n^e bî'îm*) 집단의 소속성을 나타낸다. 그래서 우리는 '베네 하네비임' (*b^e nê hann^e bî'îm*)을 '예언자 집단에 속한 사람들' 이라고 말할 수 있다. 우리말에서(또한 독일어에서)는 이것이 자주 "예언자 무리" 또는 "예언자 제자단" 이라고 번역된다. 그러나 엘리사는 종종 혼자서 등장한다(예컨대, 왕하5장에서). 그는 "사마리아에 있는 그 '나비' (*nābî'*)" 라고 일컬어지며(왕하5:3), 심지어 "이스라엘의 그 '나비' (*nābî'*)" 라고 불리기도 한다(왕하5:8, 참조. 왕하6:12).

우리는 개인적인 예언자와 예언자집단 사이의 근본적인 구별이나 분리를 전제할 수 없다. 그들은 줄곧 서로 밀접하게 연관되어 있다. 그러므로 우리는 많은 경우에 예언자의 개별적인 모습은 특별한 인물이었다고 추측할 수 있다. 그들은 '네비임' (*n^e bî'îm*) 집단으로부터 두드러져 개별적으로 등장한다. 그럼에도 불구하고 그들은 예언자 집단과의 관계성을 완전히 포기하지 않는다. 그러나 때때로 열왕기상 22장에서처럼 개인적인 '나비' (*nābî'*)가 '네비임' (*n^e bî'îm*) 집단과 맞서게 된다. "야훼의 말씀을 묻기 위해" "그 '네비임' (*n^e bî'îm*)," 즉 사백명의 무리가 소집된다(V.5f). 이름이 명시됨으로써 강조된 대표의 인도에 따라(V.11) 그들은 모두 왕을 위하여 '예언한다' (V.10, 12, 참조. V.6). 그들이 왕과 밀접한 관계에 있다거나 그 왕에게 종속되어 있다는 사실은 이야기 안에서 명백하게 드러난다. 이같은 사실은 "그의" 또는 "너의(당신의) 예언자들" 이라는 호칭 속에서도 표현된다(V.22f). 그들에 맞서 '미가 벤 이믈라' (개역개정에서는 이믈라의 아들 미가야 - 역자 주)는 홀로 서 있다. 그는 분명히 야훼께 "물을" 수 있는 "또 한 명의 야훼 예언자" 로 일컬어진다(V.7f).

그러므로 두 진영간의 차이는 칭호나 하나님의 뜻을 전달할 수 있는 기본적인 능력에 있는 것이 아니라, 해당 예언자가 알려주는 내용에 있다. 이때 '참' 예언자와 '거짓' 예언자의 문제가 제기된다.

예언자의 활동을 나타내기 위해 종종 명사 '나비'(*nābîʾ*)로부터 파생된 동사가 사용된다. 그 동사의 어근 '나바'(*nbʾ*)는 단지 니팔형(Niphal)과 히트파엘형(Hitpael)으로만 나타난다(이 점에 관하여 참조. 1960, 797). 그것은 광범위한 의미 영역을 가지고 있다. 사무엘상 10장 5절 이하, 10절 이하, 13절에서는 히트파엘형이 '네비임'(*nᵉbîʾîm*)의 황홀경적인 행동을 나타내는데 쓰였다. 그러한 행동은 사울에게도 나타났는데, 그것은 "야훼 또는 하나님의 영"(*rûᵃḥ jhwh* 또는 *ʾᵉlohîm*)이 그 위에 임할 때 일어난다(V.6, 10). 나중에 같은 일이 반복되는데, 그때에는 사울의 전령들에게도 하나님의 영이 임한다(삼상19:20f, 23f). 이러한 본문들에서 니팔(Niphal)이 두 번 사용된다. 이 일을 당한 사람은 (아직) 황홀경의 과정들을 목격하지 않는다(삼상10:11; 19:20). 열왕기상 18장 29절에서 히트파엘(Hitpael)은 바알의 예언자들이 그들의 신에게 응답을 받기 위해 끊임없이 노력하는 모습을 나타낸다. 끝으로 사무엘상 18장 9절 이하에서 다윗을 죽이려는 사울의 시도가 "하나님이 보내신 악령"에 의해 야기된 '히트나베'(*hitnabēʾ*)의 결과로서 고찰된다. 여기서 이 동사는 예언적 현상과는 대조적인 '광기'에 대한 용어로 이해된다(참조. 민11:25-27).

이 동사는 전기 예언자들의 책에서 단지 한 번만 예언적인 경우에 쓰인다. 열왕기상 22장에서 히트파엘(V.8)과 니팔(V.12)은 다양한 예언자의 말을 나타낸다. 그런 다음 동일한 맥락에 들어 있는 열왕기상 22장 10절에서 두 왕 '앞에서' 행하는 '네비임'(*nᵉbîʾîm*)의 행위가 '히트나베'(*hitnabēʾ*)로서 묘사되었고, 그것이 의미하는 바는 시드기야의 상징행위에서 가시화된다(V.11). 여기서 예언자적 활동의 다양한 측면이 이 동사를 통해서 표현된다. 따라서 그것은 '예언자로서(또는 예언자처럼) 행동하거나 말하는 것'을 의미한다.

예언서에서(이 점에 관하여 참조. 1960, 804-807) '로에'(*rō'eh*)와 '이쉬 엘로힘'(*'îš 'elohîm*)은 각각 '문서 예언자들'의 명칭으로 발견되지 않는다. 그리고 '호제'(*ḥōzeh*)는 제사장 아마샤의 입에서 한 번 언급된다(암7:12, 위를 보라). 호칭 '나비'(*nābî'*)에 관한 예언자들 또는 본문 저자들과의 관계는 분명하지 않다. 이때 유념해야 할 것은 이 호칭이 거의 대부분 서사적인 맥락에서 사용된다는 점이다. 따라서 예언자들의 말이 모아져 있는 곳에는 처음부터 거의 나타나지 않을 것이라고 예상해야 한다. 호세아는 자신의 적대자들에 의해서 '나비'(*nābî'*)로 지칭된다. 그 자체로는 경멸적이지 않다(호9:7f). 아모스는 이 호칭을 자기 자신을 위해 사용하는 것을 거부하며, 마찬가지로 '벤 나비'(*ben-nābî'*)라는 호칭도 거절한다(암7:14). 그러나 이 호칭을 쓰는 사람들과 어떤 차별화를 시도하는지의 여부는 분명하게 드러나지 않는다. 특히 아모스는 자신의 예언자적 활동에 대한 용어로서 동사 '나바'(*nb'*, 니팔형으로)를 채택한다(V.15f, 이 점에 관하여 아래를 보라). 이사야는 단지 이사야 37-39장에서 '나비'(*nābî'*)로 묘사된다(사37:2; 38:1, 39:3). 이사야 8장 3절에서는 이사야의 아내가 '네비아'(*nebî'ah*)라는 용어로 표현된다. 그러나 이 호칭에 대한 이사야 자신의 관계성을 추론해낼 수는 없다(이와 마찬가지로 이사야의 아내가 보여주는 어떤 예언자적 기능에 대해서도 알아낼 수 없다). 예레미야의 경우 '나비'(*nābî'*)의 긍정적인 사용이 명백하다. 그는 하나님께 열방의 '나비'(*nābî'*)로 부름을 받았다(렘1:5). 예레미야도 자신을 '나비'(*nābî'*)를 사용하여 나타낸다. 특히 이야기 본문에서 그렇게 한다(예컨대, 렘28:5f, 10f 등, 29:1 등). 에스겔의 경우에도 '나비'(*nābî*)라는 호칭이 소명환상 가운데에서 매우 긍정적인 강조점을 가지고 등장한다(겔2:5; 참조. 33:33). 끝으로 이 호칭은 12소예언서 가운데 하박국, 학개, 스가랴 등에서 도입부뿐만 아니라 각 책의 내용에서도 사용된다(합1:1; 3:1; 학1:1, 3, 12; 2:1, 10; 슥1:1, 7). 그러므로 전체적으로 본다면 '나비'(*nābî*)라는 호칭이 문서예언자들을 나타내기 위해서 우선적으로 빈번하게 등장하지 않는다고 할 수 있다. 하지만 아모스 7장 14절을 제외하면 이 호칭에 대한 거부나 의도적인 회피에 대한 징후는 나타나지 않는다.

예언서들도 '나비'(*nābî*)라는 호칭을 다른 예언자를 위하여 긍정적인 방식으로 사용한다. 이러한 현상은 단수형으로 두 번 발생한다. 호세아 12장 14[13]절에서 다음과 같이 표현된다. "야훼께서 한 '나비'(*nābî*)를 통해 이스라엘을 이집트에서 데리고 나오셨으며, 한 '나비'(*nābî*)로 인하여 그가 보존되었다." 여기서 의미하는 사람은 분명 모세이다. 예언서 정경의 맨 마지막 책인 말라기 3장 23절[4장 5절]에서는 '나비'(*nābî*)엘리야가 다시 올 것이라고 말한다. 모세와 엘리야는 문서 예언자들이 회상하는 두 명의 큰 예언자적 인물이다.

복수형태의 '네비임'(*nᵉbî'îm*)에 관하여 여러 차례 긍정적인 의미로 언급된다. 하나님께서는 이스라엘에 대한 징벌하는 교육적 조치로 "'네비임'(*nᵉbî'îm*)을 통해 산산조각나게"(호6:5) 해야 했고, 예언자들을 통해 계속해서 말씀하셨다(호12:11[10]). 그분은 '네비임'(*nᵉbî'îm*)과 나실인을 부르셨다. 그러나 그들은 이스라엘 백성에 의해서 방해를 받았다(암2:11f). 또한 역사서에서 잘 알려진 표현들을 통해서도 하나님이 "그의 종들, 곧 예언자들"을 통해 행동하시고 말씀하신다는 사실을 알게 된다(암3:7; 렘 7:25; 25:4 등; 겔38:17, "이스라엘의 예언자들"). 예레미야는 자기 자신을 재앙을 예언한 예언자들의 긴 행렬 가운데 한 사람으로 보았고, 이것을 통해 자신의 합법성을 논증한다(렘28:8). 끝으로 스가랴는 조상들을 회개하도록 외쳤던 "이전 예언자"들에 관하여 말하며, 그들을 "하나님의 종들"이라고 부른다(슥1:4-6; 7:7, 12).

이 외에 '네비임'(*nᵉbîʾîm*)에 대하여 비평적이고 부정적으로 말하는 상당수의 본문이 발견된다. 호세아 4장 5절의 재앙선포에서 '나비'(*nābîʾ*)는 제사장과 나란히 언급된다. 그렇지만 더 자세한 이유는 밝히지 않는다. 이와 유사하게 이사야의 경우에는 '나비'(*nābîʾ*)가 다른 관리나 고위책임자와 나란히 등장한다(사3:1-3; 9:13[14]f; 28:7ff; 29:10). 이때 이사야 9장 14[15]절에서는 '나비'(*nābîʾ*)가 "거짓을 가르친다"고 말한다. 이사야 28장 7절 이하에서는 이사야에게 대항하는 제사장들과 예언자들의 논쟁을 보여준다. 미가는 매수당하는 '네비임'(*nᵉbîʾîm*)을 비난한다(미3:5-7, 11). 이러한 본문 속에서 나타나는 논쟁은 제도적인 특징을 거의 가지고 있지 않다. 여기에 언급된 '네비임'(*nᵉbîʾîm*)은 직책의 소유자로서 이해될 수 없다. 그것은 각각 발언하고 있는 문서예언자들의 직책과 근본적으로 다른 것으로 추정된다.

예레미야의 경우에는 '네비임'(*nᵉbîʾîm*)과 벌이는 논쟁이 큰 범위를 차지한다(참조. Auld 1984). 이때 두 가지 점이 분명하게 나타나는데, 하나는 예레미야가 자신을 대적하는 사람들은 수가 많다거나 집단으로 나타나는데 비해 자신은 혼자라고 생각한다. 그들은 예레미야와 동일한 임무나 직책을 가졌다고 주장한다. 때때로 논쟁은 이러한 다른 무리의 대표자 한 사람과의 직접적인 대결로 첨예화된다(렘28장). 다른 하나는 모든 대립에도 불구하고 예레미야가 자신의 임무와 이러한 '네비임'(*nᵉbîʾîm*)의 직책이 근본적으로 다른 것으로 보고 있다고 말할 수 없다. 정작 문제가 되는 것은 파송의 정당성이다. 가장 흔하게 비난의 대상이 되는 것은 이러한 '네비임'(*nᵉbî'îm*)이 거짓(*šeqer*)을 예언한다는 것이다(렘5:31; 6:13; 14:13f 등). 그들은 받지도 않았는데 야훼의 이름으로 말한다(렘14:14f; 23:21, 32 등). 그들의 말들은 꿈이다(렘23:25-32). 그들은 '샬롬'(*šālôm*), 곧 평화를 설교한다(렘6:14; 14:13; 29:8-10). 이와는 달리 예레미야는 그 반대를 선포한다. 여기서 문제가 되는 것은 예언의 서로 다른 두 가지 형식이 아니라, 각각의 예언이 참인가 아니면 거짓인가의 문제이다. 예레미야 28장에서 예레미야와 하나냐 사이의 대결은 열왕기상 22장에서 벤 이믈라 미가야(이믈라의 아들 미가야)와 시드기야 사이의 대결과 매우 유사하다. 그런 다음 에스겔서에서 '네비임'(*nᵉbî'îm*)에 대한 유사한 비난을 발견하게 된다(겔13장; 14:1-11).

또한 명사 '나비'(*nābî'*)에서 파생된 동사 '나바'(*nb'*)의 니팔형과 히트파엘형도 특히 예레미야서에서 자주 발견다(참조. 1960, 796-799). 예레미야서 전에는 오직 아모스에서만 발견된다. 예언자로 부름받은 소명에 관한 중심적인 진술에서 아모스는 다음과 같이 말한다. "주 야훼께서 말씀하신다. 그때 누가 예언자가 되지(또는 예언하지) 않겠느냐?"(암3:8) 제사장 아마샤와의 논쟁에서 이 동사는 우선 아마샤의 말에서 발견된다. 그는 아모스가 유다로 떠날 것(암7:12)과 벧엘에서 예언하는 것을 금지한다(V.13). 이러한 아마샤의 말에 아모스는 예언의 명령을 바로 야훼께 받았다고 대답하며(V.15), 아마샤가 예언을 금지했기 때문에 심판을 받을 것이라고 예고한다(V.16). 두 곳 모두에서 이 동사(니팔형으로서)는 아모스의 예언자적 활동을 나타내는 중심표현으로 나타난다. 그는 이스라엘 백성이 하나님께서 임명한 예언자들이 예언하는 것을 방해한다고 비난한다(암2:12).

예레미야서에서 이 동사는 이미 낱말 '나비'(*nābî'*)에 관해서 본 바와 같이 예레미야 자신(예컨대, 렘19:14; 20:1; 26:12 등)뿐만 아니라 그의 적대자들을 지칭할 때도 사용된다. 후자의 경우는 종종 명사 '네비임'(*n^e^bî'îm*)과 직접적인 연관성 속에서 발견된다. "예언하는 예언자들"이라는 표현을 예컨대, 그들이 '거짓'을 선포한다고 비난하거나(렘5:31; 14:14; 23:25 등), 그들이 야훼의 이름으로 말한다고 주장하는 것을 비판할 때(렘14:15; 27:15 등) 발견된다. 많은 예증본문들 가운데 이 동사가 - 합법적이든 합법적이지 않든 상관없이 - 예언자적 발언을 가리킨다는 사실이 문맥에서 분명하게 드러난다. 그리하여 이 동사는 여러 번 다음과 같이 낱말 '다바르'(*dābār*, 말씀)와 직접적으로 결합되어 나온다. "예언자들의 말(혹은 말들)을 선포하다"(렘20:1; 23:16; 26:12; 27:16 등), 또는 "야훼의 이름으로 예언하다"(렘11:21; 14:14f; 23:25; 26:9, 20 등)에서 확인할 수 있다. 이 동사의 경우에 또 중요한 것은 문서 예언자들과 그들의 적대자들 사이에 나타나는 제도적인 차이가 아니라, 야훼께서 자신의 이름으로 말하게 하기 위해 실제로 보낸 사람이 누구냐 하는 것이다. 이 문제에 대한 결정이 얼마나 분명하지 않는지 예레미야와 하나냐의 대립에서 또 다시 분명해진다. 그 대립에서는 하나님의 말씀과 하나님의 말씀이 서로 맞선다(렘28장).

에스겔서에서는 이 동사가 자주 사용되어 정형화된 요소가 되었다. "인자야, 네 얼굴을 …에게 향하고 예언하라"(겔6:2; 13:17; 21:2[20:46], 7[21:2] 등), 또는 "인자야, 예언하라…. 그리고 말하라"(겔13:2; 21:14[9], 33[28]: 30:2 등). 여기서 동사적 개념의 발전이 마지막에 이르렀고, 이것이 예언자적 발언을 위한 각인된 표현이 되었다(겔13:2, 16). 에스겔 37장에서 그 동사에 의해 도입된 예언자적인 발언의 효력은 매우 특별하다. 그때

에스겔은 죽은 자들의 뼈가 있는 들판에서 먼저 뼈들에게 예언하고(V.4,7), 그것들 위에 생기(*rûªḥ*)를 불러들이며(V.9f), 마지막으로 이스라엘의 무덤들에 관하여 말한다(V.12).

이 동사의 의미의 역사를 고찰해보면 독특하게 이중적이다. 한편으로 요엘은 구원의 때에 하나님의 영(*rûªḥ*)의 부어주심을 기대한다. 이것은 일반적인 예언자의 활동을 그 결과로 가져오게 될 것이다(욜 3:1[2:28]). 다른 한편으로는 스가랴 13장 2-6절에서 종말의 때에 있을 예언의 완전한 종결이 예고된다. 그래서 아직 활동하고 있는 예언자들의 발언은 수치로서, 그리고 사형에 처할 범죄로서 간주될 것이다. 아마도 후자의 본문에 요엘 3장[2장 28-32절]에 대한 대립적인 대응이 의도된 것이 아닌가? 따라서 모든 이스라엘이 예언자적 영으로 가득 채워지면 예언은 끝나야 하는 것이 아닌가(Müller 1986, 162f)?

마지막으로 동사 '하자' (*ḥāzāh*, 보다)가 언급되어야 한다. 이 동사는 민수기 24장 4절과 16절을 제외하고 모두 예언서에서 발견된다. 명사형 '호제' (*ḥōzeh*, 선견자)와는 상관없이 때로는 명사 '하존' (*ḥāzôn*, 환상)과 함께 나타나고 때로는 이 단어 없이 나타나기도 한다. 그것은 규칙적으로 하나님의 말씀의 수령, 즉 '예언자적 들음' 을 의미한다. 일련의 예언서에서 이 동사는 표제어에 등장한다(사1:1; 암1:1; 미1:1; 합1:1). 이때 이사야는 "환상" 을 "보고," 아모스는 "말씀들" 을, 미가는 "야훼의 말씀" 을, 하박국은 "경고의 말씀" (*maśśāʾ*)을 본다. 명사형 '하존' (*ḥāzôn*)은 이 동사 없이 오바댜 1장 1절과 나훔 1장 1절의 예언서의 표제어에 등장한다. 이사야서에는 동사 '하자' (*ḥāzāh*)가 표제어나 전환을 보여주는 주목할 만한 곳에서 나타난다(사2:1; 13:1). 다른 용례들은 이사야서나 에스겔서, 미가서, 스가랴서와 같은 책에서 몇 번 더 발견된다.

야훼께서 말씀하신다

'후기 예언자들' (이른바 문서예언자들)의 책에 전승된 예언자적 발언의 첫 문장은 구약성서 문학에서 결정적으로 중요한 기본요소를 표현한다. "야훼께서 말씀하신다"(사1:2). 예언서는 거의 대부분 발언만을 포함하고 있으며, 간간이 서사적인 본문으로 보충될 뿐이다. 이러한 발언의 대다수가 - 하나님이 직접 말씀하시든지 아니면 예언자가 하나님의 위임을 받아 전달하든지 상관없이 - 하나님의 말씀으로 표명된다.

거기서 예언자적인 자기이해의 기본전제가 표현된다. 예언자는 하나님께 '부름' 을 받았고, 하나님의 말씀을 전하기 위해 '파송' 되었다. 예레미야의 소명장면은 다음과 같다. "보라, 내가 나의 말을 너의 입에 두었다"(렘1:9). 이로써 예언자들은 신명기에 분명하게 표명되어 있는 바와 같이 모세의 후예로 서 있다. "내가 그들의 형제들 가운데서 너와 같은 한 예언자를 그들에게 (계속하여) 일으킬 것이다. 내가 내 말들을 그의 입에 두리라. 그리하면 그는 내가 그에게 명령할 모든 것을 그들에게 말하리라"(신18:18).

그러나 동시에 모세와 비교할 때 근본적인 차이가 드러난다. 모세가 받았던 하나님의 말씀들은 - 간단히 말해 - 분명하게 구분되는 두 개의 범주로 나눌 수 있다. 한편으로 모세는 하나님의 위임 속에서 특정한 사람에게 직접 말한다. 그의 소명으로 이스라엘 백성에게(출3장 이하), 출애굽을 하기 위한 투쟁에서 파라오에게(출5-11장), 금송아지와 관련된 논쟁에서 다시 이스라엘 백성에게(출32-34장), 그리고 광야유랑시의 다양한 상황 속에서(출16장 이하; 민11-14장 등) 직접 말한다. 그러나 모세가 전했던 하나님 말씀의 대다수는 지속적으로 효력을 가진다. 그것은 '모세의 토라'가 된다.

바로 여기서 예언자들은 모세와 근본적으로 구별된다. 그들은 유효성을 가지는 새로운 하나님의 계명이나 법령들을 선포하는 것이 아니다. 오히려 그들은 자신들의 말이 향하고 있는 이스라엘 백성과 함께 있다. 그들은 모두 모세를 통해 전달된 토라에 의해 정해진 공간 안에 서 있다. 그들은 특별한 하나님의 명령을 가지고 있다. 그 명령은 이스라엘이 하나님의 백성으로서 삶의 토대를 형성하는 방법을 끊임없이 기억하고 바른 길로 돌아오게 하는 것이다. 이것은 모든 예언자들에게 공통된 것이다.

개별적으로 보면 예언자들이 이러한 과제를 인지하는 방법과 방식은 매우 다르다. 그들 각 사람은 고유한 배경과 이력, 자신만의 경험을 가지고 있는 독립된 인격체이다. 여기에다가 각각의 예언자들이 활동하던 때의 정치적이고 종교적인 시대상황이 출현방식이나 메시지 내용에 지대한 영향을 끼친다. 그럼에도 불구하고 그들을 서로 연결해주는 것이 있다. 그것은 예언자들이 하나님의 말씀을 전달하면서 자신을 위임받은 자로서 인식한다는 사실이다.

예언자들이 그 말씀을 전달하다

예언자들이 하나님의 말씀을 어떻게 받는지, 그들이 받았다는 사실을 어떻게 확신하는지는 우리가 알 수 없다. 다만 가끔씩 개별 예언자들이 말씀을 받을 때의 경험과 느낌에 대한 통찰을 준다. 예레미야는 하나님의 말씀을 "삼켜버렸다"고 말하고(렘15:14), 하나님께서 그의 말씀이 예레미야의 입 안에서 불이 되게 하신다고 말한다(렘5:14), 에스겔은 하나님이 그에게 두루마리를 먹으라고 주셨으며, 그것이 그의 입에 꿀처럼 달콤하였다고 한다(겔2:8-3:3). 이러한 본문들은 그 과정을 회화적으로 표현하고 있으나, 현대 독자들에게는 '이해하기 더 좋은 것' 이 되지 못한다. 마침내 "내 말이 불 같지 아니하냐? 바위를 쳐서 부스러뜨리는 망치 같지 아니하냐?"(렘23:29)라는 말씀을 볼 때, 하나님의 말씀을 받고 전달하는 것이 예언자들에게 순수하게 지적인 업무와는 전혀 다른 것이라는 사실만이 분명해진다.

그러나 그들이 선포하는 말씀을 이전에 수여받은 하나님의 말씀으로 표시하는 것은 예언자들에게 중요하다(아래의 내용에 관하여 참조. 1983, 123ff). 그것은 예컨대, '전령형식구,' 즉 "야훼께서 이렇게 말씀하신다"는 말로 표시된다. 이것은 모세에게서 이미 발견된다(출4:22; 5:1; 7:17 등). 특히 예레미야에게서(렘2:5; 4:3, 27; 5:14 등), 심지어 예언자가 전하는 하나님 말씀의 표시가 된 에스겔에게서(겔2:4f; 3:11, 27)도 발견된다. 혹은 '말씀사건의 형식구,' 즉 "…때 야훼의 말씀이 임하니라…"(삼상15:10; 렘1:4, 11, 13 등; 겔6:1; 7:1; 11:14 등) 또는 종종 종결적인 형식구, "야훼의 발언"(n^{e}'*um jhwh*, 사1:24; 3:15; 렘 1:19; 2:3 등, 참조. 1954b)과 함께 볼 수 있다. 그러한 형식구의 출현은 개별적인 예언서에서 매우 상이하게 나타난다.

예컨대, 호세아서에서는 완전히 생략되어 있다. 반면 예레미야서는 매우 자주 발견된다. 이것은 무엇보다 이러한 예언자들의 말씀의 수집과 편집방식에 이유가 있으며, 예언자의 말씀을 이해하는 데에 어떤 근본적인 차이도 드러내지 않는다.

예언자들의 발언은 하나님의 말씀으로서 경험되고 전달된다. 이것은 예언자들이 완전히 새롭고 낯선 어떤 것을 가지고 대면한다는 사실을 의미하지는 않는다. 반대로 그들은 자신들의 고유한 생활 영역에서 직접 말한다. 그러므로 "너희들의 수많은 희생제물이 나에게 무슨 소용이 있느냐?"(사1:11)는 이사야의 수사학적 질문은 청중들이 실행하던 정기적인 제의관행을 암시한다. 그런 다음 예언자는 시선을 예상치 못한 방향으로 돌린다. "기도하기 위해 폈던 너희의 손에 피가 가득하다"(v.15). 그러므로 "너희는 씻고 스스로 깨끗케 하라… 선을 행하기를 배우고 공의를 찾으며… 압제당하는 자들을 구해주고, 아비 없는 자를 판결하며 과부를 위하여 변호하라!(v.15-17) 여기서 새롭고 예상치 못했던 것은 외견상 독립적으로 보이는 청중(혹은 독자)들의 두 가지 생활 영역 사이의 대조이다. 제의와 사회 공동생활, 특히 법적인 문제에 관하여 그렇다.

문서예언자들의 수집물의 첫 번째 장에서 나오는 이 사례는 여러 면에서 보아도 대표적이다. 청중은 자신들의 삶 속에서 해야 할 것이 무엇인지, 하지 말아야 할 것이 무엇인지 듣는 자이다. 이때 예언자적 비판의 전제조건은 청중이 이스라엘 공동체의 일원으로서 기대되는 바가 무엇인지를 알고 있는 것이다. 혹은 최소한 알 수 있거나, 알아야 하는 것이다. 예언자들은 이스라엘 백성의 행동을 위해 어떤 새로운 기준을 고안하지 않는다. 오히려 예언자들은 이스라엘 백성을 이 공동체에 적용하거나 여하튼 적용해야 하는 척도들을 가지고 평가한다. 이때 예언자들은 "옛 야훼 전승들로부터 단호하게" 출발한다. 그들은 '절대로 어떤 사회적 집단의 혁명적인 선포자들로서' 자신을 이해하지 않는다. 차차 우리는 그들이 하나님의 옛 법령을 어떻게 실행하는지를 볼 수 있게 된다(vRad 1965, 185).

그러나 이것은 제의나 혹은 사회적인 영역에만 적용되는 것이 아니다. 오히려 예언자들이 이스라엘의 역사적이며 종교적인 전통을 폭넓게 알고 있었고 청중도 이와 같은 지식을 가지고 있었던 것으로 전제한다는 사실이 드러난다. 이사야서 첫 장에서 소돔과 고모라의 언급(사1:9, 10)은 이러한 실례를 보여준다. 이것은 청중이 말하고 있는 전승을 알고 있다는 사실을 전제한다. 그러므로 많은 예언자에게서 이스라엘의 초기 전통들이(족장들, 출애굽, 광야생활, 가나안 정복 등) 상이한 방식으로 수용된다. 이러한 주제는 종종 매우 주관적으로 해석되고 각각의 논쟁적인 상황에 편입된다. 그러나 여기서도 마찬가지로 예언자들이 완전히 이스라엘 사회의 전통 안에 서 있다는 사실이 증명된다.

예언자들의 특별성은 다른 새로운 주제를 이끌어온다는 데 있지 않다. 다만 매우 일관된 방식으로 이스라엘의 기본적인 전통들의 유효성을 설득시키고 그들이 당면한 사회적 현실성을 측정하고 대면한다는 데 특별성이 있다. 또한 이러한 급진성은 그들을 계속해서 홀로 있게 만든다. 그럼에도 불구하고 그들은 '주변인' 이 아니다. 왜냐하면 그들은 바로 '밖으로부터' 가 아니라, '안으로부터,' 즉 이스라엘 종교의 중심으로부터 동료 이스라엘인들을 비판하기 때문이다. 그러나 이때 그들은 기본적인 전통 중 많은 것들에 새로운 강조점 혹은 새로운 해석을 제공한다. 이러한 점에서 예언자들의 말씀은 이스라엘의 종교적인 전승 가운데 완전히 독자적인 부분을 형성한다. 그러므로 오늘 우리 앞에 놓인 전승과정 전체를 고려해볼 때, 예언자의 소리는 더 이상 개별자의 소리가 아니라 전체 가운데 울리는 매우 중요하고 의미심장한 소리다.

예언자들의 말이 수집되고 해석되다

예언자들의 발언은 본질적으로 **선포된** 말이었다. 하지만 그것은 **기록된** 말씀으로 우리에게 전승되었다. 우리가 이러한 사실을 통해 알 수 있는 것은 예언자들과 그들의 말을 기록한 사람들에게 중요했던 것이 눈앞에 벌어지는 상황이나 예언자가 선포하는 당대의 상황을 넘어서서 그 말을 보존하고 전달하는 것이다. 이러한 사실을 이사야 8장 16-18절에서나 30장 8절에서, 또한 예레미야 36장의 이야기를 통해 알 수 있다. 이러한 본문에 따르면 예언자들의 말을 문서로 보존하고 전달하도록 동기를 유발시킨 것은 예언자 자신이었다. 여기서 분명해지는 것은 예언자들의 말의 효용성과 작용은 현재적 상황을 넘어섰다. 이로써 예언자들의 말의 기록과 수집, 그리고 계속되는 해석의 긴 여정이 시작된다. 그것은 마침내 광범위한 예언서(이사야, 예레미야, 에스겔)로 귀결되거나 12소예언서 안에서 예언문서의 의도적인 모음집의 형태로 나타나게 되었다(이것에 관하여 1권 예언서 부분을 참조하라).

최근에 들어서야 예언을 이해하는데 이러한 과정의 중요성이 분명하게 인식되었다(이 점에 관하여 무엇보다도 다음을 참조하라. Steck 1996). 이때 특히 중요한 것은 - 단지 가정적으로만 가능한 - 개별적인 예언자들의 '본래의 말' 과 후에 보충되고 개정된 것들 사이의 구별에 머물러 있는 것이 아니라, **하나의** 예언적 전통의 일부로서 예언자의 선포로부터 우리 앞에 놓인 본문의 최종형태에 이르는 전체 과정을 고찰하는 것이다. 우리는 이러한 과정을 '예언자적인 예언해석' (Prophetische Prophetenauslegung) 이라는 개념 아래에서 살펴볼 수 있다(Steck 127ff).

그러한 관점에서 볼 때 예언자들을 통해 이루어진 전통의 독립적인 획득과 속행에 관하여 이미 암시적으로 말한 바가 더 분명하게 드러난다. 예언자의 말이 해석적으로 전달되는 과정에서 예언자들 자신이 종종 자기 나름의 방식으로 수용하였던 전승된 전통은 계속해서 숙고되고 늘 다시 새롭게 해석되었다. 이때 종종 극적인 단절과 변경을 동반하는 변화하는 시대상황이 근본적인 역할을 했다. 무엇보다도 예언자의 말이 이러한 사건에 의해서 확증되는지 여부와 확증된다면 어떻게 확증되는지에 대한 물음이 고려되었다. 이때 한 가지 본질적인 사항은 이스라엘에 대한 하나님의 심판을 예고했던 예언자들의 선포는 확증되었던 경험이다. 그러나 자신의 백성과 함께하는 하나님의 역사는 끝나지 않았다는 확신이 이러한 선포와 결합되어 있다.

심판과 구원은 양극이다. 예언자적 선포는 이 둘 사이에서 오간다. 종종 양자택일의 모습으로 나타나지만 우리에게 전승된 예언서에는 순수한 '심판예언자들' 은 없다. 예컨대, 아모스와 같은 몇몇 예언자에게는 심판예고가 완전히 전면에 등장한다. 그리고 마지막 구원선포(특히 암9:11-15)는 위에서 간략하게 기술한 바와 같이 '수용사' (Rezeptionsgeschichte)의 과정에서(참조. Koch 1991, 223f) 예언자 아모스의 메시지에 대한 속행되는 해석으로 예언의 전체적인 맥락에서 표현되었다는 가정에 좋은 근거들이 된다. 다른 예언자들에게 있어서는 예언적 선포의 이런 두 가지 기본요소의 관계가 다소 명확하지 않다. 그들 가운데 몇몇은 자신의 백성과 함께하시는 하나님의 역사에 대한 관점이 그들 동시대 사람들과 당시 있었던 정치적 상황을 통해 그들의 메시지가 거부되는 경험으로 인해 변화되었다고 생각할 수 있다. 그러나 대립되면서도 서로 관련을 맺고 있는 심판과 구원의 선포는 구약 예언의 본질적인 특징에 속한다.

그러므로 예언은 그것 나름의 매우 독특한 특징을 가진다. 우리는 예언자들의 말과 그것으로부터 생겨난 수용사가 운동하고 있는 전통의 맥락이 구약성서 문헌의 다른 영역에서도 폭넓게 만나거나 거기에 뿌리를 두고 있다는 사실을 다시 한 번 상기할 필요가 있다. 이것은 특히 오경에 적용된다. 그러므로 우리는 어느 정도의 의미에서 하나의 독립적인 '예언 신학' (prophetische Theologie)에 대해서 말할 수 있다. 이것은 항상 다른 측면들과 종합적으로 고려되어야 하는 전체로서의 '성서 신학' (biblische Theologie)의 부분적 측면이다.

Theologie des Alten Testaments

B.XIV

이스라엘의 예배와 기도

이스라엘의 예배와 기도

시편은 독자들을 완전히 다른 삶의 영역으로 이끈다. 예언서에는 - 예언자들을 통해서 전달된 - 인간에게 말씀하시는 하나님의 말씀이 주를 이룬다. 그러나 시편에서는 그 방향이 정반대다. 인간이 하나님께 직접 말하거나, 하나님에 대하여 노래하고 기도하며 사색하면서 말한다. 시편은 '이스라엘의 응답'을 묘사한다(vRad 1962, 366). 그러므로 시편의 주제는 예언문학과는 달리 다양하다. 무엇보다도 시편에는 예언서에서 매우 중요한 역할을 하는 하나님의 요구를 동반한 비판적인 대결이 나타나지 않는다. 반대로 다양한 주제를 통해서 알 수 있듯 시편의 기도자들은 예언자들의 비판이 집중되는 그러한 부류의 사람이 아니다. 이러한 점은 제의적인 행동뿐만 아니라 사회정의의 영역에도 마찬가지로 적용된다(앞의 단락 XII의 '오직 한 분 하나님?'과 '공평과 정의'를 참조하라).

일부 시편은 예루살렘 성전에서 실행되었던 예배절차를 보여준다. 여기에 축제를 벌이고 기도하는 공동체가 모이고, 그들의 소리와 노래는 완전히 하나님을 향하고 있다. "감사함으로 그의 문에 들어가며 찬송함으로 그의 궁정에 들어가라"(시100:4). 찬양과 감사가 많은 시편들을 규정한다. 이때 그 시선은 매우 다양한 방향을 향하고 있으며 완전히 상이한 영역이 고려된다. 하나님은 "하늘과 땅을 지으신"(시115:15; 121:2 외 다수) 세계의 창조자로 찬양된다. 그분은 "하나님의 아들들"(시29:1) 가운데 홍수를 제압하시고(시29:10) 하늘에 좌정하고 계신다(시2:4; 11:4 외 다수). 그에 대한 찬양이 사람들에 의해서 멀리서부터 울려 퍼진다(시19:2-4[1-3]). 그러나 그분은 신들의 왕뿐 아니라 온 세상(시47:3[2])과 민족들의 왕(9[8]절)으로서 통치하신다. 특히 그분은 "큰 왕의 도성"(시48:2[1]f) 시온에 좌정하고 계시는 "우리의 왕"(V.7[6])이시다. 그러므로 예루살렘 성전의 예배는 하늘과 땅을 포괄하는 하나님의 왕적 통치를 칭송하는 곳이다.

일련의 시편들은 역사 안에서의 하나님의 행동에 집중한다. 이때 매우 다양한 강조점이 드러난다. 이스라엘 역사는 오직 하나님이 이스라엘에게 행한 '기적'의 역사(시105편)로서 하나님의 인도하심의 역사이다(시136편). 하나님이 모든 신보다 더 크신 분이라는 사실에 대한 증명으로서(시135편) 하지만 이스라엘 조상과 함께 시작되었던 범죄의 역사로서(시106편) 나타날 수 있다. 여기에 오경의 역사서술에 대한 긴장감 넘치는 전통이 반영되어 있다.

시편에는 축하하고 기도하는 공동체만 언급되지 않는다. 여기에는 개인적인 기도자의 목소리가 더 자주 나타난다. 이때 하나님이 "자신의 거처로 삼으신" 시온의 성전에 대한 강한 감정적인 관계가 드러난다(시132:13). 하나님이 시온을 사랑하셨기 때문이다(시78:68). 그러므로 시편 기자는 야훼 체바옷의 "거처들"에 대한 자신의 사랑(시84:2[1])과 "야훼의 궁정들"에 대한 열망(V.3[2], 참조. V.11[10])을 말한다. 그곳으로부터 하나님의 도움(시14:7; 20:3[2])과 복주심(시128:5; 134:3)이 임하기를 바라고 기도한다. 그리고 그곳에서 찬양과 서약을 그분께 드린다(65:2[1]). "바벨론 강가"에 앉아 있는 포로민들은 시온을 생각할 때 울 수밖에 없지만(시137:1), 시온에 오는 순례자들은 그곳에서 하나님을 '본다'(시84:8[7]).

많은 시편이 개인 기도자의 영적인 상황에 대한 통찰을 제공한다. 여기에는 탄식이 주를 이룬다. 시편에서 기도자가 자신들의 곤경을 표현하는 영역은 두 가지다. 첫째는 신앙적인 곤경들이다. 이것은 자기 자신에 대한 죄의식, 그리고 하나님이 멀리 계시다고 느끼거나 하나님으로부터 버림받았다는 감정에 의해서 생겨난다. 여기서 개인적인 경건에서 나오는 감동적인 표현이 발견된다(예컨대, 시22편; 51편). 둘째로 시편의 기도자는 자신들의 삶을 어렵게 만드는 '대적들'에 대하여 탄식한다. 여기서 이스라엘 사회의 골 깊은 분열이 인식된다. 이때 예언자들의 사회비판이 연상된다. 적들은 '악인들'(*rᵉšāʿîm*)인 반면, 시편의 기도자는 종종 '의인들'(*ṣaddîqîm*)로 지칭되는 핍박당하고 억눌린 자들이다(예컨대, 시7:10[9]; 31:18[17]f). 이러한 시편들에는 많은 것들이 상투적으로 표현되고 있어서 기도의 형식구로서 사용되고 있는 것이 아닌가 생각할 수 있다. 탄원시편의 반대가 감사시편인데, 이 시편들에는 기도자의 곤경이 극복된 형태로 다시 한 번 나타난다.

시편문학 가운데 이러한 발췌와 예들은 독자들도 완전히 고유한 삶의 영역과 관련되어 있음을 똑똑히 보여준다. 그러나 예언의 영역보다는 훨씬 낯설지 않다. 시편문학 역시 예언문학과 유사하게 다른 영역과의 분명한 결합이 인식된다. 그것은 무엇보다도 오경과의 연결이다. 그러나 모든 대립에도 불구하고 예언과의 관계 또한 분명히 찾을 수 있다.

Theologie des Alten Testaments

B.XV

이스라엘의 지혜

이스라엘의 지혜

끝으로 지혜적인 요소로 각인된 문헌들은 다시 한 번 완전히 다른 삶의 영역으로 인도한다. 독자들이 그것과 나머지 삶의 영역과 어떤 관계를 도출해내기는 쉽지 않다. 하나의 근본적인 차이가 다음과 같은 사실에서 보인다. 잠언에서는 '이스라엘' 이라는 낱말이 솔로몬 왕에게 이 책을 귀속시키는 표제어구 안에서 오직 한 번 발견될 뿐이다(잠1:1). 전도서에서도 마찬가지며(전1:12), 아가서에서도 이와 유사하다(아3:7). 욥기에서는 이스라엘이라는 이름이 완전히 빠져 있다. 이스라엘이 삶의 영역에서는 주제가 아니다.

지혜문학은 예언처럼 하나님으로부터 온 말씀이거나 시편처럼 하나님께 하는 말이 아니다. 그것의 주제는 사회적 관계 속에 있는 개인의 삶과 행동이다. 이때 구약의 지혜문학은 고대 중동의 주변세계에 있었던 비교할 만한 전통과 다양한 관계를 맺고 있다. 때로는 직접적인 종속관계에 있기도 하다(예컨대, 잠22:17-24:22). 지혜적 전승의 '삶의 자리' 는 한편으로는 도시적인 상황을 반영하고 있는 왕실의 영역이고, 다른 한편으로는 '부족지혜' (Sippenweisheit)라고 할 수 있는 농경적 공동사회의 요소도 포함한다. 교훈적인 특성이 다양하게 고찰된다(참조. 잠1:8ff). "지혜자의 말들" 이라는 표현 속에(잠1:6) 지혜교사의 모습이 분명하게 드러난다. 제사장과 예언자와 별도로 나타나는 "지혜자" 라는 명칭도 이같은 사실을 뒷받침한다(렘18:18).

그러나 지혜전통은 절대 '세속적인' 것만은 아니다. 잠언에서는 종종 하나님에 관하여 말한다. 이때 대부분 야훼라는 신명이 사용된다. 하나의 중심적인 문장은 다음과 같다. "야훼를 경외하는 것이 지혜의 시작이다" (이것은 상이한 표현들로 나타난다. 잠1:7, 9:10, 15:33). 여기서 하나님에 관한 언급이 이곳에서 기술되는 경험과 가르침의 의미에서 지혜와 관련되어 있다는 사실이 드러난다. 그것은 하나님이 기뻐하시는 삶에 관한 것이다. 이것에 어긋나는 것은 야훼께 "혐오스러운 것" 이다 (*tôʿēbāh*, 잠3:32; 6:16; 11:1 등).

지혜의 가르침에 따라 사는 사람은 '의인' (*ṣaddîq*)이라고 불린다. 또한 이러한 점에서 지혜문학은 자신만의 특성을 보여준다. 왜냐하면 의인을 형성하는 것에 대한 이해가 예언자나 시편이 보여주는 그림과 거의 일치하지 않기 때문이다. 지혜문학에서는 이 개념에 본래적인 의미에서의 종교적인 측면이 나타나지 않는다. 무엇보다도 지혜문학은 다음과 같은 양자택일의 분명한 사고에 의해서 각인되어 있다. 지혜의 가르침을 따르는 자는 의롭고, 그러지 않는 자는 '행악자' 또는 '악인' 이다(*rᵉšāʿîm*). 이 둘 사이의 대립이 잠언서에서 폭넓게 나타난다. 모든 것 이면에는 사람들의 행위와 그것으로부터 발생된 결과가 인과율의 관계로 서로 긴밀하게 연결되어 있다. 사람들은 이것을 '행위화복관계' (Tun-Ergehen-Zuammenhng; deeds-and-wellbeing relationship)라고 부른다(참조. Koch 1955). 분명 이 관계성은 하나님이 주신 것이다. 그러나 그것이 마치 법적인 효력을 가진 어떤 것인 양 이해된다.

이것이 비평의 촉발되는 지점이다. 지혜문학의 많은 표현 속에서 전제된 이러한 행위화복관계의 냉혹한 법칙성이 바로 그렇다. 높은 수준의 비판적인 목소리가 말로 표현되고 보존되었을 뿐만 아니라, 전수되었다는 사실은 구약성서 문학에서 가장 흥미로운 현상에 속한다. 욥기와 전도서가 그렇다. 무엇보다도 욥기에서 이러한 법칙의 유효성에 관한 논쟁이 극적인 형태를 띠고 나타난다. 이 논쟁은 무엇보다 욥의 '친구들' 이 자신들의 논거들 안에서 행위화복관계를, 말하자면 다른 끝으로부터 고찰하고 있다는 사실을 통해서 첨예화된다. 그들은 결과를 보고, 이 경우에는 욥의 고난을 보고 그 행동, 즉 '지혜' 의 규칙에 맞서고 있는 욥의 행위를 추론한다. 욥은 단순히 죄인**이어야만 한다.** 그렇지 않으면 그는 고난받지 않았을 것이다. 히브리성서의 독자들에게는 자기 스스로 이러한 질문과 논쟁할 수 있는 가능성이 있었다.

Theologie des Alten Testaments

B.XVI

이스라엘, 열방, 그리고 이방신

이스라엘, 열방, 그리고 이방신

열방들 가운데에 있는 민족 이스라엘

이스라엘은 항상 다른 민족들 가운데 있는 나라라는 사실을 의식하며 지내왔다. 그러나 이러한 의식은 다양한 시대와 변화하는 정치적 상황 아래에서 매우 상이하게 표현되었다. 히브리성서의 전체적인 묘사를 조망해볼 때, 몇 가지 중대한 전환점이 두드러지게 나타난다.

히브리성서는 처음에 홍수와 하나님이 노아와 맺은 언약 이후 세계에 넓게 퍼져 있는 열방세계의 그림을 보여준다. 이때 이스라엘에 관한 언급은 나타나지 않는다. 이스라엘 역사는 아브라함의 소명과 함께 시작된다. 말하자면 그것은 일반적인 인류의 역사로부터 성장한 것이다. 아버지의 집에서 나온 아브라함의 이주는 거대한 인류 역사 가운데 있는 세부사항이다. 열방에 관한 언급이 여기서는 아직 나타나지 않는다. 후에 가서야 비로소 이집트에서 종살이 하는 야곱의 후손들이 민족으로서 표현된다. 이로써 주변세계로부터의 구별이 생겨난다. 처음에는 이집트 사람뿐이다. 이야기의 상황 속에서는 물론 '이집트인들'(*miṣrajim*)이 항상 개인적인 특성 없이 언급된다. 이와는 반대로 이스라엘의 실질적인 상대자는 파라오다.

이스라엘이 약속의 땅과 만날 때 비로소 다른 민족들이 시야에 들어온다. 이러한 민족과의 관계에 대한 기록은 이스라엘 역사의 여러 국면에서 생겨난 다양한 전통과 기억을 반영한다. 요약하면 우선적으로 민족들을 두 개의 그룹으로 구분할 수 있다. 한 그룹은 그 땅에 정착하는 시대에 있었던 이스라엘의 이웃나라들이다. 무엇보다도 동방의 이웃나라였던 에돔, 모압, 암몬이 그들이다. 창세기는 세 나라와 친족적인 관계에 대해서 묘사하는 전승을 포함하고 있다. 모압과 암몬은 소돔이 멸망당한 뒤 롯으로부터 생산된 롯의 딸들이 낳은 아들들로 여겨진다(창19:30-38). 에돔은 야곱의 형 에서와 동일시된다(창25:30; 36:1 등). 이 전승에는 이웃관계에서 비롯된 근접성뿐만 아니라 긴장과 갈등도 함께 반영되어 있다. 그 나라들 가운데 일부는 이스라엘 백성의 가나안 정복 이전에 이미 존재했다(민20:14-21; 22-24장; 25:1-5; 신2:19, 37). 서쪽의 이웃나라는 블레셋인데(삼상4-6장 등), 그들은 다른 종족적 기원을 가지고 있다.

두 번째 그룹은 이스라엘이 그 땅을 차지하기 이전에 살던 거주민들이다. 그 땅은 '가나안 땅'이라 불린다(창11:31; 12:5 등). 아브라함이 도착했을 때 다음과 같이 말한다. "그때에 가나안 사람들이 그 땅에 살고 있었다"(창12:5). '가나안 사람들'이라는 것은 아마도 이스라엘이 있기 전, 이 지역에 살고 있었던 다양한 민족을 가리키는 집합적 개념일 것이다(그 외에도 그 땅 거주민에 대한 변화된 목록이 발견된다. 그곳에서는 가나안 사람들이 다른 민족과 나란히 언급된다. 창15:21; 출3:8; 신7:1 등). 가나안 사람들에 대한 이스라엘의 지위는 분명 부정적이다. 이것은 노아가 가나안을 저주하는 원역사까지 소급된다(창9:25).

그 이후에 다른 민족들이 시야에 들어온다. 이스라엘이 정치적으로 확고한 위치를 점하고 난 후 외교적인 관계와 갈등이 생겨난다. 이때 인접한 국가들 이외에 먼 주변세계의 더 큰 정치적 세력들이 중요한 역할을 한다. 첫째로 아람국가들(삼하8:3-8; 왕하16:5 등), 앗수르 제국(왕하15:19f, 29 등), 그리고 짧은 시기 동안 이집트가 활약한 후(왕하23:29, 33-35; 24:7) 바벨론(왕하24:10-17; 25장)이 그러한 역할을 한다. 끝으로 고대 중동의 세력 판도는 다시 바뀌고, 이스라엘(또는 유다)은 페르시아의 지배 하에 놓이게 된다(대하36:22f; 스1ff).

이스라엘 역사에 대한 개략적인 고찰은 다양한 민족들에 대한 이스라엘의 관계가 매우 상이하게 나타났어야 했다는 사실을 분명하게 보여준다. 거대한 민족들, 특히 앗수르와 바벨론은 우선 위협적이다. 후에 작은 유다 제국은 페르시아의 지배에 합의하는 것을 이해한다. 근접한 이웃과 가나안 사람들과의 관계는 이중적이었다. 한편으로는 그들과 상이한 방식으로 진행된 전쟁을 통한 분쟁이 계속해서 있어 왔다. 그러나 다른 한편으로는 더 크게 작용했던 근접성이 문화적, 특히 종교적 영향을 서로 주고받게 했다. 이러한 것들이 히브리성서의 전승 안에서 다양한 방식으로 기록되어 있다.

특히 그 땅의 거주자들과의 관계는 위험한 것으로 간주된다. 왜냐하면 밀접한 관계는 결혼을 초래할 수 있고, 그것으로 인해 다른 민족들의 제의에 참여할 수 있기 때문이다. 그래서 토라에는 그 땅의 거주민들과 "계약"을 맺는 것이 여러 차례 금지되어 있다(출23:32; 34:12-16;

신7:2-5). 이로써 요구되는 사회적 구분은 명백히 종교적인 이유에서 비롯된 것이다.

이스라엘과 이방 민족들의 신들

십계명에서는 다음과 같이 언급된다. "너는 나 외에 다른 신들을 두지 말라"(출20:3; 신5:7). '다른 신들' 은 무엇보다도 "너희를 둘러싸고 있는 민족들의 신들"(신6:14; 13:7f; 삿2:12)이다. 그들은 한 분 하나님만을 섬기는 것에서 이스라엘을 이탈하게 만드는 첫 번째이자 직접적인 원인으로서 여겨진다. 민수기 25장 1-5절에서 이러한 위험이 어떻게 현실화될 수 있었는지 생생하게 묘사된다. 모압인들과의 첫 번째 만남은 성적인 접촉으로 이어졌고, 공동식사와 모압신들에 대한 경배가 포함된 모압인들의 제의적인 행사에 이스라엘 백성이 참여하게 된다. "그리고 이스라엘이 바알브올에 가담하였다"(V.3).

여기서 가나안신 바알에 대해 처음으로 언급된다. 사사기에서는 매우 일반적으로 말한다. "이스라엘 자손이 야훼의 목전에 악을 행하였고 바알들을 섬겼다. 이집트 땅에서 그들의 조상을 인도하여 내신 그들 조상의 하나님 야훼를 버리고 다른 신들, 즉 그들 주위에 있는 백성의 신들을 좇아 그들에게 절하였다"(삿2:11f). 바알이라는 이름은 일반화된 복수의 형태로 나타나는데, 그 안에는 '다른 민족들의 신들' 이 함께 고려된다. 더 구체적인 경우는 사사기 6장 25-32절에서 기드온은 그의 아버지의 바알제단을 부수어 버린다. 여기서 하나의 그림을 보여주는데, 이스라엘 백성 중 일부는 바알 숭배자들이다. 이 이야기는 이 시대에 이스라엘 백성과 가나안 사람들 사이에 구별할 수 있는지 여부와 구별할 수 있다면 어떻게 할 수 있는지에 대해 말해주지 않는다. 그러나 분명한 것은 바알에 대항하는 싸움은 이스라엘 하나님의 위임과 이름으로 수행되고, 그것이 이스라엘의 정체성을 형성하는데 결정적으로 작용한다는 점이다. 바알 숭배와 이스라엘은 서로 양립할 수 없다.

바알 제의에 대한 논쟁적이고 적대적 입장은 바알 예언자들에 대한 엘리야의 논쟁(왕상18장)과 뒤이어 예후가 엘리사의 명령을 받고 수행하는 오므리 왕조의 제거(왕하9장 이하)에서 더욱 뚜렷하게 나타난다. 이스라엘 백성과 가나안 사람들을 여전히 종족적으로 구별할 수 있는지 여부에 대한 질문은 열린 채 남겨져야 한다("만일 도대체 그것이 가능한 일이라고 한다면," Donner 1984/86, [2]1995, 293). 그러나 분명한 것은 바알 제의와의 논쟁이 이스라엘 종교와 사회의 핵심적인 문제라는 사실이다. 바알은 이스라엘과 마주 보고 있으며 싸워야만 하는 '다른' 민족의 신이다. 유다에서는 바알 숭배가 특히 아달랴의 찬탈에 의한 통치(왕하11장)와 관련하여 언급된다. 여기서도 역시 바알 제의는 아달랴가 그의 가족에게서 가져온 가나안 전통으로서 나타난다(왕하8:26f). 이것이 유대 백성들에게서 호응을 얻었는지, 호응을 얻었다면 얼마나 얻었는지 그 여부에 대해서는 본문에서 알아낼 수 없다. 어쨌든 아달랴의 통치에 대한 반대운동은 야훼의 제사장 여호야다로부터 시작되었고 바알 제의 요소들의 파괴에서 끝을 보았다(왕하11:18). 그 후 바알 숭배는 므낫세의 제의적인 '역(易) 개혁' (Gegenreform, 왕하21:3)과 요시야를 통한 중지(왕하23:4f)의 상황 속에서 다시 한 번 언급된다.

그러나 '다른 신들' 은 언제나 다른 민족들의 신들로 이해된 것은 아니다. 이스라엘 백성과 가나안 사람 사이를 구별할 수 있는지 여부와, 구별할 수 있다면 얼마 동안이나 구별할 수 있는지에 대한 물음은 줄곧 의문시되었다는 점을 이미 언급한 바 있다. 예언자들 가운데 이스라엘이 다른 신들에게로 돌아선다(렘1:16; 7:6, 9, 18 등)고 상세하게 그리고 끊임없이 탄식한 사람이 특히 예레미야다. 그는 계속된 바알 숭배에 대해서 말한다(렘2:8; 7:9; 11:13 등). 예레미야의 역사인식에 의하면 이 모든 것은 이미 이스라엘이 하나님에 의해 약속된 땅으로 들어감과 동시에 시작된다(렘2:5-8). 그러나 다른 민족들이 그것에 대한 책임을 지는 것은 아니다. '가나안의' 전통은 오래전부터 자신들의 종교적 관념들의 요소가 되었다. 그러한 관념들이 야훼 숭배와 갈등관계에 있게 했다.

특정한 진술은 이러한 정황에 부합한다. 그 진술들은 다른 민족들의 종교 속에 있는 위험성을 볼 뿐만 아니라, 독립적인 전통으로서 존중한다. 특히 미가 4장 5절의 진술이 인상적이다. "모든 민족들이 각자 자기 신의 이름으로 행할 것이다. 그러나 우리는 우리 하나님 야훼의 이름으로 영원 무궁토록 행할 것이다." 우리는 이 문장을 상이한 강조점을 가지고 읽을 수 있다(참조. Wolff 1982, 94; Kessler 1999, 187f). 이 문장은 다른 민족들이 자신의 신들을 숭배하는 것에 대한 비판 없이 용인된다. 우리는 또한 요나서의 말씀을 이것과 나란히 놓을 수 있다. 선원들이 곤경 가운데서 "각자 자기의 신에게" 부르짖는다(욘1:5). 신명기의 진술이 더 근본적이고 포괄적이다. 이스라엘은 태양, 달, 별들과 하늘의 모든 천체에게 절하지 말아야 한다. 왜냐하면 하나님이 그것들을 "모든 하늘 아래 있는 모든 다른 민족들에게 배정하셨기"(신4:19) 때문이다. 이러한 진술들은 이스라엘의 종교적 분쟁이 내부의 분쟁이 되었고, 따라서 다른 민족들의 종교를 존중할 수 있는 가능성이 줄곧 있었음을 보여준다.

그러나 포로기 이후 귀환공동체의 상황에서 이스라엘이 그 땅의 민족들과의 첫 번째 만남에서 직면했던 문제가 다시 한 번 새로운 빛 안에서 드러난다. 이스라엘이 아닌 주민들과의 긴밀한 접촉은 수많은 통혼의 결과를 낳았다. 에스라가 예루살렘을 방문했을 때 이것이 공개적으로 알려지고, "그 땅들의 백성들"과 혼인하지 말라는 토라의 계명에 대한 위반으로 기술된다(스9장, 참조. 출34:16; 신7:3). 그러나 이때 강조점이 달라진다. 이것은 다른 신들의 예배에 관한 문제가 아니다. 오히려 문제가 되는 것은 "그 땅들의 백성들"과 "거룩한 씨"(스9:2, 단수로 표현되어 있다)와의 혼합이다. 다시 말하면 그것은 '골라'(Golah), 즉 귀환공동체의 정결유지에 관한 문제다. 그러므로 다른 신들을 숭배하는 것에 대한 금지는 비(非)이스라엘적인 주변상황에 흡수되기 전에 작아진 민족의 유지를 위한 사회적 조건으로 첨예화된다. 이 문제는 말라기에서도 표면화된다. 그러나 여기서는 종교적인 동기가 더 강하게 강조된다. 말라기는 이스라엘 백성이 "이방신의 딸"(말2:11)과 결혼한다고 비판한다. 물론 여기서도 이러한 이방신 숭배에 대한 비판이 분명하게 드러나 있는 것은 아니다.

신들이 존재하는가?

히브리성서에서 다른 신들에 대한 언급이 나타날 때 무엇을 의미하는가? 다른 신들이 있단 말인가? 이 질문에 대한 답변이 가장 명백하게 나타나는 곳이 이사야서의 두 번째 부분, 이사야 40-55장이다. “나는 처음이요, 나는 마지막이라. 나 외에 다른 신이 없느니라”(사 44:6). 우리는 이것을 다음과 같이 번역할 수 있다. “나 외에 신이 존재하지 않는다.”

이러한 입장은 바벨론 포로 시기에 매우 단호하고 발전된 형태로 우리와 마주치게 된다(참조. Hermisson 2000). 그러나 히브리성서에서는 이보다 훨씬 이른 시기에 동일한 관점을 보여주고 있는 많은 본문들이 있다. 우리는 사사기 6장 25-32절의 기드온 이야기를 이끌어올 수 있다. 그 이야기에서 유추할 수 있는 것은 기드온의 아버지 요아스가 설화자의 견해를 표현하고 있다는 사실이다. “만일 바알이 신이라면, 누군가가 그의 제단을 헐어냈으니 그로 자신을 위해 다툴 것이니라”(V.31). 그러나 바알은 반응하지 않는다. 왜냐하면 신이 아니기 때문이다.

예언자 엘리야 시대에 커다란 논쟁에서 문제가 된 것은 단지 ‘이스라엘이 어떤 하나님을 섬겨야 하는가’ 만이 아니라, ‘누가 하나님**이신가**,’ 즉 야훼가 하나님이냐 바알이 하나님이냐의 문제도 포함되었다. “야훼가 만일 하나님이시라면 그를 따르고, 바알이 만일 하나님이라면 그를 따를지니라”(왕상18:21). 그리고 다시 한 번 말한다. “불로 응답하는 신 그가 하나님이시다”(V.24). 이 이야기는 바알이 신이 아니라는 것을 인상 깊게 증명한다. 왜냐하면 바알은 그 증거를 보여주지 못했기 때문이다. 이때 언어적인 표현 자체에서 양자택일의 상황이 명백해진다. 오직 하나가 ‘**그** 신’(*hā’elohîm*)일 수 있다. ‘신들’ 이라는 복수형태는 있을 수 없다.

호세아는 이스라엘 백성이 다른 신들을 섬긴다는 사실에 대해 상세하게 말한다(호3:1). 그는 그것들 역시 "바알들"이라고 부른다(호2:15[13]; 11:2; 13:1에서는 단수로). 그러나 그는 "바알들"을 손으로 만든 "우상들"(호8:14; 13:2)과 "형상들"(호11:2; 참조. 호13:2)이라고 말한다. 이스라엘이 "나무"와 "막대기"(호4:12)에게 의견을 묻는다고 조롱하듯이 말한다. 그는 이러한 상황을 다음과 같은 말로 대비시킨다. "그러나 나는 이집트 땅에서부터 야훼 너의 하나님이라. 너는 나 외에 어떤 신도 알지 말지니라. 이는 나 외에는 구원자가 없음이니라"(호13:4). 호세아의 견해에 따르면 다른 신들이 '존재'하지 않고, 다만 야훼 한 분밖에 없다는 사실이 아주 명백해진다. 예레미야의 경우에는 다른 신들이 애초부터 "그들 자신의 손으로 만든 것들"(렘1:16)로 묘사된다. 그것들은 오이 밭의 허수아비와 같은(렘10:5) 나무와 돌일 뿐이다(렘2:27; 3:9). 그들은 "헛된 것"(*hebel*, 렘2:5; 8:19; 10:3, 15 등)이며 신들이 아니다(렘2:11; 5:7; 16:20). 에스겔은 이방신들을 심지어 "신들"이라는 명칭도 쓰지 않고 "우상들"(*gillûlîm*, 겔6:4-6, 9, 13; 8:10 등), "혐오스러운 것들"(*šiqqûṣîm*) 또는 "가증한 것들"(*tô*ʿ*a*bôt*, 겔5:11; 7:20; 11:18, 21 등)이라고 말한다.

이사야 40-55장에서는 이것이 더 광범위하고 회화적으로 전개되어 있다. 이사야 44장 6절은 이미 인용되었다. "나는 처음이요, 나는 마지막이라. 나 외에 다른 신이 없느니라"(사44:6). 반복하여 말한다. "나 외에 다른 이가 없다." "나는 야훼요 아무도 다른 이가 없나니, 나 외에 다른 하나님이 없느니라"(사45:5). "내 앞에 지음을 받은 하나님이 없었으며 내 뒤에도 없으리라"(사43:10, 참조. 사45:14, 21, 22; 46:9). 이 진술은 구체화된다. "나는 공의의 하나님이며 구원자라. 나 외에 다른 이가 없느니라"(사45:21). "땅 끝에 있는 모든 자들아, 나를 쳐다보고 구원을 받으라. 이는 내가 하나님이요, 다른 이가 없음이니라"(사45:22). 야훼는 그 자신이 하나님 되심을 증명한다. 왜냐하면 유일한 분으로서 그만이 도움과 구원을 베푸실 수 있기 때문이다. 그리고 마침내 다음과 같이 말씀하신다. "나는 야훼요, 아무도 다른 이가 없느니라. 나는 빛도 짓고 어두움도 창조하며, 나는 평안도 만들고 악도 창조하나니 나는 이 모든 일을 행하는 야훼니라"(사45:6b, 7). 우리가 그분 외에 다른 어떤 것에 책임을 물을 만한 것이 없다. 심지어 어둠과 악까지도 그렇다. 그러므로 유일하신 하나님은 다른 것과 비교할 수 없다. "거룩하신 이가 말하노라. 그런즉 너희가 나를 누구에게 비기며 또한 내가 누구와 동등하게 되겠느냐?"(사40:25) 그 근거는 다음과 같다. "너희는 눈을 높이 들어 누가 이것들을 창조하였으며 그들의 군상들을 수효대로 이끌어 내셨는지 보라. 그가 그들의 이름을 모두 부르신다"(V.26). 심지어 천체들, 즉 가장 높은 것으로 생각할 수 있는 '신들' 도 그분의 피조물이다. 가공의 법정논쟁에서(사41:21-29) 다른 신들은 아무것도 할 수 없음이 증명된다. 대답조차 하지 못한다. 그것들은 "공허한 것들" 이다(V.24, 29).

따라서 '제 2이사야' 가 서술하고 있는 바는 전혀 새로운 것이 아니다. 초기의 본문들에서도 역시 이러한 본문들의 저자가 다른 신들의 '존재' 를 인정했다는 사실이 어떠한 암시에서도 나타나지 않는다. 이 논쟁은 이스라엘이 이 하나님을 섬겨야 하는가 아니면 다른 하나님을 섬겨야 하는가의 문제가 아니다. 그것은 이스라엘이 이 **한 분** 하나님에 대한 섬김을 고수할 것인가에 관한 문제다. 이분 외에 다른 신들은 없고 있을 수도 없다. 이스라엘이 늘 다시 그리고 매우 극렬하게 서 있는 이 투쟁에서 문제가 되는 것은 단지 그 점뿐이다.

분명 우리는 제의적으로 다른 신들에게 향했던 이스라엘 백성이 어떤 의미에서 이러한 이름을 받을 만한 신들이라고 간주했다는 사실을 전제할 수 있다. 그리고 이러한 심상들을 더 정확하게 연구하는 것은 종교사적인 관심에 의해서 가능할 것이다. 그러나 이스라엘에서 어느 시기에 어떤 '다른 신' 이 이스라엘의 하나님으로서 간주되었을 것이라는 어떠한 암시도 없다. 오히려 본문들에서 오해의 여지없이 유추될 수 있는 사실은 "이스라엘은 야훼에 의해 정의된다"(Hermisson 2000, 111)는 문장이 오래전부터 유효한 것으로 간주되었다는 점이다.

이스라엘의 하나님과 열방들

우리는 처음으로 돌아간다. 이스라엘은 처음부터 열방 가운데 있는 하나의 백성이다. 아브라함의 소명은 한편으로는 열방으로부터 구별해내는 것이었다. 그러나 다른 한편으로는 열방들과 함께 조망된다. "네 안에서 땅의 모든 족속들이 복을 받을 것이라"(*w^e nibr^e kû*, 창12:3, 이 구절의 번역에 관하여 참조. Westermann 1981, 175f). 이 약속은 창세기 26장 4절에서 (약간 다른 표현을 통해) 이삭에게 주어지고, 28장 14절에서는 야곱에게 주어진다.

열방이 이스라엘의 하나님과 특별한 관계가 될 것이라는 사고는 히브리성서에서 자주 나타나는 것은 아니지만 분명하게 표명된다. 그러므로 우선 다양한 상황에서 다른 민족들의 한 사람이 이스라엘의 하나님을 인정하고 그분께 자신의 신앙을 고백한다는 사실이 언급된다. 여기서 우리는 모세의 장인이었던 미디안 제사장 이드로를 언급할 수 있다. 그는 이렇게 고백한다. "이제 내가 야훼께서 모든 신들보다 위대하심을 안다"(출18:11). 다른 예는 아람 사람 나아만이다. 그는

"내가 이제 이스라엘 외에는 온 세상에 하나님이 계시지 않음을 알았다" 고 고백한다(왕하5:15). 솔로몬의 성전 봉헌기도에서는 이방인들 역시 이스라엘의 하나님에게 경배하기 위해 성전에 오게 될 것이라는 사고가 독립된 단락을 통해 표명되고 있다(왕상8:41-43). 솔로몬은 하나님에게 이방인들의 기도를 들어줄 것을 간구한다. 그러면 "땅의 모든 민족들이 당신의 이름을 알게 될 것입니다"(V.43). 성전 봉헌기도 말미에서 다시 한 번 다음과 같이 말한다. "땅의 모든 백성으로 야훼께서 그 하나님(*hā'elohîm*)이시며 그분 외에는 없는 줄을 알게 하소서"(V.60). 이사야서의 세 번째 부분의 첫머리에 있는 본문이 이스라엘의 제의에 참여하는 이방인들에 관하여 말한다. 여기서 야훼께 연합한 이방인에게 제의공동체의 완전한 일원임이 약속된다(사56:3, 6f). 그러나 문제가 되는 것은 이스라엘과 함께 공동체를 이루며 제의에 참여하고 싶은 비이스라엘인이 문제다. 그러나 이 단락은 그것을 훨씬 능가하는 문장으로 끝이 난다. "왜냐하면 내 집은 만민을 위한 기도의 집이라 일컬어질 것이기 때문이다"(V.7).

예언서에서 열방이 이스라엘의 하나님에게로 향하게 될 것이라는 언급이 두 번에 걸쳐 전승된 약속에서 나타난다. "말일"(末日)에 열방이 이스라엘 하나님의 "길들," 즉 토라를 배우려고 시온으로 몰려올 것이다(사2:2-5; 미4:1-5). 이 기대는 시편 102편 22[21]f절에서 메아리친다. "야훼의 이름을 시온에서, 그의 찬양을 예루살렘에서 선포하기 위함이니, 그때에 백성들과 왕국들이 함께 모여서 야훼를 섬기리로다." 시편 22편 28[27]절도 유사하다. 스바냐는 하나님이 "열방에게 순수한 입술을 주어 그들이 모두 야훼의 이름을 부르며 한마음으로 그를 섬기게 할 것"(습3:9)을 기대한다. 스가랴서에서도 유사하다. "그날에는 많은 민족들이 야훼께 합류하여 내 백성이 되리라”(슥2:15[11], 참조. 슥8:20-22; 14:16). 이러한 기대는 다음과 같은 관용구를 통해서도 표현된다. “이는 해 뜨는 데부터 해 지는 데까지 내 이름이 이방인들 가운데서 위대하게 될 것이기 때문이라”(말1:11, 참조. 사45:6; 시113:3).

> 한 가지 매우 독특한 미래에 대한 기대가 이사야 19장 16-25절에서 발견된다. 이집트가 야훼와 고유한 관계를 맺게 되고, 그런 다음 앗시리아와도 연결된다. 그리고 하나님이 복주신 공동체가 이집트와 앗시리아와 이스라엘 사이에서 이루어질 것이다. 이집트에서 “가나안 방언”으로 말하며(V.18) 그곳에 야훼의 제단이 세워진다(V.19)는 언급이 있을 때, 그 뒤에는 분명 포로 후기 이집트에서 살고 있는 유다인들의 경험과 희망이 있다. 그러나 기대감은 히브리성서에서 오직 이곳에서만 나타난다.

여기에 수집된 본문들은 이스라엘과 함께하신 하나님의 그 역사의 초기로부터 후기에 이르기까지 히브리성서에서 진행되고 있는 하나의 노선을 보여준다. 그러나 이 본문들은 전체 그림을 보여주지는 않는다. 그것이 특정한 개인이든 열방 전체이든 상관없이 열방에 대한 하나님의 관계가 매우 비판적으로 언급되어 있는 본문들도 많이 있다. 때로는 우리가 이러한 관계를 공격적인 것이라고 표현할 수 있다. 이러한 점은 예언서에서 특히 일련의 ‘열방예언’에 적용된다. 이 점에 관하여 필자는 예언서에 관한 논의에서 말했던 바를 반복하고자 한다. 이사야서에 나타난 열방예언의 첫 번째 큰 단락은(사13장 이하) 이러한 본문들에서 다루어지고 있는 문제가 무엇인가를 보여준다. 하나님은 이스라엘의 교만에 맞서듯이 자신을 거부하는 모든 민족과 나라의 교만에 맞서신다(사2:12ff). 그러므로 이러한 본문을 다른 민족들에 대한 하나님의 심판이 이스라엘에게는 구원을 의미한다고 해석하는 것은 잘못된 것이다. 왜냐하면 이스라엘은 이러한 본문들에서 종종 완전히 배경으로 물러나 있기 때문이다(이 점에 관하여 참조. Hamborg 1981).

그러므로 히브리성서의 저자들이 열방에 대한 하나님의 관계에 대하여 그리고 있는 그림은 전혀 통일된 것이 아니다. 이것은 의심의 여지없이 변화하는 정치적인 상황에 그 주된 근거가 있다. 그러한 상황들로부터 이 본문들은 기록되었고, 같은 상황에서 전승되었다. 이러한 본문들은 '열방 가운데 있는 백성으로서' 변화하는 이스라엘의 상황을 반영한다.

Theologie des Alten Testaments

B.XVII

이스라엘은 자신의 역사를 어떻게 보는가?

이스라엘은 자신의 역사를 어떻게 보는가?

역사 개관들

"구약성서는 하나의 역사책이다." 종종 인용되는 폰라트(G. von Rad)의 문장(1952/53, 23=278)은 뒤이어 계속되는 문장과 함께 읽혀져야 한다. "구약성서는 세계창조에서부터 인자의 오심에 이르기까지 하나님의 말씀에 의해서 작용된 역사를 기술한다." 구약성서에서 역사는 자기 자신의 목적을 위해서 서술되지 않는다. 또한 일반적으로 현대적인 역사적 사고에 상응하는 가정과 의도를 가지고 보도되지도 않는다. 따라서 구약 시대의 이스라엘 역사에 대한 재구성은 현재 논쟁의 여지가 있는 학문적인 토론에서 매우 분명하게 드러나는 것처럼 조건부로 가능할 뿐이다.

하지만 구약 신학의 틀 안에서 추구하는 바는 그러한 재구성의 시도가 아니라, 역사에 관해 말하고 있는 성서본문들의 진술에 대한 묘사이며 해석이다. 저자나 그것을 말로 표현한 사람들이 그것들을 어떻게 경험했고 어떻게 해석하고 있는지를 말하는 것이다. 따라서 이러한 본문에서 중요한 것은 역사경험과 역사에 대한 성찰이다. 달리 말하면 그것은 언제나 **서술된**(erzählte) 역사에 관한 것이다. 이때 서술은 역사의 경험과 역사에 대한 성찰에 표현을 제공한다.

> 영어권에서는 **역사**(history, 실제로 일어난 일)와 **이야기**(story, 경험되고 서술된 역사)를 구분하기 위한 흥미로운 시도가 있었다. 그러나 독일어에서는 이러한 구분이 더 이상 허용되지 않는다(독일어 Geschichte는 역사와 이야기 모두를 의미한다 - 역자 주, 참조. Barr 1967, 동저자, 1999, 345-361; Ritschl/Jones 1976).

오경에서는 세계와 인간의 시작들로부터 인류 역사상 첫 번째 재앙을 넘어서서 아브라함의 선택, 아브라함 후손들의 이집트로의 이주, 그곳에서의 기적적인 이끌어내심, 시내 산에서 있었던 이스라엘과 하나님과의 근본적인 만남, 그 후 약속의 땅 경계에 이르기까지의 유랑의 역사가 서술된다. 이러한 방대한 맥락은 자신의 역사와 그것을 포괄하는 세상과 함께하시는 하나님의 역사에 대한 다양한 전통과 상이한 경험이 함께 성장하고 숙고된 결과다. 이때 두 가지 점이 특히 주목된다. 첫째로, 이스라엘은 자신의 역사를 역사 자체의 시작으로 보지 않는다는 점이다. 반대로 말하면, 이스라엘의 역사는 인류의 일반 역사로부터 자라난다. 아브라함이 아버지의 집을 떠난 것은 거대한 인류 역사 가운데 있는 하나의 세부사항이다. 하지만 이제부터는 묘사의 초점이 여기서 시작되는 사건에 모아진다. 둘째로, 오경의 거대한 신학적 구도는 이스라엘이 그들의 땅에 정착하기 전 시기의 역사만을 다루고 있다는 점이다. 포착 가능한 정치적 세력으로 이스라엘 백성의 진정한 역사는 그 이후에 시작된다.

이어지는 전기 예언서들에서는 그 땅을 차지하는 때부터 시작하여 왕정의 종말과 백성의 일부가 바벨론의 포로로 끌려가는 시기에 이르는 이스라엘의 역사가 기술된다. 하지만 기술방식은 오경과 매우 다르다. 여러 차이가 있기는 하지만, 오경은 언제나 하나님에 의해서 작용된 역사, 혹은 하나님과의 관계 속에서 직접적으로 고찰되고 기술된 역사를 다룬다. 이와는 달리 이어지는 책들에서는 역사가 상당히 '세속적' 인 방식으로 기술된다. 따라서 우리는 그것으로부터 구간별로 현대적인 의미에서 '이스라엘의 역사' 를 재구성할 수 있다. 하지만 이러한 역사는 여러 차례 예언자들에 의해서 동반된다. 때로는 그것이 능동적 협력의 형태 - 특히 사무엘을 통해서(삼상 8-16장) 그리고 방식은 다르지만 엘리사를 통해서(왕하9장) - 로, 때로는 그것이 앞서거나 동반되어 나타나는 신적 의지의 해석을 통해서 나타난다. 게다가 왕들의 역사는 현재적인 본문의 상황에서 계속해서 신학적 평가를 받는다. 따라서 여기서도 그러한 기술이 순전히 세속적이라고는 결코 말할 수 없다.

후기 예언서들에서도 매우 다양한 관점으로 역사를 말한다. 이스라엘의 선택과 거부 사이의 긴장 안에 있는 지금까지의 역사, 배반과 하나님의 징벌경험의 계속으로서 이해되는 현재의 역사, 새로운 미래에 대한 희망과 기대에서 아직 실현되지 않은 역사에 관하여 말하고 있다. 끝으로 많은 시편 가운데에서도 역사는 하나의 중심주제다. 이때 역사의 기술과 관련하여, 즉 그 역사의 시작뿐 아니라 그 역사의 진행과 이스라엘 자신이 역사 안에서 수행했던 역할과 관련하여 매우 다양한 개념과 강조점이 예언자들보다 더욱 분명하게 나타난다. 히브리 성서에서 오직 몇몇 책들에서만 역사가 특별한 역할을 하지 않는다.

물론 예언서보다도 시편들에서 이스라엘 역사에 대한 고찰과 기술에 관한 매우 상이한 접근들이 더 많이 발견된다. 이때 중요한 점은 이스라엘 역사의 기술이 어디서 출발하느냐 하는 문제다. 그러나 역사의 진행 역시 매우 상이하게 기술된다. 특정한 시대나 사건은 강조되거나 다른 것들보다 더 상세하게 다루어지고 해석된다. 이때 역사의 기술이 어느 지점까지 진행되고 있는가의 문제도 중요한 역할을 한다. 마지막으로 기술된 전체의 역사에 대한 해석과 평가에도 근본적인 차이가 있음을 보여준다. 이러한 문제는 이어지는 단락에서 다루어질 것이다.

이스라엘의 역사는 어디에서 시작되는가?

오경의 거대한 역사개관은 창조와 함께 시작된다. 그러나 이러한 기술의 시작이 다른 본문에서는 매우 드물게 나타난다. 시편 136편은 "홀로 큰 기이한 일들을 행하시는" 하나님에 대한 찬송시적인 찬양으로 시작되며(V.1-4), 이러한 일들 중 첫 번째 행동을 창조라고 말한다. 이때 시편 기자는 창세기 1장에서 표현을 빌려온다(V.5-9). 그후 갑작스러운 변화 속에서 "이집트의 장자를 치셨고, 그들 중에서 강한 손과 편 팔로 이스라엘을 인도하여 내신 이"(V.10-12)라고 말한다. 하나님의 능력 있는 행위에 관한 것이다. 이것은 이어지는 사건들에서도 마찬가지로 나타난다. 홍해를 가르시고(V.13-15), 광야에서 이스라엘을 인도하시며(V.16), 적대적인 왕들을 이기게 하셨으며(V.17-20), 이스라엘에게 땅을 기업으로 주셨다(V.21f)는 점에서 나타난다. 마지막 문장은 하나님의 백성("우리," V.23f)과 창조세계 전체("모든 육체", V.25)를 도우시고 돌보시는 하나님에 대한 찬양을 일반화하고 있다. 이스라엘의 역사는 창조주 하나님의 경이롭고 강력한 행동의 중요한 일부다.

느헤미야 9장 6-37절에 있는 거대한 참회의 기도에서 드러나는 역사에 대한 시각은 완전히 다르다. 병행구조로 작성된 두 개의 도입문에서("오직 당신만이 야훼이십니다." *ʿattāh-hûʾ jhwh*), 하나님은 세계의 창조자(V.6)이자 아브라함을 선택하신 분(V.7)으로 호칭된다. 이후 뒤따라오는 모든 것의 출발점은 하나님이 아브라함과 맺은 언약, 즉 그의 후손에게 그 땅을 주겠노라고 한 약속이다(V.8). 이러한 첫 번째 단락은 다음과 같은 고백으로 마무리된다. "당신은 의로우십니다"(*ʿattāh ṣaddîq*). 이어서 하나님께서 이스라엘을 이집트에서 이끌어내시고, 홍해에서 구원을 베푸시며, 광야에서 이끄시고, 시내 산에서 선한 계명과 규례와 가르침을 주셨을 뿐만 아니라 광야에서 만나와 물을 주시면서(V.9-15) 이스라엘을 위해 행하신 "이적과 기사"가 상세히 기술되고 있다(V.10). 하지만 이 기술은 광야기간 전체에 걸쳐(V.16-21) 땅을 주신 후에도(V.22-25) 계속해서 드러나는 조상들의 완고함과 불복종에 대한 묘사로 바뀐다. 마침내 하나님께서는 대적들의 손에 그들을 넘기셨다(V.26-30). 그럼에도 불구하고 그분은 "은혜로우시고 긍휼이 많으신 하나님"이시라 그들을 멸망시키지 않으셨다(V.31). 현재 절망적인 백성들의 상황에서 기도자는 하나님께서 "언약과 성실을 지키신다"(V.32)고 고백한다. 그리고 다시 "당신은 의로우십니다"(V.33)라고 말한다.

여기서 자신의 역사기술을 창조에서 시작하는 것은 위대한 하나님의 첫 번째 행동에 이어 두 번째 행위로서 아브라함 선택이 이어진다는 사실을 통해 특별한 중요성을 갖는다. 이것은 아브라함을 부르시고 선택한 것이 역사를 결정하고 특징화하는 결정적인 사건이라는 오경의 기획의도와 맥을 같이 한다. 동시에 분명하게 드러나는 점은 "조상들"이라는 용어가 출애굽(V.9)과 광야(V.16) 세대를 지칭하는 반면, 아브라함은 현저하게 드러나는 하나의 인물이라는 사실이다. 조상들은 '죄인들 세대의 연속'을 개시한다. 마지막으로 참회의 기도에서는 출발점이 현재의 절망적인 상황이다. 이것은 감사가 넘치는 시편 136편의 전체 분위기와 완전히 다르다.

아브라함은 가장 먼 민족의 초기역사에까지 소급되는 역사개관에서도 중요한 역할을 한다. 여호수아 24장 2-13절에는 이렇게 기록되어 있다. "너희의 조상들은 강(즉 유프라테스강) 저쪽에 거주하여… 다른 신을 섬겼다"(V.2). 여기서 '조상들'이라는 용어는 아브라함 이전 세대까지 포함한다. 하나님께서 그를 그곳에서 이끌어내어 가나안으로 오게 하셨을 때(V.3), 뭔가 새로운 일이 아브라함과 함께 시작된다. 하지만 이어지는 내용에서 아브라함이라는 인물에 대해서 특히 강조하지는 않는다. 이삭과 야곱, 에서가 언급되고 야곱은 자신의 아들들과 함께 이집트로 내려간다(V.4). 그런 다음 하나님께서 곧바로 이집트로부터 이끌어낸 것은 조상들이다(V.6). 그리고 끝으로 가장 멀리까지 소급되는 조상들이라는 용어가 여호수아 세대가 "너희의 조상들이 강 저쪽과 이집트에서 섬기던" 신들로부터 멀리 떠날 것을 요구받을 때(V.14) 다시 한 번 사용된다. 그러므로 여기서 조상들이라는 용어는 아주 정확한 용어가 아니며, 무엇보다 이야기에서 대화하는 세대의 반대

축으로서 기능한다. 이 세대는 조상들의 실수를 반복하지 않도록 경고받는다.

창세기 15장 13-16절에서 아브람은 오랫동안 불우한 환경의 이방 땅에서 살지만 결국 그곳으로부터 떠나오게 될 자신의 후손들의 역사에 대한 예고를 듣는다. 이렇게 간략한 역사개요에서 족장사와 출애굽이 서로 연결되고 관련된다. 이 장의 맥락에서 후손에게 땅을 소유할 것이라고 한 약속은 하나님이 아브람과 체결한 언약의 대상이다(V.18-21). 이와 동일한 출발점이 느헤미야 9장 8절에도 주어진다. 시편 105편도 역시 찬송시적인 도입 이후 가나안 땅에 대한 약속이 아브라함과 맺은 언약에 대한 회고와 함께 자신의 상세한 역사회고를 시작한다(V.1-6). 하지만 이 시편은 전체적으로 볼 때 하나님의 놀라운 인도하심에 대한 감사에 그 음조가 맞춰져 있어서 느헤미야 9장의 참회기도와는 완전히 다르다.

몇 가지 경우에서는 역사회고가 조상들이 처음으로 이집트에 왔다는 사실에 대한 간략한 기억으로 시작한다. 이것은 폰라트가 '짧은 역사 신조' (Das kleine geschichtliche Credo)라고 명명했던 본문들 중 몇몇의 경우에 해당된다(vRad 1938, 2ff[11ff]). "내 조상은 방랑하는 아람 사람으로서 이집트에 내려가"(신26:5). 야곱을 분명하게 언급하고 있는 사무엘상 12장 8절, "야곱이 이집트에 내려갔을 때…" 여호수아 24장 4절에서도 이와 마찬가지다(위를 보라). 하지만 신명기 6장 20절 이하에서는 아들에게 전해주어야 할 '신조'가 곧바로 다음과 같이 시작된다. "우리는 이집트에서 파라오의 종이었다…."

이처럼 많은 수의 역사회고가 이스라엘 백성이 이집트에 체류하기 이전의 역사에 대한 언급 없이 이집트에서 이끌어내심과 함께 시작된다. 이때 조상들은 분명하게 출애굽 세대다. 하나님이 이집트에서 이끌어내실 때 조상들과 한(또는 그) 언약을 맺으셨다는 진술이 반복되어 나타난다. 그러므로 성전을 봉헌할 때 법궤 안에 "그가 그들을 이집트에서 인도하여내실 때에 우리의 조상들과 세우신 언약"(즉 언약의 돌판)이 들어 있었다고 말한다(왕상8:21). 이와 매우 유사하게 예레미야도 "내가 그들의 조상들의 손을 잡고 이집트 땅에서 인도하여 내던 날에 너희 조상들과 맺었던 언약"에 대하여 말한다(렘31:32; 마찬가지로 34:13, 참조. 11:3f, 더 나아가 신29:24[25]; 왕하17:15). 에스겔 20장 5절에 따르면 하나님은 이집트에서 이스라엘을 '선택' 하시고 손을 들어 맹세하신다. 이 맹세는 6절에서 이집트로부터 그들을 이끌어내어 땅을 기업으로 주시겠다는 예고로서 설명된다. 그밖에 다른 곳에서도 조상들을 이집트로부터 이끌어내신다는 언급이 여전히 자주 발견된다(예컨대, 삿6:13; 삼상12:6; 왕상8:53; 9:9; 렘2:5f 등).

가끔 이스라엘과 함께하시는 하나님의 역사에 대한 회고가 하나님이 이스라엘을 "발견하셨던" 광야에서 시작되기도 한다(호9:10, 마찬가지로 신32:10). '발견' 은 '선택' 에 대한 은유다. 예레미야 2장 2절 이하에서 분명하게 드러나는 점은 광야에서 있었던 하나님과 이스라엘 사이의 관계에서 이러한 초창기가 큰 슬픔 가운데 되돌아보게 되는 '첫 사랑의 때' 였다는 사실이다. 이때 동시에 알 수 있는 사실은 이러한 역사회고의 시작이 해당 저자가 그 이전까지 소급되는 전통을 '알지' 못했을 것이라는 사실을 의미하지 않는다는 점이다. 호세아나 예레미야도 이스라엘 역사의 초기국면들에 대해서 자주 이야기한다(호11:1; 12:3-5[2-4], 13[12]f; 렘2:6f; 7:22, 25; 11:4, 7 등). 더욱이 이와 같은 사실 속에서 종종 이스라엘 역사 또는 (더 정확히 말하면) 이스라엘과 함께하신 하나님의 역사의 한 부분이 이 역사의 다른 국면에 대한 분명한 언급 없이 어떤 특정한 관점 아래에서 고찰된다는 사실이 드러난다.

마지막으로 언급한 내용은 히브리성서의 많은 부분에서 발견되는 이러한 역사에 대한 간략한 언급 모두에 해당된다. 각각의 상황 속에서 특별한 무엇인가를 표현하거나 강조하는 것은 종종 문장 하나 또는 짧은 표현이다. 이러한 것에 대한 한 가지 예가 히브리성서 전반에 걸쳐 산재되어 있는 '이끌어내심-형식구'에 대한 인용이다. 그것 다음에 이러한 역사에 대한 더 자세한 설명이 뒤따라 나오지 않는다. 호세아서에 있는 짤막한 표현이 바로 고전적인 예다. "이집트 땅에 있을 때부터 나는 네 하나님 야훼니라." 이 구절에서 자기소개형식구와 이끌어내심-형식이 서로 결합되어 있다(호12:10[9]; 13:4, 이 점에 대하여 참조. 1997b).

왜 이스라엘의 역사가 서술되는가?

역사기술은 언제나 역사에 대한 **서술**(Erzählung)이다. 히브리성서에서 역사는 절대 자기 자신을 위해 서술되지 않는다. 그렇지만 역사서술의 동기와 의도는 매우 상이하게 나타날 수 있고, 이것은 역사기술의 방식에 본질적인 영향을 미치며 특성을 결정한다.

역사는 교훈을 위해 서술될 수 있다. "후일에 네 아들이 네게 묻거든…"(신6:20). 하지만 교훈이 정보를 제공하거나 계속적인 교육을 위한 것이 아니라는 점이 여기서 금방 분명해진다. 질문 자체가 과거에 일어난 사건에 관심을 갖고 있는 것이 아니라 그것의 중요성이 다음 세대에게 전달되어야 하는 '계명과 율례와 법들' 에 있다. 이것을 위해 역사가 서술된다. 이집트의 노예생활에 대한 언급으로 시작하여 그곳으로부터 이끌어내심을 받고 하나님의 능력 있는 행위에 대한 묘사가 있은 후에 조상들에게 약속한 땅으로 인도하여 들이신다는 내용으로 이어진다(V.21-23). 이러한 역사는 자신의 계명을 준행하라는 하나님의 요청과 이러한 요청에 상응하는 삶을 살겠다는 각오를 가지고 있는 이 역사를 경험한 자들의 태도를 이해하는 근거가 된다(V.24f).

근본적인 역사사건에 대한 개요가 아주 소박한 형태의 기술이라는 사실이 병행본문으로 보이는 신명기 26장 5-9절의 비교를 볼 때 분명해진다. 역사적 '사실들' 은 본질적으로 동일하지만 기술의 어조는 매우 다르다. 무명의 아람 출신 조상이 이집트에서 **나그네**(Fremdling), 즉 권리도 가지지 못한 자가 되었다. 그런 다음 우리가 이집트 사람들에게 **학대를 받았고** 야훼께 **울부짖었으며**, 그러자 야훼께서 우리의 울부짖음을 들으시고 우리의 고통과 두려움과 곤경을 보셨다. 이집트로부터 인도하여내심은 **하나님의 위엄**에 의해 안내되었고 - 하나님은 우리에게 **젖과 꿀**이 흐르는 땅을 주셨다. 이제 이 모든 것은 첫 소산물을 가져올 때 표현하는 감사와 기쁨의 동기가 되고, 특히 "너희 중에 있는 이방인" 들에게 관심을 가져야 하는 이유가 된다(V.10f).

하나님이 행하신 위대한 행위에 대한 감사와 찬양은 여러 시편에서 각기 상이한 강조점을 가지고 표현된다. 시편 105편은 아브라함으로부터 시작되고 있으며(V.8f), 이집트에서의 거주부터 "열방의 땅"(V.44)을 주심에 이르기까지 역사가 상세하게 기술된다. 이때 신명기 26장과는 달리 이스라엘이 이집트에서 겪은 고난에 관해서는 단지 암시적으로만 언급되고 있을 뿐이다(V.25). 시편 136편 10-22절(위를 보라)에서는 이러한 측면이 완전히 제외되어 있고, 이러한 점은 시편 135편 8-12절에서도 마찬가지다. 이 시편에서는 이스라엘의 역사를 회고하는 이유가 매우 다르게 나타난다. 즉 우리 하나님은 인간의 손으로 만든(V.15-18) 다른 모든 신들보다 위대하시다(V.5)는 메시지를 전하기 위한 것이다.

이러한 시편의 어조와 급격한 차이를 보여주고 있는 것이 시편 106편이다. 역사기술이 시작되기도 전에 다음과 같이 언급한다. "우리가 우리 조상들과 함께 죄를 지었습니다"(V.6). 이러한 시각에서 이집트로부터 이끌어내심과 그 땅의 거주민을 대하는 것과 그들의 신들을 섬기는 일에 이르기까지 이 전체 역사가 하나님의 위대한 행위와 이스라엘 백성의 지속적으로 반복되는 죄악된 역사로서 상세하게 재진술된다(V.34-39). 이것은 하나님이 그들을 "열방의 손"에 넘겨준 사실에 대한 마지막 동기였다(V.41). 이로써 역사가 아직 끝나지 않았다는 사실은 오직 하나님께서 언약을 기억하셨다는 것에서 그 근거를 찾을 수 있다(V.45). 따라서 신뢰감 넘치는 마지막 기도도 다음과 같이 할 수 있다. "야훼 우리 하나님이시여, 우리를 구원하시고 이방 가운데서 우리를 모으시어, 우리가 당신의 거룩한 이름에 감사드리게 하시며 당신의 찬양을 높이게 하소서"(V.47). 범죄의 역사는 그 자체의 목적을 위해 서술되지 않고, 여전히 이방민족들 가운데 포로로 남아 있는 자들의 회한과 희망에 찬 기도에 대한 근거를 위해서 서술된다.

범죄의 역사로서 이스라엘 역사는 다른 곳에서도 발견되는데, 매우 상이한 맥락에서 언급되고 있다. 에스겔서에서 이 주제가 여러 차례 반복된다. 신실하지 않은 여인에 대한 이야기에서 은유의 형태로 두 번(겔16장, 23장), 그리고 한 번은 에스겔 20장에서 은유 없이 나타난다. 여기서(겔16장) 범죄의 역사는 이미 이스라엘 백성이 우상으로 자신들을 더럽힌 이집트에서 시작된다(V.7f). 그러나 예언자들은 길고 변화무쌍한 역사가 지난 후, 모든 이스라엘이 "거룩한 산"(V.40)에서 하나님을 섬기게 될 종말을 약속한다. 중요한 점은 이스라엘 백성이 자신들의 지금까지의 행동에 대하여 크게 부끄러워하면서 하나님이 단지 자신의 이름을 위하여 그렇게 행하셨다는 사실을 생각하고 깨닫는 것이다. 궁극적인 하나님의 구원행위의 결과로 나타나는 수치의 동일한 모티브가 신실하지 못한 여인으로서 예루살렘에 대한 은유적인 이야기 끝부분에서도 발견된다. 이번에는 하나님이 그의 어린 시절 예루살렘과 맺으셨던 언약의 회복과 관련되어 나타난다(V.59-63).

느헤미야 9장 6-37절의 참회기도 역시 범죄의 역사로서 서술된다. 그 기도 안에서도 하나님은 "은혜롭고 긍휼이 많으신 하나님"이시며 그는 "언약과 성실을 지키신다"(V.31f)는 사실이 언급된다. 그러나 이 기도의 마지막에 가서도 미래에 대한 희망 찬 조망은 엿볼 수 없다. 기도자는 이렇게 말한다. "당신은 우리에게 미친 모든 일에 공의로우십니다"(V.33). 하지만 마지막 언급은 다음과 같다. "우리는 종들입니다. 우리는 큰 곤경에 처해 있습니다"(V.36f). 여러 면에서 유사한 다니엘 9장의 기도에서 이집트에서 이끌어내심에 대한 짤막한 회고 역시 다음과 같은 고백으로 끝을 맺는다. "우리가 범죄하였습니다"(V.15). 하지만 하나님께서 자신의 화를 돌리시고 파괴된 성소 위에 자신의 얼굴빛을 비추어 달라는 긴 청원의 기도가 이어진다(V.16-19). 이러한 점에서 이 본문은 시편 106편의 의도와 유사하다.

완전히 다른 형태의 역사기술들도 있다. 예컨대, 레위기 26장이나 신명기 28장과 30장의 거대한 역사개관에서처럼 하나님의 말씀이나 모세의 발언으로서 하나님의 계명에 대한 준수 여부에 따라 나타나는 결과가 나열될 때 그렇다. 그것은 현재에서 시작한다. 이때 분명한 점은 서술하고 있는 상황이 시내 산이나 약속의 땅 경계가 아니라, 그 땅에서 오랜 역사와 포로의 상황을 이미 경험한 현재에 속한 사실이라는 것이다. 그것들은 하나님의 계명에 대하여 취한 이스라엘 행동의 긍정적이며 - 훨씬 상세하게 나타나는 - 부정적인 결과들을 묘사한다. 그리고 그것들은 이스라엘이 다시 하나님의 뜻에 따라 서게 될 미래에 대한 전망으로 끝을 맺는다. 여기서 이러한 역사서술의 의도는 매우 분명하다. 이스라엘은 하나님의 토라를 지킬 때에만 계속 살아 남을 수 있다. 고무적이게도 신명기 30장 11-14절에서는 토라가 실제로 지켜질 수 있다는 사실이 덧붙여져 있다.

끝으로 역사를 되새기는 것은 특정한 명령을 준행하라는 요구에 대한 중요한 논거를 제시한다. 신명기의 십계명에서는 안식일 계명에 "네 남종이나 네 여종에게 너같이 안식하게 하기 위함이다"(신 5:14)라는 어구가 추가되어 있다. 그런 다음 다음과 같이 이어진다. "네가 이집트 땅에서 종이었던 것과 야훼 너의 하나님이 그의 강력한 손과 편 팔로 거기서 너를 인도하여낸 것을 기억하라. 그러므로 야훼 너의 하나님이 안식일을 지키라고 네게 명령하였느니라"(V.15). 자신이 노예의 상태에서 해방되었다는 사실을 기억하는 것은 노예를 적절히 다루어야 한다는 요구에 대한 중요한 논거가 된다. 이것은 히브리 노예를 해방시켜주는 법에 표현되어 있다(신15:15). 신명기 24장 17-22절에서는 그것이 다른 그룹들, 즉 이방인, 과부, 고아에게까지 확대된다. 여기서도 역시 이집트에서 노예였다는 사실이 분명하게 상기된다(V.18, 22). 출애굽기 22장 20[21]절과 23장 9절에서 "이방인을 압제하지 말라"는 계명이 다음과 같은 근거로 언급된다. "왜냐하면 너희가 이집트 땅에서 이방인이었기 때문이다." 그러므로 이집트에서 거주한 것, 다시 말하면 그곳에서 이끌어내심, 출애굽에 관한 짤막한 언급에서도 이방인의 특별한 중요성을 인식할 수 있다.

이스라엘의 역사가 어디에서 끝이 나는가 – 이스라엘 역사는 끝이 나는가?

이 질문은 여러 가지 관점을 내포하고 있다. 첫째, 이스라엘의 역사에 대한 다양한 기술이나 스케치는 어디에서 끝이 나는가? 여기서 다시 광범위한 스펙트럼이 제시된다. 그 가운데 상당수는 이미 앞장에 암시되었다. 일련의 본문에서 회상되는 역사의 시작점은 동시에 목표점이다. 이것은 특히 하나님이 이스라엘을 이집트에서 이끌어내셨다는 사실에 대한 다양한 언급에서 적용된다. 이같은 사실은 교훈(예컨대, 신6:20-25)을 위해 또는 특정한 규정(같은 곳)이나 행동방식(예컨대, 신5:14f; 24:17-22)이나 하나님의 권능 있는 역사적 행동에 대한 찬양(예컨대, 출13:9; 신7:19)의 근거를 제시하기 위해 언급될 수 있다(참조. 199b, 515-517). 또 다른 경우에는 강조점이 약속의 땅으로 인도하심으로 옮겨진다. 여기서도 역시 무엇보다 중요한 것은 특히 대적의 왕들을 물리치심에서 입증된 하나님의 놀라운 행동에 대한 감사의 찬양이다(예컨대, 시135:10-12; 136:17-22).

이러한 종류의 본문들에서 이스라엘의 현재적인 상황은 독자적인 역할을 하지 않으며(또는 시136:23 이하에서와 같이 단지 암시적으로 작용할 뿐이다),

미래에 대한 명시적인 전망도 나타나지 않는다. 이스라엘은 그것을 통해 이제 살 수 있게 되고, 예배 중에 불리는 시편의 노래 안에서 묘사될 수 있는 곳까지 인도되었던 하나님의 행동을 회고한다. 하지만 이것은 역사가 무엇보다 범죄의 역사로 서술되는 본문과는 완전히 다른 것이다. 그러한 본문들은 줄곧 이스라엘이 현재 조상들의 시대 이후 계속된 오랜 범죄 역사의 결과를 떠안아야 하는 상황으로부터 이야기를 한다. 이러한 본문들 가운데 대부분이 자신들의 죄악됨에 대한 고백이 아니라, 지나간 모든 일들에도 불구하고 하나님께서 자신의 백성을 다시 받아주시게 될 미래에 대한 희망으로 끝이 난다(예컨대, 시 106:44-47; 겔20:40-44; 레26:40-45). 그러나 몇몇 본문에서는 현재의 상황에서 터져나오는 곤경에서의 절규에 머물러 있다(느9:36f; 에9:13-15). 그렇지만 이러한 기도의 맥락에서 작기는 하나 운명의 전환에 대한 희망을 함께 들을 수 있다.

우리가 이스라엘의 역사나 그 역사의 특정한 국면에 대한 거대하고 일관성 있는 기술에 관하여 의문을 제기할 때 완전히 다른 관점에서 의문이 생겨난다. 오경은 이스라엘의 역사를 개시하고 다가오는 시대에 대해 분명하게 늘 계속해서 예견한다. 그 시대는 오경에서 제시된 대로 그 방향이 설정되어야 하고 오경에 제시된 척도에 따라 평가되어야 한다. 이때 분명하게 강조되는 점은 이후에 나타난 종교적이며 정치적인 지도자들 가운데 어떤 사람도 모세라는 인물에게서 제시된 기준을 만족시키지 못하고 또 그렇게 할 수 없다는 사실이다. 하지만 그럼에도 불구하고 이러한 기술은 여기에 밑그림이 그려진 진로를 따라서 진행될 미래를 위해 완전히 열려 있다. 오경에도 역시 "자손 대대로" 기록된 것을 계속 기록하고 계속 형성하기 위한 징후가 나타난다(민15:23, 참조. Crüsemann 1992, 419-423).

이스라엘이 약속의 땅에 정착할 때부터 왕정이 무너질 때까지의 기간을 포괄하는 바로 다음의 거대한 서술의 맥락은 이스라엘 백성의 역사적인 '종말'에 대한 질문 가운데 분명하게 드러나지 않는다. 많은 해석자들이 '신명기 사가적 역사물'을 다음과 같이 해석한다. 그러한 저자들은 "이스라엘 백성의 역사에서 그 자체 안에 완결된 과정을 보았다. 그 과정이란 하나님의 특별하신 능력을 증명하는 것으로 시작되고 예루살렘 멸망에서 그 종국적인 종말을 맞이한다"(Noth 1943, 103). 하지만 포로에서 귀환하여 예루살렘 건설을 다시 시작한 후에 이 역사물을 전승하고 진척시켰던 사람들의 의식에는 분명히 종말은 아니었다. 오히려 약 400년 동안 지속되었던 이스라엘과 유다의 왕정기는 후속 세대들의 의식 가운데 매우 이중적인 의미를 지니는 시기가 되었다. 이러한 세기들 가운데 생성된 예언서들이 마찬가지로 전승되었고 이 시기를 향해 다양하게 추가적인 새로운 빛을 던졌다고 할 때 더욱 그렇다. 이러한 문헌 속에서 이미 역사서들 가운데에도 분명하게 감지된 경고와 훈계가 특히 날카로워졌고 심도 있게 나타난다. 이스라엘은 이렇게 위대하고 매우 이중적인 시대의 계승자로서 자신의 정체성에 대해 분명하게 의식하고 있었다. 이때 예언서들 가운데는 이러한 역사의 부정적 요소가 극복된 아직 오지 않는 시간에 대한 암시가 늘 계속해서 나타난다.

역대기는 이러한 세기에 대한 또 하나의 그림을 제시한다. 역대기는 그 세기를 다윗 왕정의 통치하에 있는 이상적 시기로 묘사한다. 그러나 그 의도는 기본적으로 동일하다. 하나님께서 페르시아 왕 고레스를 통하여 예루살렘과 성전을 재건하는 임무를 주신 후(대하36:22f)

에야, 이스라엘은 이 과제를 착수할 수 있고 이러한 이상적인 시기에 그 방향을 맞출 수 있다는 것이다. 역대기에서도 역시 이스라엘의 역사는 아직 종결되지 않았다. 오히려 현재와 가까운 미래를 구체화하는 것이 이스라엘에게 맡겨진 임무다.

어떤 측면에서는 우리가 대예언서들 혹은 예언모음집들을 전체적인 개관으로 볼 수도 있다. 이사야서는 독자들을 주전 8세기 후반의 정치적 상황에서 시작하여 바벨론 유수의 시기를 거쳐 바벨론 포로 이후 예루살렘에서 사회적이며 종교적인 관계를 회복하고 재형성하는 시기로 이끌어간다. 이때 마지막에는 당면한 문제들에 대한 논의를 넘어서 현재적인 모순이 극복된 미래에 대한 전망이 늘 다시 제기된다. 시온에게는 눈부신 미래가 기대되며(사60-62장), 마침내 하나님께서는 "새 하늘과 새 땅"을 창조하실 것이다(사65:17; 66:22). 하지만 이것은 '저 너머'의 세상이 아니라, 사람들이 살아가는 이 세상이다. 새로운 세상은 현재적 세상에서 지배적으로 나타나는 문제로부터 자유롭다. 이러한 관점에서 보면 이스라엘의 역사는 끝에 이르기까지 장시간 남은 것이 아니라, 완전히 새로운 방식으로 미래를 향해 열려 있게 될 것이다.

에스겔의 종반부에 구상되어 있는 새 예루살렘(겔40-48장)도 역시 "저편의" 혹은 "천상의" 예루살렘이 아니다. 그 모든 경이로운 변화에도 불구하고 새 예루살렘은 성전이 세워진 이후로 서 있었던 그 자리에 세워질 것이며, 이스라엘의 역사도 그곳에서 계속될 것이다. 끝으로 12소예언서들은 주전 8세기의 갈등을 포로기 이후의 시대로 이끌어간다. 이 점에서 이사야서와 견주어 볼 수 있다. 여기서도 역시 종말을 향하여 새로운 미래에 대한 기대와 희망이 표현된다. 하지만 예언전통을 모아놓은 이러한 모음집의 구성은 그러한 기대가 "엘리야가 올 때까지"(말3:23[4:5]) 계속되는 역사의 진행에 대한 책임에서 벗어나게 해주지는 않는다는 사실을 분명하게 보여준다.

이스라엘의 역사는 아직 끝나지 않았다. 성서의 본문들이 보여주는 기대에 따르면 그것은 근본적인 변화와 갱신을 겪는다 할지라도 단순히 끝나지는 않을 것이다. 왜냐하면 예언자 엘리야의 재림에 대한 기대 속에서도 여전히 이스라엘은 모세의 법을 기억해야 하는 의무를 지고 있기 때문이다(말3:22[4:4]). 그런 다음에도 이스라엘은 하나님이 그들에게 맡기신 과제를 수행해야 할 것이다.

Theologie des Alten Testaments

B.XVIII

이스라엘은 미래에 대해서 무엇을 기대하고 있는가?

이스라엘은 미래에 대해서 무엇을 기대하고 있는가?

함축적이면서도 명백한 응답들

이스라엘의 역사는 끝나지 않았다. 그러나 이스라엘은 자신의 미래에 관하여 무엇을 기대하고 있는가? 이러한 질문에 대한 함축적이며 명백한 응답이 다양하게 존재한다. 히브리성서의 독자들은 정경의 개별적인 크고 작은 요소들이 갖고 있는 구조에서 함축적인 응답들을 얻을 수 있다. 이처럼 오경은 그 전체로서 이스라엘이 약속된 땅에서 살게 될 미래에 초점이 맞추어져 있다. 이때 이스라엘은 오경에 기록된 바를 따라 자신의 방향을 결정하게 된다.

이러한 미래에 대한 기대 또한 상세하게 표현되어 있다. 십계명에서 "부모를 공경하라"는 계명은 "약속이 있는 첫 번째 계명"(엡6:2)이다. "그리하면 야훼, 너희의 하나님께서 네게 주신 땅에서 너희의 날들이 길어질 것이고"(그리고 네가 잘될 것이다. 출20:12; 신5:16에서는 더 상세한 형태로 나타난다). 신명기는 이 약속을 계속해서 반복하고 있다. 4장에 있는 위대한 설교의 마무리 부분에서(V.40), 십계명에 이어지는 경고에서(신 5:33), 신명기 6장에 있는 훈계적인 설교의 첫 부분에서(V.2), 더 나아가 신명기 11장 9절, 22장 7절, 25장 15절, 끝으로 32장 47절에서 모세가 죽기 전에 마지막으로 한 경고에서 매우 강조되어 나타난다. 하나님이 주신 땅에서 이스라엘이 오랫동안 잘 사는 것은 처음부터 하나의 과제다. 그 과제는 이스라엘 자신이 힘써야 할 것이며 그것의 성취는 여전히 눈앞에 놓여 있다. 이러한 의무는 이스라엘이 그 땅에 사는 동안 부과되어 있고, 포로기와 결국 그 땅으로 귀환한 이후에도 마찬가지였다. 왜냐하면 이러한 본문들의 독자는 변화무쌍한 이스라엘 역사를 눈앞에 두고 있을 뿐 아니라, 그 역사에 편입되어 있기 때문이다.

다음의 책들에서 분명한 안식의 순간이 묘사되고 있다. 여호수아서의 말미에 하나님이 그 땅을 정복한 이후에 이스라엘에게 안식을 주셨다고 기록되어 있다. "야훼께서 이스라엘 집에게 말씀하신 선한 일이 하나도 빠지지 않고 모두 성취되었다"(수21:43-45, 참조 23:14). 성전 봉헌기도의 끝부분에서 솔로몬이 이와 매우 유사한 말을 한다(왕상8:56). 솔로몬의 시대는 유다와 이스라엘에서 "누구나 자신의 포도나무와 무화과나무 아래서 안연히 살 수" 있었다는 말로 특징지을 수 있다(왕상 5:5[4:25]). 약속의 땅을 차지하고 왕국을 설립하는 것은 안식의 순간들로 나타난다. 그러한 순간에 하나님에 의해 약속된 바와 이스라엘에 의해 기대된 바가 현실이 되었다. 그러나 여호수아와 솔로몬의 경우에 권고와 경고도 제기된다. 이러한 안식은 이스라엘이 토라와 하나님의 언약을 통해서 지시된 길에서 벗어날 때 늘 다시 위태로워질 것이다(수23:12f, 16; 왕상9:6-9). 독자는 이것이 얼마나 분명한 진실로 판명되었는지 알고 있다. 그래서 다시 한 번 이스라엘이 기대하는 바의 완전한 성취는 아직 이루어지지 않았다는 사실이 확인된다.

솔로몬 이후의 세대를 묘사한 내용에서는 더 이상 안식의 순간이 존재하지 않는다. 전체적으로 보면 줄곧 부정적인 성향이 나타난다. 내부적으로는 다윗에 의해 세워진 왕국이 두 부분으로 쪼개진다. 그들 사이에는 끊임없는 분쟁이 있다. 이때 종교적인 갈등이 큰 몫을 차지한다. 이러한 관점에서 바알 제의에 대한 엘리야의 투쟁, 엘리사에 의해 시작된 오므리 왕조의 종말, 그리고 나타나는 아달랴의 몰락은 절정을 이룬다. 왜냐하면 이야기들 안에서 야훼만을 섬겨야 한다는 중심요구가 어느 정도는 관철되기 때문이다. 이러한 사실은 특히 히스기야와 요시야의 거대한 종교개혁에도 적용된다. 그러나 이스라엘과 유다의 역사가 부정적으로 기울어진 모습은 더 이상 저지될 수 없었다. 이스라엘의 기대와 희망은 성취되지 않았다.

그래서 왕정의 시작으로부터 예루살렘의 멸망과 인구의 상당수가 바벨론으로 강제이송되는 상황까지의 역사를 기술하면서 다음과 같은 질문으로 끝을 맺는다. 그렇다면 이스라엘이 미래에 대하여 무엇을 기대할 수 있는가? 열왕기서는 이 질문을 열어놓은 채 명시적으로 제기하지 않고 있다. 수세기가 지난 후 역대기서는 그것에 대해 대답한다. "예루살렘에 성전을 재건하라"는 명령으로 이스라엘 역사의 새로운 장이 시작된다. 이것은 물론 이스라엘 자체에서 이 질문에 답했던 가능한 답변들 가운데 **하나**이다. 이제 토라는 지금보다 훨씬 강하게 이스라엘 삶의 기초와 중심이 될 수 있다(참조. Crüsemann 1992, 381-423).

이러한 암시적인 대답들은 히브리성서가 우리에게 미래에 대한 이스라엘의 기대에 관해 말하는 일부분일 뿐이다. 특히 예언서들에서 미래의 일에 대한 명백한 진술이 상당히 많이 발견된다. 만일 넓은 의미에서 '미래'라는 용어를 사용한다면 예언자들의 말 가운데 가장 많은 부분이 미래적인 것들을 다루고 있다고 할 수 있을 것이다. 이때 중요한 것은 임박한 미래다. 그러나 아주 멀리 떨어져 있는 미래도 관심의 대상이 된다. 그 미래라는 것은 아마도 현재 상상할 수 있는 것의 너머에 있는 것이리라. 간단히 말해서 예언자들의 기대와 선포는 함축적인 기대를 받아들여 계속 사유하고 있으며 그 기대는 진척된다. '그 이후에는' 무슨 일이 일어날 것인가?

이러한 그 이후라는 용어는 정치적으로 독립된 이스라엘 역사의 틀 안에서 기대와 희망이 성취되지 못한 것이나 좌초된 것을 나타낸다. 이러한 이스라엘의 종말은 동시에 이스라엘의 중심제도와 상징과 함께 결합되어 있는 사고와 기대의 종말 혹은 그러한 것들에 대한 문제제기를 의미한다. 이스라엘의 중심제도와 상징이란 무엇보다도 왕국과 시온을 의미하며, 마지막에 말하지만 매우 중요한 땅을 가리킨다. 예언자들의 미래에 관한 진술 중 가장 중요한 부분은 '그 이후'에 관하여 다룬다. 이때 개별적인 예언자들이 정치적인 재난을 예견했는가의 여부나, 그러한 일들이 일어난 후에 말해지거나 기록되었는가의 여부는 중요하지 않다. 그것은 많은 경우 오늘날 우리도 더 이상 결정할 수 없는 문제들이다(이것은 동시에 개별적인 예언자들의 말에 대한 "진정성" 문제에 적용된다. 이 문제는 정경적인 관점에서 보면 단지 제한된 중요성을 가지고 있을 뿐이다. 이것은 특별한 경우에 개별적인 예언자들의 말에 대한 시간적인 순서를 인지할 수 있으며, 그러한 순서에 따라 거론될 수 있다는 사실을 배제하지 않는다).

이러한 기대들은 '종말론적인 것'이라고 말할 수 있는가? 그것들은 협의적인 의미에서 '에스카타'(῎Εσχατα), 즉 '마지막에 있을 일들'

에 관한 것은 분명히 아니다. 그러나 많은 기대와 희망은 그 이후에 그 초점이 맞추어져 있다. 그 이후란 이런저런 의미에서 현재와는 다른 모습이 될 미래를 말한다. 많은 예언들이 처음에는 이스라엘이 겪게 되고 하나님에 의해서 보내지거나 직접적으로 작용한 부정적인 사건에 관하여 말한다. 그러나 모든 예언서에서 희망에 찬 기대가 관철된다. 이때 협의적인 의미에서 종말론적이라고 지칭할 수 있는 근본적인 변화에 대한 선포도 있다.

그러나 미래에 대한 개념과 기대는 '저편의' 세계에 그 초점이 맞추어져 있지 않다. "새 하늘"과 "새 땅"에 대한 언급이 나타나는 곳에서조차(사65:17; 66:22), 기대는 상상 가능한 범주 안에 머물러 있다. 비록 때로는 그러한 기대가 그 경계들을 스치고 지나갈지라도 말이다. 그러나 무엇보다도 '저 건너편' 세계와 '시간'과 근본적으로 다른 '영원성'에 대한 개념이 없다. 종종 '영원한' 혹은 '영원성'으로 번역되는 '올람'(*ʿôlām*)이라는 낱말은 상상할 수 있는 가장 먼 시간을 의미한다. 다시 말하면 초창기 혹은 후기를 의미한다. "영원부터 영원까지"(*mê ʿôlām wᵉ ʿad-ôlām*)라는 표현은 이러한 시간 전체의 범위를 포함하고 있다(렘7:7; 시90:2 등). 다니엘서에서 비로소 '올람'(*ʿôlām*, 혹은 상응하는 아람어로 *ʿālam*)이라는 낱말이 "'세상의 시간'(그리스어로 αἰών)을 의미하는 경향"으로 나타난다(참조. 단7:13f, 18, 27; 9:24; 12:1-3, Koch 1980, 214f). 그런 다음 성서가 기록된 이후 시대에는 '이 세계'(*hāʿôlām hazzeh*)와 '다가오는 세계'(*hāʿôlām habbāʾ*)에 관하여 말하는 것이 가능해진다(예컨대, Pirke Aboth 4:1, 이것의 전체적인 문제에 관하여 Jenni 1952/53을 참조하라).

왕정의 미래

기대와 희망이 성취되지 못한다는 사실은 왕정의 현실에서 가장 먼저 그리고 가장 분명하게 드러난다. 그것의 실패에 반대하여 예언자들의 목소리가 울려 퍼진다(더 자세한 내용은 '미래지향적인 이상적인 인물, 다윗' 을 참고하라).

심지어 예루살렘에 다윗 왕조의 합법적인 대표자가 왕위에 앉아 있을 때에도 이사야는 새로운 왕의 도래를 선포한다. 이러한 본문들은 현재의 왕정에 대해 매우 분명한 비판을 포함하고 있다. 이사야 7장 10-17절의 '임마누엘' 의 탄생에 관한 선포는 재임 중에 있는 왕이 징표를 명백하게 거부하자 그것에 반하여 이루어진다. 물론 여기서 이러한 인물의 미래는 아직 거론되지 않고 있다. 이사야 9장 5[6]절 이하에서는 미래에 있을 왕의 출생이 선포되는데, 그의 통치는 특히 공평과 정의가 특징이다. 이 공평과 정의는 이사야가 현재 상황에 없는 것이라고 비판했던 내용이다(예컨대, 사1:21; 5:7). 이사야 11장 1-5절에서는 비판이 한층 더 폭넓게 진행된다. 현재 다윗 왕정은 그 뿌리까지 잘려질 것이고, 그곳으로부터 한 새로운 왕이 일어날 것이다. 그 위에 하나님의 영이 머물 것이다. 이러한 점은 누구라도 현재 재임하는 왕으로부터 말할 수 없는 내용이다. 다시금 그의 통치는 특히 정의를 통해 그것의 특별함이 드러날 것이다.

미가서에서는 왕정에 대한 비판과 새로운 시작에 대한 선포가 훨씬 더 급진적이다(미5:1-4[2-5]). 시온이 돌무더기가 된 이후에 모든 것이 베들레헴에서 다시 시작될 것이다(참조. 삼상16장). 그러나 새로운 지도자(*môšel*, 즉 '왕' 이란 표현이 여기서 분명하게 의도적으로 회피되고 있다)의 기원은 이사야 11장 1절에서처럼 다윗이 나온 이새의 가문이 아니라, 오히려 태초(ʿôlām)의 시기까지 거슬러 올라간다. 그의 통치는 '먹인다' 라는 용어로 그 특징을 말할 수 있다(V.3[4]). 이것은 또한 예레미야가 취하고 있는 은유적 표현이다(렘3:15; 10:21 등). 하나님이 의무를 소홀히 여기는 목자를 새로운 목자로 대체시키신다(렘23:1-4). 마침내 하나님이 새로운 왕을 임명하는 "시대가 도래할" 것이다(V.5f). 예레미야는 그 목자를 "다윗의 가지"로 기술하는 데 주저하지 않는다. 정의가 왕에게 기대되는 핵심적인 통치수단이다. 그는 심지어 "야훼는 우리의 의로움이시다" 라는 이름도 가지게 될 것이다(참조. 렘33:15f).

에스겔도 역시 목자의 은유를 사용한다. 그는 처음에 그것을 하나님께 적용시킨다. 하나님 자신이 목자로서 자신의 양떼를 먹이신다(겔34:1-16). 그러나 그후에 **한** 목자를 임명하실 것이다. 즉 "나의 종 다윗"(V.23)이다. 이로써 에스겔은 다윗 왕조가 더 이상 존재하지 않는 때에 새롭고 종말론적인 다윗을 그 자리에 대신 앉게 한다. 그러나 이러한 새로운 다윗은 하나님의 명령 가운데서 그리고 분명한 복종으로 그의 직임을 수행한다. "나 야훼는 그들의 하나님이 될 것이고 나의 종 다윗은 그들 가운데 통치자(*nāśî'*)가 될 것이다"(V.24). 에스겔 37장 24절 이하에서는 "나의 종 다윗"이 유다와 이스라엘의 통일된 제국의 왕과 목자가 될 것이라고 예견한다.

포로 후기의 예언에서는 짧은 시간 동안 한 가지 구체적인 희망이 다윗 계열의 스룹바벨에게 집중된다. 그는 학개와 함께 성전의 재건에 참여한다(학1:12, 14). 그리고 그 예언자는 스룹바벨에게서 임박한 종말론적 대변혁 후에 지도자의 역할을 기대한다. 왜냐하면 하나님이 그를 "선택"하셨기 때문이다(학2:20-23). 스가랴서에서도 그의 이름은 다시 한 번 등장한다. 그는 성전의 건축자로 지칭된다(슥4:9). 예언자의 환상에서 그와 제사장 여호수아는 "온 땅의 주님" 앞에 두 명의 "기름 부음 받은 아들들"로 서 있다(V.14). 이와 마찬가지로 스가랴 6장 12절 이하에서도 제사장 여호수아와 함께 종말의 때를 통치하는 "싹"이라고 불리는 한 사람에 대해서 말한다(슥3:8, 이 점에 대하여 참조. 렘23:5f; 33:15f). 그러나 그것은 짧은 시기에 있었던 예언적 희망으로 남아 있다.

끝으로 스가랴 9장 9절 이하에서 "시온의 딸"에게 그의 왕이 도래할 것이 예고된다. 그 왕은 하나님이 전쟁의 무기를 제거하고 전 세계적인 평화통치를 위한 전제조건을 완성하신 이후에 예루살렘으로 들어올 것이다. 그는 '의롭다'는 사실이 그의 특징적인 표지 중 하나다. 이로써 종말적인 왕에 대한 예언적 기대의 오랜 전승이 수용되고 지속된다.

그러므로 다윗 왕조로부터 생겨날 새로운 왕에 대한 예언적 기대는 여러 차이점에도 불구하고 근본적인 공통점들을 보여준다. 그 왕이 통치에 나서게 되면 이스라엘, 아니 전 세계의 현재 상황에 존재하는 본질적인 장애가 극복될 것이다. 그러나 종말적인 왕은 자신이 직접 군사적인 수단을 가지고 통치를 위한 전제조건을 만들어내지 않는다. 오히려 하나님이 그의 평화통치를 위한 길을 예비하시기 위해 이러한 일을 행하실 것이다(사9:2-4[3-5]; 겔34:11-16, 20-22; 학2:21f; 슥9:1-8, 10). 그의 통치범위는 상이하게 기술된다. 많은 예언자들의 말 가운데 그 기대는 이스라엘의 범위 내에 전적으로 관련되어 나타난다(사6장; 렘23장; 33장; 겔34장; 37장). 다른 곳에서는 세계 전체를 포괄하는 변화와 종말적 왕의 전 세계적인 통치에 관하여 말한다(미5:3[4]; 학2:22; 슥9:10). 이사야 11장에서는 종말적인 변혁의 범위가 모든 적대관계가 제거되어야 할 창조세계 전체로 확대된다(V.6-8).

기대되는 왕의 본질적인 성품 가운데 하나는 그의 의로움이며, 그의 올바르게 판결하는 행동이 될 것이다(사9:6[7]; 11:3-5; 32:1; 렘23:5f; 33:5; 겔37:24; 슥9:9). 불이익을 당하는 사람들인 "가난하고 빈궁한" 사람들에 대한 그의 사법적인 옹호가 특히 강조된다(사11:4). 특히 "평화"라는 낱말이 모든 것 위에 위치해 있다(*šālôm*, 사9:5[6]f; 미5:4[5]; 렘23:6; 겔34:25; 37:26; 슥9:10). 이것은 임박한 종말 시기의 결정적인 표지가 될 것이다. 그때 기대되는 다윗과 같은 왕은 하나님으로부터 위임받고 자신의 직임을 임명받은 자로서 통치할 것이다.

그럼에도 불구하고 우리는 미래의 왕 혹은 계승자에 대한 일관성 있는 기대에 대해서 말할 수 없다. 무엇보다 이러한 기대는 예언문학의 특정한 영역에 제한되어 있다. 이사야서의 두 번째 부분에서 "왕"이라는 칭호는 오직 하나님을 위해서만 사용된다(사41:21; 43:15; 44:6). 다윗이란 이름이 오직 한 번 등장하며(사55:3), 이때 다윗 전통과의 완전한 단절이 암시된다. 하나님이 다윗에게 약속하셨고 보여주셨던 "확실한 은혜주심"(*ḥasdê dāwîd*)이 이제는 이스라엘에게 전이된다. 하나님은 이전에 다윗과 하신 것처럼 이스라엘과 '영원한 언약'을 맺으실 것이다. 그러나 다윗과의 언약을 하나님 스스로 종결시키신다(시89:40[39], 50[49]).

재난 이후의 시대에 생겨난 그밖의 문헌에서는 어디에서도 새로운 왕에 대한 기대의 징후가 나타나지 않는다. 에스라서와 느헤미야서에서 다윗은 오직 제의규정을 제정한 자로 등장한다(스8:20; 느12:24, 36, 45f). '메시아'라는 용어에 관해서는 290쪽을 보라.

정의와 평화

예언자의 비판에서 중심적인 요소 중 하나는 공평과 정의가 결여되어 있다는 점이다. 이러한 비판은 결코 왕들만을 향한 것이 아니다. 오히려 예언자들은 이스라엘 백성들 사이에서도 이러한 결핍을 인식한다. 공평과 정의는 시온(사1:21)과 전체 이스라엘이라는 "포도원"(사5:7, 참조. 58:2; 59:14; 64:5[6])에서 사라졌다. 이때 그것은 무엇보다도 사법 운용에 관계된 것이며 예언자들의 날카로운 비판의 대상이 된다. 이사야는 특히 뇌물을 받으며 고아와 과부에게 정의를 행사하지 않는 관리들(*śārîm*)을 언급한다(사1:23, 참조. V.17). 그들은 뇌물을 위해서 죄인들을 의롭다고 선언하며(*ṣdq*의 히필형) 의로운 자에게서 의로움을 빼앗는다(사5:23). 그들은 성문화된 법까지 공포하는데, 그것을 통해 약자들이(*dallîm*) 사법재판으로부터 소외되며 곤궁한 자들(*ʿanijjîm*)의 권리가 박탈된다. 따라서 그들은 과부와 고아들을 착취할 수 있게 된다(사10:1f, 참조. Crüsemann 1992, 31ff). 이와 유사한 비난이 아모스(암5:10-12, 참조. 암2:7), 미가(미2:9-11; 7:3), 예레미야(렘5:28; 7:6; 22:3) 등에서도 발견된다. 여기서 비판받는 행동은 사법절차에서 자신의 소리를 내지 못하는 사회집단에 대한 토라의 보호규정들과 정면으로 배치된다(출22:20-23[21-24]; 23:9).

예언자들은 이러한 비판에 종말적인 왕이 공평과 정의로운 재판을 통해 두각을 나타낼 것이라는 기대를 대비시킨다(사9:6[7]; 11:3-5; 32:1; 렘23:5f; 33:15; 겔37:24; 슥9:9). 이때 불이익을 당하는 "가난하고 빈궁한" 사람들에 대한 그의 사법적인 옹호가 특히 강조된다(사11:4). 그러나 예언자들의 비판처럼 미래에 대한 희망도 전체로서의 이스라엘로 확장된다. 이사야의 경우 공평과 정의가 예루살렘으로부터 사라졌다는 탄식에 이어, 하나님이 시온에게 "처음과 같이" 공의로운 재판관을 주실 것이라는 확신이 뒤따라 나온다. 그리하여 시온은 "의의 성읍, 신실한 도시"라고 불리게 될 것이다(사1:26f, 참조. 33:5). 시온으로부터 토라가 모든 민족을 위해 나올 것이며(사2:3), 어느 누구도 더 이상 "거룩한 산" 위에서 죄를 범하지 않을 것이다(사11:9). 종말에 "위로부터 오는 영"이 이스라엘 위에 부어지게 되면, "공평이 사막에 거하게 될 것이며, 정의가 과수원에 머물게 될 것이며," 정의는 열매를 맺게 될 것이다(사32:15-18). 마침내 정의는 시온 위에 빛을 발하게 될 것이며, 그 결과 모든 민족이 그것을 보게 될 것이다(사62:1, 참조. 슥8:3).

이사야서의 두 번째 부분에서 "하나님의 종"에게 부과된 의무 가운데 하나가 공의(*mišpāṭ*)를 확실히 드러내어 이 땅 위에 확고하게 세우는 것이다(사42:1-4). 그러므로 여기서도 역시 공의의 회복이 기대하는 종말론적 변화들 가운데 핵심적인 요소이다. 에스겔은 포로로 살고 있는 유대인들에게 하나님이 그들을 그들의 땅으로 인도하여 새로운 마음과 새 영을 주어 하나님의 계명과 법규를 지키게 하실 것이라고 약속한다. 그들은 다시 하나님의 백성이 되며, 그분은 그들의 하나님이 될 것이다(겔11:17-20, 참조. 36:26f).

이러한 예언적 기대와 소망을 동반하고 이제 시선은 모든 정의로운 행동의 토대로 향하고 있다. 그것은 토라다. 한 의로운 왕이 공평과 정의를 다시 세우기 위한 전제조건을 마련할 수 있다. 그러나 그러한 조건의 실현은 항상 이스라엘에 있는 사람들의 공동생활에 놓여 있다. 희망은 바로 이것을 향하고 있다.

다양한 본문에서 공평과 정의는 종말론적 변화의 더 넓은 맥락 가운데 놓여 있다. 여기서 두 번째 기본적인 측면이 조망된다. 그것은 평화에 대한 희망이다. 여기서도 잃어버렸던 것을 회복하고자 하는 희망이다. 여호수아서 마지막 부분에서 가나안 땅을 완전히 정복한 것을 회고하며 하나님이 이스라엘에게 하신 자신의 약속을 이루셨으며 그들에게 "안식을 주셨다"고 말한다(수21:43-45). 이로써 예고되었던 것이 이행되었다(신12:9f; 25:19). 다윗과 솔로몬의 통치 시대를 되돌아보면 하나님이 이스라엘에게 안식을 주셨다는 사실을 다시 한 번 확인할 수 있다(삼하7:1; 왕상5:4[4:24]f, 18[4]). 이러한 맥락에서 "평화"(*šālôm*, 왕상5:4[4:24])라는 핵심낱말이 등장한다. 이때 '평화를 주심'이 하나의 관용구로서 표현된다. 이것은 다른 곳에서는 예언자적 미래의 소망들 가운데 나타나는 표현이다. "모든 사람이 자신의 포도나무와 자신의 무화과나무 아래에 앉았다"(V.5[4:25], 참조. 미4:4; 슥3:10). 여기서 잃어버린 이상적인 시대에 대한 회고와 희망하는 미래에 대한 전망 사이의 상호관계가 나타난다. 레위기 26장 3-6절에서 하나님의 계명을 준수할 때 미래의 평화에 대한 약속은 모든 경험을 능가하는 그 땅의 비옥함과 연결이 된다. 평화와 비옥함은 모두 잃어버린 상태를 의미하며 그것의 회복이 기대된다.

평화에 대한 희망은 예언자들의 기대 가운데 다양한 방식으로 표현된다. 이사야에게서 기대되는 구원의 왕은 "평화의 통치자"(*śār-šālôm*)로 불릴 뿐만 아니라, 그의 나라에서 "평화가 끝이 없을 것"이며 공평과 정의가 그 나라를 지배할 것이다(사9:5[6]f). 두 가지 큰 노선이 서로 결합된다. 예레미야서에서 기대되는 "정의로운 싹"도 공평과 정의로 다스릴 것이며 이스라엘은 안전할 것이다(렘23:5f). 에스겔은 하나님이 임명한 종말적 다윗의 시대에 이스라엘과 "평화의 언약"(*bᵉrît šālôm*)을 맺으실 것이며 그들이 안전할 수 있게 하실 것이라고 약속한다(겔

34:25, 참조. 37:26. 미5:3[4]에서 "그들이 살 것이다"라는 진술은 같은 의미로 이해될 수 있다. 즉 4[5]절 전반절에서 "평화"라는 낱말이 통치자와 관련이 있는지 여부는 논란거리다). 끝으로 스가랴서에서 기대되는 의로운 왕도 평화를 창조할 것이다(슥9:19).

그러나 평화의 기대는 미래적인 왕의 모습에 묶여 있지 않다. 예레미야는 바벨론으로 끌려간 사람들에게 다음과 같이 편지를 쓴다. 하나님은 그들에게 "미래와 희망"을 주시기 위해서 그들에 관하여 평화(혹은 구원)에 대한 생각들을 가지고 계신다(렘29:11). 희망되는 종말의 때에 "의의 열매는 화평이 되며, 의의 효과는 영원한 평안과 보장이 될 것이다"(사32:17). 이사야 52장 7절에서 "기쁨의 소식 전달자"가 평화와 선하심과 구원을 선포하며 시온을 향해 "네 하나님이 왕이시다!"라고 외칠 때, 왕의 칭호는 하나님께 양도된다. 하나님은 구원(*šālôm*)과 재난(*rā'āh*)을 창조하시고, 또한 땅 위에도 정의와 구원이 움돋게 하시기 위해서 하늘로부터 의를 비내리게 하신다는 사실에서 표현된다(사45:7f). 이사야 54장 10절에 따르면 하나님은 "평화의 언약"(참조. 겔34:25; 37:26)을 유효하게 하실 것이다. 미래의 날들에 하나님은 시온에 평화와 정의를 감독자로 임명하실 것이다(사60:17). 그리고 마침내 그는 예루살렘 위에 평화를 "강같이" 펼치실 것이다(사66:12). 학개는 이 새로운 집의 영광(*kābôd*)이 처음 성전의 영광보다 더 커질 것이며, 하나님이 '이곳'에 평화를 주실 것이라는 희망을 재건된 성전에 연결시킨다(학2:9).

그러므로 매우 상이한 측면과 매우 다양한 관점 아래에서 비교적 일관성 있는 전체 그림이 생겨난다. 그것은 정의와 평화가 미래의 시기를 위한 두 개의 거대한 희망이라는 사실이다. 오직 하나님만이 평화를 주실 수 있다. 그러나 정의의 재생과 지속을 위해서 이스라엘 스스로가 자신의 몫을 담당할 수 있고 그렇게 해야만 한다. 왜냐하면 정의는 실행되고 실천되어야 하기 때문이다. 그것을 위한 토대는 토라이며, 토라가 그 토대를 위해 남겨져 있다.

회개와 귀환, 하나님의 돌이키심

히브리성서의 미래기대에서 포로의 귀환경험이 근본적인 역할을 하고 있다. 포로 이전 시대에는 확실히 다양한 미래기대와 희망이 있었다. 그러나 다수의 성서본문들은 포로기 이후 시대에 비로소 최종적인 형태를 갖게 된다. 따라서 포로와 귀환의 경험이 함께 수용되어 있다. 이때 이전 시대의 역사경험도 새로운 빛 안에서 고찰되며 새로운 상황 가운데 놓이게 된다. 이같은 사실에 대한 대표적인 예는 첫 번째 출애굽이 두 번째 출애굽의 빛 안에서 고찰되는 것이다('두 번째 출애굽: 귀환과 새출발' 단락을 참고하라).

이러한 전체적인 맥락 속에서 히브리 낱말 '슈브'(*šûb*)가 중심적인 역할을 한다. 이 낱말에 중심적인 위치를 부여하는 것은 바로 이 동사의 다의성이다. 그것은 '돌아서다'를 의미할 수 있다. 다시 말하면 죄나 이방신들을 숭배하는 것으로부터 돌아선다는 의미뿐 아니라 하나님께로 돌아선다는 의미도 포함된다. 또한 '슈브'(*šûb*)는 공간적인 의미에서 '귀환하다'는 의미를 가질 수 있다. 호세아서에서 이 모든 의미가 발견된다. 이스라엘 백성은 "돌아서는데," 즉 하나님으로부터 떠나 돌아선다(호7:16). 그들은 "돌아와야" 하는데, 이집트로 돌아와야 한다(호8:13; 9:3; 11:5). 그들이 하나님께로 "돌아온다"는 사실이 미래를 위해 희망된다(호2:9[7]; 3:5). 그들이 이집트에서 돌아왔던 것처럼 "돌아와야" 한다(14:8[7]). "결과적으로 이것은 다음과 같은 사실을 의미한다. 이스라엘의 죄와 징벌, 그것의 소망하는 변화와 궁극적인 구원이 한 개념 안에 표현되어 있다!" 그러므로 '슈브' (*šûb*)는 "바로 호세아서의 종말론에서 중심적이며, 참으로 본질적인 핵심어가 되었다" (Jeremias 1995b, 68f).

그러나 이 동사의 주어가 하나님일 수 있다. 이것은 다시 호세아서에서 특히 등장한다. 하나님은 자신의 화를 이스라엘로부터 "돌이키심"으로써, 즉 그분 스스로가 징벌로부터 돌이키심으로써 이스라엘의 "배교" (*m*^{e}*šûbāh*)를 치유하실 것이다(호14:5[4]). 그러므로 "야훼의 돌이키심/귀환에 대한 언급 없이 이스라엘의 돌아섬/귀환에 대해 말하는 것은 불가능하다" (Jeremias, 같은 곳). 하나님은 이 동사의 직접적인 주어가 될 수 있다(이러한 경우에는 타동사로 사용된다). "우리를 다시 회복시키소서(*šûbēnû*), 우리 구원의 하나님이시여! 그리고 우리를 향한 당신의 분노를 깨뜨리소서!" (시85:5[4], Zenger/ Hossfeld 2000, 524) 하나님께 이스라엘의 이전 상태로 돌아올 수 있도록 결단해 달라고 간구한다.

마지막으로 하나님은 항상 '슈브-쉐부트' (*šûb-š*^{e}*bût*) 관용어구의 주어다. 이 표현은 특히 예레미야서에서 자주 발견된다. 무엇보다도 예레미야 29장에서 33장에 이르기까지 자주 나타난다(렘30:3, 18; 31:23; 33:7, 11 등). 이 표현의 문자적인 번역은 논쟁거리다. "포로 됨을 돌리시다," "운명을 돌이키다," 혹은 종말론적인 색채를 가지고 본래의 상태로 회복(restitutio in integrum)을 의미해서 "이전 것들의 회복"으로 해석된다(참조. THAT II, 886f). 어쨌든 이 용어는 하나님의 능동적인 행동을 나타낸다. 그것을 통해 이스라엘의 현재적인 상황이 근본적으로 더 좋게 바뀐다. 하나님은 이스라엘의 운명을 바꾸신다. 이스라엘의 돌이킴과 돌이키시는 하나님의 행동 사이의 상호관계가 여러 본문에서 인상적으로 가시화된다. 이 관용어구는 동사 '슈브'(*šûb*)가 사용되는 다른 용례들과의 직접적인 연관성 속에서 발견된다. "만일 네가 너의 하나님 야훼에게 돌이킨다면(*šûb*)…, 야훼 너의 하나님은 너의 운명을 돌이키실 것이며(*šûb š^ebût*), 너를 긍휼히 여기시고 야훼 너의 하나님이 흩으신 모든 민족들로부터 너를 다시 모으실 것이다"(신30:2f). 이스라엘의 회개와 하나님을 통한 이스라엘 운명의 돌이킴이 직접적으로 연관되어 있다.

하나님이 직접 돌아서신다. "내게로 돌아오라. 그러면 내가 너희에게 돌아갈 것이다"(*šûbû ʾēlaj … w^eʾāšûb ʾ^alêkem*, 슥1:3, 참조. 말3:7). 여기서 상호관계가 더 직접적으로 표현된다. 이스라엘에 대한 하나님과의 관계는 이스라엘이 실제로 돌아설 때 새로운 토대 위에 놓이게 될 것이다. 사실은 그 이상이다. 하나님은 이미 돌아서셨다. "나는 예루살렘으로 돌아왔다"(*šabtî lîrûšalajim*, 슥1:16). "내가 시온으로 돌아왔다"(슥8:3, 번역에 관하여는 참조. Hanhart 1990ff, 56f, 513). 에스겔이 미래환상에서 경험한 바, 즉 하나님이 자신의 집으로 돌아오셨다는 사실(겔43장)은 스가랴의 관점에서 보면 시온 위에 세워지는 성전재건의 시작과 함께 현실이 된다.

이러한 스가랴의 관점은 종말론적인 기대의 맥락에서 소망했던 바와 지금 벌어지는 것과 이미 일어난 것이 서로 다른 것으로 옮아갈 수 있다는 사실을 분명하게 보여준다. 종말론적인 기대에서 사는 삶은 현실 외곽에서 움직인다. 이것은 묵시문학에서 완전하게 전개된다.

갱신된 언약

“보라, 날들이 이를 것이다. 그때에 내가 이스라엘 집과 유다 집에 새 언약을 세울 것이다”(렘31:31). 이 말과 함께 히브리성서에서 가장 많이 인용되고 해석된 본문들 가운데 하나가 시작된다. 동시에 그것은 해석에 있어서 특히 어려운 질문 앞에 맞서는 본문 중의 하나이다. 이러한 사실은 이 본문이 기독교 전통에서 매우 광범위하고도 독립적인 의미를 획득하였을 때 더욱 그러했다. 그러한 의미는 의식적이든 무의식적이든 해석자에게 존재하고 있다. 그러나 그 의미는 본문해석에 우선적으로 영향을 미쳐서는 안 된다(그러나 이 점에 관하여 참조. 1991f; Crüsemann 2000).

이 본문의 특별성은 “새 언약”(*bᵉrît ḥᵃdāšāh*)이라는 용어가 히브리성서에서 여기에만 등장한다는 사실에서 이미 드러난다. ‘새로움’이란 무엇을 의미하는가? 새로움의 히브리어 어근은 ‘하다쉬’(*ḥdš*)이다. 이 어근으로부터 형용사 ‘새로운’이 파생되었다. 이 어근은 단순히 ‘달’을 의미하기도 하는 ‘호데쉬’(*ḥodeš*), 즉 ‘새로운 달’이라는 단어에서 가장 빈번하게 발견된다. 달은 늘 ‘새롭게’ 된다. 동일한 것이 한 해의 주기 속에서 실행되며, 따라서 새 곡식(레26:10)과 새 열매(아7:14)에 관하여 말한다. 그러나 인간의 생애 가운데 다소 중요한 새로운 시작도 역시 그렇게 지칭된다. 새 의복(왕상11:29f), 새 집(신20:5; 22:8), 새로운, 즉 최근에 결혼한 아내(신24:5) 등에서 찾을 수 있다. 그리고 하나님 자신이 늘 다시 “지면을 새롭게 하시며”(시104:30), 사람의 젊음을 “새롭게 하신다”(시103:5). 하나님께 다음과 같이 간구한다. “우리의 날들을 예전처럼 새롭게 하소서”(애5:21). 그리고 그분께 자비가 아침마다 새롭다는 사실에 감사한다(애3:23). 이때 중요한 문제는 '새로워짐' 이다. 새로워짐은 종종 새로운 시작으로 경험된다.

예언서에서 새로운이라는 낱말은 바벨론 포로기에 들어서서 처음으로 발견된다. 이사야서의 두 번째 부분과 예레미야서와 에스겔서에서 나타난다. 이사야 42장 9절에서 '새로운 것' 은 '이전 것' 과 대비된다. '이전 것' 이란 이미 발생한 것이고, 그러므로 더 이상 생각해서도 안 된다(사43:18). 하나님이 이스라엘에게 "지금부터 새로운 것들을 듣게 할 것이며, 네가 알지 못하는 숨겨진 것들을 알게 할 것이다"(사48:6). 예레미야는 강조점을 달리 한다. 이스라엘은 하나님으로부터 새로운 어떤 것을 경험하지 못할 것이다. 언약의 토대는 토라이며, 토라가 그러한 의미를 가지고 남아 있을 것이다. 새로운 것은 이스라엘 족속이 토라를 대하는 방식이 될 것이다. 예레미야는 이스라엘 족속의 토라에 대한 행동을 늘 다시금 날카롭게 비판한다. 그들은 토라를 버렸고(렘6:19) 토라를 떠났다(렘9:12[13]). 그들의 조상들은 토라를 준수하지 않음으로써 하나님을 버렸다(렘16:11). 이러한 비난들은 특히 다음과 같은 책임 있는 관리들에게 적용된다. 왕들과 귀족들, 제사장들과 예언자들(렘32:32f; 2:8; 8:8)은 책임이 크다. 그리고 예레미야의 성전설교에서 토라를 준수하라는 촉구는 성전 파괴에 대한 예고와 연결된다(렘26:4-6). 그러나 다음 날들이 오게 될 터인데, 그러한 날들에는 하나님이 "나의 백성 이스라엘과 유다의 운명을 바꿀 것이며," 그들을 "내가 너의 조상들에게 주었던" 땅으로 다시 데려다 줄 것이다(렘30:3). 그리고 많은 일들이 일어날 것이다. 그러한 사항에 관하여 예레미야 30장부터 33장까지에서 언급된다.

'새 언약' 이라는 낱말은 절정을 이룬다. 다시 한 번 다음과 같이 말한다. "날들이 이를 것이다"(렘31:31). 그때가 되면 하나님이 이스라엘과 유다와 새로운, 즉 다시 말하면 갱신된 언약을 맺음으로써 근본적인 갱신을 수행하실 것이다. 이 언약의 새로움은 우선 부정적으로 묘사된다. "이 언약은 내가 그들의 조상들의 손을 잡고 이집트 땅에서 인도하여 내던 날에 세운 언약과 같지 아니할 것이다"(V.32). 청중과 독자들은 이미 예레미야의 "언약설교"(렘11:3f)를 통해 이집트로부터 이끌어내심과 시내 산 사건을 함께 조망하는 것을 알고 있다. 그러나 이제 예레미야는 금송아지를 통한 범죄와 함께 시작되었던(출32장) 언약의 파기를 기술한다. 말하자면 그것은 이러한 언약의 특징처럼 묘사된다. "그들은 나의 언약을 깨뜨렸다"(V.32b).

> 이어지는 진술에 대한 정확한 의미는 불분명하게 남아 있다. "그리고 나는 내 자신을 그들에게 주(主)로서 보여주었다." "주인이 되다"(이 동사는 '결혼하다'를 의미할 수도 있다)는 의미를 가진 동사 '바알'(*bāʿal*)이 여기서 중립적인 의미로 사용되었을까? "마치 내가 그들의 주인이었던 것처럼"(개정 루터번역과 이와 유사한 독일공동번역), 아니면 심판의 의미로 "그러므로 내가 나 자신을 그들에게 주로서 나타나야 했다"(Luther 1545; von Rad 1965, 222; Ruldoph 1968에서 해당 구절에 대한 설명을 참조하라)로 해석해야 하는가? 그러나 이것을 통해 본문의 맥락에 대한 이해가 본질적으로 영향을 받는 것은 아니다.

이 언약에서 새로운 것이 되는 긍정적인 진전은 지금까지의 모든 것을 넘어서는 다음과 같은 갱신된 시간과 연결이 되어 있다. "그 날들 이후에"(V.33). 이러한 형태로 히브리성서에서 유일하게 등장하는 이 표현은 이미 '그날들에' 일어날 사건으로 예고된 모든 것이 이루어진 다음에야 현실로 나타날 것이라는 사실을 말하고 있다. 즉 '새 언약'은 본래적인 의미에서 '종말론적인,' 즉 마지막 사건이 될 것이다. 하나님은 이 언약을 '이스라엘 집,' 즉 언약 백성 전체와 맺을 것이다. 그러나 언약에 있어서 새로움이란 언약의 내용이 되지는 않을 것이다. 지금처럼 토라를 준수하는 것이 중요한 문제가 될 것이다. 언약과 토라는 분리할 수 없는 상태로 남아 있다. 동시에 이 점은 지금까지의 토라가 무효화되지 않는다는 사실을 말해준다. 그러나 하나님은 이 언약이 앞으로 다시 파기될 수 없다는 전제조건들을 마련하실 것이다. 왜냐하면 그때에는 토라가 더 이상 모든 개인이 순종의 행동으로 반응해야 하는 기록이거나 '외부로부터' 들려진 것이 아니기 때문이다. 오히려 하나님은 "토라를 그들의 마음에 놓을 것이며 그들의 심장에 새길 것이다." 그리하여 이러한 토라에 따라 사는 것, 다시 말하면 언약을 지키는 것이 말 그대로 '자연스러운' 일이 될 것이다.

하나님 인식에 대한 하나의 새로운 방식은 이것과 일치한다. 그들은 서로 가르칠 필요가 없을 것이며, 오히려 각 사람이 직접 야훼를 인식하게 될 것이다(V.34). 이러한 사실은 이전의 예레미야의 말을 기억하게 한다. 두 개의 무화과 광주리에 대한 비유에서 다음과 같이 말한다. "내가 그들에게 한 마음을 주어 그들로 하여금 내가 야훼라는 사실을 깨닫게 할 것이다"(렘24:7). 하나님을 깨달아 아는 것은 또한 마음의 갱신이 만들어낸 열매가 될 것이다. 마음에 있는 토라와 하나님에 관한 새로운 인식, 이 두 가지 관점은 언약형식구를 통해 서로 연결된다(V.33b). 또한 이같은 사실은 다시 한 번 예레미야 24장 7절까지 소급된다(이 점에 관하여 참조. 1995a, 39). 하나님이 이스라엘 백성에게 새로운 마음을 주실 것이라는 예고는 에스겔서에서도 발견된다. 그러한 예고가 회화적으로 매우 잘 표현되어 있다. 하나님은 그들의 몸으로부터 '돌로 된 마음'을 걷어내시고 그들에게 '살로 된 마음'을 주실 것이다. 여기서도 "나의 계명들 안에서 걷고," "나의 법규들을 지키는 것"이 중요한 문제가 된다. 언약형식구가 뒤따라 나온다(겔11:19f; 36:26-28, 물론 에스겔서에는 이러한 맥락에서 '언약'과 '토라'라는 개념이 나타나지 않는다).

이러한 관점으로 볼 때 신명기가 예레미야의 종말론적 약속에서 예고된 바를 이미 주어진 것으로 취급하는 것처럼 보이는 것은 놀라운 일이다. "말씀(즉 "이 계명," *miṣwāh* V.11)이 너에게 매우 가까워 너의 입과 너의 마음 안에 있어서 너희는 그것을 수행할 수 있다"(신30:14). 완전히 비종말론적인 이러한 관점은 "어떤 면에서 보면 유일한 것이다" (vRad 1964, 131). 게다가 신명기의 관점은 토라의 수행이 절대 당연한 것이 아니라는 사실을 잘 알고 있다. 토라를 준수하지 못한 결과는 신명기 28장에 인상적으로 묘사되어 있다. 그러나 그후 신명기 30장은 돌이킴과 새로운 시작에 대해서 말한다. 6절에서 마음의 할례를 언급하고 있다. 그렇다면 14절은 이러한 관점으로 읽어야 했는가?

'새로운 언약'과 관련된 언약형식구의 사용은 그것이 어떤 다른 언약이 아니라는 점을 다시 한 번 분명하게 보여준다. 이러한 점에서 예레미야에 의해 약속된 새로운 언약은 정말 이스라엘 백성의 배교 후에 갱신되고 확증되었던 시내산 언약과의 연장선 위에 놓여 있다. 시내산 언약 또한 어떤 방식으로는 이미 새로운 언약이었다(Dohmen 1993). 그리고 다른 본문들 가운데에서도 하나님이 결국 자신의 언약을 기억하실 것이며, 그것을 새롭게 유효성 있도록 만드실 것이라는 사실에 대해 언급되어 있다(예컨대, 레26장과 겔16장). 여기 예레미야서의 경우에는 이제 강조점이 완전히 '그날들 후에' 있을 사건에 놓여 있다.

이로써 영원한 언약이라는 용어 또한 예레미야 29장에서 33장까지 이르는 구원선포의 맥락에서 하나의 새로운 의미를 얻게 된다. 예고된 모든 재난이 예루살렘 위에 임하게 될 때 하나님은 마침내 자신의 백성을 다시 모으실 것이며, 그들을 그리로 돌아가게 하실 것이다. 그리고 하나님은 집으로 돌아오는 자들의 마음에 하나님에 대한 경외감을 두실 것이다(렘32:39f). 여기에 새로운 언약에 등장하고 있는 토라의 준수와 하나님 인식 외에 하나님 경외가 나타난다. 하나님 경외는 다른 것들과 함께 영원한 언약(*b^e^rît ʿôlām*), 즉 하나님이 그날들에 갱신하며 확증하실 언약의 표징이 될 것이다.

야훼의 날

많은 예언서는 그들이 예고하는 일들이 일어날 그날 혹은 날들에 대하여 말한다. 이때 지배적인 표현이 다양하게 나타나는 것을 볼 때 이 개념에 대한 총체가 뚜렷한 윤곽을 가지고 있지 않다는 사실을 알 수 있다. 다른 한편으로는 언어의 관용(慣用)과 다양한 표현방식의 의도 안에서 분명한 특징이 나타난다. 그러한 표현방식을 고찰하는 것은 예언자들의 미래예고에 대한 이해를 돕는다. 그렇지만 제한적으로 말해야 하는 것은 이러한 개념이 결코 모든 예언적 미래예고에서 나타나지 않는다는 점이다. 따라서 여기서는 그것들 중 한 부분만을 다루게 될 것이다.

여론(餘論): 그날과 그날들

'날' (*jôm*)이라는 낱말은 히브리성서의 언어에서 가장 흔한 낱말 중 하나다. 어떤 사건이 발생했거나 어떤 사건이 발생할 때인 특정한 날을 지칭하기 위해 '그날' (*hajjôm hahû'*) 혹은 '그날에' (*bajjôm hahû'*)가 쓰인다. 이 표현은 예언본문에서 자주 발견된다. 특히 이사야서에서 폭넓게 사용된다. 그런데 그 분포는 매우 주목할 만하다. 이사야 1장에서 39장 사이에는 40번이 넘게 나오는 반면, 40장에서 66장 사이에는 (52장 6절에) 단 한 번 나타난다. 이같은 결과는 '그날에' 라는 표현이 거의 압도적으로 아직 일어나지 않은 사건을 지칭하거나 그러한 사건을 예고한다는 사실과 일치한다. 그것은 무엇보다 하나님이 보내시거나 하나님에 의해서 초래된 위협적인 사건이거나 그와 관련된 상황들이다(사3:18; 4:1; 5:30; 7:18 등등). 비록 '그날에' 라는 표현이 자주 발견되는 것은 아니지만, 다른 예언서들에서도 이러한 조사결과는 비슷하다(몇 가지 예를 들면 다음과 같다. 렘4:9; 25:33; 겔 30:9; 호1:5; 암2:16; 8:3; 미2:4).

그러나 상당수의 본문들에서 '그날에' 라는 표현은 재난 이후의 일들에 관하여 말한다. 그리하여 생존자들, 즉 '남은 자' 에 관해서나 (사10:20; 11:11), 하나님의 진노가 돌이켜졌다는 사실에 대하여 언급한다 (사12:1, 4; 25:9; 26:1 등, 또한 52:6, 다음과 같은 것들이 이와 유사한 본문들이다. 렘30:8; 겔 24:26f; 29:21; 미4:6; 습3:11 등). 여기에 또한 종말론적이라고 지칭할 수 있는 요소들이 덧붙여진다. 뿌리에 이르기까지 잘려진 이새의 줄기로부터 한 싹이 돋아날 것과(사11:10) 하나님이 창조시 벌였던 혼돈과의 싸움을 종말에도 반복하시는데 그분은 자신의 칼로 리워야단을 죽이신다는 내용이 덧붙여진다(사27:1, 다음과 같은 본문들이 이와 유사한 본문들이다. 호2:20[18], 23; 암9:11; 학2:23 등).

이뿐 아니라 '저 날들에'(*bajjāmîm hahēm*)라는 복수형의 표현도 발견된다. 그날에 관한 언급이 어떤 사건의 출현을 더 강하게 강조하는 반면, 복수형으로는 더 긴 시간적 간격이나 공간이 조망된다. 이때 항상 문제가 되는 것은 '그 이후'의 시간이다. 이사야서에서는 이 표현을 거의 찾아볼 수 없지만, 특히 예레미야서에는 자주 나타난다. 이로써 좀더 먼 시간까지 미치는 '변화'가 언급될 수 있다. 사람들이 더 이상 언약궤를 생각하지 않을 것이다(렘3:16). 유다와 이스라엘이 함께 귀환할 것이다(렘3:18). 하나님이 자신의 언약을 갱신하실 것이다(렘31:33, 여기서는 "저 날들 후에"라는 표현이 나타난다). 그분이 다윗에게 한 의로운 가지가 자라게 하실 것이다(렘33:15). 하나님이 살아남은 자, 즉 '남은 자'에게서 죄를 용서하실 것이기 때문에 사람들은 더 이상 이스라엘의 죄를 발견하지 못할 것이다(렘50:20). 또한 종종 "보라"라는 말로 도입되는 "날들이 올 것이다"라는 유사한 복수형태의 표현(*hinnēh jāmîm bāʾîm*)이 특히 예레미야서에서 발견된다(렘7:32; 9:24; 16:14 등).

세 개의 표현 모두는 하나의 예언을 알 수 있게 한다. 단수형태는 종종 "그 일이 일어날 것이다"(*wᵉhājah*)는 말이 덧붙여져 확장된다. 일련의 예언 전체가 그러한 도입부로 시작되는 경우도 종종 발견된다. 이때 그 도입부는 일종의 형식구로서 작용한다(예컨대, 사7:18, 20, 21, 23; 17:4, 7, 9; 19:16, 18, 19, 21, 23, 24; 슥12-13장[9번]). 주석서들에서는 이러한 도입형식구를 경우에 따라 바꿀 수 있는 요소들로 판단하고 "이차적인" 후기로 여기는 경향이 있다(참조. Wolff 1969, 373). 그러나 그 결과 분명한 의도를 가지고 사용한 '날'과 '날들' 사이의 차별성이 사라진다. 이러한 점은 특히 아모스 9장에서 잘 나타난다. 아모스 9장 11절에서는 단수 형태를 통해 "다윗의 장막"을 다시 일으켜 세우시는 과정에서 즉각적인 결과를 가져오는 하나님의 행동이 예언되는 반면, 복수형태가 사용된 13절에서는 자연과 이스라엘 민족의 운명 가운데 일어나는 근본적인 변화를 통해서 표현될 한 '구원의 때'가 전망된다.

끝으로 '날들의 끝'에 관한 언급도 나타난다. '베아하리트 하야밈'(*bᵉʾaḥᵃrît hajjāmîm*)이라는 표현은 어떤 일이 발생하게 될 가깝거나 먼 미래를 예고할 수 있다. 이와 같이 야곱은 "야곱의 축복"에서 아들들에게 자신이 죽은 후에 경험하게 될 일들에 관하여 말한다(창49:1). 이때 그 예고는 개별적인 지파들 역사에서 나타날 긴 시대에 대한 전망을 포함한다. 예레미야는 하나님의 말씀에서 이스라엘이 마침내 하나님의 행동을 깨닫게 될 것이라는 사실을 예고한다(렘23:20=30:24). 호세아는 이스라엘 백성이 긴 고통의 시간이 지나면 자신을 돌이켜 하나님을 찾게 될 것을 기대한다(호3:5). 미래에 이스라엘이 자신의 민족에게 행할 일에 대하여 말하는 발락에 대한 발람의 예언에(민24:14) "한 별이 야곱으로부터" 나오며 "한 홀이 유다로부터" 나오게 될 것이라는 예언이 포함되어 있다(V.17). 여기서 우리는 분명한 '종말론적인' 요소를 인식할 수 있다. 이러한 점은 이사야 2장 2절(미가 4장 1절)에 더욱 분명하게 드러난다. 이사야의 말에서 이방 민족들이 시온을 향하여 몰려오는 종말적인 사건이 예고된다. 에스겔은 마곡의 곡이 이스라엘을 치게 될 때 경험될 하나의 종말적인 재난사건을 예고한다(겔38:16). 마지막으로 다니엘서에 나타나는 표현은 묵시기록자가 전망하는 역사의 마지막 시기와 관련된다(단2:28[아람어]; 10:14). 이 표현은 처음으로 역사의 마지막 단계, 즉 '에스카타' ("Εσχατα)에 관하여 말한다(이 마지막 단계가 헬라어 번역에서는 줄곧 그렇게 지칭되고 있다).

* * *

일련의 본문들에서 미래의 날에 관한 진술이 "야훼의 날"(*jôm jhwh*, 이후에는 "야훼의 날"이라고 표기한다)이라는 표현으로 압축된다. 이것은 분명 '그날'이나 '그날들'에 관한 다른 진술과 명확히 구분되는 하나의 확정적인 용어다. 매우 상이한 심상들이 이것과 연결될 수 있다. 이때 그것은 어떤 경우에서건 하나님에 의해서 직접적으로 촉발된 사건과 관련된다. 그리고 그것은 무엇보다 공포와 두려움을 확산시키는 위협적인 사건들이다. 그러나 중요한 것은 누구를 향하고 있는가이다. 야훼의 날이 이스라엘을 향하고 있느냐, 아니면 적들을 향하고 있느냐가 중요하다. 이것은 동시에 다음과 같은 사실을 의미한다. '야훼의 날이 이스라엘에게 구원을 의미하는가, 아니면 재앙을 의미하는가?

이것은 아모스가 동시대 사람들과 대립했던 문제이기도 하다. "야훼의 날이 오기를 사모하는 자들에게 화로다!"(암5:18) 아모스의 청중 가운데는 야훼의 날이 긍정적이고 바람직한 사건으로 이해되는 이들이 있었다는 말이다. 아모스는 그 반대의 측면을 말한다. "야훼의 날은 암흑이며 빛이 아니다"(V.18, 20). 이것은 물론 아모스가 야훼의 날은 이스라엘에게 구원을 의미한다는 당시 일반적으로 통용되는 견해를 반대하는 첫 번째 사람이었다는 사실을 의미한다고 볼 필요는 없다(참조. Hoffmann 1981, 42f). 이미 이사야가 '야곱의 집'을 향한 맥락에서(사2:6) "만군의 야훼의 날이 모든 교만한 자와 거만한 자들에게" 임할 것이라는 사실에 관하여 말하고 있다(V. 12-21). 이와는 달리 이사야 13장에서는 야훼의 날(V.6, 9)이 바벨론을 멸망시키는 심판을 의미한다는 본문도 있다. 그러므로 여기서 야훼의 날이 이스라엘에게 어떤 의미가 있을 것인가? 하는 문제에 관한 두 가지 완전히 상이한 관점들이 드러난다. 스바냐서는 야훼의 날에 예루살렘 지배계층의 죄들이 징벌되고, 더 나아가 그것이 땅의 모든 주민에게 확장될(습1:14-18) 엄청난 사건에 관하여 묘사하는 것에 대부분을 할애한다. 무엇보다 그날은 매우 인상적으로 묘사된다. 그날은 크고 고통스러운 날이요, 분노와 고난과 고통의 날이며, 황폐와 파멸의 날, 어둡고 캄캄한 날, 구름과 흑암의 날, 나팔과 경고의 날이다. 이 '분노의 날'은 땅의 모든 주민에게 종말을 초래할 것이다(V.18). 이와 유사한 묘사가 다른 본문들에서도 발견된다(사13:6ff; 욜2:1ff 등).

그러나 스바냐는 여기에 머물러 있지 않는다. 이러한 극적인 묘사로부터 다음과 같은 외침이 터져 나온다. "너희들은 모여라… 야훼를 찾으라!"(습2:1, 3) 이것은 다음과 같은 사실을 의미한다. "공의를 찾으라! 그리고 겸손을!" 이 외침은 '아마도'라는 말로 알 수 있는 "야훼의 분노의 날"에 보호해주실 것에 대한 망설이는 희망과 연결되어 있다(V.3). 그런 다음 스바냐서는 구원 넘치는 결말과 함께 끝이 난다. 하나님은 "이스라엘의 남은 자"를 두실 것이며(습3:13), 야훼의 이름을 의지하는 곤고하고 가난한 백성을 남겨두실 것이다(V.12). 그리고 하나님은 그들을 모으고 집으로 데려가 운명을 되돌리실 것이다(*šûb šᵉbût*, V.20). 야훼의 날은 결국 이스라엘의 '남은 자'에게 구원의 시간이 될 종말의 때와 전체적인 관련성을 맺고 있다.

야훼의 날에 대한 전승의 모든 복잡성은 요엘서에서 분명하게 드러난다. 요엘 1장 이후(욜1:1-2:27)에서 이날은 이스라엘에 대한 심판의 날로, 4[3]장에서는 이스라엘의 대적들에 대한 심판으로 묘사된다. 그 사이에 있는 요엘 3장[2장 28-32절]에는 좁은 의미에서 하나의 종말론적 사건이 묘사되어 있다. "야훼의 크고 두려운 날이 이르기 전에"(욜3:1-3[2:28-30]), 하나님은 모든 육체에게 그의 영을 부어주실 것이고, 하늘과 땅에 근본적인 변화를 일으키는 자연현상이 일어날 것이다. 그러나 그때에 시온산 위에서 "야훼의 이름을 부르는 모든 사람들에게" 구원이 있을 것이다(욜3:4[2:31]). '모든 육체' 로부터 시온에서 야훼의 이름을 부르는 모든 자들이 구원받음을 통해서, 이스라엘과 그 대적들 사이의 구별이 사라지는 것처럼 보인다.

끝으로 야훼의 날에 대한 기대의 중요성은 이 주제가 12소예언서의 수집과 구성의 중요한 요소가 되었다는 사실에서 잘 드러난다. 요엘서는 아모스서 앞에 놓여 있다. 따라서 독자들이 아모스서의 중심구절에서 "너희들에게 야훼의 날이 어떻게 될 것인가?"(암5:18)라는 질문을 읽을 때 그들은 야훼의 날에 대한 심상들의 복합성을 눈앞에 두고 있다. 아모스서 뒤에 짤막한 오바댜서가 뒤따른다. 오바댜서는 전체가 이 주제에 의해서 압도된다. 그러나 요엘서 4[3]장에서 다루어진 이스라엘의 대적들(여기서는 에돔)에 대한 심판이라는 일방적인 관점에서 다루어진다. 우리는 이러한 일방성이 요엘과 아모스의 연결을 통해 무뎌져야 한다고 생각할 수 있다. 포로기 이전 예언자 가운데 마지막 예언자인 스바냐에게서 이 주제는 다시 중심에 서게 된다. 그리고 12소예언서의 마지막 장에서 말라기는 "야훼의 크고 두려운 날이 이르기 전에" 하나님께서 예언자 엘리야를 보내실 것이라는 기대를 말하고 있다(말3:23[4:5], 이 주제 전체에 관하여 참조. 1997c [=2000c]와 1998).

이스라엘의 남은 자

히브리성서에서 이스라엘에 '남은 자'가 '남게 될 것'이라는 사실이 종종 그리고 다양한 맥락 속에서 언급된다. 예컨대, 언약, 선택, 은혜, 율법 등과 같은 자주 등장하는 개념과 달리, 남은 자에 대한 심상에 대해서는 종합하는 용어가 없다. 이것은 좁은 의미에서 말할 때 '신학적인' 개념도 아니다. 더 정확히 말하면 그것의 신학적 의미를 한 눈에 파악할 수 없다.

여기서 고찰되는 히브리어 개념은 많은 양이나 큰 공동체로부터 무엇인가 또는 누군가가 남아 있다는 사실을 여러 가지 방식으로 표현한다. 이러한 사실은 부정적 또는 긍정적 또는 완전히 중립적으로 언급될 수 있다. 몇 가지 예를 들면 다음과 같다. 사무엘은 사울에게 그를 위해 남겨두었던 남아 있는 고기(*hannišʾār*)를 준다(삼상9:24). 개구리 재앙 후에 개구리들이 오직 나일강에만 남아 있어야 한다(출8:5[9], 7[11]). 비둘기를 희생제물로 드릴 때 제사장은 피 뿌리는 의식 후에 남은 피를 제단의 밑에 짜내야 한다(레5:9).

남은 자의 특성은 인간과 관련해서 더 분명하게 나타난다. 야곱은 에서와 만나기 전에 그의 가족들과 자신의 모든 소유물을 둘로 나누어 적어도 남아 있는 반은 "살아남을 수" 있게 한다(창32:9[8]). 나오미는 남편이 죽고 두 아들만 남게 되자(룻1:3) 가족의 생존이 위협받는다. 그러나 가족 중 '남은 자들'에게는 아직 미래가 있다. 예후의 혁명으로 아합의 전체 왕가가 멸절되어 한 사람도 남지 않게 된다(왕하10:11, 17). 이 왕가에는 미래가 없다. 그러니까 "살아남는 것"과 (위기에서) "탈출하는 것"은 미래를 의미한다. 그러나 '남은 자'가 없는 곳에는 더 이상 미래가 없다.

성서의 원역사에는 이미 남은 자에 대한 언급이 있다. 대홍수 때 "땅 위에 있었던" 모든 것이 진멸되었다. "노아와 그와 함께 방주 속에 있는 것만이 살아남았다"(창7:23). 이것은 매우 중요한 본문이다. 대홍수 후에 인류 전체는 남은 자이다. 하나님은 이 남은 자의 대표인 노아와 더불어 다시는 "모든 육체"를 진멸하지 않겠다는 "영원한 언약"을 맺으셨다(창9:11, 이러한 관련성에 대하여 예수 시락이 이미 주목하게 만들었다. 시락서44:17-19, 참조. Clements 1993, 938). 여기서 남은 자에 대한 매우 긍정적인 관점이 돋보인다. 그것은 단지 남은 자일뿐이지만, 미래를 위한 하나님의 약속이 그 남은 자에게 놓여 있다. 이와 매우 유사한 사실이 요셉이 자신의 운명에 관해 형제들에게 말한 그 해석에서 나타난다. "하나님께서는 땅에서 당신들에게 남은 자(*š^eʾērît*)를 남기시고, 당신들의 생명을 큰 구원(*p^elêṭāh g^edolāh*)으로 건지시려고 당신들 앞서 나를 보내셨나이다"(창45:7). 이 구원받고 생존하여 남은 자로부터 이스라엘 민족이 성장한다.

역사가 진행되는 과정에서 남은 자 사상이 언급되는 지점이 늘 다시 나타난다. 이스라엘과 유다가 분리되기 전에 아히야의 예언에서 하나님은 다윗의 후손인 르호보암에게 오직 한 지파만을 "다윗과 예루살렘을 위하여" 남기실 것이며(왕상11:32) 다윗을 위해 "등불"을 주실 것(왕상11:36)이라고 말한다. 유다는 과거 이집트에서 야곱의 후손들 가운데 구원받고 피하여 살아남은 자들로부터 성장한(출1:9) 12지파 민족의 남은 자이다. 그러나 동시에 이스라엘과 함께하는 하나님의 역사와 하나님과 함께하는 이스라엘의 역사가 계속되는 곳은 유다와 특히 예루살렘이다.

남은 자 사상은 엘리야의 이야기 속에서 특히 중요하다. 엘리야에 대한 하나님의 말씀에서 다음과 같은 내용이 있다. "내가 이스라엘에 바알에게 무릎을 꿇지 않고 그에게 입 맞추지 않은 칠천 명을 남겨 둘 것이다"(왕상19:18). 이 말씀은 더 넓은 맥락 속에 자리하고 있다. 엘리야는 이세벨 여왕이 모든 야훼의 예언자들을 죽였기 때문에 그들 가운데 자신만이 살아남았다고 탄식한다(왕상18:22; 19:10,14). 하나님의 말씀은 이것에 대한 하나의 대답처럼 들린다. 엘리야가 유일하게 살아남은 자가 아니라 이스라엘에 남은 자들이 더 있을 것이다. 더 정확히 말하면 하나님께서 남은 자를 남길 것이다. 칠천 명이 누구인지 또는 누가 될 것인지는 열려져 있다. 하지만 여기에 그들이 발견되는지 여부에 이 약속이 종속되어 있다는 의미에서 조건적인 요소는 전혀 없다. "하나님은 남은 자를 결정하신다. 하나님은 지금까지 엘리야에게 숨겨진 채 있었던 존재들에 관하여 이미 알고 계신다"(vRad 1965, 30). 그리고 남은 자는 단지 남아 있는 채로 "머물러 있지" 않고 하나님에 의해 "남겨질" 것이다.

열왕기서에서 남은 자에 대한 주제는 두 가지 상이한 맥락 속에서 나타난다. 첫 번째 경우는 히스기야가 이사야의 입으로부터 유다의 집에서 피하여 살아남은 생존자들이 다시 뿌리를 내리고 열매를 맺게 된다는 것과 "예루살렘으로부터 남은 자가 나올 것이고 시온산으로부터 피한 자가 나올 것이다"(왕하19:30f=사37:31f)라는 약속을 받는다. 여기서 남은 자 사상의 구원전통이 계속 이어진다. 그러나 므낫세에 대한 예언에서는 아주 다르게 나타난다. 하나님은 예루살렘을 근절하고 "나의 소유 가운데 남은 자들"(*š$^{e)}$ērît naḥ^{a}lātî*)을 그의 대적의 손에 넘겨줄 것이다(왕하21:13f). 여기서 유다와 예루살렘에 닥쳐올 위협적인 재앙이 이미 묘사되고 있다.

그러나 이것이 히브리성서에서 이스라엘의 남은 자에 대한 기대와 관련하여 발견되는 마지막 말이 아니다. 예언서에서 아주 새로운 차원이 열린다. 이사야서의 첫 장에서 "시온의 남아 있는 딸"과 관련하여 다음과 같이 말한다. "야훼 체바옷이 우리에게 약간의 남은 자를 남겨주지 않으셨다면 우리는 소돔과 고모라와 같이 되었을 것이다"(사 1:9; 이어지는 내용에 관하여 참조. 2000a). 여기서 남은 자 사상은 시온/예루살렘과 밀접하게 연결되어 있고, 남은 자의 "남겨둠"(*śarîd*)은 하나님의 적극적인 행동으로 이해된다. 이때 맥락을 통해 보건대 살아남은 자들이 예언자가 "너희 소돔의 관원들아, 너 고모라 백성아"(V.10)라고 외칠 때 일컬어졌을 무리 가운데 들어 있다는 사실을 분명하게 알 수 있다. 그러나 하나님은 전에 소돔에서와 같이 "의인"의 최소 숫자에 대한 물음을 제기하지 않으시고 예루살렘에 남은 자를 남겨두셨다(창18:23-32).

남은 자에 관한 언급은 이사야서 전체를 관통한다. 이때 결합된 기대와 희망이 다양한 관점에서 조망된다. 이사야 4장 2-6절에서는 시온/예루살렘에서 "이스라엘의 살아남은 무리"를 위한 구원예고가 선포된다. 그들은 "예루살렘에서 생존자로 기록된 모든 자"라고 설명된다. 거기에 속한 자는 "거룩한 자"로 불린다(V.3). 여기서 남은 자에 소속되는 것은 일종의 명예로운 칭호로서 나타난다. 그러나 매우 작은 수의 남은 자일 수 있다는 사실을 배제하지 않는다. 그것은 비록 나무의 그루터기가 잘려 나갈지라도 그러한 남은 자로 인식할 수조차 없을 만큼 작은 수가 될 수 있다. 그러나 이 남은 자 역시 "신성한 씨"이다. 왜냐하면 새로운 생명이 싹트는 바탕이 되기 때문이다(사6:13). 이사야 환상의 맥락 속에서 우리는 "환상의 말미에 스랍들이 찬송하였던 거룩함 전체가 이 씨 안에, 다시 말하면 이 조그마한 점 안에 압축되어 있다"는 사실과 동시에 그 씨가 중요한 미래를 위한 개시를 의미한다고 할 수 있다(Landy 1999, 80).

이사야 7장에서 스알야숩(*šᵉʾār jāšûb*, "남은 자가 돌아올 것이다")이라는 이사야 아들의 이름은 특별한 의미를 지닌다. 왜냐하면 하나님의 말씀 가운데 이사야는 자신의 아들을 데리고 가도록 분명하게 지시되기 때문이다. 그런데도 이 메시지는 금방 해독되지 않는다. 그러나 독자들은 그 의미를 더 넓은 맥락에서 이해할 수 있다. 우선 이 이름은 이 이야기에서 일컬어지는 다른 이름에 앞서 나타난다. 바로 임마누엘(*ʿimmānûʾēl*, "하나님이 우리와 함께 하신다")보다 먼저 드러나는 것이다. 이 이름 속에서 말하는 "우리"는 하나님이 전체 이스라엘을 떠나실지라도 하나님이 함께하시는 남은 자이다(이것은 히브리성서에서 1인칭 복수형의 대명사로 만들어진 유일한 이름이다. 참조. Rice 1978, 223). 이사야 8장 8절에서 그 땅은 "당신의 땅, 임마누엘"이라고 불린다. 그러므로 이사야의 "제자들"과 "자식들"이 집단적인 임마누엘로서 이해되며, 동시에 이것은 남은 자로 이해된다는 사실이 맥락 속에서 분명해진다(사8:16, 18). 따라서 임마누엘 안에 있는 "우리"는 이사야 1장 9절의 '우리'와 관련시킬 수 있을 것이다(참조. 2000a, 272).

스알야숩이라는 이름도 다시 나타난다. "남은 자들이 돌아올 것이다(*šᵉʾār jāšûb*). 야곱의 남은 자가 능하신 하나님께로 돌아올 것이다"(사10:21). 이 돌아올 준비가 된 남은 자들은 "이스라엘의 남은 자"와 "야곱의 집에서 살아남은 무리"와 동일시된다. 그들은 이제 이스라엘의 거룩하신 자, 야훼만을 의지할 것이다(V.20). 그러나 비록 이스라엘 백성이 바닷가의 모래만큼 많다 할지라도 오직 남은 자만 돌아올 것이다(다시 한 번 스알야숩, V.22). 끝으로 종말적인 왕과 평화의 왕국에 대한 약속에 이어서(사11:1-9) 하나님은 주위 모든 백성들 가운데 남아 있던 "자기 백성의 남은 자들"(*šeʾār ʿammô*)을 다시 찾아오실 것이라고 말씀하신다(V.11). 그런 다음 하나님은 "이집트의 바다"와 유프라테스 강에 그 옛날 홍해에 행하신 동일한 조치를 취하실 것이다. 그래서 자기 백성의 남은 자들은 그곳을 마른 발로 지나갈 수 있게 된다(V.15f). 포로로부터 남은 자들이 돌아오는 것은 두 번째 출애굽이 될 것이다.

이처럼 남은 자에 대한 언급은 이사야 말씀의 첫 번째 큰 수집물(사1-12장) 가운데서 분명한 특징을 가지고 있다. 따라서 우리는 이사야 12장의 종결 시편을 남은 자 공동체가 "저 날에" 시온/예루살렘에서 부르게 될 찬양으로 이해할 수 있다(Webb 1990, 73). 남은 자 사상과 시온과의 밀접한 연결성은 이미 다른 곳에서 분명하게 나타났다(위의 1:8 이하와 4:3 관한 설명을 보라). 비록 그들 가운데 몇몇은 특징적인 용어들(이 용어들은 결코 통일성 있게 나타나지 않는다)이 사용되지 않는다 하더라도 남은 자 사상이 분명하게 표현되어 있는 이사야서의 다른 본문들도 이러한 맥락에 속한다. 그러므로 "장로들"을 통해서 대표되는 남은 자 공동체와 함께 시온에 대하여 다시 수립된 야훼 체바옷의 통치에 관한 것뿐만 아니라(사24:23), 멸망하는 자들과 쫓겨간 자들이 땅의 모든 끝으로부터 야훼께 예배하게 될 "예루살렘의 거룩한 산" 시온으로 돌아오는 거대한 귀환에 관하여 말한다(사27:12f). "그날에" 하나님은 자기 백성의 남은 자들을 위한 면류관과 화관이 될 것이다(사28:5, 참조. 사11:11). 살아남은 자들, 즉 남은 자들은 산꼭대기의 깃대 같겠고 언덕 위의 깃발과 같을 것이다(사35:10). 종국에는 "야훼의 구속받은 자들"의 공동체가 기쁨의 찬양을 부르기 위해 시온에 모일 것이다(사35:10). 이로써 이사야서의 첫 번째 주요부분의 첫 번째 큰 수집물이 이사야 12장에서 그랬던 것과 유사하게 종결된다(사37:31f에 관하여 위의 왕상19:30f에 관한 내용을 보라).

이사야 40-55장에서 남은 자에 관한 언급을 통해 두 가지 중요한 사실이 강조된다. 이사야 51장 11절에서 이사야 35장 10절의 말씀이 다음과 같이 반복된다. "야훼의 구속받은 자들"은 환호하며 시온으로 되돌아갈 것이다. 이사야 55장 12절 이하의 결론도 매우 유사하다. 귀환자들은 기쁨으로 떠날 것이며, 산과 언덕과 나무들이 환호하며 손뼉을 칠 것이다. 다시 그 어떤 관용적인 용어도 사용되고 있지 않지만, 이 본문이 귀환하는 남은 자에 관한 것임은 분명하다. 이제 귀환하는 자들은 남은 자들이다. 이같은 사실은 이미 이사야가 포로민들을 "이스라엘 집의 모든 남은 자"(*šᵉ*ʾ*ērit*)라고 부르는 이사야 46장 3절에서 분명하게 드러난다.

이사야 56-66장에서는 상황이 근본적으로 바뀌어 있다. 이 점이 분명하게 언급되어 있지 않지만 귀환한 자들은 남은 자들이다. 이러한 남은 자 안에서 소속성에 대한 새로운 기준이 형성된다. 그 기준은 이미 서두에 있는 '공평과 정의'의 중심가치로부터 생겨난다(사56:10). 이러한 관점에서 이방인들도, 즉 비이스라엘인들도 하나님의 "종들"이 될 수 있고, "거룩한 산"에 있는 자신의 집에서 그분을 제의적으로 섬기는 사람들에 포함될 수 있다(V.6). 그러므로 남은 자의 심상은 한편으로는 확장된다. "모든 육체," 다시 말해 하나님의 종들에 속한 사람으로 증명되었던 이방민족들에 속한 모든 사람들도 거대한 종말적인 예배에 참석하게 될 것이다(사66:23). 그러나 다른 한편으로는 하나님을 거역한 자들(*pošᵉ*ʿ*îm*)은 멸망에 내어줄 것이다(V.24). "남은 자는 열려 있지만 보편적이지는 않다. 남은 자는 일부다"(Webb 1990, 80).

다른 예언서에서는 남은 자의 주제가 단지 산발적으로 나타난다. 그러나 분명한 것은 새롭게 소개될 필요가 없는 전통의 한 요소라는 사실이다. 그렇기 때문에 아모스는 다음과 같이 말한다. "야훼, 만군의 하나님이 혹시 요셉의 남은 자를 긍휼히 여기시리라"(암5:15). 여기서 '혹시'는 다시 한 번 남은 자들에게 제한된다(참조. 습3:12f.). 이러한 심상이 아모스서의 결론부에서 다른 회화적인 모습으로 다시 한 번 나타난다. 하나님이 이스라엘의 집을 "체질하듯이" 흔드실 것이라고 말한다(암9:9f). 아모스 9장 8절과의 연관성 속에서 볼 때 그것은 야곱의 집 가운데 체질의 과정 이후에 살아남은 자들만이 구원될 것이라는 사실을 의미한다(참조. Jeremias 1995a, 133).

미가서에서 남은 자들에 관한 언급은 세 가지 중요한 구절에서 나타난다. 미가 2장 12절 이하에 있는 하나님의 말씀은 "추방당하고 쫓겨간 사람들에게 주시는 첫 번째 희망"의 말씀이다(Kessler 1999, 136ff). 하나님은 야곱의 집 전체를 모으며 이스라엘의 남은 자들을 함께 데려오기를 원하신다. 그는 양떼의 목자처럼 그들을 안전하게 인도하실 것이며, 그 자신이 왕처럼 그들의 선두에 서서 이끄실 것이다. 맥락에 따르면 이 구원약속은 무엇보다도 착취당하고 곤경에 빠진 사람들을 향하고 있다(미1:16; 2:2, 9). 미가 4장 6절 이하에서 다시 모으는 것과 함께 데려오는 것에 대하여 말한다. 가축떼의 그림이 다시 등장한다. 이번에는 특히 단지 "절름거리며" 다쳤다가 고침받은 가축떼에 관한 그림과 연관되어 있다(미3:1-4에 관한 내용을 참조하라). 그러나 동시에 가축떼의 현재 운명은 이제 끝나게 될 하나님의 재난행동의 결과이다(V.6b). 절름거리는 것이 이제 "남은 자"가 된다(*w^{e}śamtî liš$^{e)}$ērit* V.7). 이를 통해서 남은 자 심상에 대한 매우 긍정적인 측면이 드러난다. 그것은 바로 영예며 위엄의 칭호다. 이러한 사실은 미가 5장 6[7]절 이하에서 "많은 세대들 가운데에 있는" 야곱의 남은 자들에게 약속된 특별한 위치에서 더 강력히 표현된다. 그것은 인간적인 협력 없이 땅에 떨어져 축복이 되는 이슬과 같이 될 것이며, 아무도 감히 맞설 수 없는 사자처럼 될 것이다. 이러한 이중적인 측면은 상반된 가치를 내포하고 있다. 그러나 중요한 것은 이 남은 자가 옹색한 잔유물이 아니라, 이방민족들 가운데 자기 역할을 할 새롭고 특별한 사람들이다.

남은 자 사상에서 주목할 만한 비통일성이 예레미야서에서 나타난다. 우선 예레미야는 예고된 하나님의 심판이 임하면 이스라엘에 남은 자가 없을 것이라고 수차례 명백하게 설명한다(렘6:9; 8:3; 15:9). 그러나 후에는 긍정적인 측면이 나타난다. 예레미야는 악한 "목자들"과의 논쟁에서 하나님이 직접 자신의 백성들을 추방하셨던 모든 나라에서 "자신의 무리 중 남은 자들"을 모으실 것이며, 그들에게 좋은 목자들을 주실 것이라고 선포한다(렘23:1-4). 심지어 다윗의 집으로부터 한 "의로운 가지"를 일으키실 것이라고 말한다(V.5f). 그러나 남은 자의 개념이 분명하게 확정되어 있지 않다는 사실은 분명하다. 무화과 두 광주리의 환상에서 나쁜 무화과는 "예루살렘의 남은 자(*š$^{e)}$ērit*), 즉 그 땅에 남아 있는 자들"(*banniš$^{e)}$ārîm*)을 지칭하는 반면, 미래의 모든 약속이 바벨론 포로상태에 있는 사람들에게 적용된다(V.5-7). 예레미야 29장의 예레미야 편지에 나타나는 포로민들에 대한 구원약속에서 남은 자에 관한 용어가 발견되지 않는다. 그러나 예레미야 31장에서는 하나님이 자신의 백성 "이스라엘의 남은 자"를 도우셨기 때문에 기뻐 외치라고 말한다(V.7). 여기서 우리는 다른 예언자들과 마찬가지로 남은 자에 대한 긍정적인 이해를 엿볼 수 있다. 그러나 새로운 개념이 등장한다. 포로로 살고 있는 사람들이 긍정적인 음조를 띤 '갈루트'(*gālût*, 렘24:5) 혹은 '골라'(*gôlāh*, 렘29:4)로 지칭된다. 후에 이 점에 대해서 다시 다루게 될 것이다.

그 전에 우선 예언본문에 나타나는 종말적인 남은 자 사상에 대한 두 가지 상이한 관점이 고찰되어야 한다. 스가랴는 지금까지 인식할 수 있었던 흐름을 계속 따른다. 하지만 동시에 한 발자국 더 나아간다. 그는 이미 존재하고 있는 실체로서의 남은 자에 관하여 말한다. "그것이 그날에 그 백성의 남은 자의 눈에는 놀랍겠으나, 그 일이 내 눈에도 놀랍겠느냐? 야훼 체바옷의 말씀이다"(슥8:6). '그날의 남은 자'는 예루살렘의 현 거주민들이다(V.1ff). 그러나 예루살렘의 삶에 대한 종말론적인 회복은 아직 성취되지 않았다. 그래서 이 선포는 아직 '너무 기이한 것'으로 보일 수 있다. 그렇기 때문에 "이 백성의 남은 자"에게 다시 한 번 명백하게 그들의 생활환경이 변화되고 갱신될 것이라고 약속된다(V.11f).

남은 자에 대한 완전히 다른 시각이 요엘 3장[2장 28-32절]에서도 나타난다. 하나님이 마지막 날에 자신의 영을 "모든 육체"에 부으실 때 "야훼의 이름을 부르는 모든 사람들"이 구원을 얻을 것이다. 왜냐하면 "야훼께서 말씀하신 대로 시온산에 피한 자들(*pᵉlêṭāh*)의 무리가 있을 것이며 야훼께서 부르신 자가 생존자들(*śᵉrîdîm*)이 될 것이기" 때문이다(V.5[2:32]). 여기서 남은 자는 이스라엘이나 유다의 남은 자들이 아니라 야훼의 이름을 부르는 모든 자들이다. 이러한 맥락에 따르면 그들은 모든 민족들, 즉 '모든 육체'로부터 올 수 있다. 그리고 그들은 하나님의 영의 부으심을 통해서 극단적 위험에서 하나님의 이름을 부르게 되었던 자들이다. 마지막에 "야훼께서 그들을 부르실 것"이라는 말씀처럼 하나님은 이러한 외침에 응답하실 것이다. 그러나 그것은 단지 구원받은 자들의 한 무리, 즉 일부일 뿐이다. 여기를 보면 이사야서의 마지막에 나오는 기대에 주목할 만한 평행이 자리잡고 있다. "모든 육체," 즉 하나님의 종들에 속한 자라고 입증된 열방의 모든 구성원들도 거대한 종말론적 예배에 참여하게 될 것이다(사66:23). 그러나 동시에 종말기대의 양식에서 드러나는 차이점 또한 분명하다.

에스라서는 마치 정반대의 그림을 보여주는 듯하다. 이스라엘의 남은 자의 문제가 다루어진다. 이때 '골라' (*gôlāh*)라는 용어가 중요한 역할을 한다. 이 낱말은 이미 예레미야서에서 발견된다(위를 보라). 그것은 우선 포로로 끌려감의 과정을 지칭한다(왕하24:25f 등). '골라' (*gôlāh*) 바벨론에 있는 포로민 집단을 위한 명칭이 된다(렘29:1, 4, 20, 31 등). 이때 구원적인 음조가 지배적이다. 포로민(Golah)은 이스라엘의 미래를 위한 약속이 놓여 있는 남은 자이다. 에스라에서 이 용어는 남은 자 사상과 깊은 연관성을 보여준다. 에스라 1장 4절에는 예루살렘으로 "올라가기"(*ʿālāh*)를 촉구하는 고레스의 조서에서 "어느 곳에 있든지 살아남은(*nišʾār*) 모든 사람"이라는 표현이 나오며, 얼마 지나지 않아 예루살렘을 향하여 떠나는 바벨론의 포로민에 관한 언급이 나타난다(V.11). 뒤이어 나오는 논쟁에서 성전건축을 시작한 사람들은 귀환자들이었고, 그들은 "포로민들의 모든 구성원들"이라고 지칭된다(스4:1). 에스라 6장 19절에서 유월절 축제를 위해 모인 공동체 전체가 그렇게 지칭된다. 그런 다음 21절이 특히 중요하다. 유월절 음식은 "사로잡혔다가 다시 돌아온 이스라엘의 자손과, 그 땅 이방인의 더러움에서 자신들을 성별하였던 모든 자들"이 먹었다. 귀환한 포로민이 본래적인 예배공동체를 형성한다. 그 공동체는 기꺼이 "이스라엘의 하나님 야훼를 찾는 자들," 곧 포로민들의 제의법 조항들을 지킬 준비가 되어 있는 유다 땅에 남아 있던 사람들을 중심으로 늘어난다.

에스라 시대에는 상황이 변한 것처럼 보인다. 이제 잡혼으로 범죄를 저지른 자들이 "이스라엘 백성"이고 대표자들이다(스9:1). 그것은 명백하게 "이스라엘"과 동일시되는 포로민 자신들의 범죄이다(V.4). 그리고 이것은 하나님이 자신의 백성을 긴 범죄와 박해의 역사가 지난 후에 한 무리의 피한 자들을 남겨놓아 "자신의 거룩한 곳에 한 장소"를 허락하신 그 순간에 발생한다(V.8). 이 남은 자들, 이 피한 무리가 이제 새로운 것에 의해 위험에 처해져야 한단 말인가?(V. 13-15) 여기서 중심개념 '쉐에릿'(*š*[e] *ērit*)와 '펠레타'(*p*[e]*lêṭāh*)가 다시 한 번 등장하고, 동시에 포로민(Golah)이라는 표현과 밀접한 관계에 놓인다.

이것이 일시적인 마지막 지점이다. 남은 자 사상에 대한 다양한 표현 속에서 항상 다시 분명해지는 것은 약속들이 적용되고 약속된 미래를 가진 것은 "남은 자"라는 사실이다. 남은 자가 곧 **이스라엘**이다. 에스라 시대에는 이러한 확신이 포로민들에게 전이된다. 포로민이 곧 **이스라엘**이다. 가족과 함께 기근으로부터 구원받은 야곱 자손들의 무리와 광야유랑 이후 살아남은 새로운 세대가 그랬던 것처럼, "왕국분열" 이후 살아남은 유다와 이사야 40-55장의 예언자와 예레미야가 대면하고 위로했던 바벨론의 포로민들이 그랬다. 에스라서에서 자신들을 남은 자와 이스라엘로서 생각하는 귀환자들의 자기이해가 이미 이사야 35장 10절과 51장 11절에 밑그림으로 분명하게 나타나 있다.

이스라엘은 미래로부터 무엇을 기대하는가?

선행하는 문단에 수집된 것은 체계적인 요약이 불가능하다. 그러나 일련의 공통적인 기본요소들은 인식할 수 있다.

가장 우선적이고 중요한 것은 미래에 대한 기대가 "유토피아적인" 것이 아니라, 이스라엘과 이스라엘 백성 개개인들이 지금까지 겪어온 경험에 의해 결정된다는 사실이다. 이스라엘은 경험된 역사 가운데서 이런저런 방식으로 방해받고 파괴되었던 삶과 공동생활의 근본적인 요소가 회복될 것을 기대하고 희망한다. 정의와 평화라는 두 가지 근본적인 요소가 가장 우선적인 것으로 나타난다. 두 가지 모두 포괄적인 맥락에 놓여 있다. 정의는 사회구조의 결정적인 요소다. 그것은 경제적인 불평들을 통해서만이 아니라, 계층구조의 남용을 통해서도 장애가 생기거나 방해받을 수 있다. 이것은 다양한 원인을 가질 수 있고 상이한 발전들로부터 영향을 받을 수 있다. 그러므로 미래에 대한 기대는 그러한 다양성이 극복될 사회를 지향한다.

이때 사회의 적절한 리더십에 대한 의문은 매우 큰 의미를 지닌다. 그러므로 이러한 과제를 정당하게 수행할 왕조의 회복에 대한 희망은 아주 중요하다. 이것과 연관되어 사회에서 함께 사는 삶을 위한 기대는 목자에 대한 은유에서 회화적으로 표현된다. 왕조의 회복에 대한 희망과 함께 다른 근본적인 측면이 연결되어 있다. 그것은 평화이다. 의로운 왕은 내적으로 평화를 이룰 수 있고, 성공적인 왕은 외부의 적들로부터도 평화를 지킬 수 있다. 그러나 왕이 하나님의 도움을 받는 것은 매우 중요하다. 더 근본적인 측면이 다음과 같이 고찰된다. 토라에 신실한 왕만이 하나님의 뜻을 따르는 통치자가 될 수 있다. 그리고 토라는 정의에 기초한 내적인 평화가 형성되어야 하고 보장되어야 하는 판단기준이다.

또 하나의 중요한 요소는 이스라엘이 결코 외형상의 크기를 위해 꿈을 꾸지 않았다는 사실이다. 미래에 대한 기대에서도 그러한 것에 대한 언급은 없다. 그러므로 외적인 크기에 대한 기대는 종종 외적인 상태에 현실로부터 동떨어진 특징을 제공한다. 이와는 반대로 생존하게 될 남은 자에 대한 사고는 미래에 대한 기대에서도 다양하게 표현된다. 그러므로 이러한 기대 가운데 많은 것은 하나님께서 말씀하신 약속대로 남은 자를 위해 성취하실 것이라는 사실에 그 초점이 맞추어져 있다. 이러한 맥락에서 미래에 대한 기대가 빈번하게 시온에 집중된다.

미래기대 가운데 대부분은 '종말론적' 이라고 말할 수 있는 특징을 포함하고 있다. 종말론적이라는 개념은 오늘날 매우 상이한 방식으로 사용된다. 위에서 개략적으로 언급한 의미에 의하면 이것은 '그 이후' 어떻게 될 것인가에 관한 이야기를 뜻한다. 이때 기대되는 바는 종종 현재적인 실제성을 넘어서는 특징과 함께 묘사된다. 그러나 일반적으로 여전히 상상할 수 있는 범위 안에 있다. 이러한 사실이 히브리성서에서 다니엘서의 특정 부분들을 통해서 보여지듯이 '묵시' 의 영역에서 달라진다. 그 근본적인 차이가 묵시에서는 현존하는 현실구조들이 그 의미를 상실하는 역사의 끝을 향하고 있다는 사실에 있다. 이로써 종말적인 미래기대에서 그것의 회복이 소망되고 이스라엘 역사의 근본적인 요소들이 근거를 상실하게 된다. 이러한 의미에서 묵시는 히브리성서의 미래기대를 대표한다거나 특징적으로 표현한다고 볼 수 없다. 오히려 그것은 히브리성서의 종결 이후 완성되었던 발전들을 예시한다.

히브리성서 전체가 미래에 그 방향이 설정되어 있는가? 이 질문은 이중적인 답변을 요구한다. 한편으로는 대부분의 본문들에서 현재의 상태가 이스라엘이 소망하고 이스라엘에게 약속된 바와 일치하지 않거나 아직 일치하지 않고 있다는 사실이 인식되어 있다. 그러므로 이스라엘 자신이 소망한 바를 실현시키기 위해서 힘써야 한다. 이러한 소망의 실현을 위해서 무엇보다 하나님의 도움이 항상 새롭게 소망되고 간구되어야 한다.

다른 한편으로는 히브리성서의 본문들이 항상 소망한 바의 '그 이후'를 바라본다. 다시 말하면 소망되고 약속된 바가 실현되지 않은 지금의 현실을 극복한 시간을 꿈꾼다. 그러나 이러한 희망은 현실세계의 '저편에' 있는 어떤 것을 지향하는 것이 아니라, 희망되고 약속된 것이라는 의미에서 현실의 변혁이나 갱신을 지향한다. 하나님이 이스라엘과 맺으셨던 언약을 미래에도 결코 파기하거나 깨뜨리지 않으실 것이라는 강한 확신 또한 이러한 희망의 전제조건이다.

T h e o l o g i e d e s A l t e n T e s t a m e n t s

구약성서 해석학 개관

Theologie des Alten Testaments

C.I 방법론에 대한 고찰

방법론에 대한 고찰

구약성서는 하나의 신학책이다. 제1권을 시작하고 있는 이 문장은 (본 구약 신학의) 종결된 채 우리 앞에 놓여 있는 두 권의 주요부분(제1권: 정경적인 기초, 제2권: 주제적인 전개)을 회고하면서 이제 다시 수용되고 계속해서 전개되어야 할 것이다. 이 문장의 진술내용은 일련의 예비결정을 함축하고 있다.

'정경적인 최종본문' 이란 무엇을 뜻하는가?

'구약 신학' 분야의 역사는 자주 그리고 정통한 지식을 가지고 기술되었다(참고할 만한 문헌은 다음과 같다. Reventlow 1982; Hayes/Prussner 1985; Hasel 1991; Preuss 1991, 1-22; Brueggemann 1997, 1-114; 그리고 무엇보다도 Barr 1999). 이러한 역사는 '어떻게 하나의 구약 신학이 구상되는가' 하는 문제가 여러 가지의 예비결정들에 의해서 결정된다는 사실을 분명하게 보여준다. 이 예비결정들은 단지 부분적으로만 구약학 내에 그 근거를 가지고 있을 뿐이다. 이 예비결정들은 다시 사회적이고 정치적인 발전들로부터 영향을 받는 일반적인 신학적 발전을 반영한다.

대부분의 구약성서 역사서술에서 폰 라트의 구약 신학의 출현이 새로운 시대의 시작이라고 말한다(참조. Schmidt 1972; 1991a). 그 새로움이란 바르트(K. Barth) 신학의 등장과 제2차 세계대전의 종결, 아울러 특히 알트(A. Alt)와 노트(M. Noth)라는 이름과 연관된 구약학의 발전에 의해서 함께 결정된 것이다. 이 모든 것이 폰 라트라는 신학자에 의해서 각인된 하나의 신학적 새 출발을 위한 전제조건들이었다.

제1권의 서론에서 나의 기술이 어떤 점에서 폰 라트의 출발에 힘입고 있는지를 간략하게나마 서술했다. 여기서 다시 한 번 그 결정적인 측면을 강조하고자 한다. 폰 라트는 자신의 (구약 신학) 기술의 진행이 본질적으로 자신의 맥락 안에 있는 성서의 본문들에 의해서 결정되도록 한다. 바로 여기에 대부분의 다른 구상들과 구별되는 근본적인 차이가 있다. 다른 구상들의 기술은 - 교의학적인 전통에서 빌려온 것이거나 혹은 다른 식으로 근거를 갖고 있는 것이든 - 하나의 조직적인 개념에 의해서거나 하나의 역사적 혹은 종교사적 문제 제기에 의해서 결정되었다.

이러한 점에서 브루그만(W. Brueggemann, 1997)의 거대한 구상은 하나의 특별한 위치를 가진다. 여기서 대부분 매우 짧은 본문인용들이 저자의 특별한 문제제기와 다양하게 바뀌는 관점 속에서 고려된다. 이것을 통해서 매우 생생하고 고무적인 그림이 생겨난다. 그러나 성서의 본문들이 자신의 맥락 안에서 고찰되지 않는다(이 점에 관하여 참조.

1991c, 21).

나는 이러한 출발점을 '정경적' 이라고 부른다. 나는 이 개념을 70년대 영어권에서 전개되었던 논쟁에서 수용했다(Barr, 378ff). 그동안 이 개념은 여러 면에서 논의되었다. 이 과정에서 이 개념이 매우 상이한 방식과 매우 다양한 의도 속에서 사용될 수 있음이 입증되었다. 그러므로 이 개념을 가지고 의미하는 바가 무엇인지 좀 더 정확한 정의와 경계설정이 필요하다. 이것을 위해 나는 1983년에 처음으로 발표했던 입장(Zur Bedeutung des Kanons für eine Theologie des Alten Testaments, in: Kanon und Theologie, 54-63)에서 그 연결점을 찾고자 한다. 그후 나는 다양한 상황에서 이 입장을 재수용하여 전개하였다(참조. 1995c).

차일즈(B. Childs)의 책 "Introduction to the Old Testament as Scripture"(1979)가 나에게 결정적인 동기를 제공했다. 이 책으로부터 나는 두 가지 근본적인 자극을 수용했다. 첫째로 히브리성서에 대한 신학적인 해석에서 중요한 점은 우리 앞에 놓인 형태에서 본문을 해석해야 한다는 사실이다. 이러한 출발점은 다양한 방향에서 의미가 있다. 그것은 우선 광범위하게 인정되고 실행되는 성서본문의 역사-비평적인 취급방식에 대한 비판적인 요소를 포함하고 있다. 이러한 관점에서 나는 이미 내 생각을 피력했고 새로운 길을 모색했다. 오경을 볼 때에 자료비평의 결과가 의문시되었다. 그래서 나는 그러한 방식의 방법론에 대한 비판적인 문제제기를 했다(1977). 몇 년 후에 이사야서를 보면서도 이사야서 전체를 아우르는 요소를 부각시키는 시도를 전개했다. 그 요소들은 전체로서의 하나의 책을 형성하려는 의도성이 짙은 것들이라는 추론을 가능케 하였다(1984). 그 사이에 여러 곳에서 비교할 만한 새로운 입장들이 생겨났다(이 문제에 대해서 1996과 1997c를 참조하라). 그래서 오늘날 구약학계 안에서는 우리에게 전승된 책들의 전체적인 맥락에서 성서본문을 해석하는 시도가 다양하게 전개되고 있다.

이러한 맥락에서 우리 앞에 놓인 성서 형태가 '최종형태'(Endgestalt)라는 용어로 다양하게 지칭된다. 이 표현은 다양한 근거를 통해 자주 비판된다. 우선 완성된 최종형태는 존재하지 않는다는 점이 논쟁거리다. 왜냐하면 최고(最古)의 필사본이나 고대 번역본들의 전승은 많은 본문이 종결된 형태로 고정되어 있지 않고 다양한 번역본들 속에서 유통되었다는 사실을 보여주기 때문이다. 이 점은 다음과 같은 반론과도 관계가 있다. 결정된 하나의 본문형태에 대한 구속력 있는 확정이 역사적으로 증명될 수 없기 때문에, '정경적인' 최종형태라는 말을 할 수가 없다는 것이다.

첫 번째 반론에 대해서 우리는 본문의 최종형태에 대한 어느 정도의 개방성은 의심할 여지없이 인정해야 하며, 특히 고대의 상황을 고려할 때 개별적인 필사본들 사이에서의 차이는 불가피했다고 말할 수 있다. 그러나 이러한 차이는 해석학적인 논쟁의 상황에서 그다지 큰 의미를 갖고 있지 않다. 왜냐하면 최종형태라는 용어는 여기서 무엇보다도 비판적인 '재구성'을 통해 얻어진 본문의 형태에 대한 대안으로 사용되기 때문이다. 이렇게 재구성된 형태는 오늘날 다양한 방식으로 해석의 바탕에 깔려 있다. 이것은 다음과 같은 사실을 의미한다. "성서본문들의 신학이 중요하지, 우리가 문헌비평적이며 역사적으로 재구성한 본문들의 지나가버린 신학이 중요한 것이 아니다"(Crüsemann 1995, 71).

물론 나의 이런 시각이 역사-비평적인 주석의 결과를 무시하거나 배척하자는 것을 의미하지는 않는다. 그것은 문제제기와 해석의도의 전환에 관한 문제다. 역사-비평적 주석은, 특히 독일어권에서, 통상적으로 본문에 대한 "문헌비평"의 문제제기로서 시작된다. 그것은 첫 번째 관심을 본문의 "문헌적인 통일성 또는 비통일성"의 문제에 둔다. 그러므로 우선적으로 "개별본문"이 고려된다. "단절, 불일치나 긴장 등이 발견"된 경우 "획득된 본분의 부분들을" "의미가 통하는 서술과 사건의 전개"를 위해 재조정하고, 이것을 "더 넓은 범위의 - 다시금 의미가 통하는 - 맥락"에 배열한다(Schmidt 1991, 120). 이러한 조치를 통해 매번 해석자가 '의미가 통하는' 것이라고 여기는 하나의 새로운 본문이 '재구성'된다. 여기에는 어쨌든 현재의 최종형태는 의미가 통하지 않는다는 사실이 암시되어 있다. 그러나 이로써 주석의 우선적인 관심이 현재의 최종본문에서 벗어나 자신이 '재구성한' 본문에 모아졌다. 현재의 최종본문에 대한 해석은 - 이러한 해석이 도대체 시도된다면 - 이차적인 것으로 관찰되고 종합된 본문으로서 단지 두 번째 단계에서 허용될 수 있을 뿐이다.

나는 이러한 문제제기에서 하나의 전환을 주장한다. 신학적으로 동기를 가진 해석자의 일차적이고 우선적인 과제는 현재 최종본문의 해석이다. 문제제기의 이러한 전환은 해석에 대한 관심의 근본적인 전환을 포괄한다. 이전에 주류를 이루었던 문헌비평적인 관찰방식은 규정을 통해 현재 본문의 이전 단계들에 관심을 가지며 동시에 그것의 형성사에 주목한다. 이러한 관찰방식은 현재의 본문을 형성케한 본문생성의 다양한 단계에 반영되어 있는 역사에 대해 질문한다는 점에서 '역사-비평적'이다. 그러므로 해석의 관심이 우선적으로 부각된 개별 본문의 요소들에 모아진다. 이때 현재 형태의 최종본문은 시야에서 벗어난다.

이러한 해석의 관심은 개별 본문의 단계들에 대한 완전히 결정된 하나의 평가에 집중하게 된다. 현재의 최종본문의 형태에는 통상적으로 아주 미약한 고유가치가 인정된다. 본문의 최종형태는 오히려 추가적이며 '이차적인' - 또한 종종 '의미가 통하지' 않는 - 편집과 형성의 결과로서 관찰된다. 본문의 분석에서 부각된 그 이전에 있었던 '본래적인' 본문의 단계가 더 높은 평가를 받는다. 그 결과로 그것에 더 강한 해석의 관심이 모아진다. 그 관심은 편집과정이 더 큰 주목을 받게 된다는 사실을 통해 이동될 수 있으며, 따라서 본문의 현재 형태에 이르게 된 과정과 이러한 최종의 형태 자체도 새롭게 조망된다. 물론 그것은 여기서 관심이 집중되는 것으로서 현재의 본문이 아니라, 본문이 현재의 형태를 얻게 된 역사적으로 실제 경험되는 과정이다.

나에게는 필수불가결하게 보이는 문제제기의 반전은, 모든 성서본문이 현재 우리 앞에 놓인 형태에서 자기 자신의 진술을 해야 한다는 사실에 근거하고 있다. 성서본문의 저자 - 여기서 이 용어를 통해 나는 '최종형태'의 모습을 갖추게 한 사람들을 의미한다 - 는 우리에게 이 본문들을 바로 이러한 형태로 전승하였다. 이전 단계의 다른 어떤 모습으로 전승한 것이 아니다. 여기서 '정경적인' 이란 개념의 다른 측면이 작용한다. 성서본문은 우리에게 놓여져 있는 행태로 유대교와 기독교, 이 두 신앙공동체의 신앙과 삶을 위한 토대를 형성한다. 이러한 상황에서 신학이 전개되고, 단지 이러한 상황 속에서만 신학은 의미가 있다 (이것은 특히 기독교적인 상황에 해당된다. 유대교적인 "타낙[Tanakh] 신학" 에 대해서는 아래의 "히브리성서의 유대교 신학" 을 참조하라). 그러므로 이러한 본문들에 대해 신학적으로 정당화된 접근은 본문의 현재 형태에서 출발되어야 한다.

이것은 앞서 밝힌 바와 같이 역사-비평적인 주석의 결과를 배척하는 것을 의미하지 않는다. 그것은 오히려 구약 신학의 틀 안에서 그러한 결과들의 자리배치와 가치평가에 관한 문제인 것이다. 이때 무엇보다도 본문의 연대설정과 그것을 통해 도출된 결론에 대한 물음이 중요한 역할을 한다. 그러므로 이러한 맥락에서 수많은 역사-비평적 주석의 연구결과가 가지는 가설적인 성격과 이것과 결부된 불확실성과 변화가능성을 고려하는 것이 중요하다.

이 점을 위한 '고전적인' 인 예가 역시 오경이다. 그것의 비평적인 분석이 초래한 그림은 지난 수십 년 동안 급격하게 변화되었다. 과거에, 어쨌거나 독일어권에서, 거의 이론의 여지없이 오경의 신학적 해석의 기초를 놓은 초기 왕정 시대에 생성되었던 "야휘스트"에 대해 말할 수 있었다면, 오늘날에 와서는 오경에서 광범위하게 관통하는 "자료들"이 확인될 수 있다는 사실이 여러 면에서 부정된다. 그래도 여전히 '야휘스트' 를 고려하고 있다면, 그것은 포로기나 포로기 이후로 연대가 설정된다(이 점에 관하여 참조. Zenger 1998, 113-118). 오경본문의 신학적인 해석과 그 해석이 구약 신학 내에서 차지하는 위치와 영향은 광범위하다. 왜냐하면 그때까지 인정되었던 포로기 이전 신학의 본질적인 요소가 상실되었기 때문이다. 우리는 단지 폰 라트가 '솔로몬 자유정신 시대' (1938, 63[76])의 한 신학자로서 야휘스트와 '솔로몬 인본주의' 시대(1962, 62-70)의 '새로운 정신' 에 관하여 기초하였던 그림만 생각할 수 있다.

구약성서 문헌의 다른 부분에서도 본문의 연대설정이나 그 본문에 수용된 전통에 대한 문제가 활기 있게 논의되었고 변화를 겪었다. 이것은 부분적으로 특히 포로 후기 시대의 이스라엘 역사를 재구성하는 문제에서 근본적인 연구성과를 가져오게 하였다. 그리고 이와 관련하여 많은 본문들의 신학적인 배열과 해석에도 영향을 미쳤다. 그러나 동시에 본문들에 대한 이렇게 획득된 - 또는 때마다 지배적인 - 연대설정이 구약 신학의 기술에서 어떤 가치를 가져야 하는가 하는 의문이 생긴다.

사례 비교: 창조

최근 몇 사람의 구약 신학에 나타난 창조와 창조주 하나님에 대한 언급에서 성서의 진술들에 대하여 상이하게 서술한 방식에 관하여 간략하게나마 서술하고자 한다.

차일즈는 성서자료의 '분석목표' 로서의 '방법론의 문제들' 에 관한 서론적인 단락에서 "이스라엘 역사에서 차지하는 어떤 증언의 본래적인 자리" 를 확인한다. 그런 다음 "이스라엘 역사에서 그 증언의 사용과 적용의 전개경로를 추적해야" 하며, 최종적으로는 "구약성서에서 이스라엘 신앙의 통일성과 다양성을 인식해야" 한다고 촉구한다 (97, 독일어 번역: I, 124). 구약성서 자료의 서술은 본문들의 역사적인 배열에 종속되어야 한다는 사실이 분명하게 강조된다.

구약성서 신학에 관한 서술에서 차일즈는 창조에 관한 장으로 시작한다. 왜냐하면 창세기에서 역사는 이스라엘로 시작되지 않고, "세계역사 무대의 준비" 로 시작되기 때문이다. 그러나 이어서 창세기 첫 두 장의 문헌비평적인 문제에 관한 상세한 설명이 이어진다. 그 설명은 결국 제사장계(P) 본문과 야휘스트계(J) 본문의 분리된 취급으로 끝난다. 저 끝에 가서야 "하나의 계속된 이야기가 되는 자료들의 병합"에 대한 짤막한 구절이 있을 뿐이다(113쪽 또는 143쪽). 이러한 - 나의 이해에 따르면 "정경적인" - 본문읽기의 기능은 더 이상 상술되지 않는다. 그러나 마지막에 다음과 같은 문장이 있다. "편집적인 이러한 병합의 주목할 만한 성공은 계몽주의 시대에 이르기까지 이 장들을 통일된 것으로 읽는데 별 어려움이 없었던 해석의 역사를 통해 입증된다." 그렇지만 이러한 통찰을 통해서 어떤 결론도 도출되지 않는다.

브루그만은 완전히 다르다(1997). "이스라엘의 증언"(testimony)에 관한 첫 번째 큰 장에서 하나님의 행동에 관한 진술이 전개되며 그 안에서 다시 "창조주로서의 하나님"(*Yahweh, the God who Creates* 145ff)의 행동에 관한 단락으로 시작된다. 그렇지만 여기에 인용된 본문들은 창세기의 첫 장에서 온 것이 아니라, 무엇보다도 이사야 40장 이하와 시편에서 유래한 것들이다. 근거제시를 위해 "바벨론 유수의 상황"에 관한 한 단락이 뒤따른다. 이 단락은 다음과 같은 확언으로 시작된다. "구약성서에서 창조신앙은 포로기의 이사야에게서 자신의 최상의 발전을 이룬다"(이것이 사40-55장에 대한 브루그만의 평가다). 나중에 가서야 "예전적인 서술"로서 창세기 1장 1절에서 2장 4a절에 관한 짧은 단락이 나타난다. 그러나 거기에서 이 장에 대한 진술은 더 이상 자세하게 전개되지 않는다. 그의 전체 조망이 히브리성서 자체의 구상에 맞춰져 있는 것이 아니라 창조주제의 전개에서 추론되는 후대 단계에 맞춰져 있기 때문이다.

슈미트(W. H. Schmidt)는 자신의 책 "구약성서 신앙"(Alttesta-mentliche Glaube, 1996)의 8판에서 창조의 주제를 또 다른 방식으로 다룬다. 독립적인 주제로서 창조가 왕정 시대에 관한 장의 "하나님에 대한 새로운 진술들" 이란 항목(233ff)에서 나타난다. 이 항목 앞에 "구약성서 안에서 가나안 신들의 의미" 에 관한 다른 항목(195ff)이 있다. 그리고 "창조" 라는 단락 바로 앞에는 "혼돈의 용들과의 싸움" 이라는 제목의 다른 단락이 있다(229ff). 이런 방식으로 표명된 구약성서의 창조사상에 관한 종교사적인 배열이 매우 강조된다. 창조에 관한 단락의 첫 번째 문장에서는 "이스라엘은 본래 독자적인 창조사를 소유하지 못한 것" 처럼 보인다고 진술된다. 그 뒤의 내용은 이렇다. "그렇지만 야훼는 본래 창조주로서 경배된 것이 아닌 것처럼 보인다" (234). 이어지는 단락에서 무엇보다 불일치들, 즉 구약성서 창조사상의 "다채로운 병렬" (240)이 강조된다. 포로기에 이르러서야 비로소 "하나의 분명한 전환" 이 등장한다. 그 이유는 이렇게 이어진다. "바벨론 포로에서 수행된 심판 이후에 새롭게 약속된 구원약속이 처음으로 더 이상 이끄심이나 선택과 같은 역사적인 사건에 근거하지 않고 창조에 근거한다" (240). 그러므로 여기서는 추론된 종교사적 발전에 대한 통시적인 묘사가 우세하다. 반면 히브리성서의 '정경적인' 관점은 언급되지 않는다.

이러한 예들은 한편으로 성서본문에 대한 신학적인 진술이 문헌적, 역사적 또는 종교사적인 예비결정에 종속되어 있음을, 다른 한편으로 성서본문의 진술을 보는 전체 조망에 대한 개별 신학자들의 상이한 관심을 보여준다. 차일즈의 구상에서는 현재 지배적인 문헌비평적인 배열에 대한 종속성이 '정경적인' 전체 조망에 대한 분명한 관심에 장애물이 되고 있다. 그러나 이때 종교개혁 이후 성서비평이 출현하기 이전에는 창세기의 첫 장들이 줄곧 통일성을 가진 것으로 읽혀졌다는 그의 언급이 중요하다. 브루그만의 경우에도 창조주로서의 하나님의 행동에 관한 진술이 분명히 하나님의 행동에 관한 성서 진술 초반에 나타난다. 그렇지만 창조신앙의 완전한 형성이 바벨론 포로기에 이루졌다고 보는 그의 시각은 창세기의 창조에 관한 진술이 근거본문으로서 우선적으로 인용되지 않게 하는 결과를 낳는다. 그는 구약성서 '증언'의 전체 조망에 대해 분명하게 특별한 방식으로 관심을 갖고 있지만, 그의 관심은 현재 주어진 맥락에서의 본문에 모아져 있지 않다. 슈미트에게는 종교사적인 관점에서 마련된 그의 전체 구상 때문에 질문들이 처음부터 다르게 제기된다. 구약성서에서 독자적인 창조신앙의 후대의 발전이 신학적인 전체 조망에 반영되지 않는다. "구약성서의 유산"(§19)과 "성서신학의 요소들"(§20)에 관한 마지막 장들에서도 구약성서의 창조사상에 대한 언급이 단지 매우 간결하게 나타나 있을 뿐이다.

이 책에서 나는 히브리성서의 전체 구상에 따라 서술을 전개했으며, 따라서 창조가 처음에 매우 강조되어 나타난다. 서술을 전개하는 과정에서 나는 창조진술들에 대한 다양한 측면을 주제를 따라 서로 관련시키는 것을 시도했다. 그 안에서 통시적인 측면은 거의 언급되지 않았다. 그렇지만 몇몇 곳에서는 포로기 또는 포로 후기의 전망들을 지적하였다. 예컨대, 혼돈의 괴물 라합에 대한 야훼의 투쟁이 묘사된 이사야 51장 9절 이하와 같은 본문은 통시적인 고찰들의 진술능력에는 한계가 있음을 똑똑히 보여준다. 왜냐하면 여기에는 초기의 전승요소가 비교적 후대의 (아마도 포로기의) 본문에서 나타나기 때문이다. 그렇지만 이러한 그리고 다른 본문에서 창조사상들이 새로운 신학적인 맥락들, 여기서는 '제2의 출애굽'에 편입되고 있다는 통찰은 매우 큰 의미가 있다. 그렇다고 이러한 사실이 결코 창조신앙을 일반적으로 구약성서 신앙사의 '후대의' 국면에 배열하는 입장을 지지하는 것은 아니다. 그것은 오히려 그러한 통시적인 배열이 창조를 맨 처음에 둔 히브리성서의 신학적인 전체 구상에 적절치 않다는 것을 보여준다.

통시적 해석과 공시적 해석

"'전체로서 구약성서'가 본문구조이다. 그러한 형태로서 본문구조(구약성서)는 하나의 의미구조다. 그것의 전 역사와 배경에 관한 지식은 이러한 의미구조의 해석적인 결정을 위해 중요하다. 그렇지만 그러한 지식이 이러한 의미구조를 구성하지 않으며, 결정적인 해석의 열쇠를 제공하지도 않는다"(Lohfink 1989, 86[234]). 다른 사람들에게는 중요하게 취급되지 않을 수 있는 이러한 언급들로 "정경적인 성서해석"이라고 지칭할 수 있는 구상이 특징화될 수 있다. 이때 본문에 대한 "공시적인" 고찰과 "통시적인" 고찰 사이의 긴장이 언급된다. 구약성서의 본문구조를 의미구조로서 인식하고 평가하기 위해서 공시적이라고 명명할 수 있는 전체 조망이 필요하다. 이것은 좀 더 작거나 큰 본문단위에서만이 아니라, 주제를 나타내는 포괄적인 맥락을 위해서도 동일하게 적용된다. 이때 본문과 내용적인 사상의 이전 역사에 대한 통찰이 절대적으로 중요할 수 있다. 이러한 통찰은 문헌적인 분석이나 역사적 혹은 종교사적 전승, 즉 통시적인 문제제기를 통해 획득된다. 그러나 그 통찰은 그 자체로서 전체 조망을 결정할 수 없고, 오히려 전체적인 조망을 얻게 하는데 기여해야 한다.

통시적 해석과 공시적 해석의 관계는 현재 성서학계에서, 특히 정경적 해석의 등장 이후에 논의되었다(전 역사에 관하여 참조. Barr, 1999, 378ff; Lohfink 1992, 31-34[92-95]). 논쟁이 지금까지 조직적으로 이루어지지 못하였을지라도, 이러한 방법론들이 서로를 배제하는 것이 아니라, 서로 보충할 수 있는 상이한 문제제기와 시각에 관한 문제라는 사실에 대한 어느 정도의 공감대를 보여준다(참조. 1995c; Crüsemann 1995, 72). 그럼에도 불구하고 무엇보다 상이한 해석의 관심이라는 측면에서 두 방법론을 분명히 구별해야 한다.

그 예로서 다시 창세기의 처음 장들이 제시된다. 상이한 자료나 층들에 근거한 창세기 1장과 2장의 구분은 문헌비평적인 분석의 가장 오래된 인식에 속한다. 이것은 의심할 여지없이 그 자체로서 합당한 근거를 가지고 있다. 그렇지만 히브리성서에 대한 신학적인 전체적 조망에서는 현재적인 최종형태의 저자가 이 본문을 그 맥락에서 어떻게 읽히도록 했을까 하는 의문이 불가피하게 생긴다. 이러한 해석의 관심이 전제될 때 두 장은 상호작용을 통해 명백하게 해석될 수 있다. 그렇지만 더 큰 맥락을 위해서 공시적인 고찰은, 예컨대, 이사야서에 대한 새로운 연구가 보여주듯이 새로운 통찰을 가능케 한다(참조. 1984와 1996). 이때 여전히 공시적인 고찰은 많은 경우 통시적인 통찰을 부정하지 않고 심지어는 그것들을 전제하고 있다는 사실이 분명해진다. 그러나 이러한 통시적인 고찰은 현재의 최종본문의 저자(혹은 저자들)의 의도에 관한 질문을 제기함으로써 다음 단계로 나아간다. 이런 질문에 대한 만족스런 답변이 항상 주어지지는 않는다는 사실은 반론으로서 기능하기 힘들다. 왜냐하면 통시적인 해석도 빈번히 공시적인 고찰과 비교할 수 있는 어려움들에 직면하기 때문이다.

결정적으로 중요한 것은 이미 말한 바와 같이 해석의 관심, 즉 이 본문이 읽혀지기를 바라는 의도이다. 여기에 다시 성서본문들을 유대교와 기독교 신앙공동체의 거룩한 문서로 읽는 '정경적인' 해석의 측면이 조망된다. 여기서 창세기 1장과 2장의 해석사에 관한 차일즈의 지적이 다시 한 번 상기되어야 할 것이다. "계몽주의 시대까지 이 장들을 통일된 것으로 읽는데 별 어려움이 없었다"(Childs 1992, 113[143]). 역사-비평적인 해석을 통해 그 이전에는 없었던 난점들이 생겨난다면, 이것과 다른 본문에 대한 신학적인 해석을 위해 유익한 것인가 하는 점에 대해 의문스럽다. 나는 공시적인 해석 곧 무엇보다도 본문이 그들에게 주어진 맥락 안에서 읽혀지고 해석되는 방법론을 통해 그러한 어려움을 극복할 수 있다고 본다. 물론 이것은 단순히 역사-비평적 본문분석의 결과를 배척하거나 무시함으로써 이뤄질 수 없다. 오히려 최종본문의 새로운 이해를 위한 의도적이며 방법론적으로 숙고된 조치들이 필요하다. 이러한 시도의 의도는 반비평적인 것이 아니라 신학적이다. 이때 이러한 해석이 경우에 따라서는 '비평 이전의' 성서해석의 통찰을 수용하여 계속 사유할 수 있다는 사실은 어떤 경우에도 비평 이전의 성서해석을 반대하는 것을 의미하지 않는다.

여론(與論): 형식구적인 발언들

히브리성서의 언어는 특히 다양하고 다각적이다. 이러한 현상에는 개별 본문들이 가지고 있는 매우 상이한 "삶의 정황"과(참조. 1983, 80ff) 저자들 각각의 개인적인 성향에 그 이유가 있다. 더욱 주목할 만한 것은 특정한 언어적인 요소가 다른 곳에서는 매우 상이하게 나타나고 있는 다양한 맥락 안에서 발견된다는 점이다. 이러한 사실이 좁거나 넓은 의미에서 형식구적이라고 지칭할 수 있는 표현에 적용된다. 마찬가지로 그러한 예들 가운데 많은 경우가 사용될 때 구약성서 본문에 반영되어 있는 하나의 특정한 '삶의 정황' 을 가지고 있다. 그러한 표현을 더 상세하게 연구할 경우에 지금까지는 통상적으로 그러한 표현의 출처와 기원, 그리고 '삶의 정황' 에 대한 질문이 강조되었다. 그러나 지금 우리의 연구에 있어서는 어떻게 "형식구적인"(formelhaft) 본문이 상이한 맥락 안에서 특정한 신학적인 과제를 성취할 수 있는가에 관심을 가진다.

첫 번째 예는 하나님의 말씀을 소개하는 예언자들의 형식구적인 도입문이다. "야훼께서 이렇게 말씀하신다"(이것은 흔히 "전령형식구" [Botenformel]라고 지칭된다. 참조. 1962b). 이 도입문은 상이한 빈도수를 가지고 나타나는 예언서뿐만 아니라(가장 빈번하게 등장하는 것은 예레미야서이다), 예언자들의 출현이 언급되는 서사적인 본문들에서도 발견된다(예컨대, 사6:8; 삼상2:27; 삼하7:5 등). 에스겔의 함축적인 언어에서는 이 형식구가 예언자에 대한 명백한 인증을 의미하는 표시로서 단독으로 사용될 수 있다(겔 2:4f; 3:11, 27). 히브리성서에서 이 형식구가 모세에게서 처음으로 나타난다는 점은 언급할 만하다. 하나님은 모세에게 '파라오에 맞서서 이 형식구를 가지고 자신의 말씀을 시작하라' 고 한결같이 명령하신다(출 4:22; 7:16f, 26 등). 우리는 분명 이 형식구가 예언자들의 출현과의 관련성 속에서 그 '본래적인' 자리를 가지고 있다고 추측할 수 있다. 그러나 마찬가지로 모세가 보냄을 받고 등장할 때 사용한 그것의 활용이 이러한 형식구의 '이차적인' 인용이라고 단순히 말할 수 없다는 사실도 분명하다. 오히려 이 형식구는 모세의 특별한 보냄을 표현하기 위해 사용된 독자적인 요소이다. 신명기에서는 모세가 범례적인 예언자로서 분명하게 지칭된다(신18:15, 18; 34:10). 그러므로 우리는 예언이 바로 모세로부터 정의된다고 말할 수 있다('범례적인 예언자'를 참고하라). 전령형식구는 모든 예언자들을 평가하는 모범으로서의 모세를 특징적으로 나타내기 위한 독자적인 기능을 한다.

또 한 가지 중요한 예는 하나님의 이름이 포함되어 있는 형식구적인 표현들이다. 기본형식은 다음과 같다. "나는 야훼다"와 "너/너희/그들은 내가 야훼라는 사실을 알게 될 것이다." 이 표현들은 다양한 형태와 변형 속에서 발견된다. 이 점에 관하여 하나님의 이름에 관한 장('나는 야훼다'를 참고하라)과 하나님의 인식에 관한 장에서 이미 상세하게 언급한 바 있다. 침멀리는 이러한 형식구에 관한 중요한 연구를 수행했다(Zimmerli 1953과 1954). 그 연구는 본문의 공시적인 읽기에서 나타나는 형식구의 기능이 무엇인가 하는 관점에서 다시 한 번 고찰될 것이다.

나는-이다-형식구(침멀리, 자기소개형식구)는 출애굽기 6장 2-8절의 하나님의 발언에서 특히 강조된 방식으로 나타난다. 이 본문은 여러 가지 점에서 중심적인 위치를 차지한다. 이 점에 관하여 침멀리는 중요한 공시적인 고찰들을 수행했다. 자기소개형식구는 "본질적으로 그 이전에 등장할 수 없으며, 그것은 본질적으로 그 이후에 다시 침묵해서는 안 된다"(1953, 186[=18]). 그래서 이 형식구는 하나의 중요한 구성적 기능을 수행한다('나는 야훼다'를 참고하라). 이러한 침멀리의 통찰은 우선적으로 "제사장적" 서술에 관계된다. 그러나 그것은 오경의 서술 전체의 필치에 적용된다(참조. Blum 1990a, 232ff). 여기서 이제 시작되며 이스라엘의 정체성을 위해 근본적인 의미를 가지는 역사의 단락은 시간상 뒤로는 족장사와 연결되고 앞으로는 약속된 땅의 수여와 연결된다. 이 점은 다양한 특징적인 형식구 요소가 이러한 형태로 전무후무하게 연결되고 얽혀짐을 통해서 표현된다(자세한 것은 참조. 1995a, 20ff). 나는-이다-형식구는(하나님의 발언으로서의 도입문형 다음에서) "나는 야훼다"(V.2)라는 매우 강조된 단독 사용을 통해 단락을 시작한다. 그런 다음 이 형식구는 두 번 더 나타난다. 한 번은 모세가 이스라엘 백성에게 전달해야 하는 소식의 도입문으로서(V.6), 다른 한 번은 2절과 함께 이 형식구를 통해 짜여진 내용의 틀을 형성하는 강조된 종결문으로서(V.8) 사용된다.

아치구조는 다음과 같이 출발점으로 되돌아간다. 새롭게 도입된 '나는 야훼다' 라는 자기소개는 족장들에게 반포된 "나는 엘 샷다이(ʾ*ēl šaddāj*)이다" 라는 자기소개와 연결된다(V.3, 참조. 창17:1; 35:11). 당시에 시작되었던 것이 이제 이스라엘과 함께하는 하나님의 역사의 새롭고 결정적인 때에 등장한다. 이러한 하나님의 말씀 마지막쯤에 이르러서 '나는 야훼다' 라는 표현이 인지형식구 안에서 다른 형태로 - 이러한 형태는 마찬가지로 처음이다 - 나타난다. "너는 내가 너희의 하나님 야훼라는 사실을 알게 될 것이다"(V.7). 이 두 형식구의 상호관계는 나는-이다-형식구가 문단 마지막에 다시 한 번 끝맺음을 하듯이 반복된다는 사실을 통해서 강조된다(V.8).

동시에 하나님의 자기소개가 마찬가지로 특징적인 형태로 두 가지 다른 주제와 연결된다. 그것은 첫째로 언약형식구다. 하나님의 새로운 자기소개 이후에 족장들과의 하나님의 언약체결에 대한 회고가 이어진다(V.4). 이것은 하나님이 이제 자신의 언약을 "기억할 것"이라는 예고와 결합되어 있다(V.5). 이 기억하심은 아직 이루어지지 않은 이스라엘에 대한 하나님의 행동에서 실현될 것이다. 하나님은 이스라엘을 이집트로부터 이끌어내실 것이고, 종살이로부터 해방시키실 것이며, 자신의 능력을 입증하심을 통해 구속하실 것이다. 그리고 이 모든 것이 언약형식구 안으로 통합된다. "나는 너희를 내 백성으로 삼고 너희에게 하나님이 될 것이다"(V.6, 7a). 동시에 이 문장구조 안에는 이끌어내심-형식구가 포함되어 있다. "내가 너희를 이집트의 무거운 짐 아래에서 이끌어낼 것이다"(V.6). 또한 인지형식구의 확장으로서 다시 한 번 나타난다: "너희를 이집트의 무거운 짐 아래에서 이끌어낸"(V.7). 여기서 이 형식구는 하나님이 족장들에게 주실 것이라고 맹세하신 땅으로 이끌 것이라는 약속을 통해 계속된다(V.8).

출애굽기 6장의 이 중심단락은 어떻게 다양한 특징을 가진 형식구들이 하나의 특정한 맥락 안에서 중요한 공시적 기능을 부여받을 수 있는가를 보여준다. 다른 예로서 에스겔 20장에 나타나는 거대한 역사조망의 시작부가 거론될 수 있다. 여기서 나는-이다-형식구는 다시 독립된 문장으로 나타난다. 심지어 예언자가 전달해야 하는 하나님 말씀의 본래적인 내용으로 서 있다. "내가 이스라엘을 택한 날에 야곱 집의 자손에게 내 손을 (맹세를 위해) 들어올려 이집트 땅에서 그들에게 나 자신을 알게 하였으며, 내가 내 손을 그들에게 들어올렸을 때 말하기를 '나는 너희 하나님 야훼다' 라고 하였다"(겔20:5). 맹세를 통해 강화된 하나님의 자기소개는 이스라엘의 선택과 연결되어 있다. 그런 다음 맹세형식구의 반복을 통해 이집트로부터 이끌어내심과 약속의 땅의 수여가 함께 고려된다(V.6). "이집트의 신들"로부터 떠나라는 요구가 나온 후, 도입적인 하나님의 말씀은 결국 반복적이며 접속사가 생략된 채 종결문에 부가되어 나타나는 나는-이다-형식구를 통해 끝을 맺는다(V.7). 여기서 다음과 같은 두 가지 점이 드러난다. 그것은 이스라엘이 하나님에 관하여 알고 인식해야 하는 바의 정수로서 나는-이다-형식구의 강조된 돋보임과 신학적 전통의 다른 요소들과의 결합이다.

세 번째 예는 다음과 같다. 나는-이다-형식구는 레위기 18장의 이른바 "성결법전"에서 처음으로 나타나는데, 다양한 기능을 가지고 있다. 우선 1절 이하의 - 에스겔 20장과 비교될 수 있는 - 개별 구절에서 도입되는 하나님 말씀의 본래적인 내용으로서 나타난다. 그러나 '성결법전' 에서 이 형식구가 도입문으로 사용되는 예가 다른 곳에는 없다. 그밖에 이 형식구는 레위기 18장과 뒤이어 나오는 장들에서 줄곧 개별적인 발언단락의 종결문을 형성한다. 이때 이 형식구는 분명 구성적인 기능을 수행한다(참조. Zimmerli 1953, 181 [=12f]; Ruwe 1999, 72ff). 이를 통해 레위기 18장에서 시작되는 본문그룹은 함께 소속된 본문들로서 표시된다(레17장에는 이 형식구가 없다. 이 형식구가 종결형식구로서 규칙적으로 등장하는 것은 레22장까지 계속된다. 성결법전의 질문을 위한 결과들은 더 자세하게 고찰되어야 할 것이다. 당장은 이 점에 관하여 Blum 1990a, 318ff를 참조하라).

끝으로 십계명의 도입문으로서 그 중심적인 위치에 있는 나는-이다-형식구가 이끌어내심-형식구와 결합되어 있다는 사실이 여전히 강조되어야 할 것이다. "나는 이집트 땅, 종의 집에서 너를 이끌어낸 너의 하나님 야훼다"(출20:2; 신5:6). 여기서 이 두 가지 형식구적 요소는 매우 밀접한 그리고 분리할 수 없는 결합관계를 서로 맺고 있다(그밖의 사항에 대해서는 위의 '나는 야훼다' 를 참고하라).

하나님의 이름과 함께 형성된 형식구의 두 번째 판본, 즉 "인지형식구"를 위해서는 다른 고찰결과들이 생겨난다. 우선 여기서도 기본형식이 인지될 수 있다. "너/너희/그들은 내가 야훼임을 알게 될 것이다." 그러나 이 형식구는 나는-이다-형식구보다 변형 가능성이 훨씬 많다는 사실이 드러난다. 동시에 이 형식구가 전후 맥락과 매우 강한 관련성을 가지고 있다는 사실을 알 수 있다. 그것은 항상 바로 앞선 본문과 연결된다. 이 본문에는 통상적으로 하나님의 행동이 예고된다. 하나님에 대한 인지는 하나님의 행동에 대한 대화의 상대자들의 반응으로서 기대된다. 이 형식구의 다양한 언어적인 표현들은 이 모든 것에 상응되게 이루어진다. "그리고 (그러한 사실을 통해) 너희는 내가 야훼임을 알게 될 것이다"(*wîdaʿtem*, 출6:7). "(그러한 사실을 통해) 너는 내가 야훼임을 알게 될 것이다"(또는 알아야 한다. *bᵉzoʾt tēdaʿ*, 출7:17). "이로써 너는 내가 야훼임을 알게 될 것이다"(*lᵉmaʿan tēdaʿ*, 출8:18[22]). "(너희로 하여금) 내가 야훼임을 알게 하기 위해"(*lādaʿat*, 겔20:20).

인지형식구의 본래적인 삶의 정황에 대한 질문은 답변할 수 없는 것으로 드러난다. 오히려 그것은 "예언자들이나 제사장들의 말에만 배타적으로 들어 있지 않고, 두 가지 종류의 말과 이 두 가지를 넘어서는 제3의 자리에서도 발견된다"(Zimmerli 1954, 53[=95]). 이 형식구의 맥락에 대한 연관성은 특히 인식의 대상에 대한 진술들이 자주 확장된다는 사실에서 명백하게 알 수 있다. "내가 야훼임을 알 것이다"는 표현은 이미 중요한 신학적 진술을 포함하고 있다. 그러나 그것은 맥락에 따라 매우 다양하게 표명될 수 있다. 자주 등장하는 표현은 다음과 같다. "내가 너희 하나님 야훼임을"(출6:7). 여기에 분사구문의 확장도 가능하다. "너희를 거룩하게 하는(*mᵉqaddiškem*) 야훼임을"(출31:13). 또는 동사적 표현으로 "나 야훼가 말한 줄을"(*dibbarî*, 겔5:13). 또는 다음과 같이 말한다. "너희의 하나님 나 야훼가 그들과 함께 있다는 사실을"(겔34:30). 아울러 이 형식구의 분리도 인지될 수 있다. "내가 그 땅에서 행한 모든 일이 까닭 없이 행해지지 아니하였음을 알게 되리라. 야훼의 발언이다"(겔14:23, 이 문제 전체에 관하여 참조. Zimmerli 1954, 6ff [=42ff.]).

이처럼 인지형식구는 형식구적인 발언에서 완전히 독립적인 요소로 나타난다. 한편으로는 그것의 형식구적인 특성이 명백하게 나타나고, 다른 한편으로는 그것이 매우 다양한 맥락에서 상이한 진술의도를 가지고 등장할 수 있는 유동적인 요소로 보인다. 그러므로 무엇보다도 이러한 특징을 파악하는 것이 각각의 맥락에 대한 주석의 과제이다(더 자세한 사항에 관하여는 위의 '하나님을 안다는 것'을 참고하라).

형식구를 통해 형성된 단락 출애굽기 6장 2-8절에서 언약형식구도 매우 중요한 역할을 한다(이 점에 관하여 참조. Smend 1963, 1995a). 언약형식구는 이스라엘에 대한 하나님의 관계에 관하여 매우 의미심장한 내용을 기술한다. 그것은 출애굽기 6장 7절에서 이러한 관계의 상호성이 표현되어 등장한다. "나는 너희를 내 백성으로 삼을 것이며 너희에게 하나님이 될 것이다"(V.6, 7a). 여기서 하나의 중요한 공시적인 고찰을 확인할 수 있다. 하나님과 백성으로서의 이스라엘과의 관계에 대한 상호성은 이전에는 표명될 수 없었다. 왜냐하면 이스라엘이 이집트로부터 출애굽하는 과정에서 백성이 되기 때문이다. 이것은 동일한 본문에서 자기소개-형식구를 구별해내는 침멀리의 작업을 상기시킨다(위를 보라). 언약형식구는 아브라함에 대한 하나님의 발언에서 이미 그것의 첫 번째 부분이 발견된다. "내가 그들에게 하나님이 될 것이다"(창17:8, 참조. V.7). 이제 출애굽기 6장에서 두 번째 측면이 추가된다.

언약형식구는 출애굽기 6장에서 인지형식구와도 결합되어 있다. 하나님이 이스라엘을 자신의 백성으로 삼으시고 자신이 직접 이스라엘의 하나님이 될 것이라는 사실에서 이스라엘은 "내가 너희의 하나님 야훼다"(V.7)라는 사실을 깨달아야 한다. 이러한 하나님의 정체성은 이스라엘과 함께하신 하나님의 지금까지의 역사와 앞으로의 역사에 대한 간략한 조망을 통해 좀 더 상세하게 묘사된다. 그것은 이집트로부터의 이끌어내심과 하나님이 조상들에게 주리라고 약속하셨으며 이제 이스라엘에게 소유하도록 넘겨주려고 하시는 땅으로의 인도하심이다. 이와 유사한 언약형식구와 인지형식구의 결합이 출애굽기 29장 45절 이하에서도 보인다. 여기서는 이집트로부터의 이끌어내심이 이스라엘 가운데 하나님이 거주하시겠다는 예고로 귀결된다. 신명기 7장 6-11절에서도 이것에 비교될 만한 두 가지 형식구의 관계가 나타난다(무엇보다도 6절과 9절에서). 예레미야 24장 7절에는 두 가지 형식구가 매우 간명하면서도 함축적으로 서로 결합되어 있다. 여기에는 이스라엘이 "전심으로" 하나님께 돌아올 것이라는 기대가 함께 나타난다. 예레미야 31장 31-34절에서는 언약형식구에 이어서 인지형식구에 대한 하나의 파기가 나타난다. 누구도 다른 사람에게 "야훼를 알라" 고 가르치지 않겠고 그들 모두가 그분을 알게 될 것이다(V.34). 이러한 본문을 통해서 알 수 있는 것은 다양한 형식구들이 결코 어떤 도식적인 의미에서 '형식구적' 으로 사용된 것이 아니라 청중이나 독자들이 재인식하게 되는 특징적인 발언형식을 가진 형식구들을 통해 어떤 특정한 신학적 실상이 표현된다는 사실이다.

언약형식구에 관하여 이미 단락 '나는 너희의 하나님이 될 것이며 너희는 나의 백성이 될 것이다' 에서 상세하게 다루었다. 여기서는 다시 한 번 포괄적이고 공시적인 기능이 강조될 것이다. 오경의 전체적인 구조에서 언약형식구는 중요한 기능을 수행한다. 그것이 처음에는 아브라함과의 관련성 속에 있는 창세기 17장 7절에서 나타나고 마지막에는 신명기 29장 12[13]절에서 나타난다. 두 본문에서 언약형식구는 '언약' 에 대한 직접적인 설명으로 등장한다. 이러한 밀접한 연관성은 오경에서 오직 이 두 곳에서만 발견되는데, 이는 결코 우연이 아니다. 신명기 가운데 오직 여기서만 이중적인 언약형식구가 나타난다는 점 또한 주목할 만하다. 그밖의 경우에서는 (신26:17의 제외하고) 줄곧 이 형식구 가운데 두 번째 부분만이 등장한다. 이때 이스라엘은 하나님의 백성으로서 지칭된다(신29장의 특별한 위치는 십계명 외에 신명기 가운데 오직 여기서만 "나는 야훼다" 라는 표현이 발견되며, 그것도 5[6]절의 인지형식구에서 발견된다는 점을 통해서도 알 수 있다). 이중적인 형식구가 처음으로 - 이로써 오경에서도 처음으로 - 나타나는 출애굽기 6장 2-8절이 모종의 방식으로 창세기 17장 7절과 신명기 29장 12[13]절을 연결한다(참조. 1995a, 29f; 70f). 그러므로 현재 우리 앞에 있는 오경의 최종본문의 형태에서 언약형식구는 "제사장계 본문과 신명기계 본문" 을 포괄한다.

지금까지 여러 번 이끌어내심-형식구에 관하여 언급하였다(이 점에 관하여 참조. 1997b). 십계명의 도입부로 서 있는 인상적인 표현 속에서 이끌어내심-형식구는 자기소개-형식구와 결합되어 있다. "나는 종의 집 이집트 땅에서 너를 이끌어낸 네 하나님 야훼다" (출20:2; 신5:6). 이 형식구는 줄곧 상황에 따라 달라진다. 그것은 이전에 언급된 하나님의 이름에 대한 연결관계로 시작된다. 그것이 여기서처럼 (*ʾᵃšer*가 동반된) 관계문장의 형식으로 연결될 수도 있고, 때로는 정관사를 가진 분사구문적인 동사형태(예컨대, *hammôṣîʾ*, 출6:7)를 통해 연결될 수도 있다. 많은 경우에 이 형식구의 각각의 상황에서 이집트로부터 이끌어내심의 목표와 목적으로 고찰되는 바에 대한 상세한 설명이 뒤따라 나온다. 몇 가지 특징적인 예들만을 언급하면 다음과 같다. 하나님께서 주신 땅에서 그곳의 소산물을 가지고 살게 하기 위해(신26:8f), 또는 "너희 가운데 거하기 위해"(출29:46), 또는 "너희의 하나님이 되기 위해"(레22:33). 그러나 다른 경우에 십계명에서처럼 도입부에 나타나는 이끌어내심의 형식구와 뒤이어 나오는 계명들 사이의 연결이 나타나지 않는다.

출애굽기 6장 2-8절에서 이끌어내심-형식구는 언약형식구와도 연결된다(위를 보라). 이와 유사한 집약적인 형식구 구조가 출애굽기 29장 45절 이하에서 발견된다. 하나님은 이스라엘 가운데 거하고자 하시며 "내가 그들의 하나님이 되고자 하신다." 그런 다음 이끌어내심-형식구를 통해서 설명되는 인지형식구가 덧붙여진다. "그들은 내가 그들을 이집트 땅으로부터 이끌어낸 그들의 하나님 야훼임을 알게 될 것이다." 다시 한 번 "그들 가운데 거하기 위하여"라는 말이 나오고 끝으로 종결어구로서 자기소개-형식구가 나타난다. "나는 그들의 하나님 야훼다."

이끌어내심-형식구는 상황에 따라 상이한 강조점을 가질 수 있다. 그것은 다음과 같이 하나님 자신에 대한 진술을 표현할 수 있다. 너희를 이집트에서 이끌낸 이는 바로 **나**다. 이러한 점은 특히 호세아서의 간략한 진술에서 명백하게 나타난다. "나는 이집트 땅에서부터 네 하나님 야훼다"(호12:10[9]; 13:4). 이같은 점은 십계명의 도입부에서도 그렇다(출20:2; 신5:6). 다른 한편으로 이 형식구는 예컨대, 신명기 26장 5절 이하들에서와 같이 하나님의 **행동**에 대한 진술을 표현할 수 있다. 하나님은 우리를 이집트로부터 이끌어내셨고 우리에게 이 땅을 주셨다(V.8f). 분명 이 두 가지 측면은 완전히 분리될 수 없다. 그렇지만 그것은 근본적인 출애굽 경험에 관한 진술들이 각자의 특징적인 형태를 띠고 나타날 수 있는 넓은 행동반경을 암시한다.

이끌어내심-형식구는 흔히 이끌어내심에서 드러나는 하나님의 권능 있는 행동이 더 세부적으로 확장되어 나타난다. 특히 신명기 26장 8절에서 다음과 같이 상세하게 묘사된다. “강한 손과 편 팔과 큰 위엄과 표적들과 이적들로.” 다른 확장들은 이집트를 “종살이의 집”(출20:2; 신5:6)이나 “쇠 풀무”(신4:20)로 기술된다. 이끌어내심-형식구가 이스라엘 백성의 행동과 대조될 때는 완전히 다른 강조점을 지닌다. 이것은 사사기의 첫 부분에서부터 시작된다. “나는 너희를 이집트에서 이끌어냈다… 그러나 너희는 내 목소리를 듣지 않았다”(삿2:1f). 다시 한번 다음과 같이 말한다. “그들은 자신들을 이집트 땅에서 이끌어낸 너희 조상들의 하나님 야훼를 버렸다”(V.12). 이집트의 이끌어내심에서 드러나는 하나님의 행동과 이스라엘의 부정적인 반응 사이에 있는 이러한 대조는 그 후 역사서와 예언서에서 반복되어 나타난다. 예컨대, 예레미야서에서는 다음과 같이 말한다. “그들은 우리를 이집트 땅으로부터 이끌어내신 야훼가 어디 계신가 하고 묻지 않았다”(렘2:6). 그 대신 그들은 다른 신들을 따라갔다. 여기서는 이 형식구의 기능이 정반대로 나타난다. 그것은 하나님의 권능이나 그분의 행하신 일이 얼마나 크고 놀라운 것인가를 강조하기 위해서 사용되지 않고, 오히려 이스라엘 백성이 현재 저지르고 있는 행동에 대한 대조로서 기능한다. 이스라엘 백성은 현재 이집트에서 이끌어내심을 통해서 시작된 자신의 백성과 함께하시는 하나님의 길로부터 떠나 있다.

그러므로 이끌어내심-형식구는 다양한 표현과 상황적용을 통해서 형식구적으로 특징화된 요소와 유동적인 관계를 맺으면서 내용적인, 무엇보다도 신학적인 실상과 맥락을 표현하기 위해서는 어떤 언어적인 가능성이 있는지, 또한 히브리성서 본문의 저자에 의해서 이러한 것들이 어떻게 인지되었는지를 보여준다. 이때 특히 지금까지 다루었던 형식구들의 다양한 연결과 결합이 보인다. 그 형식구들은 자기소개-형식구, 인지형식구, 언약형식구, 이끌어내심-형식구 등이다.

끝으로 은총형식구는 완전히 다른 영역으로 인도한다. 지금까지 다루었던 형식구들은 시편에서는 등장하지 않는 반면 은총형식구는 바로 시편에서 강조점을 가진다는 점에서 주목할 만한 차이를 엿볼 수 있다. 여기서 '고전적인' 표현이 발견된다. "야훼는 자비하시고 은혜로우시며, 노하기를 더디하시며 인자하심이 풍성하시도다"(시103:8). 이와 동일하거나 비슷한 표현이 다음 본문에 나타난다(시78:38; 86:5, 15; 99:8; 111:4; 112:4; 116:5; 145:8). 또한 내용적으로도 은총형식구는 지금까지 다루어졌던 형식구와 근본적으로 차이가 있다. 은총형식구는 하나님의 속성에 관한 진술을 담고 있다. "자비로우신"(*raḥûm*)과 "은혜로우신"(*ḥannûn*)이라는 두 형용사는 하나님에 대해서만 거의 배타적으로 사용된다. 따라서 하나님의 속성에 관해서 특히 특징 있게 진술하는 언급들로 간주될 수 있다(더 자세한 사항은 위의 '은총형식구'를 참조하라).

그러나 동시에 이 형식구가 대체로 하나님의 속성과 행동의 다른 측면을 언급하고 있는 상황에서 나타난다는 연구 결과는 주목할 만하다. 따라서 그러한 기본적인 표현 중에 하나가 시내 산에서 맺은 언약의 회복과 관련하여 다음과 같이 나타난다. "인자를 천 대까지 베풀며 행악과 허물과 죄를 용서하나, 죄악을 결코 면죄하지 않고 아비들의 죄악을 자여손 삼사 대까지 징벌할 것이다"(출34:7). 이와 대조되면서도 유사한 예가 십계명에서 발견된다. 여기서는 진술순서가 뒤바뀌어 있다. 처음에 삼사 대까지 미치는 죄악에 대해서 언급하다가, 후에 하나님이 "수천 대"에 미치게 하시는 인자하심에 대해서 언급한다(출20:5f; 신5:9f). 끝으로 하나님의 돌이키심에 관한 진술이 발견된다. "내가 잠시 동안 너를 버렸으나, 큰 자비(*raḥ^{a}mîm*)로 내가 너를 모을 것이다. 적은 진노로 내가 내 얼굴을 네게서 잠시 감추었으나, 내가 영원한 자애로 네게 자비를 베풀것이다”(*riḥamtîk*, 사54:7f).

이처럼 은총형식구는 다양한 표현 속에서 표본적인 방식으로 하나님의 속성을 드러내며, 성서저자들의 신학적인 통찰과 경험을 언어로 표현하는데 기여하는 중요한 요소가 된다.

> 히브리성서의 언어에는 많은 다른 형식구적인 어구가 여전히 발견된다. 그러나 그러한 어구는 통상적으로 직접적인 유효성의 범위 안에서 머물러 있다. 다양한 양식의 도입형식구들 외에도 예컨대, 관습적인 맹세형식구가 언급될 수 있다. “야훼께서 살아계심을 두고 맹세한다”(삿8:19; 삼상14:39, 45 등). 특히 형식구적인 어구들이 사용되는 곳은 제의의 영역이다. 이러한 점은 제사의식에서 잘 적용된다. 그러한 표현들은 제사의식에서 어떤 특정한 제사의 제의적인 정확성과 유효성을 나타내는 기능을 한다. 예컨대, “이것은 화제라. 야훼께 향기로운 냄새니라”(레1:9, 13, 17, 참조. 2:2; 3:5 등). 또는 “제사장이 그/그들을 위하여 속죄하리니 그/그들은 용서함을 받으리라”(레4:20, 26, 31, 35). 예배의식에서도 형식구적인 어구들이 발견된다. 예컨대, 하나님은 장엄한 선포에서 다음과 같이 왕으로서 찬송된다. “야훼가 왕이시다”(시93:1; 96:10; 97:1; 99:1, 참조. 47:9[8]). 이것은 단지 형식구적인 어구들에 대한 몇 가지 예들일 뿐이다. 이 형식어구들은 자신의 고유한 적용범위를 넘어서 사용되지 않기 때문에 여론(餘論)의 대상이 되지 않았다.

* * *

정경형성 시기의 의미

현재의 구약학계에는 히브리성서 본문의 시대설정에 대한 문제에서 의견의 일치를 보이지 않는다. 그러나 좌표계가 변했다는 사실은 분명하다. 반세기 전만해도, 본문에 기록된 전통 중 많은 경우가 이스라엘 역사의 비교적 초기 단계에서 유래되었으며 왕정 초기에 그 본문들이 처음으로 또한 결정적으로 문서화되었다는 생각이 지배적이었다. 이러한 공감대가 오늘날에는 없다. 그것을 대신하여 일반적으로 인정되는 어떤 다른 구상도 나타나지 않고 있다(참조. 1993). 그렇지만 전체적으로 볼 때 바벨론 포로와 그 이후의 시기가 구약성서 전승들이 형태를 갖추는 데에 가장 중요한 역할을 했다는 사실은 인정된다. 지금까지의 서술에서 이러한 사실은 이미 반복적으로 언급되었다. 이제 그것이 해석학적 의미의 차원에서 다시 한 번 숙고되어야 한다.

이러한 작업을 위해 나는 "정경형성의 시기"라는 개념을 받아들여 계속 사유하고자 한다(Crüsemann 1995, 71). 바벨론 포로와 함께 시작되는 이 시기는 히브리성서의 정경형성을 위한 근본적인 의미를 지니게 되었다는 사실이 점점 더 분명해진다. 이때 '정경의 형성'(Gestaltung des Kanons)이란 표현은 이제 정경으로 모양이 갖춰지는 본문과 전승 중의 많은 자료가 정경형성의 과정 이전에 이미 존재하고 있었다는 사실을 전제한다. 여기서 또한 통시적 고찰과 공시적 고찰의 관계가 주의 깊게 고려되는 하나의 차별화된 고찰이 시도되어야 한다. 이때 다시 해석적 관심의 문제가 비중 있게 나타난다. 구약 신학의 맥락에서 해석적 관심은 본문의 정경적인 형태에 대한 공시적인 고찰에 역점을 두고 강조되어 나타난다.

여기서 "후대의 시기(Spätzeit)에 초기 단계(Frühzeit)가 점점 중요해지고 그것에 대한 묘사가 점점 확대된다는 사실"(Crüsemann 1995, 71)에 대한 고찰이 매우 중요하다. 이러한 사실은 특히 이스라엘의 건국 역사가 그것의 전 역사와 함께 보도되는 오경에 잘 적용된다. 이러한 역사의 초기 시대는 가나안 땅에 정주하기 이전의 시대의 일로 묘사된다. 그러나 현재의 묘사는 가나안에 정착한 이스라엘의 시각에서 회고의 형식으로 이루어진다는 점이 분명하다. 이때 - 역시 항상 그것의 형성과정이 개별적으로 상상될 수 있듯이 - 오경의 전체적인 편집이 시대적으로 바벨론 포로 이전의 시기로 설정될 수 없다는 가정이 설득력을 얻는다(무엇보다도 Blum 1990a를 참조하라). 그러나 이것은 자신의 역사의 출발점에 대한 이스라엘의 '정경적인' 전체구상이 예루살렘과 성전파괴의 재난 이후 공고히 된 시기의 회고를 통해 형상화되었다는 사실을 의미한다(이 점에 관하여 A.I.4를 참조하라).

특히 시내 산의 "원-형적인"(u-topisch) 장소에서 주어지고 상세화된 제의의 체계(Crüsemann 1992, 75, '하나님께로부터 받은 토라' 를 참조하라)는 의심할 여지없이 예루살렘 성전의 상황을 반영한다. 이러한 구상의 공시적인 의미는 분명하다. 예루살렘의 제의는 하나님의 위임 속에서 모세를 통해 시내산에서 규정된 바와 같이 실행된다. 여기서 나타나는 통시적인 문제들은 답변하기가 더 어렵다. 우리는 여기에 전제되어 있거나 혹은 이러한 본문을 통해 여기에 그려진 체계가 예루살렘 제의의 어떤 단계에 해당되는지 확인할 수 없다. 왜냐하면 우리는 오경의 제사장계 문서 외에는 비교할 만한 본문을 가지고 있지 않기 때문이다. 또한 우리는 어느 정도로 이러한 제의적인 규정과 제의형식이 변화를 겪었는지 알지 못한다. 우리는 하나의 강한 지속성을 고려할 수 있다. 동시에 내 견해로는 이러한 본문에 체계화된 실행규정이 본질적으로 오경의 정경적인 본문이 최종적으로 작성되는 시기의 실제적인 여건에 상응한다는 사실을 전제해야 할 것이다. 왜냐하면 만일 유대공동체의 종교적인 생활을 위해 중심적이던 그러한 본문이 정경화 당시의 제의적인 실제 상황에 부합되지 않았더라면, 그 본문은 정경의 위치를 부여받지 못했을 것이기 때문이다. 어쨌든 해석은 신학적인 함의를 가진 예루살렘 성전에서 실행되던 제의의 이러한 모습을 모사(模寫)해야 하는 우선적인 과제를 가지고 있다('제사의 체계성'을 참조하라).

오경의 정경적인 본문의 다른 주제 영역을 위해서도 후대의 시기에 반영된 초기 단계의 중요성을 고려한 중요한 고찰의 결과가 나타난다. 이스라엘의 역사는 아브라함의 부르심과 함께 시작된다. 이 이야기를 시작하는 본문에서 곧바로 특징적인 두 가지 요소가 등장한다. 하나님은 아브라함을 커다란 이방세계에서 개인으로 부르시고 그를 "큰 민족"이 되게 하시겠다고 약속하신다(창12:1f). 하나님은 동시에 그를 그곳으로 인도했던 땅을 그의 자손에게 주시겠다고 약속하신다(V.7). 더 이상 말할 필요 없이 이 두 가지 측면은 이스라엘의 자기이해를 위해 근본적인 의미를 가진다는 사실이 명백하다.

땅에 대한 약속의 주제는 처음부터 지체(遲滯)와 위협의 측면 아래 놓여 있다. 아브라함에 대한 첫 번째 발언에서 하나님은 이렇게 말씀하신다. "너의 후손에게 내가 이 땅을 줄 것이다"(창12:7). 아브라함은 이 약속의 성취를 더 이상 경험하지 못할 것이다. 더 나아가 족장사를 통해 족장들이 살고 있는 땅은 그들 자신의 것이 아니라는 사실을 매우 분명히 한다. 게다가 창세기 15장 12-21절에는 아브라함 후손 중 첫 번째 세대가 이 성취를 경험하지 못할 것이며, 하나님이 결국 그곳으로부터 이끌어내어 그 땅을 주시게 될 때까지 그들은 오랫동안 낯선 땅에 살아야 할 것이라고 진술된다. 그러므로 족장사의 첫머리에서 벌써 이집트에서의 체류와 그곳으로부터의 탈출, 즉 '출애굽'(Exodus)이 예견된다. 그러나 이집트로부터 약속의 땅에 이르는 길은 출애굽기와 민수기, 그리고 마침내 여호수아서의 서술들이 보여주는 많은 문제들과 난관들로 가득 찬다. 땅의 정복과 분배에 관한 보도의 마지막에 가서야 이 주제는 일시적인 정점에 이른다. 이로써 땅에 대한 약속의 성취가 확인된다(수21:43-45). 그러나 그 이전에 이스라엘이 약속된 땅을 잃어버릴 가능성도 포착된다. 신명기 4장 25-28절, 레위기 26장(특히 32절 이하)과 신명기 28장(특히 63절 이하)에서 그 땅으로부터의 추방과 이방 민족들 중에 흩으심이 언급된다. 이것은 이스라엘이 하나님의 계명을 따르지 않을 경우 하나님이 이스라엘에게 내리실 징벌의 정점이 될 것이다. 여기서 유배의 운명은 극적인 형식으로 기술된다('약속과 성취, 상실과 회복'을 참조하라).

초기의 이러한 첫 번째 근본적인 주제에서, 이 주제에 대한 묘사와 해석적인 강조가 후대의 경험에 의해서, 또한 후대의 우려와 희망에 의해서 얼마나 강하게 각인되어 있는지 잘 드러난다. 해석은 서술시기(Erzählzeit)의 이러한 측면에 대해서 상응하는 비중을 두어야 할 것이다. 족장전승의 개별 본문에 나타나는 통시적인 문제와 관련하여 줄곧 상이한 답변이 주어진다. 그러나 다음 답변은 공시적인 전체적 조망에 의미 있는 방식으로 편입되어야 한다.

아브라함을 부르신 첫 번째 하나님의 말씀의 다른 주제와 관련하여 상황이 좀 다르게 전개된다. '선택'이란 주제가 '바하르'(*bāḥar*)라는 개념 아래에서 신학적으로 수용된 것은 신명기에서다('내가 너희를 모든 민족들 중에서 선택했다' 를 참조하라). 이러한 사실은 초기 단계가 후대의 시기에 점점 중요해진다는 주장과 일치한다. 그러나 이것은 '후대의 시기' (Spätzeit)라는 말이 의미하는 바의 지평을 넓힌다. 자신의 초기 역사를 새롭게 숙고하고 현재의 상황을 직면한 것은 분명 주전 597년 이후의 재난에서 처음으로 한 것이 아니다. 신명기가 제공하는 바와 같이 자신의 역사에 대해 신학적으로 성찰하는 관점이 존재한다는 것 자체가 새로운 출발을 가능케 할 수 있는 하나의 중요한 전제가 되었다고 할 수 있을 것이다. 다양한 책들의 정경적인 형태에 내재되어 있는 다양한 '신명기 사가적인' 요소들이 이러한 점에서 하나의 웅변적인 언어로 나타난다. 아브라함의 선택과 그의 후손(zera', 신10:15, 참조. 창17:19, 이 점에 관하여 참조. Lohfink 1991, 71)은 후대에 새롭고도 근본적인 의미를 획득하게 된 초기 단계의 또 다른 주제이다.

정경형성의 시기로서 후대의 시기의 중요한 측면이 예언서들의 구성에서도 나타난다. 여기에서 새로운 빛 아래서 관찰되고 묘사되는 이스라엘 역사의 '초기의 시기' 가 문제되지 않고, 포로 이전 역사의 한 중요한 시기가 문제로 나타난다. 이사야서가 포로 이전, 포로기, 포로기 이후의 시대에서 유래된 요소를 포함하고 있다는 사실은 이사야서에서 자명하게 나타난다. 그러나 이전에는 연구가 본질적으로 다양한 요소의 구별과 분리에 집중되었던 반면, 최근에는 정경적인 최종단계의 형태에 관심이 집중적으로 모아지고 있다(참조. 1996). 이사야서에는 이러한 작업이 특히 설득력이 있고, 또한 그러한 작업이 요청된다. 왜냐하면 이 책의 본문에는 개별 단락들이 다양한 시대로부터 유래하였고 그에 따라 또한 다양한 저자가 있어야 한다는 사실에 대한 그 어떤 근거도 제시되지 않기 때문이다. 분명 그것은 정경적인 최종형태를 갖추게 한 저자의 관심이 아니었다. 게다가 포로기 이전의 첫 번째 부분(사1-39장)에서 오늘날 우리의 시각으로는 뒷부분에 더 가까워 보이는 수많은 요소들이 발견된다. 그 요소에서 최종형태의 저자가 수행했던 정경형성적인 작업이 인식될 수 있다. 그러므로 이사야서는 전체적으로 볼 때 정경을 형성하던 후대의 시기에 의해 각인되어 있으며, 동시에 중기 왕정으로부터 유래한 매우 중요한 전승들을 포함하고 있다.

12소예언서에는 상황이 다시 다르게 전개된다. 여기에는 각각 독립된 것으로 명명된 개별 예언자의 문서와 **하나의** 책으로서 전승 사이의 매우 분명한 긴장이 존재한다(참조. A.III.5). 이사야서와 마찬가지로 포로기 이전의 문서들이 포로기 이후의 문서와 묶여져 있다. 여기서도 역시 이 문서와 이 문서 가운데 더 오래된 문서 안에 포로기 이후의 시각에서 작성된 요소가 발견된다. 이것을 통해 통시적 고찰과 공시적 고찰의 단순한 양자택일을 거부하는 해석학적인 해석의 문제가 야기된다. 이 점에 대해 매우 잘 알려진 예가 아모스서의 긍정적인 종결이다(Crüsemann 1995, 72). 그러므로 12소예언서 또한 포로기 이후 정경형성의 시기에서 유래한 신학적인 작업의 한 예다(이 점에 관하여 참조. 1997c[=2001a], 더 나아가 Nogalski/ Sweeny 2000을 참조하라).

마지막으로 시편에 관해 말해야 한다. 여기서 연대설정 문제가 특히 어렵고 대답하기가 곤란하다. 이 점은 특히 개인 기도자가 말하는 상당수의 시편에 해당된다. 이 시편들은 기도자의 개인적인 문제에 너무 밀접하게 관련되어 있어서, 시대설정이 불가능하다. 그러나 공동체의 시편 가운데도 연대설정을 위한 어떤 근거도 제공되지 않는 경우가 많다. 이것은 기도내용 가운데 특정한 시대상황에 대한 어떤 암시도 들어 있지 않은 많은 탄식시와 감사시들에 해당된다. 그러나 이러한 점은 제의적인 상황을 인식하게 하는 시편도 마찬가지다. 왜냐하면 우리는 제의발전에 관하여 아는 것이 너무 없기 때문이다. 아울러 특히 성전의 파괴와 후대의 재건 사이의 단절이 제의발전에 어떤 의미가 있었는지 알 수 없다.

그럼에도 불구하고 몇몇 시편의 경우에 포로기나 포로기 이후의 상황이 분명하게 인식될 수 있다. 예컨대, 시편 74편과 79편이나 다른 곳에서 성소의 파괴에 대해 말할 때, 또는 기도자가 "바벨론의 강가에" 앉아 있었다(시137:1)고 말할 때 그렇다. 시편 126편은 (이미 일어났거나 여전히 기대되는) 시온의 재건과 포로의 귀환에 대해서 말한다. 다른 시편의 경우에는 포로기 이전의 연대설정에 대한 증거들이 많다. 이러한 점은 특히 일련의 제왕시에 해당된다. 예컨대, 다윗을 통한 성전 안으로의 법궤의 안치가 왕이 참석한 가운데 제의적으로 실행되는 시편 132편, 또는 보좌에 앉아 있는 왕에 대한 신적인 선택이 경축되는 시편 110편이 그렇다.

그러나 바로 제왕시의 범주에서도 정경형성의 모양을 갖추는 획기적인 변화가 관찰된다. 시편집의 세 번째 책(시 73-89편)에는 왕권의 몰락이 강조된다(참조. 특히 시89:39-52[38-51]). 또한 시편집의 전체 구성도 하나의 변화를 인식하게 한다. 시편 2편에는 하나님이 시온산에 세우셨던 왕이 "기름 부음 받은 자"(*māšîaḥ*)로 지칭된다. 시편 1편의 상황에서 그는 표본적인 의인(*ṣaddîq*)이며, 시편 3편 1절[표제]부터 여러 방식으로 시편의 저자로서 등장한다. 그렇지만 그는 승리하는 지배자가 아니라 고난당하는 의인이다. 그러므로 여기서 왕권은 포로기 이후의 시각에 의해 '메시아적인' 의미로 새롭게 해석된다. 이러한 사실은 또한 왕에 대해 언급하고 있는 시편의 예전적인 사용을 위해 매우 큰 의미를 가진다(또한 정경의 문제에 관하여 아래의 단락 '구약성서의 기독교 신학' 을 참조하라).

Theologie des Alten Testaments

C.II

히브리성서/구약성서의 유대교 신학과 기독교 신학

히브리성서/구약성서의 유대교 신학과 기독교 신학

머리말

지난 20년 동안 매우 다양한 상황에서 나는 기독교와 유대교의 관계에 대해 의견을 표명했다. 이 주제는 그 이후로 내 신학적 사고의 중심에 놓여 있다. 나는 여러 곳에서 이미 발표한 것들 가운데 몇 가지 점을 다시 수용하여 계속 전개해 나가고자 한다. 여기서 다루고 있는 문제가 여러가지 방식으로 언급되는 내 연구 중 몇 가지를 소개한다. 크라우스(H.-J. Kraus)를 위한 기념 논문집에 실린 "Zur Bedeutung des Kanons für eine Theologie des Alten Testaments" (1983), 레빈슨(Jon Levenson)의 논문 "Why Jews are not interested in Biblical Theology" (1991g)에 대한 답변으로서 나눈 그와의 대화, 성서신학 연감(Jahrbuch für Biblische Theologie)에 발표한 기고문 "Die Hermeneutik einer kanonischen Theologie des Alten Testaments" (1995c), 논문집 Eine

Bibel - Zwei Testamente에 "Die Bibel Israels als Buch der Christen" 라는 제목으로 발표한 논문(1995d), 1996년 튀빙엔 신학교에서 발표한 논문 "Theologische Vorarbeiten zu einem christlich-jüdischen Dialog"(1998a), 논문집 Jews, Christians, and the Theology of the Hebrew Scripture (2000)에 실린 논문 "A Christian Approach to the Theology of Hebrew Scriptures"(2000e), 또한 Christen und Juden heute(1998)에 실린 몇 가지 논문들(1998c)이다.

이스라엘의 성서

"금세기 후반의 가장 중요한 신학적인 사건은 기독교 신학을 위한 유대교의 발견이다." 1995년에 작성된 이 문장(1995d, 97 [=2001a, 30]) 은 이제 아래와 같은 고찰의 첫머리에 놓여야 할 것이다. 구약성서 신학의 시각에서 보면 이 문장은 특히 다른 의미를 지닌다. 그것은 이스라엘의 성서로서의 구약성서에 대한 재발견이다. "이스라엘의 성서" (Bibel Israels)라는 용어에는 지금까지 본서에서 사용한 "히브리성서" (Hebräische Bibel)라는 용어와는 다른 강조점이 있다. 후자는 언어적인 특성과 문서를 편집한 정경적인 형태라는 점이 고려되어 선택되었다. 이 정경적인 형태는 학문적인 사용에서 종교와 종파의 경계를 뛰어넘어 일반적으로 주석과 신학적인 해석의 토대가 된다. 이 용어('히브리성서')는 국제적인 논쟁에서 점점 더 많이 사용되고 있으며, 영어로는 *Hebrew Scriptures*(참조. Bellis/ Kaminsky 2000)라고 번역된다. 이와는 달리 이스라엘의 성서라는 용어에는 생성될 때부터 시작하여 최종적으로 정경적인 모양을 갖추기까지 이스라엘의 거룩한 문서였다는 사실에 강조점이 있다(이 점에 관하여 참조. Dohmen/Stemberger 1996, 14ff).

이 시기에 또한 유대민족이라고 지칭될 수 있는 이스라엘에서, 우리의 시간계산에 따르면 주후 1세기에 메시아 운동이 일어났다. 이 운동에서 기독교가 생성되었다. 초기에 이 운동은 전적으로 유대민족과 유대신앙공동체의 일부였다. 따라서 이스라엘의 성서는 메시아 운동을 하던 사람들의 성서이기도 했다. 이러한 점은 예수님과 신약 문서의 저자에게도 마찬가지였다. 그들에게 이스라엘의 성서는 삶의 지침으로 삼았고, 종종 인용하였으며 해석하였던 "거룩한 문서"(Schrift)였다.

일반적으로 알려진 이러한 역사적인 실정(참조. v.Campen hausen 1968)이 오늘날 점점 더 신학적인 의미에서 인식된다. 이러한 인식의 성과는 기독교 신학의 문제제기 아래에서도 두 부분으로 구성된 기독교 성서의 첫 번째 부분, 즉 '구약성서'를 자기 자신의 진술 가운데서 이해하고 해석하는 것이 되어야 한다. 이러한 문제는 해석작업의 실제에서, 주석서들과 학문적인 출판에서 또한 ""구약 신학"의 분야에서 다수의 기독교 구약학자들에 의해 줄곧 발생된다(참조. 1995d, 100ff=33ff). 그러나 이러한 통찰의 결과에 관한 신학적인 토론이 아직 시작조차 되지 않았다.

이 문제에 관해서 신학적인 방법론의 근본적인 변화가 필요하다. 통상 구약성서의 기독교적 의미에 대한 질문은 충분한 학문적 소양을 갖춘 신학을 통해 안정화된 기독교의 시각에서 제기된다. 다시 말하면 예수님과 신약 문서의 저자가 그들의 거룩한 문서에 대한 경험과 취급방식과는 거리가 먼 입장에서 그 질문이 제기된다는 것이다. 이것을 통해 질문제기는 처음부터 좁아진다. 왜냐하면 구약성서가 나중에 가서야 전개된 기독교 신학과 대면되고 차이에 대한 질문들이 전면에 부각되기 때문이다. 말하자면 문제가 뒤로부터 제시되는 것이다. 이로써 기독교 성서에 부여된 순서가 정반대로 뒤바뀐다. 왜냐하면 거기에는 구약성서가 신약성서 앞에 놓여 있기 때문이다. 우리는 "이스라엘성서의 전위성"(前位性, Prae-Position)에 대해서 말할 수 있다(Dohmen/Stemberger 1996, 154ff). 그러므로 "무엇이 교회에서 히브리성서의 사용과 이와 함께 기독교 정경에서 그것이 차지하는 자리에 대한 근거를 제공하는가"(Dohmen/Oeming 1992)라는 질문은 잘못된 것이라고 말해야 한다. 이 질문은 기독교인인 우리에게 제기되지 않는다. 말시온에 반대한 교회의 결정 이후 **전체로서의** 성서가 없는 기독교는 존재할 수 없다. 그러므로 우리는 교회사 초기에 이뤄졌던 이러한 결정을 오늘날에 와서 또다시 '논증할' 필요가 없다.

만일 '구별되는 것이 무엇인가' 혹은 '특히 기독교적인' 것이 무엇인가 하는 질문이 전면에 부각된다면, 거기에는 기독교 신앙의 축소된 자기이해가 있다. 왜냐하면 이때 기독교 신앙고백에 들어 있는 조항의 순서가 시야에서 사라지기 때문이다. 사도신경의 첫째 항목은 '순전히 구약성서적'이다. 창조주 하나님에 대한 신앙과 그분에 대한 신뢰에서 입증된 수많은 기독교적 경험은 '기독교적' 입장에서 그것의 '정당성'에 대한 어떤 반론도 필요하지 않다. 우리는 다른 것을 추가할 수 있다. 루터는 십계명을 특별한 '기독교적인' 논거를 제시하지 않고 요리문답의 첫머리에 두었다. 더 나아가 그는 대요리문답에 다음과 같이 말했다. 사람들은 십계명을 "하나님이 주신 최고의 보물로서 다른 어떤 교리보다 더 가치 있고 귀중한 것으로 여겨야" 한다. 어떤 기독교 목사나 신부도 예배에서 특별한 '기독교적인' 논거를 가지고 시편의 사용을 이해할 필요성을 느끼지 않을 것이다. 이러한 예들은 성서 전체가 기독교인의 신앙존속에 전제조건임을 매우 명백하게 말해준다.

이러한 점은 특히 예수님과 기독교 1세대, 무엇보다 신약 문서의 저자들에게 명백하게 적용된다. 그들은 이 거룩한 문서를 당연하게 사용하였고 어떤 논거도 필요하지 않은 그들의 성서이다. 반대로 그들은 매우 자주 거룩한 문서의 권위를 가지고 논거를 제시한다. 바로 예수님의 삶과 운명의 의미에 관한 핵심적인 진술이 '거룩한 문서에 따라' 일어난 것으로 해석된다(예컨대, 눅24:44 이하; 고전15:3 이하). "기독론은 없다. 거룩한 문서와 그것의 유효성밖에는 그 어디에도 기독론을 위한 실제적인 출발점이 없다" (Crüsemann 1997, 16).

그러므로 신약성서 생성의 시기를 포함하여 기독교가 시작되는 시기까지 단지 **하나의** 성서만 있었다. 그것은 이스라엘의 성서이다. 거룩한 문서로서 그것의 권위는 모든 유대인에게 논쟁의 여지가 없었고, 예수님을 따르며 자신들의 고유한 집단을 형성했던 사람들에게도 마찬가지였다. 그러므로 성서의 신학에 대한 모든 탐구가 여기서 시작되어야 하며, 이스라엘의 성서는 거룩한 문서로서 그 자체로 해석되어야 한다.

이중적인 후속사(Nachgeschichte)

1세기가 끝날 때 즈음하여 이스라엘성서의 이중적인 후속사를 초래한 두 개의 발전이 서로 독립적으로 이루어진다. 주후 70년 예루살렘과 성전의 파괴 이후 조그만 해안도시 얌냐(그리스어로 *Iamnia*)에 요하난 벤 자카이(Jochanan ben Zakkai)의 영도 아래 유대 학문의 새로운 중심지가 형성된다. 그후 몇 년이 지나면서 여기서 "유대종교와 유대민족의 생존을 가능케 했던 유대교를 근본적으로 새롭게 정리하고 규칙을 수립하는 작업" (Schäfer 1975, 54[=45])이 수행된다. 이로써 '랍비유대교' (rabbinisches Judentum)나 '고전적인 유대교' (klassisches Judentum)라고 불리는 좁은 의미의 '유대교' (Stemberger 1979)가 생성된다.

이렇게 새로운 규칙제정 작업에서 히브리성서 문서를 정경으로 최종적으로 확정하는 결과를 낳게 된다. 이것은 물론 어떤 형식적인 결정을 통해서 이루어지지 않았다. 수집의 범위가 이미 본질적으로 확정되었다는 사실이 여러 가지로 인정된다. 그러나 중요한 점이 이제는 성서해석의 독립적인 모양새를 갖추었다는 것이다. 정경의 정확한 범위와 본문의 정확한 표현이 성서해석을 위한 하나의 결정적인 전제조건이 된 것이다. 이 정경은 '문서 토라' (schriftliche Tora)로 지칭된다. 랍비의 해석은 이것을 보충하며 확장하는 '구전 토라' (mündliche Tora)로서 나타난다(랍비의 해석이 문서화되고 그러한 형태로 계속 전승되고 있을지라도 이러한 명칭은 유지된다). 몇 세기가 지나면서 랍비의 해석은 엄청나게 증가하고 크기에 있어서 성서의 정경을 몇 배나 능가한다. 그럼에도 불구하고 문서 토라와 구전 토라의 구분은 변함없이 지탱된다. 거룩한 문서들(*kitbê haqqodeš*)인 성서는 그 기초로 남아 있다.

이러한 히브리성서에 대한 높은 평가는 계속되는 본문 전승사에서도 발견된다. 그 과정에서 구속력 있게 확정된 자음본문의 통일된 표현을 위한 노력이 드러난다. 이 노력은 결국 '맛소라 학자들' 을 통한 모음부호의 첨가(아마도 주후 700년경에 이루어졌을 것이다. 이 점에 관하여 참조. Fabry 43ff)라는 결과를 낳게 한다. 그것은 성서본문의 통일된 발음을 확보하기 위한 것이었다.

랍비유대교가 형성된 동일한 시대에, 그러나 이와는 독립적으로 메시아적인 예수운동이 유대교에 맞서 독립적인 공동체를 이루기 시작한다. 그러나 이때도 이스라엘의 성서는 변함없이 거룩한 문서로서 가치를 지닌다. 이러한 발전의 계속되는 과정에서 이 공동체의 문서를 수집하고 결국 '신약성서' 로서 정경화될 때에도 그 의미는 변화되지 않는다(자세한 사항들은 Trobisch 1996을 참조하라). 이 수집물의 이름은 현재 통용되고 있는 이스라엘성서의 명칭인 '구약성서' 다.

이러한 발전은 2세기 중반 경에, 무엇보다 구약을 제외하고 자신에 의해서 '정화된' (gereinigten) 신약성서 문서의 선택을 가지고 기독교 정경을 확정해야 한다는 말시온의 요구를 통해 심각한 위기를 맞는다(144년경). 말시온을 이단자로 규정하고 이와 관련하여 구약성서를 기독교 성서의 일부로서 유지한다는 결정은 이러한 논쟁에 종지부를 찍었다(이 점에 관하여 참조. v.Campenhausen 1968, 173ff). 그후 '구약성서' 와 '신약성서' 는 공동으로 거룩한 문서를 형성하며 기독교공동체의 성서가 된다.

여기서 랍비유대교에 대한 하나의 근본적인 차이가 나타난다. 거기에는 '문서 토라' 와 '구전 토라' 사이의 구별이 엄격하게 유지되고 단지 전자만이 거룩한 문서로서 그 가치를 인정받는 반면, 기독교에는 '구약성서' 와 '신약성서' 를 아우르는 새로운 성서정경(Bibelkanon)이 생겨난다. 이것을 통해 '구약성서' 와 관련하여 완전히 새로운 문제가 야기된다(이 점에 관하여 또한 Koch 1991를 참조하라).

히브리성서의 유대교 신학

"성서 신학" 혹은 "구약성서 신학"은 그것의 출발점이나 전(全) 역사의 관점에서 볼 때 기독교적인 주제이다(이것에 관한 연구사가 종종 기술되었다. 위의 '"정경적인 최종본문"이란 무엇을 뜻하는가?'를 참조하라). 특히 '신학' 이라는 용어는 유대교 전통에서는 다뤄지지 않았던 문제제기다. 널리 알려지고 기독교 전통의 기초가 되는 가블러(Gabler)의 표현은 '교의' 신학으로부터 '성서' 신학의 구분에 관한 것이었다(1991a, 2를 보라). 이때 신학이라는 개념은 이미 있던 것으로 전제되어 있고, 동시에 이 개념이 본래 교의학의 분야에 속한 것임이 분명해진다. 그러나 이 의도된 의미에서 교의학은 특히 유대교 전통을 알지 못하는 기독교적인 것이다.

그러므로 유대교의 '히브리성서의 신학' 이나 '타낙(Tanakh)의 신학' 이 있을 수 없다는 사실이 얼마 전까지만 해도 확정된 것으로 여겨졌다. 그러나 그 사이에 열띤 토론이 벌어졌다(참조. Barr 1999, 286-311). 우선 1987년(가블러 이후 정확히 200년이 지난 해에)에 잘 알려진 유대교 성서학자에 의해서 두 편의 논문이 발표되었다. 그 논문에는 첫눈에 보기에도 대립되는 입장이 표명되어 있다. 레빈슨(Jon Levenson)은 "왜 유대인들은 성서 신학에 관심이 없는가?"(Why Jews are not interested in Biblical Theology)라는 논문을 썼다. 이것은 성서 신학적 작업에 대한 근본적인 거부처럼 들린다. 그러나 좀 더 정확히 관찰하면 그것은 무엇보다, 히브리성서의 다양한 목소리를 조직화하고 통일성을 부여하려고 애쓰며 기독교 신학의 사고체계의 틀 안에서 구약성서의 진술을 해석하는 구약성서에 대한 지배적인 기독교 신학의 비판이다. 특별한 예로서 레빈슨은 창세기 15장 6절에 대한 폰 라트의 해석을 "의에 이르는 믿음에 대한 평가"(Die

Anrechnung des Glaubens zur Gerechtigkeit)라는 주제 아래 다루면서 비판한다(1951). 다음은 그의 총평이다. "그것은 바로 성서 신학자들의 실수다. 그들은 자신들의 시도들이 상황의 한계성 속에 있다는 사실을 의식해야 한다. 그들 중에 몇 사람은 유대인들이 그들의 시도에 전혀 관심이 없다는 사실을 통해 놀라게 될 것이다." 레빈슨은 고유한 유대교 성서 신학에 대한 질문을 여기서 제기하지 않는다. 그러나 1년 후 그는 일정 부분 성서 신학, 물론 유대교 성서 신학이라고 말하는 것 외에 달리 지칭할 수 없는 한 권의 책을 출판한다. 『창조와 악의 존속. 하나님의 전능하심에 대한 유대적 드라마』(*Creation and Persistence of Evil. The Jewish Drama of Divine Omnipotence*, 1998)라는 책이다. 서문에서 그는 이 책을 "하나의 신학적인 연구"라고 지칭한다. 그는 "창조와 계약과 같이 그렇게 중심적이고 자주 다루어진 이스라엘 종교의 주제에 관한 차별화된 신학적인 성찰의 부재" 때문에 이 책을 썼다고 말한다. 그러므로 우리는 레빈슨을 타당한 유대교 "성서 신학"을 위해 노력하는 사람들 중의 한 사람으로 여길 수 있다.

마찬가지로 1987년에 고셴-고트쉬타인(Moshe Goshen-Gottstein)의 논문이 출판되었다. 이 책에는 출판의도가 제목에서부터 분명하게 표현되어 있다. 『타낙의 신학: 구약성서의 종교와 유대교 성서 신학의 자리』(*Tanakh Theology: The Religion of the Old Testament and the Place of Jewish Biblical Theology*)가 그것이다. 고셴-고트쉬타인은 구약성서 신학의 역사를 분석하여 다음과 같은 결론에 이른다. 그 안에서 기독교 신학이 구약성서를 "내부로부터," 즉 구약성서 자체의 사고 범주들 안에서(*in its own terms*) 설명하기 시작한 새로운 발전은, 유대교 성서학자들에게 타낙(Tanakh)의 신학에 관하여 숙고할 필요성을 느끼게 한다(624f). 이것은

"단지 가능할 뿐만 아니라 성서 연구의 새롭고도 중심적인 영역으로서 필연적이다" (633).

그 사이 이 논쟁은 계속되었다. 그리하여 1996년엔 시카고에서 피쉬베인(Michael Fishbane)과 프라이머-켄스키(Tikva Frymer-Kensky)의 주도 아래 "Jewish biblical theology" 라는 주제의 학술대회가 열렸다(참조. Brettler 1997). 같은 해에 SBL(Society of Biblical Literature)의 연례학회 중 이 주제에 관하여 유대교와 기독교를 대표한 각 두 명의 발표자가 나와 총 4편의 논문을 발표한 모임이 있었다. 이 모임을 통해 2000년에 "유대인들, 기독교인들, 그리고 히브리성서의 신학" (Jews, Christians, and the Theology of the Hebrew Scripture)이라는 제목의 논문집(Bellis/Kaminsky, 2000)이 출간되었다. 여기서 유대교와 기독교 성서학자들은 그들의 일치하는 언어를 통해 '히브리성서의 신학' 이라는 하나의 새로운 이해를 위해 공동으로 연구한다. 동시에, 분명한 강조점을 가지고 북아메리카에서 그동안 이루어진 것처럼, 성서학자들 사이에 국제적이며 다른 종교와 함께하는 공동연구의 한 가지 열매가 그 안에서 보이기 시작한다. 이 책의 편집자는 자신의 형제에 대한 요셉의 말을 모토(Motto)로 선택했다. "만일 당신들의 동생이 당신들과 함께하지 않는다면, 당신들은 내 얼굴을 보지 못할 것이다" (창43:3). 이 모토의 전용된 의미를 그들은 바울의 말을 통해 설명하였다. "지금은 우리가 거울을 통해 어둡게 봅니다. 그러나 후에는 얼굴과 얼굴을 대면하여 볼 것입니다" (고전13:12).

이러한 논의에서 아직까지 히브리성서 신학의 완성을 위한 윤곽이 나타나지 않았다. 그러나 이제 유대교 성서 신학자들이 선입견 없이 '신학' 에 대해서 말하고 그 신학적 작업에 대한 필요성을 인정한다는 사실은 의미가 있다. '히브리성서의 신학' 이라는 표현은 기독교 성서학자들도 자신의 것으로 만들 수 있다(참조. 2000e). 이렇게 되면 그들에게 '구약성서 신학'은 하나의 다른 차원이다. 그 차원은 유대교 동료들에게 직접적인 연관성을 지니지 못한다. 이와 마찬가지로 기독교인들에게 랍비의 해석은 높은 관심의 대상이 되기는 하지만 - 또한 더 많이 연구되어야 하겠지만 - 그 해석이 기독교인들의 히브리성서해석에 직접적인 영향을 주지는 못한다.

여론(輿論) : "구약성서" 용어에 관하여

아래의 내용에 관하여는 무엇보다 Zenger 1991, 144-154와 1998c, 73-77을 참조하라.

"구약성서"라는 용어는 순전히 기독교적인 용어다. 그것은 "구약"과는 구별되는 "신약성서"가 있다는 사실을 통해서만 그 의미를 가진다. 이 용어는 주후 2세기 말부터 사용된 것이 확인된다(참조. Trobisch 1996, 68f). 기독교의 성서가 하나의 정경으로 통합된 이 시기 이후부터 유대인과 기독교인에게 공통적으로 거룩한 문서로 존중되던 이 거룩한 문서는 독립적인 실체로서 기독교 정경과 분명하게 구별되었다. 이후로 기독교 공동체에는 두 부분으로 구성된 거룩한 문서의 정경이 존재하게 되었다. 그것 가운데 두 번째 부분은 기독교 공동체만의 고유한 전승을 포함하고 있다. 이러한 의미에서 첫 번째 부분을 "구약성서"라고 명명한 것은 그동안 이루어진 두 신앙공동체간의 구별과 분리를 의미한다. 하지만 구약성서와 신약성서가 이제 공동으로 **하나의** 정경을 형성한다는 사실은 동시에 두 부분이 가지고 있는 밀접한 상관성을 드러낸다. 이 안에 내포된 긴장은 그 이후 변화되는 방식으로 두 종교간의 관계와 그들이 시도하는 말씀이해에 영향을 준다.

기독교 성서의 두 부분은 또한 공통된 언어를 통해서도 통일성을 이룬다. 그 시기에 전 세계에 퍼진 유대공동체의 성서는 "칠십인경"의 헬라어 번역이었다. 신약성서의 문서들도 헬라어로 기록되었고 게다가 칠십인경이 신약성서의 언어에 영향을 미쳤다. 그렇지만 칠십인경이 두 부분으로 된 기독교 성서 안에서 정경화된 이후에는 유대교 내에서 칠십인경의 사용이 중지되었다. 이뿐 아니라 헬라어 번역본은 여러 가지 면에서 히브리어 원본과 구별된다. 우선 책의 배열에서 차이가 날 뿐만 아니라, 칠십인경에는 히브리어 정경에는 포함되지 않는 책들이 있다. 이러한 점에서 구약성서는 히브리성서와 완전히 일치하는 것은 아니다. 그러므로 여기서 기독교 성서의 첫 번째 부분의 적절한 명칭에 관한 논쟁이 생겨난다.

유대교와 기독교 성서학자들 사이의 대화에서 어떤 특정한 용어에 의견일치를 보는 것은 비교적 쉬운 일이다. 모두에게 공통된 작업의 기초는 의심할 여지없이 히브리성서이다. 그러므로 영어번역에서는 "Hebrew Scriptures"라고 옮기는 이 용어의 사용은 더 이상 설명할 필요 없이 자명한 것이다. 설령 유대교 학자들이 타낙(Tanakh)이라는 용어를 사용한다 해도 기독교 학자들에게는 문제가 되지 않는다. 그 외에도 그들은 자신들의 입장에서 선입견 없이 기독교 성서의 첫 부분을 나타내기 위해 "구약성서"라는 용어를 사용할 수도 있다 (이 점에 관하여 또한 '구약성서의 기독교 신학'을 참조하라). 그밖에도 이 용어는 국제적으로 타종교와의 학문적 교류시에도 사용된다. 예컨대, 많은 유대학자들이 참여하는 "International Organization for the Study of the Old Testament"에서 사용되었다. 1986년 예루살렘에서 열린

국제회의에서도 누구도 이 명칭을 변경해야 한다는 이견을 제시하지 않았다.

그러나 구약성서라는 명칭은 완전히 다른 점에 근거한 이유들 때문에 토론의 대상이 되었다. '구'(舊)라는 말은 기독교 전통에서 종종 '낡아빠진, 경시된'의 의미에서 이해된다. 이것에 걸맞게 신약성서는 옛 것이 극복된 새로운 것을 전하는 내용으로 이해되었다(지금도 여전히 그렇게 이해된다). 새 언약은 지금은 그 유효성을 상실한 옛 언약의 극복 또는 대체로서 간주되었다(많은 사람들에게 지금도 그렇게 간주된다). 동시에 그러한 이해는 기독교의 반유대주의(Antijudaismus)를 조장했다. 반유대주의는 반셈주의 뿌리 중의 하나로 인정된다. 사회참여적인 기독교 진영에서 반발하였고(참조. 1998a), 이러한 맥락에서 "구약성서"라는 명칭에도 의문을 제기한 것이다.

여기서 "히브리성서"라는 명칭도 동일한 방식으로 그 대안으로서 적절치 않다. 우선 본래적인 언어형태가 일반적인 기독교인들의 말씀이해에서 독자적인 역할을 하지 못한다는 이유 때문이다. "히브리성서"라는 말은 신학적인 전문용어 영역 밖에서는 오히려 낯선 것으로 받아들여진다. 게다가 가톨릭 전통은 성서번역을 할 때 히브리어 본문에 그 출발점을 두지 않고 구조에서 칠십인경의 헬라어 본문에 상응하는 불가타의 라틴어 본문에서 출발한다. 이것은 히브리어로 전승되지 않은 문서가 정경의 일부로 포함되어 있음을 의미한다. 이와는 달리 루터는 자신의 번역에서 히브리어 본문을 기초로 삼고 그밖의 문서는 '외경'으로 덧붙여 놓았다. 그러나 기독교의 모든 현대 번역본은 책의 배열에서 칠십인경을 따르고 있으며, 따라서 히브리 정경의 삼분적인 구조에 상응하지 않는다.

"이스라엘의 성서"(위의 '이스라엘의 성서'를 참조하라)라는 표현은 아마도 낯선 명칭인 "히브리"라는 말을 방지하면서, 그 대신 이 성서가 신약성서와의 결합 이전에 그 외의 영역에서 존재하고 있다는 사실을 분명하게 드러낸다. 이러한 점에서 이 용어는 기독교 정경의 첫 번째 부분인 동시에 이스라엘의 성서, 다시 말하면 유대교의 성서이고 지금도 그렇다는 사실을 의식하게 하는데 기여할 수 있다. 그렇지만 기독교 정경의 첫 번째 부분을 "유대교 성서"라고 부르는 것은 혼란을 줄 것이다. 왜냐하면 "유대교"는 히브리 정경이 종결된 다음의 시기에 적용할 수 있는 개념이기 때문이다(위의 '이중적인 후속사'를 참조하라).

수년 전부터 "첫 번째 언약"이라는 용어가 자주 사용되고 있다(참조. Zenger 1991). 의심할 바 없이 이 "첫 번째"라는 명칭은 "옛"이란 용어가 주는 것과 같은 부정적인 연상은 불러일으키지 않는다. 오히려 두 번째보다 앞서는 첫 번째의 우선성을 강조한다. 그러나 다른 측면으로 "첫 번째"라는 표현은 "옛"이란 말과 같이 무엇인가 뒤이어 나온다는 사실, 다시 말하면 적어도 두 번째의 것이 뒤따라 나온다는 사실을 전제한다. 이로써 이 용어는 충분성을 띠지 못한다. 따라서 이 명칭은 유대인들에게 받아들여질 수 없다. 왜냐하면 성서가 불충분하며 후속과 증대가 필요함을 나타내기 때문이다.

마지막으로 다시 한 번 신약성서에서 유대교 성서를 가리키는 "거룩한 문서"(Schrift) 또는 "거룩한 문서들"(Schriften)이라는 표현으로 돌아가 보자(위의 '이스라엘의 성서'를 참조하라). 의심할 바 없이 이 용어의 사용은 매우 의미 있을 것이다. 이것에 대하여 - 분명 매우 오래된 - 기독교 용어 사용에서 성서가 그 전체로 "거룩한 문서"로 불려졌다는 사실이 반론으로 제시될 수 있다. 크뤼제만(Crüsemann 1997, 16)은 이러한 정황에 맞게 다음과 같이 말한다. "개신교의 말씀원리에 따르면 구약성서는 **성서 중의 성서**(die Schrift der Schrift)이다." 이것이 어떻게 언어적인 실제에서 적용될 수 있는가는 앞으로 경험되어야 할 사실이다.

이러한 고찰을 종합해볼 때 "구약성서"라는 용어의 문제성이 여러 방면에서 인식되었으며, 지금까지 일반적으로 인정되는 대안은 제시되지 못했다는 사실을 알 수 있다. 그러므로 내 견해로는 "구약성서"라는 표현 외에도 다른 표현이 사용되고 상황에 따라서 그것에 대한 찬성과 반대가 표명되는 것이 바람직하다고 본다.

구약성서의 기독교 신학

교회가 - 당시 그리스어 번역의(아래를 보라) - 이스라엘성서를 변화 없이 고수했다는 사실에는 근본적인 의미가 있다. 우리는 '넘겨 받았다' 고 말할 수 없다. 왜냐하면 이 성서는 처음부터 기독교 공동체의 거룩한 문서였기 때문이다. 그러므로 이러한 질문을 철저하게 검토하는 신학적인 출발점의 필연적인 변화가 요청된다. 교회는 구약성서를 언젠가 넘겨 받은 것이 아니다. 그렇다면 그 점에 대한 설명이 필요했을 것이다. 오히려 교회는 처음부터 성서와 함께 살았고, 성서로부터 자신의 이해, 특히 예수님의 삶과 운명에 대한 해석을 발전시켰다. 이러한 성서 없이는 기독교 역사도 없고, 기독교 신학도 존재할 수 없다(이 점에 관하여 또한 다음을 참조하라. Koch 1991; Crüsemann 1997).

이로써 기독교 신학은 신약성서의 메시지와 함께 시작하지 않는다는 점이 분명해진다. 기독교 신앙과 사고를 위해 특정한 구약성서적 주제가 근본적인 의미가 있다는 점은 이미 언급되었다. 창조신앙, 십계명, 많은 시편들 등(위의 '이스라엘의 성서'를 참조하라)에서 그러하다. 이러한 예들은 더 많아질 수 있다. 그러므로 구약성서의 신학적 진술에 대한 발전은 기독교 신학의 통합적인 구성요소이다. 이때 문제가 되는 것은, 해석자가 자신의 신학적인 전제를 통해 자신에게 "기독교적"인 것으로 드러나는 그러한 본문과 주제를 택하는 것이 아니다. 선택의 기준이 어떤 본문과 주제가 상세하게(in extenso) 신약성서에서 언급되는가 하는 점에 있어서는 안 된다(이 점에 관하여 '성서신학'을 참조하라). 오히려 구약성서에 대한 신학적인 해석의 과제는 성서의 첫 번째 부분인 구약성서의 메시지 전체를 전개시키는데 있다.

이 지점에서 우리는 이전에 "성서 신학"이나 "구약성서 신학"의 개념과 그것들의 전제에 관하여 논의했던 바로 되돌아가야 한다. 여기에 포함되어 있는 "신학"이라는 개념은 그것의 출발과 전(前) 역사를 통해서 볼 때 기독교적인 용어다(위의 '히브리성서의 유대교 신학'을 참조하라). 가블러까지 거슬러 올라가는 "교의 신학"과 "성서 신학"의 구별은 신학에 대한 기독교적 이해에 있다. 이러한 점에서 구약성서를 신학적으로 해석하는 기독교 신학자는 기독교 신학의 범주에 속해 있다(여기에 방법론의 측면에서 볼 때 그것의 저자가 특정한 종교에 소속될 필요가 없는 "이스라엘의 종교사"와의 차이가 존재한다. 이와는 달리 "신학"이라는 개념이 이제 히브리성서의 유대교 신학을 위해 쓰인다면, 그것은 유대종교의 범주에 있는 하나의 신학적 해석을 의미한다).

기독교 신학과의 관련성은 이미 문제제기의 방식에서 드러난다. 본 구상에서 실행된 주제 전개방식은 의심의 여지없이 '조직적인' 관심에 의해서 진행된다. 이러한 관심은 신학에 그 기원을 가지고 있다. 조직적인 관심에 따른 주제의 전개방식은 '주제들'의 선택과 명명

(命名)단계에서부터 적용된다. 이 주제들은 스스로 생겨난 것이 아니다. 그것들은 신학적인 통찰과 아울러 저자의 신학적인 관심을 토대로 선택되고 명명되었다.

여기서 다시 한 번 구약성서 신학의 '정경적인' 방법론의 중요성이 가시화된다. 주제의 선택에서 나는 히브리성서 정경의 구조를 따랐다. 그러나 이때 "히브리성서"와 "구약성서" 사이에서 하나의 긴장이 발생한다. 왜냐하면 이스라엘의 성서는 그리스어 번역 칠십인경에서 그동안 생성된 신약성서와 함께 기독교 성서에 병합되었기 때문이다. 그리스어 번역본에 있는 문서의 수와 무엇보다도 그 순서가 히브리성서의 삼분된 정경과 맞지 않는다. 그 본질적인 차이가, 히브리성서에서는 예언서가 토라 뒤에 있는 반면, 칠십인경에서는 예언서가 수집물의 마지막에 위치한다는 사실에 있다.

그렇지만 신약성서에는 우선적으로 "토라와 예언서들"이 구속력 있는 것으로, 즉 정경적인 것으로 확정되어 있다는 점이 보인다. 왜냐하면 "성서"는 자주 "법(νόμος=*tôrāh*)과 예언자들"(마5:17; 7:12; 요1:45; 롬3:21 등) 또는 "모세와 예언자들"(눅16:29, 31; 24:27; 행28:23)로 인용되기 때문이다. 이것을 통해 다른 문서들은 아직 정경적인 위치에 이르지 않았다는 사실이 드러난다. 우리는 히브리성서와 칠십인경 사이의 차이를 이렇게 해석할 수 있다. 히브리성서에서 나머지 문서들은 정경의 세 번째 부분으로 추가된 반면, 칠십인경에서는 "주요자료"(Eckdaten) 토라와 예언서 사이에 삽입되었다. 그러므로 이 두 판본에서 모두 토라와 예언서의 정경적인 우위가 보존되었다. 이때 히브리성서에서는 토라의 관점이 우세하여 예언서와 성문서가 토라에 의해 읽혀지고 이해된다(참조. 말3:22[4:4]; 시1:1 이하; 시119편). 반면 칠십인경에서는 예언서의 관점이 결정적이어서 모든 것이 예언자들에 의해 예고된 미래를 향하여 정위(定位)되어 있다(Dohmen/Stemberger 1996, 150-154, 참조. 151의 표, 앞으로 지속되는 해석의 제안에 관하여 참조. Zenger u.a. 1998, 34f).

따라서 히브리성서와 기독교의 구약성서 사이에 있는 차이는 양 판본과 그것을 해석하는 신학자들 사이에 보여주는 근본적인 신학적 공통점을 침해하지 않는다. 물론 기독교 신학자들에게 양 판본 사이에 있는 긴장이 좀 더 광범위하게 존재한다. 왜냐하면 종교개혁 이후 히브리어 원문이 성서번역의 기초를 형성하였고, 그러나 동시에 칠십인경을 통해 제시된 문서들의 순서가 고수되었기 때문이다. 이 과정에서 히브리어로 기록되지 않은 문서는 개신교 교회에서 수용되지 않았다. 루터는 그러한 문서를 자신의 번역에 '외경'으로 첨가하였다. 이와는 달리 가톨릭교회는 이 문서를 자신의 성서번역에 보존하였다. 이러한 차이와 상관없이 모든 기독교 신학자들에게 성서의 히브리어 본문은 학문적이며 신학적인 성서해석에서 일반적으로 인정되는 공통의 기초가 된다.

구약성서 신학이 기독교 신학 전체에 관련하여 어떻게 작용하는가 하는 점이 계속되는 신학적인 작업 가운데 숙고되어야 한다.

성서 신학(Biblische Theologie)

"성서 신학"이라는 용어는 매우 다양하게 사용될 수 있다(참조. Barr in EKL[3] I, 488-494; Janowski 1998/99). 가블러는 이 용어를 자신의 성서 신학과 교의 신학의 구분을 위해 사용하였다. 동일한 의미에서 바(Barr)는 성서 신학과, 교의 신학이나 철학적 신학과 같은 다른 신학 사이를 구분한다 (Barr 1999, 1). 이에 따르면 "구약 신학"과 "신약 신학"은 성서 신학의 두 가지 형태이다. 이와는 달리 구약과 신약을 아우르는 하나의 신학이 의미될 때, 바(Barr)는 **범-성서 신학**(pan-biblical Theology)이라고 말한다. 이것은 외밍(Oeming)의 책 제목(Gesamtbiblische Theologien der Gegenwart, 1985)을 수용한 것이다. 그렇지만 독일에서 이뤄진 토론에서 "성서 신학"이라는 용어는 레벤틀로(Reventlow)의 책(1983)에서 소개된 바와 같이 주로 범-성서 신학으로서의 의미로 사용된다. 이 용어는 여기서도 바로 그런 의미로 사용되고 있다.

우선 어떤 기준에 따라 구약과 신약을 공동의 성서로서, 즉 거룩한 문서로서 파악하는 하나의 신학을 전개해야 할지에 대한 기초적인 질문이 제기된다. 지금까지 기술한 바와 같이 하나의 성서 신학을 위한 기본적인 전제는, 이스라엘의 성서가 처음부터 기독교 공동체의 거룩한 문서였다는 인식에 있다. 이것은 기독교 신학이 처음부터 신약성서의 메시지와 함께 시작하지 않는다는 의미이다. 그러므로 기독교 교회와 신학을 위한 구약성서의 의미를 신약성서나 신약성서로부터 도출된 어떤 신학으로 평가할 수 없다. 이것은 기독교 성서의 생성의 역사에나 이 역사에서 수행된 신학적인 결정에 위배되는 셈이다.

이러한 방법론이 두 부분으로 된 기독교 성서의 자기이해에 얼마나 부합되지 않는지, 기독교 성서의 정경적인 순서(이 점에 관하여 위의 '이중적인 후속사'를 참조하라)를 따라 구약성서의 끝에서부터 계속 읽어나갈 때, 매우 인상적으로 나타난다. 모세의 토라를 잊지 말라는 예언자 말라기의 권고와 하나님이 예언자 엘리야를 보내실 것이라는 예고(말 3:22[4:3]이하) 뒤에, 다윗의 아들이요 아브라함의 아들인 예수 그리스도의 족보(마1:1)가 바로 따라 나온다. 히브리성서에서 그렇게 자주 나타나듯이 다시 한 번 첫머리에 아브라함에서 시작하는 족보가 시작된다(첫 번째 복음서의 표제 *Βίβλος γενέσεως*가 창2:4의 인용이라는 사실은 우연이 아니다). 여기서 독자들에게 단절 없는 이행이 제공된다.

그러나 이러한 사실이 마치 구약성서가 신약성서 안에서 소멸되고 자기 자신의 위엄을 잃어버린다는 것을 의미할 수는 없다. 오히려 그 반대다. 신약성서에서의 구약성서에 대한 다양한 방식의 소환은 초기 기독교인들의 의식 속에 자리 잡고 있는 구약성서의 생명력을 매우 분명하게 보여준다. 누군가 초기 기독교 공동체의 - 넓은 의미의 - 신학적인 사고에 대한 재고조사를 하려 한다면, 그는 우선 넓은 범위에 걸쳐 구약성서 신앙전통을 기술해야 할 것이다(이 점에 관하여 참조. 1998c, 61-69). 이 점에 관하여 히브리서의 머리말을 인용할 수 있을 것이다. "다양한 방식과 여러 모양으로 하나님이 이전에 예언자들을 통해 조상들에게 말씀하셨다"(히1:1). 그 안에서 구약성서가 권위 있게 인용되고 있는 본문들은 특히 시사하는 바가 크다. 이러한 점은 예컨대 - 종종 특히 기독교적인 것으로 지칭되는 - 이웃사랑에 대한 계명에 해당된다. 그것은 예수님이 분명 "거룩한 문서"(=구약성서)로부터 인용한 것이다(마19:18 이하; 막12:29-31). 누가복음에서 예수는 심지어 "영생을 얻으려면 내가 무엇을 해야 합니까?" 라고 물었던 율법사에게 거룩한 문서에서 대답하게 한다(눅10:25-28). 이들에게 거룩한 문서는 삶과 신앙을 위한 근본적인 결정을 내리고 공인된 권위를 얻기 위한 공통의 자료다.

그러므로 성서 신학은 신약성서와 구약성서가 '다른 것' 이 무엇인가 라는 질문이나 어떤 의미에서 구약성서가 신약성서에서 "성취" 되었는가 라는 질문에서 출발할 수 없다. 의심의 여지없이 그러한 질문은 제기되고 제기되어야 할 것이다. 그러나 그것들은 첫머리에 놓일 수 없다. 특히 그러한 질문은 예수님의 메시지에 맞지 않는다. 왜냐하면 이 메시지는 완전히 당시 유대교의 상황에 놓여 있기 때문이다. 성서 신학은 우선 기독교 공동체와 자신의 거룩한 문서들, 즉 신약성서 안에서 지속되는 구약성서의 의미를 부각시켜야 한다.

이러한 점에서 구약성서와 신약성서 사이에 연속성이 존재한다. 이 연속성은 더 정확히 규정되어야 한다. 이 점에 관해서 우선적으로 고려되어야 할 점은 얼마나 많은 불연속성이 구약성서에 있는가 하는 점이다. 히브리성서나 구약성서의 정경은 서술적인 내용에서나 그 안에 반영된 역사에서 볼 때에도 완전히 다른 시대에서 유래한 매우 상이한 본문들을 포괄한다. 그 안에는 또한 큰 단절이 있다. 무엇보다도 유다의 멸망과 바벨론 유수, 북왕국의 멸망과 그로 인해 빚어진 '이스라엘' 의 급격한 축소 등이 포괄된다. 히브리성서의 독자들에게는 이스라엘의 역사 - 이것은 또한 이스라엘과 함께한 하나님의 역사와 하나님과 함께한 이스라엘의 역사를 의미한다 - 전체가 에스라를 통해 대표되었던 포로기 이후의 공동체의 시각에서 전승되었다는 사실이 매우 분명하다(위의 '정경형성 시기의 의미' 를 참조하라). 끝으로 구약성서의 문학에 나타난 매우 상이한 삶의 영역에서(참조. B.XIII '예언' 에서 B.XV '이스라엘의 지혜' 에 이르기까지) 일정부분 불연속성이 보인다.

이 모든 것이 구약성서의 정경에서 감춰지지 않고 공개된 채 묘사된다. 그러나 전체적인 조망에서 모든 긴장과 대립에도 불구하고 하나의 '의미구조' 가 드러난다(위의 '통시적 해석과 공시적 해석' 을 참조하라). 그러므로 우리는 구약에서 신약으로의 이행을 동일한 각도에서 볼 수 있을 것이다. 여기 이스라엘과 인류 전체와 함께하는 하나님의 역사에서 하나의 새로운 장이 시작된다. 이것은 신약과 구약 사이의 연속성을 의미한다. 두 성서는 함께 하나의 "대비적인 통일성"(kontrastive Einheit)을 이룬다(Janowski 1998, 16f). 그러나 이 새로운 시작은 어느 정도 근본적인 새로움으로 강조된다. 히브리서의 머리말에서 따온 인용은 계속된다. "… 그가 이 날들의 마지막에 그 아들을 통해 우리에게 말씀하셨다"(히1:2). 이것은 불연속성을 의미한다. 하나님의 여러 모양, 여러 가지의 말씀은 계속되었지만 그것은 동시에 하나님의 이 마지막 말씀의 일회적인 성격을 통해 종결에 이른다. 그러나 이러한 불연속성은 "연속성의 배경에서만 비로소 실제적으로 이해될 수 있다"(Janowski, 1998, 16f).

불연속성의 요소는 **한 가지** 측면에 대한 첨예화를 통해 매우 의미심장하게 언명된다. 그것은 기독론이다. 이 점에 관해서 베스터만(Westermann)의 고찰은 주목할 만하다. "구약성서는 오랜 시기를 서술한다. 더 정확히 말하면 여러 시대의 연속을 다룬다. 그러나 신약성서는 단지 짧은 시기를 다룰 뿐이다. 그 중심에 예수님의 사역, 고난, 죽음이라는 하나의 사건이 놓여 있다. 구약성서는 처음부터 전체를 향해 구상되었지만… 신약성서는 한 시기의 성격 또는 하나의 끝맺는 시기의 성격을 가지고 있다." 이것을 통해 차이점들이 드러난다. "신약성서는 한 가지를 위해 구상되었기 때문에 일방적이어야 한다. 일어나는 사건 전체에 초점이 맞춰진 구약성서는 다면적이고 다양하며 여러 모양을 가져야 한다"(Westermann 1986, 19). 이것은 그리스도인들의 삶과 신앙이 신약성서에 기록된 사건에 의해서 결정적으로 좌우되고 동기화된다는 사실을 의미한다. 그러나 신앙과 삶이 전개될 때에는 구약성서 증언의 다양성이 필요함을 의미한다. 우리는 여기서 다시 한 번 히브리서의 말씀을 인용할 수 있다. 하나님의 마지막 말씀은 자신이 이전에 다양한 방식으로 말한 바를 불필요한 것이나 의미 없는 것으로 만들지 않으신다는 것이다. 그러나 오히려 그 반대로 구약성서와의 관련성 안에서만 신약성서의 메시지는 이해될 수 있고 지속될 수 있다.

기독교 신앙의 근본적인 내용 자체는 신약성서에서 발전되지 않는다는 점이 특별하게 고찰된다. 이와 같이 "신약성서 저자들은… 하나님에 관한 어떤 교리를 발전시킬 필요성을" 느끼지 못했다(Dunn 1995, 186, 그는 여기서 다음의 글을 참조한다. Childs 1992, 367[=Bd.2, 32f]). 동일한 점이 창조주로서의 하나님에 대한 이해에도 적용된다. 그 이해는 구약성서로부터 "그냥 수용되어 오랜 시간 유효한 것으로 전제되었다"(Childs, 391[61]). 그러므로 성서 신학은 "신약성서 신학 홀로 곧바로 해석된 바를 지탱하지 않도록" 보호한다(Dunn 1995, 186). 마지막으로 우리는 신약성서 내에서도 현저한 불연속성이 있다는 사실을 잊어서는 안 된다. "다원적(pluriform)이지만 무정형적(amorph)이지 않은, 구약성서 신학이 - 마찬가지로 다원적이지만 무정형적이지 않은 - 신약성서 신학과 어떤 관계에 있는가 하는 질문은 근본적이다"(Söding 1995, 173).

이러한 것들은 성서 신학 내에서 연구되고 해명되어야 할 질문들 가운데 몇 가지에 불과하다. 이것은 분명, 규정된 공동의 전제조건에 동의하는 두 분야의 대표자 사이의 밀접한 공동작업을 통해서만 성공할 수 있다. 내가 보기에는, 우리는 현재 여기서 아직도 멀리 떨어져 있다. 그러므로 성서 신학은 많이 논의되고 연구되어야 할 주제다. 하지만 지금까지 이 주제는 단지 이와 관련 있는 기획에서 매우 드물게 다루어졌다. 1983년에 이미 레벤틀로프(Reventlow)는 이 주제에 관한 자신의 연구사 서론에서 다음과 같이 쓸 수 있었다. "어떤 '성서 신학' 도 아직 저술되지 않았다" (Reventlow 1983, VII).

이 문장은 그동안 차일즈(1992)의 "구약과 신약의 성서 신학" (Biblical Theology of the Old and New Testaments)을 통해 능가되었다. 물론 차일즈는 자신의 책에 지금까지 논의되어왔던 것과는 완전히 다른 의도를 기저에 깔고 있다. 이러한 점은 목차에서 이미 분명해진다. 여기에는 우선 각각 그 자체로 고찰된 구약성서와 신약성서 안에 있는 특정한 주제에 관한 두 개의 큰 장이 있다(*The discrete witness of the Old bzw. New Testament*). 그러나 그 다음에 "기독교 성서에 관한 신학적인 숙고"라는 제목의 광범위한 장(이 장은 독일어 번역에서 거의 두 번째 권 전체를 차지한다)이 있다. 이 장에서 모든 것이 교의학에 겨냥되어 있다. 여기서 차일즈는 교의학에서 자신의 행로의 목표점에 도달하기 위해, 각각의 개별적인 소제목 장에서 구약성서로부터 - 종종 (초기) 유대교를 넘어 - 신약성서로 진행하는 길을 택한다. 성서 신학은 여기서 전체로서의 기독교 신학의 일부분으로 이해되어 있다. 이때 차일즈는 구약성서와 신약성서가 그 핵심에는 동일한 메시지를 포함하고 있다는 사실을 전제한다. "구약성서도 기독교 '성서' (*Scripture*)로서 봉사했다. 왜냐하면 그것이 예수 그리스도에 관하여 증언하기 때문이다" (64[1, 87]). 이것은 '복음서 기자들이 신약성서로부터 거꾸로 구약성서를 읽었으며,' 이는 구약성서를 '변형시킴' 으로써 가능하였다. 신약성서 기자들의 읽기와 수용을 통해 이루어지는 구약성서의 변형에 대한 이러한 사고는 위에서 상술한 바와 정반대로 진행된다. 왜냐하면 유대교 신앙공동체에 전승되었던 형태 안에서 거룩한 문서의 유지는 바로 구약성서와 신약성서 사이의 연속성에 대한 본질적인 요소이기 때문이다(위의 '구약성서의 기독교 신학' 을 참조하라).

그러므로 여기에 수행된 하나의 성서 신학에 대한 첫 번째 기획은 여기서 열리고 있는 가능성의 폭을 보여준다. 동시에 그것은 이 과정에서 불가피하게 나타나는 신학적인 논쟁을 인식하게 한다. 게다가 성서 신학과 교의학의 관계에 대한 물음이라는 또 다른 장에 대한 시야를 열어준다. 이것도 역시 지금까지 아주 미미하게 다루어졌으며, 이 질문을 제기하는 사람들의 입장이 서로 떨어져 있다. 바(Barr)는 이러한 문제의 공식화를 위해 몇 가지 중요한 언급을 했다(Barr 1999, 62ff, 240ff, 513ff 등).

이 책에서 나는 우선 구약성서 본문의 진술을 맥락들 안에서, 다시 말하면 성서의 개별 문서들이나 책들 내에 있는 그 진술들의 각각의 상황 안에서, 또한 구약성서 전체에 있는 주제에 대한 전체적 조망 안에서 전개시키는 것을 내 과제로 여겼다. 만일 어떤 사람이 신학의 어느 특정한 이해 위에 자신이 고정되길 바라지 않는다면 - 이러한 상황은 조직 신학에서 특히 교의학에서 지배적이다 - 이것은 의심할 바 없이 하나의 신학적인 과제다. 우리는 "신학적이라는 개념은 이해하기 쉽게 말해서, 현상을 더 큰 맥락에 배열시키려는 모든 노력을 의미한다"고 매우 폭넓게 말할 수 있다. 이러한 노력은 구약성서의 여러 면에서 인식될 수 있다. 그 안에서 본문 자체가 "사건들을 해석하고 …이해되는 신앙을 위해 그것들을 열어주고자 노력한다"(v.Rad 1965, 382f). 구약성서 신학과 아울러 성서 신학도 이러한 해석의 전제들을 수용하고 계속 전개해나감으로써 이러한 지시적인 해석을 일정 부분 계속 진행할 수 있다. 이것 또한 하나의 신학적 과제인데 특히 다음과 같은 이유에서다. 그것은 다름 아닌 해석자 자신이 신학자로서 이 과제에 임하고, 이때 자신의 신학적 전통과 이 전통에 대한 자신의 이해를 함께 가져오기 때문이다. 이 책에 주도적으로 나타나는 신학전통에 대한 이해는 구약성서 연구에 일평생 종사한 것을 통해 결정적으로 함께 새겨진 것이다.

참고문헌

Bibliography

참고문헌

인용된 문헌목록

제1권

머리말

본문에서 참고문헌들은 저자와 출판년도만 표기하였다. 또한 필자의 저서는 출판년도로만 표기하였다. "루터"와 "부버"라는 표기는 출판사항에 대해 더 이상 상세하게 언급하지 않고 각각의 독일어 번역본을 표기하였다. 사전에 있는 논문들은 문헌목록에서 따로 열거하지 않고 일반문헌들과 함께 정리하였다.

Ackroyd, P.R., Hosea und Jakob, in: VT 13, 245-259

—, 1978

Isaiah I - IV: Presentantion of a Prophet, in: VT.S 29, 16-48 (= Studies in the Religious Traditions of the Old Testament, 1987, 79-104)

—, 1982

Isaiah 36-39: Structure and Function, in: Von Kanaan bis Kerala, FS J.P.M. van der Ploeg, AOAT 211, 3-21 (=Studies[vgl. 1987], 103-120)

Albertz, R., 1989

Die Intentionen und die Träger des Deuteronomistischen

Geschichtswerks, in: R.Albertz u.a. (Hrsg.), Schöpfung und Befreiung, FS C. Westermann, Stuttgart, 37-53

—, 1992

Religionsgeschichte Israels in alttestamentlicher Zeit, 2 Bde., GAT 8/1 und 2

Alt, A., 1925

Jerusalems Aufstieg, ZDMG 79, 1-19 (=Kleine Schriften zur Geschichte des Volkes Israel, Bd.3, 1959, 243-257)

—, 1951

Die Weisheit Salomos, in: ThLZ 76, 139-144 (= Kleine Schriften, Bd.2, 1953, 90-99)

Alter, R., 1981

The Art of Biblical Narrative, New York

Alter, R. und F. Kermode, 1987

The Literary Guide to the Bible, Cambridge, Mass.

Anderson, B. W., 1967

Creation versus Chaos: The Reinterpretation of Mythical Symbolism in the Bible, New York (reprinted Philadelphia, 1987)

—, 1984

Creation in the Old Testament, Philadelphia/London

Auld, A.G., 1983

Prophets Through the Looking Glass. Between Writings and Moses, in: JSOT 27, 3-23

—, 1984

Prophets and Prophecy in Jeremiah and Kings, in: ZAW 96, 66-82

Aurelius, E. ,1988

Der Fürbitter Israels. Eine Studie zum Mosebild im Alten Testament, Lund

Barth, C., 1947

Die Errettung vom Tode in den individuellen Klage- und Dankliedern des Alten Testments, Zürich (mit zwei Anhängen, einer Bibiographie und Registern neu hrsg. von B. Janowki, 1997)

Barton, J., 1986

—, Oracles of God. Perceptions of Ancient Prophecy in Israel after the Exile, London

Baumgartner, W., 1917

Die Klagegedichte des Jeremia, BZAW 32

Begg, C., 1986

The Non-mention of Amos, Hosea and Micah in the Deuteronomistic History, in: BN 32, 41-53

Blenkinsopp, J., 1977

Prophecy and Canon. A Contribution to the Study of Jewish Origins, Notre Dame

—, 1983a

A History of Prophecy in Israel. For the settlement in the Land to the Hellenistic Period, Philadelphia

—, 1983b

Wisdom and Law in the Old Testament. The ordering of life in Israel and early Judaism, Oxford

—, 1988

Ezra-Nehemiah. A Commentary, OTL

—, 1992

The Pentateuch, An Introduction to the Frist Five Books of the Bible, New York

—, 1995

Sage, Priest, Prophet. Religious and Intellectual Leadership in Ancient Israel, Louisville, Kentucky

Blum, E., 1984

Die Komposition der Vätergeschichte, WMANT 57

—, 1990a

Studien zur Komposition des Pentateuch, BWAW 189

—, 1990b

E.Blum u.a. (Hrsg.), Die Hebräische Bibel und ihre zweifache Nachgeschichte (FC R. Rendtorff), Neukirchen-Vluyn

—, 1996/97

Jesajas prophetisches Tesament. Beobachtungen zu Jes 1-11, in: ZAW 108, 547-568; 109, 12-29

Blum, R. und E., 1990c

Zippora und ihr חתן דמים, in: E. Blum 1990b, 41-54

Brueggemann, W., 1991

Bounded by Obedience and Praise: The Psalms ad Canon, in: JSOT 50, 63-92

—, 1997

Theology of the Old Testament. Testimony, Dispute, Advocacy, Minneapolis(「구약신학」, 기독교문서선교회 역간)

Buber, M., o.J.

Die Schrift. Verdeutscht von Martin Buber, gemeinsam mit Franz Rosenzweig

—, 1942/1984

Der Glaube der Propheten (hebräisch 1942; deutsch 1950, 2. Aufl. Darmstadt 1984)

Campbell, A.F., 1986

Of Prophets and Kings. A Late Ninth-Century Document (1 Samuel 1-2 Kings 10), CBQMS 17

Carlson, R.A., 1964

David, the Chosen King. A Traditio-Historical Approach to the Second Book of Samuel, Stockholm

Carroll, R.P., 1969

The Elijah-Elisha Sagas: Some Remarks on Prophetic Succession in Ancient Israel, in: VT 19, 400-415

—, 1979

When Prophecy Failed. Reactions and Responses to Failure in the Old Testament Prophetic Traditions, London

—, 1981

From Chaos to Covenant. Uses of Prophecy in the Book of Jeremiah, London

Cassuto, U., 1961/1964

A Commentary on the Book of Genesis, Part Ⅰ: From Adam to Noah, Genesis Ⅰ-Ⅵ 8 (heber. 1949), Jerusalem

—, 1967

A Commentary on the Book of Exodus (hebr. 1951), Jerusalem

Childs, B. S., 1971

Psalm Titles and Midrashic Exegesis, in: JSS 16, 137-150

—, 1979

Introduction to the Old Testament as Scripture, London

—,1986

Old Testament Theology in a Canonical Context, Philadelphia

—, 1992

Biblical Theology of the Old and New Testaments. Theological Reflection on the Christian Bible, Minneapolis (deutsch: Die Theologie der einen Bibel, Bd. 1 : Grundstrukuren, 1994, Bd. 2 : Hauptthemen, 1994, Freiburg u.a.)

Clements, R.E., 1977

Patterns in the Prophetic Canon, in: G.W.Coats/B.O.Long(eds.), Canon and Authority. Essays in Old Testament Religion and Theology, Philadelphia, 42-55

Clines, D.J.A., 1978

The Theme of the Pentateuch, JSOT.S 10

—, 1984

The Esther Scroll. The Story of the Story, JSOT.S 30

—, 1989

Job 1-20. Word Biblical Commentary, Vol. 17, Dallas

Coats, G.W., 1988

Moses. Heroic Man, Man of God, JSOT.S 57

Collins, T., 1993

The Mantle of Elijah. The Redaction Criticism of the Prophetical Books, BibSem 20

Conrad, E.W., 1988

The Royal Narratives and the Structure of the Book of Isaiah, in: JSOT 41, 67-81

—, 1991

Reading Isaiah, Minneapolis(「이사야서 읽기」, 기독교문서선교회 역간)

—, 1997

The End of Prophecy and the Appearance of Angels/Messengers in the Book of the Twelve, in: JSOT 73, 65-79

Cross, F.M., 1973

Canaanite Myth and Hebrew Epic, Harvard

Crüsemann, F., 1971

Kritik an Amos im deuteronomistischen Geschichtswerk. Erwägungen zu 2. Könige 14, 27, in: H.W. Wolff (Hrsg.), Probleme biblishcher Theologie, FS G.v. Rad, München, 57-63

—, 1978a

Der Widerstand gegen das Königtum. Die antiköniglichen Texte des Alten Testaments und der Kampf um den frühen israelitischen Staat, WMANT 49

—, 1978b

›.....er aber soll dein Herr sein‹ (Genesis 3,16). Die Frau in der patriarchalischen Welt des Alten Testaments, in: F. Crüsemann/H. Thyen, Als Mann und Frau geschaffen. Exegetische Studien zur Rolle der Frau, Gelnhausen, 13-106

—, 1981

Die Eigenständigkeit der Urgeschichte, in: J. Jeremias/L. Perlitt (Hrsg.), Die Botschaft und die Boten, FS H.W. Wolff, Neukirchen-Vluyn, 11-29

—, 1985

Israel in der Perserzeit. Eine Skizze in Auseinandersetzung mit Max Weber, in: W. Schluchter (Hrsg.), Max Webers Sicht des antiken Christentums, stw 548, 205-232

—, 1989

Im Netz. Zur Frage nach der ›eigentlichen‹ Not in den Klagen der Einzelnen, in: FS Westermann (vgl. Albertz 1989), 139-148

—, 1992
Die Tora, Theologie und Sozialgeschichte des alttestamentlichen Gesetzes, München
Dietrich, W./Link, C., 1995
Die dunklen Seiten Gottes. Willkür und Gewalt, Neukirchen-Vluyn
Dohmen, C., 1993
Der Sinaibund als Neuer Bund nach Ez 19-34, in: E. Zenger (Hrsg.), Der Neue Bund im Alten. Zur Bundestheologie der beiden Testamente, QD 146, 51-83
Donner, H., 1959
Art und Herkunft des Amtes der Königinmutter im Alten Testament, FS J. Friedrich, 105-145 (= Aufsätze zum Alten Testament, BZAW 224, 1994, 1-24)
—, 1984/86
Geschichte des Volkes Israel und seiner Nachbarn in Grundzügen, 2 Bde., GAT 4/1 und 2 (2. Aufl. 1995)
Douglas, M., 1993
In the Wilderness. The Doctrine of Defilement in the Book of Numbers, JSOT.S 158
Dozeman, Th.B., 1989
God on the Mountain, SBL.MS 37
Ebach, J., 1984
Leviathan und Behemoth, Paderborn
—, 1986
Bild Gottes und Schrecken der Tiere. Zur Anthropologie der priesterlichen Urgeschichte, in: Ursprung und Ziel. Erinnerte Zukunft und erhoffte Vergangenheit, 16-47
—, 1987
Kassandra und Jona. Gegen die Macht des Schicksals, Frankfurt a.M.
—, 1990
»Ist es 'umsonst', daβ Hiob gottesfürchtig ist?«, in: FS R. Rendtorff (vgl. Blum 1990b), 319-335
—, 1995a

Hiobs Post, Neukirchen-Vluyn
—, 1995b
›....und behutsam mitgehen mit deinem Gott‹. Theologiche Reden 3, Bochum
—, 1996a
Streiten mit Gott. Hiob, Teil 1, Hiob 1-20, Neukirchen-Vluyn
—, 1996b
Streiten mit Gott. Hiob, Teil 2, Hiob 21-42, Neukirchen-Vluyn
Edelman, D.V., 1991
King Saul in the Historiography of Judah, JSOTS 121
Elliger, K., 1951
Der Jakobskampf am Jabbok. Gen 32, 23ff als hermeneutisches Problem, ZthK 48, 1-31 (= Kleine Schriften zum Alten Testament, 1996, 141-173)
Eskenazi, T.C., 1988
In an Age of Prose: A Literary Approach to Ezra-Nehemiah, SBL.MS 36
Eslinger, L., 1989
Into the Hands of the Living God, JSOT.S 84
Exum, C., 1983
›You Shall Let Every Daughter Live‹: A Study of Exodus 1:8-2:10, in: Semeia 28, 63-82
—, 1992
Tragedy and Biblical Narrative. Arrows of the Almighty, Cambridge
Fishbane, M., 1979
Text and Texture. Close Readings of Selected Biblical Texts, New York
—, 1985
Biblical Interpretation in Ancient Israel, Oxford
Galling, K., 1928
Die Erwählingstraditionen Israels, BZAW 48
Gaston, L., 1980
Abraham and the Righteousness of God, HBT 2, 39-68 (=Paul and the Tora, Vancouver 1987, 45-63)
Gerstenberger, E.S., 1988

Psalms. Part I with an Introduction to Cultic Poetry. FOTL 14, Grand Rapids

Gese, H., 1973

Anfang und Ende der Apokalyptik, dargestellt am Sacharjabuch, in: ZThK 70, 20-49 (= Vom Sinai zum Zion. Alttestamentliche Beiträge zur biblischen Theologie, BEvTh 64, 1974, 202-230)

—, 1974

Nachtrag: Die Deutung der Hirtenallegorie Sach 11, 4ff, in: Vom Sinai zum Zion, 231-238

Greenberg, M., 1973

—, 1970

Mankind, Israel and the Nations in the Hebraic Heritage, in: J.R. Nelson (ed.), No Man is Alien. Essays in the Unity of Mankind, Leiden, 15-40 (= Studies in the Bible and Jewish Thought, Philadelphia 1995; deutsch: Die Menschheit, Israel und die Nationen in heräischer Überlieferung, in: J.R. Nelson/W. Pannenberg, Um Einheit und Heil der Menschheit, Frankfurt a.M., 1973, 23-48)

—, 1980

Reflections on Job' s Theology, in: The Book of Job. A New Translation According to the Traditional Hebrew Text, Philadelphia, xvii-xxiii (= Studies, 327-333)

—, 1983

Ezekiel 1-20. The Anchor Bible, vol. 22, Garden City

—, 1987

Job, in: R. Alter/F. Kermode (eds.), The Literary Guide to the Bible, Cambrige, MA, 283-304 (= Studies, 335-357)

Greβmann, H., 1924

Die neugefundene Lehre des Amen-em-ope und die vorexilische Spruchdichtung Israels, in: ZAW 42, 272-296

Gunkel, H., 1895

Schöpfung und Chaos in Urzeit und Endzeit, Göttingen

—, 1910

Genesis, HK Ⅰ/1,3. Aufl.(91977)

—,1926

Psalmen, HK Ⅱ/2(⁶1986)

Gunkel-Begrich, 1933

H.Gunkel, Einleitung in die Psalmen. Die Gattungen der religiösen Literatur Israels, zu Ende geführt von J. Begrich, Göttingen 1933(⁴1985)

Gunneweg, A.H.J., 1985

Esra, KAT XIX/1

—, 1987

Nehemia, KAT XIX/2

—,1990

Das Gesetz und die Propheten. Eine Auslegung von Ex 33, 7-11; Num 11,4 - 12,8; Dtn 31, 14f.; 34,10,1 in: ZAW 102, 169-180.

Hamborg, G.R., 1981

Reasons for Judgement in the Oracles Against the Nations of the Prophet Isaiah, in: VT 31, 145-159

Hanhart, R., 1990ff

Sacharja, BK XIV/7

Hanson, P. D., 1975

The Dawn of Apocalyptic. The Historical and Sociological Roots of Jewish Apocalyptic Eschatology, Philadelphia (revised edition 1979)

Herrmann, S., 1971

Die konstruktive Restauration. Das Deuteronomium als Mitte biblischer Thologie, in: FS G.v.Rad, München, 155-170 (= Gesammelte Studien zur Geschichte und Theologie des Alten Testaments, München 1986, 163-178)

—, 1986ff

Jermia, BK XII

—, 1990

Jeremia. der Prophet und das Buch, EdF 271

Hoffmann, H.-D., 1980

Reform und Reformen. Untersuchungen zu einem Grundthema der

deuteronomistischen Geschichtsschreibung, AThANT 66

Hossfeld, F.-L., 1995

Das Buch Ezechiel, in: Zenger, E. u.a., 1995, 345-359

Hossfeld, F.-L./ Zenger, E., 1993

Die Psalmen. Psalm 1-50, NEB

Jacob, B., 1934

Das erste Buch der Tora. Genesis, übersetzt und erklärt, Berlin (Nachdruck New York, o. J.) Janowski, B., 1982

Sühne als Heilsgeschehen. Studien zur Sühentheologie der Priesterschrift und zur Wurzel KPR im Alten Orient und im Alten Testament, WMANT 55

—, 1987

›Ich will in eurer Mitte wohnen‹. Struktur und Genese der exilischen *Schekina*-Theologoie, in: JBTh 2, 165-193

—, 1989

Das Königtum Gottes in den Psalmen. Bemerkungen zu einem neuen Gesamtentwurf, in: ZThK 86, 389-454 (= Gottes Gegenwart in Israel. Beiträge zu Theologie des Alten Testaments, Neukirchen-Vluyn 1993, 148-213)

—, 1990

Tempel und Schöpfung. Schöpufungstheologische Aspekte der priesterschriftlichen Heiligtumskonzeption, in: JBTh 5, 37-69 (Gottes Gegenwart in Israel, 214-246)

— (Hrsg.), 1993

Gefährten und Feinde des Menschen. Das Tier in der Lebenswelt des alten Israel (mit U.Neummann-Gorsolke end Uwe Gleβmer), Neukurchen-Vluyn

—, 1995

Dem Löwen gleich, gierig nach Raub. Zum Feindbild in den Psalmen, in: EvTh 55, 155-173

Japhet, S., 1977/1989

The Ideology of the Book of Chronicles and Its Place in Biblical Thought (hebr. 1977, engl. 1989, Zitate aus 1989)

—, 1993

I & II Chronicles, OTL

Jaspers, K., 1949

Vom Ursprung und Ziel der Geschichte, München. (Ungekürzte Ausgabe Fischer Bücherei, Frankfurt 1955.)

Jeremias, J., 1975/97

Die Reue Gottes. Aspekte alttestamentlicher Gottesvorstellung, BSt 65(2., erweiterte Auflage BThSt 31, 1997)

—, 1983

Der Prophet Hosea, ATD 24/1

—, 1987

Das Königtum Gottes in den Psalmen. Israels Begegnung mit dem kanaanäischen Mythos in den Jahwe-Königs-Psalmen, FRLANT 141

—, 1990

Schöpfung in Poesie und Prosa des Alten Testaments. Gen 1-3 im Vergleich mit anderen Schöpfungstexten des Alten Testaments, in: JBTh 5, 11-36, bes. 35f.

—, 1995a

Der Prephet Amos, ATD 24/2

—, 1995b

Hosea und Amos. Studien zu den Anfängen des Dodekapropheton, FAT 13

Jones, B.A., 1995

The Formation of the Book of the Twelve. A Study in Text and Canon, SBL.DS 149

Jüngling, H.-W., 1985

Der Heilige Israels. Der erste Jesaja zum Thema ›Gott‹, in: E. Haag (Hrsg.), Gott, der einzige. Zur Entstehung des Monotheismus in Israel, QD 104, 91-114

—, 1995

Das Buch Jesaja, in: E. Zenger u.a. 1995, 303-318

Kayatz, C., 1996

Studien zu Proverbien 1-9. Eine form- und motivgeschichtliche

Untersuchung unter Einbeziehung ägyptischen Vergleichsmaterials, WMANT 22

Keel, O., 1978

Jahwes Entgegnung an Ijob. Eine Deutung von Ijob 38-41 vor dem Hintergrund der zeitgenössischen Bildkunst, FRLANT 121

Kegler, J., 1983

Arbeitsorganisation und Arbeitskampfformen im Alten Testament, in: L. und W.Schottroff (Hrsg.), Mitarbeiter der Schöpfung. Bibel und Arbeitswelt, Munchen, 51-71

—, 1990

Zur Komposition und Theologie der Plagenerzählungen, in: FS R.Rendtorff (s. Blum 1990b), 55-74.

Kippenberg, H.G., 1978

Religion und Klassenbildung im antiken Judäa. Eine religionssoziologische Studie zum Verhältnis von Tradition und gesellschaftlicher Entwicklung, StUNT 14

Köckert, M., 1989

Leben in Gottes Gegenwart. Zum Verständnis des Gesetzes in der priesterschriftlichen Literatur, in: JBTh 4 (1989), 29-61.

Koch, K., 1955

Gibt es ein Vergeltungsdogma im Alten Testament?, in: ZThK 52, 1-42 (=Spuren des hebräischen Denkens. Beiträge zur alttestamentlichen Theologie, Gesammelte Aufsätze, Bd.1, Neukirchen-Vluyn 1991, 65-103)

—, 1967

Haggais unreines Volk, in: ZAW 79, 52-66 (= Ges. Aufs. 1, 206-219)

—, 1978/80

Die Profeten I. Assyrische Zeit (31995), II. Babylonisch-persische Zeit, UT 280/281

—, 1980

Das Buch Daniel (unter Mitarbeit von T.Niewisch und J.Tubach), EdF 144

—, 1981

Das Profetenschweigen des deuteronomistischen Geschichtswerks, in:

J.Jeremias/L.Perlitt (Hrsg.), Die Botschaft und die Boten, FS H.W.Wolff, Neukirchen-Vluyn, 115-128

Kratz, R.G., 1996

Die Tora Davids. Psalm 1 und die doxologische Fünfteilung des Psalters, in: ZThK 93, 1-34

Kraus, H.-J., 1978

Psalmen, BK XV/1 und 2, 5.Aufl. ([6]1989)

—, 1979,

Theologie der Psalmen, BK XV/3 ([2]1989)(「시편의 신학」, 비블리아아카데미아 역간)

Kutsch, E., 1973

Verheißung und Gesetz. Untersuchungen zum sogenannten »Bund« im Alten Testament, BZAW 131

Lang, B., 1981

Kein Aufstand in Jerusalem. Die Politik des Propheten Ezechiel, 2.Aufl., Stuttgart

Levenson, J.D., 1982

The Paronomasia of Solomon's Seventh Petition, in: HAR 6, 135-138

—, 1985

Sinai and Zion. An Entry into the Jewish Bible, New York

—, 1988

Creation and the persistence of Evil. The Jewish Drama of Omnipotence, San Francisco

—, 1993

The Death and Resurrection of the Beloved son. The Transformation of Child Sacrifice in Judaism and Christianity, New Heaven

Loader, J.A., 1992

Das Buch Ester, ATD 16/2, 199-280

Lohfink, N., 1965

Verkündignung des Hauptgebots in der jüngsten Schicht des Deuteronomiums (Dt 4,1-40), in: Höre Israel! Auslegung von Texten aus dem Buch Deuteronomium (Die wett der Bible 18), Dusseldorf, 87-120 (=

Studien zum Deuteronomium und zur deuteronomistischen Literatur I, SBA 8, Stuttgart, 167-191)
—, 1967
Die Landverheiβung als Eid, SBS 28
—, 1972
»Israel« in Jes 49,3, in: J.Schreiner (Hrsg.), Wort, Lied und Gottesspruch, FS J.Ziegler, Würzburg, Bd. II, 217-229
—, 1977
Unsere groβen Wörter. Das Alte Testament zu Themen dieser Jahre, Freiburg
—, 1982
jāraš, ThWAT III, 953-985
—, 1985
Zur Geschichte der Diskussion über den Monotheismus im Alten Israel, in: E.Haag (Hrsg.), Gott, der einzige. Zur Entstehung des Monotheismus in Israel, QD 104, 9-25
—, 1987
Die Kultreform Joschijas von Juda. 2 Kön 22-23 als religionsgeschichtliche Quelle. Englisch in: P.D.Miller u.a. (eds.), Ancient Israelite Religion, FS F.M.Cross, Philadelphia, 459-475; deutsch in: Studien (s. 1965) II, SBA 12, Stuttgart 1991, 209-227 (zitiert nach der deutschen Fassung).
—, 1993
Kohelet, NEB, 4.Aufl.
Long, B.O., 1984
1 Kings, with an Introduction to Historical Literature, FOTL 9, Grand Rapids
McCann, J.C., 1992
The Psalms as Instruction, in: Int 46, 117-128
—, 1993
Books I -III and the Editorial Purpose of the Hebrew Psalter, in: J.C. McCann (ed.), The Shape and Shaping of the Psalter, JSOT.S 159, 72-92
Macholz, C., 1980

Psalm 29 und 1.Könige 19. Jahwes und Baals Theophanie, in: R.Albertz u.a. (Hrsg.), Werden und Wirken des Alten Testaments, FS C.Westermann, Göttingen/Neukirchen-Vluyn, 325-333

Matheus, F., 1990

Singt dem herrn ein neues Lied. Die Hymnen Deuterojesajas, SBS 141

Meinhold, A., 1975/76

Die Gattung der Josephsgeschichte und des Estherbuches: Diasporanovelle I und II, in: ZAW 87, 306-324; 88, 72-93

—, 1983

Das Buch Esther, ZBK 13

—, 1991

Die Sprüche, Teil 1: Sprüche 1-15, Teil 2: Sprüche 16-31, ZBK 16/1 und 2

Melugin, R., 1976

The Formation of Isaiah 40-55, BZAW 141

Mettinger, T.N.D., 1976

King and Messiah. The Civil and Sacral Legitimation of the Israelite King, CB.OTS 8

—, 1982

The Dethronement of Sabaoth. Studies in the Shem and Kabod Theologies, CB.OTS 18

—, 1983

A Farewell to the Servant Songs. A Critical Examination of an Exegetical

Axiom, Lund, 1988

In Search of God. The Meaning and Message of the Everlasting Names, Philadelphia

—, 1990

The Elusive Essence. YHWH, El and Baal and the Distinctiveness of Israelite Faith, in: FS R.Rendtroff (s. Blum 1990b), 393-417

—, 1995

No Graven Image? Israelite Aniconism in Its Ancient Near Eastern Context, CB.OTS 42

Michel, D., 1988

Qohelet, EdF 258
—, 1989
Untersuchungen zur Eigenart des Buches Qohelet, BZAW 183
Millard, M., 1994
Die Komposition des Psalters. Ein formgeschichtlicher Ansatz, FAT 9
Miller, P.D., 1993
The Beginning of the Psalter, in: J.C.McCann (ed.) 1993, 83-92
—, 1994
They Cried to the Lord. The Form and Theology of Biblical Prayer, Minneapolis
Moberly, R. W.L., 1983
At the Mountain of God. Story and Theology in Exodus 32-34, JSOT.S 22
—, 1992
The Old Testament of the Old Testament. Patriarchal Narratives and Mosaic Yahwism, Minneapolis(reprinted Eugene, 2001)
Mosis, R., 1989
›Glauben‹ und ›Gerechtigkeit‹ - zu Gen 15,6,in: M.Görg (Hrsg.), Die Väter Israels, FS J.Scharbert, Stuttgart, 225-257
Mowinckel, S., 1914
Zur Komposition des Buches Jeremia, Kristiania
Müller, H.-P., 1968
Wie sprach Qohälät von Gott?, in: VT 18, 507-521
—, 1986
nābî' , ThWAT V, 140-163
Nelson, R., 1987
First and Second Kings, IBC
Nicholson, E.W., 1986
God and His People. Covenant and Theology in the Old Testament, Oxford
Nogalski, J., 1993a
Literary precursors to the Book of the Twelve, BZAW 217
—, 1993b

Redactional Processes in the Book of the Twelve, BZAW 218
Noth, M., 1943
Überlieferungsgeschichtliche Studien Ⅰ. Die sammelnden und bearbeitenden Geschichtswerke im Alten Testament, SKG.G 18/2, Halle (^{3}1967 Tübingen)
—, 1948
Überlieferungsgeschichte des Pentateuch, Stuttgart(=^{3}1966)
—, 1966
Das vierte Buch Mose. Numeri, ATD 7(^{4}1982)
—, 1968
Könige (1Kön 1-16), BK IX/1 (^{2}1983)
Oeming, M., 1983
Ist Genesis 15,6 ein Beleg für die Anrechnung des Glaubens zur Gerechtigkeit?, in: ZAW 95, 182-197
—, 1990
Das wahre Israel. Die »genealogische Vorhalle« 1 Chronik 1-9, BWANT 128
Olson, D.T., 1985
The Death of the Old and Birth of the New: The Framework of the Book of Numbers and the Pentateuch, Chico, BJST 71
Otzen, B., 1989
ʿāmāl in: ThWAT VI, 213-220
Patrick, D., 1995
The First Commandment in the Structure of the Pentateuch, in: VT 45, 107-118
Perlitt, L., 1969
Bundestheologie im Alten Testament, WMANT 36
—, 1971
Mose als Prophet, in: EvTh 31, 588-608
—, 1977
Sinai und Horeb, in: H.Donner u.a. (Hrsg.) Beiträge zur Alttestamentlichen Theologie, FS W.Zimmerli, Göttingen, 302-322

Podella, T., 1993
Der »Chaoskampfmythos« im Alten Testament. Eine Problemanzeige, in: M.Dietrich/O.Loretz (Hrsg.), Mesopotamica - Ugaritica - Biblica, FS K.Bergerhof, AOAT 232, 283-329

Preuß, H.D., 1982
Deuteronomium, EdF 164, Darmstadt

—, 1991
Theologie des Alten Testaments, Bd.1: JHWHs erwählendes und verpflichtendes Handeln, Stuttgart u.a.

—, 1992
Theologie des Alten Testaments, Bd.2: Israels Weg mit JHWH, Stuttgart

u.a.de Pury, A. (Hrsg.), 1989
Le Pentateuque en question. Les origines et la composition des cinq premiers livres de la Bible à la lumière des recherches rècentes, Le Monde de la Bible 19, Genf (2.Aufl. 1991)

v.Rad, G., 1930
Das Geschichtsbild des chronistischen Werkes, BWANT 54

—, 1938
Das formgeschichtliche Problem des Hexateuchs, BWANT 78 (=Ges.Stud. I, TB 8, 1958, 9-86)

—, 1944
Der Anfang der Geschichtsschreibung im alten Israel, in: AKuG 32, 1-42 (= Ges.Stud. I, 148-188)

—, 1951
Der Heilige Krieg im alten Israel, AThANT 20

—, 1962/1965
Theologie des Alten Testaments, Bd. I und II, 4.Auflage, München (folgende Auflagen unverändert)

—, 1964
Die Nehemia-Denkschrift, in: ZAW 76, 176-187

—, 1970
Weisheit in Israel, Neukirchen-Vluyn (= Gütersloh 1990)

—, 1972

Das erste Buch Mose. Genesis, ATD 2-4, 9.Aufl. (folgende Auflagen unverändert)

Rendtorff, R., 1954a

Die theologische Stellung des Schöpfungsglaubens bei Deuterojesaja, ZThK 51, 3-13 (= Gesammelte Studien zum Alten Testament, Münschen 1975, 209-219)

—, 1954b

Zum Gebrauch der Formel n[e]um jahwe im Jeremiabuch, in:ZAW 66, 27-37 (=Gesammelte Studien 256-266)

—, 1960

Προφήτης χτλ B. *nābî'* im Alten Testament, in: ThWNT 6, 796-813

—, 1961

Die Offenbarungsvorstellungen im Alten Israel, in: W.Pannenberg u.a., Offenbarung als Geschichte (KuD.B 1, [5]1982), 21-41 (=Gesammelte Studien [s. 1954], 39-59)

—, 1962

Erwägungen zur Frühgeschichte des Prophetentums in Israel, in: ZThK 59, 145-167 (=Gesammelte Studien [s. 1954a], 220-242

—, 1967

Studien zur Geschichte des Opfers im Alten Israel, WMANT 24

—, 1971

Beobachtungen zur altisraelitischen Geschichtsschreibung anhand der Geschichte vom Aufstieg Davids, in: FS v.Rad (vgl. Crüsemann 1971), 428-439

—, 1977

Das überlieferungsgeschichtliche Problem des Pentateuch, BZAW 147

—, 1981

Die Erwählung Israels als Thema der deuteronomischen Theologie, in: FS H.W.Wolff (vgl. Crüsemann 1981), 75-86

—, 1983

Das Alte Testament. Eine Einführung, Neukirchen-Vluyn ([5]1995)

—, 1984

Zur Komposition des Buches Jesaja, in: VT 34, 295-320 (= Kanon und Theologie [s.1991a], 141-161]

—, 1985ff

Leviticus, BK III/1ff

—, 1986

Ez 20 und 36,16ff im Rahmen der komposition des Buches Ezechiel, in: J.Lust (ed.), Ezekiel and His Book. Textual and Literary Criticism and their Interrelation, BEThL 74, 260-265 (=Kanon und Theologie [s.1991a], 180-184)

—, 1987

»Wo warst du, als ich die Erde gründete?« Schöpfung und Heilsgeschichte, in: G.Rau u.a., Frieden in der Schöpfung, Gütersloh, 35-57 (=Kanon und Theologie [s.1991a], 94-112)

—, 1989

Jesaja 6 im Rahmen der Komposition des Jesajabuches, in: J.Vermeylen (ed.), The Book of Isaiah. Le livre d' Isaïe: Les oracles et leurs relectures. Unité et complexité de l' ouvrage, BEThL 81, 73-82 (=Kanon und Theologie [s.1991a], 162-171)

—, 1991a

Theologie des Alten Testaments. Überlegungen zu einem Neuansatz, in: Kanon und Theologie. Vorarbeiten zu einer Theologie des Alten Testaments, Neukirchen-Vluyn, 1-14

—, 1991b

»Bund« als Strukturkonzept in Genesis und Exodus, in: Kanon und Theologie (s.1991a), 122-131

—, 1991c

Die Geburt des Retters. Beobachtungen zur Jugendgeschichte Samuels im Rahmen der literarischen Komposition, in: Storia e tradizioni di Israel. Scritti in onore di J.Albreto Soggin, Brescia, 205-216; zugleich in: Kanon und Theologie(s. 1991a), 132-140;

—, 1991d

Der Text in seiner Endgestalt. Überlegungen zu Exodus 19, in: D.R.Daniels u.a. (Hrsg.), Ernten, was man sät, FS Klaus Koch, Neukirchen-Vluyn, 459-470

—, 1992

Some Reflections on Creation as a Topic of Old Testament Theology, in: E.Ulrich u.a. (eds.), Priests, Prophets and Scribes, FS J.Blenkinsopp, JSOT.S 149, 204-212

—, 1994

'El als israelitische Gottesbezeichnung. Mit einem Appendix: Beobachtungen zum Gebrauch von *hā'elohîm*, ZAW 106, 4-21

—, 1995a

Die »Bundesformel«. Eine exegetisch-theologische Untersuchung, SBS 160

—, 1995b

Sihon, Og und das israelitische »Credo«, in: S.Timm u.a. (Hrsg.), Meilenstein, FS H.Donner, ÄAT 30, 198-203

—, 1996

The Book of Isaiah: A Complex Unity. Synchronic and Diachronic Reading, in: R.F.Melugin/M.A.Sweeney (Hrsg.), New Visions of Isaiah, JSOT.S 214, 32-49 (geringfügig überarbeitete Fassung in: Y.Gitay (ed.), Prophecy and Prophets. The Diversity of Contemporary Issues in Scholarship, Atlanta 1997, 107-128)

—, 1997a

Kontinuität und Diskontinuität in der alttestamentlichen Prophetie, in: ZAW 109, 169-187

—, 1997b

Die Herausführungsformel in ihrem literarischen und theologischen Kontext, in: M.Vervenne/J.Lust (ed.), Deuteronomy and Deuteronomic Literature, FS C.H.W.Brekelmans, BEThL 133, 501-527

—, 1997c

How to Read the Book of the Twelve as a Theological Unity, in SBL.SP 420-432

—, 1997d

Nehemiah 9: An Important Witness of Theological Reflection, in: M.Cogan u.a. (eds.), Tehillah le-Moshe: Biblical and Judaic Studies in Honor of Moshe Greenberg, Winona Lake, Indiana, 111-117

—, 1997e

Samuel the Prophet: A Link between Moses and the Kings, in: C.A.Evans/S.Talmon (eds.), The Quest for Context and Meaning, FS J.A. Sanders, BibInt. Series 28, 27-36

Rice, G., 1978

A Neglected Interpretation of the Immanuel Prophecy, in: ZAW 90, 220-227

Riley, W., 1993

King and Cultus in Chronicles. Worship and the Reinterpretation of History, JSOT.S 160

Rost, L., 1926

Die Uberlieferung von der Thronnachfolge Davids, BWANT 42

Rudolph, W., 1968

Jeremia, HAT I,12,3. Auflage

Rupprecht, K., 1977

Der Tempel von Jerusalem. Gründung Salomons oder jebusitisches Erbe?, BZAW 144

Ruprecht, E., 1980

Exodus 24,9-11 als Beispiel lebendiger Erzähltration aus der Zeit des babylonischen Exils, in: FS C.Westermann (vgl.Macholz 1980), 138-173.

Sasson, J.M., 1987

Ruth, in: Alter/Kermode, 320-328

Schäfer-Lichtenberger, 1989

› Josua ›und‹ Elischa ‹- eine biblische Argumentation zur Begründung der Autorität und Legitimität des Nachfolgers, in: ZAW 101, 198-222

—, 1995

Josua und Salomo. Eine Studie zur Autorität und Legitimität des Nachfolgers im Alten Testament, VT.S 57

Schart, A., 1998

Die Entstehung des Zwolfprophetenbuchs. Neubarbeitungen von Amos im Rahmen schriftenubergreifender Redaktionsprozesse, BZAW 260

Schmid, H., 1986

Die Gestalt des Mose. Probleme alttestamentlicher Forschung unter Berücksichtigung der Pentateuchkrise, EdF 237, Darmstadt

Schmid, H.H., 1966

Wesen und Geschichte der Weisheit. Eine Untersuchung zur altorientalischen und israelitischen Weisheitsliteratur , BZAW 101

Schmidt, W. H., 1983

Exodus, Sinai und Mose, EdF 191, Darmstadt (^{2}1990)

—, 1988

Exodus, BK II/1, Neukirchen-Vluyn

—, 1996

Alttestamentlicher Glaube, 8.Aufl., Neukirchen-Vluyn (frühere Auflagenunter dem Titel »Alttestamentlicher Glaube in seiner Geschichte«)

Schottroff, W., 1967

›Gedenken‹ im Alten Orient und im Alten Testament. Die Wurzel zākar im semitischen Sprachkreis, WMANT 15 (2.Aufl.)

Schreiner, S., 1979

Mischehen - Ehebruch - Ehescheidung. Betrachtungen zu Mal 2,10-16, in: ZAW 91, 207-228

Schwienhorst-Schönberger, L., 1995

Das Buch der Sprichwörter, in: E.Zenger u.a., 1995, 255-262

Seitz, C.R., 1998

Introduction: The One Isaiah // The Three Isaiahs, and: Isaiah 1-66: Making Sense of the Whole, in: Seitz. (ed.), Reading and Preaching the Book of Isaiah, Philadelphia, 13-22 and 105-126

—, 1989

The Prophet Moses and the Canonical Shape of Jeremiah, ZAW 101, 3-27

—, 1993

Isaiah 1-39, IBC

Seybold, K., 1973

Elia am Gottesberg. Vorstellungen prophetischen Wirkens nach 1.Könige 19, EvTh 33, 3-18
—, 1986
Die Psalmen. Eine Einführung, UT 382
—, 1993
Der Prophet Jeremia. Leben und Werk, UT 416
Sheppard, G.T., 1980
Wisdom as a Hermeneutical Construct. A Study in the Sapientialization of the Old Testament, BZAW 151
—, 1990
The Future of the Bible: Beyond Liberalism and Literalism, The United Church of Canada
Simon, U., 1994
Jona. Ein jüdischer Kommentar, SBS 157
Ska, J.-L., 1982
La place d' Ex 6,2-8 dans la narration de l' exode, in: ZAW 94, 530-548
—, 1989
Quelques remarques sur p^g et la dernière rédaction du Pentateuque, in: de Pury, Pentateuque, 95-125
Skladny, U., 1961
Die ältesten Spruchsammlungen in Israel, Berlin
Smend, R., 1982
Theologie im Alten Testament, in: E.Jüngel u.a. (Hrsg.), Verifikationen, FS G.Ebeling, Tübingen, 11-26 (=Die Mitte des Alten Testaments. Gesammelte Studien 1, 1986, 104-117)
Smith, M., 1971
Palestinian Parties and Politics that Shaped the Old Testament, London (^{2}1987)
Spieckermann, H., 1990
›Barmherzig und gnädig ist der Herr...‹, in: ZAW 102, 1-18
Steck, O.H., 1975
Der Schöpfungsbericht der Priesterschrift, FRLANT 115 (^{2}1981)

—, 1985

Bereitete Heimkehr. Jesaja 35 als redaktionelle Brücke zwischen dem Ersten und dem Zweiten Jesaja, SBS 121

—, 1991a

Der Abschluβ der Prophetie im Alten Testament. Ein Versuch zur Frage der Vorgeschichte des Kanons, BThSt 17

—, 1991b

Studien zu Tritojesaja, BZAW 203

—, 1993

Prophetische Prophetenauslegung, in: H.Geiβer u.a. (Hrsg.), Wahrheit der Schrift - Wahrheit der Auslegung. Eine Zürcher Vorlesungsreihe zu Gerhard Ebelings 80. Geburtstag, Zürich, 198-244 (in erweiterter Form auch in Steck 1996, 127-204)

—, 1996

Die Prophetenbücher und ihr theologisches Zeugnis. Wege der Nachfrage und Fährten zur Antwort, Tübingen

Stolz, F., 1970

Strukturen und Figuren im Kult von Jerusalem. Studien Zur altorientalischen, vor- und frühisraelitischen Religion, BZAW 118

Strauβ, H., 1985

Das Meerlied des Mose - ein ›Siegeslied‹ Israels? Bemerkungen zur theologischen Exegese von Ex 15,1-19.20f, in: ZAW 97, 103-109

Sweeney, M.A., 1991a

Structure, Genre, and Intent in the book of Habakkuk, in: VT 41, 63-83

—, 1991b

A Form-Critical Reassessment of the Book of Zephaniah, in: CBQ 53, 388-408

Talmon, S., 1963

›Wisdom‹ in the book Esther, in: VT 13, 419-455 (deutsch: ›Weisheit‹ im Buch Ester, in: Istarels Gedankenwelt in der Hebräischen Bibel, Gesammelte Aufsätze, Bd.3, Neukirchen-Vluyn 1995, 177-217)

Terrien, S., 1978

The Elusive Presence. The Heart of Biblical Theology, San Francisco
Thiel, W., 1973
Die deuteronomistiche Redaktion von Jeremia 1-15, WMANT 41
—, 1981
Die deuteronomistiche Redaktion von Jeremia 26-45, WMANT 52
—, 1990
Zur Komposition von 1 Könige 18. Versuch einer kontextuellen Auslegung, in: FS R.Rendtorff (s. Blum 1990b), 215-223
Trible, Ph., 1993
Gott und Sexualität im Alten Testament, Gütersloh (Übers. von: God and the Rhetoric of Sexuality [Overtures to Biblical Theology] 1978)
Tucker, G.M., 1977
Prophetic Superscriptions and the Growth of a Canon, in: G.W.Coats/B.O.Long (Hrsg.), Canon and Authority, Philadelphia, 56-70
Uehlinger, C., 1990
Weltreich und »eine Rede«. Eine neue Deutung der sogenanten Turmbauerzählung (Gen 11,1-9), OBO 101
Utzschneider, H., 1988
Das Heiligtum und das Gestz. Studien zur Bedeutung der sinaitischen Heiligtumstexte (Ex 25-40; Lev 8-9), OBO 77
Van Winkle, D.W., 1996
1 Kings xii 25-xiii 34: Jeroboam' s Cultic Innovations and the Man of God from Judah, in: VT 46, 101-114
Vriezen, Th.C., 1950
'Ehjeh 'ašer 'ehjeh, in: W.Baumgartner u.a. (Hrsg.), FS A.Bertholet, Tübingen, 498-512
Waschke, E-J., 1987
Das Verhältnis alttestamentlicher Überlieferungen im Schnittpunkt der Dynastiezusage und die Dynastiezusage im Spiegel alttestamentlicher Überlieferungen, in: ZAW 99, 157-179
Webb, B.G., 1990
Zion in Transformation. A Literary Approach to Isaiah, in: D.J.A.Clines

u.a. (eds.), The Bible in Three Dimensions, JSOT.S 87, 65-84

Weippert, H., 1972

Die »deuteronomistischen« Beurteilungen der Könige von Israel und Juda und das Problem der Redaktion der Königsbücher, Bib 53, 301-339

—, 1983

Die Ätiologie des Nordreiches und seines Königshauses (Ⅰ Reg 11,29-40), in: ZAW 95, 344-375

Wellhausen, J., 1899

Die Composition des Hexateuchs und der historischen Bücher des Alten Testaments, 3.Aufl., Berlin([4]1963)

—, 1905

Prolegomena zur Geschichte Israels, 6.Aufl., Berlin (=1927)

Westermann, C., 1962

Zur Sammlung des Psalters, in: ThViat Ⅷ, 1961/62, 278-284 (=Forschung am Alten Tesatament, München 1964, 336-343)

—, 1974

Genesis 1-11, BK Ⅰ/1

—, 1975

Genesis 12-50, EdF48, Darmstadt([2]1987)

—, 1990a

Wurzeln der Weisheit. Die ältesten Sprüche Israels und anderer Völker, Göttingen

—, 1990b

Die Klagelieder. Forschungsgeschichte und Auslegung, Neukirchen-Vluyn

Wildberger, H., 1960

Die Thronnamen des Messias, in: ThZ 16, 314-332

—, 1971

Jesaja 1-2, BK Ⅹ/1 ([2]1980)

Willi, T., 1972

Die Chronik als Auslegung, FRLANT 106

—, 1991

Chronik, BK I/1

—, 1995

Juda-Jehud-Israel. Studien zum Selbstverständnis des Judentums in persischer Zeit, FAT 12

Williamson, H.G.M., 1977

Israel in the Book of Chronicles, Cambridge

—, 1994

The Book Called Isaiah. Deutero-Isaiah's Role in Composition and Redaction, Oxford

Wilson, G.H., 1985

The Editing of the Book of Psalms, in: Int 46, 127-142

—, 1993

Shaping the Psalter: A Consideration of Editorial Linkage in the Book of Psalms, in: J.C.McCann 1993, 72-92

Wolff, H.W., 1951

Das Thema »Umkeher« in der alttestamentlichen Prophetie, in: ZThK 48, 129-148 (= Gesammeltes Studien zum Alten Testament, 1964[21973], 130-150)

—, 1973

Antehropologie des Alten Testaments, München(³1977)

—, 1982

Dodekapropheton 4. Micha, BK XIV/4

Zenger, E., 1983

Gottes Bogen in den Wolken. Untersuchungen zur Komposition und Theologie der priesterschriftlichen Urgeschichte, SBS 112(²1987)

—, 1986

Das Buch Ruth, ZBK 8

—, 1991

Israel und Kirche im gemeinsamen Gottesbund. Beobachtungen zum theologischen Programm des 4. Psalmbuches (Ps 90-106), in: M.Marcus u.a.(Hrsg.), Israel und Kirche heute, FS E.L.Ehrlich, Freiburg u.a., 236-254

—, 1995a

Heilige Schrift der Juden und der Christen, in: E.Zenger u.a., 1995, 12-33
—, 1995b
Das Zwölfprophetenbuch, in: E.Zenger u.a., 1995, 369-436
—, 1995c
Das Buch Ester, in: E.Zenger u.a., 1995, 201-210
Zenger, E. u.a., 1995
Einleitung in das Alte Testament, Stuttgart
Zimmerli, W., 1954
Erkenntnis Gottes nach dem Buche Ezechiel. Eine theologische Studie, AThANT 27(=Gottes Offenbarung. Gesammelte Aufsätze zum Alten Telstament, München 1963, 41-119)
—, 1969
Ezechiel, BK XIII ([2]1979)
—, 1980
Das Buch des Predigers Salomo, ATD 16/1, 121-249
—, 1983
›Unveänderbare Welt‹ oder ›Gott ist Gott?‹ Ein Plädoyer für die Unaufgebbarkeit des Predigerbuches in der Bibel, in: H.-G.Geyer u.a. (Hrsg.), ›Wenn nicht jetzt, wann dann...?‹, FS H.-J.Kraus, Neukirchen-Vluyn, 103-114

인용된 문헌목록

제2권

Albertz, R., 1978
Hintergrund und Bedeutung des Elterngebots im Dekalog, in: ZAW 90, 348-374
André, G., 1989
pāqad in: ThWAT VI, 708-723
Assmann, J., 1991

Politische Theologie zwischen Ägypten und Israel, Carl Friedrich von Siemens Stiftung, Themen 52

Barr, J., 1965

Bibelexegese und moderne Semantik. Theologische und linguistische Methode in der Bibelwissenschaft, München (english: The Semantics of Biblical Language, Oxford 1961)

—, 1967

Alt und Neu in der biblischen Überlieferung, München (englisch: Old and New in Interpretation, London 1966)

—, 1999

The Concept of Biblical Theology. An Old Testament Perspective, London

Bellis, A.O./Kaminsky, J.S., 2000

Jews, Christians, and the Theology of the Hebrew Scriptures, SBL Symposium Series 8

Blenkinsopp, J.,1998

Geschichte der Prophetie in Israel. Von den Anfängen bis zum hellenistischen Zeitalter, übersetzt von Erhard S. Gerstenberger, Stuttgart

Blum, E., 2000a

Noch einmal: Jakobs Traum in Bethel - Genesis 28,10-22, in: S.L. McKenzie/T.Römer (eds.), Rethinking the Foundations. Historiography in the Ancient World and in the Bible, Essays in Honour of John Van Seters, BZAW 294, 33-54

—, 2000b

Die Lüge des Propheten. Ein Lesevorschlag zu einer befremdlichen Geschichte (I Reg 13), in: E.Blum (Hrsg.), Mincha. Festgabe für Rolf Rendtorff zum 75.Geburstag, Neukirchen-Vluyn, 27-46

Brettler, M.Z., 1997

Biblical History and Jewish Biblical Theology, in: JR 77,563-583

Brueggemann, W., 1999

Walter Brueggemann, Theology of the Old Testment: Testimony, Dispute, Advocacy. Review Essay, in: RBL 1, 1-21 darin Review von Rolf

Rendtroff (11-17) und Response von Walter Brueggemann (17-21, besd.20f) [http://www.bookreviews.org]

v.Campenhausen, H., 1968

Die Entsechung der christlichen Bibel, BHTh 39

Clements, R., 1993

šāʻar. in: ThWAT VII, 933-950

Crüsemann, F., 1969

Zur Formgeschichte von Hymnus und Danklied in Israel, WMANT 32

—, 1976

Jahwes Gerechtigkeit (ṣedāqā/ṣädäq) im Alten Testament, in: EvTh 36, 427-450

—, 1983

Bewahrung der Freiheit. Das Thema des Dekalogs in sozialeschichtlicher Perspektive, KT 78 (= Gütersloh 1993)

—, 1990

Der Exodus als Heiligung. Zur rechtsgeschichtlichen Bedeutung des Heiligkeitsgesetzes, in: FS R.Rendtorff (vgl. Blum 1990b), 117-129

—, 1995

Religionsgeschichte oder Theologie? Elementare Überlegungen zu einer falschen Alternative, in: JBTh 10, 69-77

—, 1997

Wie alttestamentlich muβ evangelische Theologie sein?, in: EvTh57,10-18

—, 2000

Der neue Bund im Neuen Testament. Erwägungen zum Verständnis des Christusbundes in der Abendmahlstradition und im Hebräerbrief, in: Mincha (s.Blum 2000b), 47-60

De Vries, S.J., 1998

Moses and David as Cult Founders in Chronicles, in: JBL 107, 619-639

Dohmen, C., 1987

Das Bilderverbot. Seine Entstehung und seine Entwicklung im Alten Testament, 2.Aufl., BBB 62

Dohmen, C./Oeming, M., 1992

Biblischer Kanon, warum und wozu?, QD 137

Dohmen, C./Söding, T.(Hrsg.),1995

Eine Bibel - zwei Testamente. Positionen Biblischer Theologie, UTB 1893

Dohmen, C./Stemberger, G.,1996

Hermeneutik der Jüdischen Bibel und des Alten Testaments, Stuttgart

Douglas, M., 1966/1985

Purity and Danger. An Analysis of the Concepts of Pollution and Taboo, London(deutsch:Reinheit und Gefährdung. Eine Studie zu Vorstellungen von Verunreinigung und Tabu, Berlin 1985)

Dunn, J.D.G., 1995

Das Problem ›Biblische Theologie‹, in: C.Dohmen/T.Söding (Hrsg.), 179-193

Elliger, K., 1995

Das Gesetz Leviticus 18, in: ZAW 67, 1-25 (=Kleine Schriften, ThB 32, 1966, 232-269)

Even-Shoshan

A New Concordance of the Old Testament, [2]1989

Galling, K., 1977

Biblisches Reallexikon, 2.Aufl., hrsg. von K.Galling, HAT Erste Reihe, 1(=BRL[2])

Goshen-Gottstein, M.H., 1987

Tanakh Theology: The Religion of the Old Testament and the Place of Jewish Biblical Theology, in: P.D. Miller u. a. (eds.), Ancient Israelite Religion, FS F. M. Cross, Philadelphia, 617-644

Greenberg, M., 1997

Ezekiel 21-37, AncB 22A, New York

Greßmann, H., 1913

Mose und seine Zeit. Ein Kommentar zu den Mose-Sagen, Göttingen

Grether, O., 1934

Name und Wort Gottes im Alten Testament, BZAW 64

Hasel, G., 1991

Old Testament Theology: Basic Issues in the Current Debate, 4.Aufl., Grand Rapids

Hayes, J.G , and Prussner, F.C., 1985

Old Testment Theology. Its History and Development, Atlanta and London

Hermission, H.-J., 2000

Gibt es die Götter bei Deuterojesaja? In: FS W.H.Schmidt (vgl. Rendtoff 2000a), 109-123

Hoffmann, Y., 1981

The Day of the Lord as a Concept and a Term in the Prophetic Literature, in: ZAW 93, 1981, 37-50

Horst, F., 1956

Recht und Religion im Bereich des Alten Testaments, in: EvTh 16, 49-75 (= Gottes Recht. Studien zum Recht im Alten Testament, TB 12, 1961, 260-291)

Jacob, B., 1997

Das Buch Exodus, Stuttgart (englisch 1992)

Janowski, B., 1991

Keruben und Zion. Thesen zur Entstehung der Zionstradition, in: D.R.Daniels u.a., Ernten, was man sät. FS Klaus Koch, Neukirchen-Vluyn, 231-264 (= Gottes Gegenwart in Israel, s.1989, 247-280)

—, 1993b

Azazel und der Sündenbock. Zur Religionsheschichte von Leviticus 16,10.21f, in: Gottes Gegenwart in Israel (vgl. 1989), 283-302

—, 1998

Der eine Gott der beiden Testamente. Grundfragen einer Biblischen Theologie, in: ZThK 95, 1-36 (= Die rettende Gerechtigkeit. Beiträge zur Theologie des Alten Testaments 2, Neukirchen-Vluyn 1999, 249-284)

—, 1998/99

Biblische Theologie I, in: RGG4 1, 1544-1549; erweitert in: Die rettende Gerechtigkeit, 285-298

Jenni, E., 1952/53

Das Wort ʿôlām im Alten Testament, in: ZAW 64, 197-248; 65, 1-35
—, 1971
jôm, Tag, THAT Ⅰ, 707-726
Jeremias, J., 1971
Lade und Zion. Zur Entstehung der Ziontradition, in: FS vRad (vgl. Crüsemann 1971), 183-198 (=1987, 167-182)
—, 1989
Jakob im Amosbuch, in: M.Görg (Hrsg.), Die Väter Israels. FS J.Scharbert, Stuttgart, 139-154 (=1995b, 257-271)
Keel, O., 1972
Die Welt der altorientalischen Bildsymbolik und das Alte Testament. Am Beispiel der Psalmen, Zürich/Neukirchen-Vluyn (^{5}1996)
Kessler, R., 1999
Micha, HThKAT
Kiuchi, N., 1987
The Purification Offering in the Priestly Literature. Its Meaning and Function, JSOT.S 56
Knierim, R., 1961
Exodus 18 und die Neuordnung der mosaischen Gerichtsbarkeit, in: ZAW 73, 146-171
Koch, K., 1961
Tempeleinlaβliturgien und Dekaloge, in: R.Rendtorff u.a. (Hrsg.), Studien zur Theologie der alttestamentlichen Überlieferungen. FS G.vRad, Neukirchen, 45-60 (=Ges. Aufs. Bd.1, s. Koch 1955, 196-183)
—, 1987
P - kein Redaktor! Erinnerung an zwei Eckdaten der Quellenscheidung, in: VT 37, 1987, 446-467
—, 1991
Der doppelte Ausgang des Alten Testamentes in Judentum und Christentum, in: JBTh 6, 215-242
Köhler, L., 1931
Die Hebräische Rechtsgemeinde(= Der Hebräische Mensch, Tübingen

1953, 143-171)

—, 1966

Theologie des Alten Testaments, 4.Aufl., Tübingen

Kreuzer, S., 1988

Die Frühgeschichte Israels in Bekenntnis und Verkündigung des Alten Testaments, BZAW 178

Landy, F., 1999

Strategies of Concentration and Diffusion in Isaiah 6, in: BibInt 7, 58-86

Lau, I.M., 1988

Wie Juden leben. Glaube · Alltag · Feste, Gütersloh([4]1997)

Levenson, J.D., 1987

Why Jews Are Not Interested in Biblical Theology, in: J.Neunsner u.a. (eds.), Judaic Perspectives on Ancient Israel, Philadelphia, 281-307 (= The Hebrew Bible, the Old Testament and Historical Criticism. Jews and Christians in Biblical Studies, Louisville 1993, 33-61; deutsch in: EvTh 51, 1991, 402-430)

Levine, B.A., 1993

Numbers 1-20, AncB 4A

Liedke, G., 1971

Gestalt und Bezeichnung alttestamentlicher Rechtssätze, WMANT 39

Lohfink, N., 1965b

Zur Dekalogfassung von Dt 5, in: BZ NF 9, 17-32 (= Studien [s. 1965] Ⅰ, 193-209)

—, 1987

»Diese Worte sollst du summen«. Dtn 6,7 *w[e]dibbartā bām* - ein verlorener Schlüssel zur meditativen Kultur in Israel, in: Theologie und Philosophie 62, 59-72 (= Studien [s.1965] Ⅲ, 181-203

—, 1989

Kennt das Alt Testament einen Unterschied von "Gebot" und "Gesetz"? Zur bibeltheologischen Einstufung des Dekalogs, in JBTH 4, 63-89(= Studien zur biblischen Theologie, SBA 16, 206-238)

—, 1991

Die Väter Israels im Deuteronomium. Mit einer Stellungnahme von Thomas Römer, OBO 111

—, 1992

Der weiße Fleck in Dei Verbum Artikel 12, in: TThZ 101, 20-35 (=SBA 16, 78-96)

Macholz, G.C., 1972a

Die Stellung des Königs in der israelitischen Gerichtsverfassung, in : ZAW 84, 157-182

—, 1972b

Zur Geschichte der Justizorganisation in Juda, in: ZAW 84, 314-340

Marx, A., 1994

Les offrandes végétales dans l' Ancien Testament. Du tribut d' hommage qu repas eschatologique, VT.S 57

Mettinger, T.N.D., 1982b

YHWH SABAOTH - The Heavenly King on the Cherubim Throne, in T.Ishida (ed.), Studies in the Period of David and Solomon and Other Essays, Tokyo, 109-138

—, 1998

In Search of God. The Meaning and Message of the Everlasting Names, Philadelphia

Metzger, M., 1970

Himmlische und irdische Wohnstatt Jahwes, in: UF2, 139-158

—, 1985

Königsthron und Gottesthron. Thronformen und Throndarstellungen in Ägypten und im Vorderen Orient im dritten und zweiten Jahrtausend vor Christus und deren Bedeutug für das Verständnis von Aussagen über den Thron im Alten Testment, 2 Bde., AOAT 15

Milgrom, J.,1989

Numbers, The JPS Torah Commentary

—, 1991

Leviticus 1-16, AncB 3

Mitchell, G., 1993

Together in the Land. A Reading of the Book of Joshua. JSOT.S 134

Mowinckel, S., 1922

Psalmenstudien II. Das Thronbesteigungsfest Jahwäs und der Ursprung der Eschatologie, SVSK. HF4

Müller, E.L., 1939/1973

Die Vorstellung vom Rest im Alten Testament, Leipzig (ergänzte Neuauflage von H.D.Preuβ, Neukirchen-Vluyn, 1973)

Naumann, T., 1999

Ismael. OBO

Nicholson, E.W., 1977

The Decalogue as the Direct Address of God, in: VT 27, 422-433

Niehr, N., 1990

Der höchste Gott. Alttestamentlicher JHWH-Glaube im Kontext syrischkananäisher Religion des 1. Jahrtausends v.Chr., BZAW 190

Nogalski, J.D./Sweeney, M.A., 2000

Reading and Hearing the Book of the Twelve. SBL Symposium Series 15, Atlanta (= 2001a, 139-151)

Noth, M., 1950

Gott, König, Volk im Alten Testament, in: ZThK 47, 157-191 (= Ges. Stud. 1957, 188-229)

—, 1957

David und Israel in 2. Samuel 7, in: Mélanges Bibliques rédigés en l' honneur de André Robert. Travaux de l' Institute Catholique de Paris Nr.4, 122-130 (= Ges. St. [2]1960, 334-345)

—, 1962

Das dritte Buch Mose. Leviticus, ATD 6([4]1982)

Oeming, M., 1985

Gesamtbiblische Theologien der Gegenwart. Das Verhältnis von AT und NT in der hermeneutischen Diskussion seit Gerhard von Rad, Stuttgart

Ollenburger, B.C., 1987

Zion, The City of the Great King: A Theological Symbol of the Jerusalem Cult, JSOT.S 41

Otto, E., 1994

Theologische Ethik des Alten Testaments, ThW 3,2

Perlitt, L., 1983

Motive und Schichten der Landtheologie im Deuteronomium, in: G.Strecker (ed.), Das Land Israel in biblischer Zeit. Jerusalem-Symposium 1981, Göttingen, 46-58

vRad, G., 1933

Es ist noch eine Ruhe vorhanden dem Volke Gottes. Eine biblische Begriffsuntersuchung, in: ZZ 11, 1933, 104-111 (=Ges. Stud. I, 101-108)

—, 1943

Verheiβenes Land und Jahwes Land im Hexateuch, in: ZDPV 66, 191-204 (=Ges. Stud. I, 87-100)

—, 1947a

Deuteronomium-Studien, FRLANT 58 (²1948)

—, 1947b

Das judäische Künigsritual, in: ThLZ 72, 211-216 (=Ges. Stud. I, 205-213)

—, 1951

Die Anrechnung des Glaubens zur Gerechtigkeit, in: ThLZ 76, 129-132 (=Ges. Stud. I, 130-135)

—, 1952/53

Typologische Auslegung des Alten Testaments, EvTh 12, 17-34 (=Ges. Stud. II, 1973, 272-288)

—, 1953

Josephsgeschichte und ältere Chokma, in: Congress Volume Copenhagen 1953, VT.S 1, 120-127 (=Ges. Stud.I, 272-280)

—, 1964

Das fünfte Buch Mose. Deuteronomium, ATD 8 (folgende Auflagen unverändert)

—, 1971

Gerichtsdoxologie, in: Schalom. Studien zu Galube und Geschichte Israels, FS A.Jepsen, Berlin und Stuttgart, 28-37 (=Ges. Studien II, 1973, 245-254)

Rendtorff, R., 1962b

Botenformel und Botenspruch, in: ZAW 74, 165-177(=Gesammelte Studien [vgl. 1954a], 243-255

—, 1966

El, Ba´al und Jahwe. Erwägungen zum Verhältnis von kanaanäischer und israelitischer Religion, ZAW 78, 276-291 (=Gesammelte Studien [vgl. 1954a], 172-187)

—, 1975

Mose als Religionsstifter? Ein Beitrag zur Diskussion über die Anfänge der israelitischer Religion, in: Gesammelte Studien (vgl. 1954a), 154-171

—, 1983

Zur Bedeutung des Kanons für eine Theologie des Alten Testanments, in: H.-G.Geyer u.a. (Hrsg.), »Wenn nicht jetzt, wann dann?« Aufsätze für Hans-Joachim Kraus zum 65. Geburtstag, Neukirchen-Vluyn, 3-11(=Kanon und Theologie [s.1991a], 54-63)

—, 1991e

Die Entwicklung des altisraelitischen Festkalenders, in: J.Assmann [Hrsg.], Das Fest und das Heilige. Religiöse Kontrapunkte zur Alltagswelt. Studien zum Verstehen fremder Religionen, Bd.1, Gütersloh, 185-205

—, 1991f

Was ist neu am »Neuen Bund«?, in: Kanon und Theologie (s. 1991a), 185-195; auch in: M.Stöhr (Hrsg.), Lernen in Jerusalem-Lernen mit Israel. Anstöβe zur Erneuerung in Theologie und Kirche, Berlin 1993, 26-37

—, 1991g

Wege zu einem gemeinsamen jüdisch-christlichen Umgang mit dem Alten Testament, in: EvTh 51, 431-444(= Kanon und Theologie [s.1991a], 40-53)

—, 1993

The Paradigm is Changing: Hopes-and Fears, in: BibInt 1, 34-53(=2001a, 83-102)

—, 1994b

Rezension Brevard S.Childs, Biblical Theology of the Old and New

Testaments. Theological Reflection on the Christian Bible, in: JBTh 9, 359-369
—, 1995c
Die Hermeneutik einer kanonischen Theologie des Alten Testaments, in: JBTh 10, 35-44(=2001a, 61-70)
—, 1995d
Die Bibel Israels als Buch der Christen, in: C.Dohmen/T.Söding (Hrsg.), Eine Bibel-zwei Testamente. Positionen Biblischer Theologie, UTB 1893, 97-113(=2001a, 30-46)
—, 1997f
Some Reflections on the Canonical Moses: Moses and Abraham, in: E.E.Carpenter (ed.), A Biblical Itinerary. In Search of Method, Form and Content. Essays in Honour of George W.Coats, JSOT.S 240, 11-19
—, 1998a
Theologische Vorarbeiten zu einem christlich-jüdischen Dialog, in: 2001a, 3-19
—, 1998b
Alas for the Day! The ›Day of the LORD‹ in the Book of the Twelve, in: T.Linafeldt/T.K.Beal(eds.), God in the Fray. A Tribute to Walter Brueggemann, Minneapolis: Fortress Press, 186-197(=2001a, 253-264)
—, 1998c
Christen und Juden heute. Neue Einsichten und neue Aufgaben, Neukirchen-Vluyn; darin: Als Christ das ›Alte‹ Testament lesen, 42-87
—, 1999a
Was verbietet das alttestamentliche Bilderverbot?, in: R.Bernhardt/U.Link-Wieczorek (Hrsg.), Metapher und Wirklichkeit. Die Logik der Bildhaftigkeit im Reden von Gott, Mensch und Natur, FS D.Ritschl, Göttingen, 54-65(=2001a, 201-212)
—, 1999b
Noah, Abraham and Moses: God' s Covenant Partners, in: E.Ball(ed.), In Search of True Wisdom. Essays in Old Testament Interpretation in Honour of Ronald E.Clements, JSOT.S 300, 127-136(2001a, 155-163)

—, 1999c

Rezension von Brueggemann, W.,1999(s.dort), 11-17

—, 2000a

Israels ›Rest‹. Unabgeschlossene Überlegungen zu einem schwierigen Thema der alttestamentlichen Theologie, in: A.Graupner u.a.(Hrsg.), Verbindungslinien. Festschrift für Werner H.Schmidt zum 65.Geburtstag, Neukirchen-Vluyn, 265-279(=2001a, 272-286)

—, 2000b

Wie sieht Israel seine Geschichte?, in: St.L.McKenzie and Th.Römer(eds.), Rethinking the Foundations. Historiography in the Ancient World and in the Bible. Essays in Honour of John Van Seters, BZAW 294, 197-206

—, 2000c(=1997c)

How to Read the Book of the Twelve as a Theological Unity, in: J.D.Nogalski/M.A.Sweeney, Reading and Hearing the Book of the Twelve. SBL Symposium Series 15, Atlanta, 75-87(=2001a, 139-151)

—, 2000d

Er handelt nicht mit uns nach unsern Sünden. Das Evangelium von der Barmherzigkeit Gottes im Ersten Testament, in R.Scoralick (Hrsg.), Das Drama der Barmnerzigkeit Gottes. Studien zur biblischen Gottesrede und ihrer Wirkungsgeschichte in Judentum und Christentum, SBS 183, 145-156

—, 2000e

A Christian Approach to the Theology of Hebrew Scriptures, in: A.O.Bellis/J.S.Kaminsky(eds.), Jews, Christians, and the Theology of the Hebrew Scriptures. SBL Symposium Series 8, Atlanta, 137-151

—, 2001a

Der Text in seiner Endgestalt. Schritte auf dem Weg zu einer Theologie des Alten Testaments, Neukirchen-Vluyn; darin 1991d, 1993, 1994, 1995b, 1995c, 1996, 1997b, 1997c, 1997d, 1997e, 1998a, 1998b, 1999a, 1999b, 2000a, 2000c

Reventlow, H.Graf, 1982

Hauptprobleme der alttestamentlichen Theologie im 20.Jahrhundert, EdF 173

—, 1983

Hauptprobleme der Biblischen Theologie im 20.Jahrhundert, EdF 203

Ritschl, D. und Jones, Hugh O.,1976

»Story« als Rohmaterial der Theologie, TEH 192

Römer, T.,1990

Israels Väter. Untersuchungen zur Väterthematik im Deuteronomium und in der deuteronomistischen Tradition, OBO 99

—, 1991

Nachwort zu Lohfink 1991, 111-123

Rupprecht, F., 1988

»Den Felsen, der dich gebar, täuschtest du...« Gott als gebärende Frau in Dtn 32, 18 und anderen Texten der Hebräischen Bibel, in: Kul 3, 53-61

Ruwe, Andreas., 1999

»Heiligkeitsgesetz« und »Priesterschrift«. Literaturgeschichtliche und rechtssystematische Untersuchungen zu Leviticus 17,1-26,2. FAT 26

Sæbø,M., 1982

jôm, ThWAT III, 559-586

Schäfer, P., 1975

Die sogenannte Synode von Jabne. Zur Trennung von Juden und Christen im ersten/zweiten Jh.n.Chr., in Judaica 31, 54-64 und 116-124 (= Studien zur Geschichte und Theologie des rabbinischen Judentums, Leiden 1978, 45-64)

Schäfer-Lichtenberger, C., 2000

»Sie wird nicht wieder hergestellt werden«. Anmerkungen zum Verlust der Lade, in: E.Blum(Hrsg., vgl.E.Blum 2000b), 229-241

Schart, A., 1990

Mose und Israel im Konflikt, OBO 98

Scharbert, J., 1960

Das Verbum PQD in der Theologie des Alten Testaments, im: BZ NF 4, 209-226

Schmidt, W.H., 1966

Königtum Gottes in Ugarit und Israel. Zur Herkunft der Königsprädikation

Jahwes, 2.Aufl. (1.Aufl. 1961), BZAW 80

—, 1972

»Theologie des Alten Testaments« vor und nach Gerhard von Rad, in: VF 17, 1-25(=Vielfalt und Einheit des alttestamentlichen Glaubens, Bd.2, Neukirchen-Vluyn 1995, 155-179)

—, 1991

Elementare Erwägungen zur Quellenscheidung im Pentateuch, in: Congress Volume Leuven 1989, VT.S 43, 22-45(=Vielfalt〔s.1972〕,Bd.1, 1995, 113-138; Zitate hiernach)

—, 1993

Die Zehn Gebote im Rahmen alttestamentlicher Ethik, in Zusammenarbeit mit Holger Delkurt und Axel Graupner, EdF 281

Schottroff, W., 1976

pqd heimsuchen, in: THAT II, 466-486

Seeligmann, I.L., 1967

Zur Terminologie fürdas Gerichtsverfahren im Wortschatz des biblischen Hebräisch, in: Hebräische Wortforschung, FS W.Baumgartner, VT.S 16, 251-278

Sheppard, G.T., 1992

Canonical Criticism, in: ABD 1, 861-866

Smend, R., 1963

Die Bundesformel. ThSt(B) 68(=Die Mitte des Alten Testaments, Gen.St., Bd.1. BevTh 99, 1986, 11-39)

Söding, T., 1995

Probleme und Chancen Biblischer Theologie aus neutestamentlicher Sicht, in: Dohmen/T.Söding (Hrsg.), 159-177

Sommer, B., 1999

Reflecting on Moses: The Redaction of Numbers 11, in: JBL 118, 601-624

Stamm, J.J., 1940

Erlösen und Vergeben im Alten Testament, Bern

Stemberger, G., 1979

Das klassische Judentum. Kultur und Geschichte der rabbinischen

Zeit(70 n.Chr. bis 1040 n.Chr), München

Talmon, S., 1990

»400 Jahre« oder »vier Generationen« (Gen 15,13-15): Geschichtliche Zeitangaben oder literarische Motive?, in: FS R.Rendtorff (vgl. Blum 1990b), 13-25

Trobisch, D., 1996

Die Endredaktion des Neuen Testaments, NTOA 31

Watts, J.W., 1998

The Legal Characterization of Moses in the Rhetoric of the Pentateuch, in: JBL 117, 415-426

Weinfeld, M., 1991

Deuteronomy 1-11, AncB 5

Westermann, C., 1953

Das Loben Gottes in den Psalmen, Berlin

—, 1966

Das Buch Jesaja, Kapitel 40-66, ATD 19([5]1986)

—, 1971

ḥādāš neu, in: THAT I, 524-530

—, 1981

Genesis 12-36, BK I/2([2]1989)

—, 1986

Zur Frage einer Biblischen Theologie, in: JBTh 1, 13-30

Wolff, H.W., 1953

»Wissen um Gott« bei Hosea als Urform von Theologie, in: EvTh 12, 533-554 (= Ges. Stud. [vgl. 1951], 182-205)

—, 1965

Dodekapropheton 1. Hosea, BK XIV/1,2.Aufl. ([4]1990)

—, 1969

Dodekapropheton 2. Joel und Amos, BK XIV/2 ([3]1985)

van der Woude, A.S., 1976a

pānîm Angesicht, in: THAT II, 432-460

—, 1976b

šēm Name, in: THAT II, 935-963

Zakovitch, Y., 1991

»And you shall tell your son«. The Concept of the Exodus in the Bible, Jerusalem

Zenger, E., 1991

Das Erste Testament, Düsseldorf

Zenger u.a., 1998

Einleitung in das Alte Testament. Dritte, neu bearbeitete und erweiterte Auflage, Stuttgart

Zenger/Hossfeld, 2000

Psalmen 51-100, HThKAT

Zimmerli, W., 1953

Ich bin Jahwe, in: W.F.Albright u.a., Geschichte und Altes Testament. FSA.Alt, BHTh 16, 179-209 (= Gottes Offenbarung [vgl. 1954], 11-40)

—, 1963

Der »neue Exodus« in der Verkündigung der beiden groβen Exilspropheten, in: Gottes Offenbarung (vgl. 1954), 192-204 (französisch 1960)

—, 1980b

»Heiligkeit« nach dem sogenannten Heiligkeitsgesetz, in: VT 30, 493-512

Zobel, H.-J., 1982

ja'aqo(ô)b, ThWAT III, 752-777

히브리어 색인

Index

성구 색인

Index

창세기

출애굽기

레위기

민수기

여호수아

사사기

사무엘하

열왕기상

열왕기하

역대상

잠언

전도서

아가

이사야

예레미야

다니엘

호세아

요엘

아모스

오바댜

요나

미가

나훔

하박국

스바냐